Jan Koplowitz
Bohemia – mein Schicksal

Jan Koplowitz

Bohemia – mein Schicksal

Roman einer Familie

Severin
und Siedler

Meiner in Auschwitz ermordeten Mutter

I. Buch

1. Ein verbotener Anbeginn

Die k. u. k. Monarchie Österreich-Ungarn hatte so viele nationale und nationalistische Minderheiten in ihr Völkergefängnis eingesperrt, daß sie zu guter Letzt daran erstickte.

Nur taten sie Filip Polan mit der Anhäufung der ihm vorgeworfenen Delikte und der Betonung seiner Gefährlichkeit, erst recht mit der Ausweisung eine unverdient große Ehre an. Zugegeben, er war Mitglied in einem der vielen tschechischen Geheimbünde mit Geheimsprache, Geheimcode, Geheimschriften, illegalen Traktaten und ihrer Verbreitung.

Sie hatten ein Idol und Streitobjekt zugleich, denn Filips radikaler Verein verwarf den Philosophieprofessor T. G. Masaryk als allzu kompromißbereit und bürgerlich.

Zugegeben, man wälzte Umsturzpläne, begann Attentate vorzubereiten. Zum Glück blieben sie im Gewirr der verstrittenen Verschwörer stecken. Zugegeben, Filip Polan glänzte in theoretischem Vortrag und Agitation, in Redeschlachten, trug die Revolutionstracht der Zeit, den langen Bart, Schlapphut und Radmantel.

Alles zugegeben, doch dieser Filip Polan vermochte nicht einmal einer Fliege ein Leid anzutun. Er war ein mild-heiterer, gutmütig verträumter, wildromantischer slawischer Menschheitsbeglücker. Nur konnte er den Mund nicht halten und machte niemals ein Hehl aus seinen nationalrevolutionären Ideen, und so hatte er sich die Ausweisung wohl doch selbst zuzuschreiben.

Vielleicht wäre er sogar schon viel früher heroisch, aber unnütz hinter einer Barrikade gefallen, hätte da nicht seine Frau Josefine aufgepaßt. Ein resches, praktisches und zielbewußtes Dorfmädel, dem es der geheimnisumwobene, schlanke Friseurgehilfe aus Nachod angetan hatte. Sie war auch Jüdin wie er – ihr Vater handelte mit Pferden, sie arbeitete in einer Geflügelmästerei auf dem Lande. Als Filip sie das erstemal am Arbeitsplatz besuchte, erlebte er ein schreckliches Schauspiel. Josefine und mit ihr ein Dutzend Mädchen packten in einem umzäunten Auslauf eine Gans nach der anderen, steckten sie zwischen ihre Knie, rissen ihnen die Schnäbel auf und zwangen ihnen fingerdicke, längliche Klößchen in den Schlund. Sie streiften die Klößchen die Speiseröhre hinunter, würgten sie hinab bis zum Mageneingang, jeder Gans sechs Stück sechsmal am Tage, und entließen sie schließlich in den engen Mastkäfig. Dies alles geschah mit eminenter Schnelligkeit. Filip blieb beim Anblick der Quälerei das Begrüßungswort im Munde stecken. Er entsetzte sich und beschloß sofort, dieses Mädchen seiner unsäglichen, unwürdigen Beschäftigung zu entreißen, indem er es heiratete – entgegen seiner ursprünglichen Absicht, eine kleine Liebschaft anzufangen und zu beenden, sobald ihm das Abenteuer sauer aufstieß. Der einstige Frauenheld liebte sie, solange er lebte, und war ihr zeitlebens treu.

Das hinderte Josefine nicht daran, noch als erfolgreiche Gastronomin auf die gleiche, erprobte Art stopfen zu lassen, schon weil die pfundschwere Leber getrüffelt, eine internationale Delikatesse, die Küche berühmt machte. Jedes Jahr demonstrierte sie den Küchenmädchen die beste Methode.

Filip machte die große Liebe zum Pantoffelhelden. Er ließ sich von Josefine alles gefallen. Sie verdrängte seine unordentlichen Lebensgewohnheiten, sie beherrschte ihn, brachte ihn zum Sparen, bis er einen gutgehenden Friseursalon besaß. Ein Wort auf dem Ladenschild neben Raseur und Friseur stammte noch aus der großväterlichen Schäfer- und Feldscher-Tradition: Bader, denn Filip konnte Schropfköpfe setzen, und er hatte es seinen drei Söhnen, die auch seine Lehrlinge waren, beigebracht. Moritz war schon fertig, Ruben und Rudolf noch in der Lehre.

Nur der Lieblingssohn Rudolf war in die Geheimaktivitäten seines Vaters eingeweiht, Rudolf, dessen mangelnde Beständigkeit Josefine bitter beklagte. Sie wußte alles, regierte alles und sprach für die Familie. Mit einer Ausnahme: In die Gefilde seines politischen Engagements, die sie gar nicht erst zu verstehen trachtete, ließ Filip sie nicht eindringen. Er verteidigte seine Gesinnung mit stiller Beharrlichkeit gegen alle ihre Einwände, und obwohl sie ihm deswegen die Hölle heiß machte von früh bis spät, ihn beschimpfte, seine Mühen ins Lächerliche zog, ließ sie ihn nicht im Stich. Sie half ihm in kniffligen Situationen. Sie mimte mit ihm ein verliebtes Ehepaar. Verbotene Plakate und den Leimtopf mit Pinseln zwischen sich verborgen, umarmten sie sich sehr glaubhaft, sobald ein Tschepitschak – so hießen die österreichischen Gendarmen im Volk mit dem Federbusch seitlich an ihrem Bersaglierihut – in Sicht kam.

Als Filip nach seiner Ausweisung ins ferne Burgenland beschloß, den österreichischen Behörden ein Schnippchen zu schlagen, widersprach sie nicht, fragte nur im leeren Zimmer über dem ausgeräumten Friseurladen, was er denn drüben mit dem Batzen Geld anzufangen gedächte. Der bestand aus dem ansehnlichen Sparpfennig und dem Erlös der verkauften Einrichtung und aller Möbel in der Wohnung.

Ihr Mann hob sie, in Ermangelung einer anderen Sitzgelegenheit, auf eine hohe Bretterkiste. Statt zu antworten, küßte er sie. Das hatte sie noch immer wehrlos gemacht. Dann blieb er vor ihr stehen, und überrascht vernahm sie seine wohlüberlegte und durchdachte Rede.

»Pepička, jeden Tag kommen aus dem Bad Grenzbrunn im Deutschen und aus dem Bad Běloves Kurgäste in unsere wohltätig-soziale Speisewirtschaft im jüdischen Gemeindehaus hier in Nachod, also ins Österreichische. Sie essen dasselbe, was unsere Alten und Armen bekommen. Stell dir vor, Armenessen! Dafür fahren diese Juden über die Grenze, geben Geld aus für Droschken, quetschen sich in Kremser, nur um koscher zu essen, wie nach dem Gesetz geboten. Morgens und abends panschen sich die armen Nebbichs in ihren Zimmern etwas zusammen. Wie sollen sich solche Menschen erholen? Hast du kein Erbarmen? Wie wäre es, Pepička, wenn wir ihnen sechs Kilometer entgegenkommen? Unser Geld reicht zum Bau für eine Küche und ein kleines koscheres Restaurant. Sogar der Guerrer Roow, der Wunderrabbi, ist voriges Jahr mit seinen Schülern aus dem Kurbad nach Nachod hinüber gekommen, und die jüdische Gemeinde hat ihn jeden Tag im Sitzungssaal gespeist. Stell dir vor, der heilige Rabbi! Bad Grenzbrunn hat seinem Herzen so gutgetan, das spricht sich herum. Und du bist die beste Köchin, die ich kenne weit und breit. Was soll ich dir sagen, der Baugrund ist billig, mit dem Amtsvorsteher habe ich geredet. Mein Steckbrief hat ihn nicht gestört. Stell dir vor, Pepička, Wohltäter werden wir, eine Mizwa wäre es. Im Sinne des Allmächtigen ...«

Josefine sah ihn von unten nach oben an, musterte ihn mißtrauisch, zog ihr kluges, rundes, lachbereites Gesicht in ernste Falten. Sie sah trotz der sechs Kinder, die sie ihm geboren hatte, die Fehlgeburten nicht gerechnet, aus wie eine sehr junge Frau, nicht gerade schlank, aber mit schmaler Hüfte und schön gerundeten Formen. Sie hatte ihren ersten Jungen mit sechzehn gehabt, und Esther, die Jüngste, war gerade sechs Jahre alt. Doch bei aller zärtlichen Liebe traute sie ihrem Filip eine so gute Idee nicht zu. Der aber war nicht aufzuhalten.

»Die Jungen sind schon in Grenzbrunn«, erklärte er spritzig, resolut die Hände reibend, »auch das Geld ist eingewechselt und liegt auf der Spar- und Darlehnskasse Bad Grenzbrunn. Leute mit Geld, das spricht sich sofort im Ort herum.« Filip sagte es nicht ohne Triumph in der Stimme. »Bankgeheimnis hin – Bankgeheimnis her.«

»Mit wem hast du dich beraten?« fragte die immer noch erstaunte Josefine außer Atem von ihrer leeren Kiste herunter. »Und seit wann?«

»Mit mir – seit sie mir die Frist gesetzt haben. Tag und Nacht. Mit mir! Ab Montag soll ich mich im Burgenland auf einer Polizeistation melden, aber heute nacht sind wir über die Grenze. Vielleicht versteh ich nichts vom Gänsestopfen, aber die k. u. k. Behörden kenn ich wie meine Hosentaschen. Sie werden keine Auslieferung verlangen, sie werden froh sein, daß sie mich los sind, sie werden mich sogar österreichischer Staatsbürger bleiben lassen. Draußen schad ich ihnen nichts. Und den anderen wünschen sie die Kränk' an den Hals.«

»Jetzt sag mir nur noch, du unpraktischer Schlemihl, was andauernd über seine eigenen Füße stolpert, wann hast du je in deinem Leben einen eigenen Einfall gehabt, der so gut war?«

»Einmal schon.«

»Wann war das?« fragte sie.

»Mindestens«, sagte Filip, stand auf und legte ihren Kopf an seine Brust, »als ich dich geheiratet habe!«

Bei aller Liebe hatte Filip seinem Weibe etwas verschwiegen oder angenommen, daß sie es sich hätte denken können. Nicht nur, daß es ihn dorthin zog, wo man über der Grenze noch kuchelböhmisch sprach. Von jedem Bergrücken rings um Grenzbrunn schaute man in das böhmische Land, in das Tal der »Babička«, nach dem Werk der Božena Nemcová genannt, oder wenige hundert Meter weiter östlich in das kleine dörfliche Hronov, wo Filips Lieblingsdichter Alois Jírasek, sein Kamerad im tschechischen Turnverein »Sokol«, lebte, der Klassiker der tschechischen Literatur, mit dem er anhänglich befreundet war.

Nicht nur deswegen. Filip wollte ein tschechischer Patriot bleiben, und der Grenzbereich sorgte für leichte Kontakte mit der nationalrevolutionären Bewegung.

In dieser Nacht verließ das Ehepaar Polan beinahe ordnungsgemäß das Territorium der kaiserlichen und königlichen habsburgischen Monarchie Österreich-Ungarn. Die Grenzer auf beiden Seiten stempelten die Pässe anstandslos.

Keine natürliche Grenze – diese. Sie schnitt sich auf beiden Seiten eine Scheibe Landschaft ab, schnitt mitten durch Tal und Hügel, Teiche und Seen, Felsgebirge und Hochland, war eine gedachte Linie, ab und zu verwirklicht in weißen Grenzsteinen. Die trugen als Bauchbinde Landesfarben, schwarzweißrot und schwarzgelb – Deutschland und Österreich im Jahre 1900.

Und wenn der Bauer, dem das große Feld am Rande der Dorfweide gehörte, mit zwei Erlaubnisscheinen pflügte und an zwei Staaten Nutzungssteuer zahlte, die Grenze nahm deswegen niemand ernst.

Jeden Tag vollzog sich derselbe Spaß. Das Vieh auf der Dorfweide zählten jeden Morgen und Abend Zollbeamte beider Länder, damit sich nicht ein Kälbchen unversehens nach Österreich verlöre, wo das Fleisch auf dem Markt mehr kostete. Aber deswegen die Grenze ernst nehmen?

Jedermann hier besaß ein gestempeltes Papierchen für den kleinen Grenzverkehr. Kinder wurden nicht einmal nach diesem gefragt. Das Paschen, gleichzeitig Sport und Gewinn, ein Kavaliersdelikt, gehörte zu den beliebtesten Mutproben der Grenzbewohner hüben und drüben zwischen sieben und siebzig. Jedes Grenzvolk paschte noch immer, was auf der anderen Seite teurer war oder woran es beim Nachbarn mangelte, und so glich sich die Bilanz etwa aus: Fleisch gegen Tabak, Garn gegen Teppiche, Blumensamen gegen Hopfen, echter Sliwowitz gegen Gewürze, Schuhe gegen Wolljacken, Fromms-Gummiwaren gegen Korsettstangen aus Fischbein.

Das Räuber- und Gendarmenspiel der braven Bürger schloß durchdachte Tätigkeiten berufsmäßiger Schmugglerbanden nicht aus. Die Experten jedoch prahlten auch nicht hinter vorgehaltener Hand mit ihren Heldentaten. Und da die Grenzwächter mit denen genug zu tun hatten, feierten die Laienpascher verhältnismäßig leichte Triumphe.

Und noch etwas hatten die Leute zu beiden Seiten der Grenze gemeinsam, einen Sprachdialekt, der weder Amts- noch Befehlssprache war: auf der österreichischen Seite beinahe richtiges Tschechisch, auf der deutschen das überkommene Kuchelböhmisch, so genannt, weil das Personal vom Hausdiener bis zur Köchin von Prag bis Wien nämlich böhmisch war und eben so redete.

Nicht ohne Grund. Kaum drei Generationen war es her, da hatte Maria Theresia von Österreich nach dem dritten Schlesischen Krieg das, wenn man es auf der Landkarte beschaute, auf der Spitze stehende Viereck, ins Nachbarland hineinragend, die Grafschaft Glatz, an den Preußenkönig verloren.

Sprachen ziehen nicht so schnell mit um, lassen sich durch Grenzen nicht wegwischen. Das Slawische hielt sich ohne Grammatik, Satzlehre und gedrucktes Vokabularium tief ins deutsche Grenzland hinein. Und die Lehrer in den deutschen Volksschulen beider Konfessionen schimpften gottslästerlich, weil ihre Schüler besser tschechisch fluchen als deutsch beten konnten.

Erst 1910 verästelten sich die Schienenwege bis in die

bergigen Landschaften der Grafschaft, und auch da nur in größere Orte.

Glatz, die einzige größere Stadt im Umkreis von fünfzig Kilometern, lag für die Kinder viel zu weit. Die hatten es näher hinüber ins Tschechische, nach Hronov, Běloves oder gar Nachod. Dort lebten doch wahrhaftig dreißigtausend Einwohner in der großen Textilstadt. Da stand das alte Renaissanceschloß der Waldsteins, aus denen Friedrich Schiller respektlos die Wallensteins gemacht hatte. Dort sahen die Kinder die Vorstellungen der beweglichen Laterna magica, saßen hinter den kleinen Glasscheiben und guckten auf kolorierte Ansichten mit Tiefendimensionen im Kaiser-Franz-Josef-Panorama, schmuggelten sich ins Panoptikum, bevölkerten Rummel und Karussell, den Zirkus, die reisenden Wanderbühnen und das Kasperletheater.

Die Familie Polan mietete sich in Grenzbrunn bei den Hromadkos ein, vis-à-vis des in Aussicht genommenen Bauplatzes. Hromadko hatte mit Filip beim gleichen Meister ausgelernt und sprach ein schlechteres Deutsch als Filip. Der einstige Kollege war zu jedem Entgegenkommen bereit unter der Bedingung, daß Filip kein Konkurrenzunternehmen, keinen Friseursalon aufmachen würde. Dagegen lobte er Filips Absicht sehr, denn ein Restaurant vis-à-vis bietet eine freundliche Falle für Laufkundschaft.

Die abenteuerlustigen Polanjungen erwarteten die Eltern schon. Sie waren nicht nur mit der Landschaft, sondern längst auch mit einigen Mädchen befreundet. Der Amtsvorsteher von Bad Grenzbrunn, dem der allmittägliche Exodus reicher jüdischer Kurgäste über die Grenze nicht unbekannt geblieben war – der Kurverein hatte ihn diskret darauf aufmerksam gemacht –, beeilte sich nicht nur mit der Erteilung der Baugenehmigung, er erklärte sich auch mit Filips Sonderwünschen einverstanden.

Zwar sollten alle Häuser der Bäderstraße mit ihren Fronten direkt an der Straße liegen, doch die Ladenstraße sprang zu beiden Seiten des Bauplatzes der Polans vor, verengte den Bürgersteig, und Polans neues Haus hätte wie ein Aschenputtel dazwischen gestanden. Deshalb wurde ausnahmsweise gestattet, daß der hohe Grund nicht ausgehoben werden mußte, und so stand das neue Haus auf einem Hügelchen über den anderen. Noch bevor die Baugrube umzäunt war, hatte das Unternehmen schon einen Namen. Auf der Tafel des Baumeisters stand mit großen Lettern: Objekt – Restaurant und Hotel, Bauherren – Filip und Josefine Polan und – wie hätte es auch anders heißen dürfen – BOHEMIA.

Das verschlafene Grenzbrunn, dessen Heilquellen einigen Grafen und Kirchenfürsten früher aufgefallen waren als das freilich publikumswirksamere Karlsbad, begründet durch den legendären König Karl, nahm die unternehmungslustigen Polans mit gespannter Reserve auf. Jedoch sie paßten so gut in das aufstrebende Geschäft, sprachen, wenn die Saison vorüber war, denselben tschechischen Dialekt, nur noch besser, Filip sogar sorgsames, literaturgenährtes Tschechisch, Deutsch wie eine präzis und gut gelernte Fremdsprache, während Josefine zeitlebens mit dem Lesen, Schreiben und Reden in zwei Sprachen ihre liebe Not hatte. Dafür ging ihr das Rechnen leichter von der Hand als Filip.

Grenzbrunn ließ sich von ihnen wecken. Vor allem der ehrgeizige Amtsvorsteher Gottschling, der Bürgermeister werden wollte, ein ganz junger Jurist. Die Liebe hatte ihn in das Nest an der Grenze verschlagen.

Die Bewohner des langgestreckten Dorfes zu beiden Seiten der Verkehrsader, das sich in Sackisch, Untergrenzbrunn, Kurbad und in das sehr ländliche Obergrenzbrunn gliederte, sahen zugleich und viele Jahre lang mehr oder weniger vornehm darüber hinweg, daß die Polans fromme Juden waren. Sie hielten sich lieber daran, daß die neuen Bürger wie sie selbst Klodski Češi, also »Glatzer Tschechen« seien, und ließen sich von ihrer Erscheinung und der dynamischen Aktivität imponieren.

Filips sauber geschnittener und gepflegter Vollbart war, als sie nach Grenzbrunn zogen, noch hellbraun und zeigte kein weißes Haar. Sein feines, schmales Gesicht, glatt und faltenlos, ließ an einen Talmudgelehrten denken. Noch jünger wirkte Josefine. Niemand hätte ihr die Vierzig und sechs Kinder geglaubt. Am liebsten trug sie gestickte Bauernblusen mit weiten Ärmeln, eng anliegende Röcke oder sehr viele übereinander nach Bauernart, und sie durfte sich das bei ihrer festen, gut gestellten Figur gestatten. Ihr rundes Apfelbäckchengesicht umrahmte sie gern mit bunten Tüchern, denn diese verdeckten die Andeutung einer Perücke, wie sie jede verheiratete jüdische Frau nach strengem Ritual tragen muß, ebenso wie Filip seine von der orthodoxen Lehre verordneten Schläfenlocken hinter die Ohren kämmte. Beide taten den Buchstaben zwar genüge, aber die Kirche – oder die Synagoge – ließen sie im Dorf.

Sie hatte dunkle große Knopfaugen, eine leichtgebogene kräftige Nase, rosige Backen mit hellem Flaum und einen vergnußsüchtigen Mund, der gerne aß und küßte. Die Verhandlungen mit den Handwerkern, denen sie um den Bart ging, und den ganzen schweren Anfang buckelte sie mit fröhlichem Gusto, mit aufgekrempelten Ärmeln, als hätte sie Spaß daran.

Die großen Pläne überließ Josefine ihrem Mann. Sie machte lieber den kleinen Anfang, ganz alleine. Ihren Filip betraute sie mit repräsentativen Aufgaben, mit der Aufsicht über Arbeiten. Sein feiner Humor, die menschenfreundliche Anteilnahme, seine bärtige Würde, die Neugierde auf Leute und Meinungen, machten ihn überall beliebt, und nicht zuletzt auch seine geschickten Hände. Diese Eigenschaften des Filip Polan waren nicht vom Himmel gefallen. Sie hatten sich aus einer eindrucksvollen Ahnenreihe entwickelt. Sein Großvater hatte unter den Habsburgern noch sieben Jahre dienen müssen, vom Gemeinen bis zum Sanitätsunteroffizier, weil das Dorf zu arm war, eine Kaution für seinen Schäfer zu hinterlegen.

Filip erinnerte sich seiner noch schattenhaft aus frühester Kindheit, bärtig, groß, den breitkrempigen, vieleckigen Filzhut auf dem Kopf wie ein Regendach, im Fellmantel, um den Hals wie eine Fuchsboa ein kränkelndes Lamm gelegt, dessen Beine schwächlich herunterbaumelten und das er mit der Milchflasche aufzog, weil kein Mutterschaf es annahm.

Ein Schäfer war gleichzeitig der Feldscher im Dorf, renkte verstauchte Knochen ein, richtete und schiente Brüche und mischte schwarze Salben auf Schweineschmalzbasis, die gegen Rheuma und Reißen halfen. Er setzte Blutegel, Schröpfköpfe an, ließ zur Ader und zog Zähne.

Von der Aura des Geheimnisvollen umgeben, die sich aus Angst und Hoffnung mischte, geriet er in den Geruch eines Gesundbeters, zumal dieser Ururgroßvater Polan einen besonderen, direkten Zugang zum Allerhöchsten hatte, denn als Jude gehörte er, so behauptet es die Bibel, zum auserwählten Volke.

In Südböhmen lebten nach dem Toleranzedikt Josephs des Zweiten von Habsburg noch viele Dutzende Landjuden als Bauern, Viehzüchter und Handwerker, im Gegensatz zu den Stadtjuden, die immer noch in schmalgässigen, überfüllten Ghettos vegetierten.

Also war Filip wohl von seiner Familiengeschichte her zwar ein Revolutionär, gleichzeitig jedoch ein menschlicher und auf seine Mitmenschen neugieriger geselliger Zeitgenosse, schon weil die Polans von jeher Balladensänger und Geschichtenerzähler waren, eine Gabe, die vom Urgroßvater bis zum Urenkel weitergereicht wurde.

Das machte ihn zum idealen Empfangschef, und Josefine konnte sich später an ihm nicht sattsehen, wenn er im Cutaway, gestreiften Hosen, der weiß liniierten dunklen Weste und dem Eckenkragen mit Plastron die Gäste begrüßte, das kleine, kopfanliegende Rundkäppchen immer auf dem Schädel, weil man angesichts des Allerhöchsten nicht unbedeckt herumlaufen darf.

Noch war es nicht soweit, erst mußte das Haus stehen. Deswegen lud Josefine den Baumeister zu einem Glas Wein und bestach ihn mit ihrer derben, zupackenden Freundlichkeit.

»Das Wichtigste, Pane Strihauka, ist eine sehr große Küche mit vielen Nebenküchen und ein noch größerer Saal. Denn wohnen kann man auch anderswo; aber koscher essen, verstehen Sie, jüdisch rituell, nur bei uns. Setzen Sie die Küche in die Mitte vom Parterre und bauen Sie alles, den ganzen Freßkomplex, um sie herum, kalte Küche, Kaffeeküche, milchige, parvene – das ist neutral, wissen Sie –, die Beiküchen, den Hof mit den Nebengebäuden und den Stallungen, die Waschküchen und anschließend den Saal.

Über alles einen Lichthof mit bunten Glasmosaiken, wie das Hotel Pupp in Karlsbad hat.«

Baumeister Strihauka war entsetzt. So etwas Verrücktes. »Und gar keine Zimmer?«

»O doch, aber von außen erreichbar, eine Treppe oben hinauf. Sie endet auf einer Balustrade, wissen Sie, so eine Art Pawlatsch, und von dort geht man in die Zimmer. Aber Pane Strihauka, Sie überlegen bitte, wie man später auch von innen eine Treppe herauf baut.«

Verwirrt fragte Strihauka, von der Gedankenfülle betäubt: »Aber wozu bloß?« Er stand auf und hob beschwörend die Arme. Josefine sah zu ihm hoch, als wolle sie ihm beichten. »Wissen Sie, mein Filip hat sich in den Kopf gesetzt, ein Hotel mit einer großen Empfangshalle, mit Säulen und Marmor, einer Pförtnerloge und Rezeption und in der Mitte der Halle ein ›Café‹ für die Hausgäste.«

Sie zuckte mit den Schultern: »Nu, soll er sich meinethalben einbilden, einen Garten Eden. Wir haben sowieso kein Geld dazu. Aber einmal, wer weiß wann, muß man um den Saal und den Lichthof ein Hotel herum bauen können. Und darüber! Nun zeigen Sie, was Sie können. Sie sind doch ein bekannter Baumeister, sogar ein Architekt.«

Strihauka war geschmeichelt. »Liebe Frau Polan«, erklärte er, »fertig kriege ich so etwas schon. Es ist nur gegen jeden Stil. Heute baut man modern, Türmchen und Erker, Miniaturschlösser, lauter kleine Burgen. ›Mein Home ist mein Kastel‹, sagen die Engländer.«

Strihauka sprach das so aus, wie er es schrieb. Josefine mußte ihn mißverstehen.

»Ich brauch kein Kastel, ich brauch ein Restaurant mit Platz, breite Gänge brauch ich zwischen der Küche und dem Saal, damit zwei Kellner mit Tabletts durchgehen können. Der eine hinein, der andere heraus, und gerade Gänge, damit man alles sieht, zur Kontrolle der Bons, was die Küche verläßt an Speisen und Getränken, Ježiš Marja, ich red in Sie hinein wie in ein krankes Pferd, und Sie offerieren mir ein Kastel.«

Wer konnte Josefine widerstehen? Herr Strihauka baute nicht nur die unverhältnismäßig große Küche mit den vielen Beigelassen, auch den Saal, die Außentreppe und den Pergolenflur mit den daranliegenden Zimmern.

Als alles fertig war, starb Josefines Tante in Budweis und vererbte ihr ein unerwartetes Vermögen. Josefine riskierte die Hälfte, weil schon das erste Jahr gutes Geschäft brachte. Im zweiten machte sich Herr Strihauka an das große Haus um den Lichthof herum.

So entstand Hotel »Bohemia« – zu guter Letzt Kurhaus der Sonderklasse – im Laufe von sieben Jahren. Es wurde gebaut im Herbst und in den Wintermonaten, damit die vorhandene Substanz in der sommerlichen Kursaison florieren konnte, gebaut um den Mitteltrakt. An den Speisesaal klebte man noch eine verglaste Holzveranda, denn das Restaurant war ständig überfüllt. Nur Öfen vergaß man im Saal und in den Zimmern. Damals dachte noch niemand an eine Wintersaison.

Das ungewöhnliche Ansinnen zwang den Baumeister wie eine Schachaufgabe, sachlich und nüchtern Neues zu überlegen. Deshalb erhob sich mitten im Türmchenzierat der Gründerzeit, dem Triumph überladener Scheußlichkeiten, im Stilgemisch der Sezession ein Stück zweckmäßiger, geradliniger Architektur. Der Baumeister schämte sich zunächst des schlichten Funktionalismus, später rühmte man ihn dafür, und er war Josefine ein Leben lang dafür dankbar. Halt! Es ist besser zu sagen, ihr Leben lang.

Und das geschah zu einer Zeit, als Bad Grenzbrunn stürmisch wuchs und die neuen Phantasiegebilde, Pergolen von Laubenbalkons und Kolonnaden bis in sechs Stockwerke Höhe, wie die Pilze aus dem Baugrund schossen. Und doch fiel auch in diesem Rahmen das Hotel »Bohemia« aus dem Rahmen. Auf höherem Grund gebaut über der Bäderstraße. Die drei hebräischen Buchstaben כשר, die koscher, *rein* bedeuten, waren schon von weither sichtbar.

Die sperrigen, dickköpfigen und kostspieligen Söhne der Polans standen, weil sie kein Sitzefleisch besaßen und fortstrebten, sich selbst und den Eltern im Wege und wurden weggeschickt. Keiner blieb im Friseurgewerbe. Sie gingen in die Konfektion, wurden Bankangestellte, Geschäftsleute, Reisende, von Filip geringschätzig Kofmichs geheißen.

Nur Rudolf, der Liebling Filips, beschaffte sich selbst eine Lehrstelle in einer Büromaschinenfabrik, richtete, rasch facherfahren, für seine Firma einen Reparaturservice ein und hatte sich nach kurzer Zeit zu einem Generalvertreter der Schreibmaschinenbranche hochgearbeitet.

Auch er würde die Stellung nicht lange halten. Sobald das Neue verblaßt war und die Routine vorherrschte, wechselte er seine Berufe und seine Damen. Als Filip ihm das milde vorhielt, verteidigte er sich mit dem unwiderlegbaren Argument: »Tatinek, ich bin noch nirgendwo hinausgeworfen worden. Schau dir meine Zeugnisse an. Sie beginnen alle: Zu unserem großen Bedauern . . .«

Die Töchter heirateten schnell, jedoch nicht eher, als bis sie auf der »Handels- und Haushaltsschule« das Kochen und die Buchführung gelernt hatten. Und Französisch wegen der Speisekarte. Beide Töchter brachten als Mitgift ein Logierhaus mit in die Ehe. Allein die Jüngste, die kleine Esther, behielten sie im Stammhaus.

Josefine konnte sich das leisten. Die »Bohemia« war zur rechten Zeit am richtigen Platz entstanden. Noch führte keine Eisenbahn aus dem Deutschen bis nach Grenzbrunn. Dafür war Nachod mit Prag verbunden. Die Gäste kamen meist aus dem Osten, und seit alle zwei Jahre im Herbst der Wunderrabbi mit seinen Schülern und seiner Gemeinde in Polans Hotel kam, hatte das Nachgeschäft eine gesunde Basis.

Woher rührte aber der Reichtum des hohen Rabbi? Die abergläubischen Gläubigen vermachten ihm bei jedem Hauskauf einen Teil, auf daß ihre Geschäfte gesegnet seien und sie eines Fürsprechers beim Allmächtigen sicher waren. Dadurch wurde der Fürst der Frommen – fachmännisch beraten – zum vielfachen Immobilienbesitzer, oft in Testamenten der Gläubigen bedacht.

Josefine überlegte sich ihre Vorhaben bauernschlau und mit gesundem Menschenverstand. Noch war die Gründerzeit nicht zu explosiven Expansionen herangereift.

Die Hausse begann in den Städten. Gerade dadurch, daß sich alles in die Städte ergoß und protzige, imposante Häuser Mode wurden, waren kleinere bescheidene Grundstücke und Logierhäuser in Kurorten und Bädern auf dem Immobilienmarkt billig zu haben. Eine Kette kleiner Hotels, auch wenn Hypotheken darauf lagen, versprach ein einträgliches Geschäft, weil Betriebe dann, zusammengenommen, das ganze Jahr hindurch florierten und nicht wie die »Bohemia« nur in der Sommerhochsaison.

Vielleicht war es der Wunderrabbi, der von der ersten Saison an nicht nur das wechselvolle Glück der »Bohemia« begründete, sondern auch den Ruf des Bades Grenzbrunn als Judenbad mit vielen Gästen aus Übersee. Die Emporgekommenen – eine geringe Minorität unter den Millionen armer Juden –, die im Ausland lebten, empfanden eine nostalgische Sehnsucht nach dem »old mothercountry« und ihren Verwandten daheim. Andere wollten ihren Reichtum zur Schau stellen, indem sie ihre Kur mit einem Europatrip koppelten, und da Grenzbrunn nicht nur für die guten Resultate bei Herzkuren bekannt war, seine Quellen, Brunnen und Bäder halfen auch bei Gallen-, Leber- und Frauenleiden, und da es inzwischen auch seinen Eisenbahnanschluß erreicht hatte, kamen sie in hellen Haufen: diese Diamantenhändler aus Südafrika, Amsterdam und Antwerpen, die reichen Kürschner aus New York und vom Leipziger Brühl, Bankmakler aus London, Konfektionäre, Modehausbesitzer und Entwerfer der Haute couture aus Paris, südamerikanische Kaffeeröster und Konservenproduzenten, die wohlhabenden Kaufleute, Handwerker, Viehzüchter und Händler aus Kongreßpolen und Rußland, alles Juden.

Solche Badeorte wurden rasch zu gesellschaftlichen Zentren. Damen der Gesellschaft brachten zwischen Kurpromenade und Tanz ihre Töchter an den Mann. Unbeobachtet schlossen Geschäftsleute Transaktionen ab. Alle zusammen sorgten für den Fluß des Geldes während der Badesaison.

Sollte man es da Josefine verübeln, daß auch bei ihr der Appetit mit dem Essen kam? Und da die »Bohemia« ein gutes Geschäft war, warum hätte das Haus allein und einsam bleiben sollen? Allerdings bemerkte Rechtsanwalt Dr. Schmidt senior: »Der Ausgleich garantiert die Rentabilität der Polanschen Hoteldynastie.« Aber er vergaß nicht hinzuzufügen: »Wenn die Kinder auch aus Papier wären wie die Verträge, ginge die Rechnung auf.«

Und deshalb ging sie eben nicht auf. Rosas gut gepolsterter Riese von Mann veranlaßte sie, das Geld von dem Haus in den Viehhandel zu stecken. Elsas Magyar, der schöne Miklosch, von Beruf Uniformschneider, bestand darauf, sich in Budapest eine Werkstatt mit großem Ladengeschäft einzurichten.

So blieben nur die »Bohemia«, der »Russische Hof« in Berlin, Marthas »Villa Martha« in Abbazzia und die Ausweichquartiere, kleinere Kurhäuser, die man anspruchsvoll »Dependancen« nannte. Josefine ließ die Zügel nicht mehr schleifen, sich ihren bestimmenden Einfluß auf die Häuser notariell bestätigen.

Die »Bohemia« hielt als Rückgrat und Stammhaus das Ganze zusammen. Und als Esther, die jüngste mit sechzehn Jahren, von der Schule für Hauswirtschaft und Gastronomie heimkehrte, war die »Bohemia« zehn Jahre alt und aus dem Weichbild des Bades Grenzbrunn nicht mehr wegzudenken. Was bei den Jungen das »Einjährig-Freiwillige« war, hieß bei den Mädchen »Mittlere Reife«, und das war Esther – mittelreif. Wenn »Rudla« Filips Liebling war, hing Josefine vor allem an Esther, der schönsten ihrer Töchter. Dunkel, zart und schlank, empfindsam und sinnlich, erinnerte sie Josefine an den jungen Filip aus jener Zeit, als sie sich in ihn verliebt hatte. Als die Sommersaison des Jahres 1908 vorbereitet wurde, war Esther, Jüngste der Polankinder, zur Küchenaufsicht avanciert. Sie stand über dem ganzen Personal, sogar über dem Chefkoch.

An eben diesem Tag knatterte der Bürgermeister mit dem Ortspolizisten in seiner klapprigen Kalesche, mit dem Frühzug von Glatz gekommen, ins Amt. Er fuhr durch Sakkisch nach Untergrenzbrunn, genoß das Kopfsteinpflaster am ganzen Körper, jeden Katzenkopf einzeln, erholte sich auf dem glatten Asphalt der Magistrale des Bades, grüßte Josefine Polan, die mit Gästen vor der »Bohemia« plauderte, mit großem Hutkreisel und gelangte auf die holprige Landstraße nach Obergrenzbrunn.

Wie zerschlagen stieg er vor dem Gemeindehaus ab, das

viel zu viele Funktionen hatte für seine räumliche Enge. Da waren Büroräume und der Ratssaal, die Remise der Freiwilligen Feuerwehr, die Ortspolizei und das Standesamt. Der Bürgermeister schaute verächtlich zu dem schmalen, zweistöckigen Haus hin, dem er noch auf eigene Kosten einen Flügel hinzugefügt hatte, damit seine Frau Logiergäste aufnehmen konnte. Das übermäßig imposante Schild in großen schwarzen Lettern, die besagten: Gemeinde- und Bürgermeisteramt Bad Grenzbrunn, standen im Mißverhältnis zu seiner Dürftigkeit, und deshalb spuckte der Herr Bürgermeister aus.

Unterwegs wohlriechende Paläste mit bunten Blumenrabatten davor, daheim der unwürdige Amtssitz im Oberdorf, der aus allen Nähten platzte. Als ihn dann noch der kleine, etwas schiefe Gemeindesekretär begrüßte: »Guten Morgen, Herr Bürgermeister. Herr Polan hat angerufen. Kommt nicht zur Gemeinderatssitzung, weil er die Abgesandten des Wunderrabbis ...«, winkte Dr. Gottschling ärgerlich ab.

»Habe die beiden Herren heute früh am Bahnhof gesehen. Hüte mit Pelzkrempen, seidene Kaftane, Nasen hoch, vornehme Haltung. Wie die Weisen aus dem Morgenlande. Da werden die Polans wieder fünf Zentimeter größer. Natürlich steigt so ein hoher Gast in der ›Bohemia‹ ab, bevor er sich beim Gemeindeamt meldet.« Woraus zu erkennen war, daß auch Dr. Gottschling an der gastronomischen Aufbesserung seines Gehaltes durch die Frau Bürgermeister interessiert war.

Er kam in sein staubiges Amtszimmer. Das Kopfsteinpflaster, der bohrende Hunger, der Ärger in der Kreisstadt drängten zum Ausbruch. Dr. Gottschling hieb mit beiden Fäusten auf den Schreibtisch und fauchte los: »Ein Skandal ist das. Das Gemeindeamt am Ende der Welt, aber die Juden in bester, zentraler Lage.«

Auf der Schwelle stand der Ortspolizist. Er durfte das nicht gehört haben, grüßte militärisch und verschwand. Dagegen kam der Gemeindesekretär näher und sagte: »Tja, wenn es nicht Alteingesessene wären ...!?«

»Daß ich nicht kichere, Alteingesessene! Sie sind ja zum Piepen, Herr Kriegelstein, ich selbst hab diese Juden hergeholt und ihnen noch Kredit besorgt. Sie kamen mit ihrem Pinkel auf einem großen Leiterwagen, hochgetürmt. Außerdem hatten sie kaum ein Hemd auf dem Hintern. Sie sahen aus wie arme Kirchenmäuse. Aber sie hatten vorher jeden Fetzen in Bargeld verwandelt. Und Bargeld – lacht! Das Startkapital ließ sich sehen, und den Rest haben sie sich gepumpt. Wir waren selbst dran interessiert. Die Grenzbrunner Ladenbesitzer hatten mir die Hölle heiß gemacht, weil die Orthodoxen, die drüben über der Grenze Mittag essen gingen, natürlich auch in Nachod eingekauft haben.«

Der Gemeindesekretär staunte höflich, Dr. Gottschling kam ins Schwatzen, da er sich geschmeichelt fühlte.

»Das wissen Sie alles nicht, mein lieber Kriegelstein, da war ich selber ein junger Spund, frisch von der Uni, trat hier als Amtsvorsteher an, erste Stellung. Na ja, meine Frau getroffen, Kinder, gute Küche, das Bad blühte auf, Bürgermeister geworden. Jetzt bin ich schon Zwölfender im Dienst und klebe fest. Jedenfalls sehe ich hier eine Lebensaufgabe, und daß ich damals die Polans rübergeholt habe, dafür kriegte ich einen Orden. Aber auch Prügel.«

»Ja, haben die Polans denn ihre Schulden zurückgezahlt?«

»Hahaha, in einem Satz, pünktlich, termingerecht, mein Lieber, Hotel der Extraklasse jetzt und zentral, wenn wir so etwas hätten . . .«

Der kleine Stoßseufzer rang sich so schüchtern, leise und bitter hervor, so sehr im Gegensatz zu dem großen, schon etwas feisten, gemütlichen Mann mit dem schmißverzierten Jungengesicht, dem brav gescheitelten braunen Haar, daß der devote Gemeindesekretär sich beeilte, ihm beizustehen. Vertraulich säuselte er: »Muß ja nicht ewig so bleiben mit den Itzigs, Herr Doktor.«

Alarm! Der Bürgermeister merkte, daß seine tiefinnersten Gedanken, im Ärger selbständig gemacht, ihm über die aufgeregte Zunge geglitten waren. Schnell packte er sich am Kragen.

»Herr Kriegelstein, Herr Kriegelstein, davon darf man nicht mal träumen. Wollen Sie uns die Pleite an den Hals hetzen? Grenzbrunn ist zur Hälfte ein von Juden frequentiertes Bad, und die bringen dreiviertel wiederum vom Gesamtumsatz. Ich muß mich doch sehr wundern, Herr Kriegelstein!«

Der Getadelte zog den Kopf ein, legte ihn auf die schwere, ausgebuchtete Schulter, hoppelte in sein Büro, an der Schwelle brummelnd: »Man wird sich doch noch was wünschen dürfen, Herr Bürgermeister.«

2. Die Boten des Wunderrabbis und der verlorene Kindesvater

Um die Mittagszeit, wenn sich alles im Hotel »Bohemia« um das Essen drehte, um die Auswahl der fünfzig Speisen à la carte, wenn jeden Tag aufs neue Feste des Gaumens gefeiert wurden, jeder dienstbare Geist zwischen Küche und dem überfüllten Restaurant sich wünschte, vielarmig zu sein wie der Gott Shiwa, hielten der erste Hausdiener und das jüngste Stubenmädchen – Siesta.

Ihr Versteck im Dachgeschoß befand sich in der langen schmalen Giebelkammer des Hauses. Der einzige Ausguck war eine im Verhältnis zu ihrer Bestimmung viel zu große, kreisrunde Luke. Das ganze Mobiliar des Gelasses bestand aus ausgedienten Matratzen und sauberen Pferdedecken. Nur am Fußboden lag noch, in ein glänzendes Futteral eingerollt, die schwarzgelbe Fahne, die dem Gelaß seinen Namen verlieh.

Täubers Rangabzeichen als »Erster«, die Schildmütze, auf deren Band in Goldbuchstaben »Bohemia« gestickt war, die grüne Schürze, der schwarze, goldgeknöpfte Dienstblazer und die Hose hingen sorgsam am Kleiderhaken, und auch Mariechen, das durch die Luke auf die Straße hinunterschaute, hatte nicht viel am Leibe.

Jaroslav Täuber fürchtete, ein Gegenüber würde sie erspähen. Außerdem glaubte er mit der gestohlenen Stunde etwas Besseres anfangen zu können. Er winkte ihr. Das zierliche, verspielte, verliebte Mädchen sprang zu ihm, umhalste, küßte ihn, rannte aber rasch zum Ausguck zurück.

»Keine Zeit, Jaro, draußen tut sich was. Der Chef bemüht sich persönlich. Komische Gäste, Gott, wie komisch.«

Täuber, neugierig geworden, erhob sich und sah mit seiner Liebsten die beiden Herren, die schon dem Bürgermeister aufgefallen waren, und Filip, wie er sich aufmerksam und ehrerbietig um sie bemühte.

»Komische Gäste, Ježiš Marja, du dummes Seifenbläschen! Das kann das große Geschäft der Nachsaison sein.

Das sind die Abgesandten vom Radomsker Roow. Früher war es der Guerrer. Seine Krankheit brauchte aber ein anderes Bad. Dieser Judenfürst kommt zum erstenmal mit Schülern und Gemeinde. Das wimmelt hier von Reichen und Schnorrern. Aus allen fünf Kontinenten kommen sie.«

Mariechen machte runde Augen. »Was ist denn das für'n Ding, Roow?«

»Ein Wunderrabbi – und die Vorreiter überprüfen, ob wir fromm und gesetzestreu genug sind.«

»Was du alles weißt!«

»Erfahrung, Mariechen. Als ich mit vierzehn Jahren als Piccolo hier angefangen habe, erlebte ich den ersten Wunderrabbi. Der jetzige ist noch berühmter, hat Filip gesagt.«

»Das heißt der Chef, Jaro! Oder willst du fliegen?«

»Nie! Der Filip und mein Vater waren zusammen in irgendeinem politischen Club. Deshalb hat er mich auch mit vierzehn auf die Handelsschule geschickt zusammen mit Esther. Dann gleich erster Hausdiener, weil er dazu eine Vertrauensperson braucht.«

»Vertrauensperson?«

Das ganze kleine Persönchen schüttelte sich vor Lachen: »Mit achtzehn Jahren?«

Sie legte ihm den Arm um den Nacken.

»Wozu aber bloß kontrollieren? Die Polans machen sich ohnehin schon verrückt mit milchig und fleischig und neutral. Frommer geht's gar nicht.«

Lachend hob Täuber sein Mädchen hoch. Während er sie zur Liege trug, beendete er ihren Disput: »Frömmer? Da frag erst mal die da unten.«

Die da unten hatten sich vorgestellt: Moische Kenig, Chaim Levkovicz.

Kenig, ein eleganter, sehnig schlanker junger Mann mit sorgfältig frisiertem blondem Barthaar, jedoch vorschriftsmäßigen Schläfenlocken, in einem maßgeschneiderten Kaftan; grauhaarig Chaim Levkovicz, gleichgültiger gegenüber seinem Äußeren, ein Fünfziger mit Bauch, kleiner und runder als sein Partner, mit sehr klugem, vielgefältetem Gesicht, starker Nickelbrille.

Filip zeigte ihnen das Haus, das gar nicht so imposant

gewirkt hätte direkt an der Bäderstraße. Zunächst ging man von der Straße treppauf zum höheren Plateau, dieses machte das Gebäude, das von der Straße durch eine Steinmauer abgegrenzt war, größer, als es die zwei Stockwerke mit dem Bodengeschoß gerechtfertigt hätten. Die ganze Front entlang verlief eine mit wildem Wein verhangene Steinterrasse, durch die darüberliegenden Balkons gegen Regen geschützt. So entstand eine Dreistufenwirkung. Dahinter streckte sich der große Speisesaal über die ganze Breite des Hotels. Nur die Empfangshalle war ausgespart. Angeschlossen war eine Zutat, die leichtgebaute, holzverkleidete Glasveranda die Seite des Hauses entlang. Drei Türen führten in das Hotel, der vorgebaute breiteste Eingang in die Hotelhalle.

Drinnen das Übliche: braungetäfelt und geräumig, flankiert von Rezeption, Portierlogen und Andenkenstand. In der Mitte befand sich das Hotelcafé, die »Insel«. Dort wurden Kaffee, Kuchen und viele Zeitungen serviert. Das Oval verjüngte sich zur Treppe hin und endete an einer Glaswand mit Tür. Dort begann der breite Gang in die Küche. An diesem lag die Nummer eins, wo die Person Nummer eins regierte, Josefine.

Nummer eins bestand aus zwei Zimmern. An die Küche grenzte das kleine, schmucklose Büro der Chefin. Wichtig, weil über die ganze Breite der Wand eine verschiebbare Glasscheibe in Sehhöhe angebracht war. Alles, was sich in der Küche begab, war von hier zu sehen, bis zum Kontrolltisch für die Abgabe der Speisebons. Die Scheibe war Josefines Feldherrenhügel, gefürchtet, selbst wenn geschlossen und hinter einem Vorhang verborgen. Denn jeden Augenblick drohte der Vorhang beiseite zu fliegen, die Scheibe sich zu öffnen und Josefine hindurchzuschreien: »Kalbfleisch wird nicht mit Rindssoße gereicht. Diese Portionen nicht ausgeben. Der Soßenkoch sofort zu mir!«

Wenn das kleine Büro der Feldherrnhügel war, blieb für das große Zimmer daneben nur die Bezeichnung Josefinens Thronsaal übrig.

Nicht immer übersah sie die ganze Hotellandschaft. Sie hätte den Empfang der gewichtigen Abgesandten des Roow wohl kaum ihrem Filip überlassen. Doch gegen persönliche Sorgen ebensowenig gefeit wie jede andere Monarchin, entglitt ihr an diesem Mittag, was um sie geschah.

Inzwischen führte Filip seine Gäste durch das ganze Haus. Riesige Tabletts, hochgetürmt mit Tellern, wurden an ihnen vorbeigetragen. Filip fing systematisch im Keller an. Der war tief, ein geräumiges Gewölbe mit vielen Gelassen. Filip öffnete die Türen und ließ alle offenstehen, zu den Vorratsräumen, zu dem ausgedehnten Weinkeller, dem Eiskeller, Gemüsekeller. Bis Moische Kenig fragte: »Is do in den Keller a groiße Kiche mit a Speis?«

»Ja, beides, die Speisekammer ist eisgekühlt!«

Die beiden Herren sahen sich genau um, lugten in Schränke, nickten einander zu, öffneten Tischladen, nickten wieder, endgültig urteilend.

»Mir bräuchen dem ganzen Keller. Wir bringen mit sech inseren ejgenem Koch, inseren Flejscher, dem Schächter, insere Lait.«

Mitleidlos sprach Moische Kenig seinen Beschluß aus. Entsetzt und erschrocken wehrte sich Filip.

»Aber Reb Moische, das ist doch nicht notwendig. In der Nachsaison ist die Hotelküche nicht ausgelastet. Ich führe ein rituelles, streng koscheres Restaurant. Wir sind dafür öffentlich bestätigt vom Oberrabbinat. Aus der ganzen Welt kommen Juden zu uns.«

Zu seinem Glück vermochten die Frommen dem schnellen, perplexen Redefluß seiner Aufzählung nicht ganz zu folgen, denn er mischte unzulässig durcheinander: »Chassidim, Aschkenasis, Sephardim, Fromme und Liberale, Orthodoxe und Assimilierte . . .«

Als ihm sein Fehler bewußt wurde, geriet Filip in Schweiß. Chaim Levkovicz unterbrach den ratlosen Filip beschwichtigend: »Reb Polan, regt Aich nischt oif. Wenn wir dos nischt hätten gewisst, dos Ihr sejd a giter jidischer balhaboes, wir weren nischt gekummen. Aber der Roow«, bedeutungsvoll wiegte er den Kopf, »der Radomsker Roow is a zadik, ein Levi, ein melamed, ein Hohepriester.«

Von dieser Steigerung erdrückt, zuckte Filip nur noch mit den Schultern. Stumm führte er die Herren die Treppe hinauf und erklärte oben mit erlöschender Stimme: »Das ist die große Küche, die milcherne, die parvene . . .«

Die Herren inspizierten die riesige, trotz der mittäglichen Hektik übersichtliche und ordentliche Hauptküche, warfen einen Blick in die kleineren, gingen in den Speisesaal, dessen Ausdehnung sie beeindruckte. Doch der erste zwischen ihnen ausgetauschte Wink galt der Gottesdienstecke im Saal. Sie war nach Osten ausgerichtet, überragt von der Zehngebotetafel, dem Misrach. Darunter der Schrank der Lehre, in dem die samtbekleideten bestickten, silberbehangenen Thorarollen aufrecht standen. Die Herren holten unter ihren Westen die Fransen ihres hellgelben, schwarzgestreiften Gebetsschals hervor, berührten damit die silbernen Zeiger der Bundeslade und küßten sie voller Verehrung.

Filip drang mit allem, was er wußte, in ihre Verzauberung ein. »Hier im Raum zum Beten man davenet, Schachris, Mussaph, Mincha, Maarew. Wir haben einen guten Chasen, und Erew Schabbes kommt extra . . .«

Indessen waren die Herren schon weiter, schauten durch die Glastür in die helle, lange, schmale, doch intime Glasveranda.

»Dos gefällt mir«, sagte Moische Kenig entschlossen.

»Hier wolen mir essen – inter uns – allejn. Man kann doch die Veranda absperren?«

Filip nickte. In der Nachsaison war das schon zu machen. Er leitete die Herren auf den Wirtschaftshof, wo sie Kantor Tikoschinski begegneten, dem kleinen, fast zierlichen Schächter mit dem schwarzen Spitzbart, im dreiviertellangen Gehrock, das Käppi auf dem lockigen Haarpelz. Der Pfiffige erriet in Sekundenschnelle, wer da zu Besuch gekommen war, grüßte kaum, verschwand eilends und erschien mit einem fast einen Meter langen Lederfutteral wieder. Weder Filip noch die Sondergäste nahmen von ihm Notiz, bis er sich ihnen gegenüber postierte, stehenblieb und ihnen voll tiefen Respekts und großer Hochachtung den Weg versperrte. Er zeigte ihnen den flachen Koffer, öffnete ihn. Auf rotem Samt lagen, in gepreßte Vertiefungen eingebettet, seine blinkenden Schächtmesser, der Schleifstein und auch das Beschneidungsskalpell. Dabei stellte er sich vor im schnellen chassidischen Thorasinggang: »Jankel Tikoschinski, Chasen, Schochet und Mohel, medizinisch geprüft von der Universität in Kaschau, bitte, hier...«

Er holte eifrig Dokumente hervor, erklärte sie: »Meine Kabole hab ich vom Oberrabbiner Pinchas Halewi in Munkaczewo...« Vor lauter Eifer stieg er beinahe in die Männer hinein.

Filip schob ihn peinlich berührt zur Seite: »Ist schon gut, Reb Tikoschinski!« Beleidigt gab der Schächter den Weg frei, und Filip überlegte sich, wie gut die Zigarre sein mußte, die er ihm schenken würde, um gute Laune wieder herzustellen.

Die Abgesandten des Roows gingen weiter und freuten sich über die sauber getrennten Stallungen für die Pferde, das Milchvieh, das Schlachtvieh, den Hühnerhof mit dem abgegrenzten, von einer halbhohen Mauer umgebenen Schächteplatz. Endlich kamen sie zu den Waschküchen, der Werkstatt, den Kabuffs der Hausdiener, Tagelöhner, Schuhputzer. Allmählich überfiel sie Müdigkeit. Filip wehrte Leute ab, die wagten, ihm etwas zu melden oder zu fragen. Die Herren wollten ins Hauptgebäude zurück. Chaim Levkovicz belohnte Filip für alle Mühen. Das Blut drang ihm vor Freude in die Stirn, als Reb Levkovicz sagte: »Reb Polan, wir werden kummen! Wo wird unterzejchnet der Vertrag?«

»Lassen Sie mich erst Ihnen die Zimmer zeigen. Wir schauen herein, die Gäste sind alle beim Essen.«

Höflich, aber ungern folgten sie ihm in den ersten Stock: »Hier oben wird der Roow wohnen, seine engere Begleitung, die Gabbes. Und im zweiten die Bachurim, alle seine Schüler...«

»Un de Frommen, die Jiden, was kummen speziell wegen dem Rebben, seine Anhänger von iberall?«

»Ein ganzes Haus! Ab Mitte August wartet die Dependance auf sie, alle Zimmer heizbar, jedes mit Balkon.«

Sie beguckten sich die Zimmer, bis Moische Kenig den Hotelier vertraulich beiseite nahm: »Is da eppis ein giter Jid, a Spezialistdoktor für Herz?«

»Ja, ja, Doktor Kohn hat schon den Guerrer-Roow behandelt.«

Als der eifrige Filip sich gar noch anschickte, zum Bodenstockwerk hochzuklimmen, streikten die Abgesandten auf dem Treppenabsatz.

In der Fahnenkammer jedoch, wo Täuber und sein Mädchen sich unter den derben Pferdedecken umarmten, hörte Jaroslav ihre Schritte und setzte sich erschrocken auf: »Um Gottes willen, die kommen hier rein, die lassen sich vom Chef die Fahne zeigen.« Mariechen zog sich die Decke über den Kopf, bis Täuber, der die Schritte verklingen hörte, erleichtert aufseufzte: »Nu Gott sei Dank, daß sie wenigstens keine Patrioten sind.«

Er zog Mariechen die Decke weg, küßte sie und befahl: »Anziehen, Seifenbläschen, in zehn Minuten gibt es Essen in der Gesindestube.«

»Personalküche bitte«, empörte sich Mariechen, aber gleich darauf dehnte sie die Arme weit und rief wohlig aus: »Wie das heißt, ist mir wurscht, ich bin hungrig für zwei.«

Täuber drohte: »Untersteh dich!«

Die chassidischen Herren waren indes im Gang erschienen. Filip rüttelte vergeblich an der Türklinke zur Nummer Eins, und man entschied sich, den Vertrag im Schreibzimmer der Gäste zu unterzeichnen. Hinter den Herren öffnete sich die Türe zum Thronsaal einen Spalt weit, Josefine lugte hervor, erkannte sofort die Bedeutung des Besuches und schlug entsetzt die Hände zusammen: »Schelojme rebojne, Herr des Himmels! Hab ich nicht genug Zores? Dieser Träumer, wird er nicht alles verderben? Dieser Schlemihl mit der ledernen Flint, mein Filip.«

Eine Paniksekunde lang bewegte sie sich auf die Fortgehenden zu, dann siegte ihr Verstand. Sie ging in das Büro beim Zimmer eins zurück und schloß es ab. Sie war aber nicht allein, setzte sich wieder in ihren Lehnstuhl hinter dem bescheidenen Schreibtisch, sah die Klinke zappeln und bedeutete ihrem Besucher, den Finger auf dem Mund, stille zu sein.

Sie war anzuschauen wie eine gesunde, frische Bäuerin, die sich fein gemacht hat in ihrem puffärmeligen Seidenkleid.

Der Mann, der vor ihr stand mit einem Gesicht wie ge-

gerbtes braunes Leder, traurig, doch nicht devot, eher trotzig, war ärmlich gekleidet, trug Holzschuhe und die Handwerkerschürze des Hausknechts. Ein vierschrötiger junger Mann, mittelgroß, muskulös mit großen schwarzen Augen und einem wilden Haarschopf über einer guten, hochgewölbten Stirn. Er blickte zugleich zornig und resigniert.

Sein Hemd stand offen. Auf der dunkel behaarten Brust verriet ein vergoldetes, zweimal gebrochenes Kreuz den griechisch-katholischen Glauben, der in der Ostslowakei zu Hause ist. Josefine zählte ihm klingend Geldstücke auf den Tisch. Ein paar Goldmünzen, das meiste in Silber.

»Juraj Karchnak, hier ist dein Lohn für einen Monat voraus, da hast du noch extra Handgeld, auch etwas für die Reise. Aber – du läßt dich *nie* mehr hier sehen. Du bist klug genug zu wissen, daß es nicht geht. Du willst sie doch nicht fürs Leben unglücklich machen.«

Seine Kopfbewegung verneinte es.

»Du gehst heute noch über die Grenze, und du bleibst weg, sonst melde ich dich der österreichischen Polizei, und die Tschepitschaki kommen. Die schieben dich für immer nach Karpato-Rußland ab, wie meinen Filip nach Burgenland. Hast du verstanden?«

Schicksalsergeben nickte der junge Mann, verbeugte sich wortlos und wendete sich zum Gehen. Ohne einen Blick an ihn zu verschwenden, vielleicht tat er ihr auch leid, rief sie ihm nach: »Und schließ die Tür auf, wenn du hinausgehst.«

Filip und die chassidischen Besucher wechselten Abschiedssprüche auf der Steinterrasse, waren Gegenstand der Neugierde aller Kurgäste, die dort ihren Kaffee tranken, der Familien mit lärmenden Kindern, jüngere und ältere Leute. Viele versuchten Filip am Ärmel zu erwischen und ihn zu befragen. Derbe, grobknochige Russen und Polen, dicke Pelzhändler, schlanke Damen und lüsterne Witwen, die den gut aussehenden, kraftvollen Moische Kenig wohlwollend betrachteten.

Der einzige, den Filip einer Beachtung würdigte, hatte sie gar nicht herausgefordert. Es war ein eleganter jüngerer Herr, offensichtlich ein bevorzugter Gast. Nur zu ihm beugte sich Filip vertraulich, flüsterte leise: »Denken Sie doch, Herr Samuel, der Radomsker Roow kommt im Herbst, der Wunderrabbi! Er kommt das erstemal. Vor zwei Jahren hatten wir den Guerrer, aber der Radomsker ist eine Klasse besser.«

Herr Samuel lächelte verständnisvoll, müde und gratulierend.

Die Chassidim beäugten indessen von einem sehr hohen Turm aus die bunt gescheckte Gästegesellschaft auf der Terrasse, mißtrauisch, mißbilligend, ablehnend. So etwas spürte Filip besser als Josefine. Er beeilte sich, ihnen zu versichern: »Wenn der Roow kommt, schicken wir alle Gäste in das Filialhaus. Nur gegessen und gebetet wird in der ›Bohemia‹.«

Befriedigt nickte Levkovicz: »Also, Herr Polan, der Vertrag ist untergeschribben, der Roow wet kommen September, Oktober!«

Filip verbeugte sich, gab den Gästen die Hand, geleitete sie den ganzen Weg über die Steintreppe herunter zur Bäderstraße, wo sie in den wartenden Landauer stiegen. Er winkte ihnen, machte tiefe Bücklinge. Schon auf dem Rückweg ins Haus über die Steintreppe zum höher gelegenen Vorplatz rieb er sich spitzbübisch lächelnd die Hände, rannte, eines Empfangschefs total unwürdig, durch die Hotelhalle in den Gang und schrie auf der Schwelle zu Josefines Thronsaal: »Pepitschka, Josefa, sie kommen, sie kommen, den ganzen Herbst!«

Seine Frau umarmte ihn schnell, wehrte aber seine begeisterten Zärtlichkeiten kühl ab, indem sie ihn bat: »Tu mir a toiwe und schick mir die Esther, sofort!«

Auf das Gespräch mit ihrer Lieblingstochter bereitete sie sich sorgfältig vor. Sie kämmte sich vor dem Spiegel, zupfte an ihrem Kleid herum und setzte sich in einen der breiten, rot gepolsterten Lehnsessel. Hier hatte alles einen roten Grundton; das farbenprächtige Sofa, zugleich monumental und unbequem, die purpurne Samtdecke auf dem riesigen ovalen Tisch, die samtenen Portieren an den Türen, die in die Hotelhalle und in das Büro führten, und schließlich, einem rot angestrahlten Bühnenvorhang ähnlich, die Abgrenzung des Wohnteils vom Schlafraum mit den beiden breiten baldachingekrönten bäuerlichen Pfostenbetten.

Josefine rühmte sich, sie hätte noch jeden Tag ihres Ehelebens – wenn er nicht auf Reisen war oder in Haft – mit ihrem Mann im selben Bett geschlafen.

Die Möbel entsprachen dem verspielt-grausigen Pomp der Gründerzeit. Da stand ein Hochbuffet aus Nußbaum, voller kleiner Türmchen, mosaikglasverkleideter Schränkchen, von keuschen Halbnacktheiten flankierte Fächer. Daneben die ebenso mit Konditorarbeiten aus gedrechseltem Holz verzierte Anrichte.

Eigentlich paßte Josefine mit ihrem Bauerngesicht kaum in die Überladenheit der Neureichen, und doch – und obgleich ihre glänzenden Augen nun traurig blickten, ja verstört, wie sie da saß – war sie eine kleine Majestät, und ihre ungewollte Würde machte sich den Thronsaal untertan. So wartete sie auf die Tochter.

Esther spülte sich in der Küche die Hände, trocknete sie betont langsam, herauszögernd, hängte den Küchenkittel an den Haken, wissend, was für ein Gespräch ihr bevorstand. Sie gab sich einen Ruck und eilte entschlossen in den Gang, wo sie beinahe den schlanken Mann umstieß, dessen schmales Invalidengesicht sich belebte, kaum war er ihrer ansichtig geworden – den bevorzugten Herrn Samuel. Er hielt sie an den Armen fest, damit sie nicht stürzte. »Fräulein Esther, ich bin ja so froh . . .«

Sie hatte ihn kaum gesehen, zwang sich ein mühsames Lächeln ab, eilte zur Mutter, betrat das Zimmer.

»Setz dich.«

»Ich stehe lieber.«

Josefine besah ihre Tochter lange und schweigend. Die zierlichste von allen, die sie geboren hatte, fast ein Kind noch, doch ein sehr weibliches.

Als Filip damals aus dem Gefängnis kam, liebten sich beide heißhungrig, doch voller Zweifel und Fragen. Es war die Zeit, die zur Zerreißprobe ihrer Ehe wurde. Als sie, die Praktische, Nüchterne, sich schmerzhaft gründlich überlegte: Liebst du überhaupt diesen weltentrückten Träumer, diesen geschäftsuntüchtigen Idealisten? Sie hatte die Frage mit ja beantwortet, endgültig, und sich aller Gegenwehr begeben bis auf das Maß, notwendig für seinen Schutz. Und Esther war dann das Siegel auf ihre Entscheidung.

»Setz dich, mein Kind.«

»Ich stehe.«

»No, wie du willst. Ich habe ihn hinausgeworfen, deinen Goj. Weißt du, es ist ein bißchen auch meine Schuld, du kommst sehr nach mir – und ich kenne mich. Mit sechzehn hätt ich dich verheiraten sollen wie die Rosa. Setz dich!«

Stumm und unwillig reagierte Esther und machte Josefine böse, die nun immer lauter wurde.

»Wie kannst du dich mit einem ostslowakischen Wandrak einlassen, einem Bauchladentrödler! War er es etwa nicht, bevor wir ihn eingestellt haben? Ein Rastelbinder!«

»Dir hat er gefallen, du hast ihn vom Straßenhandel ins Hotel genommen, oder etwa nicht?«

»Hab ich, ich sehe gerne ein kerniges Stück Mann. Bloß – woher weißt du, daß er nicht zur Hälfte ein Zigeuner ist? Kind, diese Trödler sind doch alles Lumpen.«

Esther widersetzte sich. »Mit einem Lumpen hätte ich nichts gehabt. Du hast selbst gesagt, er ist fleißig und anstellig, sogar intelligent, und daß es schad um ihn ist, daß er auf eine Schule gehörte. Und ich hab gedacht, wenn Vater den Täuber mit mir auf die Handelsschule schickt, warum nicht auch ...«

Sie hielt lieber inne, versuchte es noch einmal anders. »Seit zwei Jahren ist er noch jeden Tag der Saison über die Grenze gekommen, nie hat er gefehlt ...«

Josefine sah die Zeit gekommen, der Sache ein Ende zu bereiten und ihre Lösung auszusprechen.

»Setz dich und widersprich mir nicht, sei froh, daß ich dir das Kind nicht wegnehmen lasse. Möglich wär's, du bist erst im zweiten. Juden tun das nicht, aber das Kleine braucht schleunigst einen Vater.«

Die Mutter war leiser geworden, entschieden, eindringlich, aber nicht unfreundlich. Sie sah Esther dabei auf eine Art an, daß sich die Tochter aus freien Stücken auf den Schemel vor den Lehnstuhl setzte, den Kopf senkte und zuhörte.

»Du wirst Herrn Samuel von nun an ein bisserl freundlicher anschauen. Er ist nicht nur anständig, er ist auch reich. Er käm nicht jedes Jahr her, wenn du nicht hier wärst. Ich geb dir Urlaub von der Küche, spazier mit ihm, die Hochsaison hat noch nicht angefangen.«

Esther spürte Unwiderruflichkeit. Sie begab sich des nutzlosen Widerstandes. Immer tiefer senkte sie den Kopf. Die Mutter sah am Zucken ihrer Schultern, daß sie stumm in sich hineinschluchzte. Nur nicht weich werden, dachte sie bei sich und zwang sich zur Härte.

»Du stürzt uns alle ins Unglück«, brach sie aus. »Nicht nur dich, die ganze Familie. So ein Skandal zerstört das Geschäft. Es hieße, die ›Bohemia‹ verkaufen und nie mehr ein rituelles Restaurant eröffnen. So etwas wird sofort bekannt. Verstehst du nicht, du ruinierst uns, und dich von allen habe ich bei mir behalten. Sag, wirst du mir folgen, Kind?«

Als Zeichen der Kapitulation küßte Esther der Mutter die Hand. Die streichelte ihr mit verhaltener Zärtlichkeit über das reiche Haar.

»Na also, viel Zeit bleibt dir eh nicht mehr, wenn man es als Siebenmonatskind ... Du wirst zu Martha gehen müssen nach Abbazzia mit Samuel.«

Die Mutter straffte sich: »Er ist draußen auf der Terrasse, sag ihm gleich etwas Nettes, geh.« Esther ging, aber nicht auf die Terrasse. Bis in die Nacht drückte sie sich davor, Samuel zu treffen.

Alle Räumlichkeiten der Familie und des Hauspersonals, die Eltern ausgenommen, lagen während der ganzen Saison im Bodenstockwerk. Kleine Käfterchen mit abgeschrägten Wänden, denn vermietbarer Raum ist kostbar. Nur die Eckzimmer, Esther wohnte in einem, hatten als zusätzlichen Luxus eine fensterlose, elektrisch erhellte Schlafkammer.

Seit sie von der Schule heimgekommen war, sah Esther das Zimmer selten bei Tage. Die Küchenaufsicht verlangte sie von früh bis in die Nacht. Und in den letzten Monaten hatte sie mit der unerschöpflichen Kraft der Verliebten die wenigen Stunden der Ruhe noch glücklich mit Juraj geteilt. Das ging nur gut, seit Juraj, der eigentlich hätte jeden

Abend über die Grenze gehen müssen, dem österreichischen Grenzwächter preußische Hefe und dem deutschen slowakischen Räucherkäse mitgebracht hatte, wofür sie ihm die täglich erforderlichen Stempel dutzendweise in den Ausweis drückten.

Als Esther an diesem Abend in ihr Zimmer trat, sah sie Juraj am Boden hocken und ihre Schuhe putzen. Sie standen im Kreis um ihn und den Haufen Bürsten, Lappen und Cremes herum, hochgeschnürte Keusche, Sandaletten, Trotteure, lacklederne Tanzschuhchen, die breiten bequemen Küchentreter und die derben, hohen Stiefel, mit denen sie Josefine beim Geflügelgroßeinkauf auf dem Kutschbock des Leiterwagens begleitete.

Juraj hatte alle blitzblank geputzt, einen noch in der Hand. Ein letzter Liebesdienst, den er verlängert und herausgezögert hatte. In diesem Schuh, den er zärtlich wischte, liebkoste er Esther. Sie trat in den Kreis, er kniete vor ihr und umfing ihren Leib, sie streichelte seinen wilden Haarschopf, drückte ihn an sich und begann zu weinen. Er richtete sich zum Abschiednehmen auf, doch Esther bat: »Bleib noch diese Nacht!« und stieß die dunkle Schlafkammer auf, in der nicht viel mehr Platz hatte als ihr Bett.

Früher Morgen. Unendlich vorsichtig und leise, um Esther nicht zu wecken, im Stockdunklen, kleidete sich Juraj an. Trotzdem erwachte Esther, knipste das Licht an, Juraj stand zum Fortgehen gerüstet an der Tür: »Ich wollte uns die Bitterkeit ersparen, Milačku!«

Esther holte sich den Mann mit beiden Armen zurück: »Den Schlüssel, den du dir gefeilt hast, den zweiten, behalt ihn dir als Andenken ... Ich werde das Schloß nicht ändern lassen.«

»Nein, Liebste, immer, wenn ich ihn anfaßte, würde ich dich spüren.«

Eine kurze leidenschaftliche Umarmung noch, so heftig, daß sie weh tat, und Juraj war aus dem Zimmer gestürzt. Diesmal polterte er die Stiegen herunter. Er hatte keine Rücksicht mehr zu nehmen. Jetzt war ihm alles gleich.

Die Hähne krähten das Morgengrauen ein. Über die Felder zogen tiefe Nebelschwaden, die Grenzwiesen trugen den Tau der Frühkühle. Juraj erreichte den Grenzstein, spuckte ihn an, drehte sich noch einmal um und ballte seine Faust gegen die »Bohemia«. Langsam verlor er sich in der Ferne. Er wurde immer kleiner, Nebel verschluckte ihn. Peter Samuel hatte seinen Vater verloren, bevor er den Mutterleib verließ, und nie wieder im Leben etwas von ihm gehört.

3. Wie Peter ein richtiger Jude wird

Daß die Kurkapelle von Grenzbrunn in voller Stärke – drei Dutzend Musiker – spielte, daß der Tanzkapellmeister der Wintermonate als Dirigent des Kurtheaters zum Generalmusikdirektor avancierte, das war selbst für die Grenzbrunner Anlaß – meist der einzige im Jahr –, im Kurpark zu promenieren. Sie überzeugten sich in den Gewächshäusern – im Sommer botanischer Garten genannt –, was an Neuheiten eingekauft war, fragten, ob die Victoria regia in diesem Jahr blühte, und gingen das vielverschlungene Wegelabyrinth im weithin bekannten Rosengarten ab. Dieser Tag läutete die Kursaison ein. An den Rändern der Labyrinthwege standen nicht nur viele Hunderte von Rosenstöcken, sondern auch hölzerne Liebeslauben, eingehüllt von Kletter- und Schlingpflanzen und Zwergbäumen. Die Sonne strahlte, und Esther am Arm des Herrn Samuel drehte ihr blumenbuntes Batistschirmchen zu den Takten der Kurkapelle, die von Ferne herüber klangen. Herr Samuel hatte sich mit dem allzu langen Spaziergang ein bißchen zu viel zugemutet. Er wischte sich mit dem Seidentuch die Stirn und blieb stehen. So lange hatte er schüchtern nach einer verschwiegenen Laube gesucht, daß er nun fragen mußte: »Wollen wir nicht hier . . .«

Esther ging das Spiel mit falschen Karten auf die Nerven. Nun fühlte sie sich mitverantwortlich für Samuels Erschöpfung. Jetzt wird er sich erklären, dachte sie, und ich soll ihn belügen. Doch sie half ihm: »Ja, hier stehen auch die schönsten Rosen.« Sie setzten sich, Samuel, des Zögerns endlich leid: »Fräulein Esther, Sie sind klug genug, um zu wissen, daß Sie mir nicht gleichgültig sind. Oder darf ich Esther sagen?«

»Bitte, wenn es Sie freut.«

»Ach, ich kenne Sie wahrhaftig lange genug. Sie haben noch Rattenschwänzchen getragen und magere Beinchen gehabt, da kam ich als Gymnasiast in die ›Bohemia‹, etwa ab Quarta – und von da an jedes Jahr bis heute. Wer weiß, wie lange noch? Ich will nicht mehr allein sein, Esther.«

Mehr zu sagen traute er sich nicht. Mochte sie Zeit haben, es sich zu überlegen. Doch sie trafen sich jeden Tag und redeten über alles, nur nicht über das ihm so Wesentliche. Ihn störte, daß sie sich nie allein fühlten, weil Esther, wohin sie auch gingen, als Polantochter begrüßt und angesprochen wurde. Die Erinnerungen an Gemeinsamkeiten der Kindheit brachten Samuel auf die Idee, den Ausflug zu den »wilden Löchern« vorzuschlagen, um jene Sandsteinfelsen für ein einsameres Stelldichein zu nutzen.

Der Ausflug war so bekannt und üblich, daß sich die Kutscher ihre Fahrgäste gleich bei deren Ankunft am Bahnhof sicherten. Die Fahrt über eine vielfach gewundene Serpentinenstraße durch hohen Laubwald bergan dauerte anderthalb Stunden. Mit der Besichtigung und dem Picknick also ein Tagesausflug.

Samuel schwieg unterwegs. Das Hottehü des Kutschers, sanftes Gummirädersurren, das Knirschen der Scharniere, gelegentliche Versuche des Kutschers Pietsch, mit ihnen ein Gespräch anzufangen, die er bald aufgab, Blätterrauschen, Vogelsingen, sonst nichts. Auch Esther blieb stumm.

Innerlich jedoch revoltierte sie. Schlaue Josefine, tüchtige Mutter, das hast du geschickt eingefädelt, und beinahe hätte ich die Schiebung mitgemacht.

Diese Unterschiebung, ich krieg's nicht fertig. Ich mag den Mann zu gut leiden.

Er ist feinfühlig und zart wie Harfenspiel und bei all seiner Hinfälligkeit so peinlich sauber. Er mag schöne Sachen. Und wie er redet. Ich bin das gar nicht mehr gewohnt nach all den unehrlichen Komplimenten. Ohne Schmus, doch nicht grob. Schade! Vielleicht wär er – nein, er verdient die Wahrheit. – Nun erst lächelte sie ihn an, offen und ohne Rückhalt. Vielleicht war es das letzte Lächeln, das er so unbefangen zurückgab.

Der Landauer hielt am Ziel.

»Kann ich gleich wieder umkehren?« fragte der Kutscher. »Ich hab noch 'ne Fuhre hier rauf. Ich bin rechtzeitig wieder zurück, bis Sie durch alles durch sind. Sie haben doch nichts dagegen, daß dann zwei ältere Gäste mit zurück ins Tal fahren.«

Sie hatten – sagten aber nichts, und Pietsch schnalzte mit der Zunge.

»Hü, Peter! Heja, Pavle!«

Peter – Paul, schöne Namen, dachte Esther.

Immer noch stumm, doch innerlich sehr laut und aufgewühlt, gingen sie zum Bergführerhäuschen, von wo aus die Natur durch einen Drahtzaun vor den Menschen geschützt wurde. »ACHTUNG LEBENSGEFAHR« verkündete ein Schild mit Totenkopf. »Das Betreten der Felsgrotten und der Naturdenkmäler ist nur im Beisein der dazu bestellten Bergführer erlaubt. Eintrittskarte zwei Mark.«

Esther schaute Samuel von der Seite an: »Warum waren Sie so still die ganze Fahrt?«

»Ach, der Kutscher. Haben Sie nicht versprochen, Ben zu mir zu sagen?«

»Gut, ich gewöhn mich schon, Ben! Und jetzt werden wir uns die Felsgestalten anschauen.«

Esther blieb mitten auf dem Wege stehen, zwang Samuel, es ihr nachzutun, und zählte her, immer schneller und eifriger, um abzulenken: »Der wackelnde Zahn, das Stofflager, der Elefant, die Echohöhle, der Negerkopf, das Kamel, die sitzende Glucke. Denken Sie mal, Ben, beim schwankenden Schiff – wenn Sie den Bug nur mit der Zehenspitze berühren, wackeln zweihundert Tonnen Felsgestein.«

Freimütig lächelte sie Samuel an. Der Gymnasiast der Kindheitsjahre schaute aus seinem müden Gesicht. »Das kennen Sie wohl alles?«

»Seitdem ich plappern konnte, haben mich die Kutscher mit den Gästen hier heraufgefahren, als Maskottchen. Natürlich kann ich's auswendig.«

»Ich auch.«

»Ja, aber warum sind Sie denn dann mit mir ...« Sie sprach nicht weiter. Sie hatte die Vortäuschung satt. Schweigend ging sie neben Samuel durch das knorrige Zwergholz, kämpfte sich durch stachliges Gebüsch, fürchtete, daß es ihm zu schwerfallen würde, hielt nahe einer kleinen Lichtung an. Er hob sie auf einen bemoosten Rundfelsen und schwang sich daneben.

»Weil ich endlich einmal mit Ihnen allein sein wollte. Ich will offen sein, Esther, ich weiß nicht, wie lange ich noch leben werde. Ein angeborener Herzfehler. Und ich höre die Ärzte sagen: Wenn Sie sehr vorsichtig sind, gebe ich Ihnen bis hundert Jahre, aaaber Sie müssen . . .«

»Vielleicht behalten die Ärzte recht . . .«

Wehmütig lächelnd setzte er fort: »Ihr Wort in Gottes Gehörgang, Esther, nur – wissen Sie, es steigert sich. Jedes Jahr muß ich immer noch ein bißchen vorsichtiger sein . . . Und, Esther, ich will nicht verlöschen wie ein Lichtstumpf, ich will etwas hinterlassen, nicht nur mein Vermögen. Für wen denn auch? Nein, ein bißchen erlebtes Glück. Vielleicht ein halbes Dutzend Jahre lang Leben mit dir, ein Kind, einen Namen, einen Menschen, der ihn weiterführt. Ich liebe Kinder, und ich liebe dich, Esther. Ich sehne mich nach dir.«

Sie brachte es nicht über sich, ihm noch länger zuzuhören, versuchte sich abzustützen und vom Fels zu rutschen. Er drückte sie sanft auf den Stein zurück. Da sagte sie lauter, als sie es wollte: »Ich krieg's nicht fertig, Sie anzulügen, ich tu es auch nicht. Dazu mag ich Sie zu sehr leiden . . .« Sie schwieg, suchte nach Worten: »Sie müssen nämlich wissen, Ben . . .«

»Gar nichts will ich wissen, vielleicht ahne ich, vielleicht weiß ich, das ist mir gleichgültig, nur du nicht, Esther. Du bist mir gar nicht gleichgültig. Du bist wie ein geschenktes Stück Leben.«

Und Esther rief erlöst, wieder zu laut vor Verlegenheit: »Ich – ich schenk es dir.« Um ihre Scham zu verstecken, beugte sie sich tief über das Pompadourtäschchen, suchte, fand darin den zweiten Schlüssel, dessen Bart noch deutlich die Spuren von Jurajs Feile trug. Sie reichte ihn hin wie eine Opfergabe: »Nummer zwölf a, das heißt so, weil kein Gast in der Dreizehn wohnen will. Sie sind doch nicht abergläubisch, wie? Ich glaube, daß Sie ein sehr guter und lieber Mensch sind.«

»Sag doch endlich du, sonst lernst du es nie bis zur Trauung.« Sie küßten sich, leise, eine behutsame Umarmung, doch Esther brauchte sich keine Gewalt anzutun. Sie fand echte Gefühle in sich.

Sie lieben es, opulente Feste zu feiern, die frommen Juden. Sie nutzen jede Ausrede, sie zu veranstalten. Ihr lieber Gott und die Vielzahl ihrer religiösen Feiertage versorgen sie mit Gelegenheiten. Dazu gesellen sich die persönlichen: die Weihe der Dreizehnjährigen zur Männergemeinschaft, Beschneidung, Hochzeit und Beerdigung, feierlich begangen.

Dabei essen sie gern, viel und gut, singen unvorbereitet Solo und Chorus. Die Männer tanzen im Kreis, eingehakt, rhythmisch stampfend, sich wiegend. Sie trinken Wein in Maßen, wenig Schnaps, sind sehr stolz darauf, daß ihre Feste keine Trinkfeste sind und Besäufnisse selten vorkommen.

Feste läßt man sich ungern entgehen. Deshalb ärgerte sich die ganze Familie Polan, daß die standesamtliche Trauung nur mit den beiden anwesenden Zeugen im Grenzbrunner Bürgermeisteramt vor sich ging und die religiöse in der kleinen Synagoge des österreichisch-böhmischen Nachod – wie man das sonst eigentlich nur von Beerdigungen sagt – in aller Stille stattfand.

Dieser verdammte Samuel blieb für Esthers Schwestern und Brüder, Onkel und Tanten, Vettern und Cousinen der große Unbekannte, und das ertrugen die Neugierigen nur sehr ungern.

Es gab auch keine Flitterwochen. Die Neuvermählten reisten zu Martha in deren Logierhaus gleichen Namens in Abbazzia. Bis drei Wochen vor ihrer Niederkunft stand Esther tagsüber am Herd und schwitzte ebenso wie in der »Bohemia«, obwohl draußen das Mittelmeer lockte. Samuel, der mit Immobilien handelte, hatte seine Geschäfte inzwischen seinem Prokuristen und einer Anwaltsfirma anvertraut, blieb die ganze Zeit bei ihr, erlebte glückliche Monate, so daß es selbst den Ärzten schien, daß er gesünder würde.

Esther war mit Männern glücklich, die sie bedingungslos liebten und ihr deswegen das In-den-Tag-hinein-Leben und ihre Unselbständigkeit nachsahen.

Ihre gastronomischen Fähigkeiten betreffen diese Feststellungen nicht. Die hatte sie bei Josefine von frühster Kindheit mit der Muttermilch aufgenommen. Für Gäste sorgen war ihre zweite Natur, auch hier in Abbazzia. Wirklich sicher, unbefangen, kompetent fühlte sich Esther erst in der »Bohemia«. Sie kam fast um vor Sehnsucht. Selbst das Internat der Handelsschule hatte sie als Strafe empfunden. Ohne den guten Zuspruch ihres Mitschülers Täuber und die Aussicht auf die Ferien hätte sie ihre Prüfungen nicht so gut bestanden.

Mehr noch als sie freute sich Samuel auf das Kind. Die Monate der Schwangerschaft verliefen leichter als üblich. Auch Josefine hatte Sehnsucht nach Esther. Sie brauchte diese jüngste ihrer Töchter, um sie zu erziehen, sie nach ihren Vorstellungen zu modeln, zurechtzuknuffen, sie als Blitzableiter zu benutzen, aber auch mitzuziehen und mit ihrer verhaltenen Liebe zu umsorgen.

In den ersten Wochen vermißte man die Stellvertreterin der Chefin in der Küche der »Bohemia«, doch ein so eingefahrenes, geordnetes Unternehmen mit seiner Werktagsroutine entwickelt ein Eigenleben, funktioniert aus sich selbst heraus. Bei allem scheinbaren Wirrwarr begaben sich wenig sensationelle Ereignisse.

Nur Täuber wäre es beinahe böse ergangen. Mariechens Vater jagte ihn mit der Axt durch den Garten, drohte mit einer Anklage wegen Verführung Minderjähriger. Täubers Gönner Filip, der annahm, es sei genau umgekehrt gewesen, vermittelte. Man einigte sich. Die jungen Leute würden in zwei Monaten richtig heiraten, wenn Mariechen das Siebzehnte feierte.

Filip, der ausgleichende, versöhnliche Empfangschef und Mitbesitzer der »Bohemia«, repräsentierte. Er saß im Vorstand des Kurvereins, unterhielt die Gäste, nahm sich der kleinen Reparaturen an, wurde von seiner Frau als Ehemann geliebt wie eh und je, aber als Geschäftsmann verachtet wegen seiner profitfeindlichen Gutmütigkeit und Selbstlosigkeit.

Langsam ging die Hauptsaison zu Ende, die Ankunft des Radomsker Roows rückte näher. Ihm voraus kam Chaim Levkovicz mit den medizinischen Befunden der

Krakower Universitätsprofessoren, um mit Dr. Kohn, dem Badearzt, Kurmittel und Maßnahmen zu besprechen. Sie fanden, als sie sich gegenüber saßen, daß sie von Gestalt recht ähnlich waren, nur hatte der fröhliche, berufsmäßig Optimismus verbreitende Mediziner ein rosa glattes Gesicht, und seine rasierte Kugelglatze glänzte dunkel.

Chaim kam, wie sein Gebieter, der Roow, zum ersten Male in ein Kurbad und ließ keinen Zweifel daran, daß er nicht viel davon hielt. Er fürchtete, man würde sich langweilen, und der herzkranke, aber aktive Roow, der sich durch Betriebsamkeit am Leben erhielt, würde durch Nichtstun sterben.

Sie hatten miteinander Kaffee getrunken und einige kleine Schnäpse. Der dadurch angeregte und gut aufgelegte Arzt verteidigte das Badeleben und die Kur, was durchaus nicht dasselbe sei.

»Wos tit man in a Kurort?«

»Lieber Herr Levkovicz, das hängt von so vielem ab: wie krank man ist, ob reich oder arm, jung oder alt, was man für ein Temperament hat und was für eine Psyche.«

»Ich mejn nur de reiche Lait, de andere sind Schnorrer. Ich kenn mech ois mit die Blutegel.«

»Die Reichen! Das ist schon leichter. Wissen Sie, es ist wirklich verwunderlich, wie leicht reiche Leute sich untereinander verstehen, wenn sie sich nicht gerade den Teppich unter den Füßen wegziehen. Aber außerhalb des Geschäfts – großartig! Sogar, wenn sie verschiedene Sprachen sprechen. Na, was man hier so hört: jüdisch, deutsch, englisch, portugiesisch, französisch, russisch, polnisch. Da bleibt es sich gleich, ob sie Christen, Mohammedaner, Juden oder Buddhisten sind. Ihr lieber Gott ist derselbe. Er heißt Geld – oder wie Sie sagen: Mesume.«

Erschrocken, wie abwehrend, lehnte sich Levkovicz zurück. »Seid ihr, Gott behüte, a Sozialist?«

Kohn hielt sich den Bauch vor Lachen: »Dazu hab ich zu viel zu verlieren. Aber von einem guten Arzt wird erwartet, daß er es versteht, eine Diagnose zu stellen.«

»A Diagnose ... Sagt mir, Reb Doktor, von wo kimmen die Kurgäste, wieviel in a Johr, wieviel Jiden, wieviel Gojim, was fehlt ihnen?«

»Ganz hübsche Frageliste ... Achttausend Gäste sind's per Saison, die Hälfte davon Gojim. Bei den Juden findet sich wesentlich mehr Internationalismus. Es treffen sich hier Schanghai und Paris, Europa, beide Amerikas, Südafrika, reiche Leute aus Rußland und Kongreß-Polen – bis an die chinesische Mauer. Und natürlich deutsche Juden, Rechtsanwälte, Gelehrte, Künstler.«

»Und die Gojim?«

»Fabrikbesitzer, höhere Beamte und niederer Adel, Großbürgertum und Offiziersfamilien, viele Liberale, die es nicht stört, daß die Hälfte der Kurgäste Juden sind.«

»Nu scheen, Reb Doktor, und was macht man in einem Kurbad den ganzen Tog?«

»Kommt darauf an, ob man sich vergnügt oder kuriert. Für beides bietet Bad Grenzbrunn eine reiche Auswahl.«

»Ich bin a Gesunder. Der Roow ist krank. Bieten Sie an. Was haben Sie zu offerieren?«

Doktor Kohn ritt der Teufel. Er mußte diese selbstgefällige Sicherheit des weisen Chassid erschüttern, und wenn es ihm einen steinreichen Patienten raubte!

»Zunächst macht man Geschäfte oder redet davon, obwohl das Ärztekonsilium das streng verbietet. Immerhin hilft das Verbot dazu, daß man sich nicht gegenseitig auffrißt und aneinander gerät. – Was bleibt? Man schwätzt, liest, stöbert im Lesesaal in den Zeitschriften herum, erregt sich beim Glücksspiel – übrigens streng untersagt –, man schreibt Ansichtskarten, tanzt beim Five o'clock oder dem Kurball, geht ins Theater, horcht auf die Kurkapelle. Man flaniert, kokettiert, intrigiert, klatscht und tratscht, zeigt den letzten Modeschrei. Man verführt oder läßt sich verführen. Die Liebe im weichen Moos oder auf dem weißen Bett gehört im Kurort zu den normalsten gymnastischen Körperübungen, wobei es ziemlich durcheinander geht. Man tauscht sich aus, Reb Levkovicz, betrüblich, aber nicht ungesund. – Schlimmer und ebenso häufig ist die Verführung zu Schlagsahneorgien, die unsere Kuren wirkungslos machen oder sogar neue notwendig.«

Keine Miene verzog Chaim Levkovicz.

»Pinkt asoj wie in Radomsk. Genauso! Ihr vergeßt, Doktor, als a Jingale bin ich noch nischt gewehn a chossid.

Man hat gelebt! Nu sagt mir schon, was tün ewscher solchene, wos sech *wirklich* kurieren? Wozu man geht in a Bad? Damit man wet a gezinder Mensch. Gibt es nischt die ochet?«

»Es mischt sich, Reb Levkovicz, natürlich befolgt man trotzdem – im allgemeinen – die Kurverordnung, trinkt Brunnen, schläft folgsam am Nachmittag, kriegt Spritzen, nimmt Bäder: Kohlensäure, Moorschlamm, Fichtennadel, Radion. Man läßt sich massieren, treibt Gymnastik im Zanderinstitut, ruht und spaziert.«

Chaim, anerkennend den Kopf wiegend: »Dazu braucht man a Gewure. Rabbonim Chachumim! A Kraft, a Kondice, wie sagt man daitsch – a Ausdauer.«

Kühl und fachmännisch erklärte Dr. Kohn, ein wenig vergnatzt, weil seine Provokation keine Wirkung zeigte: »Deshalb verschreiben wir auch gern eine Nachkur. Erst danach zeigen sich meist die Erfolge. Und glauben Sie mir, Herr Levkovicz, es sind echte Kurerfolge. Umsonst wird ein Bad Grenzbrunn nicht so bekannt und so berühmt.«

Chaim Levkovicz ging nicht unbefriedigt die Treppen von der Kohnschen Praxis herunter. Er freute sich diebisch, daß er sich nicht hatte schockieren lassen, vielmehr den Doktor mit der eigenen Medizin geschlagen hatte – und daß er etwas zu hören und zu sehen kriegen würde in Grenzbrunn. Langeweile befürchtete er nicht mehr. Schon den Roow vom Kurbetrieb abzuschirmen, bedeutete eine verzwickte Aufgabe.

Die Hotel- und Logierbesitzer wagten nach dem Geschäft der Hauptsaison ein erstes Aufatmen. Das Bäderpersonal und die Ärzte durften die Kurmittel selbst erproben und sich auskurieren. Die Nachsaison hatte begonnen.

Nur im Umkreis des Hotels »Bohemia« war mit dem Roow neue Geschäftigkeit eingezogen, die auch von dem Fest her kam, auf das sich die ganze Familie Polan vorbereitete. Es traf sich gut, daß sie in die späte Nachsaison fiel, die Beschneidung des kleinen Peter Samuel, geheiligt durch die Anwesenheit des Roows. Leider gingen dem Ritual ernste Kompetenzstreitigkeiten voraus.

Die Begleiter des Roow hatten gewisse Vorbehalte,

machten Schwierigkeiten. Filip bat um eine Audienz bei dem Weisen. Der Roow willigte ein.

An diesem milden Herbsttag schien die Sonne blaß in flacherem Bogen. Die Blätter des wilden Weins vor dem Fenster des hohen Rabbis glänzten rotgelbbraun gefärbt.

Aus zwei Zimmern war ein Appartement entstanden, die Zwischentür ausgehängt und durch einen schweren Vorhang ersetzt. War er weggezogen, konnte man vom Flur aus bis in das Studierzimmer hineinschauen. Der alte, weißbärtige Mann saß am Tisch, umgeben von Folianten der Lehre, vor einer Bücherwand. Ringsum Texte in dickleibigen Bänden: Raschi, Gamara, des Talmud Schriften.

Statt des pelzumrandeten Hutes trug er ein rundes, dunkles Käppi, und auch der kostbare Kaftan war durch einen dünnen, einfachen ersetzt. So grübelte er, tief über die Bücher geneigt, nahm gelegentlich eine Lupe zur Hilfe. Der schwere Eichentisch glänzte blank, als einziger Schmuck die Menorah, der silberne siebenarmige Leuchter.

Auch auf den Tischen seiner Begleiter im Vorzimmer waren Talmudwerke zu sehen. Daneben Aktenkram, Korrespondenz, Rechnungen, sogar eine Schreibmaschine.

Der Roow spricht nicht direkt zu den Gläubigen. Dazu dienen die Begleiter. Selten, wenn es ihm wohlgefällig war, fielen ein paar gedämpfte Worte. Daß auf Filips Klopfen hin der Vorhang nicht sofort zugezogen wurde, erwies sich als eine ihm gewährte Gunst.

Im besten Cutaway, das Käppchen auf dem Haupt, stand der Bittsteller in der Tür. »Sie haben mir erlaubt, ein paar Worte ...« Chaim Levkovicz legte den Finger auf den Mund. »Scht, der Roow klärt, er denkt nooch ...«

Aus seinem Zimmer rief der Würdige: »Reb Kenig, wer ist das?«

»Der Hotelbesitzer hat gebeten ...«

Der Roow erhob sich gnädig und sagte gutgelaunt: »Ata soj, er ist geworden ein Groisvatter, a Sejde, gebenscht soll er sein, er hat vermehrt Kol Jisroel. A Jingale, a Bocher, er hat erfüllt das Gesetz, er soll hereinkimmen.«

Filip küßte die Mesusa, jene Zehngebotekapsel, die in Kopfhöhe am oberen Ende der Türfassung zu hängen hat, und folgte der Aufforderung. Levkovicz stellte einen Stuhl nahe an die Türschwelle, damit die Distanz gewahrt blieb. Der Roow flüsterte mit Levkovicz: »Far wuos is er do? Hot er a Quittel?«

Filip fragte Moische: »Was ist a Quittel?«

Geflüsterte Antwort: »A Zettel mit der Frage an den Roow.«

Filip durfte näher treten, der Roow gab ihm die Hand und legte sie dann segnend auf seinen gebeugten Kopf. Darauf mußte er wieder zu seinem Bittstellerstuhl. Filip faßte sich ein Herz und bat leise an Levkovicz' Ohr: »Ich bin gekummen zu bitten den Roow um eine groiße Toiwe. Er soll vorbeten bei der Feier.«

Levkovicz eilte mit der Bitte zum Roow, der schweigend zuhörte, aufstand, einen Folianten aus dem Bücherregal nahm und sich stehend hinein vertiefte: »Und wer wird beschneiden? Wer wird sein der Mohel?«

»Reb Tikoschinski«, sagte Filip kleinlaut, und wieder flüsterte Levkovicz mit dem Roow. So ging es weiter. Die Begleiter vermittelten die Worte Filips genau oder in eigenwilliger Bearbeitung und ließen Filip die Antwort wissen. Aus ihren Gesichtern erkannte er, der Weise mußte etwas Schlimmes gesagt haben. Vielleicht, das ist doch der Spitzbart, der nicht unsere Zulassung hat. Die zweite Examensfrage des Rebben schien noch peinlicher. Er wollte wissen, wer der zweite Vorbeter und erste Sänger der feierlichen Handlung wäre, und Filip mußte zugeben, daß es Dr. Strauß sei, eigentlich ein Amateur, von Beruf Syndikus an der orthodoxen jüdischen Gemeinde zu Berlin.

Levkovicz fügte hinzu: »A Daatsch.«

Mißbilligend wiegte der Roow seinen Kopf.

»Ein Deutscher schon, aber ein Frommer«, wendete Filip ein. »Wie gesagt, Rechtsvertreter einer großen jüdischen Gemeinde.«

Kenig wies auf Levkovicz und sagte ziemlich hochnäsig: »Na, und wenn schon. Wir sind beide oisgebildete Juristen mit a Doktor. Wir gebrauchen dem Titel nischt. Ein Gabbe zu sein vom Radomsker Roow ist höcher als a Akademiker.«

Chaim war inzwischen wieder von seiner Kurzstafette zurückgekehrt und übermittelte: »Der Rebbe sogt, mir haben einen oisgezeichneten, beriehmten Beschneider mit sech in insere Chewre, a Doktor Mendelejew. Laßt ihn malenen, und der Rebbe wird vorbeten. Mendelejew ist der beste Mohel im Radomsker Gubernat. Er wird git tün dem Jingale, wos sech hejßt Peter.«

Die Gabbes argumentierten mit Filip. Im Zimmer schwebten Tabakwolken in der Luft. Sie kamen aus der langen Oberförsterpfeife, die sich Filip ungefragt angezündet hatte. Er rauchte sie, seitdem ihm die Havanna mit Stroh ärztlich verboten worden war. Es ging ihm da wie Kaiser Franz Joseph, der sich die langen handgewickelten Kostbarkeiten auch nicht abgewöhnen konnte. Ein Grund mehr für Filip, gerade dies zu tun. Nun litt also nicht mehr er selbst, dafür aber seine Umgebung.

Kompromißlos stellte Moische Kenig fest: »Der Roow kann nischt vorbeten bei der Feier, wenn Tikoschinski das Kind beschneidet. Tikoschinski ist dem Roow nicht rituell genug.«

Am hastigen und heftigen Ziehen an der Pfeife erkannte Chaim die innere Erregung Filips, der sich mit seiner Antwort Zeit ließ. »Glauben Sie mir, Reb Moische, dem Kind und mir ist es egal, von wem es gemalet wird. Tikoschinski ist ein von der medizinischen Fakultät der Universität Kaschau ausgebildeter und geprüfter Fachmann, und Ihr Doktor Mendelejew ist eine ebenso unbestrittene Autorität. Nur – wissen Sie –, Tikoschinski hat alle meine Jungen zu Jidem gemacht. Die ganze Mischpoche wäre zutiefst beleidigt und brojgiss, wenn er nicht beschneidet meinen Enkel und – verzeihen Sie, ich auch.«

Die Loyalität Filips gegenüber dem kleinen Tikoschinski beeindruckte offensichtlich. Levkovicz begab sich wieder zum Roow, holte Folianten aus dem Bücherregal, öffnete sie, wies auf Stellen hin, zitierte. Er durfte sich mit an den Tisch setzen, Kenig kam hinzu. Man suchte einen Ausweg. Neue Wälzer wurden herangeholt. Es begann eine talmudische Disputation, und da die Suchenden aufhörten zu flüstern und in den Singsang verfielen, in dem man die Lehre erklärt, konnte Filip vernehmen, worum es ging. Levkovicz legte eine Talmudstelle so aus, daß in grimmiger Not, vielleicht in der Wüste, wenn kein beamteter Beschneider anwesend sei und das Kind in den Stamm aufgenommen werden mußte, jeder Gläubige, der dazu fähig sei, die Erlaubnis hätte – der Allmächtige soll abhüten, daß ein solcher Fall je eintrete ... Der Roow nahm dem Entdeckungsfreudigen das Buch aus der Hand, besah die Stelle, wiegte mit dem Kopf. Dieses Zitat, jedenfalls eine solche Sicht darauf, war ihm eine echte Entdeckung, und er sagte plötzlich in ganz reinem Deutsch, mit dem Kopf nickend: »Interessant, interessant.« Der so belobigte Levkovicz errötete in verlegener Freude. Weiter blätterte der Weise in den Folianten, ließ sich noch einen anderen Text zeigen, flüsterte mit seinen Beratern und schlug endlich das Buch mit einem so lauten Knall zu, daß Filip vor dieser Geste der Endgültigkeit erzitterte. Doch Chaim Levkovicz kam strahlend zu ihm gelaufen.

Um Verständlichkeit bemüht, erklärte er: »Der Roow bleibt dabei. Er wird nicht vorbeten. Er darf nicht. Es wäre gegen das Gesetz. Aber er wird vorlesen vor allen Gläubigen einen Abschnitt aus der Lehre, aus der Thora, versteht Ihr. Er kommt Euch entgegen, weil Ihr seid ein guter Jid und ein guter Mensch. Das ist ein großes Zugeständnis, ja ein großes Geschenk. Der Roow wird dabeisein. Emmess – dajenu.«

Für Filip war es das große Amen. Kam noch ein letztes Wort vom jungen Moische Kenig: »Der Roow heißt Euch jetzt zu gehen. Er wünscht Euch, Reb Polan, a gite parnosse, we chalkolo, masel und broche.« Mit diesen Worten zog Kenig den schweren Vorhang vor den Eingang der Studierstube. Die Audienz war beendet. Die Gabbes verbeugten sich und liefen zu ihrem Monarchen.

4. Familienparade

Die ganze Terrasse entlang wartete man auf die Gäste, keine Kurgäste, sondern Festgäste, die Mitglieder der Familie Polan. Das Pfeifen des Bäderzuges kündigte von ferne ihr Eintreffen am Bahnhof an.

Am oberen Ende der Terrasse hatte der Hofstaat des Roow Platz genommen. Man saß eng beisammen. Er, umringt von seinen Schülern, alle in Kaftan, weiße Söckchen über die Hosenaufschläge gezogen, mit breiten schwarzen Hüten, die Unverheirateten noch ohne Bart, aber mit langen Schläfenlocken. Der Außenring bestand aus einer bunten Gemeinde vieler Herren Länder. In der Mitte der Steinterrasse, durch einen ungedeckten Tisch von den Orthodoxen getrennt, tafelten die Gäste aus Deutschland und Übersee und alle voller Neugierde, alle auf der Jagd nach den Alltagssensationen des Kurlebens.

Filip saß neben seinem Schwiegersohn Samuel auf seinem vom Weinlaub verborgenen Stammplatz im vorderen Teil der Terrasse. Es war ein Ecktisch, von wo er die Treppe, die Auffahrt und ein Stück der Bäderstraße überblicken konnte. Man sah, daß sich die beiden Männer gerne mochten, wahrscheinlich, weil sie herausfanden, daß sich ihre Charaktere ähnelten. Filip schmauchte seine lange Oberförsterpfeife, grüßte nach allen Seiten hin, wobei er sich Mühe gab, die Auffahrt nicht aus den Augen zu verlieren. Auch Samuel war unruhig und besorgt. Leise sagte er: »Vater, mir graust vor dem Familienfest. Ich war so glücklich mit Esther allein und dem Kind, so glücklich!«

Filip dachte an seine Jugend mit Pepitschka, seine Sympathie floß über wie ein Dorfbach nach der Schmelze. Er legte die Pfeife sorgsam beiseite, um Samuel um die Schulter zu fassen, ihm Mut zu machen.

»Fürchte dich nicht, Samuel, es sind alle sterbliche Wesen. Selbständig schon, aber wenn sie in den Brunnen fallen, muß die ›Bohemia‹ sie wieder herausholen. Ich werde sie dir aufmalen in der Reihenfolge, wie sie kommen, und glaub mir, ich brauche dazu keine hellen Pastellfarben.«

Der erste der Verwandten, der in einem kleinen, stinkenden Automobil der frühesten Ford-Generationen angepufft kam, war Rudolf. Neben sich hatte er eine junge Dame mit Staubmantel, langem Schutzschleier und ledernem Südwester. Der Wagen hielt. Rudolf hob ihren Schleier, lüftete die Kopfbekleidung. Sie küßte ihn schnell. Er revanchierte sich mit einem Klaps auf den hübschen Hintern und schickte sie aus der erschrockenen Sicht vieler entrüsteter Augen oben von der Terrasse her. Drahtig sprintete er die Treppen hoch, war in wenigen Sprüngen auf der Terrasse, umarmte seinen Vater herzlich und war, ohne zu fragen, über Samuel im Bilde.

»Nazdar Tatinek, ahoj Schwager, wie geht es Esther? Ich stör nicht lange. Seh' schon, Vater nimmt wieder mal Parade ab.«

Da war er auch schon in der Halle.

Als nächster fuhr Moritz im Landauer vor. Er sah Josefine ähnlich, war jedoch nicht so straff im Gesicht. Man sah ihm gutes Essen an und wenig Bewegung. Er war gediegen und solide gekleidet. Seine junge Frau, ein pompöser und gebieterischer, vollbusiger Kürassier, nahm ihm den Koffer aus der Hand. Sie rief nach dem Hausdiener, und Moritz echote folgsam: »Täuber!« Filip begleitete die Szene mit ätzenden Beiworten, und er spuckte nicht nur den Tabaksaft in die Gegend. Er schimpfte zu Samuel hin: »Seine Hände sind ihm zu gut zum Koffertragen. Er hat Geld geheiratet, und dafür hat er sie am Hals. Vor dem nimm dich in acht. Für einen Taler geht er über Leichen. Kommt sich vor! Mit Thelmas Hilfe baut er seine Konfektionsfirma auf. Trotzdem tut er mir heute schon leid.«

Filip versteckte sich im Weinlaub, um von seinem Sohn nebst Anhang nicht bemerkt und begrüßt zu werden. Samuel lachte.

»Die sehe ich alle noch früh genug.«

Vor der Steintreppe der »Bohemia« hielt die nächste Kutsche. Sie war überfüllt. Filip kicherte beim Anblick. Der Sohn Ruben saß darin, die Töchter Rosa und Else mit ihren Männern und ein Kind auf dem Bock. Filip kommentierte: »Ich wette, er hat sie hineingepfropft, weil es so billiger ist, Kutschpreis durch fünfeinhalb geteilt.«

Wütende, lange Züge paffte Filip aus seiner Pfeife. Angewidert verfolgte er, wie Ruben aus Angst, er müßte Trinkgeld berappen, seinen Koffer allein trug, wie Miklosch dem Hausdiener, der die Koffer mit beiden Fäusten angepackt hatte, noch eine Last auf den Rücken lud, um mit frei schwingenden Händen hinter ihm herzugehen, wie Rosa ihrem Mann, dem fleischigen, robusten Viehhändler, wie eine orientalische Frau mit einem Schritt Abstand folgte und Else sich beeilte, Arm in Arm mit dem schönen schnurrbärtigen Miklosch auf der Terrasse anzukommen. Filip konnte seine Wut nicht mehr besänftigen. Zornig flüsternd und mit dem Finger auf die agierenden Gestalten weisend, beugte er sich zu Samuel hinüber und konnte nicht aufhören zu reden, immer böser, intensiver, bitterer.

»Dieser Geizkragen, der Ruben, der Mammser, der Kleinkrämer. Dabei verdient er am meisten von allen. Rosa ist eine Küchensklavin, und Else verkauft im Laden von Miklosch Aufschläge, Biesen und Distinktionen. Miklosch ist ein rabiater Magyar, und Rosas Mann ist, Gott behüte, ein deutsch-nationaler Jid. Gott, was hab ich für Kinder – außer meinem Rudla. Wie hab ich davon geträumt, daß sie gute tschechische Patrioten werden. Was sind sie geworden? Koofmichs, Pfennigfuchser, und sie hätten alle Restaurateure werden können, mit Menschen reden, für Menschen sorgen.«

Tief bekümmert über das Gehörte meinte Samuel ängstlich: »Hauptsache, sie lassen es Esther nicht spüren, daß ich in die ›Bohemia‹ eingeheiratet habe.«

Das war zuviel für Filip. Er erhob sich empört, ging aufgeregt die Terrasse auf und ab, kam zu Samuel zurück, versuchte, seine Befürchtungen zu zerstreuen. »Wehe ihnen! Allen hat die ›Bohemia‹ aus der Pleite geholfen; Marthas Logierhaus in Abbazzia, den ›Russischen Hof‹ für Rosa, Moritzens Schulden und Rubens Kaution hat sie bezahlt. Nur du hast etwas zugebracht. Wehe ihnen, wenn sie euch Schwierigkeiten machen ...«

Eine Beschneidung ist für jedermann, bis auf das betroffene männliche Kleinkind, eine fröhliche Veranstaltung, und jene des Peter Samuel war es auch. Sie fand vorne an der Gebetsecke des Speisesaals statt, in einer der durch hohe hölzerne Raumteiler entstandenen Nischen, die versuchten, dem großen Saal einen intimeren Charakter zu verleihen. Diese gab es auch, weil zwischen Frauen und Männern beim Gottesdienst wenigstens ein symbolischer Abstand vorgeschrieben war. Die Grenzlinie bildete das Bettkörbchen mit der Hauptperson.

Der Roow hatte einen Abschnitt aus der Thora gelesen. Die Zeit war gekommen für die feierliche Handlung. Tikoschinski, den Tallis umgebreitet und das Käppchen aufgesetzt, im weißen, hochgeschlossenen Kittel, machte seine Utensilien für die kleine Operation zurecht. Seinen Platz am Betpult nahm Dr. Strauß, der Rechtsanwalt, ein jüngerer, leicht bäuchiger Mann mit Spitzbart, ein, der seinen Psalm auch ohne Orgelbegleitung so sauber und schön sang, daß der Roow dem Begleiter Chaim ins Ohr flüsterte: »Suggt mir, Reb Chaim, dos soll sein a Jecke? In mein ganz Leben hob ich noch nischt geheert a Daatsch, asoj schejn singen unn dawenen.«

Der Psalm war verklungen. Tikoschinski führte die Gesellschaft in den Seitentrakt. Seine Aufregung war geschwunden. Er sagte seinen Segensspruch. Die Stimme zitterte nicht, und die Abtrennung der Vorhaut vollzog sich so blitzschnell, daß der Kleine erst mehr zu krähen denn weinerlich zu schreien begann, als der kleine Penis schon eingebunden war. Bald ließ ihn die Mutterbrust den Schmerz vergessen.

Nur Moritzens Jüngste, mit vier Jahren das bisher älteste Enkelkind der Polans, ließ sich vom Seufzen des Säuglings anstecken und plärrte laut los, worauf Tikoschinski sich zu dem Mädelchen niederbeugte und es mit mahnendem, wackelndem Zeigefinger wissen ließ: »Wer das Kleine nicht ehrt, ist das Große nicht wert!« Die ganze Familie und alle Gäste lachten schallend.

Josefine beugte sich über das Bettchen, von der anderen Seite Filip, und Josefine sagte mehr zu sich selbst, aus tiefster Seele erlöst, seufzend: »Gütiger Gott, jetzt ist das Kind endlich ein richtiger Jud.«

»Einen Tschechen mach' ich schon aus ihm«, schwor Filip, neigte sich zu seiner Frau und vertraute ihr seine Freude an: »Haben wir das schlau gedreht? Eine geheimgehaltene Hochzeit und ein unwahrscheinlich kräftiges Siebenmonatskind.« Josefine wurde rot bis zur Stirn. Sie hatte geglaubt, Filip hätte keine Ahnung von ihrem Komplott gehabt.

Während die Familie zurück in die Gebetsecke ging, um die Morgenandacht zu beenden, Esther das Kind wieder auf sein Bettchen zurücklegte, wo es gesättigt und leicht schnarchend einschlief, hängte sich Josefine bei Filip ein, und er wußte daraus, daß sie sich mit einem Gedanken herumschlug und seine Meinung gefragt war. Sie führte ihn zu seinem Stammplatz auf der Terrasse, ließ ihn niedersitzen, nahm gegenüber Platz, begann ihn zu fragen: »Was meinst du, Filip, ob uns der Allmächtige bestrafen wird, wenn wir ihn andauernd betrügen?«

Filip brauchte nicht lange zu überlegen: »Nach unserem Gesetz ist ein Kind vollgültig und rechtmäßig jüdisch, wenn es die Mutter ist. Der Vater mag schwarz, braun, gelb oder rot sein, er gilt nicht! Also haben wir Gott nicht betrogen.« Josefine zog ihn am Bart.

». . . nur die ganze Mischpoche. Und du willst einen guten Tschechen aus ihm machen, einen Verrückten, wie du es, Gott behüte, gewesen bist. Jetzt sag' mir, Filip, wo bist du a Tschech, und wo bist du a Jud', wie dein seliger Vater? Sag' mir!«

Filip runzelte die Stirn, straffte sich und sagte aus tiefem Nachdenken, langsam, ernsthaft, mit großen Pausen: »Mit der Vernunft, mit der Tradition, mit dem Gelernten im Cheder, mit dem Wissen um Verfolgtsein und Verachtung, mit dem Stolz des Jahrtausende-überlebt-Habens bin ich ein Jude, mit meinem Herzen, meinem Gefühl, der Erfahrung der Unterdrückung in der Gegenwart, mit meiner Liebe zur Landschaft und zur Sprache bin ich ein Tscheche. Das Slawesein deckt sich mit Träumen und Kämpfen meiner Jugend. Es ist die Quelle, aus der ich lebe!«

»Du stehst schon wieder auf der Rednertribüne, Filip, aber darauf, was der Allmächtige dazu meint, müssen wir warten bis zum Tag des Jüngsten Gerichts, bis wir uns können verteidigen. Gib's doch zu, wenn du im Gebetbuch liest, sprichst du laut hebräisch und schielst hinüber auf die andere Seite, wo die deutsche Übersetzung steht. Als du mit dem Chassidim gesprochen hast, bin ich gefallen aus einer Ohnmacht in die andere, damit du dich nicht versprichst, und es kommt heraus, wie wenig du wirklich verstehst von Talmud und Tillim, von Raschid und Gemara. Filip! Gib's zu! Wir sind fromme Juden fürs Geschäft! Und jiddisch reden wir fürs Geschäft. Und eine Scheitelperücke trag ich fürs Geschäft.«

Sie konnte Filips Seelenruhe, seine Gelassenheit nicht antasten. Er legte seine Hände über die ihren auf den Tisch und streichelte sie beruhigend.

»Und was ist daran Schlimmes? Wir halten die Gebote ein, wir bewirten Juden und geben ihnen Wärme und Geborgenheit, erfüllen ihre Wünsche, helfen sie zu heilen, das sind alles Mizwahs, Befolgung von Gesetzen, und wir sind glücklich dabei. Wozu hat Gott die Welt geschaffen, wenn nicht dazu, daß die Menschen glücklich sind? Aber das ist schon wieder eine philosophische Kategorie ...«

Laut lachend hob Josefine die Hände: »Ich ergebe mich. Wenn du nicht weiter weißt, kommst du mir immer mit der Philosophie. Gib mir lieber einen Kuß, Alter! Und glaub mir, ich bin viel frommer als du.«

»Warum fragst du, wenn du weißt? Laß mich in den Saal, bevor die Mischpoche den armen Samuel durch den Wolf dreht.«

Dazu kam Filip schon zu spät. Moritz und Ruben hatten den zunächst noch abwesenden Schwiegersohn im leisen Gespräch schon beim Wickel. Der Älteste stellte grimmig, nüchtern fest: »Nun ist *der* Erbe da, und *das* Erbe ist weg. Samuel wird uns den Haupthahn abdrehen.« Ruben seufzte resigniert: »Was kann man bloß tun? Es gibt keine Medizin dagegen.« Moritz, der geborene Intrigant, gab nie auf: »Man kann immer! Lade die Mischpoche ins Kurcafé ein, natürlich ohne die Eltern und Esther mit Mann. Wir werden beraten.«

»Und wer bezahlt den Abend?«

»Meinetwegen ich, du ängstlicher Geizkragen!«

»Pst, Samuel kommt her.«

Der junge Vater ging diagonal durch den Raum mit ausgestreckten Händen auf die Schwäger zu. Er hätte die ganze Welt umarmen mögen: »Daß Sie die weite Reise gemacht haben zu unserem Fest! Ich danke Ihnen!«

Beleidigt wiegte Moritz den Kopf: »Nona, nona, nona nicht? Die Familie wird nicht kommen? Wir sind doch keine Hottentotten. Und du darfst du zu uns auch sagen.«

»Verzeiht mir, ihr kennt mich doch noch gar nicht.«

»Eben!« Ruben klopfte auf den Busch: »Jetzt wird hier wohl alles umgekrempelt! Ein frischer Kopf, neue Initiativen, Unternehmungsgeist. Sicher wirst du die ganze ›Bohemia‹ auf den Kopf stellen, umbauen, investieren.«

Schulterzuckend sagte der arglose Samuel: »Ach nein, ich versteh' zu wenig vom Hotelgeschäft. Da verlaß ich mich ganz auf Esther und die Mutter.«

Besänftigt und von so viel Bescheidenheit angenehm berührt, langte sich Moritz ein Tablett mit Likörgläsern und bot an: »Aber einen Tropfen wirst du doch mit uns trinken.«

Samuel bedauerte: »Ich muß jetzt an die Luft. Der Arzt hat mir um diese Zeit einen Spaziergang verschrieben. Esther wartet schon.« Er verbeugte sich nach allen Seiten und ging. Mißtrauisch sahen ihm die Brüder nach. Bei dem Körbchen, in dem das Kind lag, hielt er an. Das Kind reagierte auf seine Koseworte und wendete ihm das Köpfchen zu, und er freute sich: »Alles ist gut, Peterchen weint nicht.«

Rosa, die ihn belauscht hatte, schlich hinter ihm her zum Körbchen, lächelte das Kind sonnig an, beugte sich zu ihm, sagte aber geringschätzig zu Ruben: »Wie kann man ein jüdisches Kind Peter nennen. So ein gojischer Name, Gott soll mich schützen!«

Die Samuels schliefen in Esthers Kammer und hatten die große, luftige Zwölf a dem Kind geopfert. Die ruhigen Atemzüge des Paares mischten sich mit dem leisen Schnaufen und Piepen des Kindes.

Esther erwachte von einem anderen Geräusch. Sie tastete mit der Hand nach ihrem Mann und fühlte eine warme Delle neben sich. Sein Platz war leer. Sie stand auf und sah im nachtdämmrigen Zimmer Samuel vor dem Körbchen knien, hörte ihn flüstern: »Ein guter, ein weltoffener Mensch sollst du werden, gut zu den andern, doch nicht bis zum Leichtsinn, aufrecht, nicht hochnäsig, mutig, nicht tollkühn, ein Jude, doch kein Fanatiker.« Dann sah Esther ihn die Hände heben und beten: »Adonaj, adoischem. Großer Gott, laß mich noch ein bißchen leben mit Esther und dem Kind.«

Plötzlich spürte er, daß Esther hinter ihm stand. Er wendete sich kniend um und umfing ihren Leib: »Ich dank' dir für jeden Tag, ich danke dir, daß du das Kind Peter genannt hast. Auch wenn Rosa es deswegen beschimpft und ›Gott beschütze mich‹ sagt.« Sie streichelte Samuels Kopf, half ihm aufstehen und umarmte ihn mit ganzer Kraft und großer Hingabe.

Der liebe Gott tat Rosa den Gefallen nicht, sie vor ausgefallenen Namen zu schützen. Ihre Kinder wurden mit der altgermanischen Sorte belegt, die ihr blonder untersetzter Mann diktierte. Sein Stolz darauf, als Maat der Reserve in Ehren von der kaiser-königlichen Marine abgegangen zu sein, offenbarte sich in den Namen Siegfried, Hagen und Kriemhilde und war auch gut für das Viehgeschäft mit Gütern und herrschaftlichen Häusern. Bei jedem Rinder- und Schweineaufkauf zierten Orden und Medaillen Brust und Kragenaufschlag und zahlten sich aus.

Die alten Polans bekamen noch zuviel von ihm zu sehen. Die Familie fand recht bald heraus, daß die Ankunft des Roow im Spätherbst ihr eine willkommene Gelegenheit bot, vom offenen Haus der verlängerten Saison zu profitieren. Sie aß und trank sich à la carte durch den Herbst, ohne dafür zu bezahlen. Josefine ließ sich das mit dem Stolz der mütterlichen Glucke gefallen, während Filip zwischen zusammengepreßten Lippen von Heuschrecken fluchte. Selbst Esther beschwichtigte die zaghaften Einwände Samuels mit der übertriebenen Versicherung, die »Bohemia« hielt noch ein Dutzend Blutegel aus.

Zum Glück wurde das Haus nicht auf die Probe gestellt. Es vergrößerte sich, wurde außen ständig erweitert und innen verschönert, neu möbliert, renoviert. Der kleine Peter wuchs am Rand mit. Esther erübrigte während der verlängerten Saison nur selten Zeit für ihn. Samuel, den das Kind liebte, machte den Bedarf an Zärtlichkeit wett, und

Mutter war wie seltene Schlagsahne auf dem Kuchen. Die lange Reihe der Kinderpflegerinnen und Gouvernanten, die Peter bis zur Oberrealschule noch strapazierte, verbrauchen und vergraulen sollte, nahm von hier ihren Anfang.

Die Grenzbrunner Logierhaus- und Hotelbesitzer, die Konzertmeister des Kurorchesters, die Brunneningenieure und Badeinspektoren – alle diese feinen Leute wurden im Winter wieder und nur zu guten Handwerkern, Bäckern und Fleischern, mühten sich nicht mehr ums Deutsche, das sie den Gästen verständlich machte, sondern sprachen untereinander wieder ihr bequemes Kuchelböhmisch. Jeder wußte alles von jedem, und man begrüßte sich auf die vertraute Weise: Pane Hromadko, Wodak, Schmatolla, Jirásek, Vodička und Prasse.

Den Nachbarn und damit dem ganzen Kurort blieb daher auch nicht verborgen, daß Samuel jedes Jahr noch vorsichtiger leben mußte. Das bedauerten sie, denn sie konnten ihn gut leiden. Das Badepersonal sah ihn, das war zu seiner besten Zeit, im Frühling über die Kurpromenade spazieren.

Noch spielte die Kapelle vor leeren Stuhlreihen. Er saugte die Eisenquelle folgsam durch das Röhrchen aus dem Brunnenglas; sein Gang war etwas langsamer, aber noch elastisch.

Das Jahr darauf, in der Hochsaison, fiel ihm das Gegrüßtwerden von allen Seiten lästig, das ewige Hutlüften, wenn es auch von hoher Achtung zeugte, die ihm ringsum gezollt wurde. Das geforderte dankende Nicken, die Antwort darauf, wie es ihm ergehe, er sähe ja eigentlich schon viel besser aus, führte dazu, daß er dem Trubel auswich, indem er auf Waldpfade abbog oder durch die Blumenwege ging und oftmals stehenblieb, um die Rosen zu betrachten, worüber dann wieder die geschmeichelten Gärtner zu berichten wußten.

In so einem kleinen Ort gab es keine Geheimnisse, auch wenn sein mittlerer Teil jetzt offiziell den Titel Bad erhalten hatte.

Und im dritten Jahr – oder war es das vierte? – begegnete er, das berichtete der Bootsverleiher, auf der Allee inmitten herbstlich bunt gefärbter Laubbäume, auf der Allee, die rings um den Gondelteich führte, dem Söhnchen mit dem Kinderfräulein. Das Kind, ein hübscher, dunkler kleiner Teufel mit nackenlangen schwarzen Locken, riß sich von ihrer Hand los, rannte ihm entgegen, ließ sich hochheben und umklammerte seinen Hals stürmisch und zärtlich.

Doch in der nächsten Saison machte ihm das Atmen schon Mühe, er stützte sich schwer auf den Stock mit der Gummizwinge, schmaler geworden. Nur in Esthers Nähe hellte sich sein blasses und durchsichtiges Gesicht auf. Er war sehr glücklich mit ihr. Jeder im Ort sprach darüber.

Der Kutscher Pietsch wußte zu erzählen, das war dann ein Jahr später, er habe Herrn Samuel auf dessen Wunsch zu den »Wilden Löchern« hinaufgefahren, dabei sei etwas Merkwürdiges passiert. Pan Samuel hatte sich nicht bis zum Bergführerhäuschen am Eingang der Felsengrotten fahren lassen. Er war kurz vorher ausgestiegen und in den Wald gegangen. Er sei ihm gewiß nicht absichtlich nachgegangen. Durch Zufall, als er sein Wasser abschlagen mußte, sah er ihn allein auf einem bemoosten Stein sitzen und hörte, wie er zu sich selbst sagte: »Ach, Esther!«

In der folgenden Nachsaison konnte Samuel nicht mehr weit und nicht ohne Begleitung gehen. In den späten Abendstunden, wenn die Straßen leer und stille waren, spazierte das Ehepaar durch das Bad. Esther führte ihn, eingehängt, besorgt und zärtlich. Je schwächer er wurde, desto mehr hing sie an ihm, blaß vor Sorge.

Josefine machte sich Vorwürfe, daß sie diese Heirat veranlaßt hatte, Sorge um Esthers willen.

Ein Wintertag. Unerwarteter plötzlicher Sturm wirbelte das dichte Weiß durcheinander, schüttelte und bog die Bäume, brauste und pfiff durch den entlaubten Kurgarten. Im kahlen Rosengarten quälte sich ein schneebestäubter Mann am Stock. Der Arzt verlangte, daß er jeden Tag, besonders im Winter, frische Luft atmete. Die Rosenstöcke waren geschützter als er, heruntergebogen und mit zusammengebundenem Reisig vor Frösten und Wettern bewahrt.

Es war nicht seine Schuld, daß er sich hilflos weitertastete. So ein Wettersturz ist nicht vorauszusehen. Nur die bunten hölzernen Stützen erinnerten an die Blumenpracht des Sommers. Der Mann sah sie nicht. Er dachte sie nur durch zusammengekniffene Augen. Noch war Samuel nicht von Panik ergriffen. Bis über die Ohren eingemummt in Pelz, Pelzkappe, Ohrenschützer, Filzstiefel. Doch in seinem Kopf begann es zu brausen. Das Herz stampfte wie ein Preßlufthammer.

Winterluft ist gesund, aber wem jeder Atemzug schwerfällt, der muß stehenbleiben. Samuel blieb stehen. Die Knie knickten ein. Er faßte mit beiden Händen nach den Holzstützen der Rosenstöcke und versuchte, wieder frei und tief zu atmen. Sekunden Erleichterung reichten für ein paar Schritte. Bis zur nun entlaubten Liebeslaube. Dort hatte er Esther seine Zuneigung angedeutet. Er schleppte sich auf die Bank, schloß erschöpft, doch froh, sich unter das dünne Dach gerettet zu haben, die Augen. Die Lehne stützte seinen Kopf, bis er auf die Brust fiel. Als der Sturm aufhörte, ging er langsam nach Hause.

Er lebte noch bis hinein in die Sommersaison 1914 und erlosch, von Esther umsorgt, kaum bemerkt im Trubel eines ausverkauften Hauses.

5. Mut ist nicht das Privileg der Helden

»Mitten in der Saison stirbt man nicht«, brummte Ruben vorwurfsvoll. »Was für einen Eindruck macht es, wenn die Mutter fehlen muß, weil das Haus voll ist.«

Er trat vom Rand des Grabes auf den Trampelpfad. Moritz nahm ihn entschuldigend am Arm. »Du, ich muß jetzt zu den anderen. Die Rangältesten der Familie führen Esther zum Wagen.« Ruben zottelte unbefriedigt hinter ihnen her. Und so kam die Familie nach der Beerdigung durch die Steinpforte des kleinen jüdischen Friedhofes der Stadt Glatz, zu dessen Seiten ein vergoldeter Davidstern in den Stein gemeißelt war. Esther zwischen Filip und Moritz, die Polansöhne und Schwäger, die Honoratioren der Nachoder Judenheit, alles Männer, die ihre Ehefrauen als dunkles Knäuel hinter sich herzogen.

Ruben zupfte den vor ihm gehenden Moritz am Ärmel. »Schau dich um, wie viele Gojim zur Beerdigung gekommen sind.« Die in der ersten Reihe wendeten die Köpfe. Erstaunlich viele Grenzbrunner hatten sich eine Stunde lang auf die Bahn gesetzt, um dabeizusein. Sie verhielten sich stiller als die vor ihnen schwätzende Familie Polan. Ruben ärgerte sich: »Ist das überhaupt erlaubt, mehr Christen als Juden am Grab? Was sagt das religiöse Gesetz dazu?«

Wütend spuckte Filip vor sich auf das Pflaster: »Das soll deine Sorge nicht sein. Darum hat sich Samuel schon zu Lebzeit wenig gekümmert. Wenn er sich herumdrehen könnte und es sehen, er hätte eine Freud, wie beliebt er war bei den Nachbarn. Dir gewünscht!« Der getadelte Moritz zog sich auf ein Lob zurück: »Ja, ja, ein goldenes Herz hat er besessen.«

Bis dahin war Esther stumm geblieben. Die Heuchelei brachte sie auf. Schluchzend, voller Bitterkeit schrie sie: »Was wißt ihr schon von Samuel?« Bevor sich Filip mitfühlend zu ihr herunterzubeugen vermochte, hörte er von der Straßenecke her einen Zeitungsverkäufer die allerletzte

Neuigkeit ausrufen: »Mord in Sarajevo! Der Attentäter ein Serbe! Erzherzog und hohe Gemahlin erlitten tödliche Wunden!«

Filip ließ Esthers Arm fahren, sprang wie ein Füllen über die Straße, riß dem Mann die Zeitung aus der Hand, warf ihm eine große Münze zu, entging auf dem Rückweg um Haaresbreite den gummibereiften Rädern einer Equipage, ohne es auch nur zu merken, und hatte fortan große Mühe, sich des traurigen Anlasses würdig zu benehmen. Zwar stützte er Esthers Arm wieder, aber an ihr vorbei schrie er Moritz zu: »Schade, daß es kein Tschech war, der ihn umgebracht hat.« Um sich freudig die Hände zu reiben, eine Angewohnheit, die er noch aus dem Friseursalon hatte, ließ er sogar Esther los. Es schien, als tänzelte er der heimkehrenden Trauergemeinde voran. Moritz nahm schnell seinen Platz als Begleiter ein, Ruben zupfte den Vater am Paletot, doch Filip rief ein über das andere Mal blutrünstig aus: »Ein Habsburger weniger!« Esther war des Vaters vollkommen abwesende patriotische Erregung lieber als die auf dem Markt der Öffentlichkeit feilgebotene Trauer der Brüder zu ihrer Seite. Und dann stiegen sie in den Bäderexpreß, wurden von vielen Stammgästen begrüßt, die ahnungslos auf dem Weg in die »Bohemia« waren. Damit hatte das Leben Esther wieder eingeholt. Sie freute sich am Lob ihrer guten Küche, ausgesprochen in der Hoffnung auf Sonderportionen. Nur wenige Tage dauerte es, bis die Küche der »Bohemia« und der Hotelbetrieb sie wieder in ihren Sog gezogen hatten. Sie kam nur zum Weinen, wenn sie die Tür zur Zwölf a öffnete und spürte, wie allein sie war, denn Peter schlief, von seiner Gouvernante behütet, in der Dependance.

Der Grenzbrunner Bahnhof liegt zum Mißvergnügen seiner Honoratioren über zwei Kilometer Wegstrecke vom Bad entfernt. Seine große Stunde an jedem Tag, sein Lebenszweck – sonst wäre er gar nicht entstanden –, war die Ankunft des Bäderexpresses. Es hielten zwar auch Personenzüge; die lange Reihe Mietsdroschken, die Hotelkutschen und Kremser, lackglänzende Equipagen fuhren für sie nicht auf. Die Stammgäste wurden bereits am Perron von den »ersten« Hausdienern erwartet. Am Eingang des

Bahnhofes standen die Hotelkutscher Spalier und versuchten, sich gegenseitig zu überschreien:

»Hier Grand-Hotel ›Fürstenhof‹!«

»Für ›Waldfrieden‹ hier!«

»Polans Hotel ›Bohemia‹!«

»Kurhaus ›San Remo‹!«

»Haus ›Grunwald‹!«

»Orthodoxes Haus ›Villa Löwy‹!«

Sie riefen es schon, wenn die Bremsen des einfahrenden Zuges kreischten. Mit den ersten Gästen im Eingang begann das tägliche Tohuwabohu. Alles schrie wild durcheinander. Die Hausknechte bemächtigten sich der Gepäckstücke und machten den fluchenden, beamteten Gepäckträgern Schmutzkonkurrenz. Koffer wurden verwechselt, fanden ihre Besitzer wieder, Bäderbekanntschaften erneuerten sich nach einem Jahr der Trennung meist durch den Austausch anzüglicher Scherze über Körpergewicht, Aussehen und Garderobe und zweifelhafter Komplimente an die Ehehälften. Der Sprachenmischmasch war dem des Turmbaues zu Babel vergleichbar, doch man verstand sich. Aus den Etiketten und Klebern der Gepäckstücke ersah man, die Leute kamen von weit her. Die feinsten Krokodillederkoffer trugen Städtenamen wie Johannesburg – Südafrika, New York, Paris, London, Manchester, Köln, Berlin, Leipzig, die östlichen kamen aus Bukarest, Warschau, Budapest, Lodz, Posen, Lemberg, Kischinjew, Petersburg, Kiew, Odessa.

Das einigende Band war Jiddisch, das jeder anders sprach und alle verstanden, weil neben der Sprache – mindestens gleichwertig – die Gestik aushalf.

Die Stammgäste der »Bohemia« drängten sich lieber im doppelstöckigen Hotelkremser zusammen, als sich einer Mietskutsche oder sogar einer Equipage anzuvertrauen. Der Kremser der »Bohemia«, bunt und weithin sichtbar, viel schöner als die Pferdebahn, von Filips Phantasie und einem tüchtigen Wagenbauer nachempfunden, fuhr, zwei kräftige Rappen vorgespannt, nur zum Bahnhof, wenn Stammgäste erwartet wurden.

Mit Täuber, dem Vertrauten über Jahre hinweg, Majordomus der »Bohemia«, verkehrten sie beinahe wie mit ihresgleichen. Der kluge erste Hausdiener meinte dazu: »So was können sich nur reiche Leute leisten, die mittleren müssen auf Distanz achten.«

Reich, das war Bankier Zemlinski, der seine zarte Schönheit, die feingliedrige, elegante und kapriziöse französische Gattin gerne mit Komtesse angeredet hörte. Wie ein kostbares Ausstellungsstück führte er sie mit sich, die Adlige aus dem Haus der Barone Oppenheim. Sie selbst ließ sich lieber Madame Zemlinska rufen. Aber die modernsten Anzüge aus bestem Tuch, juwelenberingte Finger konnten aus dem jovialen, rundlichen Herrn mit pfiffigen Augen, den genüßlichen, lebensfreudigen dicken Lippen, dessen Gesicht auf vielen Lagen Doppelkinn ruhte, keinen schönen Mann machen. Zemlinski hieb Täuber freundschaftlich auf den Rücken: »Na, Täuber, wann ist die nächste Verführung Minderjähriger fällig?«

»Da müßt ich schon die Tochter der Verführten verführen. Sie wird sechs dieses Jahr, Herr Bankdirektor.«

»Wollen Sie mir vielleicht einreden, daß Sie Mariechen treu sind?«

Madame Zemlinska, ihre Kinder von sieben und acht zur Seite, die zum erstenmal die Eltern in das Heilbad begleiteten, rügte ihren Mann: »Aber Zemlinski! Toujours en presence des enfants.« Der Bub und das Mädel grinsten verständnisvoll. Zemlinski lachte: »Die Kinder werden es auch noch lernen, das Lieben und das Fremdgehen. Stimmt's, Täuber?«

Der freundliche Austausch kleiner Frechheiten hätte sich fortgesetzt, wäre nicht aus dem Nirgendwo ein geschmacklos und teuer gekleideter dicker Protz erschienen, der Täuber beim Ärmel packte und vorwurfsvoll anschrie: »Sie haben schon wieder vermischt meine Lederkoffer mit die Pappschachteln von die Schnorrer. Sollen die Flöhe herüberspringen?«

Täuber ließ sich verärgert wegschleppen. Noch ärgerlicher gebärdete sich jedoch Herr Zemlinski, der komisch verzweifelt die Hände hob: »Menoches! Wehe der Menschheit! Dieser Kotzbrocken ist auch wieder da!« Das hatte der fromme Urlaubsgast Rabbiner Cohen gehört und versuchte – was seines Amtes war – Frieden zu stiften.

»Mir sennen alle zusammen Jiden.« Zemlinski gelang es, beim Besteigen des Kremsers der Familie Menoches auszuweichen. Wie sehr der sich auch den Hals ausrenkte, den einflußreichen Mann wenigstens mit Blicken zu erreichen, Menoches mühte sich vergebens, denn er saß am Ende der langen Sitzbank mit Frau und vorlauter, halbwüchsiger Familie.

Der Kaufmann der ersten Gilde, Kommerzialrat Dr. Markowitsch aus Odessa, sein neuer Nachbar und alter Bekannter, bewegte sich ängstlich zu Zemlinski: »Hoben Sie schoin geheert, me suggt, es soll eppis sein a Krieg.« Menoches vernahm den lauten Ausruf: »Lassen Sie sech nischt meschugge machen. Dos ist a schekerbilbl, a Lüg.«

Der »Bohemia«-Kremser fuhr immer als letzter ab. Allzu viele Hände mußten geschüttelt werden.

Der Bahnhofsvorplatz leerte sich und gähnte nach wenigen Augenblicken menschenleer und verschlafen in die heiße Vormittagssonne.

Die übrigen Stammgäste der »Bohemia« waren in den Oberstock geklettert. Der langbärtige Riese Pinschewski, Amtvorsteher, Dorfschmied und Viehhändler seines jüdischen Landstädtchens in einer Person, unverheiratet und immer noch sehr jünglingshaft wirkend, die Familie des Goldschmiedes Feininger, Mister Perkins, New York, Madame und Monsieur Revillant, Paris, Signor Spinelli, Buenos Aires, geschwätzig und heiter im Vorgefühl erholsamer Tage.

Madame Revillant, eine herbstlich-reife Schönheit, groß, dunkeläugig, parfümduftend, üppig, neben der ihr älterer Adonis trotz des pechschwarz gefärbten Schnurrbärtchens verblaßte, beschaute erregt den mächtigen Brustkasten und die ausdrucksvollen Dimensionen des Hünen Pinschewski. Wehmütig erinnerte sie sich daran, wie zärtlich dieser dröhnende Bariton zu flüstern verstand in vergangenen, durchwachten Sommernächten.

Die Empfangsszenen des Bahnhofs setzten sich auf der Steinterrasse des Hotels fort. In Abwesenheit der Trauernden, vor allem ihres Filip, quälte sich die majestätische, befehlsgewohnte Josefine mit seinen Pflichten des Empfangschefs ab und seufzte erlöst, als er auftauchte. Und wieder war Filip unter den Gästen, freundlich, strahlend, würdig, elegant, voll glaubhaften Interesses. Josefine drückte sich aus dem aufgequirlten Kreis seiner Freunde und Gönner, lief in die Eins, sah durch die Fensterwand, beruhigt, die verweinte Esther ihr Zepter in der Küche wieder in die Hand nehmen, und legte sich schlafen.

Wie das im Kurhotel üblich ist, wurden die Neuen innerhalb weniger Stunden zu den Altgewohnten und selbst neugierig darauf, wer da morgen ankäme.

Die Tage plätscherten gemächlich dahin, die erste Hälfte der Kurzeit war vorüber, als eine wichtige Sitzung im Bäderhaus anberaumt wurde.

Über die Geschicke des Bades, das Wohlergehen, die Heilung, die Versorgung und das Vergnügen der Gäste wachte der Kurverein. Und deswegen war auch die Sitzung anberaumt. Sie wurde immer im kleinen Konzertsaal abgehalten, weil dort das Parkett wie ein Hörsaal anstieg und der Sitz gleichzeitig den Rang andeutete. Nicht nur, daß die unteren Reihen mit plüschgepolsterten Sesseln prunkten, daß es weiter oben Ledersitze und in den höchsten Bankreihen nur einfache Holzbänke gab; zu allem Überfluß war die Rangordnung durch Schilder markiert, die, an Ständern befestigt, neben den Bankreihen standen: Hotels der Sonderklasse, Hotels und Logierhäuser der Klasse eins, Hotels und Logierhäuser; spezifizierend, aber vor allem klassifizierend. Noch höher saßen die Vertreter der medizinischen Dienste, der zweiten und dritten Rangklasse der Kurhäuser und die Bäderverwaltung.

Ladenbesitzern, Handwerkern, Beamten waren die seitlichen Emporen zugewiesen, von den Hoteliers durch einen Gang getrennt. So streng achtete man in Grenzbrunn auf die preußische Sitzordnung. Dieser entsprechend, saßen Filip Polan mit seinen Söhnen Rudolf und Ruben auf Plüsch ganz vornean. Zwischen der ersten Reihe und der Podiumsbühne des Präsidiums blieb noch ein breiter Raum übrig.

Noch fehlte im Präsidium der Kurdirektor, Korvettenkapitän der Reserve Herr von Weddingen. Mit dem d. R.

hatte er unverschämtes Glück. Gute Beziehungen vermieden nach einigen unliebsamen Vorfällen, daß es nicht a. D. hieß. Seither überbetonte der recht junge stramme Weddingen seine adlige Kühle und Stocksteife. Wie üblich saß auf der Bühne noch das Spitzentrio der Honoratioren mit dem Bürgermeister, als der Sekretär der Kurverwaltung sich erhob, um im Namen des Herrn von Weddingen eine Erklärung abzugeben.

»Meine Damen und Herren«, begann der ältliche Subalterne, vergeblich bemüht, seinen strammen Chef nachzuahmen. »Herr Korvettenkapitän der Reserve von Weddingen bittet Sie, ihn für den Beginn der Sitzung zu entschuldigen. Der Grund ist ein außerordentlich bedeutsames Telefongespräch mit Berlin.« Er stand voller Ehrfurcht stramm, bevor er fortfuhr: »Wir beginnen daher mit Punkt zwei der Tagesordnung. Das Wort hat Herr Badearzt Doktor Siegel, der uns die Sorgen und Nöte des Unterhaltungskomitees für diese Saison vortragen möchte.«

Der kahlköpfige, fröhliche Behaglichkeit ausstrahlende kleine Mediziner sprang federnd zur Rednertribüne. »Meine Damen und Herren! Durch die fristlose Entlassung unseres Vergnügungsleiters wegen diverser Unterschlagungen waren der Bäderball, der gesellschaftliche Höhepunkt der Saison, und andere unterhaltsame wie auch bildende Veranstaltungen katastrophal bedroht. Die Gewitterwolken sind vertrieben. Der Sohn unserer verehrten Frau Polan, österreichisch-böhmischer Bezirksamateurchampion im Turniertanz, hat uns dadurch geholfen, daß er für den Rest der Saison nicht nur den verwaisten Platz einnimmt, sondern auch die Leitung des Tanzturnieres übernimmt. Er hat dazu mit den besten Paaren einen Kotillon einstudiert, von dem wir eine kleine Probe erbitten dürfen.«

Der Saal verdunkelte sich. Auf den Raum vor der Bühne wurden Scheinwerfer gerichtet, Rudolf erhob sich unter Applaus, verschwand hinter der breiten Seitentür, die sich gleich darauf wieder öffnete, um sechs Paare in Pastellkleidern, die Herren im strengen Smoking, angeführt von Rudolf und seiner gegenwärtigen Blonden, einzulassen. Wieviel Schattierungen Blond hatte er wohl schon durchprobiert? Zur kratzigen Musik eines riesigen Trichtergrammophons sahen die Beifallfreudigen Schrittpolkavariationen.

Noch war die beifällig aufgenommene Probedarbietung nicht zu Ende, als in voller Marineuniform Herr von Weddingen erschien. Ungeduldig stand er hinter dem Präsidiumstisch, stampfte mit dem Fuß auf, klopfte schließlich mit den Fäusten auf die Platte, so daß die Tänzer abbrachen und verständnislos, erschrocken durch die aufgehaltene Flügeltür entwichen. Weddingen setzte sich mit steinernem Gesicht. Der Sekretär erhob sich und sprach tragisch, langsam und gemessen: »Das Wort hat unser Herr Kurdirektor zu einer ernsten Erklärung.«

Weddingen trat an das Rednerpult: »Meine Damen und Herren, Mitbürger, Deutsche! Seine Majestät Wilhelm II., deutscher Kaiser und König von Preußen, unser alleroberster Kriegsherr haben vor wenigen Stunden . . .«

Das geschah drinnen im Musiksaal. Draußen war man schon weiter. Der Ortspolizist und der Briefträger gingen – dienstlich – durch die Bäderstraße. Aus seiner Bestelltasche zog Biller Plakate, die der Ortspolizist, mit Pinsel und Leim bewaffnet, anklebte. Er verzierte nicht nur die Mitteilungsbretter des Kurvereins, sondern wahllos Zäune, Holzwände und Scheiben.

Biller war nicht ganz sicher auf den Beinen, verbreitete Alkoholdunst, seine Stimme klang heiser, die Zunge schwer.

»Ich hab' 'nen Sohn gemacht, und der Kaiser macht mobil.« Der Polizist Vodička, dessen böhmischer Name nicht nur Fassade war, fragte interessiert: »Wie heißt er denn?«

»Heute früh um vier, siebeneinhalb Pfund, heißt natürlich Wilhelm, sefferständlich.«

»Hast du dich beeilt, rechtzeitig, bevor du eingezogen wirst.«

Biller kicherte: »Briefträger werden nicht eingezogen, die brauchen sie alle wegen der Gestellungsbefehle. Häh!« freute sich Biller, und da war er auch schon ausgerutscht, die Tasche ging auf, die Plakate flatterten vielblättrig über den Asphalt. Schnell half der kräftige Vodička dem spillrigen Beamten auf die Beine. Auf dessen Hintern zeigte sich, festgeklebt, groß und bedrohlich, in schwarzer Balkenüberschrift das Wort Mobilmachung und das Datum 4. Juli.

Sich aufregen, bevor man gefrühstückt hat, verstößt gegen Verstand und gute Sitte. Doch eine Dame tat es, die Filip auf der Steinterrasse fragte: »Könnten Sie mir bitte sofort eine Droschke zum Bahnhof besorgen, ich will nischt machen kein Panik, nur – mein Mottele, mein Sohn hat angerufen. Der Zar hat mobilisiert.« Das hörte der Goldschmied Feininger, der schlug sich auf die Schenkel und rief aus: »Gar nischt ist, ich hab a Freud, dos ich bin pinkt ahier, und Sie schreien, Sie wollen zurück!«

»Sie hat nischt geschrien, sie hat gepischpert«, verteidigte Pinschewski die Dame. »Wer weiß? Der Zar hat schon geführt die hirnverbranntesten Kriege für nichts und wieder nichts.«

Darauf nickte der Bankier Zemlinski und beruhigte sich selbst und die anderen mit den hoffnungsvollen Worten: »Aber Jiden, doch nicht mitten in der Kursaison.« In die Worte hinein rief der Piccolo, der aus der Hotelhalle angefegt kam: »Herr Bankier, dringendes internationales Gespräch.«

Die letzte Brandfackel schleuderte eine Dame, die zitternd und fliegend vor Erregung aus einer Droschke stolperte und schon von der Bäderstraße her, während sie die Treppe zur Terrasse hoch rannte, hysterisch hinaufschrie, kreischte: »Es gehen keine Züge mehr über die Grenze. Nicht über die österreichische, nicht über die russische. Alles gesperrt, und ich hatte Erste Klasse hin und zurück vorausbezahlt, mit Schlafwagen nach Lodz. Jetzt soll ich fahren Holzklasse bis zur Grenze.«

Wütend über das Gehabe brüllte ihr Pinschewski entgegen: »Frau Fabrikbesitzer, a Luftschiff wet man für Sie oisrichten, mit seidene Daunenkissen für den Toches.« Und er zeigte ihr deutlich, daß Toches Hintern bedeutet und imitierte einen Furz. Es half nur nichts mehr. Nun waren alle bestürzt. Cohen, der Rabbiner von Polock, tadelte den Schmied: »Sejt nisch kein Spaßmacher, Reb Pinschewski, mit dem Toit macht man keine Witz. Man fregt sech, wos kennen mir tün. Wos sogt ihr, Herr Polan?«

Dichter, immer dichter wurde der Haufen um Filip und Josefine. Das regte sich gegenseitig auf, heizte sich an, peitschte die Ängste hoch, lärmte, klagte, weinte fassungslos. Die Steinterrasse bot nicht mehr genügend Platz. Das Knäuel erstreckte sich schon über den Vorgarten hinunter bis zur Straßentreppe.

Das Publikum auf der Bäderstraße begann zu lauschen.

Der Ruhigste war noch der heitere, zurückhaltende Bankier Zemlinski. Er wußte, daß er seinem Herzen Aufregung nicht zumuten durfte, obwohl er am Telefon Schlimmes erfahren hatte. Nur er behielt die Übersicht, nahm Filip beiseite und zog ruhig und gelassen eine ernüchternde Bilanz: »Herr Polan, ich habe eben erfahren, unsere Konten, auch die internationalen, sind gesperrt. Sogar die in der Schweiz. Wir können keine Mittel abheben, unsere Schecks sind nicht einlösbar. Was sollen wir tun? Zum Glück hat die Komtesse etwas echten Schmuck. Der wird auch nicht ewig reichen. Was soll werden?«

Als wäre diese Frage ein Signal gewesen, weinte, schluchzte, lärmte es ringsum. Es klagten Polen, Weißrussen, Bessarabier, Ukrainer, Galizier. Filip und Josefine sahen sich immer enger umringt. Der Vorgarten der »Bohemia« hatte sich dicht gefüllt, die Gäste aus Übersee und aus dem Westen nahmen stummen Anteil am Schicksal ihrer Glaubensgenossen. Unten auf der Bäderstraße wurden Vorübergehende aufmerksam. Sie sahen das Menschengewühl und sammelten sich gegenüber. Ungeduldig stieß Josefine ihrem Filip den Ellbogen in die Hüfte. »Nu sag schon was, du Volksredner. Du mußt, sonst erdrücken sie uns.« Filip machte sich mit den Armen Platz: »Es redt sich klüger, wenn der Magen nicht knurrt. Ich lade Sie ein zu einer guten Bouillon mit Krepplach und Leber. Später wird man sehen. Wenn die Not am größten, ist Gottes Hilfe am nächsten!«, und er schob die Nächsten mit beiden Armen zu der Tür des Restaurants: »Bitte!«

Die Söhne Moritz und Ruben folgten den Eingeladenen nicht. Moritz meinte: »Vor jeder Hinrichtung gibt man eine Henkersmahlzeit.« Ängstlich vermutete der geizige Ruben: »Er wird ihnen doch nicht etwa – Gott behüte – umsonst zu essen geben. Vierzig Portionen mit Krepplach und Leber, das macht . . .«, begann er nachzurechnen.

»Na, stell dir vor, er behält sie alle umsonst hier, und wir haben die Einberufung in der Tasche. Wie sollen wir eingreifen?«

Auf der Bäderstraße stampften Marschschritte. Landjäger rückten an, und Moritz durfte folgerichtig fortsetzen: »Seine letzten Hemden würde er für sie hergeben. Aber du siehst ja, die Preußen befreien uns von beidem, von den Sorgen und von den Gästen.«

Die Landjäger nahmen auf der Bäderstraße Aufstellung, eine kleinere Abteilung besetzte die Treppe und die Auffahrt der »Bohemia«. Ihr Hauptmann nebst Adjutant stiegen zur Terrasse hinauf. Eifrig sprang ihnen Moritz entgegen.

»Sind Sie Herr Polan?«

»Bin ich, jedenfalls der älteste Sohn des Hauses.«

»Dann veranlassen Sie bitte sofort, daß sich alle Bürger der Feindstaaten unter Ihren Gästen hierherbegeben, zunächst nur, um genau registriert zu werden. Weitere Maßnahmen behalten wir uns vor. Niemand verläßt das Hotel, vorläufig!«

Inzwischen besetzte die Abteilung alle Türen, requirierte Tische auf der Steinterrasse, postierte sich dahinter. Unteroffiziere legten Listen an, Wachtmeister stellten zwei Tischreihen so nahe gegeneinander, daß nur ein schmaler, überschaubarer Durchgang blieb, durch den man sich quetschen mußte. Bald begannen die ersten Gäste mit dem Spießrutenlaufen.

Filip und Josefine sahen die Begebenheiten vom Vorderfenster der Eins, brachten es nicht fertig, lange zuzuschauen, und setzten sich in die Lehnstühle. Zur Beruhigung zündete sich Filip seine lange Oberförsterpfeife an. Das half nichts. Es hielt ihn nicht im Sessel. Wieder stand er auf und schaute auf die Grüppchen der Verunsicherten. Einige gestikulierten wild und laut, andere saßen schicksalsergeben da, lethargisch, zusammengesunken. Die weißrussischen Juden dachten an die Pogrome der Schwarzen Hundert, wieder andere standen abgesondert in Ecken.

Die Juden aus den westlichen Ländern hielten sich abseits von ihnen allen.

Josefine fragte: »No, Alter, du warst doch draußen und hast mit dem Offizier gesprochen. Was wird?«

»Sie sind registriert worden. Der Polizeihauptmann verhaftet sie noch nicht. Er hat erlaubt, daß sie alle mit dem Gepäck, aber unter Eskorte in die Dependance gehen dürfen, weil die ›Friedrichsruh‹ nicht an der Bäderstraße liegt und einen hohen Stahlzaun hat, leichter zu bewachen. Sonst nichts, vorläufig. Schließlich wird man sie abholen. Schau, Pepperl, sie sehen schon so abgeholt aus, die Ostler anderswo als die Westler, wie eine freiwillig abgesonderte Leprakolonie. Es erwartet die aus dem Osten doch wirklich das gleiche Schicksal. Schau dir's an, Alte, trotz allem sind sie nicht einig. Die Reichen reden nicht mit den *nur* Wohlhabenden, der Kommerzienrat nicht mit Rabbiner Cohen, weil er nur am Seminar studiert hat und nicht auf einer Alma mater. Und die Frau Fabrikbesitzer Rothstein schneidet den Viehhändler Pinschewski. Für sie ist er Plebs. Oj, oj, ihr Jiden!«

»Die Tschechen sind auch nicht besser«, stichelte Josefine.

»Eben!« Wieder ging Filip angewidert vom Fenster weg, setzte sich, stopfte seine Pfeife, trommelte mit den Fingern auf der Tischplatte, bis Josefine aufbegehrte: »Du nimmst mir die Ruhe.«

»Wie kannst du nur ruhig sein? Morgen wird man sie internieren, hinter Gitter sperren. Erholungsbedürftige, Schwerkranke wie Zemlinski, denk an sein Herz.«

Er sprang auf. Gerührt zog ihn Josefine in den Sessel zurück, streichelte ihn über den Arm, legte ihm die Hände auf die Schultern, als er sich anschickte, aufzustehen. Er tat es dennoch, umfaßte sie hilfesuchend und flehte: »Weißt du was, Pepička, wir garantieren der Polizei gegenüber für unsere russisch-polnischen Gäste und lassen sie bei uns wohnen. Wie lange dauert schon so ein Krieg«, – er zuckte mit den Achseln – »vielleicht ein Jahr, vielleicht kürzer, denk an achtzehnhundertsechsundsechzig und siebzig/einundsiebzig und den russisch-japanischen neunzehnhundertfünf, kein Krieg viel über ein Jahr. Tun wir's, Josefine!«

Die Polanova sprang entsetzt auf, faßte sich an die Stirn, raufte sich das Haar, plötzlich kreidebleich vor Zorn. Sie wollte etwas sagen, bekam keinen Laut heraus. Beide waren aufgestanden, standen sich hart gegenüber, bis Filip geschlagen und resigniert nachgab. »Reg dich nicht auf, Pepička, ich weiß ja, es ist meschugge, soll ich's deswegen herunterschlucken, verschweigen?«

Langsam schüttelte Josefine den Kopf, schaute ihn nachdenklich und zärtlich an: »Dobra bačkora – mein guata Potschen, besinn dich, Filip, du bist doch nicht der liebe Gott persönlich.«

Er drehte sich stumm weg, trat wieder zum Fenster. Sie setzte sich, winkte ihn zu sich: »Warum läufst du immer wieder zum Guckloch, wir können es doch nicht ändern.«

Er folgte, legte die Pfeife beiseite. Sie angelte danach, reichte ihm die Streichhölzer dazu. »Steck dir den Schornstein an, Filip.«

Filip tat es, bedächtig, gründlich, um Zeit totzuschlagen, beruhigte sich dabei ein wenig, hörte Josefine laut überlegen: »Wovon sollen sie leben? Keiner hat Geld – womit sollen wir sie ernähren – so viele. Das geht nicht nur in die Zehntausende, das geht in die Hunderttausende. Vierzig Menschen, die nichts bezahlen können. Das heißt zweihundertachtzig Mark Selbstkosten pro Tag, neuntausend im Monat, macht über hunderttausend im Jahr reinen Verlust.«

»Wir besitzen doch Häuser, schuldenfrei, die ›Bohemia‹, die Dependance für zehn Jahre gemietet, den ›Russischen Hof‹ in Berlin. Die ›Villa Martha‹ in Abbazzia. Unser Name bringt Kredit.«

»Und wie lange reicht das? Hast du's dir schon einmal durchgerechnet?«

Filip sagte nichts mehr. Mit ratlosen Augen schaute er um sich, mit Augen, die feucht zu werden drohten, hoffnungslos. Vor innerer Erregung wurde seine Stimme heiser. »Was heißt durchrechnen? Es sind doch unsere Leute, Pepička, unsere Menschen.«

Josefine versuchte wegzuschauen, anderswohin, kam von den gequälten Augen nicht los, schaute in sie hinein – lange, und es sprach aus ihr, aus dem die Vernunft überwindenden Gefühl: »Der Talmud sagt, besinnt sich der Chochom, besinnt sich der Narr. Für Leute, die beim Beten nach der Übersetzung schielen, heißt das: Eh' sich der Weise besinnt, hat sich der Narr schon entschieden.«

»Was meinst du damit, Pepička?«

Mit einem Ruck, damit sie es sich nicht noch einmal anders überlegte, stand die energische Frau auf, zerrte Filip hoch und schrie ihn an: »Worauf warten wir noch? Zieh dir den Gehrock an, nimm den Zylinder, in der Nacht amtiert der Herr Kreishauptmann nicht. Wir fahren nach Glatz. Die paar Stunden vertritt uns Esther. Den anderen Kindern sagen wir es nicht. Sie kommen ohnehin sich bloß verabschieden. Laß einspannen! Ehe der Bäderzug abfährt, sind wir beim Landratsamt.«

Filip umarmte sie stumm, weil er sonst losgeheult hätte. Durch den Hintereingang schlich er sich in den Hof und ließ die Gäule vor die lackierte Karosse spannen.

6. In der falschen Uniform

In dem kleinen Zimmerchen, das an die Portierloge der Hotelhalle grenzte, kniete der große Onkel Miklosch vor dem kleinen Peter und tat letzte Nadelstiche an der Liliput-Honveduniform, die er ihm angepaßt hatte. Die gestickten Violinschlüssel blitzten golden auf roten Reithosen. Silberne Biesen und Litzen an den Taschen der hellblauen Litewka verrieten den Offiziersgrad. Nur der blaurote Helm mit der Feder war gekauft, der Rest stammte aus dem eigenen Atelier. Stolz auf seine Arbeit fuhr Miklosch dem Neffen über das glatte Rückenteil, überzeugte sich genau von der Paßform, bevor er Peter mit einem freundlichen Klaps entließ: »So, jetzt marschiere los. Habt acht! – Nein, das macht man anders.« Und Miklosch inszenierte ein militärisches Spielchen. Peter exerzierte nach, bis sein Kinderfräulein kam, ihn abzuholen. Der Onkel winkte, als die beiden auf die Bäderstraße gingen, und rief Täuber vergnügt zu: »Wozu ein paar Stoffreste doch gut sind. Das Kind freut sich.«

Das Kind freute sich gar nicht. Es fühlte sich in der korrekten Uniform eingeengt, jedoch mochte es sein Kinderfräulein gut leiden, das stolz war auf seine Uniform. Eleonore von Kolinski, abgehalfterter Sproß einer verarmten Adelsfamilie, eine Kindernärrin, verwöhnte Peter schändlich. Sie führte das dunkeläugige Kind mit den nackenlangen schwarzen Locken vorsichtig am Händchen, Briefmarken kaufen. Auf der Straße machte sie Peter auf einen gummibereiften Dogcart aufmerksam. Das davor gespannte Rassepferd wurde von einem hochdekorierten Offizier gelenkt. Das Gefährt hielt vor der Post, und eine in Ehrerbietung erstarrende Eleonore flüsterte dem Kind zu: »Das ist der Erbprinz von und zu Schaumburg-Lippe auf Schloß Nachod.« Der Prinz sah den Kleinen oder vielmehr in der Hauptsache dessen ungarische Uniform, beugte sich leutselig zu ihm nieder und tätschelte ihm die Wange: »Na, du kleiner Bundesgenosse.« Sie kostete die Worte noch einmal auf den Lippen nach: »Bundesgenosse hat er zu dir gesagt, Peterle.«

Viele Jahre später sollte Peter einmal lernen, daß Zufall nichts anderes ist als das Aufeinandertreffen zweier Notwendigkeiten. So trafen sich auf dem Marktplatz von Glatz Filip und Bürgermeister Gottschling. Beiden ging es um das gleiche, aber nicht um dasselbe. Bei Filips verrücktem Vorschlag hatte weniger eine Rolle gespielt, daß seine Gäste Juden waren. Mit *unsere Leut'* meinte der Träumer Slawen. Vorrangig sah er in ihnen Polen, Russen, Ukrainer, Ruthenen, Serben, Montenegriner, Slovenen, Slowaken, Bulgaren und Magyaren. Er sah Jan Amos Komenski und das großböhmische Reich, das einst bis nach Rostock reichte, bis zur Ostsee. Das war Filip, der slawophile Prophet und tschechische Patriot.

Dr. Gottschling ging es in der gleichen Angelegenheit um seine Karriere in Bad Grenzbrunn, seine Glaubwürdigkeit und – lassen wir ihm Gerechtigkeit angedeihen – ein Stück verschwommenen Katholizismus mit der Caritas-Idee der Barmherzigkeit als Draufgabe zu festigen. Diese durfte ihn nur nicht gefährden und keine Kosten verursachen.

Filip kam von der Kanzlei des Kreishauptmanns, vertröstet auf einen Bescheid am Nachmittag. Dr. Gottschling war auf dem Wege dorthin. Zu seiner großen Überraschung saß Herr von Weddingen bereits da, rauchte des Herrn Ritter von Podewils feinaromatische Zigarren und trank dem anrückenden Gottschling französischen Kognak vom Munde weg, denn Podewils' und Weddingens Väter waren Regimentskameraden gewesen. Die alten Herren hatten, damals Kadetten, Sedan noch miterlebt.

Trotzdem schmeckte Podewils der Vorschlag des Kurdirektors, scharf vorzugehen, gar nicht. Der schneidige Weddingen wollte den Fall »Bohemia« dazu ausnützen, Grenzbrunn vom Judenbad in einen arischen Kurort zu verwandeln. Der Kreishauptmann hatte noch drei Jahre bis zur Pensionierung. Er freute sich darauf, seine Kriegstagebücher und Erinnerungen seit 1866 und 71 zu veröffentlichen. Vielleicht brauchten sie ihn sogar in irgendeinem geschützten Etappenstab. Jede unüberlegte Eigenmächtigkeit ... Nein, lieber nicht.

Weddingen wollte er andererseits auch nicht verprellen.

Verdammt noch mal, wenn so ein Haus schon »Bohemia« hieß, saß der Teufel drin. Weddingen hatte Gottschling als Schlappschwanz, als Judenfreund, als lahmarschigen Liberalen und Weihrauchschlucker denunziert. Doch dem Kreishauptmann kam er wie gerufen, so sehr, daß er noch eine Flasche »Brandy Napoleon« spendierte, und so erzählte er behäbig, ein sehr honorig wirkender Jude sei in der Tat deswegen erschienen und habe einen bemerkenswerten Vorschlag gemacht. Er reichte ein Papier über den Tisch. »Bitte hier, die Herren. Antrag der Eheleute Polan auf Übernahme der persönlichen Verantwortung für vierzig feindstaatliche Kurgäste zwecks Verschonung vor Festnahme und Internierung.« Gottschling atmete tief auf: »Die beste Lösung.« Weddingen warf ihm einen giftigen Blick zu, und der Kreishauptmann fing ihn auf: »Nicht so hurtig mit den schnellen Pferden, meine Herren! Es existieren keine Präzedenzfälle. Das Dilemma besteht darin, daß es nirgends im ganzen Kreis Glatz mit seinen sechs großen Bädern und vier Luftkurorten eine solche Ansammlung von russisch-polnischen und slawischen Staatsbürgern gibt wie in den beiden Häusern der Polans.«

»Juden«, warf Weddingen geringschätzig ein.

»Das geht mich nichts an. Für mich sind es feindliche Ausländer, sofort zu internieren.«

»Eben«, nickte Weddingen.

»Aber Herr Kreishauptmann«, schnaufte Dr. Gottschling wütend, »wollen Sie ein Internierungslager für Kurgäste errichten? Und was mit ihnen anfangen? Umsonst füttern? Mit Diät speisen? Oder sollen sie, wie die polnischen Sachsengänger auf dem Dominium Gellenau, unter Bewachung als Landarbeiter herumhacken, kranke Leute, und das in diesem Kreis, berühmt und bekannt durch seine Heilbäder? Schöner Skandal!« Sein Zeigefinger deutete drohend auf Weddingen. »Dann liegt Ihr Kurverein samt Bad Grenzbrunn und seinem Ruf auf dem Schindanger.«

Podewils hätte dem Bürgermeister am liebsten noch einen ermutigenden Rippenstoß versetzt. Indessen gab er sich den Anschein größter Objektivität. »Schwierig, schwierig. Die Entscheidung sollte übergeordneten Stellen vorbehalten bleiben. Sie stünde dann in deren Ermessen.

Freilich, ich sehe auch Ihre Seite, Doktor Gottschling, ein Herzbad, das seine Kurgäste einsperrt, zt, zt«, schnalzte er.

Gottschling sah den Silberstreifen am Horizont und argumentierte als Patriot: »Mit dem Krieg werden wir schnell fertig. Wie sieht es mit der Zukunft Grenzbrunns nachher aus? Herr von Weddingen hat sich«, – Verbeugung – »dafür sei ihm Achtung gezollt, von nationalen Gefühlen hinreißen lassen und das Kalkül des Kurdirektors ein wenig hintangestellt.«

Weddingen ging über diese Brücke. »Vorausgesetzt, daß die Reichsbehörden in Berlin zustimmen«, blies er seine Retraite. »Ich werde«, nickte Podewils heftig, »da Sie einverstanden sind, das Ansuchen der Familie Polan – vorläufig auf vier Wochen befristet – günstig bescheiden.«

Weddingen schimpfte noch mißvergnügt – Extrawürste, nichts als Extrawürste für die Polanjuden, denen der Bürgermeister ja selber die Gebäude abkaufen wollte, worauf Gottschling ihm erwiderte, daß Gebäudekauf wegen der hervorragenden Lage nicht gleichbedeutend sei mit dem Vergraulen so wichtiger Gastronomen, und seinen letzten Pfeil schoß Gottschling ab: »Hand aufs Herz, Herr Kurdirektor, so jung Sie auch im Amt sind, können Sie sich Grenzbrunn ohne ›Bohemia‹ und die Polans überhaupt vorstellen? Die sind doch eine Institution mit weltweitem Ruf. Herr von Podewils, Sie müssen wissen, unser Bad wird zur Hälfte von Gästen mosaischen Glaubens frequentiert.«

Podewils hatte den Streit satt. Er erhob sich.

»In vier Wochen erwarten Sie meine weiteren Befehle, und beeilen Sie sich mit dem Abschied, sonst begegnen Sie noch dem Polan, der sich meinen Bescheid holt. Danke, die Herren.«

Auf der Heimfahrt von Glatz trafen die Polans den Mietskutscher Pietsch, der nicht an sich halten konnte und Filip die bereits ortsbekannte Episode zwischen dem Erbprinzen und Peter brühwarm erzählte. Filip schäumte vor Wut, um so mehr, als er beim Heimkommen Peter in der »Affenmontur« auf der Terrasse sitzen sah. Der Kleine sprang auf ihn zu, Filip packte ihn beim Genick, brachte ihn ins Zimmer eins und setzte ihn auf seinen Schoß.

»Soso, Bundesgenosse bist du, mein Junge. War ich auch, Bundesgenosse, Kamerad Schnürschuh, Putzlappen, österreichische Montur, deutsche Befehle – tschechisch reden verboten. Weißt du, was mein Großvater gesungen hat nach sieben Jahren Dienst bei den Habsburgern?«

Er sang es und wiegte seinen Enkel im Takt:

»Sedum let jsem u Vás sloužil
Nic jste mně zato dáli
Jen tu jednu košiličku
A to jsme se ukradli.«*

Die zweite Strophe blieb ungesungen, weil die Söhne eintraten. Der Großvater schickte den Kleinen weg. Sein Ältester verabschiedete sich. »Vater, wir fahren sofort nach Nachod, um uns zu melden. Wir sind Ersatzreservisten. Vielleicht ziehen sie uns nicht gleich ein. Bloß, wir sind ja Chargen. Ich Korporal und Ruben Sanitätsunteroffizier, also . . .«

Filip konnte sich noch immer nicht beruhigen. »Habt ihr den Peter gesehen? So ein Idiot, dieser Miklosch! Bundesgenosse sagt der Prinz zu meinem Peter. Pfui!«

Dann besann sich der Patriot auf den Grund dieses Gespräches. Er stand auf und sagte feierlich: »Merkt euch, meine Söhne, dieser Krieg ist nicht unser Krieg. Die Slawen vieler Länder stehen auf der anderen Seite. Vergeßt nie, daß ihr Tschechen seid, was für eine Uniform sie euch auch zu tragen zwingen. Verhaltet euch danach! – Und jetzt beugt eure Köpfe, ich will euch segnen.«

Ursprünglich wollte Filip das hebräisch tun, zweifelte jedoch ein wenig, ob er noch alles zusammenbrächte, und begann zur Sicherheit deutsch. »Es segne dich der Herr und behüte dich . . .« Ruben bekam feuchte Augen, sein Bruder lächelte . . .

Filip endete: »Es lasse der Herr sein Antlitz leuchten und gebe euch Frieden.« Filip umarmte die Söhne, und sie gingen schweigend.

---

*»Sieben Jahre hab' ich bei euch gedient.
Dafür gabt ihr uns keinen Sold.
Nur die alte Uniformbluse,
und auch die haben wir euch geklaut!«

Ganz Grenzbrunn flaggte, und die »Bohemia« durfte sich nicht ausschließen. Großvater und Enkel betraten die Fahnenkammer. Der Alte befreite die große schwarzgelbe Fahne aus ihrer Wachstuchhülle, gemeinsam stießen sie das österreichische Banner durch die Luke und machten die Stange fest.

Auf der Bäderstraße marschierten die einberufenen Grenzbrunner in Zivil, angeführt von einem uniformierten Feldwebel, zum Bahnhof. Sie machten sich einen Spaß daraus, den ungewohnten Farben zu salutieren, und Peter fragte: »Táto, warum ist unsere Fahne anders? Ist das eine jüdische?«

»Die hätte uns gerade noch gefehlt«, brummte Filip und hob Peter zum Reitersitz über seinen Kopf.

Das Leben in der Hotelhalle der »Bohemia« hatte sich schon wieder auf die neue Situation eingepegelt. Am Pult der Rezeption fungierte die bildhübsche Marika, fragte nach Wünschen der Gäste, ließ sich bewundern, flirtete in sechs Sprachen. Während der Portier seine Gäste empfing und einwies, Hotelkarten prüfte, die Schüssel ausgab, Ansichtskarten und Andenken verkaufte, pfiff Marika Hausknechte und Boys heran, die sich des Gepäcks bemächtigten und die Gäste auf ihre Zimmer brachten. Der Abreisenden waren es heuer mehr. Einige davon recht nervös. Das mochte bei Franzosen und Italienern an ihrem Nationalcharakter liegen, machte sich allerdings auch bei den Engländern bemerkbar, die es auf einmal am eiligsten hatten. Nur die Amerikaner hielten ihre Abreisetermine ein. Im Hintergrund überwachte Täuber die ganze Szene. Mariechen, die es zur zweiten Beschließerin und zu drei Kindern gebracht hatte, geriet immer noch in das Kreuzfeuer der Blicke. Selbst die eiligsten und aufgeregtesten Männer schauten zu ihr hin.

Ihr Mann horchte dem Diskurs am Pult zu und nahm übel. »Hör dir das an, jetzt haut der Portier auf die Pauke, wie und was er alles möglich macht. Da schauen fette Trinkgelder für diesen Kriegsgewinnler heraus.«

Der Portier nahm sich im Schnellzugtempo wichtig, redete in den Haufen hinein: »Mister Perkins, Madame und M'sieur Revillant, Mistreß Goldstein und Signor Spinelli,

Ihre Abreisegenehmigungen sind eingetroffen. Ich habe alle Arrangements getätigt. Sie fahren mit dem Landauer nach Nachod, von dort per Zug direkt nach Wien. Der Rom-Expreß bringt Sie zu den Häfen, Schiffskarten sind gebucht. Es war sehr, sehr kompliziert. Sie sind die letzten Gäste aus Westeuropa. Was tut man nicht alles für seine besten Kunden. Sehr diffizil, beinahe halsbrecherisch.«

»So ein goldgieriger Lügner, schwindelt uns die Panik ans Genick«, ärgerte sich Täuber. »Dabei bleiben die Amerikaner, sie bleiben alle, und für die da vorne sind die Diamantenjuden aus Südafrika gekommen. Schau sie dir an.«

Die neuen Kunden standen an der Rezeption. Sie waren nicht nur teuer, sondern auch geschmackvoll gekleidet, aber Täuber wollte sich vor Lachen ausschütten über einen soignierten Herrn mit Monokel am Bande. »Ein Jude mit Monokel!« Mariechen zwickte ihn derb. »Schöner Sozialist – du *Antisemit!*«

»Pst, pst, nicht so laut Sozi sagen. Du zahlst ja auch Beitrag. Guck sie dir gut an, Mariechen, kultiviert, dezent, mild lächelnd, das sind wirkliche Kapitalisten, echte Ausbeuter. Für die schuften die Neger in ihrem eigenen Land wie früher die Sklaven. Schürfen Gold und Diamanten. Die kratzt der Krieg nicht. Da halt mal schön die Hand auf, Mariechen. Es ist eine gute Tat, solche Herrschaften zu erleichtern, und bei denen sitzt es locker.« Mariechen küßte ihn schnell hinters Ohr: »Du bist *doch* kein Antisemit.«

Der Empfangschef Filip erhob sich von seinem Ledersessel in der Rezeption. Bestürzt schaute er zur breiten Treppe und behielt den Mund offen. Zwar erkannte er Dr. jur. Strauß, den großartig singenden Amateurkantor, wo war nur sein Spitzbart?

Das rasierte, trotzige, runde Kindergesicht verjüngte ihn. Schöner wurde er aber dadurch gewiß nicht. Die Fettpolster und Rundungen, früher vom Bart verdeckt, traten aus der Visage deutlicher hervor, und der Mann trug eine Leutnantsuniform, die gewiß seit dem letzten Kaisermanöver nicht mitgewachsen und deswegen viel zu klein war. Sein langes Haar war nun an den Seiten kurzgeschoren, mit Pomade angeklatscht und durch einen schnurgeraden, breiten Mittelscheitel Preußens Gloria angepaßt. Den Helm vorschriftsmäßig unter dem Arm tragend, marschierte er stramm auf Filip zu.

Die Gäste, allen voran die Russisch-Polen, herbeigeeilt von der Terrasse und von oben, umringten ihn in einem weiten Bogen. Sie ließen viel Raum dazwischen. Noch klang ihr Zischeln wie ein fernes Gewitter. Nur Pinschewski sagte lauter, die Szene mit ironischer Wehmut betrachtend, zu Rabbiner Cohen: »Was hab ich Ihnen immer gesagt? A Daatsch ist nischt ka Jid.« Allmählich begann es in ihm zu kochen. Seine geballten Schmiedefäuste zitterten. Nach seinen Worten war es still geworden. Der Kreis um den wehrhaften Rechtsanwalt war im gleichen Abstand geblieben. Alle wollten hören, zuhören, aber nicht zu nahe.

Dr. Strauß stand vor Filip. Er bemühte sich um Selbstverständlichkeit und Nonchalance, atemlos vor Verlegenheit. Es gelang ihm gründlich daneben. »Gut, daß ich meine Extrauniform immer mit mir führe. Melde mich natürlich freiwillig. Familientradition. Vater war schon sechsundsechzig mit dabei.«

»Also damals gegen uns, Herr Doktor.«

»Dafür diesmal mit vereinten Kräften, Herr Polan, unitas viribus!«

»Aber das Bad ist doch voller Deutscher. Ausgerechnet Sie als frommer Jud' müssen freiwillig . . .«

»Ich bin ein vaterländischer Bürger, Preuße und Deutscher. Und erst in dritter Linie Glaubensgenosse. Von Ihnen, Herr Polan, als österreichische Patrioten hätte ich da mehr Verständnis erwartet.«

»Schon, schon, aber muß sich ein Jid deswegen vordrängeln?«

»Im Gegenteil, ich lasse mir nicht von irgendeinem Antisemiten sagen, deutsche Juden sind Drückeberger. Daß die Ruskis mich anschauen wie ein Stück Dreck, verstehe ich noch, aber aus der ›Bohemia‹ hängt eine Fahne der Mittelmächte.«

Filip seufzte. »Gott soll Sie schützen, Herr Doktor«, worauf Strauß, aufgebracht durch das immer lauter werdende Gemurre ringsum, scharf reagierte. »Jawohl, mit

Gott für Kaiser und Vaterland!« Strauß sah sich um, der Kreis um ihn war enger geworden und hatte sich geschlossen.

In geziertem Hochdeutsch spielte Pinschewski den Erstaunten: »Wer soll das sein, Reb Polan? Ein Gast Ihres geschätzten Hauses? Mir ist, als hätt' ich ihn einmal entfernt gesehen.« Und zur Zemlinska gewendet: »Er muß einen Vetter haben, der jüdische Psalmen singt und vorbetet, gnädige Komtesse.«

»Das Pferd, auf dem ich in Paris einreite«, brüllte Strauß, »oder in Petersburg, kaufe ich sowieso nicht auf Ihrem Markt, Herr Pinschewski.«

Nur vier Männern gelang es noch, Pinschewski zu halten. Der Rabbiner, der Bankier und Goldschmied Feininger stellten sich indessen schützend vor Dr. Strauß.

Pinschewski, Wutschaum vor dem Mund, schrie: »Dir würd' ich nicht einmal eine Ratte verkaufen, du Schajgitz, Goj, du Kosak. Hargenen soll man dich, heroisgestoßen sollst di sein vün de jidische Gass'.« Er schrie, bis er vor Heiserkeit nichts mehr herausbrachte. Es bedurfte des Eingreifens der Wachtposten von den Landjägern, um Doktor Straußens wenig heroischen Aufbruch in den Krieg zu erzwingen. Die Hotelhalle leerte sich, und Filip eilte in die Nummer eins, um seiner Frau zu erzählen.

»Das kommt davon«, behauptete Josefine, »daß sie immer noch glauben, sie kommen morgen oder übermorgen hinter Stacheldraht. Jetzt hast du eine Kasche eingerührt und willst sie nicht essen. Jetzt hast du gemerkt, was alles steckt in der Kasche an Salz und Pfeffer. Von Dollars hast du geträumt. Wer garantiert dir, daß sie überhaupt einmal zahlen können? Nu, Schlaukopp, was wird?«

»Sofort mit Pinschewski reden.«

»Willst du ihn bestrafen, willst du ihn verprügeln, diesen eisernen chlop? Der steckt dich in die Hosentasche.«

»Reden, hab ich gesagt, Pepička, er ist ein Praktischer, man hört ihm zu. Nicht nur die Russisch-Polen, sondern auch solche, die noch Dollars haben oder kriegen.«

»Aha, du gibst zu, daß wir pleite gehen.«

»Aber du hast doch selber ›ja‹ gesagt«, stöhnte Filip hilflos.

Die bedrohten Gäste in der »Friedrichsruh«, der nach einem preußischen König benannten Dependance, die jeden Abend bewacht dort zur Ruhe gingen, bemerkten am nächsten Morgen zu ihrem großen Schrecken, daß die Landjägerposten, die das Haus bewachten, ohne jedes Kommando, ohne bellende Befehle abgezogen worden waren. Bis dahin hatte sie das Aufgebot der Landjäger schon nach wenigen Stunden eher beruhigt als gestört. Sie fühlten sich mehr oder weniger von spontanen Reaktionen nach dem eben erklärten Krieg gesichert und abgeschirmt. Der Proviantwagen der »Bohemia« brachte die Essenportionen der Abendmahlzeit, junge Leute aus dem Hotelpersonal servierten. Auf den Tischen standen Vasen mit frischen Blumen. Die Zimmer waren aufgeräumt.

Jedoch der neue Zustand war ihnen unheimlich. Das Meer der schwarzweißroten Fahnen ließ sie befürchten, sie seien dem furor teutonicus ausgesetzt, die Deutschen würden sie überfallen wie die Schwarzen Hundert des Zaren. Die Schlampatzkis und die Rothsteins hatten als Kinder und junge Leute Pogrome erlitten und überlebt. Kein Wunder, daß unter den Leuten vielfach vergröberte und vergrößerte blutrünstige Geschichten die Runde machten. Die nüchterne Realität, schlimm genug, verführte zur Übertreibung.

Pinschewski versuchte der Stimmung entgegenzuwirken, indem er den Gruselhistorien des Herrn Menoches andere Anekdoten entgegensetzte. »Stellt euch vor, in meinem Dorf, das Pogrom war vorbei, die Häuser ausgeraubt und niedergebrannt, die Frauen fortgebracht, nicht alle unbeschadet, da steigt doch aus einem verschütteten Keller Jentele, die alte Jungfer des Dorfes, die nie einen Mann abbekommen hat, heraus. Sie stemmt die Arme in die Hüften und schreit den Kosaken nach, wie sie davonreiten: ›Nanu – und vergewaltigt wird nicht?‹ «

Die Frauen lachten. Menoches ging böse in sein Zimmer. Doch dann sahen sie alle das weit geöffnete Gartentor. Es erschreckte die freiwillig Eingesperrten, und der mächtige Schmied Pinschewski wurde von den Frauen angebettelt, er möge das Tor doch mit Draht verschließen und mit Sägeholz verbarrikadieren. Pinschewski führte darauf ein leises Gespräch mit dem Bankier, gemeinsam gingen sie in das Zimmer des Filialleiters, wo kurz vorher noch ein Landjäger gesessen hatte. Sie baten, die »Bohemia« anrufen zu dürfen. »Dürfen ist gut«, lachte der erstaunte Gastronom, »Sie dürfen alles, Sie sind doch unsere Gäste. Ich verbinde Sie sofort.«

Filip hatte ihm ans Herz gelegt, die Herrschaften, die unverschuldet in eine schwierige Lage geraten seien, besonders zuvorkommend zu behandeln.

Am Telefon bat er die Herren Pinschewski und Zemlinski, zu ihm zu kommen, um zu beraten. Natürlich seien sie berechtigt auszugehen, ohne Frage. Vielleicht wäre es trotzdem vernünftig, nicht gleich in hellen Scharen auf der Bäderstraße zu erscheinen an diesem vierten Tag des Krieges. Und so gingen Zemlinski und Pinschewski durch das offene Gartentor, statt es zu verbarrikadieren, und die Exsoldaten des Zaren, Feininger, Cohen, Schlampatzki hielten Wache. Nur Herr Pinoches erzählte den Frauen böse Geschichten zum Angstmachen. Die hörten jedoch nicht zu. Gespannt auf die Rückkehr der Mutigen wartend, schauten sie aus dem Fenster. Sie warteten lange.

Pinschewski umarmte Filip so stürmisch, daß dessen Frau für die Rippen ihres schmalbrüstigen Mannes fürchtete, und Zemlinski küßte ihr die Hände. Sie störte die euphorische Manifestation der Dankbarkeit: »Was man will, ist eines, was man kann, ist alles.« Dann machte sie die Rechnung auf, deutete den Bestand an, fragte nach den Finanzreserven der vierzig, nach möglichen Geldquellen aus Übersee, überlegte, wie man die Juden aus dem Westen zu Darlehn und Vorschüssen bewegen könne, und nahm durch ihre geschäftsmäßige Nüchternheit den beiden Männern gleichzeitig das Gefühl, Empfänger von Almosen zu sein. Filip hingegen schwieg beleidigt. Seine gute Tat schien durch den Mammon besudelt. Josefine setzte unbekümmert fort: »Im Sommer essen vierzig Leute unauffällig und unaufwendig mit, Herr Pinschewski. Wir verkaufen in der Hochsaison fünfhundert Mahlzeiten täglich. Wie soll uns aber der Allmächtige helfen in der Nachsaison und im Winter, wenn es keinen Rejbach gibt, und der Appetit bleibt? Jeder Löffel Suppe kostet uns bares Geld.

Kapital haben wir nicht. Wir sind schon froh, daß uns keine Schulden quälen. Unser Vermögen ist die ›Bohemia‹.« Filip fühlte seine gute Tat entehrt.

»Das Jahr werden wir aushalten. Mach den Menschen nicht den Kopf heiß«, schnarrte Filip grob, worauf Pinschewski Josefines Seite nahm.

»Besser a heißer Kopp als a kalter Toches. Wie sagt man deutsch – Arsch?« Die Polans verzogen keine Miene. Nur um Filips Mundwinkel zuckte es. Angesteckt von Josefines Vernunft, bestand Zemlinski auf einer ordnungsgemäßen Abrechnung. Als Grundlage sollte ein Durchschnittspensionspreis pro Person und Tag dienen. Der Bankier erklärte sich bereit, mit dem Buchhalter einen Vertrag auszuarbeiten, der von allen Leidensgenossen zu bestätigen und zu unterschreiben sei. Weise und ehrlich bezeichnete er das Ergebnis als eine schmale und zweifelhafte Sicherheit, auf die er in seiner Bank keine Kredite einräumen würde. Das lange Verhandeln um die Begleichung eines Gottesgebotes und das Gebot seiner Slawenseele schnürten Filip die Kehle zu. Schließlich zog er sich auf seine Argumente zurück. »Schaut euch die Geschichte an. Es hat gegeben im siebzehnten Jahrhundert einen Dreißigjährigen Krieg, einen Siebenjährigen unter dem Preußenfriedrich und noch fünf Jahre hin und her mit Napoleon, aber seit die Völker sind geworden zivilisiert, haben Kriege gedauert ein Jahr, höchstens eineinhalb.«

Die Kurkonzerte am Abend unterschieden sich kaum von denen friedlicherer Tage, wenn man von einigen in das Programm eingestreuten Märschen absah. Sonst blieb alles beim alten. Auch das Baritonsolo aus dem »Waffenschmied«: »Auch ich war ein Jüngling im lockigen Haar.«

Die Musiker, vielleicht aus Erleichterung, über das Einberufungsalter hinaus zu sein, spielten mit besonderer Verve und erhielten mehr Applaus als zuvor auch von den Beinahe-Internierten, die, unter die Westler gemischt, viel ausgefragt und in Gespräche gezogen, zwei Tage der Angst vergessen hatten.

Die vaterländische Jugend unter den anderen deutschen Gästen – man bedenke, daß die Juden nur die Hälfte ausmachten, und die Orthodoxen, die Frommen unter ihnen, eine kleine Minderheit waren –, die vaterländische Jugend also, meist Begleiter heilungsuchender Eltern, veranstaltete einen patriotischen Fackelzug hinauf zum Aussichtshügel, zu den Gräbern des großen Schweigers, des Feldmarschalls und Grafen Helmut von Moltke, und seines Bruders, des Landschaftsdirektors. Väter und Großväter mit preußischen Ahnen wurden da sämtlich zu großen Militärstrategen.

Man war unter sich. Der Krieg hatte sich vorläufig nur die ärmeren Schichten vorgeknöpft und ließ die Wohlhabenden in Ruhe. Die Damen stritten über Rezepte der Eintopfgerichte und Einmachmethoden, und manche Besorgte bemühte sich, noch schnell eine Tochter unter die Haube zu bringen. Zu weit lag der letzte Krieg zurück, als daß man sich seine Schrecken und Leiden, das Massensterben noch hätte vorstellen können. Die Generation der Großväter hatte ihn jung erlebt, und selbst für die Mitkämpfer waren die Schrecken verblaßt. Die Roten, die Sozis, hatten die Stelle des Erbfeinds eingenommen, und deshalb war der Kurpark an jenem Abend besonders voll, und die Gäste der »Bohemia« verschwanden im Trubel der Menge.

Mordechai Pinschewski gehörte nicht zu den Flanierenden. Er saß mit den Polans auf der Steinterrasse zusammen und legte ihnen ein Geständnis ab. »Ich sugg aich, ich bin a Betriger, jedes Jahr red' ich mir ein a Kränk, weil ich will a bissale herois vun Janovce. Sehen, riechen, schmekken die Welt, nischt gleich die groiße, nischt Paris, nur treffen Jiden von alle Länder, vun ganzem Oilum. Vielleicht wet ihr mech nennen a rosche, a Verbrecher.«

»Far wuos, Mordechai«, Josefine gönnte dem Einsamen das Du und den Vornamen, »far wuos machst du aus dir einen schlechten Charakter? Di bist mit deinem Tatten schon a hergekummen, als wir hatten a kleines koscheres Restaurant und acht Logierzimmer. Und jedes Jahr danach. Er ist nebbich hier gestorben.«

»Nebbich? Mit sechsundachzig Jahr«, lachte Pinschewski, »ein Mann war das! Mich hat er gezeugt als ein Fünfundsiebziger, und der Doktor hat mir erzählt, die Alžbeta, im Haus gegenüber, ist am gleichen Tag niedergekommen und hat einen illegitimen Zwillingsbruder von mir in die Welt gebracht.«

»Mordechai, du bist ein Betrüger. Du redest ebensogut deutsch wie wir. Du hast Kraft wie Breitbart, der Athlet, was läßt einen schwer beladenen Wagen über seine Brust fahren. Reich bist du, ein fröhlicher Bocher. Sag bloß, warum heiratest du nicht?«

»Oft, Mamme Josefine«, grinste der Riese, »nur ohne den Rebben, und die einzige, die was ich will haben für immer, ist verheiratet und weiß nichts von meinen Gefühlen.«

»Also, was klagst du«, fragte Filip und zündet seine Pfeife an, stellte einen Kognak auf den Tisch, den Pinschewski schnell hinuntertrank, bevor er nachdenklich antwortete: »Gestern hob ich mir a bissale gewinscht, gespielt mit dem Gedanken, ma wet mich einsperren, internieren in a Lager, und man schickt mich vielleicht tommer ewscher, Bäume fällen, hacken, graben, mauern, Ziegel brennen, Häuser bauen, oißarbeiten meinen Kojach, meine Muskelen. Nicht schlecht, hob ich gedacht. Aber dann hob ich gesehen die anderen armen Jiden und ihre Kränk, und ich hob den Gedanken weit aweg geschoben. Aber *ihr* könnt brauchen meine Kraft, wuos kenn ich tün, euch zu helfen?« – »Laß den Allmächtigen helfen.« Josefine erhob sich und gab dem Ausdruck ihrer naiven Frömmigkeit etwas so Würdiges und Anmutiges, daß auch Filip aufstand, sich bei ihr einhakte, zärtlich und dankbar. Sie waren sehr beieinander, verbeugten sich und gingen. Pinschewski sah ihnen nach, und sie erschienen ihm wie ein jungverliebtes Paar.

Die Saison hetzte im Expreßtempo dahin, die Nachsaison hatte nur noch die Schnelligkeit eines Personenzuges, der Winter im eingeschneiten Grenzbrunn dagegen quälte sich mühsam durch hundertzwanzigmal vierundzwanzig Stunden bis zum kargen Frühjahr.

Noch war der Ort zu weit entfernt von guten schneegeräumten Straßen und schnellen Eisenbahnstrecken, um ein Sportzentrum werden zu können, ein Winterkurort zu sein wie das eine halbe Eisenbahnstunde entfernte Bad Reinerz. Das hatte sich nach den ehrgeizigen Plänen des Doktor Gottschling ändern sollen. Nun war der Krieg dazwischengekommen. Schon die Versorgung der Einheimischen bewältigten die großen Schneepflüge, jeder von vier Gespannen gezogen, nur mühsam. Doch sie gaben dem Ort eine breite Verkehrsader für Schlitten und Wagen. Sonst aber bewegte sich alles auf Skiern, vom Briefträger bis zum Pfarrer, der, von den Ministranten begleitet, zur letzten Ölung eines seiner Schäfchen glitt.

Die Grenzbrunner, die es sich leisten konnten, verbrachten die Monate bis Mitte März, wenn möglich, anderswo. Die Polans hatten noch jedes Jahr das unwirtliche Haus verlassen und waren nach Berlin gegangen, wo die Saison in ihrem »Russischen Hof«, dem Einkehrhotel frommer jüdischer Reisender und Vertreter aus Deutschland und aller Welt, im Oktober begann.

Diesmal verharrten die Alten bei ihren Zwangsgästen in Grenzbrunn. Nur Esther und den kleinen Kantor und Gewährsmann des orthodoxen Rituals, Tikoschinski, delegierten sie zur Leitung des Berliner Hauses.

Peter blieb im verschneiten Winkel, wo die Schulferien in der evangelischen Volksschule nur dreieinhalb Wochen statt nach seinem Wunsche ebenso viele Monate dauerten.

Zunächst grüßte der katholische Pfarrer, der ebenso gut tschechisch wie lateinisch sprach, die Polans nicht mehr, seit ihr Enkel bei den Glaubenswidersachern eingeschult worden war. Als der Geistliche jedoch erfuhr, daß der Kleine von der »Bohemia« seit seinem vierten Jahr jede Woche einmal nach Nachod gebracht worden war und mit sechs allein hinüberpilgerte, um im jüdischen Kinderhort, Cheder genannt, hebräisch sprechen, schreiben und singen zu lernen und im Talmud unterwiesen zu werden, änderte er seine Haltung. Denn der evangelische Pastor hatte damit geprahlt, wie Peter mit so großem Interesse den Geschichten aus dem Neuen Testament folge, daß er ihn allmählich zu bekehren hoffe. Hingegen gönnte der Pfarrer dem evangelischen Amtsbruder jeden Reinfall.

Er wußte es besser. Der Junge las gerne Märchen, und die Geschichte von der Arche Noah bis zur Verwandlung von Wein in Wasser verstand er so und genoß sie wie Hänsel und Gretel. Dies war dem protestantischen Seelenfischer des Herrn nicht aufgegangen.

Daß Peter mit fünf Jahren schon Märchenbücher *las*, erstaunte die Grenzbrunner. Indes war er alles andere als ein Wunderknabe. Wer im Cheder mit vier Jahren das hebräische Alephbeth, also das Alphabet einer Sprache, beigebracht kriegt, lernt das zweite seiner eigenen Umgangssprache im Spiel. Das Lesebuch verführte, weil es für die ersten vier Klassen galt, und deshalb las Peter schon mit fünf Jahren fließend Märchen und Geschichten. Wenn sich Peter gleich nach der Schule und dem Mittagessen, eingemummt bis zur Nasenspitze mit kurzem Pelzmantel, einer Pelzmütze, den Ohrenschützern und einem vielfach auf russische Art verschlungenen Schal und festen Schuhen, nach Nachod aufmachte, gab ihm der Großvater bis zu den Grenzwiesen das Geleit. Von dort grätschte er auf seinen kurzen Skiern den Hügel hinan. Auch von der Glasveranda her konnte man ihn noch verfolgen. Er drehte sich um, die Alten winkten ihm, Filip öffnete das Fenster. Die Schneedecke knisterte kräftig und fest im klirrenden Frost.

»Schau, wie er springt, wie ein Floh auf einem weißen Laken.«

»Komm, mach das Fenster zu. Dir bekommt die scharfe Winterluft nicht.«

»Laß mich doch meinem Enkel winken. Wozu du ihn jede Woche in die hebräische Kleinkinderschule rennen läßt, verstehe der Herrgott. Als ob wir nicht einen leibhaftigen Rabbiner im Hause wohnen hätten. Sogar umsonst. Der soll's ihm beibringen. Wird von der Rechnung abgezogen, wenn er je ans Zahlen denkt. Sechs Kilometer Weg für so ein Kind.«

»Alter, Peter hat einen besonderen Grund, ein guter Jud' zu werden.«

»Und einen noch besseren, damit er ein guter Tschech wird.«

»Wie spricht man in Nachod, bitte?«

»Aber nicht in der Judengasse.«

»Spielt er unterwegs mit Kindern? Geht er süße Kolatschen einkaufen? Treibt er sich auf dem Marktplatz herum? Fragt er nach dem Weg, oder ist er stumm? Oder reden die Leute in Nachod etwa nicht tschechisch?«

Dabei nahm Josefine Filips Arm und zwickte ihn kräftig. Er lachte: »So hast du's mir nie erklärt. Also deshalb«, staunte er. »Wann kleben wir wieder verbotene Plakate?«

»Filip, wenn er nur deutsch lernt, wird aus ihm ein Preiß, wenn er tschechisch dazu lernt, wird aus ihm ein Mensch!«

Sie gingen zur Terrasse, die leer war bis auf das Geflecht der entlaubten wilden Weinranken. Noch einmal schaute Filip nach dem Enkel aus. Josefine zerrte ihn unsanft in den Flur.

»Laß mich«, sagte er. »Neben dir ist er mir das Liebste, was ich hab.«

Lange bevor Peter in die schmale Nachoder Straße einbog, die das zweisprachige Schild Judengasse – Židovská ulice trug, rannte er immer auf den rechteckigen alten Marktplatz, der ihm riesig erschien und in dessen Mittelpunkt eine halb aus Holz gebaute frühgotische Kirche mit romanischen Fundamenten stand. Dort spielten die Kinder Verstecken und Fangen, immer um das ehrwürdige Gebäude herum. Er sah zu, bis ihn ein größeres Mädchen in den Kreis zog und zum Mitspieler erkor. Mädchen hatte er schon als kleiner Junge gern, und selbst die Bockigkeit des unsicheren Rüpelalters gegenüber dem weiblichen Geschlecht lernte er später nie kennen. Niemandem fiel auf, daß er ein Grenzbrunner deutscher Judenjunge war, da er alle Abzählverse auswendig im Kopfe hatte und sie in Großvaters sauberem Tschechisch vorleierte.

Als die Rathausuhr die dritte Stunde schlug, starrte Peter schuldbewußt auf das Zifferblatt, rannte zum Unterricht und betrat atemlos die hebräische Kinderklasse. Der junge bartlose Lehrer, den Gebetsmantel um die Schulter gelegt, erklärte den Kindern gerade das Legen der Gebetsriemen um Stirn, Arme und Hand, zeigte es ihnen und meditierte über den Sinn. Gutmütig drohte er dem Spätkommer mit dem Finger. Die Kleineren saßen auf niedrigen Schemeln um ihn herum, die Käppis auf den Köpfen, verbeugten sich im Rhythmus des Singsangs, mit dem sie die Worte des Lehrers repetierten, bis zum Nabel. Nicht tiefer, denn sie hatten schon gelernt, daß der Körper unterhalb zu unrein sei, um den Allmächtigen zu lobpreisen. Wenn sie erwachsen waren, das erfuhren sie, würde ein gedrehter, gepaspelter Leibgürtel die Grenzlinie markieren. Peter fügte sich in den Kreis der dunkelhaarigen Köpfe ein. Er sah nur ein wenig breiter und stämmiger aus als die anderen.

7. Josefine droht der Not mit einem Baby

Es war schon dunkel, als er wieder an der »Bohemia«-Terrasse auftauchte. Filip sah ihn durch das Fenster der Nummer eins, rief seine Frau, erstarrt vor Schreck. Peters Gesicht war vom Wind, vom Spiel, vom schnellen Marsch gerötet. Der Mantel stand offen, der lange Schal hing wild herum. Mit einer Hand schwenkte er den Ranzen durch die Luft und hielt die Skier mit der anderen auf den Schultern.

»Mein Gott, wie sieht der Junge aus, wo hast du Räuber und Gendarm gespielt?«

Peter flüchtete zum lachenden Großvater.

»Wie soll er aussehen? Wie ein richtiger Chachar, wie ein frisches Jingale, wie der Erbe der ›Bohemia‹.«

Seine Frau ließ ihm die prahlerische Freude. Sorgen gab es ohnehin genug, denn die Zwangsgäste froren im renommierten Hotel »Bohemia«. Bei der Sommerresidenz »Friedrichsruh« gar kein Wunder, im Stammhaus eine Schande. Nur das Parterre und die Zimmer an der Stirnwand im ersten Stock prunkten mit richtigen Öfen. Wo sitzen, reden, schlafen, essen vierzig Menschen? All das hatte der verzweifelte Filip nicht bedacht. Natürlich stürzte sich Menoches auf das beste Zimmer. Man setzte dem heftig Protestierenden neben seiner Familie noch drei Untermieter mit hinein. Die Rothsteins waren in den angrenzenden schmalen Wohnschlauch eingezogen. Das dritte heizbare bekamen die Feiningers. Viktor Schlampatzkis umfangreiche Familie brauchte zwei Zimmer. Eines heizbar, Kinder dürfen sich nicht erkälten.

Nach einer Inspektion schrie Filip Josefine an: »Du baust an, noch a Flügel, noch a Veranda, an Öfen denkst du nicht.«

»Woher soll ich wissen, daß du machst aus dem Haus ein Obdachlosenasyl für den Winter?«

»Ist ja schon gut, Pepi, ein bißchen Dampf ablassen.«

Der Kommerzienrat Dr. Markowicz, Kaufmann der ersten Gilde, und Gemahlin bekamen aus Altersgründen das letzte heizbare Zimmer unter der Bedingung, daß sie noch drei Kinder beherbergten. Unter den Übriggebliebenen, die kalt schlafen mußten, waren die Zemlinskis, Pinschewski, der Rabbiner Cohen, die Musiker der Philharmonie von Lodz, der Student.

Pinschewski rief eine Beratung ein. Im kalten Speisesaal saßen sie, zitternd und erwartungsvoll in Pferdedecken gehüllt. Als er die Leute sah, dachte Filip bitter: Vielleicht wäre es ihnen im Internierungslager besser gegangen. Pinschewski, der zu reden verstand, tat es diesmal kurz und bündig: »Ich bin Schmied, Reb Menoches ist einmal Klempner und Installateur gewesen, Jarolin war Tischler, bevor er sein Möbelgeschäft aufgemacht hat, der Goldschmied und Juwelier Feininger hat geschickte Finger. Reb Polan wird Jaroslav Täuber gewinnen und noch ein paar Handwerker. Wir brauchen noch fünf zu beheizende Räume, und es geht hier keiner heraus, bevor wir nicht wissen, wo sie liegen, und wer sie in Ordnung bringt. Durch das ganze Haus bin ich mit Reb Polan gegangen. Was ist noch beheizbar? Die Kellerküche, der große Kessel im Waschraum, die Kammer am Stall, wo für Rinder und Pferde und für das ganze Vieh gekocht wird, die Kaffeeküche auf dem Hof. Daraus werden vier renovierte abgedichtete, isolierte bewohnbare Räume. Und wenn sie nicht reichen, ziehen wir eine Wand hindurch, und vielleicht wird man noch einen Ofen bauen. Im großen Waschraum, wo die vielen Kessel stehen, werden alle Junggesellen und Männer ohne präsente Frauen wohnen. Das sind acht. Ich mache mir die Futterkammer am Stall zurecht, und die vier, die ich zuerst genannt habe, bilden eine Kolonne für alle Reparaturen im Haus. Wehe dem, der sich drückt. Für drei Monate halten wir es schon aus.« Und Filip sagte wieder einmal ermutigend, wenn es auch ein wenig kleinlaut klang: »Nächstes Jahr ist der Krieg vorbei.«

Menoches und die Rothsteins weigerten sich hartnäckig, in die Kellerküche, einst die des Wunderrabbis, zu ziehen. Zemlinskis meldeten sich freiwillig. Es wurde, wohl als Huldigung für Schönheit und Grazie und den gallischen

Witz der zarten Madame Zemlinski, die ihr Mann Komtesse Antoinette nannte, der schönste, größte und wärmste Wohnraum. Dafür sorgte das Trio Schmied, Tischler und Hausdiener. Sie zwangen auch Menoches in einen Overall, beschafften ihm Werkzeug und ließen ihn tüchtig arbeiten.

Die Zemlinskis revanchierten sich, indem sie bis zum Schlafengehen ihr Zimmer gastlich offen hielten. Der schwere Samowar auf dem derben Küchentisch brodelte den ganzen Tag für alle.

»My dear uncle Joe«, schrieb die junge Růžena Schlampatzki, die an der Handelsschule in Lwow einen Lehrgang für Englischkorrespondenten absolviert hatte, nach New York-Bronx. Sie schrieb in einem Gemisch aus Polnisch, Englisch und Jiddisch, das, ins Deutsche sehr frei übersetzt, folgendermaßen lautete:

»Wir leben in einem großen Haus. Das größte ist die Küche, die Zimmer sind das kleinste. Wir essen – allen jüdischen Schnorrern geklagt, aber die Besitzer, Polan heißen sie, essen nicht besser. Man bedient sich gegenseitig, hilft in der Küche, kochen, abwaschen, säubern reihum. Sonst trifft man sich wenig. Man kommt aus verschiedenen Staaten, Städten, Vierteln und Straßen, verschieden reich, verschieden gebildet, verschieden stolz. Jeder macht sich seinen Tag zurecht oder seine Einsamkeit. Höchstens zwei Familien harmonieren. Oj, wie schwer, sich zusammenzuleben! Als gute Gastgeber machen die Polans ihre tägliche Runde. Mehr als drei Familien schaffen sie nicht zu besuchen, weil – man läßt sie nicht weg, fragt in sie hinein, klagt: ›So bald gehen Sie schon wieder?‹ Was sollen sie antworten? Und wieder Fragen: Was ist, was wird? Wie weiter? Was hört man, was liest man, wann wird der Krieg zu Ende sein, wann, wann, wann?

Und das Jüngelchen, der Peter, nennt uns Onkel und Tanten, er kommt, wann er will, wie oft er will. Untereinander sind wir zerstritten. Für ihn sind wir seine große Familie. Es ist schwer, sich zusammenzuleben. Viel leichter zu streiten. Die ›Bohemia‹ versteckt uns vor der Außenwelt, aber die Gänge und die Treppenhäuser sind eisig kalt. Doch selbst im Warmen, wenn Du sähest, wie ich hier schreib, eingepackt in Decken, meine Füße ruhen auf Ziegelsteinen, die wir im Ofen erhitzen und dann in Lappen packen.

Ein riesiger Saal und eine schöne Glasveranda sind da – ohne Öfen. Die Männer sind dort viermal am Tag beim Beten: Schachris, Mussaph, Mincha und Maarew. Der Rabbiner betet vor. Er hat nur eine kleine Stimme, und alle zusammen frieren.

Auch wir sind jeden Morgen für zehn Minuten im eisigen Saal, wenn eingeteilt werden die Dienste und die Speisekarte für den Tag vorgelesen und was dafür in der Küche geholfen sein muß. Und dann schnell zurück in die Zimmerwärme.

Ich lese sehr viel, Onkel Joe. Die Gemeindebibliothek und die in der Kurverwaltung sind offen. Ich bin ihre beste Kundin. Ich lerne deutsch reden dabei, wenn ich mir die Sätze laut vorsage. Verstehen tu ich alles. Kunststück! Was ist schon Deutsch? Ein verkorkstes Jiddisch.

Ein einziges Kurhaus mit Kohlensäure und Moorbädern ist im Winter geöffnet. Rabbiner Cohen und der herzkranke Bankier Zemlinski gehen hin. Weißt Du, das ist der mit der Komtesse de Oppenheimer, Schwägerin von Baron Rothschild. Ich habe Dir ja von allen geschrieben.

Spazieren gehen wir nur, wenn die Sonne scheint. Wir sind sonst allzusehr durchfroren. Die Leute auf der Straße grüßen zivil, aber ihre Augen sagen: die armen Umsonstpensionäre, was die Polans bankrott machen.

Wir haben unsere Sparbüchsen auf einen Haufen ausgeschüttet. Von draußen wird geholfen, auch von Dir. Es ist viel zu wenig. Vierzig Menschen kosten Geld. Womit sind wir denn hergekommen? Zum Anziehen nur Sommergarderobe, lauter dünne Fähnchen. Die Polans haben einen großen Posten Konkursware billig aufgekauft. Ganze Ballen gute Wollstoffe, Kostüme, nur hoffnungslos unmodern, auch die Farben und Dessins und Schnitte. Wir färben, ändern um und schneidern zu. Alles in der großen Waschküche, wo schon acht Männer hausen. Dort ist der große Kessel, der wärmt. Dafür räumen wir den Männern auf. Was wird nur, wenn das Brennmaterial ausgeht? Mit Holz allein ist es nicht getan. Das holen die Männer aus dem Wald. Den Polans gehört ein Waldstück. Das holzen sie ab. Natürlich fehlt allen das Geschäft, der Beruf, die Zeitungen. Man macht sich selbst welche. Organisiertes Nichtstun ist anstrengend. Ich diskutiere viel mit einem Philosophiestudenten, Goldschmied Feiningers Sohn. Der streitet wieder mit den Musikern, worin Chopin größer war, als Komponist oder als polnischer Patriot. Er ist sehr nett, aber auch sehr verrückt, ein polnischer Nationalist. Dagegen sind die Musiker ›Bundisten‹, Du weißt ja, der ›Bund‹, die sozialdemokratische jüdische Organisation. Sie dürfen es nur nicht laut sagen. Draußen soll es niemand wissen.

Neulich haben wir uns im Saal beim Tanzen warm gemacht. Die Jungen von der Plocker Philharmonie spielten – Walzer, Polonaise, Polka, Krakowiak. Was denn sonst? Sie sind doch alle auf Klassik getrimmt. Nur einmal, auf meinen Wunsch, ein mühsamer Tango. Moritz Feininger tanzt ihn so schön. Die anderen Mädchen teilen die Musiker unter sich auf, bei der kleinen Menoches ist schon etwas unterwegs.

Du sagst sicher, Eure Sorgen möcht ich haben. Lieber Onkel Joe Menasse, laß uns ein bißchen bunte Farbe über unseren Sorgen tragen. Draußen ist Krieg, ein böser Krieg, schlimmer, als wir ihn uns vorgestellt haben. Filip Polan selbst spricht schon von *Jahren*. Wir sind sehr bescheiden geworden in unseren Wünschen. Wir warten auf den Frühling, auf die Saison und Sonne, Wärme, Menschen, Trubel. Endlich wieder Geld in den Taschen der Polans.

Ein bißchen Aufatmen und viel, viel Angst vor dem nächsten Winter. Wären wir nur mit Dir ausgewandert. Es küßt dich . . .«

Darauf geschah es, daß der wohlhabende Joe Menasse, dem im jüdischen Viertel von Bronx eine gut gehende Kürschnerwerkstatt mit Pelzgeschäft auf der Hauptstraße gehörte, für eine Überfahrt und etwas zum Mitbringen im geheimen zu sparen begann. Sechs Monate im voraus. Die Kinder freuten sich, den Alten, der sich vorsorglich einundfünfzig Prozent des Kapitals der Firma hatte notariell überschreiben lassen, eine Weile vom Halse zu haben. Der emsige Gschaftelhuber und seine noch von zu Hause im alten Rußland mitgebrachten anreißerischen Werbemethoden paßten nicht mehr in »Modern times«. Zu seinem Ältesten wiederum, der herzlich für ihn zu sorgen versprach, weigerte er sich zu fahren. Der war Physiker an der Universität Harvard. Er schrieb ihm: »Was soll a Kürschner in a Haus vön a Gelehrten? A melamed. Er find nischt zu tün. Wenn ich nischt tü, bin ich toit.«

Er kam mitten in der Saison 1916, der echte Onkel aus Amerika. Sprach schlechter Englisch als seine Nichte Ružena, Polnisch und Russisch verstand er, antwortete darauf jiddisch. Und das redete er besser als alle Schlampatzkis zusammen. Ein kleiner, ausgedörrter schlanker Mann, ein wenig vorgebeugt, mit angegrautem Vollbart, flinken kleinen Augen und ausgearbeiteten, von den Säuren gebeizten Händen. Er war voller Witz. Seine Kleidung hatte er in Amerika nicht geändert. Er trug Kaftan und den breitrandigen schwarzen Hut wie einst im russischen Ghetto. Seitenlöckchen, ein Chossid wie aus dem Textbuch. Er erschien mit zwei riesigen Koffern. In dem einen waren die Geschenke, im anderen die Ausrüstung für die Badereise. Das Bargeld und die Devisen hatte er sich mit schwarzem Heftpflaster in einem flachen Wollbeutel auf den Unterbauch geklebt und unsichtbar gemacht, indem er seinen dunklen Haarwald darüber kämmte. Er war nicht der einzige, einer von vielen Amerikanern, die 1916 nach Grenzbrunn fuhren. Jedoch das Häuflein der Gestrandeten gewann durch ihn Ansehen. Sobald Schlampatzki begann: »Unser Onkel Joe ...«, spitzte man die Ohren. Unser Onkel Joe aber litt unter der Untätigkeit des ersten Urlaubs in seinem Leben, und es dauerte lange, bis er die Natur, den Bäderbetrieb, die Kurmusik, den Promenadenkorso bewußt aufnahm, empfand und genoß. Es störte ihn, wie sehr man ihn hofierte. Valuten waren wichtiger denn je.

In Grenzbrunn geschah etwas fast Unglaubliches. Der Bürgermeister machte sich Sorgen, echte Sorgen um die Polans. Im »Fürstenkeller«, dem gehobenen Tanzlokal mit Bar, Plüschlogen und Extrazimmern, man vermied die

Worte Chambre séparée, weil sich das schlüpfrig anhörte, saß er, anläßlich eines großen Sieges zu einem Sektdiner eingeladen, an der Seite des Herrn von Weddingen und erzählte ihm vertraulich: »Wir haben ihnen eine Hypothek auf das Haus gegeben. Zu sehr kulanten Bedingungen. Aber wenn der Krieg sich festfährt und sie brauchen mehr«, er seufzte, »dann bleibt nicht einmal so viel übrig, daß sie statt des großen Hotels noch eine Villa ›Bohemia‹ behalten, und wir haben doch ihren Namen und ihren Einfluß verdammt nötig.«

»Was beißt Sie denn so?« ärgerte sich Weddingen. »Seit wann vergießen Sie Tränen über Juden? Schön, ich hab mich bekehren lassen, es sind honorige Leute – Hoteldynastie, alles bekannt, sattsam –, aber Itzig bleibt Itzig. Schlimmstenfalls, wenn ihre Bude draufgeht, kann man ihnen irgendwas verpachten. Das heißt dann ›Bohemia‹.« Er hob sein Sektglas: »Prost!«

Gottschling tat ihm nicht Bescheid. Er sah das trunkene Glitzern in den Augen des Kurdirektors – schon zuviel geschluckt.

Weddingen spürte Widerstand, beugte sich tückisch über seinen Tisch: »Übrigens, wie sagten Sie da eben? Hoffe nicht richtig gehört zu haben: Wenn der Krieg sich festfährt?«

Der Bürgermeister erschrak. »Ich meine – nur für die Polans wird er zu lange dauern.«

»Lang? Weil wir unsere Divisionen im dritten Kriegsjahr umgruppieren? Das ist doch Defätismus. Ein Hauptstoß, und der ganze Kladderadatsch ist vorüber. Erinnern Sie sich, in zwei Tagen haben wir eine ganze russische Armee in die Sümpfe gejagt. Ich sage nur Hindenburg und Tannenberg.«

Dr. Gottschling beeilte sich, dem Berufsstrategen zuzustimmen und seine Sorgen um die Polans im tiefsten Gehirnkämmerlein zu vergraben.

Daß es in der Nummer eins der »Bohemia« zu eng wurde, dazu brauchte es schon einen Großteil der Polanfamilie. Der runde Tisch war zu einem länglichen Oval ausgezogen, und trotzdem konnten sie sich nicht richtig rühren und litten darunter. Die Polans aßen gerne und genüßlich und brauchten Spielraum für die Ellbogen und die Arme. Befremdlich in ihren österreichischen Uniformen saßen die Söhne um den Tisch, trugen zum Mißbehagen Filips mit Stolz die Sternchen der Chargierten und Verdienstmedaillen. Die fehlten bei Rudolf, dem gemeinen Matrosen. Von den Töchtern saßen nur Esther und Martha an der Tafel.

Zu einem solchen Sabbatmahl der Familie mitten in der Hochsaison im überfüllten Haus war von Josefine gewiß nicht eingeladen worden. Es war der Vater, der fröhlich lobte: »Gut, daß ihr uns überfallen habt.« Er tat es aus Trotz. Nicht nur, daß er Feste und Geselligkeit liebte, der abweisende, verärgerte Ausdruck seiner Frau verlangte danach, neutralisiert zu werden: »Der erste Urlaub seit einem Jahr. Ausgefressen seid ihr, als ob ihr längst nicht mehr koscher lebt. Dein Bauch, Ruben, erzählt von Speck und Schinken. Ihr Ungläubigen!« In seinem Gesicht erkannte man, wie wenig ernst er den Vorwurf meinte.

»Wir sind nicht zum Spaß hierhergekommen, Tatte.« Moritz legte sein Gesicht in ernste Falten. »Während wir an der Front kämpfen, wirfst du uns ein paar Speckschwarten vor und fütterst hier die Polacken an, bis sie vor Wohlsein platzen. Und so viel Fleisch will wieder Fleisch. Als wärst du Moses, der den Kindern Israel in Gottes Namen befiehlt: Mehret und liebet euch. Das besorgen die auch. Die Polacken hecken wie die Kaninchen. Die fressen euch auf und uns mit. Bis an den Isonzo hat sich das herumgesprochen in die vorderste Linie. Wir sind gekommen, um das Pack hinauszuschmeißen.«

Seine wütenden, ausladenden Armbewegungen brachten die Sabbatkerzen in den silbernen Leuchtern zum Flakkern.

Ruben vergröberte die unfestliche Stimmung: »Man erzählt sich Histörchen über die winterlichen Liebesspiele in der ›Bohemia‹. Musiker spielen die Begleitung. Als Prologe spricht man Gedichte. Ganz schön durcheinander soll es dabei zugehen, wie bei den Hunden.«

Kreideweiß stand Filip auf. »Kein Wort mehr über die Polen, oder die Herausgeschmissenen seid ihr. Ich werde mich doch nicht in diesem Haus von meinem eigenen

Fleisch und Blut beleidigen lassen.« Moritz versuchte aufzumucken, Filips Zeigefinger stieß vorwärts wie ein Säbel: »Dir haben sie in der Schule erzählt, in der evangelischen Schule der ›Böhmischen Brüder‹, die Magister Jan Hus im Wappen führt, die Juden haben unseren Herrn Jesus Christus umgebracht. Heulend bist du nach Hause gekommen. Der Esther haben sie in der Handelsschule vorgeworfen, daß die Juden zu Ostern christliche Kinder schlachten, damit sie trinken ihr Blut. Und ihr glaubt, wenn die Antisemiten euch etwas erfinden von Prassen und Schlemmen, von Ficken und Hecken, ihr glaubt, daß es geschieht in der ›Bohemia‹, im eigenen Heim?«

Sanft drückte Josefine den Mann in seinen Lehnstuhl zurück. »Reg dich nicht auf, mein Alter. Schade, daß man nicht darf rauchen eine Pfeife am heiligen Schabbes. Sie beruhigt dich doch sehr.« Und zu den Söhnen: »Wollt ihr Vater umbringen?«

Moritz lenkte ein: »Gut, wir reden nicht mehr darüber.« Dafür griff Ruben an: »Nur darüber, wie ihr unser Erbe verschleudert, nur darüber, wie wir uns die ›Bohemia‹ erhalten. Darüber müssen wir sprechen!«

Zuviel für Josefine. Nun stand auch sie auf, stemmte die Arme in die Hüften: »Wer hat da Erbe gesagt? Oder bin ich schwerhörig? Ihr seid doch längst ausgezahlt, nicht nur einmal. Zuletzt von Samuel. Und wie großzügig! Jeder hat ein kleines Vermögen bekommen. Was ist davon geblieben? Wer verschludert? Wer hat Pleite gemacht? Nicht wir – ihr! Die ›Bohemia‹ gehört Esther – und basta.«

Wenn die Mutter basta sagte, herrschte Stille, seit der Kindheit und nun wieder. Nur die Eßgeräusche, das Klappern der Schüsseln, das Aneinanderklingen der Bestecks zeugten davon, daß man die Wut an den Geflügelkeulen ausließ. In Moritz kochte es. Offensive zurückgeschlagen. Die Niederlage nahm er nicht so leicht hin, wenn er sie jetzt auch in sich hinein fraß mit den Fleischbatzen. Und wenn er die Polacken beim Kreishauptmann denunzierte, die kriegte er heraus.

Esther reichte der Mutter die Speisen. Sonst saß sie teilnahmslos neben ihr wie eine brave Haustochter, eben zurück aus dem Pensionat. Zart und schlank, erstaunlich jungmädchenhaft, verschloß sie die Rebellion gegen das frühe Witwendasein hinter den Gitterstäben des Schweigens und dem Ehrgeiz, eine hervorragende Köchin von internationalem Ruf zu bleiben.

Sie lauschte aufmerksam, aber stumm.

Ihre Passivität ärgerte Moritz. »Na, Schwesterchen, hast du Mamminka zugehört? Die ›Bohemia‹ bleibt dir. Ist dir so gleichgültig, wie lange noch, was mit deinem Haus geschieht? Wie man es vor die Säue wirft vor lauter Humanitätsduselei. Läßt du dir das gefallen?«

Den Kopf gesenkt, antwortete Esther: »Es steht geschrieben: Hast du was Gutes einst getan, rechnet dir's Gott der Große an! Mutter weiß schon, was für mich richtig ist.«

Gehässig, mehr gespuckt als intoniert, sang Moritz das Lied aus der Pessach-Erzählung beim Überschreitungsfest:

»Ein Lämmchen, ein Lämmchen,
Es kaufte mein Vater.
Zwei Suse galt der Kauf,
Da kam voll Tück und Hader
Die Katz' und fraß es auf.
Chad gadjo, das Lämmchen.«

»Wir feiern nicht Pessach, Esther ist kein Lämmchen, aber du bist ein Bock«, schimpfte Filip. Sohn Ruben zuckte mit den Schultern. »Sie wird es selber merken, wenn die Kasse leer ist.« Böse stand er auf.

Nun war das Thema einmal begonnen. Wozu sich zweimal streiten? Es mußte auf den Tisch, entschied Josefine, bevor die Jungen weggingen. »Wir haben eine Hypothek aufgenommen, die erste.« Ruben setzte sich vor Schreck wieder hin, Moritz verschlug es die Rede. Nicht lange. »Wer gibt dir so etwas mitten im Krieg?«

»Die Gemeinde Grenzbrunn hat garantiert, Gottschling hat sie besorgt, die Spar- und Darlehnskasse hat sie gegeben.«

»Und der Zins? Mit mehr als fünf Prozent verkrüppelst du deinen Haushalt.«

»Ich werde Einspruch erheben, amtlich«, schrie Moritz. »Als ältester Sohn werde ich die Hypothek für ungültig erklären lassen. Auch im Namen von Ruben und Rudolf.«

Da er die ganze Zeit durch das Fenster mit der bildhübschen Marika poussiert hatte und gerade mittels eines Finger- und Zahlenspiels ein Rendezvous mit ihr ausgemacht hatte, gehörte Rudolfs Aufmerksamkeit nicht dem Familienstreit. Erst die letzten Sätze, die er mitbekommen hatte, wühlten ihn auf. Er stürmte zum Tisch: »Ihr Blutsauger, ihr Pleitemacher, ihr Großredner, ihr Versager. Ich habe euer Gefeilsche, eure Geldschneiderei satt. Wie oft habt ihr das Elternhaus schon gemolken, und da wagt ihr es, meinen Namen zu mißbrauchen, in meinem Namen zu reden? Gott soll mich strafen, wenn ich einen roten Heller von euch nehme.«

Voller Genugtuung über das Auftreten seines Lieblings, mit wiedergewonnener Ruhe streichelte Filip seiner Frau die Hände. Er legte listig eine Zeitbombe, indem er friedlich säuselnd so nebenbei bemerkte: »Pepička, ist dir nicht aufgefallen, daß Rudla seit seiner Einsegnung mit Dreizehn noch keinen Pfennig von uns bekommen hat? Wir müssen uns das mal seeehr merken, Liebste.«

Der Pfeil traf Moritz in den Hintern. So schnell sprang er auf und stürzte auf Rudla zu, der ruhig sitzen blieb: »Du Erbschleicher. So herum kommst du. Mit der Menschlichkeit kratzt du dich ein. Dann warst du es auch, der dem Vater eingeredet hat, er soll sich zu den Russisch-Polen auch noch die jüdischen Kriegsgefangenen auf den Hals laden! Das ist beinahe Landesverrat. Da staunst du, was wir Frontsoldaten nicht alles wissen, hä!«

»Vaterland, Frontsoldaten, daß ich nicht grinse!« Rudolf tat es trotzdem. »Moritz sitzt seit acht Monaten Stellungskrieg in derselben Felshöhle am Isonzopaß und beschimpft die Italiener Katzelmacher, und Ruben ist Sanitätsfeldwebel in der Etappe und läßt sich von den deutschen Verwundeten Kamerad Schnürschuh schimpfen. Und beide jagt ihr nach Sternchen und habt vergessen, was euch der Vater in diesem Zimmer ans Herz gelegt hat, Český bratři!!«

Esther stellte sich an des Bruders Seite. »Du tust dem Rudla Unrecht, Moritz. Wenn daran einer schuld ist, bin ich es. Die Militärverwaltung hat sich an mich persönlich gewendet, der Kreishauptmann hat es vermittelt, die Mutter nur zugestimmt. Im Gellenauer Lager arbeiten sechshundert Russen auf den Rittergütern der Grafen Herrnprotsch. Seit der Pope im Lager die Messe lesen darf, haben die Juden auch ihren Gottesdienst verlangt. Damit es gerecht zugehe. Zwölf Mann werden kommen, nur in der Saison, mit Eskorte, jeden Schabbes und zu großen Festtagen. Die Preußen zahlen den ganzen Verpflegungssatz.«

Der Streit endete so plötzlich wie begonnen. So war es von jeher bei den Polans üblich. Man raufte sich saftig, kräftig, beleidigend mit Gusto und Heftigkeit. Einmal vorbei, redete man, vergnügte man sich. Die jungen Männer erzählten vom rauhen Leben draußen, Rudolf wurde aufgezogen, weil er noch kein Sternchen, und Esther, weil sie noch keinen Witwentrost besaß.

Die Misere begann erst wieder, als Martha ihre Befürchtung äußerte, das Logierhaus im Seebad Abbazzia werde geschlossen, weil es unweit der Küstenbatterien an der Wasserfront der Adria liege. Und da sie nicht so perfekt im Intrigieren und Schwindeln war wie die Brüder, rutschte ihr heraus, die plötzliche Reise nach Grenzbrunn war *vorausgeplant.* Die Brüder hatten ihr als Ausweg angeboten, sie solle zu den Eltern fahren und sie veranlassen, sie mögen sich nur noch um den »Russischen Hof« in Berlin kümmern, in die Leitung des Hotels »Bohemia« müßten sich Martha und Esther, beraten von der Familie – sprich Moritz –, teilen. Der Anschlag war bis in alle Einzelheiten konzipiert und durchgerechnet. Es traf sich gut, daß Rudolf zufällig auch daheim zu Gast war. Da fiel es nicht auf.

Josefine konnte vor Wut kaum fauchen.

»Also so dreht man so eine krumme Sache. Man läßt die Eltern entmündigen! Wie heißt man das? Man stellt sie unter Kuratel, sperrt sie in ein Altersheim oder bestenfalls in ein Altenteil, genannt: ›Russischer Hof‹!«

»Man stempelt sie zu senilen Greisen«, spekulierte Filip, »und gibt ihnen noch die Schuld, wenn man ihr Hab und Gut verspielt. Allmächtiger Gott, was haben wir für Kinder!«

Die Stille, die diesen Worten folgte, war ein stilles Einverständnis von Moritz, Ruben und Martha, daß die Eltern mit ihren Vorstellungen der Wahrheit nahekamen. Die Stille war explosiv.

Nun lag wieder Heftigkeit in der Luft, bis Filip das Lustige in der Situation erkannte. Er umarmte unerwartet die verdutzte Josefine, küßte sie ab, nahm sie um die Schulter und stellte sich mit ihr wie beim Hochzeitsfoto vor den Fotografen in Positur. Und das unter ihren eigenen Hochzeitsbildern an der Wand. Stumm betrachtete die Familie die Szene. Und der Vater sprach: »Stellt euch vor, ihr Kinder, wir zwei kriegen noch ein Kind. Das ist möglich. Wir lieben uns und sind noch voll im Saft, und wir verstehen etwas von der Liebe. Mehr als ihr. Wollt ihr uns mit Baby ins Nachoder jüdische Altersheim stecken?« Die Kinder versuchten lachend zu protestieren, aber Rudolf legte den Finger auf den Mund und wies still auf Moritz, der vorsichtig unter einem Vorwand aufgestanden war und, doch nicht ganz daran glaubend, daß das wieder einer von Vaters Späßen war, um Josefines Lehnstuhl schlich, um sie möglichst unauffällig von allen Seiten zu beäugen. Und weil das alle mitbekamen, endete das Familientreffen in einem lang ausgedehnten Gelächter.

8. Spielen, hungern, frieren, hoffen

Die Saison 1916, im Jahr der leichten Siege, ging vorüber. Man bereitete sich auf den dritten Kriegswinter vor, auf das Luftholen vor den harten Schlägen der Offensive. Die patriotische Begeisterung für den Krieg ließ nach, zu lang dehnten sich die Verlustlisten, die ersten Lücken in den Speisekarten trugen Nachdenklichkeit und eine leise Melancholie in die Mienen der Kurgäste von Grenzbrunn. Zum allererstenmal waren die Gäste aus dem Deutschen Kaiserreich in der Mehrzahl gewesen, obwohl das äußere Bild noch immer international geblieben war. Nur die Herkunftsländer hatten gewechselt. Die Amerikaner aus Nord und Süd, die Kanadier, die Schweizer und Schweden hatten den Ton angegeben. Das Fernbleiben der Ostjuden bis auf die Internierungsverdächtigen der »Bohemia« hatte dem Badeleben Farbe und Exotik genommen. Dennoch: Noch hatte die Badekur nicht aufgehört, als eine Art verlängerter Familienausflug mit verschiedenartigen Plänen und Absichten zu dienen.

September und Oktober boten den Rothsteins und Schlampanskis, den Zemlinskis und dem Kaufmann der ersten Gilde Markowitsch die Chancen, sich mit Bekannten aus aller Welt zu treffen, bevor der frühe Winter begann, vor dem allen grauste. Meist jedoch trafen sie nur auf große Sympathie, aber zugenähte Taschen.

Darum kümmerte sich Pinschewski nicht. Er hämmerte mit Joe Menasse in der Werkstatt des alten Wagenbauers und Drechslers Täuber herum, der einst den großartigen Hotelkremser der »Bohemia« mit entworfen und realisiert, aber auch bei den Schmuggelaktionen der Gebrüder Polan assistiert hatte. Jaroslav sammelte verbotenerweise Blech, Röhren und Eisenteile, kaufte sie schwarz, statt sie dem Krieg zum Granatenziehen zu überlassen, und schleppte sie in seines Vaters Werkstatt.

Das Täuberhäuschen lag am Dorfausgang von Obergrenzbrunn, gegen einen Hang unter den Waldhügel geschmiegt, wie aus dem Moos gewachsen. Dorthin nahm Jaroslav nur mit, wem er vertraute und mit dem man, wie er sich ausdrückte, über alles sprechen konnte. Damit meinte er auch Geheimes.

In der niedrigen, balkengedeckten großen Stube des alten Täuber hing an der Wand ein breit gerahmtes Diplom, mit vielen verschlungenen rotgoldenen Buchstaben im altfränkischen Schwabacher-ABC. Es legte Zeugnis darüber ab, daß Anton Täuber senior dem Arbeiterbildungsverein »Ferdinand Lassalle« bis zu dessen Verbot durch das Sozialistengesetz angehört hatte. Daneben eine Laute mit vielen gestickten Seidenbändern, darunter einigen roten. Zur Herstellung des nationalen Gleichgewichts bekundete ein ebenso buntes Andenken in tschechischer Sprache, daß Antonin Täuber Vorturner beim »Sokol« von Nachod gewesen war.

Hier mußte die Beziehung ihren Anfang genommen haben, die Filip Polan und den alten Täuber von Jugend auf verband. Denn ein Vorturner bei den »Sokols« war auch ein politischer Mentor seiner Schützlinge und damit ein nationalrevolutionärer Lehrer junger tschechischer Patrioten, wie Filip einer geworden war.

Der alte Täuber, knorrig, verrunzelt, ein von Gicht geplagtes Hutzelmännchen, tat nicht mehr viel, außer daß er im Hause gemächlich herumpotterte, seinen Sohn Jaroslav kritisch beriet oder beschimpfte. Er ließ sich von Mariechen verwöhnen und erzählte den Kindern Geschichten, wie es früher war. Und die drei Männer, die in der Werkstatt hantierten, belehrte er brummig und ungeduldig. Wenn sie etwas nicht gleich begriffen, dann erzählte er ihnen eine lange Geschichte, damit sie genau verstanden, worauf es seiner Ansicht nach ankam.

Geschichtenerzähler hatte es im Umkreis schon immer gegeben, wahrscheinlich seit den Böhmen nicht nur Pfarrer und Pastoren, die deutsch predigten, aufgezwungen worden waren. Wer deutsche Gesetze und deutsche Gazetten, wer die deutsche Sprache nicht richtig lesen und noch weniger zu schreiben vermochte, war auf die mündliche Übermittlung angewiesen. Angewiesen seit Jahrhunderten.

Der alte Opa Umlauf vis-à-vis war so ein Geschichtenerzähler, den man zu Licht-Abenden einlud, in vielen Dörfern ringsum. Anna Bernard schrieb richtig gedruckte Romane. Einer hieß »Am Landestor« und meinte damit die Festung Nachod. Ihr Mann, der Schneider – und als eingesetzter Waisenrat der Gemeinde Peters Vormund –, übersetzte den tschechischen Klassiker Jirásek ins Deutsche. Und Filip Polan gehörte zu den Geschichtenerzählern wie sein Enkel Peter, der die Märchen schon lesen konnte, als Steppkes in seinem Alter sie auf Knien sitzend erzählt bekamen. Darum schätzten ihn auch die größeren Nachbarskinder so, weil er ihnen damit die Zeit vertrieb, weil er Geschichten weiterspann, ausschmückte und früh eigene erfand. Auf dem Heimweg von der Schule umdrängte ihn oft ein ganzer Schwarm aufmerksam zuhörender Trabanten bis vor die »Bohemia«.

Als der Herbst 1916 zu Ende ging, spielten die Kinder, bevor der Schnee die Erde bedeckte, noch einmal Länderstechen auf der Grenzwiese, genau neben dem Trampelpfad, über den die Grenzwächter patrouillierten; angesichts der weißen Steine mit der farbigen Bauchbinde. Der festgetretene Trampelpfad gab für die Kinder nichts her. Darum entfernten die Jungen die Grasnarbe, damit ein Spielfeld frei wurde. Messer wurden gezogen, und als das erste Spiel aus war, wischten sie die Spuren der Klingen mit den Schuhhacken weg, zogen neue Linien, ein neues Spiel begann mit den Kriegserklärungen der Nationen.

Georg Biller: »Ich nehme Deutschland!«

Giebel: »Ich Österreich.«

Umlauf: »Rußland für mich!«

Peter Samuel: »Ich nehme Böhmen!«

Hohngelächter. Der schadenfreudige Biller: »Das sag ich morgen der Lehrerin. Da kriegst du in Erdkunde Fünf. Ein Land Böhmen gibt's gar nicht.«

»Wird's aber geben«, beharrte Peter. Worauf der aufmerksame Giebel-Artur bohrte: »Wer sagt, daß es das gibt?«

»Mein ...«, mit Mühe bremste sich Peter rechtzeitig. »Das weiß man eben«, meinte er. Dieses veranlaßte Biller-Georg, mit dem Familienklatsch von zu Hause herauszurücken: »Du bist überhaupt kein Deutscher, sagt Vater, du bist ein Judenjunge.« Unberührt und gar nicht betroffen oder gar beleidigt setzte Peter seinen Triumph dagegen: »Nein, ich bin ein Tschechenjunge.« Biller sah ihn ganz entsetzt an: »Das ist ja noch viel schlimmer.« Hromadko, dem Längsten, tat es leid um das Spiel, und er warf lieber sein Messer geometrisch berechnet mit gutem Auge: »Quatscht keine Politik, das ist was für Große. Spielen wir lieber.«

Erlöst machten sie sich daran. Hromadko warf sein Messer auf Österreich, Biller auf Deutschland, da tauchten zu beiden Seiten die richtigen echten Grenzer auf, um sich in die drei Kriegshandlungen einzumischen. Die Jungen waren so vertieft in ihr Spiel, daß sie das Kommen der Häscher zu spät bemerkten, eine Flucht war nutzlos. Grimmig frohlockte der deutsche Uniformierte: »Halt! Stehenbleiben! Hierher!« Der Österreicher schimpfte: »So eine Baggasch, stechen unseren Pfad entzwoa.«

»Was habt ihr Haderlumpen euch gedacht? Sofort Namen und Adressen her!«

»Die kenna eana fei vüll derzähln«, kicherte der Österreicher. Der deutsche Grenzer schlug sich auf die Knie wie beim Schuhplatteln: »Aber die kenn ich doch alle, von Giebel bis Samuel. Holt euch eure Tracht ab. Wie wollt ihr's, über die Hand, drei über den Strammgezogenen oder vier Ohrfeigen?«

Umlauf trat soldatisch vor das Glied: »Watschen!«

Der deutsche Grenzer bot seinem österreichischen Kollegen an: »Willst du dich nicht an der Urteilsvollstreckung beteiligen?« und erhielt schnell per Retourpost einen Korb. »Naa! I hab' selbst drei solchener Lauser daham. Und Watschenmänner mog i nur im Wurschtlprater.«

Giebel trat vor: »Strammgezogen.« Peter zischte ihm zu: »Du Idiot!« Giebel zischte zurück: »Ich hab doch die Krachledernen an.«

Der deutsche Grenzwächter schrieb sich unterdessen die Namen in sein Notizbuch, ohne an die angedrohte körperliche Züchtigung zu denken, was Biller-Georg übel vermerkte. »Das ist aber gemein. Die stecken's den Eltern. Anstatt daß sie uns ne Tachtel extra geben!« Und alle Jungen brüllten so lange »Gemeinheit, Gemeinheit«, bis der Grenzer sein Notizbuch wegsteckte.

Am nächsten Morgen vor der Schule, es dunkelte noch, von den Grenzwiesen stieg leichter Nebeldunst hoch, die Sterne blinkten matt, weil der Mond nur als schmale, bleiche Sichel schien, stand vor dem Grenzstein eine Riege vorschriftsmäßig angetretener Buben unter dem Kommando von Karel Hromadko. Auf seinen Befehl trat einer nach dem anderen an den Grenzstein mit der länderfarbenen Bauchbinde heran, knöpfte die Hose auf und pißte das Mahnmal der staatlichen Autorität an. Darauf brachte er seine Hose in Ordnung, trat vor den Kommandeur und erstattete mit lauter Stimme Vollzugsmeldung, bis Hromadko barsch ausrief: »Weggetreten!« und die ganze Meute in unsoldatisch brüllendes Lachen ausbrach und befriedigt davontrabte. Die Rache der Länderstecher.

Selbst das schönste Spiel hält die Jahreszeiten nicht auf. Fürs Drachensteigen blieb nur eine kurze Saison, bevor der erste Schnee fiel. Gewappnet waren die Polans darauf noch weniger als die Jahre zuvor. Öfen im Speisesaal hätten den Umbau des ganzen Hauses bedeutet. Mitten in der Saison? Unmöglich!

Jedoch in diesem Winter geschah ein Wunder. Quer durch die lange und schmale Glasveranda zogen sich weißgestrichene, blecherne Ofenrohre, die an empfindlichen Stellen durch Zementmäntel geschützt waren. Vier Kanonenöfchen erwärmten jeweils wenigstens den Umkreis von einigen Tischchen, die in halben Bögen darum angeordnet standen, so daß die Gäste mit den Rücken zu den Fenstern saßen, die Öfen in der Raummitte vor sich. Durch die verkleideten Oberfenster führten die Blechrohre wieder ins Freie.

Eine gelungene Überraschung. Als die Gästearbeitskolonne, bestehend aus gelerntem Schmied, Klempner, Feinmechaniker, Hausdiener und Kürschner, die kleinen Öfchen einbaute und das Dach der Veranda mit mehreren Lagen dicker Teerpappe verstärkte, erfuhren die Polans zum ersten Male von der Idee des quirligen Gschaftlhubers Joe Menasse. So dicht hatten die freundlichen Verschwörer gehalten. »Far wuos hot ihr dos getün?« fragte Josefine, die sich allmählich wieder an ihre Art des Jiddisch gewöhnte, zu Joe, der ihr zum Gefallen die Hälfte von seinem Jiddisch vergaß, so daß eine Verständigung möglich wurde. Joe zog seine kluge Stirn in viele Falten: »A groiße Mischpoche läßt nischt keinen Platz für Langeweile, for Kleppes. Was sollen sie denken, einzeln, allein, vierundzwanzig Stund Seiger? An ihre Zores, ihr Unglück? Wenn ich muß kücken auf ein Weib, auf mein Weib, den ganzen Tag und ewscher noch in de Nacht, vermießt se sich mir. Aber wenn ich kann kücken auf mein Weib, dein Weib, ihre Weiber, viele Weiber, bekomme ich Appatit auf mein eigenes. Also muß da sein a Platz, wo man sech trefft, wie auf die Promenad im Kurpark. Also hab ich mir oisgedacht mit Jaroslav, dos man heizt die gläserne Veranda. Jaroslav hat geredt' mit de Gemeindeverwaltung, mit de Feuerwehr. Sej hoben sich dos bekickt. Mit regelmäßige Kontrollen hoben sej es erloibt.«

Josefine umarmte den kleinen Mann.

Die Kanonenöfchen formten vier Abteilungen. Der Vorderfront am nächsten saßen die Honoratioren und solche, die sich dazu zählten, der Fabrikbesitzer Rothstein und natürlich Herr Menoches. Nun krähte er wie ein erfolgreicher Hahn über die von ihm mitgeschaffene Errungenschaft, wobei er verschwieg, wie hart man ihn hatte überreden müssen und wie derb er in die Zange genommen worden war. Auch Markowitsch, der Kaufmann der ersten Gilde aus Odessa, gehörte zu dieser Gesellschaft. Dazwischen Studenten, Musiker, gewöhnliche Sterbliche.

Zur zweiten Schicht rechneten sich die Schlampatzkis, die Feiningers, die große Familie des Tischlers Jarolim mit den drei sinnlichen, neugierigen Töchtern, heiratsfähig, weil das Heiratsalter bei den Frommen mit fünfzehn begann, und mit den Musikstudenten mehr als befreundet.

Die Gegenwart des Rabbiner Cohen gab den sich vornehm Zurückhaltenden Weihe; den Zemlinskis, einem Grubeningenieur Goldstein, glattrasiert und unjüdisch aussehend, der kaum etwas sprach. Bei ihnen saß Joe Menasse, wenn auch selten, denn er quirlte in der ganzen Veranda herum von Tisch zu Tisch. Umgekehrt benahm sich Pinschewski. Zu ihm wallfahrtete man. Er saß allein an seinem Tisch. Dort ging es zu wie vor einem Taubenschlag. Er thronte in unzerstörbarer guter Laune, schlichtete als ehrlicher Schiedsmann Streitigkeiten zwischen verschiedenen Gesellschaftsschichten und Rangordnungen.

Viele Absätze in der Bibel und in den Berichten der Propheten beginnen mit den Worten: Es begab sich, daß ...

So begab es sich, daß der Bürgermeister von Grenzbrunn sich in die winterliche »Bohemia« begab, um das Haus und seine Gäste zu besuchen, mit dem Hintergedanken, allgemein nach dem Rechten zu sehen und am Stammtisch Weddingen und anderen Honoratioren ausführliche Kunde zu geben. Filip machte die Honneurs, und als sie in die Veranda kamen, richtete das die resignierten Zwangsgäste auf. Sie gewannen Würde, während Filip die einzelnen nicht ohne Stolz vorstellte. Er hatte wahrhaftig etwas anzubieten.

Filip ging von Tisch zu Tisch, die Familienväter erhoben sich. »Darf ich vorstellen. Herr Bankdirektor und Großaktionär Zemlinski und seine Frau, die geborene Komtesse Antoinette de Oppenheim aus Paris, berühmter französisch-jüdischer Adel. Herr Rabbiner Schelomo Benjamin Cohen aus Polock. Herr Fabrikbesitzer Rothstein aus Lodz. Geheimer Handelsrat Doktor Markowicz mit Familie, Odessa, Kaufmann der ersten Gilde. Herr Josef Feininger, Goldschmied und Uhrmacher mit Sohn, Philosophiestudent, Warschau. Herr Moische Jarolim, Tischler und Möbelhändler, Posen. Herr Chaim Menoches. Er unterhält als Chef und Meister sechs Werkstätten der Klempnerei und Installation in mehreren Städten. Herr Pinschewski, Dorfschmied, Landwirt, Viehhändler und Gemeindevorsteher in Janovce. Herr Schlampatzki, Fleischer und Gastwirt, nebst Familie. Sein Onkel Joe Menasse aus New York, USA. Ich kann sie nicht alle nennen. Wir haben hier Musiker der Philharmonie von Plock, Händler, Kaufleute, Ingenieure, Ärzte, Studenten, Handwerker, einen Schriftsteller.«

Zuallererst beeindruckte Dr. Gottschling die Komtesse, deren Charme er verlegen und verloren gegenüberstand. Er stammelte einige bewundernde Worte und wendete sich dem Riesen Pinschewski zu, der ihm auf andere Weise imponierte. »Gestatten Sie«, er nahm am Pinschewski-Tisch Platz. »Weil wir ja sozusagen Kollegen sind. Und wie geht es Ihrer werten Familie?« Achselzuckend antwortete der Schmied: »Wie soll ich das wissen? Was steht schon auf den genormten Karten des Roten Kreuzes, auf den drei stereotypen Zeilen. Wir leben alle, wir sind gesund, wir wohnen noch zu Hause, es geht uns gut. Was besagt das? Darf ich Ihnen eine kleine Geschichte erzählen?« Gottschling nickte.

»In meinem Städtele ist ein Jid zum Doktor gegangen, weil er hat gefürchtet, er ist zuckerkrank. Der Doktor hat von ihm verlangt eine Urinprobe. Also ist er heimgefahren und wiedergekommen mit einer Riesenflasche von Urin. Der Doktor hat gesagt, so viel brauch ich nicht. Hat sich etwas abgegossen und ins Laboratorium geschickt. Nach einer Woche ist der Patient zurückgekommen, und der Doktor hat ihm gesagt: Etwas merkwürdig in der Zusammensetzung, aber ohne Blutzucker. Der Jid ist nach Haus gefahren, hat geöffnet die Tür und hat geschrien vor Glück: Alle sind wir gesund, ich bin gesund, die Mame ist gesund, der Tate ist gesund, der Sejde ist gesund, die Kinder sinnen gesund, alles ist gesund. Der Doktor soll leben!«

Dr. Gottschling lachte, daß sein Bach wackelte. Er hatte ein Ohr für gute Witze. Pinschewski unterbrach ihn: »Lachen Sie nicht, Herr Bürgermeister, die Karten vom Roten Kreuz haben ebensoviel Wert wie die Familienurinmischung. Man weiß, man lebt, das ist alles.«

Darauf wußte der Bürgermeister nichts mehr zu antworten. Er erhob sich und tröstete: »Der Krieg ist bald zu Ende. Wir werden großmütige Sieger sein.«

Wenn die Polans in diesem Winter ihre Runde unter den Pflegebefohlenen machten, fanden sie die meisten nicht in ihren Zimmern, es sei, man war beieinander zum Tee. Pinschewski molk die Kühe, reinigte die Eimer und Bottiche im Stall, mistete ihn aus, vergnügt vor sich hinpfeifend, aus. Als Lieblingsbeschäftigung genoß er besonders das Striegeln der Rappen mit einem Satz verschiedener Pferdebürsten. Die Tiere wendeten ihm ihre Köpfe zu und wieherten, sobald er das Gewölbe betrat. In der Wäschekammer regierte Madame Zemlinska. Sie ordnete und registrierte die Hotelwäsche, während die Jarolimmädchen sie nach ihren Anweisungen stapelten. Am Kopfende des langen Tisches ließ sie sich die Anzahl der Stücke zurufen, schrieb sie in ihre Liste, wobei sie sich laut vorsagte: »Zweihundert Laken – einhundertachtzig Bettbezüge – dreihundert Inletts und – nein, das kann man nicht mehr nehmen. Zu Schuhlappen zerreißen. Aber dieses Kissen läßt sich noch ausbessern.« Sie war sich auch nicht zu gut, das Ausbessern in der großen Nähstube anzuleiten oder sich selbst an die Nähmaschine zu setzen.

»Und was tut er, Zemlinski?« fragte Josefine.

»Er hält wissenschaftliche Vorträge über Kommerz- und Bankwesen. Der Schnorrer gibt Börsentips – unentgeltlich.« Filip amüsierte sich.

»Jetzt dürfen sie schon ein bißchen Geld abheben vom Schweizer Konto, nicht viel, aber sie behalten es nicht für sich«, verteidigte Josefine.

»Leute, die sehr viel Geld haben und gebildet sind, stellen fest, daß es nicht alles Glück der Welt bedeutet.«

Rabbiner Cohen und Täuber waren beim Rundgang der Polans zunächst unauffindbar. Filip entdeckte sie am Kellerloch unter der Holzveranda. Sie zogen den schweren Kufenschlitten. Lange, genormte rechteckige Eisblöcke lagen darauf geschichtet. Täuber verschwand durch die Luke, dann zeigte sich sein Kopf in der Lücke. Er steckte ein Brett nach außen hindurch, das sich in den Keller hinein neigte, und beide packten mit riesigen Wattehandschuhen die Blöcke auf die Rutsche. Täuber stapelte die Blöcke säuberlich. Das Eis sollte für die ganze Sommersaison reichen. Die Polans standen gebückt zwischen den Stützsäulen, auf denen die Veranda ruhte. Josefine radebrechte jiddisch: »Man sieht ihm gar nischt an, wos er hot fir a Kojach. A frommer Mann mit Kraft.«

Einer lief nur noch mit der großen blauen Handwerkerschürze über seinem Kaftan herum und hatte irgendein Werkzeug in der Hand, Zange oder Schraubenschlüssel – Onkel Joe Menasse.

Selbst die Studenten ließen sich von Joe und Pinschewski gerne beschäftigen, weil die sie mit Fröhlichkeit und Witzen anstellten. Sie hatten das edle, aber überempfindliche Grammophon »His masters voice« repariert. In ihrer

Freizeit hörten sie auf schweren Schellackplatten die ersten Proben einer merkwürdig stampfenden, rhythmisch lärmenden Musik. Ein amerikanischer Gast hatte sie zurückgelassen. »Cake-walk« stand auf den Etiketts oder »New Orleans«. Sie fanden Spaß daran, die Musik abzuschreiben, für sich zu arrangieren und zu spielen. Die Feuerwehrkapelle empfand das zunächst als unzulässige Konkurrenz. Und da sie gleichzeitig beim Kriegerverein 1870/71 spielte, besaß sie eine doppelte Autorität. Leider war ihr Notenschrank hoffnungslos verstaubt. Sie hatten für Kindstaufen, Hochzeiten, Kirmes, Beerdigungen und sonstige kirchliche und vaterländische Feiertage dieselben Melodien auf Lager, auch wenn sie hinter dem Leichenwagen, natürlich verlangsamt und in Moll umgesetzt, gespielt wurden. Da hielt sich die Jugend lieber an die Sinfoniker. Nun, da unaufhörlich gesiegt wurde, wurde die Blasmusik auch derartig oft in Anspruch genommen, daß sie die Plotzker Studenten nun nicht mehr als Konkurrenz, eher als Nothilfe betrachteten. Dagegen befürchteten die Musiker der Kurkapelle, gesetzte Herren im kriegsgeschützten Alter, die Qualität der Musikhochschüler. Sie durften daher Kammermusik und klassische Solistenkonzerte nur in der »Bohemia« veranstalten. Es zeigte sich, wie viele musische Grenzbrunner es doch gab, die verschämt durch diskret in eine Sparbüchse gestopfte Scheine zur Aufbesserung der Gesamtlage beitrugen, so daß Herr Menoches ausgelacht wurde, der andauernd von brotloser Kunst faselte.

Bedauerliches hingegen war vom Fabrikanten Rothstein zu berichten. Filip erfuhr es, als er in der ehemaligen Waschküche Mariechen begegnete, die an einer Männerhose herumnähte. Mitleidig berichtete er seiner Frau: »Oj, sind das arme Menschen. Stell dir vor, dieser Rothstein, der Fabrikant. Der Mann beschäftigt in Lodz fünfhundert jüdische Schneider, Zuschneider und Passer. Aber selber kann er sich keinen Knopf annähen, und Mariechen mußte ihm einen Flicken in den Hosenboden stopfen. Wie kann man haben eine Kleiderfabrik und nicht können die Nadel in die Hand nehmen.« Er schüttelte den Kopf über den Lauf der Welt. Josefine zog ihn in das Zimmer eins.

»Setz dich, mein Guter, und mach dir lieber Sorgen um unser Geld als um das, was man sich erzählt, und fahr herüber nach Nachod. Der Herr Rabbiner soll am Montag herkommen. Jarolims Ruthchen muß schnell heiraten. Es ist schon was unterwegs. Ihr Glück, daß der Plotzker Musiker hat noch keine Frau. Und Mariechen hat gesehen, die Ružena von Schlampatzki hat sich etwas angefangen mit dem jungen Feininger. Im Heizkeller hat sie das Paar aufgestöbert.«

»Aha«, lachte Filip, »weil sie selber ... Nein, nicht mehr nötig. Die hatten ja die Fahnenkammer auch nicht mehr nötig. Schau, Pepička, das fehlte uns noch, daß wir Moral predigen. Wer hat schon ein Zimmer eins? Sie frieren doch alle. Man kann sich doch nicht im Kalten lieben. Deshalb sitzt Kol jisroel in der Veranda um die Öfen herum von früh bis Mitternacht.«

Das alte Streitthema. Verrückter Entschluß – dabei genau gewußt, das Haus ist nicht winterfest. Filip wehrte sich. »Beide haben wir es gewußt. Warum hätten wir sonst gekauft den ›Russischen Hof‹ in Berlin? Damit uns nicht weglaufen unsere Spezialisten, der Chefkoch, die Beschließerin, der Tikoschinski über den Winter. Und hast du nicht selbst hingeschickt die Esther, damit sie lernt zu führen ein Hotel selbständig?«

»Aha, jetzt weiß ich, wo du hinwillst. Das nimmst du mir übel wegen Peter.«

Filip stritt das gar nicht ab. »Ich denk an das arme Kind. Im Winter hat er sie nicht, weil sie muß sein in Berlin. Im Sommer hat sie keine Zeit für ihn nach zwölf Stunden Küche. Weißt du, es ist so unlogisch, die ganze Saison über Kinderfräuleins, gebildete, was parlieren mit ihm Französisch und andere Sprachen, Gouvernantes. Jede Saison verbraucht er ein paar davon, weil sie es mit dem kleinen Teufel nicht aushalten. Er wehrt sich gegen solchen Muttersatz. Und im Winter – verbauert er.«

Im stillen freute sich Filip darüber, daß sein Enkel so ein Racker war und die Gouvernanten vertrieb. Josefine wendete ein: »Verbauern? Und das von dir? Ich bin eine Gänsestopferin.«

»Eine Gouvernante ist kein Ersatz für eine Mamme.«

Josefine begann zu weinen: »Alles geschieht, damit Peter wird sein der Erbe. Was ist ein Erbe ohne Erbschaft. Deshalb geht die ›Bohemia‹ vor. Sie ist alles, was wir haben. Sie hat deine Nebbichs gerettet. Also muß man das Haus retten. Zehntausende setzen wir zu, für jeden Monat im Winter, davor und dahinter. Alles soll die Saison einbringen, und die Verhungerten essen uns dann im Sommer die Speisekarte herauf und herunter à la carte.«

»Es wird alles auf Heller und Pfennig aufgeschrieben.«

»Vielleicht in den Schornstein, wenn der Krieg noch ein Jahr dauert. Weil wir vorher – Gott behüte – Pleite machen. Die Hypothek schmilzt wie Schnee«, mit diesem Stoßseufzer lehnte sich Josefine müde an ihren rotsamtenen Ohrensessel.

Filip rettete sich in den Himmel. »Meine Mutter selig hat gesagt, wem Gott gibt a Hasele, dem gibt er auch a Grasele – und von ihr die Mutter, meine Großmutter, hat noch gebraucht a Polizeierlaubnis, wenn sie hat gewollt herausgehen aus dem jüdischen Ghetto, einzukaufen auf dem Stadtmarkt. Nu, Pepi, was hat sich geändert? Diese Russisch-Polen, unsere Gäste, leben auch im Ghetto, brauchen auch eine Polizeierlaubnis, wenn sie aus Grenzbrunn heraus wollen, wie zum Beispiel unsere Musiker, die manchmal im nächsten Dorf spielen. No, was sagst du, Pepi?«

Sie sagte nichts. Sie schlief sehr fest. Ihr Filip schlich sich auf Zehenspitzen aus dem Zimmer.

Auch die nächste Saison war wieder etwas schäbiger geworden. Die strahlende Sonne, der Kurpark voller Menschen, die zu den Klängen der Kapelle flanierten, kokettierten, plauderten, Aufwand trieben und private Modenschauen und Gliederparaden veranstalteten beim Brunnenschlürfen, verdeckten nur oberflächlich die abgesplitterten Farben an den Fassaden, Aufbrüche im Asphalt der Bäderstraße, weniger Blumen in den Vorgärten, das verkürzte Angebot der Speisekarten, ein etwas überaltertes Schauspielensemble und den beginnenden Verfall guter Sitten. Mehr und mehr Leute trugen Trauer, zumindest schwarze Bänder am Ärmel. Kriegskrüppel humpelten an Krücken über die Wege.

Doch die Ladenstraße atmete Leben. Die Andenkengeschäfte waren voll von Menschen und dürftig im Angebot. Es war viel Geld unter den Leuten, aber das Geld war wenig wert. Besetzte Droschken kamen vom Bahnhof, und fähnchengeschmückte Landauer fuhren die Gäste hinauf zu den »Wilden Löchern« und ins Heuscheuergebirge. Den Krieg bemerkte man vor allem dadurch, daß Feldgrau das Straßenbild immer dichter durchsprenkelte und daß die Hotels und Logierhäuser jeden zweiten Tag wegen eines neuen gloriosen Sieges geflaggt hatten. Noch wurden in den Cafés und Konditoreien Torten und Schlagsahnenberge vertilgt von dicken Damen, die ins Bad gekommen waren, um schlanker zu werden. Doch die Schlagsahne war nicht mehr von der gleichen Güte.

Jeden Freitagabend und Samstagmorgen – wie auch an diesem, mitten im Sommer 1917 – erlebten Kurgäste und Einwohner von Grenzbrunn als kleine Abwechslung und ermutigend für das Siegesbewußtsein ein militärisches Miniaturereignis. Zwölf russische Kriegsgefangene mit braunen Kittelhemden und Schildmützen, in Gamaschen und sorgfältig gewienerten schwarzen Schuhen marschierten von Sackisch her die Bäderstraße entlang. Einige trugen Bärte, manche Schläfenlocken, und wer genau hinschaute, sah – weniger an ihrem Äußeren als an ihrer lebhaften Gestik und den Barttrachten –, daß es Juden waren. Sie marschierten in vier Dreierreihen, damit es nach etwas mehr aussah, und wurden angeführt und begleitet von älteren, gemütlichen Wachsoldaten mit aufgepflanztem Bajonett. Obwohl sie weniger stramm wirkten als die Russen, bellte der Postenführer ab und zu, um seine Autorität zu beweisen: »Nicht so lahmarschig, ihr Iwans, sonst denken die Leute noch, wir schinden euch bei der Erntearbeit im Dominium. Ein Lied, zwei, drei!«

Und dann sangen die Russen mit schönen Stimmen »Ej uchnjem« im Marschtempo oder einen Zaren-Marsch, bis sie die »Bohemia« erreichten. Gäste und Einheimische gafften und bildeten am Straßenrand Spalier.

Drinnen füllte sich der Speisesaal allmählich mit Gästen. Die Frauen zogen sich bescheiden in ihre durch die Raumteiler geschaffenen Sonderecken zurück. Beim Gottesdienst genossen die Männer Vorrechte und Pflichten. Sie standen im Licht und im Vordergrund.

Die Betgemeinde teilte sich auf in zahlende Gäste, Russisch-Polen, deutsche Urlauber und Verwundete in Uniform. Die Männer legten ihre Gebettücher, zu Schals gefaltet, um die Schultern. Schon saß der Rabbiner, die Gemeinde im Angesicht, neben dem Thoraschrank, und der Kantor stand vor dem Gebetpult. Man wartete, bis sich alle Blicke der Türe zuwendeten. Die Russen kommen! Sie nahmen bescheiden im Hintergrund an einem langen Gartentisch aus Stahlblech Platz. Ein Posten blieb bei ihnen, die anderen vier besetzten die Eingänge des Saales.

Und Tikoschinski erhob seine Stimme zum ersten gesungenen Segensspruch: »Baruch ato adonaj elauhenu melech hoaulom.« Er wechselte sich beim Singen mit Dr. Strauß ab, der den Sabbat als willkommene Braut begrüßte.

Der Gottesdienst endete. »A giten Schabbes, gut Schabbes« wünschte man sich, begrüßte sich laut, herzlich, lärmend. Die Russisch-Polen umlagerten den Tisch ihrer uniformierten Landsleute. Sie wurden gefragt, was sich in Warschau oder in Łódź täte, und Markowitsch erkundigte sich, wer von ihnen aus Odessa herstamme. Einer meldete sich, wurde umarmt. Man fand gemeinsame Bekannte. Anderen ging es ähnlich. Die Wachposten versuchten müde und nicht sehr energisch, dem bunten Treiben Einhalt zu gebieten. Aber dann kamen die Kellner mit großen Schüsseln auch für sie, ein Sondermahl mit Extraportionen. Der Abgesandte der Spender, ein Herr aus Südafrika, verbeugte sich. »Sie sind eingeladen von der heiligen Brüderschaft Chewra–Kadischa. Es soll Ihnen gut bekommen. Amen.«

Peter natürlich mittendrin. Er hatte auch seit langem schon seinen Freund und selbsternannten Onkel unter den russischen Kriegsgefangenen erwählt. Mit »Sergej! Onkel Sascha!« sprang er ihm in die Arme. Der hellblonde, bärtige Russe hob ihn hoch, warf ihn ein paarmal in die Luft, stellte ihn viel schneller, als sonst üblich, wieder auf die Erde. Peter fand Onkel Sergej zerstreut, abgelenkt und traurig an diesem Tag. Er hatte weniger Zeit übrig für das Turnspiel und schaute andauernd über die Schulter.

An der Saaltür schien etwas vorzugehen. Hektisches Rufen. Ein Offizier der Gendarmerie kam in den Saal, schrie deutsch mit den Wachposten herum, Wortfetzen wurden vernehmbar: gefährlicher Agitator, sofort heraus, gründlich filzen. Sascha faßte sich an die Stirn, bekam plötzlich ein ganz blasses Gesicht. Er griff in seine Kittelbluse und steckte Peter eine Broschüre zu, verbarg sie im Ausschnitt des Matrosenanzuges, während er das Kind an sich zog. »Ist dir nicht gut, Onkel Sascha?« fragte Peter.

Der Russe flüsterte: »Steck's weg und heb' es auf für mich.«

Der Gendarmerieoffizier und ein Wachsoldat kamen an den Tisch.

»Wer ist hier Schulgin?«

Sascha meldete sich. Der Offizier ordnete an: »Abführen!«

Der Posten brüllte: »Sofort rraus, marsch, marsch!«

Die Gäste drängten nach auf die Steinterrasse. Schulgin stieg, mit Handschellen gefesselt, in den »Grünen Gustav«. Seine Kameraden traten an und marschierten mit gesenkten Köpfen die Auffahrt hinunter zur Bäderstraße.

Pinschewski streichelte Peters Kopf. »Sie haben ihn aweggenommen, deinen Freund, in a Wagen.«

»Du, Onkel«, vertraute ihm Peter an, »er hat mir was gegeben, zum Aufheben. Es ist russisch. Ich hab so gut gelernt bei dir, ich kann's dir vorlesen.« Er buchstabierte: »Manifest«. Pinschewski seufzte: »Jetzt kommen sie nie mehr.« Peter begann wieder.

Pinschewski hielt ihm hastig den Mund zu, riß ihm die Broschüre aus der Hand und las im Türwinkel, zu dem er sich gekehrt hatte: »Karl Marx/Friedrich Engels: Manifest der Kommunistischen Partei.« Wortlos nahm er Peter bei der Hand, führte ihn in sein Stallgelaß, setzte sich nieder, stellte Peter zwischen seine Knie und ermahnte ihn eindringlich: »Um des Allmächtigen willen, Peter, vergiß das Buch.« Er steckte es unter seine Weste, noch hinter das Leibchen mit den Gebetsfransen, den Zitzes, und knöpfte den Gehrock sorgfältig zu, und er sprach russisch: »Wenn das die Militärbehörden erfahren, schließen sie die ganze ›Bohemia‹ zu, und dich und mich, uns alle schließen sie ein. Verstehst du?« Peter nickte. So ernst hatte er den fröhlichen Riesen noch nie gesehen. Und um nicht aufzufallen, gingen sie schnell wieder auf die Terrasse. Dort kam ihnen Dr. Strauß, dem diesmal die Offiziersuniform paßte, entgegen. Die beiden, einst erbitterte Feinde, standen sich gegenüber. Pinschewski reichte dem anderen impulsiv die Hand hin, Strauß schlug ein.

»Ich muß mich bei Sie entschuldigen. Sie wissen, vor drei Jahren. Inzwischen hob ich gehört, auch russische Jiden sind gegangen freiwillig mit de blutige Zar.« Er zeigte auf Straußens Orden. »Ich seh, man hat Euch dekoriert.« Und dann jiddisch: »Oj, chasen, wie schejn hot ihr haint gesingen!«

Dr. Strauß erklärte die Auszeichnungen an seiner Brust: »Das Eiserne Erster und Zweiter, das Österreichische Verdienstkreuz, Verwundetenabzeichen. Tja, ein Unterbein ist futsch. Sobald die Prothese sich eingewöhnt hat, gehe ich wieder ins Feld. Leider rückwärtige Dienste – Logistik. Bin befördert worden, Herr . . .«

Der Schmied verbeugte sich: »Pinschewski.«

»Ich bin zum Oberleutnant befördert worden.«

Gleichgültig meinte Pinschewski: »Nun wenn schon, aber gesingen hot Ihr wie an Vojgale.«

Noch einmal drückten sie sich die Hände. Das geschah im vierten Jahr nach der Kriegserklärung.

9. Germania und »Bohemia« am Rande der Pleite

Wenn Josefine Polan sich mitten in der Saison in der lakkierten Karosse mit dem Rappengespann auf den Weg zum Bürgermeisteramt machte, gab es gewiß dazu einen schwerwiegenden Anlaß. Allein die Ankündigung ihres Besuches reichte aus, vorher eine Sitzung der Kommissionsvorsitzenden anzuberaumen. Worum es ging, lag auf dem Tisch des Amtszimmers: Der Grundbuchauszug Nummer 183, Hotel »Bohemia«. Dr. Gottschling, der die Verhandlung führte, erklärte mannhaft und entschieden, daß die Gemeinde nicht damit einverstanden sei, die Polans wie auch immer aus Grenzbrunn zu vertreiben. Baumeister Strihauka nickte heftig: »Es gibt ja genügend gute Bauplätze. Sie müssen ja nicht unbedingt auf dem Präsentierteller liegen, direkt an der Bäderstraße.« Der Rechtsanwalt grinste ihn vergnüglich an: »Sie sorgen schon für Ihr Geschäft, Herr Baumeister. Das hieße, noch eine Hypothek zu günstigen Bedingungen.«

»Günstig, günstig«, empörte sich der Kurdirektor. »Sie fassen die Itzigs immer noch mit Glacéhandschuhen an. Die sind zähe, die geben schon nicht auf.«

»Sie legen außerhalb der Saison jeden Tag Geld zu. Wir haben das vierte Kriegsjahr. Die zweite Hypothek läuft. Bald kommt die dritte mit härteren Klauseln. Auch wir müssen uns absichern«, gab Gottschling zu bedenken. Und Strihauka zwinkerte Weddingen zu: »Somit kriegt die Gemeinde das Gebäude auf kaltem Wege.«

». . . wobei ich zur Bedingung stelle, es bleibt ihnen so viel übrig, daß sie ein neues Objekt . . .«

». . . bauen«, unterbrach Strihauka zum Unwillen des Bürgermeisters, der schnell zu Ende kommen wollte. Er sprach Dr. Schmidt an: »Sie vertreten doch die Polans in Steuer- und Finanzfragen.« Gottschling hob beide Arme. »Nichts dagegen! Schließlich einziger Rechtsanwalt am Platz. Gelegenheit, ihnen den Ausweg schmackhaft zu machen. Bis dahin – Diskretion.«

Dr. Schmidt stimmte zu: »Ehrensache!«

Zur rechten Zeit, denn der Ortspolizist meldete: »Frau Hotelbesitzer Josefine Polan sitzt im Wartezimmer.«

»Ich lasse bitten«, sagte Dr. Gottschling, während die Herren sich empfahlen.

Auf dem Heimwege vertraute Weddingen dem Rechtsanwalt an: »Diesem Strihauka ... nicht über den Weg. Fremdstämmig wie die meisten Leute hier, und was die patriotische Opferbereitschaft angeht, verflucht wenig! Es ist zum Staunen, daß der Filip Polan noch die höchste Kriegsanleihe zahlt, wenn sie der Itzig auch nach Österreich abführt. Immerhin ist er k. u. k. Bürger.« Schmidt nahm ihn beim Arm und flüsterte: »Der zahlt nicht ganz freiwillig. Der muß. Der hat dort drüben eine politische Vergangenheit.«

»Aaach, so läuft der Hase. Der erklärt das Ansuchen der österreichischen Behörden an den ›Deutschen Bädertag‹, wir vom Kurverein möchten darauf einwirken, das Haus ›Bohemia‹ umzutaufen wegen slawischer Propaganda und so.«

Erschrocken blieb der Rechtsanwalt stehen: »Sie haben doch nicht etwa ...«

»I woher denn. Ich bin Kurdirektor, ›Bohemia‹ Grenzbrunn ist eine internationale Adresse.«

»Sie lernen, Sie lernen, Herr von Weddingen. Weiter so! Sie werden mit der Zeit noch ein richtiger Bäderfachmann.«

In Täubers gemütlichem Hausdienerzimmer am Innenhof des Hotels, von wo er seine Kolonne von Kollegen, Piccolos und Stiefelknechten als ihr Chef dirigierte, saß Peter auf dem Sofa und sah sich die großen Bilder an der Wand an, das buntgedruckte, kolorierte Porträt des Kaisers Franz Joseph mit dem freundlichen Backenbart um das Greisengesicht und das steife Atelierfoto August Bebels. Wie immer trug die Leseratte Peter ein Buch in der Hand. Zu Jaroslav war er gekommen, weil er wieder eine Hucke voll Fragen an ihn hatte. Sie drücken ihm schier das Herz ab. Er kam nicht dahinter, fand weder Ursache noch Zweck für Geschehendes. »Onkel Täuber, sag mal, was bedeutet das? Großmutter läßt anspannen und fährt zur Gemeinde, und ich soll die ungarische Galauniform anziehen und die Bäderstraße entlang spazieren. Die Uniform ist doch inzwischen viel zu klein.«

Eine Weile schwieg Jaroslav. Er ordnete, durch die Zähne pfeifend, die Schlüssel am Hängebrett, bis Peter ihn an die Brust boxte. Da ergriff Täuber ihn am Schopf, drehte sich das Gesicht des Kleinen zu: »Soso. Wie war das noch: kleiner Bundesgenosse. Du darfst gut Wetter machen – demonstrativ. Natürlich nimmt man dem Chef die Sache mit den Russisch-Polen übel. Der Krieg geht schief! Da heißt es: freiwillig den Feind ins Haus geholt. Man braucht ein Sündenlamm. Panslawist, unsicherer Kantonist! denken die.«

»Und was denkst du?«

»Ich denke zwiefach. Erstens tschechisch und dann deutsch wie der da.« Er zeigte auf Bebel. »Wenn der vierzehn noch dagewesen wäre, hätten die Sozialisten keine Kriegskredite bewilligt, und im allgemeinen denk ich international, auch wie der an der Wand.«

»Na sag schon endlich was zur Uniform. Ich werde schon neun.«

»Erst, sobald du es allein verstehen kannst, Peter. Eins aber gleich: Laß dich nicht zum Popanz machen. Weder für Wilhelm noch für Franz Josef. Zieh die Affenmontur aus und bleib ein Tschech'. Das bist du deinem Großvater schuldig. Der war immerhin einmal in der nationalrevolutionären Bewegung.«

»Der sagt das auch.«

»Wer weiß.« Jaroslav wiegte den Kopf. »Wie lange wohl noch, der Herr Hotelbesitzer?«

Peter hopste vom Sofa herunter, holte sich einen freundlichen Klaps ab und ging nachdenklich durch das hintere Hoftor auf die Seitenstraße, von dort den Feldweg entlang zur Grenzwiese. Er sang das tschechische Volkslied »Ach synku, synku, orali jsi« getragen und feierlich. Als er des Grenzsteins ansichtig wurde, begann er zu rennen. Wieder stand er davor, grüßte militärisch und – diesmal am hellichten Tag – pißte den Grenzstein an. Keine Lausbüberei diesmal, nein, bedacht und bewußt – denn noch im Heimwärtslaufen riß er sich die Litewka vom Leibe, stieg aus den engen Hosen, warf den Helm mit dem Schleppsäbel fort und ließ das ganze Zeug liegen, wohin es fiel.

Während Peter im Lexikon nachguckte, was Popanz bedeutete, schickte Jaroslav Mariechen aus, die Sachen einzusammeln.

Was Jaroslav sagte, galt dem Kinde viel. Zwar liebte er den Großvater mehr, doch was der Romantiker in den Himmel hob, holte Onkel Täuber erbarmungslos auf die Erde herunter.

Manchmal auch Filip selbst. Der saß vorne an seinem weinlaubumkränzten Lieblingsplatz auf der Steinterrasse, die ewig lange Pfeife im Mund. Zwar stand der Tisch in der vorderen Reihe, aber im hintersten Eck der Terrasse, wo er nach zwei Seiten hin Blätterschutz genoß und trotzdem die ganze Terrasse und ein gutes Stück Bäderstraße übersah, ohne selbst gesichtet zu werden. Dort fand ihn Täuber.

»Chef, sollten wir nicht die Fahne einziehen? Heute ist kein Sieg gemeldet.«

Filip winkte ihn neben sich. »Irrtum, heute hab' ich einen zu melden. Moritz ist in Frankreich übergelaufen und dient bei der tschechischen Legion. Die Fahne bleibt draußen.«

»Aber da hängt sie schon seit Wochen.« Er schaute nach oben. Das Gelb, von Wind und Regen gestäubt, war ins Grau verfärbt, und das Schwarz wurde ihm ähnlich.

»Siegen! Heute Sieg, morgen Sieg!« spottete Filip. »Wer soll sich da auskennen, wenn einmal an einem Tag kein Sieg ist. Sie werden sich noch totsiegen.« Und klammheimlich rieb er sich unter dem Tisch die Hände.

»Und was kommt dann?«

Filip sah hoch zu Täuber: »Du, Jaroslav, Petřiček hat dich gerne. Mach ihn mir nicht zum Sozialisten!«

»Und Sie, Chef?«

»Ich war ein Nationalrevolutionär. Ich war und bin ein tschechischer Patriot. Gewiß kein Sozialist. Unterschiede müssen sein, auch Arme und Reiche, sonst vergeht die Welt in Anarchie, und wir hängen.«

»Wie die Fahne«, schloß trocken Täuber. Beide lachten,

und lachend zog sich Täuber zurück. Hügelan kam Besuch. Drei Herren, die sich mühten, in einer Reihe zu marschieren: Herr von Weddingen in voller Marineuniform, uniformiert auch der Herr Apotheker, die lila Samtaufschläge der medizinischen Dienste am Kragen, und Bürgermeister Dr. Gottschling in Gehrock und Zylinder, eine breite schwarzweißrote Schärpe umgelegt.

Die Herren blieben vor den vier Steinstufen zur Terrasse stehen, schauten entrüstet zur ehemals schwarzgelben Fahne empor, während Filip Polan sich erhob und den Herren bis an den vorderen Rand der Terrasse entgegenging, jeder Zoll ein Empfangschef, Cutaway, gestreifte Hose, Eckenkragen, das runde anliegende Käppchen auf dem Haupt. »Ich freue mich, Sie zu sehen. Wollen die Herren nicht heraufkommen?«

Wie Automaten traten die drei im bewußten Gegensatz zur Aufforderung auf einen beeindruckend sein sollenden Abstand zurück. Der Apotheker begann: »Wir ziehen es vor, stehen zu bleiben. Zunächst haben wir Ihnen etwas vorzutragen.«

Der Bürgermeister öffnete einen Aktendeckel und las feierlich: »Die im Auftrage des Kriegervereins Sedan achtzehnhundertsiebzig/einundsiebzig, der Freiwilligen Feuerwehr, des Königin-Luise-Bundes und der Bürgerschaft gebildete Deputation bittet Sie, Herr Filip Polan, Ihre Fahne reinigen zu lassen, nur an Tagen zu hissen oder herauszustrecken, an denen ein Sieg gemeldet ist und, und . . .«

Weddingen sah dem Vorlesenden über die Schulter und kürzte das Verfahren mit dem letzten Satz des Schlußabsatzes aus dem langen Schrieb ungeduldig ab: »Und durch eine Flagge in den deutschen Reichsfarben schwarzweißrot zu ersetzen.«

Gottschling blieb nichts übrig, als die Akte zuzuklappen und in Schweigen zu verharren.

Filip Polan fiel in gut gespieltem Schreck erschüttert auf seinen Sitz zurück, offensichtlich tief getroffen. Er sog an der Pfeife, nahm sie aus dem Munde und richtete sich auf. Er war nicht groß. Doch auf die Deputation herunterschauend, wirkte er wie ein Kanzelredner, und so sprach er auch: »Meine Herren! Solange die schwarzgelben Farben Österreichs bestehen, ist diese Fahne Besitz unserer Familie.« Feierlich wurde sein Pathos, groß seine Gesten. »Eine nationale Reliquie, niemals gewaschen oder gar eingemottet. Meine Herren! Was muten Sie diesem kostbaren Tuch zu. Drei meiner Söhne stehen unter diesem Banner des österreichischen Patriotismus in den Armeen der Mittelmächte ...«

Die folgende Verschnaufpause rechtfertigte sich durch die beleidigte Empörung und einige von mächtigem Schnaufen begleitete Züge aus der Pfeife. Filip, ein zutiefst gekränkter Held, fuhr, den Tränen offenbar nahe, fort: »Wollen die Herren uns Bundesgenossen die Schande antun, diese Reliquie zu waschen oder gar ersetzen zu lassen?«

Erschrocken rief der Apotheker: »Nein, nein, so hatten wir es nicht gemeint.« Und Gottschling: »Wir verstehen Ihre Beweggründe.« Und Weddingen fügte hinzu: »Fern von uns, nationale Gefühle verletzen zu wollen ...«

»Ja, aber wozu sind die Herren denn dann gekommen?«

Gottschling versuchte einen zaghaften Vorschlag: »Könnten Sie die Fahne nicht wirklich nur bei Siegen ... Es bestände ja die Möglichkeit, daß auch mal andere Zeiten ...« Und hatte sich schon hoffnungslos verheddert, denn Filip empörte sich sofort: »Soll das heißen, Sie zweifeln am Endsieg unserer Monarchen?«

Alle wiesen das energisch von sich, und, nach rückwärts gehend, so daß er beinahe vom hohen Grund auf die Bäderstraße gestürzt wäre, verabschiedete sich Dr. Gottschling für alle: »Dann entschuldigen Sie gütigst unseren Besuch.«

Sie hatten es recht eilig. Keiner wendete sich um. Filip schaute ihnen nach und begann zu lachen, erst leise in sich hinein kichernd, schließlich konnte er das Gelächter nicht mehr aufhalten, er brüllte lauthals, versuchte vergeblich, sich zu beherrschen, steckte Täuber an, der mitlachte.

Als er sich endlich erholt hatte – er war vor Anstrengung auf seinen Stuhl geglitten –, kriegte er heraus: »Der Lappen bleibt draußen.«

Noch einmal, das war drei Monate später, und der

Schnee kündigte sich durch deftige Kälte an, die den Dauergästen Angst einflößte, fragte Jaroslav, ob er die Fahne nicht doch einziehen solle. Sie fröre sonst steif. Die Siege würden schon eine Weile nicht gefeiert, die geschwächten Armeen lägen einander wie erstarrende Lava im tödlichen Grabenkrieg gegenüber.

»Dann zieh meinetwegen den Fetzen ein. Du brauchst wohl freie Bahn? Willst du mit einem anderen Mariechen in der Fahnenkammer liegen?«

Täuber ging auf den Scherz nicht ein: »Kaum, Chef.«

Filip bemerkte seine ernste Miene und lud ihn ein, sich neben ihn zu setzen.

»Sie haben mich eingezogen – zur Marine. Das wollte ich Ihnen vorher schon berichten, und außerdem«, vertraulich flüsterte Täuber ihm ins Ohr, »ich werde nicht lange dabei bleiben. In Rußland ist die Revolution ausgebrochen.«

Die Liebe der Gäste, sogar des widerwärtigen Menoches, zu Peter bestand aus Dankbarkeit, Einsamkeit oder bei jenen, die ihre Kleinkinder und ihre Enkel hatten zu Hause lassen müssen, aus Sehnsucht. Deshalb mochte Peter die traurigen Winter besser leiden als die strahlende Saison. Wie hätte er sonst auf dem Schoß der so wundervoll duftenden Komtesse sitzen dürfen, die ihm vorsagte:

»Les Macaronis pour être bon
Doivent ils etre courte,
Ou doivent ils être longues.«

Wozu Herr Zemlinski dann mißbilligend bemerkte: »Was für Schmonzes bringst du ihm bei!« Und Antoinette: »Ein Gastronom muß Französisch schreiben, lesen und sprechen für die cuisine, für la salle à manger und für das Menü.«

Oder er hockte neben Pinschewski, der ihm eine Lektion abnahm und lobte: »Otschen choroscho, Peter, jescho ras.« Worauf sich der neidische uncle Joe böse einmischte: »Reb Pinschewski, soll er lernen die Sprache des Pogroms, die Sprache des Terrors, der Romanows, die Sprache der Schwarzen Hundert?« Und Onkel Pinschewski lachte: »Wer nicht russisch spricht, kann kein Vieh verkaufen, keine schönen Pferde.« Er wußte, wie sehr Peter Pferde liebte, überließ jedoch den Jungen zu guter Letzt großkotzig dem sympathischen Joe, der mit seinen Verwandten, den Schlampatzkis, nicht viel anzufangen wußte. Und Joe drückte Peter auf einen Stuhl, setzte sich vis-à-vis und beschwor ihn: »Englisch müßt di wissen, amerikanisches Englisch. Wenn der Krieg wet sein voribber und alle sin ohne Blut und Kraft, wet Amerika beherrschen die ganze Welt, varstejst dü, majn Jingale. Also sag nach mir: New York, great city, my uncle Joe lives in Bronx.«

So hatte es vor Jahren begonnen, so wechselte Peter von einem zum anderen, und er lernte, ohne dessen gewahr zu werden, Französisch, Englisch und Russisch. Nur wurde er jetzt, im letzten Kohlrübenwinter, sehr müde davon. Der Körper läßt sich nicht um das Essen betrügen, die schöne Ružena nahm ihn in die Arme, seine Füße lagen auf den Knien des Studenten, und das Kind war eine gute Ausrede dafür, sich nahe zu sein, und versteckte die unter dem Stuhl verschlungenen Beine. Růžena sang Peter ein jüdisches Schlummerlied:

»Rožinkes und Mandelen,
Dos wet sein dein Beruf.
Mit sej west di, schains Jidale, handelen,
Schluf, mein Kindale, schluf!«

Filip hörte das Lied. Er rückte wutentbrannt Josefine im Zimmer eins auf den Pelz: »Wie Nachtisch wird er weitergereicht, wie Rožinkas und Mandelen, einer reißt ihn vom anderen weg. Jeder sagt, seine Sprache ist die beste. Alle stopfen sie in ihn herein. Das arme Köpfchen.«

»Kennst du seinen Kopf? Das tut ihm nichts. Er saugt in sich hinein wie ein Schwamm. Dir gesagt! Alter, begreif doch, dir wollen sie Dankbarkeit zeigen. Sie wissen, wie du den Jungen liebst.«

»Stuß, ich lasse mir das Kind nicht entfremden.«

»Filip!« staunte Josefine. »Du bist ja eifersüchtig.«

Und während sich die beiden Polans nicht allzu ernst miteinander stritten, damit sie es nicht so schwer hatten, wieder zärtlich zueinander zu sein, wurde der letzte Schuß des Krieges abgefeuert.

Bis nach dem entfernten Chrudim, wo einst die Wiege des europäischen Kasperle gestanden hatte, pilgerten die Grenzkinder ins Nachbarland zum Puppenspiel wie zum Zirkus nach Nachod. Aber von Nikolaus bis zu den Heiligen Drei Königen besaß Grenzbrunn seine ortseigene Kindersensation, eine eigene Schaustellung: Großvater Umlaufs Werkstatt. Zu der gehörte ein großer abgeschlossener Raum. Jeder Neuankömmling wurde von einem mächtigen Kachelofen aus selbstgebrannten glasierten Ziegeln begrüßt. Auf ihnen waren Heiligengestalten im Relief dargestellt. Der alte Umlauf, einer der Märchenerzähler der Landschaft, hatte sie entworfen und geformt. Der Ofen war so verführerisch, daß, wer in den Raum kam, selbst im Sommer, sich daran die Hände wärmen wollte. Eine Hälfte des Raumes nahm ein riesiger hölzerner Kasten ein, der nach vorn durch ein Holzrollo abgeschlossen war. Dahinter, wo niemand hindurfte außer Opa Umlauf, befand sich eine große stählerne Antriebsscheibe wie bei alten Orchestrions und Klavierautomaten, in der eine Kurbel steckte, vielerlei Räderwerk bewegend, Opa Umlaufs Wunder.

Weil es nicht anonym bleiben durfte, standen vor dem großen Kasten fünf Reihen bunt zusammengewürfelter Sitzgelegenheiten, Stühle, Bänke, Sessel für fünfzehn Kinder oder ein Dutzend Erwachsene. Sie warteten schon draußen, als der alte Umlauf, ein kleiner untersetzter Mann mit schneeweißem Vollbart, hinter dem Kasten hervorkam und sich ärgerlich an den Kopf griff: »Ježiš Marja. Ted' tu nemám elektřinu.«

Seine Enkelin Barbara kroch nun auch hinter dem Radkasten hervor: »Red deutsch, Opa, sonst versteh ich dich nicht.«

»Der Strom ist noch nicht eingeschaltet. Ich gucke mal zum Transformator.«

Er schlurfte aus dem Raum, und Barbara winkte, auf Zehenspitzen gehend, den Gemüsehändler Wodak, der seinen Kleinen an der Hand führte, in das Heiligtum.

»Kommen Sie rein, Großvater ist einen Augenblick weg.«

Wodak stand vor dem geheimnisvollen Kasten. »Wie lange bastelt er schon an seinem Bethlehem?«

»Seit seiner Pensionierung«, erzählte die verständige Kleine. »Wenn er nicht gerade irgendwo Geschichten erzählt, sitzt er hinterm Radkasten und schnitzt und bemalt Figuren. Das ganze Jahr hindurch bis zum Nikolaustag.«

»Dann macht er wohl Pause?«

»Im Gegenteil, dann zeigt er es den Kindern und den Leuten, und sie kommen immer wieder, weil er sich jedes Jahr noch was Neues ausdenkt.«

»Wie alt ist der Mechanikus?«

»Fünfundachtzig ist Großvater, Gott erhalte ihn.«

»Ich glaube fast, es ist das Bethlehem, das ihn erhält. Darf man sich schon hinsetzen?«

»Nein, Pane Wodak, erst wenn er klingelt. Wissen Sie, unser Bethlehem ist wie der Weihnachtsmann und der Christbaum. Es wird jedes Jahr neu eingeweiht, zuerst für die Nachbarschaft. – Schnell, wir müssen raus, er kommt wieder.«

Eilig verschwanden die Eindringlinge. Der Kinderlärm draußen schwoll an. Der Alte kam wieder, verschwand hinter dem Kasten. Durch die Ritzen des Rollos sah man Lichter aufblitzen, gepreßte Töne eines Musikautomaten setzten ein, brachen mitten im Takt ab. Zur Probe hatte es gereicht.

Der alte Umlauf zog seine Arbeitsschürze aus, nahm die Schildmütze ab, holte von hinten einen schwarzen Gehrock, streifte ihn über und setzte den Zylinder auf. An Stelle eines neugebügelten weißen Hemdes tat es auch ein gestärktes Chemisette, in das eine Krawatte eingehängt war. Endlich war der Opa bereit. Er knipste alle Lampen im Raum, bis auf eine ganz hinten, aus, ergriff eine Glocke und ließ sie bimmeln.

Die Kinder stürzten in den Raum. Allen voran der kleine Wodak, der seinen Großvater hinter sich herzerrte, aber auch die Hromadkojungen, die Umlaufkinder, der Biller-Georg, Giebel-Arthur und Peter Samuel. Von den Erwachsenen waren alle Umlaufs und das Ehepaar Hromadko erschienen. Sie mußten mit den hinteren Plätzen vorliebnehmen, denn die Kinder hatten als Hauptpersonen natürlich die vorderen Reihen erobert. An der Tür stand der Ortspolizist, der eigentlich Dienst hatte.

Noch verdeckte das Rollo die versprochene Pracht. Mit

zittriger Stimme begrüßte der Alte, der nur gebrochen Deutsch sprechen konnte, das Publikum: »Pan bůh vas pozdraví do Bethlema. Im Namen des Vaters, des Sohnes und des Heiligen Geistes, amen. Gelobt sei Jesus Christus.« Und Erwachsene wie Kinder antworteten im Sprechchor: »In Ewigkeit, amen.« Auch der Ortspolizist, der sich dabei bekreuzigte.

Mit gemessenen, feierlichen Schritten ging Opa Umlauf hinter den Kasten. Ein Augenblick atemloser Stille. Der Musikautomat begann zu spielen. »Ihr Kinderlein kommet.« Barbara Umlauf sprang auf, um das letzte Licht auszuschalten. Das Rollo quälte sich knarrend in die Höhe. Die Beschauer blendete heller Glanz. Das Quietschen des Räderwerkes wurde von der Musik übertönt, und Bethlehem begann zu leben. Die ganze Stadt war durch viele kleine Lämpchen erhellt. Sie bestand aus einer einzigen Straße, die als oft gewundene Serpentine immer wieder quer durch die ganze Landschaft führte, von der Bergspitze den Hügel hinab ins Tal. An ihrem Rande lagen Wohnhäuser, Schenken, Handwerksbetriebe der verschiedenen Zünfte, vom Tischler bis zum Schmied, sogar ein Posthalterhaus mit Ausspannung. Vieh weidete auf den Wiesen, Haustiere bewegten sich in den Bauernhöfen, Wild sprang auf die Hügelgruppe zu. Im Mittelpunkt des Panoramas, ganz unten, schon durch seine Größe aus der ausgewogenen Proportion der Stadt herausragend, überragend, bunter als alles andere, die Krippe, Endstation und Ziel der Hauptstraße, und Maria, Josef und das Jesusbaby.

Noch einmal klingelte es, diesmal sehr laut. Plötzlich begann sich alles im Bethlehem zu bewegen, Menschen, Fuhrwerke, eine Kamelkarawane schaukelte die Serpentine hinab, Schmiede hämmerten, Bäcker buken, Hirten weideten ihre Herden, Fuhrleute knallten mit der Peitsche, und immer wieder schwebte der Komet über dem Firmament, von einer Seite zur anderen, solange die Vorstellung dauerte. In täuschender Einheit hörte man die Töne und Geräusche der Heiligen Stadt, zuweilen – in regelmäßigen Abständen – überstimmten die harten metallischen Klänge des Hammerklavieres aus dem Musikautomaten alles mit ihrem »Kinderlein kommet«.

Und die festlich gekleideten Kinderlein vor dem glanzvollen Kasten hatten blanke Gesichter und folgten mit glänzenden Augen dem Schauspiel, vor allem Peter, der weit vorgelehnt dasaß. Die altkluge Barbara stieß Wodak an, wies auf Peter und flüsterte: »Ein Judenkind sieht das Judenkind.« Die Freunde in einer Reihe hielten sich an den Händen. Plötzlich brach die Musik mit einem Mißton ab. Die beweglichen Figuren hielten an, wurden steif und stumm, das Bethlehem verdunkelte sich, und das Rollo knatterte herunter wie ein Bühnenvorhang, der die Vorstellung beschließt. Die Kinder rannten hinaus.

Draußen dichter Schnee. Die Spannung, das Stillesitzen suchten nach einem Gegensatz, Kindergefühle nach Ventilen, und so brachen sie aus im Lärm und in der Bewegung. Eine Schneeballschlacht begann. Die als Zielscheibe erwählten Erwachsenen flüchteten. Die Kinder bekriegten sich untereinander, den ganzen Hügel hinan bis an das Haus an der Straßenfront. Auf einmal blieb Biller zurück. Er setzte sich am überdachten Eingang der »Villa Barbara« auf die Stufen, und es schien, als sähe er dem Treiben sehnsüchtig zu. Peter bemerkte es. Er lief zu ihm und legte dem Kameraden teilnehmend die Hand auf die Schulter: »Ist dir was, Schorschi, ist dir nicht gut?«

»Nee, bloß – Vater hat gesagt, ich darf mit dir nicht mehr spielen.« Die anderen kamen hinzu. Peter wunderte sich. »Versteht ihr das? Der darf nicht mehr spielen mit uns.«

»Nee, nur mit dir darf ich nicht!«

»Warum denn bloß?« fragte Peter.

»Weil uns die Juden und die Sozis von hinten erdolcht haben.«

Das kapierte Hromadko nicht: »Was hat denn das mit dem Peter zu tun?«

»Der Vater sagt, wegen diesen Landesverrätern haben wir den Krieg verloren.« Sie beugten sich alle teilnehmend über den sitzenden Georg Biller, als rede er im Fieber und sie müßten ihn beruhigen. Giebel meinte beschwichtigend: »Wir haben doch immerzu gesiegt.« Der lange Hromadko wischte Anklage und Verteidigung mit seinem alten Argument vom Tisch: »Hab' ich euch doch immer gesagt, Politik ist nur was für die Großen.« Damit gab er Alfred Umlauf das erlösende Stichwort. Der schubste Georg Biller in den nächsten Schneehaufen: »Komm in die Schlacht! Wir machen hinten im Garten Zielschießen. Der Beste kriegt ein Dutzend bunte Murmeln. Deinem Vater wird nichts gepetzt.« Da sprang Georg erlöst auf. Sie warfen Schneebälle gegen Konservenbüchsen. Als ihnen das langweilig geworden war, rangen sie im Schnee und waren auf derbe Art zärtlich miteinander, wie Jungen das ausdrücken, wenn sie sich leiden mögen.

In der »Bohemia« feierten sie das Lichtfest. Der Strom kostete zu viel Geld. An der Elektrizität sparte man. Keine Birne leuchtete in der Glasveranda. Daß die Tische weiß gedeckt waren, Weingläser und Flaschen farbig schimmerten, sah man im Licht der Kerzen und ihrer Stümpfchen, im Schein der Menorah, des siebenarmigen Leuchters, der das Motto, das Sinnbild des Festes war. Die Menorah schuf einen Mittelpunkt im Schwarzgrauen. Sie waren alle da. Nicht mehr vierzig, denn zu den Großen und Kleinen kamen die Kleinsten, die hier geboren worden waren. In Decken vermummt, froren sie trotz der rotglühenden Kanonenöfchen am Rücken und sangen ihr Festlied »Moaus zur Jeschuossi«. Manche der Kleinsten sangen schon mit.

Der Gastgeber und Weinspender Filip Polan – am Tisch des Rabbiners – verlangte, der Hirte hörte es gerne: »Nu, Rebbe, jetzt warten wir alle auf ein Wort, eine Predigt, eine Sedre, einen guten Zuspruch von euch zum Lob des Allmächtigen und zum Trost für die Menschen.«

Cohen zierte sich ein wenig, ruderte mit den Händen, nicht zu lange. Er stand auf, und seine kleine Stimme begann zu tönen, als stehe er am Altar.

»Liebe Kehille! Liebe jidische Gemeinde! Wenn wir sennen gekommen vün viele Städte, vün viele Länder, sennen wir gewesen Fremde. Und sehr verschiedene, Reiche und Arme, Gelehrte und nischt asoi Gelehrte. Jeder hat nur gesehen seine Parnosse, sein Stickale Glick, seinen Stolz, seinen Titel und seinen Tisch. Der liebe Gott hat uns geschickt sieben Plagen wie den Kindern Israel in Ägypten: Angst, Armut, Not, Frost, Hoffnungslosigkeit, Sorge um unser Daheem und den Krieg. Aber er hat auch gemacht aus uns eine eenzige groiße Familie. Sogar vier Hochzeiten haben wir gefeiert. Richtige chassenes mit a Chuppe. Kinder sennen geworden geboiren.

Kein Mensch fragt mehr, ab Marie Antoinette Zemlinski is a geboirene Komtess. Wir wissen von ihr nur, daß sie wascht und kocht und hilft und windelt ein die Babys, was gar nicht ihr gehören. Jeder vün uns hot gelernt, briederlich zu leben und zu tün.

Der Sinn von de Chanuka-Geschichte is, daß in a groißen Noit die Jiden haben gehabt Oil nur für einen Tog zu brennen und zu gebroichen. Aber Gott hat gemacht a Wunder, und das Öl hat gereicht sieben Tog.

Nu, Reb Polan hat uns ernährt und schlufen gelossen und angezoigen mit Stoffe vier Jahre lang. Und sein Vermögen is gewesen wie das Oil. Er hat zugelegt und Geld verlorn und hat oifgenommen a Hypothek, und a zweite, und er hat Schulden gemacht für uns. Aber das Oil reicht immer noch.

Ich winsch ihm und euch, liebe Jiden, daß es wird sein genug Oil, und es wird brennen, und die Lampen werden uns zeigen den Weg. A gites Leben in Masel und Broche. Und so Gott will, werden wir alles zurückzahlen Reb Polan mit Zins und Zinseszins, und es wird sein Scholem, Frieden für die ganze Welt.«

Die Rührung drohte die Zuhörer zu übermannen. Auch Filip suchte nach dem Taschentuch. So durfte es nicht enden. Der Hausherr goß sein Glas voll und rief: »Lechajim – auf das Leben!« Sie taten ihm alle Bescheid, standen auf und wiederholten's. »Lechajim!« Nun sangen die Kinder, bevor sie ins Bett geschickt wurden, und ein Musikstudent begleitete die alte Chanuka-Melodie. Die Gespräche wurden fröhlicher. Nur Filip starrte ungeduldig durch das Fenster ins Dunkel, wartete auf den Lichtkegel der Taschenlampe im Glitzerschnee, der die Heimkehr Josefines ankündigte. Er sah zuerst Dr. Schmidt, der ihr voranging, sah, daß sie zum Zimmer eins unterwegs waren. Unbemerkt verließ er die Veranda.

Man begrüßte sich. Die Miene seiner Frau gefiel Filip nicht sehr. Ihr Lächeln war gequält. Erschöpft saß sie im Ohrensessel und schwieg. Dr. Schmidt blickte so ernst drein, daß Filip nicht zu fragen wagte, wie der Besuch im Gemeindeamt ausgegangen sei. Eine Weile schwiegen sie zu dritt. Josefine atmete tief: »Sie haben uns noch einmal ausgeholfen, die dritte Hypothek.«

»Allerdings zu viel härteren Bedingungen, obwohl ich alles getan habe, um Ihre Interessen wahrzunehmen«, beeilte sich der Rechtsanwalt einzuwerfen. »Das gilt auch für die anderen Anleihen. Höhere Zinssätze und das Recht zur fristlosen Kündigung sind eingeschlossen. Für alle Hypotheken.«

Filip suchte einen Silberstreifen am Horizont. »Nu, ewig kann der Krieg nicht dauern. Es gibt schon Friedensverhandlungen.« Er stopfte sich seine Pfeife, zündete sie an, genußvoll wie immer. Diesmal zum Mißvergnügen seiner Frau, weil das Gesetz es am Feiertag verbot.

»Das sagst du schon lange. Aber ich bring noch etwas Schlimmes mit. Man hat unsere Lebensmittelzuteilung auf die Kriegsgefangenenration heruntergesetzt. Das ist die Hälfte von wenig. Das steck mal in deine Pfeife. Wie raucht sich dir das?«

Filip legte die Pfeife beiseite und verbarg seinen Kopf in den Händen. Dr. Schmidt berührte das Gespräch peinlich. Er angelte mühevoll nach einem Grund, sich zu verabschieden, stand auf und sagte: »Gnäd'ge Frau, entschuldgen schon, ich muß heim, den Heiligen Nikolaus spielen.«

Als Beweis zog er eine Bartmaske aus seiner Aktentasche und setzte sie auf. Eine häßliche Maske. Ihre Pappnase war rot, groß, dick und gebogen, die Lippen wulstig, die Züge grob. Er rief mißtönend hindurch: »Ich bin der Nikolaus! Wart ihr auch alle artig?« und verdarb alles, als er – ohne sich der Beleidigung bewußt zu werden – ganz harmlos fragte: »Sehe ich jetzt nicht aus wie einer Ihrer östlichen Glaubensbrüder? Auf Wiedersehen! Schönes Fest!«

Das Abschiedswort blieb Filip Polan in der Kehle stekken. Der Rechtsanwalt war zu eilig, um etwas zu bemerken. Die Eheleute saßen sich wortlos gegenüber. Es war Filip, der bedrückt zu klagen begann: »Pepi, Pepi! Das heißt also weiter Kohlrüben, Steckrüben, Rote Rüben, Wasserrüben, Zuckerrüben, Mohrrüben als Delikatesse. Und Rotkohl, Weißkohl, Kascha ohne Fett und Kleie.«

»Essen wir denn etwas Besseres? Im Sommer halten wir sie schadlos – aus dem Lebensmittelkontingent für die Dollargäste.«

Filip ließ sich immer leicht trösten. Er half Josefine aufstehen, nahm sie beim Arm: »Gehen wir zu ihnen hinein. Sie warten auf uns. Sie wollen feiern.«

»Filip, du lieber Träumer, du guter Potschen, was tu ich nicht alles für dich.«

Arm in Arm betraten sie die Veranda. Die Musikstudenten gaben ein Solistenkonzert. Der Cellist spielte, in mehrere, mit Sicherheitsnadeln unter den Armen festgesteckte Decken eingemummt, Max Bruchs Konzertvariationen des Klagegesanges »Kol nidre«, vom jungen Feininger am Klavier begleitet.

In der äußersten Ecke der Veranda saßen die Zemlinskis und Pinschewski mit Rabbi Cohen am Tisch. Bekümmert gab Pinschewski zu bedenken: »Ich kauf zwar nur Vieh und Pferde, doch rechnen lernt man dabei. Vierzig Leute fünf Jahre lang. Reb Polan kann gar kein Geld mehr haben und keine Werte. Nehmen wir an, er braucht als Selbstkosten, also netto, pro Gast fünf Mark täglich. Das ist, die Sommermonate ausgenommen, jeder Tag mal vierzig mal fünf. Das sind, wie sagt man in Deutschland, nach Adam Riese, über vierhunderttausend Mark Zuschuß aus der eigenen Tasche, dazu die neuen sieben kleinen Gästekinder, was die kosten! Die Steuern und die Zinsen nicht mitgerechnet.« Zemlinski, der unter den besorgten Blicken seiner Frau ab und zu seine Hand unter den Rock steckte, um das Herz zu massieren, meinte: »Wenn man so etwas weiß, wird man schuldbewußt, und ich weiß es wie Sie. Vielleicht hätten wir ins Lager gehen sollen. Nur wissen Sie, ich bin wirklich sehr krank.«

Pinschewski machte eine begütigende Bewegung: »Immerhin haben Sie . . .«

»Schön, wir haben in den ersten zwei Jahren ab und zu ein paar Dollar über die Schweiz bekommen, andere von den Gästen aus Übersee. Wieder welche von der Mischpoche aus Amerika. Jeder hat versucht, etwas zusammenzuschnorren. Antoinettes Schmuck ist draufgegangen. Solche Spritzen helfen nur kurze Zeit, und ich stimme Ihnen zu:

Die Polans haben mehr Schulden gemacht, als die Häuser wert sind.«

»Seit Amerika ist gegangen in den Krieg, sind verstopft die allerletzten Quellen«, klagte Reb Cohen, »was läßt sich tun? Wie ist es mit der Schweiz, Herr Bankdirektor? Man schießt doch nicht mehr.«

»Die Staatsbank hat abgelehnt.«

Antoinette wendete sich den Männern zu: »Ich könnt mich prügeln, so wenig Schmuck mitzunehmen. Qui a pensé à la la guerre a ce moment?«

Pinschewski lachte grimmig: »Sie sind a giter Mensch, Madame la Komtesse, schad um die Juwelen für einen Sack mit einem großen Loch.«

Mit Frau Markowitsch waren noch andere Damen näher an den Tisch getreten, die Pinschewski etwas fragen wollten, und so hörten sie und auch ihre Ehegatten den letzten Teil des Gespräches mit. Die Dame aus Odessa schimpfte: »Sie reden von Juwelen, und wir essen Viehfutter.« Das war selbst ihrem geldstolzen Mann zu stark: »Versündige dich nicht, in der Saison speisen wir dafür wie die Rothschilds.«

Die antwortende Stimme der Antoinette klang sehr kühl, nicht etwa laut, dafür sehr präzise: »Bei Rothschilds wird außerordentlich bescheiden gegessen aus Gründen der Gesundheit und der Etikette. Ich habe oft bei dem Baron gespeist. Er ist mein Schwager.«

In die Stille, die der Bemerkung folgte, seufzte Frau Rothstein: »Was für eine Zeit. Der Krieg vorbei und kein Frieden und kein Zug über die Grenze.«

Wie ein Kommentar erhob sich die schwermütige, wehklagende Musik des »Kol nidre« über Wort und Schweigen und durchdrang den Raum.

10. Wie sich verschiedene Leute eine Republik einrichten

Vor dem Gemeindeamt hielt in der dunklen Morgenfrühe ein offener Schlitten. Er zog einen kleineren aus rohem Holz am Seil hinter sich her, der mit fein säuberlich nebeneinander gesteckten Kaninchen ausgelegt war. Die Jäger wurden vom Postbeamten Biller erwartet. Als er sich verbeugte, sah man, daß sein linker Ärmel leer pendelte. »Wie war die Jagd, meine Herren?«

»Ganz gute Strecke, Herr Gemeinderat. Was gibt's Neues?«

»Deswegen bin ich hier. In Berlin soll noch mal die Revolution ausgebrochen sein. Spartakus – die Kommunisten ...«

Gottschlings Mund entrang sich ein Stoßseufzer. »Heißt das nun etwa, wir kriegen die ›Bohemia‹ doch nicht?«

»Gar nichts heißt das«, lachte Dr. Schmidt, »wir müssen nur 'ne Weile leiser treten. Ich sehe schon die Schlagzeile der Sozis: Bürgermeister unterbricht brutal humanitäres Werk. Solange die Wohltätigkeitspensionäre dort hausen, dürfen wir die Polans nicht fristlos zur Kasse bitten. Keine Bange, Doktor Gottschling, unsere Hypotheken reichen aus. Die Polans sind bankrott.«

Nachdenklich meinte Gottschling: »Ist mir nur recht, daß wir nicht gleich zupacken. Wo vorläufig noch alles drunter und drüber geht. Die Werte wackeln, meine Herren.«

Weddingen schlug sich aufs Knie: »Na, habe ich es nicht vorausgesehen? Nicht mal die lausige Republik lassen sie uns. Diese Bolschewiken – diese verdreckten Sozis.«

Weise und überlegen erklärte der Bürgermeister: »Bitte nicht in einem Atemzug, Herr von Weddingen. Auf Ebert ist Verlaß. Die Kaisersozialisten hat er fest in der Hand und unter Kontrolle. Ich setze auf Ebert.«

Der Rechtsanwalt rümpfte die Nase: »Vor allem auf Noske. Immerhin hat es ja mal so etwas wie einen Matrosenaufstand gegeben, und die Spartakisten sind auch nicht ausgestorben.«

Schmidt beruhigte: »Meine Herren, wir sind nicht in Rußland. In Mitteleuropa macht man die Revolution höchstens von oben, mit gut ausgewogenen Zugeständnissen, die später sogar Profit eintragen, mit ordentlich preußischer Besitz- und Vermögenssicherung als Grundlage. Summa summarum: Bis auf die majestätische Spitze bleibt alles beim alten. Schade um das viele junge Blut. Ich hab auch einen Bruder draußen gelassen. Der Krieg war Wahnsinn.«

Weddingen, zwei Hasen unterm Arm, war mit seiner Geduld am Ende: »Wollen Sie etwa behaupten, wir hätten ihn nicht gewonnen ohne den Feind im eigenen Land?« brüllte er los und kam dem Rechtsanwalt bedrohlich nahe.

Der Bürgermeister ging beschwichtigend dazwischen. Dr. Schmidt streckte seine Hand hin, die angenommen wurde. Er meinte milde: »Ich habe ja Respekt vor Ihren Idealen und Illusionen. Sie passen nur gerade jetzt nicht ins Bild. Der Herrgott möge sie Ihnen erhalten und eine Weile auf Eis legen. Was Ihnen der Herrgott aber sofort erhalten muß, Herr Korvettenkapitän, ist Ihre Stellung als Kurdirektor. Dort brauchen wir Sie nämlich.«

Die in fünf Jahren um sieben kleine Menschen gewachsene Großfamilie der Zwangsgäste drohte an den verwirrenden Nachrichten auseinanderzubrechen. Aus Juden wurden Nationalisten. Was wird aus Polen? Was geschieht in Rußland? Jeden Tag warteten sie auf zuverlässige Berichte, auf den ersten Zug über die Grenze, auf Nachrichten von Verwandten. Wenn die ersehnten Briefe mit großen Verspätungen kamen, waren sie so widersprüchlich wie die ganze Situation, und die Ereignisse waren inzwischen längst von neuen Geschehnissen überholt. Sie liefen trotzdem von Tisch zu Tisch und zeigten sich die »neuesten« Briefe. Es stimmte nichts. Hastige Gespräche wurden unversehens abgebrochen, wenn der Briefträger kam. Sie regten sich auf. Sie glaubten nicht, daß der Zar nicht mehr lebte. Gleichzeitig wurde ihnen bekannt, daß sich die deutschen Spartakisten mit der russischen Revolution eins erklärt hatten, und da sie in Berlin niedergeschlagen worden, wäre in Petrograd auch alles vorbei.

Der Kaufmann der ersten Gilde aus Odessa führte das große Wort: »Spartakisten sind auch Bolschewisten. Wer will mir was über die erzählen? Ich weiß es besser. Im Schusterkeller neben meinem Haus hat man sie gekriegt, hat sie geschlagen mit Knuten. Persönlich gekannt hab ich sie, Seminaristen, Chloptschiki aus der Fabrik und Landarbeiter und Akademiker, Studenten, auch Jiden und Beamte, auch aus Banken.«

»Paßt genau«, grinste Pinschewski, »damit hast du auch zu ihnen gehört.«

Erschrocken hob Markowitsch beide Hände zum Himmel empor: »Gott soll mich abhüten.«

»Sie wollen alles umstürzen«, behauptete Rothstein, »von oben herunter fangen sie an, übernehmen die Häfen, die Fabriken. Sie teilen auf alle Vermögen.«

Pinschewski wollte das Gequassel nicht mehr anhören. Mit langen Schritten marschierte er durch die Veranda. Laut, als memoriere er eine Rolle, sprach er vor sich hin: »Was wollen sie verteilen? Den Hunger? Die Seuchen? Das Elend? Die Armut? Zerstörtes Land? Wiesen voller Unkraut? Zerschossene, verbrannte Wälder? Wer will verteilen, muß etwas haben zum Verteilen. Was ist übriggeblieben von Rußland?«

Er blieb vor Antoinette stehen. Sie hatte ihn mit ihrem Blick festgehalten. »Auch nichts Neues, Monsieur Pinschewski. La grande revolution francaise: Egalité! Fraternité! Liberté! Und was ist herausgekommen? L'empereur Napoleon!«

Aus dem Hintergrund eilte Madame Schlampatzki herbei, mit der ihr Onkel Joe kaum je geredet hatte: »Sogt, ihr Jiden, hot man wirklich erschlagen toit dem Zaren mit seine ganze Mischpoche? Oj, oj, oj. Mörder sind die Bolschewisten. Mörder und dumme Bauern, wos nischt einmal kennen dos Alephbeth, nischt keine Leser, nischt keine Schreiber. Dumme Bauern!«

Onkel Joe protestierte wütend, fand dabei sein Jiddisch wieder: »Eine halbe Million Jiden sennen aweggeloffen in den ganzen oilum, die ganze Welt aweg vün den Zaren und sejne Kosaken, wos haben genommen unsere Waaber, anidder gebrannt die jiddische Gass, dos Stedtl. Geraubt, gemordet, erschlogen ganze Kehilles. Wer hat Mitleid mit den blutigen Romanows? Wer?«

Die Musiker bekannten sich plötzlich zur polnischen Nation, kleine Chopins und Sozialisten dazu, verschwommen, aber begeistert. Kaum jemand unter den Älteren verstand, was sie meinten. Meschuggene war noch das mildeste Attribut, das sie ihnen an den Kopf warfen.

Niemand bemerkte, wie sich die Außentür der Veranda leise öffnete. Ein Flüchtling stand plötzlich auf der Schwelle, wie ein Gespenst, groß, hager, blaß, schnurrbärtig, sonst glatt rasiert, unerkannt, bis Peter ausrief: »Onkel Sascha, Sergej.« Voller Freude lief er auf ihn zu. »Soll ich dir dein Buch wiedergeben? Onkel Pinschewski hat . . .« Bevor er weiterreden konnte, warf Sascha den Jungen in die Luft, fing ihn auf. Peter ließ seine Hand nicht mehr los.

»Landsleute, Juden!« sagte Sascha endlich heiser. »Ich bin geflohen. Meine Genossen erwarten mich in Berlin.«

Pinschewski lachte ihn freundlich an, wies auf ihn, drehte sich zu den anderen um: »So, hier habt ihr einen waschechten Bolschewisten. Sieht er aus wie ein Mörder, ein Räuber oder etwa wie ein dummer Bauer?«

Der Flüchtling sprach zu ihm und durch ihn zu allen: »Helft mir weiter. Ich brauche etwas anzuziehen. Seit drei Tagen nichts im Magen, nicht gewaschen, nicht geschlafen.«

Alle waren aufgestanden. Die Älteren wichen in den oberen Teil der Veranda zurück, ein zusammengedrängtes Häuflein, die Hände abwehrend vorgestreckt, als wäre der Mann ein Pestkranker. Nur die Jugend, die Musikstudenten und Feininger und Růžena blieben vertrauensvoll sitzen. Auch Joe verharrte an seinem Platz. Würdevoll ging der Hausherr auf den Flüchtling zu, machte eine einladende Bewegung: »Nehmen Sie im Saal Platz, ich lasse Ihnen etwas zu essen bringen. Bedingung: Sie verlassen danach sofort mein Haus. Nicht meinetwegen, aber gewiß wünschen Sie nicht, Ihre Landsleute zu gefährden. Mehr kann ich für Sie nicht tun.«

»Reb Polan, es ist erzählt worden, Sie waren auch einmal im Gefängnis. Wollen Sie Ihre Vergangenheit verraten?«

»*Sie* wird hier niemand verraten. Das ist die Hauptsache«, sagte Filip, und in den Saal hinein, zu niemanden im besonderen: »Man muß sofort die Türen besetzen.«

Schweigend, mit kurzen Gesten, postierte Pinschewski die Studenten und Feininger, so daß sich Filip befriedigt wieder an den Flüchtling wandte, der müde am Türpfosten lehnte. »Essen Sie in aller Ruhe, trinken Sie, erfrischen Sie sich, aber verstehen Sie bitte, Sie treiben meine Gäste in Panik, Sie verängstigen sie, gefährden sie.«

Die Bitte war so ruhig ausgesprochen, das zustimmende Nicken so friedlich, daß die Zurückgewichenen wieder Mut gewannen. Sie umringten die beiden. Rothstein krähte: »Und dieser Lump, der Lenin? Soll er nicht ein deutscher Spion sein?«

Sascha aß wortlos, hungrig, aber nicht gierig, leckte den Löffel ab und stellte den leeren Teller auf den Fußboden. Den Löffel steckte er ein.

»Ich geh schon, Reb Polan. Schenken Sie den nächsten Gang einem Schnorrer.« Grußlos schlüpfte er durch die Tür.

Menoches, der die ganze Zeit als einziger vor Angst zitternd im Hintergrund hocken geblieben war, fand seine Stimme wieder. Hysterisch kreischend schaukelte er wie im Gebet: »Boruch ato adonaj ... Der Allmächtige hat uns gerettet.«

Statt einer Antwort setzte sich Feininger ans Klavier und intonierte hart, laut, heftig das Lied, das einmal zur Nationalhymne werden sollte. »Noch ist Polen nicht verloren«, sang er. Und darauf ließ er die Marseillaise folgen.

Die Reaktionen waren gespalten. Die Mehrzahl der Leute setzte sich hin. Die Zemlinskis, das Liebespaar und Pinschewski, die Studenten erhoben sich – auch Filip. Die Studenten sangen mit.

Sascha horchte im Hinterhof: Stille da drin. Sie sangen nicht mehr. Mit wenigen schnellen Schritten war er an der Mauer, wollte sich mit einem Klimmzug hinüberschwingen, als ihn jemand schüchtern beim Ärmel zupfte. Der

Kleine hielt ein Schlüsselbund hoch, und Peter schloß das breite Holztor auf. Er übergab dem großen Sascha ein Paket, das er kaum schleppen konnte, stotterte: »Es ist für dich. Was zum Anziehen. Deine Größe. Onkel Pinschewski hat gutes Augenmaß, sagt er. Und Geld. Es reicht bestimmt bis Berlin, sagt er. Und Essen von Mariechen. Ihr Mann ist Spartakist, sagt sie. Und die Taschenuhr ist vom Großvater.«

Sascha umarmte Peter wie ein Kind und gab ihm die Hand wie einem Mann. »Wohin willst du denn, Onkel Sascha?«

»Weg von hier, Molodetz.«

»Kommst du mal wieder zu uns?«

»Könnte sein, daß ich komme . . .«

Ein freundliches Haarwuscheln. Der Flüchtling verschwand.

In der Kurdirektion wurde ein neuer Einrichtungsgegenstand angeliefert, ein viereckiges Paket, über einen Meter breit. Aus der sperrigen Holzverpackung schälte sich ein schwerer Goldrahmen und darin ein Brustbild, Foto, leicht koloriert.

Weddingen schüttelte sich. Er hob den Hörer: »Vorzimmer – ich bin in der nächsten Viertelstunde weder zu sprechen noch zu stören.« Er verschloß die Türe. Darauf zog er die schweren Vorhänge vor die Fenster, tauchte den Raum in Halbdunkel. Dünne Fäden Sonnenlicht drangen durch die Ritzen. Der Kurdirektor knipste alle Schalter an, auch die Festbeleuchtung des Kristallüsters. Seine Bewegungen, seine Verhaltensweisen überlegt, gemessen, abgezirkelt. Er begann damit, daß er seinen frisch gebügelten Uniformrock mit allen Orden und Medaillen anzog, sorgfältig zuknöpfte, die Mütze aufsetzte und sich ehrfurchtsvoll vor dem Ölbildnis seines Kaisers aufstellte, des geflohenen Monarchen, strammstehend, militärisch mit der Hand am Mützenschild grüßte, ihm eine Minute andachtsvollen Respekts widmete, worauf er den Spätgottesdienst mit exakter Kehrtwendung abschloß.

Dies getan, hängte er die Uniform über die Lehne eines Stuhles, zog seine Schuhe aus, holte einen zweiten Stuhl, plazierte ihn unter das Kaiserbild. Er stieg hinauf, nahm das Bild vom Haken und barg es hinter seinem Schreibtisch.

Nun erst kam das Meterquadrat des anderen Bildes an die Reihe. Wieder stieg er auf den Stuhl und ersetzte das Kaiserbild durch das Fotoporträt des ersten Reichspräsidenten der Weimarer Republik, Friedrich Ebert.

Wut rötete sein Gesicht darüber, wie es so dahing, das Porträt des Sattlermeisters. Er stieg vom Stuhl herunter, ging zur Zimmermitte, blieb stehen, machte eine exakte Kehrtwendung und dienerte vor dem neuen Staatsoberhaupt dreimal mit dem Hintern.

Die sakrale Handlung von Weihe und Verdammung vollzog sich ohne ein Wort. Herr Weddingen beendete sie, indem er die Vorhänge fortzog, sich in Zivil kleidete und die Tür aufschloß. Er rief in sein Büro: »So, jetzt lassen Sie die angemeldeten Besucher herein, bringen Sie mir die Vorgänge und Aktennotizen, die gesamte einschlägige Korrespondenz. Ich bin bereit zur Sprechstunde.«

Die Saison begann früher in diesem Jahr. Die Menschen spürten die Entbehrungen der Jahre nun um so schmerzhafter, weil die Spannung des Krieges vorüber war. Das kranke Herz, der Gastritismagen und seine Geschwüre, die stechende Galle, die geschwollene Leber meldeten sich. Die »Bohemia« hatte unerwartete Gäste. Die Südafrikaner aus Johannesburg waren, vermehrt um Neugierige, nach fünf Jahren und gleich zu Anfang der Saison gekommen, weil nach diesen fünf Jahren im späten Frühjahr zu Amsterdam wieder die erste Diamantenauktion stattfand. Sie hängten die Kur hinter den harten Handel und nahmen die Familien mit. Auf dem Umweg über wiederangeknüpfte Geschäftsbeziehungen brachten sie glaubhafte Berichte aus dem Osten mit, bessere Informationen als die stereotypen Postkarten des Roten Kreuzes und die Panikgerüchte und -berichte von innen. In der Glasveranda summte es von aufgeregten Gesprächen. Die Fünfjahresgäste genossen den Trubel und fühlten sich nicht mehr gefangen und bemitleidet. Sie feierten nach der kargen Einsamkeit des vergangenen halben Jahres. Und die Chefs?

Esther fand sogar ein paar Tage für Peter. Sie ging mit ihm spazieren, war zärtlich, und beinahe hätte sich das Verhältnis von Mutter und Sohn glücklich stabilisiert. Doch die Küche reklamierte sie, und Peter, der die ungewohnte Gemeinsamkeit zu genießen begonnen hatte, wurde der nächsten Gouvernante überantwortet.

Filip kontrollierte und reparierte die Hausschäden. Er wartete ungeduldig auf Täuber, der in einem Berliner Lazarett lag. Im kleinen Büro neben dem Zimmer eins saß Josefine hinter dicken Geschäftskladden und mühte sich mit dem Herausziehen der Gästekonten, denn gleich nach dem Kriege bestand Pinschewski darauf, daß für alle Jahresgäste genau spezifizierte Rechnungen ausgeschrieben werden. Er kam nicht mit leeren Händen, als er auf sie einsprach: »Hier ist a List mit sämtlichen Adressen – pinkt genau, und was ist noch wichtiger: von ihre ganze Mischpoche. Zahlt nicht der eine, zahlt der andere, vielleicht – ewscher – alle zusammen. Die Adressen sind echt. Ich habe ganz stieke a bissale gespielt auf Detektiv, die ganzen letzten Täg. Man vergißt zu leicht, sich zu erinnern an gute Taten, an Mizwes, wenn es kostet eigenes Geld.«

Und Josefine hatte ihn impulsiv umarmt: »Ein Mensch bist du, Pinschewski, ein Mensch wie mein eigenes Kind.«

Diesem Gespräch war ein Besuch beim Bürgermeister vorausgegangen. Pinschewski war mit Madame Zemlinska dort erschienen, und sie hatten verlangt, die Bewegungsfreiheit der Landsleute sofort wieder herzustellen, die Ausreise zu bewilligen und für Transport zu sorgen. Dr. Gottschling zeigte sich interessiert, zuvorkommend und höflich, bot ihnen Schmeichelheiten und Kaffee an, als sie jedoch darauf bestanden, zur Sache zu kommen, zuckte er die Schultern: »Noch keine Weisung eingetroffen, liebe Herrschaften. Vielleicht ist die Zurückhaltung der Behörden nur zum Guten und in ihrem eigenen Interesse. Sicher hängt sie zusammen mit den chaotischen Zuständen in Kongreßpolen und Rußland. Dort geht ja alles drunter und drüber. Die Macht wechselt über Nacht ihren Besitzer. Die Regierungen, wenn man sie als solche zu bezeichnen wagt, sind nicht konstant. Schneller Umschwung ist nicht nur möglich, sondern wahrscheinlich. Außerdem gehen nur Militärzüge und Züge der Kontrollorganisationen der Alliierten über die Grenze.« Die Zemlinska horchte interessiert auf: »Und wie steht es mit der Schweiz?«

Dr. Gottschling schwieg verlegen. Ihr Charme und ihre Eleganz hatten es bisher noch immer fertiggebracht, den Bürgermeister wie einen schüchternen Pennäler stottern zu lassen und zum Erröten zu bringen. Die war schon etwas anderes als seine Alte und die Büromädchen. Und als sie mit der Reparationskommission der alliierten Siegermächte drohte, zu der ihr Vetter Rothschild gehöre, fiel ihm das Herz in die Hosen. Ängstlich dienernd versprach er, sofort Herrn von Podewils anzurufen, der übrigens diskret vom Kreishauptmann in Landrat umbenannt worden war. Gleichzeitig verteidigte er sich: »Ich habe Ihnen gegenüber Kulanz bewiesen und bei Geldsendungen, auch Paketen und Päckchen, veranlaßt, daß beide Augen zugedrückt wurden. Nicht wahr, gnädige Frau? Ich bitte Sie, mit der Überzeugung heimzugehen, daß ich für Ihre berechtigten Wünsche volles Verständnis hege und mich sofort persönlich der Angelegenheit annehmen werde.«

Als sie heimgingen, nahm der Schmied Antoinette beim Arm und flüsterte ihr zu: »So ein Vetter möcht mir auch gut stehen. Und seine Cousine noch besser. Ich glaube schon, daß er sich die Beine ausreißt. So, jetzt wollen wir ein bißchen an die Polans denken.« Und dann ging er in Josefines Büro und brachte ihr eine genaue Übersicht aller Gästekonten.

Zahlen begriff Josefine stets. Sie rechnete schnell und sicher. Schreiben weniger. Es kostete zuviel Mühe, weil sich zwei Sprachen im täglichen Gebrauch miteinander mischten. Darum hielt sie den Kopf tief über das Papier gesenkt und malte Buchstaben wie ein Abc-Schütze. Bis auf eine schmale graue Strähne am Scheitel glänzte ihr Haar immer noch tief dunkel. Mariechen klopfte. Sie hörte es nicht. Die Beschließerin trat auf Zehenspitzen ins Zimmer, hüstelte, räusperte sich und knickste, als Josefine aufsah: »Frau Chefin, meine Cousine ist draußen, die, von der ich Ihnen erzählt habe.«

Sie hatte geschwindelt. Die draußen war alles andere als

ihre Cousine. Täuber hatte ihr die Tochter eines gefallenen Spartakisten ans Herz gelegt, eines Mädchens, das als halbes Kind während der verlorenen Revolution schon Kurierdienste getan hatte und in Berlin nicht mehr ganz sicher war.

»Versteht sie was vom Geschäft? Und Schreibmaschine?«

»Och, die hat Gastronomie gelernt. Mit vierzehn hat sie als Kellnerlehrling im Hotel ›Adlon‹ angefangen. Berufsschule auch, und denken Sie sich, die haben sie behalten wollen.«

Das war nun nicht geschwindelt.

»Gut, sie soll hereinkommen. Wie steht's mit Täuber? So eine Tolpatschigkeit. Läßt sich *nach* dem Krieg sein Bein steif schießen. Wir brauchen ihn doch.«

»Ich habe ihn in Berlin besucht, Paní Polanová. Er kommt, sobald er laufen kann – Lotte!« rief sie in den Korridor.

An Lotte Wenske bewunderte Josefine, kaum, daß sie eingetreten war, wie sicher und selbstbewußt sie auf ihren Füßen stand; ein großes, schlankes Mädchen von kräftigem Wuchs, das die Nase zusammenzog, als ob sie sie ewig rümpfte. Wäre da nicht das kluge Gesicht gewesen, die gedankenvolle Stirn, man hätte sie für eine Landpomeranze gehalten. Dazu war sie aber zu wenig »fein gemacht«, zu praktisch und modisch angezogen. Josefines Augen ruhten wohlwollend auf ihr. Nach dem Austausch der ersten Höflichkeiten fragte die Chefin: »Wie steht es mit Rechnen und Stenografie?«

Lotte betete fließend her, als wäre es das kleine Einmaleins, auswendig – fast ein wenig schnippisch: »Ick bin voll ausjebildete Kursantin in Kontokurrent, det is doppelte Buchführung. Im ›Adlon‹ hab ick meine Kellnerprüfung bei Serviermeister Bruschke mit sehr jut bestanden. Und so'n Speisekartenvokabular, wat man bei's Bedienen braucht, bisken Französch und Englisch, da laß ick mir ooch nich vakoofen.«

»Einen Direktor wollt ich eigentlich nicht engagieren. Wenn Sie mir den Bürokram ein bißchen leichter machen ...«

»Klar kann ick det, aber ick wollte eijentlich kellnern, weil ick vastehe, mit die Menschen umzujehn.«

»Nicht alle Leute verstehen zu sprechen auf berlinisch.«

Lotte steckte den Tadel ein. »Soll nich wieder passieren.« Es passierte auch nicht mehr. Nur Aufregungen, böse oder freudige, verursachten Rückfälle.

»Setzen Sie sich hin!«

»Jetzt gleich?«

»Keine Zeit?«

»Doch.«

»Na also, worauf warten Sie ... An Herrn Bankdirektor Zemlinski, Hochwohlgeboren, Warschau, Polen. Hier ist die Adressenliste – bitte noch nicht datieren.«

Wie selbstverständlich sich diese Lotte an die Schreibmaschine setzte, wußte, wo Bogen und Kohlepapier zu finden waren, und lostippte, begeisterte Josefine.

»Sie haben schon bestanden. Hier sind die Auszüge. Der Zeitraum, über den die Rechnung läuft, ist immer der gleiche: August 1914 bis November 1918. Was kommt danach, wird extra berechnet.«

Die Berlinerin schien arbeitshungrig gewesen zu sein. Sie guckte sich nicht mehr um. Die Aufgabe reizte sie. Die komischen Namen, die fernen Orte. Josefine nahm Mariechen beiseite und zwinkerte ihr zu: »Oj, patente Kleine. Wenn die Leute alle zahlen, was sie schreibt zu sie die Rechnung, wir sind gerettet. Wenn nicht, no Mařenka, suchen wir uns beide eine Stellung, möglichst im *›Adlon‹.«*

Das Wort kitzelte sie in ein Lachen hinein. Sie lachte ansteckend, ausgelassen. Mariechen lachte mit. Aus ihrer Besessenheit erwacht, sah Lotte das ungleiche Duo und dachte: Das ist ja ein lustiger Laden.

Es klopfte. Mariechen meldete: »Herr und Frau Rothstein, Familie Markowitsch, Herr Menoches.« Josefine seufzte: »Ich lasse bitten.« Das kleine Zimmer füllte sich. Lotte stand auf: »Soll ich die Abrechnung lieber draußen ...« – »Im Gegenteil, wenn kommen solche liebe Gäste, wird es geben etwas zu notieren.« Sie winkte der Neuen mit den Augen zu und sah dabei grimmig aus. Menoches machte sich, aufgeregt wie immer, zum Wortführer: »Wir verlangen zu sein unter die westliche Jiden im großen Saal. Herois aus d' Veranda.« Hochgestochen fuhr er fort: »Wie es ist Ihnen bestimmt nischt entgangen, seit drei Wochen wir bezahlen die volle Pension. Wir sind nischt keine Schnorrer mehr. Wir zahlen alles.«

Geschäftsmäßig trocken, aber Zorn im Herzen unterbrach Josefine: »Freut mich für Sie, also stehen nur noch aus zweihundertsechzig Wochen Vollpension gleich eintausendachthundertfünfundzwanzig Tage, drei Personen à zehn Mark. Macht für Sic, Herr Menoches, vierundfünfzigtausendsiebenhundertfünfzig Mark.«

Der Schuldner schnappte nach Luft.

»Und das ist ein Sonderpreis, die Hälfte des üblichen.«

Rothstein, der Lodzer Fabrikant, wand sich vor Verlegenheit: »Verstehen Sie bitte, Frau Polan, so lange hat man gelebt isoliert, gedemütigt wie Plebs. Im großen Saal essen meine lieben Freunde. Da ist Mister Goldsticker aus Johannesburg und Chaim Silverston aus Amsterdam . . .«

»Wir ziehen sofort um in den großen Saal an die Tische mit Jiden von Westen«, entschied Menoches, der sich von seinem Schrecken erholt hatte.

Josefine stand auf: »Ich weiß, daß es einigen von Ihnen geht besser. Einigen! Deshalb existiert ein Vorschlag von Reb Pinschewski. Er meint, daß Geld aus Päckchen, Anweisungen, Schecks, was hat mitgebracht die Mischpoche, was andere Gäste haben geliehen oder gegeben, soll sein hereingeworfen in einen gemeinsamen Fonds, damit das Leben wird leichter für alle.«

Der Odessaer Kaufmann der ersten Gilde empörte sich: »Der Narr, sieht ihm ähnlich, diesem Pinschewski, das ist reiner Kommunismus. Wenn ich habe Geld, werd ich sitzen, wo ich will, sogar auf dem Berg Ararat in der Arche Noah. Wir ziehen alle um!«

»Auch Reb Pinschewski?«

»Pinschewski hinten, Pinschewski vorne«, schrie Menoches. »Wenn er will, soll er bleiben bei de Fiddlers, bei die verrückten Schreiber, bei die Gewöhnlichen, die was essen mit die Händ', ohne Servetten. Aber wer sich legt schlafen mit de Hünd, steht auf mit Flöh.«

Satt hatte es Josefine: »Veranlassen Sie bitte, Lotte, daß

im Saal überprüft wird, für wieviel Gedecke bleibt übrig Platz. Die sollen werden belegt.«

Die eben Eingestellte verstand den Wink und zwinkerte zurück: »Sie entschuldigen mich.« Die Gäste hatten noch mehr auf dem Herzen. Abwehrend hob die Chefin die Hände: »Bedaure, das Finanzamt verlangt Abrechnung. Wenden Sie sich an meinen Mann im Empfang.«

Die Türe sprang auf, eine bleiche Esther, erschrocken, Verzweiflung im Gesicht, stürzte herein: »Maminka, etwas Schreckliches, der Tate . . .« Josefine schrie: »Schweig!« und geleitete die neugierigen Gäste energisch zur Tür. »Darf ich Sie jetzt bitten!«

Widerwillig verließen sie das Büro. »Wie konntest du nur vor diesen – ich finde keinen Namen für sie, man schämt sich so –, also was ist?«

»Schon wieder etwas mit Tate und seiner Fahne.«

Listig hatte es Filip angefangen, war mit seinem Paket in die Nähstube gegangen, hatte die Beschließerin und die beiden Näherinnen charmiert, überrumpelt, überzeugt: »Ich brauche sofort eine Fahne. Stoffe und Maße hab ich mitgebracht. Hier die Zeichnung. Der blaue Winkel hat seine Spitze genau zwischen weiß und rot.« Alles dauerte nur kurze Zeit. Peter an der Hand, ging Filip in die Fahnenkammer, stülpte das bunte Tuch über den Schaft der Stange. Voller Freude steckte er die neue Fahne durch die Luke, befestigte sie innen. Peter half.

Sie strahlte vor Sauberkeit, ein schreiender, provozierender Gegensatz zum einstmals schwarzgelben Banner der Habsburger. »Unsere, die tschechoslowakische Republik ist ausgerufen.« Nachdenklich meinte Peter: »Was werden nur die Grenzbrunner sagen.«

»Freuen werden sie sich«, Filip rieb sich die Hände, »und die Preußen werden schäumen, fluchen, hetzen. Es hilft ihnen nichts mehr.« Er sang »Slovan jsem, a Slovan budem.«

Filip und das Kind steckten ihre Köpfe durch die Fahnenluke und sahen zu, wie die Passanten auf dem gegenüberliegenden Bürgersteig vor dem »Haus Anna« anhielten, stehenblieben, den Folgenden den Durchgang versperrten. Hromadko im weißen Friseurkittel trat vor die

Villa. Sein Kunde, Baumeister Strihauka, ließ sich nicht einmal Zeit, den Rasierschaum aus dem Gesicht zu wischen, so eilig stürzte er ihm nach, sah die Fahne, rief: »Ist der Filip verrückt geworden? Was ist das für eine Fahne?«

»Die tschechische.«

»Man kann sagen, was man will, Pan Polan ist auf der Höhe seiner Zeit.«

Hromadko schüttelte den Kopf: »Das werden ihm die Großkopfeten nicht so leicht verzeihen.«

»Wahrscheinlich will er nach Nachod zurück, sonst wagt er doch nicht so einen Affront. Von der ganzen ›Bohemia‹ gehört ihm sowieso nur noch die Fahne. Da baue ich ein Gemeindezentrum draus!«

Da die Ansammlung bis auf die Fahrbahn reichte, sah sich Herr von Weddingen gezwungen, Dr. Gottschling saß neben ihm, den gummibereiften Dogcart anzuhalten. Strihauka winkte: »Entblößen Sie Ihr Haupt, Herr Kurdirektor. Dies ist die Trikolore des neugegründeten böhmischen Staates.«

»Sie entschuldigen, es heißt Tschechoslowakische Republik«, korrigierte Hromadko. Eine Weile fraß Weddingen seine Wut in sich hinein. Dann sprang er in sein Gefährt zurück und fauchte Gottschling an: »Habe immer gesagt, Grenzbrunn, Vorposten der panslawischen Expansion. Das zahlen wir dem Polan heim. Die drei Hypotheken können doch alle gleichzeitig fristlos gekündigt werden, wie?«

»Schon, aber wir werden doch nicht . . .«

»Hier hört das Geschäftsinteresse auf, und die Staatsraison beginnt. Ist Doktor Schmidt in seiner Kanzlei?« – »Sicher!« – »Worauf warten wir noch?« Er riß an der Leine. Schmerzvoll bäumte sich der Braune auf, dann raste das Gefährt die Bäderstraße entlang.

Josefine zog ihre Tochter an der Schürze: »Komm schon, Kind, Filip, mein verspielter Narr, erzählt sich wieder Märchen. Und du auch, komm, wie heißt du noch – Lotte!«

Als die Frauen bemerkten, wie sauber geputzt und aufgeräumt die armselige Fahnenkammer schien, schwante ihnen Schlimmes. Ein Blick durch die Luke bestätigte es. Noch dichter gestaffelt standen die Menschen gegenüber, einige hatten die Hüte abgenommen. Zu dritt zerrten die Frauen an der schweren Fahnenstange, zogen sie schwitzend und atemlos in die Kammer. Josefine, die Filip nicht böse zu sein vermochte – außerdem ließ auch sie der neue Staat nicht kalt, seufzte: »Wenn es uns nur nicht gerade so furchtbar schlecht ginge. Dieser Filip! Als ob wir eine goldene Kuh hätten und nicht eine Scheune voller Schulden.«

11. Der Frieden ist kein Zuckerlecken

Die große Abschiedsumarmung fand zu einer Zeit statt, als in Grenzbrunn die ersten Blätter goldbraun von den Bäumen schwebten, die Kähne aus dem Gondelteich auf Bierwagen geladen wurden, die Logierhäuser den Herbstputz erhielten, Berge von Matratzen in den Vorgärten lagen, die Bänke im Kurpark zusammengestellt und unter den schützenden Wellblechdächern der Regenpromenade hochgestapelt wurden und man die Brunnenhäuschen und den Musikpavillon mit schützenden Bretterwänden versah.

An der Straße saßen auf Hockern die ersten Bettler, die, in schäbigen Uniformresten, ihre Kriegsverletzungen als Spendenausweis benutzten, um dann Elend und Geld in der nächsten Kneipe hinunterzuspülen. Im Sommertrubel hatte man sie noch übersehen. Nun fielen sie auf.

Die Steinterrasse hallte wieder von Ausrufen, Schluchzen und Lachen. Unaufhörlich fielen die Gäste Josefine und Filip um den Hals, umarmten Esther, Lotte und Mariechen und versicherten immer wieder, schworen es bei Gott und allen ihren Ahnen, sie würden sofort für die Begleichung ihrer Schulden sorgen, versprachen auch in Zukunft jedes Jahr wiederzukommen, so Gott will. Der Rabbi segnete die Polans. Und mitten in dem Gewirr, geherzt, geküßt, gestreichelt, liebkost, hochgeworfen, aufgefangen, mit guten Wünschen und Ratschlägen beschenkt – Peter, der noch am längsten an die große, bunte Familie denken würde, die sich jahrelang mehr um ihn gekümmert, mit ihm beschäftigt hatte als seine Mutter. Seine Liebsten waren die Mentoren und Sprachlehrer seiner Kindheit, drei vor allen: Pinschewski, die Komtesse und Onkel Joe.

Zu ihnen rettete er sich vor den Schlampatzkis, Menoches und Rothsteins, die ihn betätschelten und heuchlerisch ableckten. Er spürte die Unaufrichtigkeit, und ihre Küsse auf die Wange empfand er als verlogen und unangenehm. Die Damen stanken durchdringend nach Moschus und übersüßem Parfüm.

Die Zemlinska duftete besser: »Mon ange, je vous n'oublierai de toute ma vie, mon petit elève. Il faut toujours pratiquer la alngue française, lire, converser. Tu en fera pour moi, n'estce pas? Mon petit Petr, petit Pierre!«

Peter bettelte: »Restez ici! Restez avec nous Madame! Quelque mois ou quelque semaines, seulement.«

»Mais Pierre, naturallement nous reviendrons, chaque saison. Nous sentons heureux ici à Grenzbrunn.«

Onkel Joe drückte Peter einen Dollar in die Hand: »To remember me by. Don't forget me. I never forget You! Come to see me in the Staates. Grenzbrunn is very nice – but You should see New York.«

»Take me with You, uncle Joe! Mother won't mind. She does not care for me, take me with You!«

»A little later perhaps, when You've grown up«, sagte Joe.

Und Pinschewski: »My wsretimsja, koneschno my budjem wsreschatsja.«

Peter bettelte: »Fahr doch bitte nicht weg, fahr doch nicht weg – ne poedesch, poschuluista, ne poedesch!!«

Die Riese in der zuletzt abfahrenden Droschke winkte, bis sie um die Ecke fuhr, wurde von einem hinkenden Mann gegrüßt, den er erst im nachhinein erkannte. Jaroslaw Täuber kam mit seinem Pappkoffer heim, von Mariechen erspäht. Sie stürzte ihm entgegen und umarmte ihn so jugendlich begeistert, als sei sie seine Tochter. Nur eine Hauswand rettete den Lahmen vor dem Umkippen.

An der Wand des Speisesaales standen in einem eingelassenen Wandschrank hinter Glas Vasen und Porzellanfiguren aus Meißener und Berliner Manufakturen, eine große Schüssel mit dem königlichen Firmenzeichen Rosewood im Wappen, die sofort durch ihre überladene Buntheit auffiel. Die »neue« Lotte wies ihr einen anderen, attraktiveren Platz zu, wo sie hineinpaßte. Das entsprach Lotte. Sie mochte Dinge nicht, die aus dem Rahmen fielen. Nach ihrer schweren Kindheit ersehnte sie Ausgleich und Harmonie, und Filip dachte einmal ins unreine, es müsse viel armselige Unordnung in ihrem Leben gegeben haben. Alle mochten sie gerne. Lotte wurde bald Esthers enge Freundin – Vertraute ihrer Sehnsüchte, machte sich bei Josefine unentbehrlich und verehrte Filip mit scheuem Respekt. Sie spürte Gefahr wie fernen Brandgeruch, hörte Gerüchte, die sie schmerzten. Dreckige Bemerkungen des Post-Biller wurden ihr weitergesagt und ein Ausspruch des Herrn von Weddingen, mit dem er drohte, Filip statt der neuen Fahne einen Bettlerzinken vors Haus zu setzen. Sie ahnte, wie es um die Kassen der Polans stand, und das Herz tat ihr um sie weh. Endlich ein Hafen, endlich Menschen, endlich Wärme und am Horizont – der Ruin. Lotte fürchtete, die Polans nähmen das Ganze zu leicht, sie wischten die Vision der Gefahr aus ihrem Gesichtskreis, retteten sich in ihren Gottesglauben und hofften auf ein Wunder. Sie irrte sich. Wenn sich Filip und Josefine in irgend etwas retteten, war es die Kraft ihrer Jugendliebe.

Wieder hatte die »Bohemia« im Winter Gäste. Nicht die gezwungenen aus dem Osten, dafür die ungezwungenen, ebenso auf Kosten des Hauses lebenden der Familie. Ruben und Moritz trugen stolz von Miklosch gut geschneiderte tschechische Legionärsuniformen, Moritz die französische, Ruben die italienische Variante. Und darauf Tapferkeitsauszeichnungen der immer noch so beschimpften »Feindstaaten«. Sie hatten sich, wie einst Filip, aber doch viel leichter über den Weg der Gefangenschaft, gegen Habsburg entschieden und kamen sich wie zu unrecht allzuwenig gefeierte Helden vor, wenn sie in Grenzbrunn herumstolzierten, den Zorn der Kriegsverlierer entfachend. Sie schadeten den Eltern damit, und ihr kriegerischer Aufzug war unnötig, denn sie waren nicht mehr im Dienst, längst zu ihren Geschäften zurückgekehrt, die sich in der Konjunktur der ersten Friedensjahre sehr gut zu entwikkeln begannen.

Dagegen bevorzugte Rudolf den Zivilanzug. Er war vom Erlebnis des Krieges gezeichnet, sein blasses, schmales Gesicht trug nachdenkliche und angespannte Züge. Zwar hatte er die neugierige Frechheit des Lausbuben und Stromers nicht ganz verloren, war aber mehr zum Mann geworden.

Martha war aus Abbazzia eingetroffen. Sie stand vor

einem neuen Anfang. Enteignet, besitzlos – in ihr mischte sich wehleidiges Klagen mit der unverwüstlichen Energie, die Josefine dieser Tochter mitgegeben hatte. Der schöne Uniformschneider Miklosch, neuerdings mit Menjoubärtchen und Koteletten, führte seine ihn anhimmelnde Frau lässig am Arm und kniff die vorübergehende Marika ins Hinterteil, so daß sie leise und nicht allzu ernsthaft mit einem kleinen »Au« aufbegehrte.

Die Mitglieder der Familie durften sich in allen heizbaren Zimmern ausbreiten, und das Haus war erfüllt von ihren lauten Zurufen, dem Lärm auf Treppen und Korridoren. Josefine hatte sie gern zu Hause, jetzt, da sie nicht störten. Sie genoß ihr Leben mit, horchte hinein, einer Glucke ähnlich, die alle Küken unter dem warmen Federkleid zu versammeln strebt.

Für sie alle hatte sie einen Entschluß gefaßt. Es war an der Zeit, Filip einzuweihen.

Ihr Mann lag schon im Bett. Sie kämmte ihr langes, dichtes Haar, betrachtete mißbilligend die breiter werdende graue Strähne, die sich unübersehbar durch das dunkle Braun zog. Im Unterrock mit Rüschen und Spitzen, das Bettjäckchen angetan, saß sie vor dem Spiegel, besprenkelte sich mit Lavendelwasser und fragte zum Vierpfostenbett hin: »Schläfst du schon, Alter?«

»Nein! Ich klär eppis.«

Sie setzte sich an sein Bett: »Mit mir brauchst du nicht jiddisch zu reden. Spar dir's für die frommen Gäste in der Saison. Worüber denkst du nach?«

»Was wir tun werden ohne Geld.«

Laut lachend antwortete sie: »Ich geh als Köchin ins ›Adlon‹. Lotte schreibt mir ein Zeugnis und du«, sie wuschelte in seinem Haar und kitzelte ihn am Bart, »du wirst dort Hotelfriseur.« Filip seufzte: »Aber die ›Bohemia‹, unsere ›Bohemia‹.« Resolut zog ihn Josefine von den Kissen hoch: »Eben! Spaß beiseite, Pinschewski hat geschrieben, ich fahre nach Polen.« Filip richtete sich entsetzt auf, packte sie an beiden Schultern: »Das wirst du nicht tun. Dort ist Mord und Totschlag. Alles geht durcheinander, Banden, Pogrome. Niemand weiß, wer regiert, was da ist mit Paderewski oder Pilsudski.«

»Du liest zuviel hiesige Zeitungen. Die Geschlagenen reden von sauren Trauben.«

»Wenn einer fährt, dann ich, Pepi.«

Sie streichelte ihn, drückte ihn sanft auf das Bett zurück und stieg wohlig seufzend von der anderen Seite hinein.

»Wir können streiten die ganze Nacht, Filip, wir können auch vernünftig reden. Schau, wer hat Praxis, wer fährt über Land und kauft ein, wer macht die Verträge im Geschäft?«

»Gut, wir fahren beide.«

»Und wer bleibt in der ›Bohemia‹?«

»Ach Liebste, wie soll ich ohne dich leben? Wie lange soll ich auf dich warten?«

»Hab ich nicht auf dich gewartet? Weißt du noch? Zwei Jahre! Du warst ein fescher Rekrut, diese Angst, du bleibst mir an einer anderen kleben. Und dann der erste Urlaub. Noch nicht ganz siebzehn war ich, wie der Moritz mich hat geboxt im Leib. Und zwischendurch wieder warten. Jetzt sind es nur zwei Wochen. Und du jammerst deswegen wie ein Sündenbeladener vor dem Jüngsten Gericht.«

»Ich hab Angst um dich!«

»Hast du vergessen, du großer Verschwörer, wie ich mit dir hab angeklebt das tschechische Flugblatt vom alten Zapotocky mitten in der Nacht am Nachoder Rathaus?«

Bei der Rückerinnerung kicherte Filip: »Geschimpft hast du, gekeift wie ein Fischweib. Die ganze Zeit. Wozu ich dich mißbrauche. Und so laut. Noch gut, daß es wenigstens durch die Blume war.«

»Welcher Gendarm wird schon festnehmen ein Paar, das sich anschreit mitten in der Nacht.«

»Ach so«, Filip kostete lachend nach, »deshalb, du schlaues Luder.« Er umarmte sie, wurde wieder ernst: »Was soll ich wirklich tun?«

»Schimpfen, schimpf, aber wart.« Und leiser: »Das Licht, Filip, das Licht. Man kann von der Terrasse hereinsehen. Stell dir vor, die Kinder!« Und dann ganz leise: »Schimpf, Liebster.«

Den neunjährigen Peter plagte eine Frage. Er hatte soviel von Krieg und Schlachten gehört, vom Lehrer anderes als vom Großvater, von Onkel Pinschewski wieder ganz anderes als von Joe Menasse, und vom Schulkameraden Hromadko das Gegenteil zu jenem, was der kaisertreue Billerjunge herumschrie. Vor allem machte er sich über Sascha Gedanken, der behauptet hatte, daß die Front quer durch die Völker verliefe und nicht an den Grenzen begänne und daß ein Volk einen Krieg gewinnen kann, den der Zar verliert. Das verwirrte ihn. Er mochte Onkel Sascha doch so schrecklich gerne. Und so erschien er auf der von niedrigen Sonnenstrahlen durchschossenen Veranda, um sich bei der Familie Auskunft zu holen. Sie saßen nicht an einem Tisch beisammen, die Onkels und Tanten. Dazu waren sie viel zuviel mit eigenen Sorgen beschäftigt. Miklosch durchmaß die Länge des Raumes mit großen Schritten. Seine Frau und Rosa schauten ihm nach. Rudolf sah aus dem Fenster, Moritz und Thelma brüteten verdrossen vor sich hin. Der vereinsamte Peter hätte zu einem keinen ungünstigeren Zeitpunkt erscheinen können. Blieb Rudolf, zu dem er sich hinpirschte. Er faßte ihn bei der Hand. »Onkel Rudla, haben wir den Krieg verloren? Was ist das – Frieden?«

»Tja, kleiner Bundesgenosse, Frieden! Man kann sein Leben verlieren, wenn man Frieden will. Mich haben sie in der Bucht von Cattaro dafür beinahe standrechtlich erschossen. Schön ist Frieden! Schön! Beim Krieg kommt es ganz darauf an, weißt du. Man kann einen Krieg verlieren und ihn trotzdem gewinnen.«

»Das versteh' ich nicht.«

»Also, als Österreicher hat unser Opa den Krieg verloren und als Tscheche gewonnen.«

»Gewonnen?« Peter begriff gar nichts. »Warum weint dann die Tante Martha andauernd?«

»Frag sie doch.«

Das Kind fragte: »Warum weinst du, Tante?«

»Diese verfluchten Serben«, brach sie los, »die haben aus Abbazzia Opatia gemacht, österreichisches Eigentum gestohlen, meine ›Villa Martha‹.«

»Aber Tante, das sind doch unsere slawischen Brüder, meint Opa.«

»Pfui, Peter, Feinde sind das, erbärmliche Feinde.«

»Aber ...«, kein Wort fragte Peter mehr. Er hielt die Augen zur Zimmerdecke gerichtet, als wolle er den lieben Gott konsultieren, stolperte Miklosch vor die Füße, der ihn, ohne es zu beabsichtigen, umwarf und aufhob. Peter ärgerte sich: »Willst du abnehmen, Onkel Miklosch, daß du Dauerlauf machst?« – »Sei nicht frech, Lausejunge.« Else unterstützte das Kind: »Der Junge hat recht, du gehst uns allen auf die Nerven.« Der ewige Wanderer blieb stehen und zischte seine Frau an: »Nerven soll ich haben, wo die Roten in Budapest regieren, so ein Bolschewist, der Bela Kun.«

»Was werden sie dir schon tun«, begütigte seine Frau, »einem kleinen Uniformschneider.«

»Ja, aber für Offiziere mit vier großen Schaufenstern. Weiß ich denn, wo bei denen der Kapitalist anfängt?«

Rudolf amüsierte sich: »Melde dich gehorsam zurück, du willst die Rote Garde ausstaffieren.«

»Noch ein Wort – dann ...«, jähzornig sprang Miklosch auf ihn los. Rudolf streckte ihm versöhnlich die Hand entgegen: »Schwager Honved, ein bißchen Spaß.« – »Mir ist nicht nach Spaßen«, schnappte Miklosch und setzte seinen Weg fort: »Ob Rußland oder Ungarn, wo die Roten regieren, ist Chaos.« Ruben rief durch die Veranda: »Stille, der Vater kommt.«

Filip und in seinem Schatten Josefine erschienen. Es war Josefine, die ihre Familie gebieterisch zusammenwinkte an den längsten Tisch zwischen rotglühenden Kanonenöfchen. Sie ließen sich nieder und sahen die Eltern erwartungsvoll an. »Sag's ihnen«, forderte Josefine. – »Sag's du ihnen.« – »Lieber du!« Bis Moritz der Kragen platzte: »Sag ich, sag du, sagt sie, sagt er – ich sage euch: Die Eltern haben die ›Bohemia‹ für die Schnorrer und Nebbichs verspielt, wie am grünen Tisch verloren. Das Haus ist an die Gemeinde verpfändet. Doktor Schmidt hat's mir gesagt.«

Josefine schüttelte den Kopf.

»Na gut, vielleicht bleibt uns ein Bettelgroschen. Marthas Haus ist auch verloren. Übrig sind nur die kleinen Klitschen und der ›Russische Hof‹ in Berlin. Oder etwas mehr?«

»Weniger, mein Junge«, sagte Josefine.

Der ahnungslose Peter drückte sich an seinen Großvater: »Opa, haben wir den Krieg gewonnen?« Böse schob ihn Moritz weg: »Kinder reden nur, wenn sie gefragt werden.« Großvater holte Peter wieder und hob ihn auf seinen Schoß: »Laß mir das Kind in Ruhe. Ich sag's jetzt, Maminka fährt nach Polen!« Rosa hielt sich die Wangen vor Schreck: »Um Gottes willen, das ist doch gefährlich.«

»Wir stehen alle in der Hand des Allmächtigen«, bemerkte Josefine. »Es ist der einzige Ausweg, sonst sind wir pleite. Und nicht nur die ›Bohemia‹. – alle.« Sie sprach nüchtern und trocken: »Also bleibt nur Polen.«

»Ja, ja«, brüllte Moritz los, »halt nur die Hand auf, sie werden's dir hineinscheißen, die Polaken.« Da schlug selbst der friedfertige Filip auf den Tisch: »Kusch! Unsere Menschen sind das. Schweig, du Dummkopf.«

»*Dein* Sohn bin ich, der älteste. Sollen wir zusehen, wie ihr unser Vermögen vergeudet durch eure Humanitätsduseleien? Das ist schon nicht mehr normal, das ist kriminell verrückt. Wir haben unsere Verpflichtungen gegenüber der ganzen Familie. Und unsere Rechte.«

Ihrem Sprecher zunickend, die roten Köpfe vorgestreckt, saßen sie am Tisch.

Josefine hob die Hand, um sie wurde es still. Sie sprach ganz leise: »Also verrückt sagst du zu deinen Eltern. Zum zweiten Male. Aber wer hilft dir dann aus deiner nächsten Pleite, Moritz? Und du, Ruben, wer stellt dir die nächste Kaution, wenn du uns für unzurechnungsfähig erklärst?«

»So hab ich es nicht gemeint, Mutter.«

»Wie denn sonst? Willst du mich kontrollieren? Bitte schön, fahr mit nach Polen.«

»Wegen euren –«, Moritz beherrschte sich, »hm, hm, Eskapaden riskiere ich mein Leben nicht. Ich hab Familie.«

Plötzlich schrien sie alle durcheinander: »Mir hast du keine Hypothek . . .«, »An mein Geschäft denken . . .«, »Die Kränk an den Hals . . .«, »Wohltätigkeit gut, aber Leichtsinn . . .«, »Erst kommt die Familie . . .«.

Der kleine Peter schaute kopfschüttelnd in die wilde Welt der Erwachsenen, im unklaren, ob etwa er an dem

Wirbel schuld sei. Er drehte dem Tisch den Rücken zu und fragte sich selbst ins Leere, an den Fingern herzählend: Wer hat nun gewonnen, und wer hat verloren, Deutschland, Österreich, Ungarn, Polen, Rußland, Amerika, Onkel Miklosch, Tante Martha – wer? Und ich? Hab ich gewonnen, oder hab ich verloren? Peter beschloß, einen vernünftigen Menschen zu fragen. Am besten den Onkel Täuber, der nie ungeduldig wurde und der jetzt so eine prächtige Uniform trug mit Goldschnüren.

Er wartete damit, bis die ganze Familie mit der Mietsdroschke und dem Hotelkremser zum Bahnhof gefahren war.

Post-Biller, der das Auspacken der Zeitungsballen beaufsichtigte, nannte den Aufzug der Familie im stillen Judenkirmes. Es ärgerte ihn zu sehen, wie sich die Berliner Lotte bei ihrer Freundin Esther einhängte, wie Mariechen und Täuber sich um Josefine bemühten. Das wollen nun gute Deutsche und Christen sein. Er spuckte aus.

Neben dem goldbetreßten Täuber auf dem Kutschbock stellte Peter seine ewige Frage: »Onkel Täuber – wer hat den Krieg gewonnen, und wer hat den Krieg verloren?«

»Verflucht knifflig.«

»Das stimmt. Keiner kann mir 'ne richtige Antwort geben. Reineweg niemand.«

»Dabei ist es eigentlich ganz einfach. Am Krieg gewinnen im Kapitalismus immer die Reichen, und die Armen verlieren. Mit Ausnahme der Revolution natürlich!« – Und er hieb auf sein steifes Spartakistenbein.

»Ich muß den Herrn Kurdirektor sprechen«, flüsterte Biller geheimnisvoll und wichtigtuend im Vorzimmer des Herrn Weddingen, der die halb angelehnte Tür zu seinem Büro öffnete. »Immer herein, Herr Geheimrat. Etwas Scharfes gefällig?« Beim Hinsetzen hatte Biller das Gläschen gehoben, und als er saß, war es schon leer.

»Na, Sie beamteter Überbringer von Hiobsbotschaften, was Neues?«

Vor Biller stand der nächste Schnaps. »Ja, die Polanova ist heute mit dem D-Zug abgereist, mit der ganzen Familie. Muß für längere Zeit sein. Viel Gepäck. Ist das schlimm?«

Weddingen pfiff den Präsentiermarsch und klopfte dazu Takt auf seinen Schreibtisch: »Gegenteil, im Gegenteil. Wenn die Katze aus dem Haus ist . . .« Er rief ins Sekretariat: »Verbinden Sie mich doch gleich mal mit Gottschling, sagen Sie ihm vorher, er soll die Akte und den Vertrag ›Bohemia‹ heraussuchen, und Sie . . .«, das galt Herrn Biller, »werfen sich schleunigst in etwas Ziviles, dunkel womöglich. Wir besuchen Herrn Polan, um ihn unter Druck zu setzen.«

Filip führte gerade einen stummen Dialog, als er die drei Herren den »Bohemia«-Hügel heraufkommen sah: »Schluß, Pepička! Was tu ich bloß ohne dich. Die Blutegel kriechen ins Haus.« Lotte klopfte, trat ein: »Drei Herren vom Gemeinderat.«

»Einen Augenblick.« Filip fuhr mit dem Kamm durch sein Haar, bürstete sorgfältig den gepflegten Spitzbart, zog seinen Gehrock an, knöpfte ihn zu und prüfte im Spiegel den Sitz der Krawatte: »Sie sollen kommen.«

Auch die Herren erschienen feierlich gekleidet. Auf Filips einladende Handbewegung hin setzten sie sich alle auf das breite Sofa. Dr. Gottschling öffnete eine Mappe, legte die Akte »Bohemia« heraus. Filips Herz begann wie rasend zu klopfen. Gottschling salbaderte bedauernd, mit trauriger Miene: »Lieber Herr Polan. Seien Sie versichert, daß nur die grimmige Notlage der Gemeinde Grenzbrunn uns zwingt, von unserem im gegenseitigen Einverständnis vereinbarten Recht Gebrauch zu machen und Ihnen die Hypotheken fristlos zu kündigen.«

Weddingen legte den Schnellgang ein, die Affäre war abzukürzen: »Wir brauchen die ganze Summe sofort und in bar . . . Gemeinde nach dem Krieg vollkommen ausgepowert, also dreihunderttausend Grundbetrag und die aufgelaufenen Zinsen, sonst sofortige Zwangsversteigerung.«

Mit angespanntem Willen, mit äußerster Kraft zwang sich Filip zur Beherrschung, um dem Kaltschnäuzigen nicht ins Gesicht zu schlagen. Äußerlich ruhig erklärte er: »Die Herren wissen, daß jedermann etwas Zeit braucht, um eine solche Summe zu realisieren.«

»Wir wissen sogar noch mehr, Herr Polan«, säuselte Post-Biller, der sich gar keine Mühe machte, Schadenfreude und Triumph zu verbergen. Er klopfte mit seiner Armprothese auf den Tisch: »Wir wissen, Sie sind vollkommen insolvent. Sie sind faktisch mittellos. Seien Sie froh, daß Ihnen die Gemeinde statt eines ehrlosen Bankrotts einen honorablen Ausweg vorschlägt. Ich tät's nicht.«

»Und der wäre?«

Weddingen klemmte sein Monokel ein und blickte in seine Papiere: »Wir haben sowohl Ihr Interesse als auch das des ganzen Kurortes im Auge. Wie es jetzt steht, wird die ganze Summe eingeklagt. Das Hotel kommt von Amts wegen zwangsweise unter den Hammer, und Sie wissen ja...« Filip unterbrach: »Und worin besteht dann mein Interesse, das Sie angeblich wahrnehmen?«

Mit dem Versuch, die brennende Zündschnur auszutreten, mischte sich der Bürgermeister ein: »Lieber Herr Polan, erfahrungsgemäß werden bei solchen Versteigerungen die Grundstücke tief unter Wert angeboten und zugeschlagen. Mit diesem Erlös könnten Sie noch nicht einmal die reinen Hypothekenschulden abtragen, geschweige denn Zinsen und andere Gebühren.«

»Wenn ich richtig verstehe«, Filip durchschaute die Absichten der Deputation, als blicke er durch eine frisch geputzte Fensterscheibe – »will die Gemeinde gütigst selber...«

»...richtig. Ich als Bürgermeister habe im Gemeinderat durchgesetzt, daß Ihnen in jedem Falle ein Überschuß verbleibt, mit dem Sie – im Anfang natürlich sehr bescheiden – einen neuen Betrieb aufzubauen imstande sind.«

»Bedingung: daß der auch ›Bohemia‹ heißt wegen der Bäderreklame.« Ernsthafte Falten durchfurchten die Stirn des Postmannes.

Trotz der Hoffnungslosigkeit seiner Lage entging Filip nicht das Komische in diesem Ausspruch des Wichtigmachers. Er drohte neckisch mit dem Finger: »Lustig, Herr Biller, daß Sie als deutscher Mann darauf bestehen, für Böhmen Reklame zu machen. Lustig, aber gefährlich.«

Herr Biller bekam den Mund nicht zu, und dem adligen Herrn fiel das Monokel aus dem Auge. Er nahm übel. »Keine Zeit für faule Witze. Unser Entgegenkommen ist an eine sofortige Entscheidung gebunden.« Was folgte, ging nur noch halb beachtet an Filip vorüber. Ihm war schwindlig geworden. Wie im Alptraum hörte er: »Sie sind nicht nur Österreicher, sondern Lokalpatriot.« – »Tscheche bitte«, vermochte er einzuwerfen. Er hörte etwas von hervorragender Lage der »Bohemia«, idealer Eignung als Kurortzentrum – wollen nicht verzichten auf versierte Hotelpioniere und ihre internationalen Gäste.

Filip kam ein Brechreiz an. Der eine schmiert mir Honig um das Maul, der andere schmeißt mit Scheiße, zog er sein Fazit. Wortlos stand er auf, ging zum Hochbuffet, stellte Gläschen auf den Tisch, dazu eine Flasche, die Biller schnalzend als alten französischen Kognak erkannte und nach der er sofort griff, von Filip gerade noch am Eingießen gehindert. Der Gastgeber stellte die Flasche gemächlich und mit Zeremoniell in die Tischmitte, ordnete fachgerecht die vier kristallenen Gläschen darum an, holte Salzgebäck aus dem Schrank. Indem er den Herren den Rükken kehrte, gab er Gottschling die Chance, dem Kurdirektor zuzuflüstern: »Der Mann versteht zu verlieren und sich mit Würde zu ergeben und das, ohne sich etwas zu vergeben.«

Filip goß die Gläschen randvoll, die linke Hand wie ein Oberkellner auf den Rücken gelegt. Er blieb vor dem Tisch stehen.

»Ich proponiere einen Toast, meine Herren«, sagte er, »und bitte die Herren sich zu erheben.« Überrascht taten sie nach seinem Willen. Filip hielt sein Glas hoch: »Ich trinke auf die ›Bohemia‹!«

Den Alkoholiker Biller juckte es im Handteller, das Gläschen gleich hinter die Binde zu gießen. Ein strenger Blick Weddingens traf ihn. Aber während der kurzen Rede Filips dünkten ihn die wenigen Sätze allzu lang. Er schielte nach der Flasche und umfaßte mit heißen Fingern den Rand des vollen Kognakglases.

»Meine Herren! Dieses Haus hat ein großes Schicksal gehabt. Es ist aus kleinen Anfängen zu internationalem Ansehen gewachsen. Es hat Gewitter und Stürme erlebt, selbst Katastrophen wie die von Ihnen angekündigte. Es wird auch aus dieser Kalamität herauskommen. Die ›Bohemia‹ – sie lebe!« Filip trank sein Gläschen in einem

Zuge leer. Die Herren folgten verdutzt nach. »Ich danke Ihnen, meine Herren.« Filip verbeugte sich tief und setzte sich hin, während die vollkommen verdatterten Besucher immer noch dastanden, rot angelaufen, überrascht, der Kognak brannte ihnen in der Kehle. Sie vermochten kaum einen halbherzigen Abschiedsgruß herauszugurgeln, und als der sonst so höfliche Gastgeber sitzenblieb und sagte: »Die Herren finden ihren Weg wohl allein!«, half nur noch der stumme Rückzug.

Als Filip die Haustür ins Schloß fallen hörte, legte er den Kopf auf die Hände und schluchzte: »Meine ›Bohemia‹, mein Stück Böhmen.« Es dauerte ein wenig, bis er sich wieder ermannt hatte und nach Lotte rief.

»Herr Chef?«

»Ein Eilbrief, ich diktiere. Josefine muß sofort zurück. Sofort!«

12. Die Retourkutsche mit guter Taten Lohn

Den Eilbrief erhielt Pinschewski mitten auf dem Viehmarkt im polnischen Janovce. Er steckte ihn ungesehen gleich ein. Josefine saß neben ihm auf einer Holztribüne im Freien, natürlich in der Mittelloge. Treppen führten zu den vier Reihen einfacher Bänke. Unten, im Führring, trabten die Pferde vorbei. Pinschewski, offenbar die bedeutendste und höchste Persönlichkeit von Janovce, der Josefine nicht von seiner Seite ließ, prahlte vor den anderen mit ihr.

»Wie gefällt Ihnen die Rasse, Pani Polanová? Diesen Fuchs kaufe ich noch, dann reicht es.«

»Was versteht sie davon?« fragte ein enttäuschter Händler, der seinen Apfelschimmel nicht losgeworden war. Pinschewski umarmte Josefine und hob sie hoch: »Panstwo, das ist eine Kennerin. Vom Rindvieh versteht sie soviel wie ich, vom Geflügel noch mehr.« Der Markt ging zu Ende. Pinschewski hielt Josefine immer noch herzlich eingehenkelt: »Kommen Sie.«

Die große Stube im Hause Pinschewski war eher ein kleiner Saal, aus Sonderabteilungen bestehend wie Küche, Arbeitsecke, Eßplatz, Rauchtisch, Kaffee- und Plauschsalon mit Sofa und weiten, breiten Sesseln. Ein Platz war zum anderen hin geöffnet, ineinander übergehend und doch getrennt, weil die Bereiche auf verschieden hohen Ebenen lagen und man, wollte man überwechseln, entweder eine Stufe hinauf- oder hinabstieg. Bunte Wandteppiche und diskrete kostbare Perser, der riesige Samowar am Tisch gaben dem Interieur Wärme und Geborgenheit. Obwohl Josefine von solchen Dingen nicht viel verstand, spürte sie Wohnkultur und Kunstkenntnis.

Aus einem kostbaren alten Bauernschrank holte Pinschewski eine Bojarentracht: »Für meinen Pjotr, damit er nicht mit der Honved-Uniform herumläuft, und noch etwas für dich, ein Eilbrief von Filip.«

Sie sah die Tracht nicht mehr, nicht Pinschewski, nicht

die bequeme Behaglichkeit des großen Daheims, nur noch Filips Lettern, die unruhige, aufgeregte Handschrift. »Ich muß sofort nach Hause.«

Pinschewski führte sie energisch zum Tisch zurück.

»Sie machen ihm das Leben schwer, nicht wahr, die Preußen, die Antisemiten, wegen Geld? – Sagen Sie selbst, was ist die beste Kur dagegen? Geld! Nicht nach Hause rennen, sondern Geld. Hier, dieser Scheck ist auf die Schweizer Kreditbank ausgestellt. Du wirst überall erwartet. Ich habe herumtelefoniert und allen heiße Köpfe gemacht. Ihr Gewissen hab ich aufgeweckt mit der Peitsche. Das Bankhaus Zemlinski hat besorgt den Rest. Zemlinski ist nebbich sehr krank. Er weiß es nur nicht. Aber die Komtesse hat geholfen. Morgen fährst du mit mir, Mamme Josefine, jede Station ist vorbereitet.«

Es war eine Triumphfahrt.

Das junge Polen inmitten seiner Wirrnisse und Geburtswehen kannte und feierte nur Helden aus einer Historie von den Jagellonen bis zu Frederic Chopin. Die Tageshelden waren noch nicht an das Licht getreten, die Tageshelden fehlten ihnen. Da kam der öffentlichen Meinung die Polanová gerade zu passe. Eine Frau, die vierzig kranke Polen vor Internierung oder Gefängnis und Zwangsarbeit gerettet hatte, vor Hungerportionen und Seuchen, fünf Jahre lang, die sich dabei fast an den Bettelstab gebracht hatte und nun das neue Polen besuchte, um ihre Gäste wiederzusehen. In ihrer Obhut waren aus vierzig siebenundvierzig polnische Bürger geworden. Was für ein feierlicher Anlaß für die junge Nation, ein Grund und eine Möglichkeit, sich darzustellen.

Großzügig verschwiegen die Gazetten, offenbar nach stillschweigender Übereinkunft, daß es sich sowohl bei Rettern wie bei Geretteten um Juden handelte, zumal diese polnischen Staatsbürger zu den wenigen Reichen ihres Glaubens gehörten. Kapital und internationale Geschäftsbeziehungen waren dem Lande bitter nötig. So fiel es leichter, über den kleinen »Makel« hinwegzusehen, der ja stets immer kleiner wurde, je mehr Geld ihn zudeckte. Für die Öffentlichkeit fiel nicht ins Gewicht, daß es Josefine –

bis auf Empfänge bei staatlichen und städtischen Honoratioren – fast nur mit Juden zu tun hatte.

Rabbiner Cohen. In der Kutsche, mit der sie vor der jüdischen Synagoge vorgefahren war, lagen schon Geschenkpakete zur Genüge. Auf der Schwelle empfingen sie der Rabbiner und bärtige Juden, die ihr und dem Rabbi mit tiefen Verbeugungen den Vortritt ließen. Und dann die ersten Worte im Gemeindesaal: »Man benscht Sie, man segnet Sie, Josefine Polanová. Die ganze Gemeinde wejst vön Oirem Koved, vün Ajchem Rachmones. Am Schabbes hot man fir Ajch gesuggt an der Thoire a Mischebejrach Awaussenu. Ich wejs: Wos Ihr hot getün, läßt sech nischt bezahlen in Mesume. Aber wir haben gegeben Sicherheiten, und der Landesrabbiner fün Prag hot fir Ajch eingerichtet ein Konto oif de Tschechoslowakische Staatsbank in englische Pfund. Man kann es abrufen sofort. Bitte nehmen Sie die Papiere.«

Sie warf einen Blick auf die Summe und erschrak, gab die Dokumente zurück: »Nein! Der Betrag ist zu hoch. Ich will keinen Pfennig über den üblichen Pensionspreis innerhalb der Saison und ein Drittel weniger außerhalb. So steht es in meiner Rechnung.«

Und Cohen, den Kopf wiegend: »Dann nemmen Se dem Iberschuß und tün fir andere arme Jiden, wos Ihr hot getün fir insere kleintschike Kehille fünf Jahr in Bad Grenzbrunn. Und das ist noch nischt alles.«

Im Vorraum der Synagoge zeigte er ihr die mit gesticktem Samtkleid ungetane Bundeslade, das Schild mit den zehn Geboten, die auf die Halter gesteckten Schellen und den Zeiger an der Kette, der in eine kleine Hand mit vorgestrecktem Zeigefinger ausmündet. Alles aus massivem Silber, alles für den Betsaal der »Bohemia«; kostbare Stücke gediegener Feinschmiedekunst. Und Cohen freute sich: »Zu Pessach im Frühjahr wet man schojn darois vorbeten und lainen.«

Wie ein Kind freute er sich über *ihr* Geschenk.

Eine kleine Episode bei Zemlinski. Die Komtesse führt sie am Arm. Die Zofe küßt ihr die Hand. Einen Diener, der einen ganzen Turm Geschenkpakete trägt, hört sie mit der Zofe flüstern: »Was ist denn mit der?« – »Die hat unsere Madame doch vor dem Gefängnis gerettet.« Der Mann setzt seinen Turm aus Geschenken auf die Erde, rennt der Polanová nach, küßt ihr die Hand, läuft zum Packen zurück. Josefine denkt, sie muß sehr liebenswürdig sein und gut zu dem Personal.

Im Privatboudoir.

»Lassen Sie mich bitte auch für diesen Geizkragen Doktor Markowicz zahlen, der sich drückt. Wir sind schließlich entfernt verwandt mit ihm. Schon wegen der Familienehre. Und der steinreiche Menoches hat Ihnen noch nicht einmal die Hälfte ... Sie sollen keine Verluste erleiden, chère Josefine.« – Und dann lacht sie: »Wie Napoleons erste.«

Sie hat recht, es haben wirklich nicht alle alles bezahlt, manche gar nicht. Doch die gezahlt haben, à la bonheur! Und nicht nur mit Geld. Die Zemlinska schloß die Schmuckschatulle auf, nahm den Kasten mit Juwelen heraus: »Hier habe ich etwas Schönes für Sie ausgesucht, dieses Rubinhalsband.« Und als Josefine erschrocken abwehrte ... »Glauben Sie, Josefine, es steht mir nicht gut, ein wenig zu alt für mich. Verzeihen Sie. Und ein paar Brillantringe.«

»So etwas kann ich doch nicht tragen.«

»*Die* Frau möcht ich einmal erleben, die keinen echten Schmuck tragen kann.«

Josefine ertappte sich im nachhinein dabei, daß sie das Hofieren genossen hatte, den Schmuck, die großen Abendtoiletten, die Parfüms. Sie dachte ganz kräftig an den Kuhstall und Misthaufen im Hof der »Bohemia«, damit ihr das verging.

Ja, dann war sie in die Bank gefahren. Zemlinski hatte alles Geschäftliche erledigt. Dieser arme Mann! Die blauen Lippen, das aufgedunsene, gerötete Gesicht, tiefe Säcke unter den Augen – das kommt vom Herz.

Der Höhepunkt war Lodz. Sie erschien in dem großen Kuppelsaal im Theater, lange große Abendtoilette. Antoinette hatte sie in ihrem Salon schneidern lassen. So lang wie noch nie in ihrem Leben. Zum ersten Mal so eine maßgeschneiderte Abendrobe, dazu das Rubinhalsband. Die Fabrikanten Rothsteins führten sie, stellten sie vor. Ein

Mensch von der Zeitung küßte ihr die Hand und sagte: »Es ist nicht etwa so, Pani Polanová, daß die Rothsteins *Sie* ehren, im Gegenteil, die Rothsteins werden durch Ihre Anwesenheit geehrt.«

Und Josefine dachte, man scheint sie nicht sehr zu lieben, die Rothsteins.

Kaum saß sie in der Ehrenloge, da standen alle im Theatersaal auf und applaudierten. Wie eine Königin nickte sie nach allen Seiten. Auf einmal wurde alles still, weil der Oberbürgermeister mit großer Kette in ihre Loge kam. Etwas konnte sie verstehen, was er sagte von Oberhaupt der Stadt und: in unserer Mitte dankbar begrüßen. Im Parkett, in den Seitenlogen Applaus. Ganz verlegen war Josefine, und Rothstein flüsterte ihr feucht ins Gesicht: »Eine ganze Seite über Sie in der Zeitung: Mit a groiße Fotografje. A poilische Nationalheldin hat man Sie geheißen.«

Wann wurde es bloß endlich dunkel. Der erste Akt hatte ihr sehr gut gefallen. Nur – der Tag war zuviel für sie gewesen. Den zweiten und den dritten Akt schlief sie durch. Mit Pausen. Zu ihrem Glück hatte sie der Applaus immer wieder rechtzeitig geweckt. Aber geträumt hatte sie, geträumt.

Kuhstall mußte sie denken, Kuhstall und Gänsestopfen und Mistbeet.

Der polnische Staat, der der Polanová bis über die Grenze der deutschen Republik ein Schlafabteil im Salonwagen bewilligte, schlug zwei Fliegen mit einer Klappe, denn eine Abordnung der neuen Regierung mußte ohnehin nach Berlin fahren. Nun träumte Josefine nach all den Erlebnissen auf weichen Sitzen. Und die unvergeßlichsten Stationen ließ sie gleichsam im Rückspiegel an sich vorüberziehen.

Als die Polanová am Breslauer Hauptbahnhof das Luxusabteil verließ, um in den Bäderexpreß umzusteigen, war der Gedanke an den Kuhstall überflüssig geworden. Andere Bilder drängten sich in den Vordergrund: Filip, mein Filip, guter Potschen, bačkora, Träumer, unpraktischer, Liebster, Lieber – dann gleich Esther, Rudla, die »Bohemia« – erst hinterher der Rest der Familie.

Die bekannten Stationen heimwärts: Glatz, Altheide,

Reinerz, Lewin. Sie stand auf, klebte am Fenster. Sie vermochte nicht mehr, sich hinzusetzen, fieberte Grenzbrunn entgegen.

Sie wissen nicht, wann sie ankommt. Nur Täuber und Mariechen gab sie Bescheid. Alles durcheinander bringen, schadet dem Hotelbetrieb. Sie mußten mitten im Frühjahrsputz sein, mit dem Einkauf für die Saison warteten sie auf ihr Geld, das bedeutete Zeitverlust, höhere Preise, teurer bezahlen.

Der Zug hielt. Sie rannte zum Gepäckwagen, damit ihr nichts zerbrach oder wegkam, das teure Porzellan, die Silbersachen, das hat in einer Kutsche nicht Platz. Täuber umarmte sie, wollte sie lange begrüßen. Keine Zeit. »Hotelkremser oben und unten beladen«, befahl sie. »Ich fahre mit Pietsch.« Sie suchte sich unter den Kutschern ihren alten Fiakerfreund aus. Sie fuhr ganz allein. Die Bäume begannen zu sprießen. Noch schien die Sonne niedrig und schräg, wärmte nur zaghaft. Die Polanová trug das neue Wollkostüm. Ihre fürstliche Haltung hatte sie beibehalten. Voran der Troß, so fuhren die beiden Gefährte die Bäderstraße entlang. Die Polanová in der offenen Droschke. Sie nickte majestätisch nach allen Seiten. Bekannte winkten ihr. Sie grüßte zurück. Ihr lachendes Gesicht steckte an. Nun triumphierte sie daheim. Der Wagen näherte sich der »Bohemia«. Es mußte doch durchgesikkert sein; auf den Steinstiegen der Terrasse standen die Familie und das ganze Personal vereint, angetreten wie zu einem Klassenfoto. Vornean Filip. Die Blicke kreuzten sich mit denen ihres Mannes. Der gequälte, sehnsüchtige eines gutherzigen Menschen und der resolute, klare der Frau, die ihn liebte. Pietsch hielt an, aber Josefine kletterte geschwind auf den Kutschbock, nahm ihm Peitsche und Leine aus der Hand: »Hej, Pane Pietsch, zuerst zum Gemeindeamt. Wir machen den Gäulen Beine. Ich muß die Herrschaften alle noch in der Dienstzeit erwischen.« Ihr Lachen war bissig geworden. Der Landauer fuhr an. Filip rannte hinter ihm her. Plötzlich kam Josefine nicht von seinen Augen los, in denen sie Tränen sah. Sie überlegte es sich anders. Sprang vom Wagen. Ihr Mann streckte beide Hände aus und kam ihr auf der Straße entgegen: »Daß du nur endlich da bist.« Das Paar umarmte sich und küßte sich wie in jungen Jahren. Josefine flüsterte ihm ins Ohr: »Filipe, laß mich jetzt und wart ein bissel. Erst muß ich es denen heimzahlen, sonst ersticke ich.«

Vor der Feuerwehrremise des Gemeindeamtes beschäftigten sich Dr. Gottschling und der Gemeindepolizist mit der Revision der Spritzen. Die Holzläden des Spritzenhauses waren hochgekurbelt. Der Stolz des Feuerwehrhauptmannes stand auf der Straße, die erste Motorisierte. Der Feuerwehrchef prahlte: »Das Neueste vom Neusten. Schade! Auf diesem Vorplatz geht's nicht mit dem Schnellmanövrieren. Zu klein, Herr Bürgermeister.« Gottschling pfiff vor sich hin. »Die längste Zeit, Herr Brandmeister. Was würden Sie zur ›Bohemia‹ sagen? Der Hof bleibt. Dort, wo sich jetzt die Stallungen befinden, kommt die Remise hin.«

Die beiden Inspizienten waren so in ihre Tätigkeit vertieft, auch in wortreiche Spekulationen über die großen Möglichkeiten des »Bohemia«-Grundstückes, daß nur der Ortspolizist die Anfahrt des Fiakers wahrnahm. »Frau Polan, Herr Bürgermeister . . .« – ». . . ist vernünftiger als der versponnene Filip.« Immer noch mit dem Rücken zur Straße sagte er es: »Sie wird unterschreiben. Sie hat keine Wahl.« Drängender und lauter versuchte es der Ortspolizist: »Die Frau Polan . . .« – »Was haben Sie bloß mit der, lassen Sie das doch meine Sorge sein.«

Die Polanová war vom Kutschbock gestiegen, auf Dr. Gottschling zugegangen und fragte nun, ohne zu grüßen: »Ist der Gemeindekassierer im Haus?« Verdutzt meinte Gottschling: »Der ganze Vorstand vom Gemeinderat ist drin. In fünf Minuten beginnt unsere Sitzung.« Fröhlich sagte Josefine: »Das trifft sich ja ausgezeichnet. Läßt es sich einrichten, daß ich vor allen Herren eine Erklärung abgebe?«

»Gerne, sehr gerne.« Dr. Gottschling strahlte erlöst: »Ich hatte fest damit gerechnet, daß wenigstens Sie einen klaren Kopf auf den Schultern haben. Sie gestatten doch, daß ich die Herrn informiere.«

»Aber bitte.«

Der Vorstand ging in den kleinen, schmalen Sitzungsraum gerade so hinein. Für Gäste blieb kaum Platz übrig. Dr. Gottschling, von Weddingen, Post-Biller, Rechtsanwalt Dr. Schmidt und Baumeister Strihauka waren zugegen und zu Josefines Überraschung auch ihr Nachbar Umlauf.

»Sie kennen die Herren, ja? Nur Herr Umlauf gehört nicht zum Vorstand. Er nimmt nur in seiner Eigenschaft als Vertreter der Kurhausbesitzer beim ersten Tagesordnungspunkt teil.«

»Ach so«, Josefine reichte Umlauf als einzigem die Hand über den Tisch: »Ich hatte gleich gehofft, daß Sie nicht dazu gehören.« Beleidigt erwiderte Umlauf: »Warum nehmen Sie mich aus? Bin ich etwa weniger wert?«

»Seien Sie froh, Umlauf.« Josefine lachte ihn so unwiderstehlich an, daß er sich zufriedengab. Indessen plazierte Gottschling sie an das Fußende des Tisches, übernahm den Vorsitz und begann: »Es freut uns außerordentlich, Frau Polan, daß Sie sich in das Unabänderliche fügen.«

Energisch nickte Josefine: »Schulden muß man bezahlen.«

Witterte Post-Biller eine List, einen Hinterhalt? Diese Polans hatten es faustdick hinter den Ohren. Was führte das lachende Weib im Schilde? Besser gleich vorbeugen. Er beeilte sich zu betonen: »Die Frist läuft morgen ab.« – »Ja, wer spricht denn von morgen«, staunte Josefine. Weddingen verstand sie verkehrt und knurrte angewidert: »Hab ich doch gleich gesagt, sie will uns einwickeln. Also wird der Betrag sofort eingeklagt.« Der Rechtsanwalt gab zu bedenken: »Das bedeutet Zwangsversteigerung.« Bei all ihrem Ingrimm machte Josefine der Verlauf der Sache Spaß. »Ježiš, Marja, meine Herren Gemeinderäte, echauffieren Sie sich nicht für nichts und wieder nichts. Sie werden doch noch gebraucht.« (Ich frag mich bloß wozu?) »Denken Sie an Ihr Herz.«

Lange genug zappelten sie nun schon. Josefine erhob sich ohne Eile, stellte ihre umfangreiche neue Krokodilledertasche auf den Tisch und rief mit Siegerstimme: »Ich zahle heute!« Sie staunten in vielen Tonlagen. »Heute?« Josefine holte einen Packen Wertpapiere aus der Tasche:

»Jetzt und hier!« Sie standen auf, sprangen auf oder blieben wie erstarrt sitzen. Alle schielten nach der Tasche.

»In welcher Währung hätten Sie es denn gern? Die Reichsmark ist ja undiskutabel. Wir legen am besten den Dollarkurs zugrunde«, meinte die Polanová im Ton eines freundlichen Beraters. »Ich kann mit krisenfesten Noten und Kreditbriefen aufwarten, mit sofort konvertierbaren Werten.«

Einige der Papiere reichte sie zum Anschauen über den Tisch, hielt aber die Auswahl wie ein Kartenblatt mit festen Fingern an den Enden fest. »Hier sind Akkreditive auf die ›Banque de Credit Lyonnaise‹. Oder bitte die ›Eidgenössische‹ in Zürich?«

Den nächsten Satz mit besonderer Betonung zu sagen, durfte sie sich nicht verkneifen. Das war sie Filip schuldig. »Nicht zu vergessen bitte, eben von den USA stabilisiert, die Tschechoslowakische Staatsbank. Dort hab ich englische Pfunde auf dem Konto. Wie entscheiden Sie sich, meine Herren?«

Als erster erholte sich Gottschling vom Staunen und stotterte: »Dadadas ist nicht so einfach. Das will überlegt sein. Unter diesen Umständen sind die Herren sicher bereit – die Frist ... Es eilt ja auch jetzt nicht mehr so sehr ... Setzen wir uns erst einmal.«

Kaum hatten sie Platz genommen, da schlug Josefine mit der Faust auf den Tisch. Ihre ganze aufgestaute Wut entlud sich mit diesem Hieb. Gläser und Flaschen klirrten und klapperten. Die Wasserkaraffe kippte um. Flüssigkeit ergoß sich über den Tisch.

Die Herren duckten sich unwillkürlich. Sogar der kriegerische Kurdirektor ging in Abwehrstellung. Gottschling streckte die Arme vor, um die Akte »Bohemia« vor dem Naßwerden zu retten. Strihauka versuchte zu begütigen. Rechtsanwalt Dr. Schmidt verbeugte sich vollkommen sinnlos immer wieder. Nur Umlauf blieb sitzen, über das ganze bäurischböhmische Gesicht lachend. Post-Biller suchte unter dem Tisch erst sein Heil und dann seine Brille.

Nun doch zitternd, wartete Josefine, bis sie alle wieder an ihren Plätzen waren. Sie begann ganz leise, aber nur bei ihren ersten Worten: »Auf einmal habt Ihr Zeit, viel Zeit, auf einmal. Weshalb habt Ihr dann meinem Filip das Messer an die Gurgel gesetzt, erpreßt den herzkranken Mann? Auf einmal pressiert es den Herren nicht. Jetzt eilt es mir. Mir! Ich zahle also sofort. Wenn es Ihnen zu plötzlich erscheint, erbitte ich eine mit dem Gemeindesiegel beglaubigte Bescheinigung über die Annahmeverweigerung. Ich werde diesen Raum schuldenfrei verlassen, meine Herren! Wer von Ihnen kann das von sich sagen?«

Auch auf dem Rückweg zur »Bohemia« lenkte Josefine Polan vom Kutschbock das Rappengespann des Fiakers Pietsch. Doch sie überlegte dabei: Das Spiel hat seine Grenzen, alles, die Auszahlung, die Wut, die Rache, der Sieg. Die Zeit der Vernunft ist gekommen. Sie gab dem verwirrten Pietsch die Zügel wieder in die Hand, als sie von der holprigen Chaussee des Oberdorfes in die asphaltierte breite Bäderstraße einbogen, ließ ihn das Gespann vor die »Bohemia« lenken.

Es wartete niemand mehr auf Josefine. Der Hotelbetrieb verlangte seine Rechte. Hintenherum ging sie zum Hoftor. Es stand eine Handbreit offen. In ihr Kopftuch gehüllt, erreichte sie ungesehen das Zimmer eins. Statt sich zu freuen, kommentierte sie das Gelingen flüsternd: »Das ganze Haus könnt' man ausräumen, Gott behüte, und keiner würde es merken.« Sie war wieder Chefin, öffnete die Scheibe zur Küche, legte, als Esther ihrer gewahr wurde, sofort den Finger auf den Mund und winkte sie heraus: »Esther, mein Kind. Ich muß mich gründlich waschen, ein bißchen schlafen, danach mich umziehen. Sorg dafür, daß ich Ruh hab. Inzwischen werden die Kinder da sein. Ich habe allen von Breslau telegrafiert. Bevor Erew Schabbes, bevor man den Sabbat begrüßt, sollen alle zu mir kommen, die ganze Mischpoche. Nur der Rudla darf schon früher aufbauen die Geschenke.«

Der Schein der brennenden Sabbatkerzen wiederholte sich mannigfach in den silbernen Leuchtern, auf den Bestecken, die auf dem schneeweißen Damast des feierlich hergerichteten Tisches lagen. Zu eng wurde das Zimmer für die Söhne, Töchter und Enkelkinder. Josefine erzählte, in ihrem schweren, altmodischen Thronsessel sitzend, neben sich Filip, dem sie die Hand streichelte, die auf der Lehne ruhte. Peter hatte Großvaters Knie schon mit Beschlag belegt. Rudla stand hinter seinem Sessel. Ruben und Moritz brannten darauf, die Geschenkpakete auszupacken. Wie die Kinder! Sie waren jedoch neugierig genug, damit so lange, auf dem farbenprächtigen Sofa sitzend, zu warten, bis die Mutter ihren Bericht abschloß, der nach Josefines Ratschluß nur soviel verriet, wie ihr gut für jeden dünkte. Rudla reichte sie über den Kopf hinweg ein dikkes, geschlossenes Kuvert nach hinten. Er küßte ihr Haar, als sei sie eine seiner Geliebten. Mißtrauisch starrten die Brüder auf das Kuvert.

Die purpursamtenen Portieren, Licht- und Schattenspiel, auf der Tischplatte des Hochbuffets die Bundeslade in ihrer polierten Silberpracht. Und das Silber war blitzblank geputzt, reflektierte das Licht, brach es, passend für die Umgebung der Monarchin Josefine, die ihre Thronrede zu Ende sprach. Als sie die Quintessenz zusammenfaßte, hob Josefine noch einmal ihre Stimme: »So, Kinder. Die Bäderkrise bleibt nicht ewig. Wenn ein Mensch – der Ewige soll abhüten – krank ist, muß er sich kurieren. Und wenn er Geld hat, fährt er dazu ins Bad. Die Zimmer der ›Bohemia‹ reichen schon lange nicht einmal für die Stammgäste aus. Nach der Saison – werden wir – bauen!«

»Mutter«, schrien sie durcheinander.

»Das Kleinzeug darf gleich die Geschenke auspacken. Die Großen machen das bitteschön nebenan im Büro. Jetzt gebt mir Ruh, und denkt daran: Was wir gewonnen haben, verdanken wir einem großen Herzen und einer guten Seele.«

Diesmal war sie es, die Filip zuzwinkerte und ihn abküßte. Sie winkte die Versammelten aus dem Zimmer, als scheuche sie Geflügel vom Feld auf den Hof. Als vorletzter ging Filip. Bevor Esther ihm folgen konnte, kommandierte die Chefin: »Esther soll dableiben.«

Die Tochter saß auf dem niedrigen Samtschemel und zog der Mutter die Schuhe aus. Neben ihr kauerte Peter, in sein Buch vergraben, die Bojarenpelzmütze von Onkel Pinschewski auf dem Kopf.

»Kann uns jemand hören, Kind?«

»Ich habe abgeschlossen, Maminka.«

Josefine streichelte der vor ihr sitzenden Tochter über das Haar. »Estherleben, wir Alten werden nicht ewig leben. Die ›Bohemia‹ und du brauchen einen Mann, sonst nehmen dir die Blutegel der eigenen Familie im Handumdrehen das Haus weg.«

Sie seufzte. »Dieser Moritz! Wie kann ich ihn nur geboren haben. Und Ruben, Geldschneider und Geizhals! Wie komme ich zu solchen Söhnen? Die Mädels Elsa, Rosa, keine Frauen, Mägde sind sie, Mägde ihrer Männer. Aus Martha wird vielleicht etwas und Gott sei Dank aus Rudla, der kommt dem Filip nach, und du bist nach mir.« Esther nahm Mutters Hand und küßte sie. »Ich bin zufrieden, wie es ist.« – »Leider, leider.« Im Sessel hin und her wiegend sang sie und ließ die Hand der Tochter mitschwingen.

»Ein Lämmchen, ein Lämmchen
Es kaufte mein Vater,
Zwei Susse galt der Kauf,
Da kam voll Tück' und Hader
Die Katz' und fraß es auf. – Chad gadjo.«

»Aber Mutter.«

»Fürcht dich nicht, ich habe dir eine wertbeständige Mitgift mitgebracht und gleich so auf deinen Namen festgelegt, daß niemand darankommt, nicht einmal ich. Jetzt kannst du heiraten. Die anderen brauchen davon nichts zu wissen. Hej, Peter, wie?« Das Kind war aus seinen Träumen gerissen, hochgefahren. »Nichts gehört«, nickte Josefine und sprach weiter: »Eine gute Chefköchin wir werden engagieren, damit du nicht mehr bei Tag und Nacht ... In der Nacht gehört eine Frau zu einem Mann, damit sie sich spürt – und ihn. Ach Peter, geh an die Luft, du siehst so blaß aus.« Peter verstand den Wink, er lachte, sprang aus dem Zimmer. Josefine beugte sich noch tiefer zu ihrer Tochter hinab.

Bald karrten Baumeister Strihaukas Tagelöhner die ersten Gerüste vor die »Bohemia«. Doch erst nach vielen Monaten, erst nach der nächsten Saison, als wieder Gerüste vor dem Haus aufgerichtet wurden, konnte Peter bei seinem ältesten Vertrauten Täuber zu der Frage zurückkehren, die ihm soviel zu schaffen gemacht hatte und die nun scheinbar positiv gelöst war. Er saß in Täubers Stube, die Bojarenmütze schief auf den Locken, und behauptete: »Jetzt haben wir den Krieg doch gewonnen. Mutter sagt, wir sind reicher als vor neunzehnhundertvierzehn.«

»Sie werden's nicht lange bleiben, die Polans.« Täuber zuckte mit den Schultern. Er redete mehr zu sich, in sich hinein: »Solange die ganze Mischpoche ihnen am Beutel hängt. Wenn's danach geht, was man Juden nachsagt, sind die Polans gar keine richtigen. Ich fürchte, sie haben sich beim Bau in ihrer Geldseligkeit schon wieder mal übernommen, sich von Strihauka allzuviel Neues für den Hausausbau aufschwatzen lassen. So machen sie den guten katholischen Baumeister reich, statt sich selber.«

»Du hast gesagt, die Reichen gewinnen den Krieg. Warum arbeitest du dann für uns?«

»Wie soll ich dir das erklären? Solange wir nichts zu verkaufen haben als unserer Hände Arbeit, bleibt uns nur eine Wahl.«

»Bis zur Reluvotion?«

»Revolution heißt es!«

»Mariechen hat mir gesagt, du warst ein Spartakiste, und dir haben sie in Berlin das Bein abgeschossen. Ist das so was wie Onkel Sascha?«

»Pst, schrei nicht so ... Ja, so was Ähnliches, aber die haben's geschafft.«

Peter verstand das nicht. Er mauzte weinerlich: »Du hast mir doch versprochen, du erklärst mir alles!«

»Nicht eher, als bis du es kapieren kannst.«

Täuber versuchte Peter abzulenken: »Was hast du denn da für ein schönes Buch? Ach, die Entdeckungsreisen des Kolumbus. Was hat er denn entdeckt?« – »Nu Amerika, wo Onkel Joe ist in New York.« – »Und was hat er entdecken wollen?« – »Den Weg nach Indien.« – »Siehst du, Peter, stell' dir vor, du entdeckst eine Nuß, knackst sie auf, und da ist ein süßer Kern drin, aber ein ganz anderer als der, nach dem du gesucht hast, meinetwegen ein indischer. Du untersuchst ihn und findest wieder eine Nuß mit einer Schale. Und wenn du einen Kern geknackt hast, liegt immer noch einer drin.« – »Aber Onkel Täuber, davon habe ich doch nichts.« – »O doch!« – »Und wie nennt man das?« – »Lernen! Und das ist gut.« – »Das mit dem Bauen, ist das auch gut?« – »Ja, das Bauen ist noch das Beste an der ganzen Polangeschichte. Die hätte nämlich ganz schön ins Auge gehen können.«

Das Kind gab keine Ruhe. »Und warum ist das Bauen noch das Beste?«

»Darum. Ein Dutzend arbeitsloser Tagelöhner, Maurer und Zimmerleute verdient sich Lohn und Brot.«

Damit schubste Täuber den Jungen freundlich vor sich her. Es hatte geklingelt. Aha, Nummer vier. Abreise. Peter rannte auf die Steinterrasse.

Vor dem Laden standen Friseur Hromadko und Baumeister Strihauka und verharrten in einem langen nachbarlichen Plausch. Dabei schauten sie immer wieder auf die Gerüste. Hromadko staunte: »Verstehen Sie das, Pane Strihauka? Vorige Saison war Polans Hotel halb leer und der Kurort nur zu einem Viertel besetzt. Aber die Polans haben gebaut. Hat die Josefine einen Dukatenscheißer?«

»Tja, Pane Hromadko, wer viel fragt, wird viel gewahr. Erstens ist die ›Bohemia‹ dieses Jahr wieder ausgebucht von Mai bis September. Außerdem ... Dieser Bau wird teuer und bringt mir was. Geld stinkt nicht. Nicht einmal von Juden.«

»Juden? Für mich ist der Filip ein guter Tscheche.«

»Und seine Frau eine schlaue Jüdin.«

»Oder umgekehrt. Oder vielleicht sogar beides.«

Die Aufmerksamkeit der Nachbarn wurde wenig später durch ein knallendes, blubberndes Ungetüm, das dicke Benzinwolken ausstieß, abgelenkt. Herr von Weddingen fuhr sein funkelnagelneues Auto spazieren. Die hellgekleideten Männer flüchteten in den Laden.

So nahm der Kurdirektor, der den Bürgermeister stolz zum Amt brachte, die Gerüste an der Seite der Magistrale besonders deutlich wahr. Mißvergnügt knurrte er: »Der Schmachfriede von Versailles ist man gerade knapp vier Jahre vorbei, die Amerikaner fassen uns mit ihren Reparationen an die Gurgel, Deutschland ist in Not. Und die Polans bauen. Diese Juden!«

II. Buch

1. Simon Pelz rettet die »Bohemia«

Auch nach der nächsten Saison standen wieder Baugerüste, Betonmischer und Ziegelhaufen um die »Bohemia«. Diesmal einsam und nutzlos. Kein Mensch auf der Baustelle. Nur auf der Steinterrasse schmierte Täuber Risse und Löcher zwischen den breiten Fliesen mit Zementbeton aus. Er kniete dazu auf einem mehrfach zusammengelegten Sack. Peter füllte die Eimer und schleppte sie ihm zu. Im Hoteleingang erschien in einem gut sitzenden Kostüm, einem Edelgast ähnlicher als einer Hotelangestellten, Lotte, einen Lederkoffer in der Hand.

Täuber meinte zu ihr: »Da ist der Zement wenigstens noch zu etwas gut.«

»Laß das bloß den Baumeister nicht merken.«

»Ist längst bezahlt, sonst hätt's der schlaue Strihauka weggeschafft. Der Bau entwickelt sich zur Ruine, und er ruiniert die Polans.«

»Das hast du schon in der vorigen Saison gesagt, daß uns der Bau arm machen wird. Woher weißt du so etwas?«

Täuber packte Peter bei seinem dicken Haarschopf: »Denk an deinen Columbus und die Nüsse.«

»Opa knackt auch Nüsse.«

»Nicht meine Sorte, du Schlauberger«, lachte Täuber, drückte den Jungen an sich. Auch Lotte fuhr ihm freundlich durch die Locken: »Soll ich deine Mutter in Berlin grüßen?«

Das Kind gab keine Antwort. In seinem Gesicht kämpften Trotz und Tränen.

»Peter, es ist doch deine Mutter!«

Wortlos drehte sich Peter weg und rannte ins Haus, guckte aber noch einmal durch die Türe: »Kannst sie grüßen – meinetwegen!«

Sie schauten ihm nach. Täuber nahm Lotte die Last ab: »Ich bring dich zur Busstation. Du mußt wegen des Jungen mit Esther reden. Ihr seid doch befreundet. Er lebt zu wenig mit der Mutter. Der Junge ist viel zu alt für seine

Jahre, ich meine nicht nur altklug und unkindlich, sondern frühreif aus Einsamkeit ...«

»Sie kommt ja her, alle kommen sie. Die Chefin hat die Notbremse gezogen. Deshalb muß ich ja das Steuer im ›Russischen Hof‹ übernehmen.«

»Spielst du gerne feine Dame und Chef? Wenn man dich so ansieht, komm ich mir mit meiner Livree wie dein Diener vor.«

Selbstbewußt und mißgestimmt zugleich hob Lotte den Kopf und vertraute dem Begleiter an: »Jaroslav, was habe ich in diesem Hause nicht schon alles angepackt. Hotelkarriere im Schweinsgalopp, Sekretärin, Buchhaltung, Einkauf und Vorratshaltung, Beschließerin und jetzt sogar Reservechef für die Berliner Filiale. Nur eins nicht, weswegen ich hier überhaupt angefangen habe: servieren!«

»Man kann sich's nicht immer aussuchen, ich auch nicht.«

»Ach, ich dachte, das wäre klar: Maschinenmeister und Reparaturschlosser in der Lewiner Textilfabrik mit Werkswohnung.«

»Schön wär's, leider vorbei.«

»Es war doch zugesagt, Jaroslav.«

Inzwischen holte Täuber ein zusammengefaltetes Flugblatt aus der Seitentasche, und sie blieb stehen, faßte danach und las.

GEMEINDERATSWAHL
Sackisch – Obergrenzbrunn – Bad Grenzbrunn
LISTE IV
Haus- und Bäderpersonal, unselbständige Handwerker, Kommunalarbeiter
Listenführer: Jaroslav Täuber

Täuber schob die Erstaunte weiter, nahm sie am Arm. Sie blieb stehen.

»Auch eine gute Art, sich hinausschmeißen zu lassen.«

»Filip gibt mir schon nicht den Laufpaß. Außerdem stärkt uns die Gewerkschaft den Rücken.«

»Für die Textilfabrik bist du damit als Roter abgestempelt.«

»Haha, dann hätten die ja nur Rote. Die Gewerkschaft ist eine ganz brauchbare«, er beugte sich nahe zu ihr und sagte es leise: »Tarnkappe!«

»Warum sagst du mir das alles?«

»Damit die Tochter von Alex Wenzke nicht glaubt, ich hätte die Segel gestrichen.«

Sie waren angekommen. Der Postbus schnaufte zum Halt. Sie gaben sich stumm die Hand, sehr fest, die lange, gepflegte in die breite, schwielige.

Es hätte Jaroslav in den Ohren klingeln müssen, denn während er Lotte begleitete, wurde im Bürgermeisteramt von ihm geredet. Nach der Sitzung bei der obligaten Fidelitas mit Weißwurst und Bier.

Die Halbliterhumpen stießen aneinander. Der Neue im Vorstand, Umlauf, der sich mit Hilfe der Logierhausbesitzer in das beherrschende Gremium hineingewurmt hatte, neckte: »Wollen Sie uns etwa mit Delikatessen bestechen, jetzt, vor der Gemeindewahl?«

Dr. Schmidt hielt sich lachend die Seiten: »Nicht notwendig. Kein Gegenkandidat. Auch die Liste vier ist für ihn.«

»Mußte die überhaupt sein? Nur damit es nach Vertretung der unteren Stände aussieht? Die sollen froh sein, daß wir sie aus ihren tschechischen Dörfern für Lohn und Brot nach Grenzbrunn holen«, war Weddingens Meinung.

»Sie haben schon wieder einen Rückfall erlitten«, erboste sich Gottschling. »Denken Sie doch erst mal ins reine, bevor Sie reden. Ich dachte, Sie hätten inzwischen gelernt, auf der Klaviatur der parlamentarischen Demokratie zu spielen.«

»Wobei zu bedenken ist«, fügte der Jurist hinzu, »Grenzbrunn ist ein Weltbad. Die Engländer und Franzosen sind stolz auf das, was bei ihnen als Demokratie gilt. Was kann uns denn schon passieren? *Ein* Gemeinderat unter achtzehn!«

Strihauka erläuterte: »Ein braver Mann, der Listenführer Täuber, politisch harmlos. Gewerkschafter. Seit seiner Kindheit bei den Polans. Filip hat ihm 'ne Schlosserlehre besorgt und ihn mit Esther auf die Hotelfachschule geschickt, wahrscheinlich, damit er auf sie Obacht gibt. Die

Jungens waren ja wie toll hinter ihr her, ich selber auch. Vergeblich!«

Das Geschwätz widerte Weddingen an, es war ihm zu familiär. Und noch dazu mit Juden! Auch Umlauf wollte es auf andere Bahnen lenken: »Baupause in der ›Bohemia‹?«

»Nee, Bauende. Den Polans ist die Puste ausgegangen. Meine letzte Rechnung haben sie noch mit Ach und Krach ...«

Mit dem vollen Seidel in der Hand war Weddingen aufgesprungen, fuchtelte drohend damit herum: »Wenn mir jetzt etwa jemand mit einer Hypothek kommt, dann ...«

»Nicht mehr nötig!« Dr. Schmidt drückte den Aufgeregten wieder auf seinen Stuhl zurück. »Habe mit dem Liegenschaftsamt konferiert. Wenn den Polans die Luft ausgeht, wird das Grundstück in jedem Falle sofort und zuerst der Gemeinde angeboten.«

Doch der Spötter Umlauf wiegte den Kopf: »Man verkauft nicht das Fell eines noch lebenden Bären. Bei Polans ist ein Experte angekommen, wer weiß, vielleicht ein Architekt, der ihnen Kredit gibt. Könnte doch sein. Sie haben ihn erst mal in der ›Friedrichsruh‹ versteckt. Angeblich soll die ganze Familie erscheinen.«

Die Herren schwiegen nachdenklich.

Im Keller der »Bohemia« inspizierten die beiden Alten die Weinvorräte auf Anregung Josefines. Der gut versorgte Weinkeller war Filips Stolz. Lange Reihen Flaschen lagen in sauberen Regalen, nach Jahren, Art und Güte geordnet, jede Flasche mit Marke und Jahrgang gekennzeichnet.

Filip fragte: »Co maš za lubem? Wozu lockst du mich in meine Höhle, Pepi?«

»Nu, wer lotst hier, Alter? Du führst falsch. Nicht hier hin! Da liegen nur die sauren Saucenweine. Die Tischweine sind mir auch nicht gut genug. Nicht einmal der Mosel. Ich such' einen Saft, der was löst die Zunge, und man wird doch nicht schicker davon, nur fröhlich und a bissale verschwätzt.«

Sie zog ihren Mann zu den entferntesten Regalen, zu den Flaschen, die von den feinen Netzen vieler Spinnen geschmückt und eingekreist, fast wie eingewickelt zu sein schienen.

Willig, aber erstaunt, verständnislos und voller Zweifel ließ sich Filip in seinem eigenen Reich führen.

»Wir haben doch wahrhaftig keinen Grund zum Feiern, Pepička. Diese Weine liegen Jahrzehnte. Jede Flasche ein Vermögen wert.«

Sie stupste ihn voran: »Frag nicht, such! Nur sechs Flaschen! Aber die besten Tropfen aus Filips Geheimtresor.« Sie lachte. Josefine hatte etwas bisher Verschwiegenes entdeckt: Flaschen ohne jede Markierung.

»Wo sind deine Geheimzeichen? Wie erkennt man – Gott soll helfen – deine Juwelen?«

Filip nahm eine Flasche, hielt sie gegen das Licht, steckte sie sorgsam wieder ins Regal. Josefine boxte ihn in die Seite. »Nu, antworte schon, Filip, wie?« – »Mit der Zunge!« lachte Filip. Seine Frau hängte sich bei ihm ein: »Was bin ich froh, daß du nur ein Koster und kein Trinker bist.«

Das Verständnis für solche unmotivierte Heiterkeit fehlte dem ernsthaften Mann. Er verstand ihre Laune nicht.

»Versteck die Zores nicht mit Jiches. Noch einmal gibt uns die Gemeinde keine Hypothek. Der Bau hat uns weiß geblutet.«

»Nejak to bylo – nejak to bude.«

Sie zuckte mit den Schultern und hob die Arme: »Jedenfalls wird sein das Haus fix und fertig bis zur Saison.« Und mit einem pfiffigen, hintergründigen Grinsen: »Wir werden uns gütlich tun an Esthers Mitgift.«

Entsetzt legte Filip ein paar Schritte Abstand zwischen sich und Josefine, blieb stehen und wendete sich ihr wieder zu.

»Das ist doch unmöglich. Wir haben sie ihr ja notariell überschrieben. Da kommt niemand heran.«

Josefine gewann an Selbstsicherheit und Heiterkeit: »Sie soll ja ihre Mitgift auch behalten. Ich habe ihr doch nicht umsonst den größten Brocken an Valuten mitgebracht. Was Esther hat, bleibt der ›Bohemia‹.«

Das war Filip zu hoch, schien ihm grotesk: »Bist du meschugge? Wie kann man sich an etwas gütlich tun und es gleichzeitig behalten?«

Es gehörte zu Josefines Schwächen, daß sie gern bluffte. Ihr liebstes Objekt war Filip. Gar zu gerne zeigte sie ihm ihre Überlegenheit, und nachher tat es ihr leid. Sie streichelte seinen Arm: »Du mußt ja auch nicht verstehen gleich alles. Zuerst bin ich dir schuldig eine große Umarmung mit einem langen Kuß.«

Sie tat beides. Filip wischte sich erfreut den Schnurrbart. Im übrigen war er immer noch auf hoher See: »Vielen Dank! Aber wofür?«

Sie zog ihn in die kleine, von Regalen abgeschirmte Probierecke, lud ihn zum Sitzen ein, brachte eine unter der Schürze versteckt gehaltene Flasche zum Vorschein, entkorkte sie, goß zwei Gläser ein und hob das ihre: »Wofür? – No, ich hab' dich verwünscht und beschimpft wegen der Polen bei uns im Krieg. Und es ist gut gewesen. Du hast recht gehabt. Du hast mich gewarnt, zuviel zu bauen, und mir trotzdem kein Wort des Vorwurfs gesagt. Wieder hast du recht gehabt. Ich hab' es gemacht, aus Wut, weil ich hab gewollt zeigen, daffke, wer wir sind, den Gojim. Filip, ich war so voller Wut, ich hab' nicht genug nachgedacht, wir haben uns in der Bäderkrise die Menschen zu Feinden gemacht mit dem Bauen. Eine Hypothek gibt uns heute keiner mehr in Grenzbrunn. Und wieder hast du recht gehabt.«

Sie stieß mit ihm an. Filip hielt ihre Hand fest, suchte ihre Augen, um sie zu beruhigen und zu trösten: »Gräm dich nicht. Wir haben dringend ein paar Zimmer gebraucht, die man warmhalten kann. Und der Speisesaal ist jetzt heizbar. Sogar, allerdings sehr teuer, die Glasveranda. Erinnerst du dich noch an die Kanonenöfchen, rot haben sie geglüht, aber die Wärme ist gewesen für die Katz'. Man wird weitersehen. Morgen kehren heim die Kinder. Vielleicht sind sie ausnahmsweise nicht pleite und können zur Abwechslung einmal den Eltern aushelfen und der ›Bohemia‹.«

Die letzten Worte veranlaßten Josefine, in ein fröhliches Lachen auszubrechen, – »Ha, ha, ha, die Pleitekünstler!« –, mit dem sie so schnell nicht aufhörte. Erinnernd faßte sie sich an die Stirn. Einmal mußte er es ja erfahren: »Ach Filipe, da ist ein Gast – privat. Er residiert noch in der

›Friedrichsruh‹. Ich hab bei Gott vergessen, ihm ein Zimmer richten zu lassen.«

»Mariechen«, schrie sie, rannte die Kellertreppe nach oben und ließ Filip mit einer großen Frage im Antlitz allein stehen, sechs Flaschen auf dem Arm.

Der große Speisesaal hatte sich kaum verändert. Wer genauer hinsah, bemerkte, daß die Betecke mit schöneren, hebräisch bestickten Wandvorhängen prunkte, das Getränkebuffet sich vergrößert hatte, und der Kontrolltisch, an dem jeder Kellner seine Bons abgab – prüfender Blick auf die Tabletts vorausgesetzt –, war übersichtlicher angeordnet. Etwas sah anders aus. Gemütliche, mächtige Kachelöfen an beiden Enden des Saales, mit keramischen Kunstwerken des alten Umlauf verziert, brachten es zuwege, daß der große Raum, auch im kältesten Winter wohnlich und warm, zum Sitzenbleiben verführte.

Deshalb fand die Familienzusammenkunft, über die Josefine geheimnisvolle Andeutungen von sich gegeben hatte, an der großen, in Hufeisenform gestellten Tafel, im Saal, nicht im Zimmer eins statt.

Gebäck und Brötchenteller, Wein- und Kognakflaschen luden auf dem berühmten Bohemia-Damast zum Schlemmen ein.

Das Zimmer eins war außer Dienst gestellt. Man war auch nicht ganz unter sich. Zwischen Josefine und Filip saß ein seriöser grauhaariger Mann mit vertrauenerweckendem heiterem Geschau, ein wenig weinbeschwingt. Er war als Dr. jur. Poznanski vorgestellt worden, mit dem die alten Polans und Esther bereits allein konferiert hatten.

Nun legte der Gast in Anwesenheit der Großfamilie eine großräumige Aktentasche auf den Tisch, die sich an den Seiten mit einem Reißverschluß öffnen ließ. Ein feierlicher Augenblick nahte. Mit einem eleganten, auf Überraschung angelegten Wurf, einem Zauberkünstler ähnlich, der bunte Tücher dutzendweise aus einem leeren Zylinder flattern läßt, warf er die sich aufblätternde Tasche über die Damastweiße des Tisches. Ein Bilderbuch in Ziehharmonikaform breitete sich aus, eine Art Leporello.

Auf jeder Seite ein großes Foto, gegenüber Angaben zur Person. Das Wunderalbum reichte beinahe über die ganze Tischlänge. An jeder Seite war auch ein Kuvert mit kleinen Fotos befestigt. Das Geheimnis lüftete sich, als Herr Dr. Poznanski sagte: »Mein Angebot ist solide, überprüft und die Daten und Angaben garantiert wahrheitsgemäß. Aber« – und damit faltete er das meterlange Bilderbuch wieder zusammen, entnahm ihm nur einen ausgesuchten Bogen – »wir haben uns ja in der Vorauswahl auf Simon Pelz geeinigt.« Filip Polan meinte einschränkend: »Wir wissen noch zuwenig über die Familie, Herr Schadchen.«

Beleidigt sagte der Gast: »Schadchen ist ein nur im Jargon gebrauchtes Wort. Ich stehe einer der bekanntesten jüdischen Eheanbahnungskanzleien vor.«

»Verzeihen Sie meine Unwissenheit, ich bin ein tschechoslowakischer Barbar. Wie soll ich Sie nennen, Herr Doktor, akademischer Heiratsvermittler? Entschuldigen Sie meinen faux pas.«

Anscheinend merkte Herr Dr. Poznanski nicht, wenn er gefrotzelt wurde. Er verneigte sich geschmeichelt: »Keine Ursache.«

»Ganz gleich, Herr Doktor, ich möchte Genaueres über die Familie wissen.«

»Haha, Simon Pelz geht es ebenso. – Seine Familie ist gestorben. Simon war das schwarze Schaf, der Neffe zweier Junggesellen, die ein Bankhaus führten. Es spezialisierte sich auf industrielle Investitionen, sehr seriös. Deshalb schadete so ein schwarzes Schaf natürlich. Darf ich offen sein?«

Alles witterte ein Stück soliden Klatsches, wie die Polans ihn liebten. Sie reckten die Köpfe vor, und Josefine, die selber gerne plauschte, behauptete: »Wir sind doch keine Kinder, bechol lewowecho, wenn es zu unsittlich wird, knipsen wir das Licht aus, damit niemand merkt, wie wir rot werden.«

»Nichts Derartiges. Simon wollte einfach nicht ins Geschäft. Zum *Zirkus* ist er durchgebrannt.«

»Als Clown?« kicherte Martha.

»O nein, viel prosaischer. Erst Tierpfleger. Dann hat er sich hochgedient bis zum Untermann in einem Kraftakt.

Wie der berühmte ›Breitbart‹ ist er aufgetreten, eine Art jüdischer Simson.«

Poznanski holte aus dem Kuvert, das an dem Blatt Pelz klebte, Bilder, die er zu allererst den Damen reichte. Sie machten die Runde: Pelz beim Striegeln der Zebras, beim Füttern von Tigern, jedoch auch, mit einem Dreieckshöschen bekleidet, mit Muskelpaketen prahlend beim Stemmen von Eisenkugeln.

Verächtlich, aber nicht ohne Neid knurrte Moritz: »Verrücktheit!«

»Das hat die Familie auch gedacht.« Poznanski nickte heftig. »Der Zeltzirkus hat Pleite gemacht. Simon ist abgerissen heimgekommen. Die Herren Pelz haben ihm eine Schiffskarte ohne Retourbillet und eine Schaffarm in Australien gekauft.« Der Gast schwieg, um die Spannung zu erhöhen.

Es gelang, Martha fragte atemlos: »Weiter, weiter, was ist geworden?«

Genußvoll sog Poznanski an einer dicken Zigarre: »Der junge Simon hatte einen guten Riecher. Er hat die Schaffarm abgestoßen, als die großen Fabriken sind gebaut worden in Sidney, er hat gekauft südafrikanische Industriediamanten. Er war der allererste der Branche. Ein Großgeschäft. Mit dem Rejbach hat er aufgebaut eine Kette Snackbars, wie sagt man deutsch – Imbißstuben in Buschsiedlungen und an den Bahnstationen, eine Bombenparnosse, lauter kleine Goldgruben.«

Es sah dem Geizhals Ruben ähnlich zu sagen: »Warum ist er weggegangen? So etwas läßt man doch nicht schwimmen.«

»No, wie die Fünfzig haben sich gerückt näher«, Poznanski drohte die Gefahr, sein Akademikerdeutsch zu vergessen, vielleicht tat es auch der Kognak nach dem Wein, »es ist ihm gekommen das große Heimweh. Frauenabenteuer hat er genug gehabt, jetzt will er eine richtige jidische Frau, eine Machateneste. Und das Bild von Frau Samuel«, er verbeugte sich vor Esther, »hat ihn begeistert auf den ersten Blick.« Noch eine Verbeugung: »Es ist wirklich nicht geschmeichelt.«

Rosa, Martha und Esther steckten ihre Köpfe zusammen, Martha fragte: »Wie gefällt er dir, Esther?« Die flüsterte der Schwester ins Ohr: »Er ist keine Schönheit und sehr fremd – mir gefällt, daß er kein Orthodoxer ist, darin hat er Ähnlichkeit mit Samuel.« Sie seufzte: »Ach, Samuel!«

»Schnatterziegen, hier geht es um Ernstes.« Moritz beanspruchte immer das ganze Publikum. »Ihr braucht ja nicht mehr dabeizusein. Überhaupt – wenn man Simon Pelz in die engste Wahl gezogen hat, wozu den ganzen Hotelbetrieb aufhalten? Ich kann mit Herrn Doktor Poznanski schon einige vorbereitende Details besprechen.«

»Aber nicht ohne die Eltern«, begehrte Esther auf. »Du bist anmaßend und pompös!«

Der Bruder sah, daß er seine Ansprüche lieber zurückschrauben sollte, und meinte kleinlaut: »Es ist ja noch nichts entschieden, und ich bin immerhin der älteste Sohn.«

So etwas kannte Herr Dr. Poznanski. Er stand auf, ging den Thoraschrank bewundern und erwartete ergeben das Aufflammen einer der üblichen Familienzänkereien, doch da hatte sich Josefine schon erhoben, den Gast beim Arm genommen und auch die Situation am Wickel: »Verzeihen Sie, Herr Doktor, mein Moritz nimmt den Mund immer etwas voll. Wir gehen in mein Zimmer.« Sie sagte es und sah dabei über den vorlauten Sohn hinweg, als wäre er Luft. »Ich will nur haben dabei Filip und Esther.«

Die Märchenliebe auf den ersten Blick war es nicht, eigentlich eine recht prosaische Begegnung auf kulinarischer Basis, obwohl für Simon Essen keineswegs eine prosaische Angelegenheit war. Er dinierte im »Russischen Hof«, sollte nach der Mahlzeit mit Esther allein am Tisch sitzen und später mit ihr ausgehen. Das dauerte ihm zu lange. Deshalb stahl er sich an den Eingang zur Küche heran, hörte Esthers energische Stimme Anordnungen geben, bevor er sie sah, zart, schmal, zierlich neben dem riesigen Chefkoch Wimmer und der breiten Fleischköchin. Der Vergleich rührte ihn. Viel zu jung für einen ollen Grislybären wie mich. Das ist ja eine Chefin zum Wegpusten! Aber wie sie gehorchen!

Esther errötete, als sie ihn entdeckte. Das hinderte sie nicht daran, mit fester Stimme zu ihm zu sagen: »Sie sind sicher Herr Pelz, ich freue mich sehr. Wollen Sie bitte im Restaurant warten. Gäste gehören nicht in die Küche. Wir sind so was wie Alchimisten, wissen Sie.« Sie lächelte. Schon Samuel hatte es ihr schüchternes Lächeln angetan. Er folgte brav und brummte: »Goddam, that's her, das ist sie, die muß ich haben. Wenn sie mich nicht will, fahre ich wieder nach Australien zurück.«

Er konnte bleiben. Jedoch die strengen Anstandsregeln und das jüdische Gesetz verlangten, daß sich das Paar bis zur Verlobung nicht mehr sah. Zunächst befahlen der Frühjahrshausputz und der Saisoneinkauf Esthers Anwesenheit in Grenzbrunn.

Die Berge am Horizont von Grenzbrunn trugen sich noch in Weiß, den Schnee der sanft ansteigenden Hügel hatte die Sonne geschmolzen, ein paar weiße Schneisen und schneegefüllte Gräben an den Straßenböschungen erinnerten an den Winter. Die Baugerüste um die »Bohemia« wurden abgeräumt. Ein ungewohnter Ostertag in dieser Landschaft schuf gute Laune. Esther war zum Pessachfest aus Berlin heimgekommen.

Den kleinen Hügel, die Hotelauffahrt empor, marschierte eine singende Kinderschar, vom Hosenmatz bis zu den Halbwüchsigen. Alle trugen leinene Sammeltaschen um den Hals. Alfred Umlauf führte sie an. In den Händen hielten sie Sträuße aus Zweigen mit frischen Weidenkätzchen, um die bunte Bänder gewickelt waren. Esther hatte sie schon von weither singen gehört: »Ostern, Ostern, mir kumm zu euch, schmackostern.« Sie ging den Kindern bis zum Eisengeländer der Terrasse entgegen, bemerkte mit Vergnügen Peter und seine Freunde in der Schar. Sie sangen am kräftigsten:

»Summa, Summa, Summa,
Ich bin a kleener Pummer,
Ich bin a kleener Keenig,
Gäbt ma ni zu weenig,
Laßt mich ni z lange stiehn,
Ich muß noch a Häusel wettergiehn.«

Peter lachte der Mutter entgegen. Sie war fröhlicher in den letzten Tagen, und sie hatte seinen Kopf gestreichelt und sich nach der Schule erkundigt, in der er zum guten Durchschnitt gehörte, ohne sich sonderlich anzustrengen, und Sonntag früh hatte er zu ihr ins Bett dürfen und vor dem Schlafengehen einen Gutenachtkuß gekriegt.

Die Mutter verlangte eine Zugabe: »Das war zu kurz, Chlapci!«

Biller schielte nach dem Tablett am vordersten Tisch, gleich bei der Treppe: »Kommt drauf an, was wir in a Beutel kriegen. Für Matzen singa ma ooch noch a weng mehr.« Seine Rechnung ging auf. Esther verteilte die weißen, dünnen, ungesäuerten Osteroblaten und steckte Münzen in die Sammeltaschen. Der Chorus bedankte sich:

»Rute Rusen, rute,
Die bliehen uffm Stengel.
Der Herr ist schie, die Frau is schie,
Die Frau is wie a Engel.
Die Frau, die leeft im Hause rim,
Sie hot ne weiße Scherze im,
Se wert sichs wull bedenka,
Se wert uns wull was schenka.«

Und Peter stellte fest, daß alles stimmte, die Mutter, die immer im Hause rumrannte, einen großen weißen Küchenkittel trug. Er wäre gar zu gern zu ihr hingelaufen, aber beim Ostersingen durfte er die Kameraden nicht im Stich lassen.

Die Kinder winkten. Einige bissen gleich in das knusprige Geschenk. So zogen sie vor das nächste Haus.

Aus Berlin war Moritz angereist. Er brachte einen Vorschlag des Rechtsanwaltsbüros mit, das mit den Angelegenheiten des Simon Pelz betraut war, einen Vorschlag, dem Esther sich ängstlich und trotzig widersetzte. Die Geschwister stritten: »Wer steckt dahinter? Ein anderer? Zu spät, Schwesterchen, ein Jawort ist kein Spielball!«

»Das richtige gibt man erst am Hochzeitstag.«

»Er hat dir doch so gut gefallen.«

»Nicht, wenn ich seinetwegen das Kind wegschicken soll.«

»Du hast dich doch eh nie um Peter gekümmert.«

Esther brach aus: »Wer hat mich denn zur Köchin gezwungen bei Tag und Nacht? Dieses Haus!«

»Was willst du sonst mit dir anfangen? Kannst du dir's aussuchen? Wie bitte? Witwe mit Anhang, aber ohne Zeugnisse, sucht Stellung in der Gastronomie. Und die ›Bohemia‹ geht deinetwegen in Konkurs.«

Die lauten Stimmen aus dem Zimmer erreichten den heimkehrenden Peter auf der Terrasse, die seiner Mutter war darunter. Moritz' erste Worte, als er ins Zimmer kam: »Du bleibst draußen!«

»Mein Junge bleibt hier!« Esther streckte die Arme nach ihm aus. »Komm her zu mir.« Sie streichelte den Elfjährigen.

Moritz bestand auf seinem Befehl: »Du gehst sofort in den Garten spielen!«

»Du bleibst hier!« Esther begann zu weinen.

»Hinaus, du Lausejunge!«

Schon wollte Peter folgen. Filip stand in der Tür, faßte ihn bei der Hand: »Das Kind bleibt. Du gehst! – Sofort!«

Wütend rannte Moritz aus dem Zimmer.

Josefine atmete tief: »Komm her, Esther, ich seh' schon, wir sollten wieder einmal Tacheles reden. Hab' ich dir je schlecht geraten?«

»Wenn er verbietet, daß ich mein Kind bei mir habe, verzichte ich auf so einen.«

Der milde und gerechte Filip urteilte: »Es sind seine Rechtsanwälte. Vielleicht weiß er gar nichts davon. Und sie verlangen nur ein paar Monate. Mir schmeckt es auch nicht, glaub's mir.«

»Er hat uns den ganzen Bau finanziert als Vorschuß für die Ehe.«

Josefine wurde ungeduldig. Esther nicht minder: »Na gut, dann werden wir ihm eben eine Hypothek geben. Es wird Zeit, daß ich dem Kind endlich eine Mutter bin. Das ist mir wichtiger als sein Geld.«

»Und der Mann? Wir haben ihm unser Wort gegeben, Vater und ich.«

»Ich hab auch noch ein Wort. Ich muß ›ja‹ sagen.«

»Dann sag deiner Mutter auch – ja.«

»Wer wagt es schon, dir zu widersprechen, Maminka?«

2. Schlepp mich – ich geh' gern

So saßen sie denn im Hotelkremser, fuhren zum Bahnhof, auf dem Kutschbock das Opfer Peter neben Täuber, drinnen Esther mit Moritz und Filip. Sie hatte sich geweigert, das Kind mit Moritz allein nach Berlin fahren zu lassen, bis der Vater sich bereit erklärt hatte, Moritz auf der Reise zu vertreten. Moritz rächte sich, indem er Esther scheinbar beschwichtigend zusäuselte: »Es ist ja nur für ein Jahr!«

»Und kürzer geht es wirklich nicht?«

»Versucht hab' ich es. Aber eigentlich nimmt das Garbaty-Waisenhaus nur in Ausnahmefällen Halbwaisen auf und keinen Zögling unter einer Jahresfrist, weil ein kürzerer Zeitraum die Disziplin des Instituts stört. Wenn ich nicht mit einem Kuratoriumsmitglied intim befreundet wäre ...«

Bitter unterbrach Esther: »Ich bin überzeugt, du hast dir die Beine ausgerissen. Ich hoffe, Simon Pelz weiß wirklich nichts von der Entscheidung seines Anwalts, sonst wäre er nicht der Mann, den ich ...«

»Ich hätte auch mehr von ihm gehalten ...«, sagte Filip.

»Vater, Doktor Poznanski und die Anwälte finden es unmöglich, daß ein Kind dem verlobten Paar um die Beine scharwenzelt, während Simon Esther näher kennenlernt. Wenn über Mitgift und Finanzen gesprochen wird, von Überschreibung und Gütertrennung, von Vollmachten und Sicherheiten, wenn man heiratet, auf die Hochzeitsreise geht, das ist alles nichts für Peter, Vater.«

»Trotzdem würde ich nein sagen, wenn es nicht schadete der ›Bohemia‹ –, und meine Pepi meint auch, es ist gut ... Ein Waisenhaus!« Er rang die Hände.

»Ein vornehmes. Die Stiftung des Millionärs Garbaty.«

Filip spuckte aus dem Fenster. »Garbaty – ›Buckliger‹ heißt der Mann auf Russisch.«

Inzwischen sprach Täuber auf dem Kutschbock seinem kleinen Freund Mut zu: »Hab' keine Angst, arme Kinder sind in jedem Falle gut für dich.«

»Hab' ich auch nicht«, schluckte Peter. »Bloß ..., die ›Bohemia‹ wird mir sehr fehlen. Und der Wald. Und du und Tante Lotte. Weißt du eigentlich, weshalb sie mich wegschicken? Ist es Moritz?«

»Der auch – dieser Schlot, aber die Hauptsache wirst du selber rausfinden, wenn du wieder heimkommst. Vielleicht solltest du die Zeit gut ausnützen, etwas daraus machen, danach streben, recht viel zu lernen. Denk an die Nüsse. Vor allem deine Sprachen vergiß nicht, mein kleiner Hoteldolmetscher. Wo gibt es denn noch einen Jungen in deinem Alter, der sich englisch, französisch und russisch unterhalten kann. Das dankst du Madame la Comtesse und Joe und Pinschewski. Im Spiel haben sie es dir beigebracht. Fünf Jahre lang, mit Lesen und Schreiben.«

Vorwurfsvoll und bitter sagte Peter, der sich nicht ablenken lassen wollte: »Niemand sagt mir die Wahrheit. Nicht einmal du!« Peter rückte weg bis an den äußersten Rand des Kutschbockes. Täuber holte ihn wieder zu sich und drückte ihn an seine Seite: »Stimmt, mein Junge. Ich geb's ja ehrlich zu. Ich hab' dich trotzdem sehr lieb.«

Unter anderen Vorzeichen und mit einem anderen Partner setzte Peter den Disput wenig später im gepolsterten Erste-Klasse-Abteil fort. Filip unterhielt sich mit ihm wie mit einem Erwachsenen. Der frühreife Junge überraschte ihn trotzdem.

»Du bist ja mächtig schlau für einen Elfjährigen.«

»Bald zwölf, Großvater.«

»Der Herr Garbaty ist ein Wohltäter. Er hat nicht nur das Waisenhaus gestiftet, er gibt auch sehr viel Geld für arme Juden aus.«

»Sind wir denn arm? Doch gewiß nicht. Und Onkel Täuber hat gesagt, die ganze Wohltätigkeit ist bloß Reklame für die Zigarettenmarke ›Garbaty‹.«

»Täuber ist ein Radikaler.«

»Du nicht mehr, Großvater? Ich hab' immer gedacht...« Dem alten Nationalrevolutionär tat der harte Vorwurf des Enkels weh.

»Ich wollte nur die Freiheit der Tschechen.«

»Warum gehen wir denn dann nicht hin in die Tschechoslowakei und bleiben dort?«

»Weil wir die ›Bohemia‹ in Grenzbrunn aufgebaut haben und nicht anderswo. Ein Stückchen Böhmen in Deutschland, Gott sei Dank.« Sein Stolz bäumte sich auf, sein Selbstbewußtsein, weil er spürte, daß ihn sein Enkel absichtlich angriff.

»Du hast mir einmal gesagt, daß die Revolutionäre den lieben Gott abschaffen wollen, daß du nur wegen dem Geschäft so fromm bist.«

Schwer atmend und wehmütig lächelnd meinte Filip: »Ach, weißt du, Peterchen, wenn man älter wird, versichert man sich gern nach beiden Seiten.« Herzstechen plagte ihn wieder, und er seufzte ergeben, wehrlos gegen seine eigene Ironie: »Na, ich werd's ja bald ausprobieren.« Diese Ironie half ihm auch, als sie in einer versteckten Loge des teuren Weinrestaurants an der Schönhauser Straße saßen und der Kellner zum Rotwein Prager Schinken servierte: »Hast du schon einmal Schinken gegessen?« – »Das darf man doch nicht, steht im Talmud, genauer gesagt in den Tillim.«

»Nu, man muß ausprobieren, weshalb es verboten ist.« Der Junge probierte. »Trink ein paar Schluck Wein dazu«, riet der Alte.

»Es schmeckt sehr gut, Großvater!«

»Jetzt weißt du wenigstens, was du nicht essen darfst, wenn du ein frommer Jud sein willst.«

»Du ißt ja auch.«

Filip konnte schon wieder lachen, auch über sich selbst: »Bei mir kommt es schon nicht mehr drauf an.« Er fand den Ernst wieder: »Merk dir, Peter, ein anständiger Mensch ist wertvoller als ein frommer Jud.«

Filip liebte die Schönhauser Straße. Sie lebte. Nicht so gewalttätig wie das dumpfe, hektische, verwahrloste Gewühl des Scheunenviertels mit Grenadierstraße, Dragonerplatz, Münzstraße, Linienstraße zwischen Alexanderplatz und Hackeschem Markt. Hier, wo sich die U-Bahn in eine Hochbahn wandelte, die breite Straße überspannte und sich wieder in die Tiefe senkte, bevor das kleinstädtische Pankow erreicht war, wo die Berliner einkauften, wo Geschäft an Geschäft lag, schöne Läden mit anziehenden Schaufenstern – hier war Berlin mehr Großstadt als in der Prunkallee Unter den Linden. Das Leben lockte mit vielen kleinen Alltagssensationen, eleganten Autos und dem Bierwagen mit schweren, dichtmähnigen, dampfenden Pferden davor und peitscheschwingenden, bäuchigen, schnurrbärtigen Kutschern. Menschen flanierten, Liebespaare gingen eingehängt, die Alten machten Pausen dabei, Spazierer, schaulustig, neugierig. Dazwischen die Berliner Gassenjungen, frech und flink.

Es freute Filip, daß Peter das alles ganz in der Nähe finden würde. Sie liefen den letzten Teil des Weges.

Das Garbaty-Waisenhaus, das man mit dem Namen Heim aufgewertet hatte, ein recht imposantes dreistöckiges Gebäude mit einem Rasenvorplatz, großzügigem freundlichem Eingang, mit großen Stuckputten, dem Barock nachempfunden, vermittelte eigentlich den ermutigenden, gepflegten Eindruck der Wohlhabenheit.

Dieses Bild verdarben vergitterte Fenster im Parterre und, wenn man das Gebäude umschritt, hohe Mauern und Stahltore im Hinterhof. Es hieß schon genau hinschauen, um das zu bemerken. Und Peter, der Filips Hand sehr fest hielt, verlor ein wenig von seiner Angst. Kaum standen sie aber vor dem Eingang, da erfaßte ihn das heulende Elend. Filip legte ihm die Hand auf die Schulter. Peter hielt sie dort fest und versuchte, den Tränenfluß aufzuhalten. »Muß es ein ganzes Jahr sein? Und habe ich den ersten Urlaub im Herbst, wie Onkel Moritz versprochen hat?«

»Noch nicht im Herbst. Du hast es besser, wenn du dich erst eingewöhnst im Heim.«

»Warum bloß? Was hab ich denn angestellt? Ich werde nie mehr Torten aus der Speisekammer stiebitzen oder Frühbirnen pflücken.«

»Ich laß dich ja nur weggehen, Synatschku, weil du eine Familie brauchst.«

»Ich hab doch eine!«

»Du brauchst sie. Mir wirst du sehr fehlen. Schon deswegen hol ich dich von hier weg, sobald es nur geht. Beuge deinen Kopf und laß dich segnen. Jeworechecho adonaj wejischmerecho . . .«

Als das ungleiche Paar auf die Tür zuging, ließ Peter die Hand des Großvaters fahren, hob den Kopf trotzig und ging ihm voran.

Über die Schwelle der Nummer eins trat, vom Familienrat erwartet, Simon Pelz, nicht wie eine Person, die in Augenschein genommen werden soll, sondern wie ein australischer Schafzüchter, der sich ein Dutzend Saisonarbeiter anschauen will, die er für das Wollscheren gemietet hat. Ein glattrasierter Mann mit festem, rundem Gesicht, dünnem Haarkranz um die Glatze des kräftigen Schädels, gedrungen, mit festem Bauch, ein Mann, der seinen breiten muskulösen Oberkörper auf ziemlich kurzen, stämmigen Beinen trug. Straff, gebräunt und unverkennbar ein Jude. Das wiesen die breite gebogene Nase aus, die lebensfrohen Lippen und die romantischen, etwas mandelförmigen Augen.

Jude mochte er schon sein, zugleich jedoch ein Mensch, den Reisen und Abenteuer in aller Welt geprägt hatten, vor allem die Weiten des fünften Kontinents. Er sprach recht gut Deutsch, in das sich zuweilen ein Anglizismus mischte, kaum ein jüdischer oder gar jiddischer Ausdruck. Er wirkte ausländisch. Das mochte an seiner Kleidung liegen, dem breitrandigen Strohhut, der einem Sombrero ähnelte, an dem unkonventionellen Westernanzug und dem Buschhemd – wie unerhört: offen am Hals! Ein besitzstolzer Selfmademan, ein Autodidakt auch in seiner Bildung, seinem Kunstverständnis, derb und klug.

Er führte Esther in das Zimmer, hielt sie zärtlich und fest um die Hüfte gepackt. Wer will sie mir nehmen, ich habe ihre Mitgift selbst gezahlt. Seine große Handfläche allein deckte ihren Leib zu. Beschützer und Eigentümer bedeutete das, für alle, ob sie es nun wissen wollten oder nicht. Aber sie sollten es wissen!

Die Neugierigen wurden selbst unter die Lupe genommen, alle, alle, die Eltern, Ruben und Moritz, Rosa und Martha. Er hielt ihren Blicken stand und war nicht der erste, der den seinigen senkte. Sanft drückte er Esther, der Sitten unkundig, in den Thronsessel der Josefine, trat an den Tisch und sprach die Familie an: »Alles inspiziert, das Haus, die Filialen, den Stall mit Pferd und Vieh, die Felder, das Waldstück. Darin habt ihr ganz schön gehaust und gehauen. Die Schonung ist fast größer als der Hochwald. All right! Und jetzt werde ich euch etwas zeigen!«

Er knöpfte seine Jacke auf, lüftete die lange Weste, band einen breiten hellbraunen Ledergürtel ab. Er legte ihn auf den rotsamten gedeckten Tisch wie ein Weihnachtsgeschenk. Der Gürtel entpuppte sich als gefüllter lederner Schlauch.

»Goldpfunde habt ihr sicher noch nicht mit eigenen Augen gesehen. Sovereigns.« Simon hob den Schlauchgürtel wie ein Füllhorn und schüttelte die Goldstücke auf den Tisch. Der Tisch war so eng umringt, daß Simon sich kaum bewegen konnte. Er schuf sich mit Hilfe seiner Ellbogen und der Füße Raum, ein wenig rücksichtslos, aber erfolgreich.

Zuletzt fielen noch ein paar kleine Beutelchen aus feinem Marocainleder auf den Tisch. Pelz sagte, während er eines der mit Lederschnüren zugebundenen Beutelchen aufknüpfte: »Das hier ist mehr wert als Gold und Platin, Jade und Elfenbein.« Danach ließ er glänzende Diamanten auf seine Handfläche gleiten. Selbstbewußtsein und Bescheidenheit klangen aus seinen Worten. »Kein Orlow – kein Märchenschatz, keine Kronjuwelen, aber ein paar volle Karat läppern sich schon zusammen. Mannah für schlechte Tage!«

»Ein gelungenes Entree«, lobte Ruben, der seine Augen nicht vom Spektrum im Diamantenkörper losreißen konnte. Die entgegengesetzte Wirkung erzielte der zukünftige Schwiegersohn bei den Alten. Josefine war eher bestürzt, Filip rechtschaffen wütend: »So ein Protz, so ein Jankelpotz, so ein fetter Angeber.«

»Pst, Alter, er hat uns die ›Bohemia‹ gerettet.«

»Zum dritten Mal mußte jemand eingreifen, weil du zu unvorsichtig bist. Du übernimmst dich immer wieder bei dem Bauen.«

»Gerettet – nu, und wenn schon! Fragt sich nur, was er daraus macht?« Moritz überlegte: Vielleicht ließ sich mit ihm etwas anstellen. Saßen die Zechinen so locker wie die Goldstücke? Schmeicheln hilft immer. »Das müssen ja Millionen sein, die du da mit dir rumträgst.« Gutmütig klopfte ihm Pelz auf die Schulter: »Streich ’ne Null, Schwager.« Dann fand er etwas Besseres zu tun. Esthers Nacken war in verführerischer Nähe. Er streichelte ihn begehrlich, faßte sie an, wie man ein Hündchen packte. Sie schnurrte wie eine Katze, als er sie hochzog an seine breite Brust.

Plötzlich verstand Josefine, warum sie ihm sofort zugefallen war, wie ein reifer Apfel in den Schoß, sie fühlte die breiten Finger gleichsam selbst im Nacken. Ihr wurde heiß, als ob in ihrem Rückgrat ein Strom eingeschaltet wurde, und sie bekam unversehens Lust auf Filip. Fortan betrachtete sie Simon milder. Und von Esther dachte sie: Das Mädel kommt doch nach mir, und wünschte der Tochter so viel Glück, wie ihr Filip auch als Liebhaber gegeben hatte und gab.

Simon legte den Schlauchgürtel wieder um, spuckte ihn vorher an fürs Glück. »Für uns reicht es, Esther. Für das Haus fallen auch noch ein paar Knöchelchen ab.«

Etwas, worüber er keine Kontrolle hatte, zwang Moritz herauszuplatzen: »Und die Familie?«

Pelz sah nicht nur Moritz an, den neuen Schwager. Alle musterte er von oben bis unten und der Reihe nach, und wenn er links aufgehört hatte, fing er rechts wieder an. Darauf antwortete er: »Was die Familie angeht, die heirate ich nicht. Ich heirate Esther, *nur* Esther!«

Simon dauerte alles zu lange. Er fuhr über die Grenze, besuchte den neuen Rabbiner in der Kreisstadt Nachod, heizte seinem Rechtsanwalt ein, er möge in den Verhandlungen bitte nachgiebig und dafür schnell sein, auf ein paar Tausender hinauf und hinunter käme es nicht an. Er ruhte nicht, bis der Termin bestimmt war und der mit einer Plane bedeckte Leiterwagen der Nachoder jüdischen Gemeinde vorfuhr, die den vom religiösen Gesetz vorgeschriebenen Baldachin, die Chuppa, gegen hohe Gebühr an Hochzeiter auslieh. Die bärtigen Männer, Insassen des Armenhauses der Gemeinde, Alte, noch gut bei Kräften, reinigten die Teile mit Lappen und Staubwedeln, die reichgeschnitzten Ständer, das Dach mit Fransen, gesticktes Goldbrokat, trugen sie in den Saal und errichteten den Baldachin vor dem Betpult. Ihr Vorarbeiter meldete Filip: »Pane Polan, die Kehille darf hereinkimmen. All's ist fertig.«

»Zuerst muß ich mit Herrn Pelz eine Generalprobe veranstalten«, wandte Rabbiner Brodski ein. Er führte den Bräutigam in den Saal. Simon fand, dieser Rabbiner wer ein junger, erstaunlich moderner Mann, und der einfache Ornat mit Bäffchen sah dem der kalvinistischen Pastoren in Australien zum Verwechseln ähnlich. Ihm schien es grotesk, daß ausgerechnet *der* ihm fromme jüdische Bräuche beibringen solle.

Rabbiner Dr. Brodski sprach sehr gutes, pragerisch gefärbtes Deutsch. Er schob Simon hinter den Bonkontrolltisch: »Hier müssen Sie warten, Herr Pelz. Der Brauch will es so, daß der Bräutigam dem Junggesellenstand nur sehr ungern entsagt und die Gemeinschaft der jungen Männer nicht freiwillig verlassen will, um die große Verantwortung des neuen Hausstandes zu tragen. Also wird der Bräutigam von jungen, schadenfrohen Männern und alten pflichtbewußten gewaltsam zum Baldachin gezerrt, wobei er Widerstand zu leisten hat. Junge sind leider nur wenige da. Also müssen die Alten es tun.«

»Wozu das Affentheater«, opponierte der Ehekandidat. »Mich muß man nicht zwingen. Ich *will* doch heiraten!« Der Rabbiner brach in ein ganz ungeistliches Lachen aus. »Die meisten wollen, wenigstens zu diesem Zeitpunkt. Deshalb gibt es ein altes Sprichwort für die Leute, die auf etwas brennen, aber so tun, als wollten sie nicht: ›Schlepp mich, ich geh' gern!‹ «

Simon schlug dem Rabbiner auf die Schulter, daß er in die Knie ging. »Gut ist das. Das merk' ich mir. Okay! Na bitte! Dann schleppt mich auch mal. Ich mache mit. Habe lange genug als Heide in der Buschwildnis gelebt. Jetzt probier ich mal die frommen Juden aus. Bringen Sie mir's bei.« Die alten bärtigen Juden erregten noch einmal seine Heiterkeit: »Sollen die mich etwa schleppen? Dann wird's problematisch mit dem Widerstand, Doktor. Ein ganzes Dutzend dieser Suppenhühner bringen mich noch keinen Schritt von der Stelle.«

Die Täuschung gelang zur Zufriedenheit der Anwesenden. Das Brautpaar stand unter der Chuppa. Der Kantor Tikoschinski sang den traditionellen Trauungspsalm »Miadir« so schön wie nie zuvor. Esthers Schleier wurde über den Kopf gestreift. An dieser Stelle hätten nach dem Gesetz der Frommen ihre Haare unter der Schere fallen sollen, hätte die Perücke, Scheitel genannt, aufgesetzt werden müssen, ohne die sie nur der Ehemann erblicken durfte. Simon hatte gewütet, getobt, ob man denn noch im Mittelalter lebe. Kein Haar dürfe Esther gekrümmt werden. Und da sich auch Josefine nur die Andeutung einer Perücke gefallen ließ und lieber Tücher trug, als auch nur die Andeutung zu zeigen, da fernerhin in der herbstlichen Jahreszeit weder Chassidim noch andere Orthodoxe als Teilnehmer zu erwarten waren, gab sich der Familienrat mit einem symbolischen künstlichen Tuff zufrieden. Die Zeugen sagten ihr Sprüchlein, die Ringe wurden gewechselt, ein Zugeständnis an das moderne weltlich-amtliche Hochzeitszeremoniell, das den Rabbiner als Standesbeamten anerkennt.

Der Segen des Rabbi, das Lob des Allmächtigen durch den Genuß des Weines, der Kiddusch, der Schlußgesang des Kantors gingen vorbei. Simon, der Spötter, sah mit tränenden Augen den geöffneten Thoraschrank, die Gesetzesladen in goldbestickten Samtkleidern und die Silberbehänge und Beschläge in einem Gemisch von Gold und Silber verschwimmen. Die Zeremonie hatte ihn gegen seinen Willen beeindruckt. Dazu war er heimgekommen, Esther der unerwartete Hauptgewinn.

Einer gewann an Simon keinen Geschmack: Filip mochte die Kosmopoliten nicht gerne, die Weltenwanderer ohne eigene Nation, deren Haus der Globus war. Die Zionisten aber verachtete er, der slawophile Nationalist, weil sie die Juden aus ihrem Volksverband lösten, in dem sie gerade anerkannt zu werden begannen.

Solche würden in der Ferne des Ostens keine Araber aus ihrem Land und von Haus und Hof vertreiben, nur deswegen, weil die Kinder Israel vor zweitausend Jahren einmal das Land bewohnt hatten, in einer der Nomadenetappen ihrer Jahrtausende währenden Geschichte. Er klagte mitten in der Feier zu Josefine wieder einmal über seine unpolitischen, selbstsüchtigen Kinder: »Ruben ist immer noch ein Geizhals, Moritz ist geworden ein Intrigant und Spekulant, Miklosch ist nichts als ein durchschnittlicher

Uniformschneider, eitel auf seine schnurrbärtige, magyarische, lackierte glatte Schönheit. Esther nebbich bleibt, das bildschöne Lämmchen. Alles schlimm genug. Die hab ich wenigstens mit dir in die Welt gesetzt. Dieser Mann aber ist ein Fremder, ein jidischer Goj. Und seinetwegen hab ich Peterchen weggeschickt! Mein Peterchen!«

Er fühlte sich einsam, krank und unglücklich. Seine Frau fand keine tröstenden Worte.

In den nachfolgenden Monaten gingen sich der Chef und Simon höflich aus dem Wege. Sie grüßten sich von weitem, als der Schwiegersohn von der Hochzeitsreise aus Brüssel zurückkam, wo er es verstanden hatte, Geschäft und Flitterwochen miteinander zu versöhnen, indem er einer Einladung zum Treffen des internationalen Clubs der Diamantenbörse folgte. Die erste große Auslandsreise der jungen Frau war sehr glücklich und harmonisch verlaufen, und Esther liebte ihn dafür. Sie liebte ihn ohnehin. Zu fragen wäre, ob mehr als Liebhaber oder als Retter der »Bohemia«. Denn so schön es unterwegs war, sie träumte nach Umarmungen, die sie mit allen Sinnen genossen hatte – von ihrer Hotelküche. Sie nahm seine Liebe dankbar entgegen. Ihre eigene Zärtlichkeit beglückte ihn erst, nachdem sie heimgekommen waren.

Simon erlebte seit mehr als dreißig Jahren wieder einen echten weißen Winter. Zu Josefines Geburtstag kamen die Söhne, die noch jede Gelegenheit ausgenutzt hatten, um die Gastfreundschaft der »Bohemia« zu genießen, und Simon glaubte es seiner jungen Frau schuldig zu sein und auch recht zu machen, wenn er die ganze Familie zu einer Schlittenpartie mit anschließendem Dinner einlud. Welch Irrtum!

Eigentlich hatte er sich vor allem selbst eingeladen und frohlockte, während er Esther an sich drückte: »Vierzig Jahre habe ich mir so eine Schlittenfahrt im Winter gewünscht. Weißt du, ich bin als Junge einmal so durch den Grunewald gefahren worden, mit Ponys, nach einer Kindergeburtstagsfeier. Bis heute unvergessen. In Australiens schwüler Hitze träumte ich davon.«

»Deshalb die Tour nach Reinerz?«

Er nickte heftig mit dem Kopf, wie die Pferde, deren viele Glöckchen am Kummet hell klingelten, um eine Oktave höher als jene am Schlitten. Sogar an der Leine, neben dem Kutschbock, am Gepäckgestänge waren sie festgemacht. Esther lachte Simon zärtlich aus: »Ein großer Junge bist du heute noch, Simon, und ein unmöglicher Mensch dazu. Die ganze Familie lacht über deine Idee von der Schlittenpartie.«

»Lachen ist geprahlt.« Moritz, der im zweiten Schlitten mit den Eltern und Ruben hinterher fuhr, schimpfte: »Zur Audienz mit Ausfahrt befohlen, weil ein Primitiver, ein halber Wilder sich das in den Kopf setzt.«

Filip gab ihm recht: »Sind wir Zigeuner oder armselige Holzfäller aus Karpatorußland?«

»Er macht uns zum Gespött der Leute.«

Beschwichtigend, mit dem Versuch zu glätten, auszugleichen, damit sich ihr kränkelnder Filip nicht aufrege, zog Josefine das Thema ins Lächerliche: »Das nächste Mal nehme *ich* ihn mit, wenn ich auf die Dörfer fahre und das Geflügel und junge Kälber einkaufe. Das wird ein Spaß – und ihm vergeht er. Wollt ihr wetten? Stellt ihn euch vor.« Gleichzeitig blitzte ein Gedanke durch ihren Schädel. *Die* Wette verlier ich, ein Schafzüchter, aus Australien!

Irgendwie jagte er wohl auch Moritz Furcht ein: »Lieber nicht, Mamme. Er soll vom Hotelbetrieb so wenig wie möglich mitkriegen. Alles, was er soll, ist Geld geben.«

Filip seufzte: »Von Samuel hätt's ich lieber genommen.«

Es dauerte bis ins Frühjahr, daß Josefine die Gelegenheit gehabt hätte, Simon auf die Dörfer mitzunehmen, doch sie ließ sich lieber von Mariechen begleiten. Der Leiterwagen war bis zu vier Metern Höhe voller Hühnerstiegen. Es krähte, gackerte, tschilpte vielstimmig. Der Inhalt, alle Sorten Federvieh, war für den Verzehr und zur Vorratshaltung, auch zum Mästen bestimmt.

Sie saßen auf dem Kutschbock des großen Leiterwagens. Josefine fühlte sich wie in der Zeit, als Filip sie umwarb. So war sie auch angezogen, die dunkle, hell gepaspelte Trachtenschürze über den vielen Röcken der Landleute, das bunte Bauerntuch um den Kopf gebunden, derbe Stiefel bis zu den Kniekehlen und von oben bis unten mit Federn besät; Mariechen ging es ähnlich.

Im Bewußtsein, gut und billig eingekauft zu haben, kutschierte die Hotelbesitzerin die Rösser der »Bohemia« nach Hause. Unterwegs, am Ausgang der Bäderstraße, begegnete ihr Simon. Er fuhr seinen weißen Stoewerwagen, trug einen dazu passenden hellen Tweed, winkte ihr fröhlich zu, flirtete mit hübschen Mädchen am Straßenrand, schwenkte seinen Sombrero. Josefine kommentierte: »Der gibt an! Die Männer können's nicht lassen, ist ja auch keine schlechte Partie, auch kein schlechter Mensch, paßt bloß leider nicht hierher. Ausgerechnet Grenzbrunn! Warum ist er nicht in Australien geblieben.«

»Ob wir ihn nicht etwa schrecklich langweilen, Chefin?«

»Na ja, vom Hotelbetrieb versteht er nichts – eine Kette Imbißstuben im Busch ist keine Gastronomie. Er sieht alles mit Augen, die was sind gewöhnt die Weite. Eins kann er sehr gut, Mariechen: rechnen, kalkulieren. Der läßt sich nicht von Ruben und nicht von Moritz in ihre Pleitegeschäfte hineinziehen. Beruhigt mich wegen Esther.«

»Mit Frau Esther lebt er gut.«

»In den Nächten, beim Spazierenfahren, wenn sie sitzen am Tisch zum Essen. Das reicht nicht für ein Leben. Lange hält sich das nicht. Er hat keine Leidenschaft für das Haus, das Hotel, die ›Bohemia‹. Er ist ein Geldmacher, ein richtiger, nicht wie nebbich meine Söhne, er berechnet jede Chance genau, kühl. Alle seine Wärme gehört Esther; zu den anderen Menschen – ich bin eine Ausnahme, verstehst du, Mariechen – zu sehr nüchtern. Es brennt nicht in ihm – wie Filips Sehnsucht nach Peter.«

»Im Spätherbst kommt das Kind zurück.«

»Spätherbst – bis dahin dauert es noch lange.«

3. Peter zahlt für seiner Mutter Ehebett

Bohnerwachs! Von früh bis abends drang der kräftige Gestank der billigsten Sorte durch Korridore und Gänge, das Treppenhaus hinauf bis zum Bodenstockwerk. Peter würde es riechen, in der Nase behalten sein ganzes Leben lang, Bohnerwachs. Die mit Linoleum bespannten Fußböden glänzten wie lackiert. Sauberkeit ist das halbe Anstaltsleben, predigte Oberlehrer Kron den Bettnässern, die aus Erziehungsgründen für das Bohnern ausersehen waren. Es sollte sie bessern.

Sauber und ordentlich ging es zu vom Weckruf bis zum Schlafengehn, Frühgymnastik im Sommer auf dem steingepflasterten Innenhof, in den Schlafsälen bei geöffnetem Fenster, sobald es im Freien zu kalt war, Abmarsch zum Frühstück. Was man auch tat, nie tat man es allein, immer mit der Klasse, in der Gruppe, im Haufen, was man auch anhatte, es trugen die anderen ebenso, den grauen Anzug aus festem Tuch, derb und unverwüstlich, Schillerkragen im Sommer, Lodenmantel im Winter, Lärmen streng verboten! Lärmen fing beim lauten Reden an, also ging man die Treppe hinunter, man sprang nicht, man redete nicht in den Gängen und auf der Treppe – man flüsterte.

Die Zöglinge arrangierten sich mit den Herrschenden, wehe, wer sich nicht unterwarf in dieser vorzüglich geführten Waisenanstalt mit eigenen Lehrwerkstätten für Tischler, Schlosser, Maurer und Maler. Wer sich nicht unterwarf, war Peter Samuel. Er kapselte sich mehr und mehr ab, versetzte sich in andere Welten, indem er alles in sich hineinlas, was er erreichen konnte.

Und das war viel, weil der jungverliebte Student, der in der Lehrerbibliothek amtierte, nicht viel von administrativer Arbeit, Ordnung und Buchpflege hielt und Peter seine Freizeit damit verbrachte, ihm zu helfen, obwohl diese Bibliothek Zöglingen verschlossen war. Die Anstaltsleitung war zufrieden, den Störenfried auf diese Art und Weise loszuwerden, und seine Literaturliste, er schrieb sich alles auf, verlängerte sich zusehends. Hatte er am Anfang hungrig gefressen, so las er bald kontrolliert, ein Feinschmecker der Literatur. Der Student bedankte sich für geschenkte Liebesstunden mit seinem Mädchen durch behutsame Führung. Er behauptete, ein Mensch lerne zweimal lesen, erst mit der Fibel und später in Büchern. Von Scotts »Ivanhoe« bis zu den »Elenden« des Victor Hugo, zu Zola zum »Fähnlein der sieben Aufrechten« von Gottfried Keller. Sogar an Thomas Manns »Buddenbrooks« wagte sich der Junge heran. Sie brachten ihn zum ersten Nachdenken über seine »komische Familie«, und mit Tolstois »Krieg und Frieden«, das er als Panorama und sehr oberflächlich verstand, kam ihm Pinschewski wieder nahe und die Zemlinska, Upton Sinclair ließ ihn Onkel Joe verstehen. Die Lesewut half Peters seelischem Gleichgewicht wenig, sie brachte ihm den Verlust der Freiheit nur noch stärker ins Bewußtsein.

An einem Tag, der nicht war wie jeder Tag, doch allen ähnlich, im September, als Lotte wieder nach Berlin geschickt worden war, um den Restaurantbetrieb im »Russischen Hof« zu eröffnen, der den Sommer über nur als Schlafpension »ohne Service« geführt wurde – an diesem Tag, willkürlich herausgegriffen aus vielen und nur ausgezeichnet dadurch, daß Lotte Peter zum »Ausgang« abholen durfte, spiegelte sich Peters Jahr des Lebens im Garbaty-Waisenhaus wie ein Sonnenstrahl in einer grauen Pfütze.

Er fing ganz ordentlich an. Nach dem Wecken standen die Zöglinge in kurzen Hosen und Leibchen neben den Stühlen, auf denen die militärisch genau zusammengefalteten Kleidungsstücke lagen, die Tür zum Korridor war geöffnet, auch die zum Musikzimmer vis-à-vis, wo ein Schüler den Marschrhythmus auf das Klavier hämmerte, nach welchem sie im Schlafsaal ihre Freiübungen turnten, vom Hauslehrer, der in der Mitte stand, dirigiert.

Später, nach dem Beten und dem Frühstück im Speisesaal, in dem sich trotz Bohnerwachs und vielen Lüftens für immer der gleiche Durchschnittsgeruch von Kartoffeln, Kraut und undefinierbarem Soßengemisch festgesetzt hatte, die »ewige Speisekarte«, ging es eine Stiege hinunter zur Schule, der Peter seine einzigen Erfolgserlebnisse im Heim verdankte. Das tat gar nicht gut, weil ihm der Lehrstoff leicht zufiel und die Mitinsassen ihn beneideten. Obwohl er gewiß kein Streber war, vorsagte, abschreiben ließ und Schwächeren half, nahmen sie ihm übel, daß er Primus war. Dabei lag ihm gar nichts daran. Er hielt sich in der Schule schadlos für alle Demütigungen, die ihm der Tag brachte. Er nahm hungrig auf, was zu lernen war, und die guten Lehrer fanden Spaß daran, weil er ihr Wissen ausnutzte. Die Mitschüler hingegen genossen die Macht der Solidarität und die Überlegenheit des Haufens über den einzelnen. Peter mußte sich oft seiner Haut wehren. Er tat es nur in den Anfangsmonaten mit den Fäusten, dann stellte er sich auf die anderen ein und mimte guten Durchschnitt, weil die Prügeleien außer blauen Flecken, Schrammen und Beulen nur noch mehr Lehrerschelte, Strafarbeiten und beamtete Prügel einbrachten.

Die ersten vier Stunden gingen ohne besondere Vorkommnisse zu Ende. Deutsch-Klassenaufsätze zurückerhalten: sehr gut, Mathematik: die vierte Proportionale, Erdkunde drangekommen, mündlicher Vortrag: ohne Panne, Religion – Israel in Ägypten. Anstrengend, wie der junge Rabbiner auf Wortgenauigkeit und Auswendiglernen des Bibeltextes bestand –, dann Singen. Natürlich wieder die Psalmen für das Jahresfest Rosch-ha-schana in der großen Garbaty-Synagoge. Langweilig. Und so sangen sie auch in der Singeklasse vor dem hohen Katheder bis auf die Brummer, die beneidet in den letzten Bänken sitzen durften. Der Chor klang, wie er war – müde: »Wie schön sind deine Zelte, Jakob, deine Wohnungen, Israel . . .« Oberlehrer Kron schäumte, als täten sie ihm ein persönliches Unrecht an: »Euch werde ich Stimmung machen!« Kron hob den Rohrstock, der sein Taktstock war: »Nach dem Alphabet vortreten. Erst die Rechte, dann die Linke ausstrecken.« Er las aus dem Schülerverzeichnis vor: Aaron, Altmann, Ast . . . Der erste trat vor, kriegte seine Hiebe über die Handflächen, drehte sie um, versuchte ein heldisches Grinsen – es entgleiste immer – und setzte sich. Der Nächste folgte – und während Namen und Schläge wechselten, stieß ein Junge Peter an: »Du Hund, du hast immer Schwein. Du fängst mit S an. Ehe du dran bist, issa schon schlapp.« Das Glück hielt weiter zu Peter. Die Ankunft des Anstaltsdirektors unterbrach und beendete sogar die Massenstrafe. Oberlehrer Kron legte Schülerverzeichnis und Rohrstock beiseite.

Das Mittagessen schlang Peter in sich hinein, ohne zu merken, was er aß. Mit seinem ganzen Ich war er schon nicht mehr in der Anstalt, außerhalb der beschränkten, hygienisch-chemisch gereinigten Freiheit des Hauses in der Weite der wirklichen. Endlich, endlich gab der Hauslehrer die Erlaubnis, sich nach dem Gebet vom Tisch zu erheben. Wie sehr er auch rannte, an der Schranke vor der Pförtnerloge stand schon eine Schlange Jungen, blankgerieben, nach Kernseife riechend.

Die Pförtnerloge, in Wirklichkeit eine Art zivile Hauswache, spielte in der Anstalt eine wichtige Rolle. Keiner kam ohne Erlaubnisschein an ihr vorbei. Viel hing vom guten oder bösen Willen des gestrengen Diensthabenden ab, ob die feste Holzschranke zur Seite geschoben wurde. Selbst die Haustür öffnete sich nur auf seinen Klingeldruck. Der Erlaubnisschein, vom Direktor oder Oberlehrer unterschrieben, trug den Anstaltsstempel, und eben jagte ein Junge wie von Furien gejagt die Treppe hoch: Auf seinem Papier fehlte der Stempel.

Es folgte die persönliche Inspektion. Die Zöglinge drehten sich vor dem Pförtner wie vor einem Spiegel. Wehe ein Stäubchen! Der Pförtner besaß einen Satz Bürsten, und zuweilen benutzte er beide Seiten. Als Peter erschien, staunte er: »Dich sieht man aber selten!«

Kleinlaut flüsterte Peter: »Ich hatte Ausgehverbot – viermal.«

»Weshalb?«

Schulterzucken.

»Na?«

»Ich habe Seifenblasen aus dem Fenster gepustet.«

»Und?«

»Eine freche Antwort gegeben.«

»Das sind erst zwei Ausgehtage!«

»Geprügelt habe ich mich.«

»Ach ja«, der Pförtner schien informiert und gutgelaunt.

»Warum verkloppst du die Stadtkinder. – Na, geh schon, bevor der Hauslehrer sieht, daß du heulst, sonst kriegst du dein fünftes Ausgehverbot. Und vergiß nicht vor Erew Jonteff wieder zurück zu sein. Heut' abend beginnt der Feiertag.«

Da rannte Peter los. Mit einem Summen öffnete sich die Tür, er schlüpfte hinaus, klein gegen die hohe, mächtige Tür. Ängstlich sah er zurück zum schönen Säulenportal. Ob sie ihn nicht doch noch einmal zurückriefen? Dann rannte er los, Lotte geradewegs in die Arme.

»Kleiner Mann, hast dich tüchtig gestreckt. Schmal bist du und blaß. Weiß du was, wir fahren in den Wedding zu meinem Onkel. Das gibt einen Spaß. Ich hab mir im ›Russischen Hof‹ frei genommen. Dort geht alles drunter und drüber. Die Familie ist sowieso in Grenzbrunn.«

Das entsprach zwar der Wahrheit, jedoch wurden auch Simons Geschäfte im Restaurant des »Russischen Hofes« abgewickelt, sein Rechtsanwalt ging dort ein und aus. Der Junge stand in Gefahr, etwas aufzuschnappen, was nicht gut war für sein Seelenheil. »Lotte, ich muß heute um sieben zurück sein. Unser großer Feiertag beginnt, das Neujahrsfest.«

Langsam erwachte Peter aus seiner Lethargie. Er nahm ihre Hand, zog Lotte mit sich an die Flanke des großen Gebäudes vor ein hohes, breites Stahltor, das den Innenhof verbarg. »Komm mal her, Tante Lotte, ich zeig dir mein Beet.« Das Tor hatte ein Guckloch. »Schau mal links, das zweite da an der Mauer.« Lotte tat ihm den Gefallen. Sie sah mehrere Reihen schmaler Beete, halbmeterbreit – meterlang. Das ganze Gärtchen sah aus wie der Kleinkinderfriedhof einer Engelmacherin, von der Hofmauer und der Wellblechwand eines Schuppens eingerahmt.

»Da kommt aber wenig Sonne hin«, wagte sie zu sagen.

»Am Vormittag scheint sie rein. Und es wächst wirklich alles«, rief Peter begeistert.

»Wann hast du das letzte Mal gegossen?«

»Jetzt darf ich wieder, weil ich nicht mehr auf der Strafbank sitze. Oberlehrer Kron sagt, ich war ›drauf abonniert‹.«

Drinnen im Hof wurden Stimmen hörbar. Hastig nahm Peter Lotte bei der Hand: »Komm schnell weg, sonst muß ich gleich wieder rein.«

»Gehn wir, und du darfst ruhig Lotte zu mir sagen, ohne Tante. Ich bin kaum acht Jahre älter als du.« Sie errötete. »Ich bring dich schon rechtzeitig zur Synagoge.«

Der Betsaal der Garbaty-Synagoge, groß, ein hoher schöner Saal, eine breite Empore mit den Altären, den Thoraschränken, die Zehngebotetafel darüber, und vielen großen Silberleuchten. Zu seiten des Thoraschrankes die hohen Repräsentationsstühle für Kantor und Rabbiner, ähnlich wie in der »Bohemia« angeordnet. Nur die große Loge der Honoratioren zu beiden Seiten der Altarempore gab es in der »Bohemia« nicht. Dort präsidierte Herr Garbaty persönlich mit seiner Familie, seinen Freunden.

Unten saßen in den ersten Reihen die eingeschriebenen Gemeindemitglieder, auch ehemalige Zöglinge, aus denen etwas »geworden« war, und die Lehrlinge, im Rang darüber die Damen. Erst dahinter auf Holzbänken die Zöglinge. Eigentlich war der Gottesdienst schon beendet, als der Direktor der Anstalt zum Altar trat, eine lange Liste in der Hand, die dem Schülerverzeichnis, auf dem Oberlehrer Kron die mit Stockschlägen zu Ermunternden notiert hatte, zum Verwechseln ähnlich sah. Nach dieser Liste wurde nicht geprügelt, sondern gesegnet. Denn der Herr Direktor sprach: »Unser edler Gönner, Herr Garbaty, fährt mit der Segnung seiner Schützlinge fort. Letzten Schabbes sind wir bis zu dem Buchstaben K gekommen. Wir fahren fort: Koppel, Konijewski, Kogut, Kostmann, Kubietz, Kukel, Kulinski . . .«

Aus den mittleren Bankreihen erhoben sich die Aufgerufenen, näherten sich der Empore im Gänsemarsch durch den Mittelgang, senkten, bei Herrn Garbaty vorbeidefilierend, vor ihm eine Sekunde anhaltend, das Haupt. So viel Zeit brauchte er, um seine Hand darauf zu legen. Nachdem das Dutzend voll war, es mußten ja für jeden Sabbat und Feiertag ein paar zu Segnende übrig bleiben, ging der weißhaarige Herr zu seiner Loge zurück, wo ihm der Sekretär reichlich Eau de Cologne über die Hände schüttete.

Und nun wußte Peter, der mit dem Chor zur Orgel ging, genau, wofür die Prügel ausgeteilt worden waren. Er sang mit den anderen: »Wie schön sind deine Zelte, Jakob, deine Wohnungen, Israel.« Die Schönheit der Worte und der Melodie beflügelte die Zöglinge. Und sie sangen gar nicht langweilig.

Nun kam, wie stets nach der Segnung, die Aufzählung der in dieser Woche geschehenen Wohltaten des Herrn Garbaty durch den Direktor, und Peter hatte Muße, Großvaters Foto, das in seinem Gebetbuch lag, so sehnsüchtig zu beschauen, daß eine Träne darauf fiel.

Diese Nacht plagte ihn die Schlaflosigkeit.

Filip Polan war ein so guter Mensch gewesen, daß es auch der Tod gut mit ihm meinte. Er schlief auf seinem Lieblingsplatz auf der Terrasse ein, hatte die Pfeife beiseite gelegt, weil er sich sehr müde fühlte. Niemand bemerkte, daß er starb. Als man ihn fand, entstiegen der treuen Begleiterin noch ein paar kleine, blasse Wölkchen.

In ihrem tiefen Schmerz, sie ahnte nicht, daß er auch ihrem bis dahin gesunden Herzen einen zerstörenden Schock zufügen würde, fand Josefine Zeit zu begreifen, wie sehr Großvaters Tod Peter treffen würde, und noch in derselben Nacht jagte sie Rudolf nach Berlin, den Erben zu trösten und heimzuholen.

Der Direktor des Waisenhauses bedauerte den Abgang des Peter Samuel, nun, da er sich zu Ordnung und Disziplin durchgerungen habe und dabei sei, ein leuchtendes Vorbild der Anstalt zu werden.

»Er war wohl recht unbequem?« fragte Rudolf hoffnungsvoll. »Hat er sich denn sehr gerauft?« Der Direktor legte seine Stirn in ernste Falten: »Im Anfang so sehr, daß wir zu gravierenden disziplinarischen Maßnahmen greifen mußten.« Armer Peter, dachte Rudolf. »Wir hatten große Sorgen mit ihm«, fuhr der Direktor wichtig fort. »Im übrigen ein recht guter Schüler mit rascher Auffassungsgabe. Er singt im Chor. Der Turnlehrer lobt ihn sehr. Das ist ein zweischneidiges Schwert. Seine athletische Bereitschaft barg eben die Schattenseiten in sich. Er wußte nicht, wohin mit seiner Kraft.«

»Sie meinen, sie zwang ihn zum Prügeln? Vielleicht zwang sie ihn eher zur Verteidigung.«

Der Direktor reagierte pikiert: »Prügeln ist Prügeln, ganz gleich aus welchen Gründen. Wir halten nichts von solchen feinen Unterschieden. Da hätten wir viel zu tun.«

»Aha, da haben Sie ihn lieber erst bestraft und dann befragt. Oder überhaupt nicht Schuldige gesucht. Sie hatten einen, und es war immer derselbe. Haben Sie schon etwas von jüdischen Antisemiten gehört?«

Der Direktor, weder berührt noch beleidigt, spielte seinen vermeintlichen Trumpf aus: »Ein Beweis für die Berechtigung unserer Maßnahmen liegt in seiner positiven Entwicklung. Seit wir ihn etwas, hm, gezügelt haben, hat er sich der Anstaltsordnung mustergültig angepaßt.«

»Soso, ich fürchte, die Trauernachricht wird ihn sehr hart treffen.«

»Begleiten Sie ihn zurück nach Grenzbrunn? Er ist immerhin erst zwölf.«

»Selbstverständlich. Und bitte sagen Sie ihm nichts, Herr Direktor. Nur, daß ich draußen auf ihn warte.«

Später Herbst. Schnee lag in der Luft. Der Sackischer Bahnhof träumte von der Luxussaison, erwachte nur, weil ihn das Pfeifen der Lokomotive des kleinen Bähnleins vom Lewiner Tunnel her weckte, öffnete ein verschlafenes Auge, das vollkommen ausreichte für die viereckigen Bummelzugwagen mit vorgespannter Kleinbahnlok. Denn der Bäderexpreß verbrachte die Monate von November bis März selbst in seinem Kurort, der Reichsbahninstandsetzungswerk hieß.

Als sie aus dem Zuge stiegen, erkannte Esther ihr Kind erst beim zweiten Hinschauen, so sehr hatte es sich verändert. Als wäre das Kindliche von ihm abgefallen, als wären nur die vorwurfsvollen Augen geblieben, so hatte er sich gestreckt. Und doch freute sich Peter, rannte ihr entgegen, umarmte sie, weniger weil sie seine Mutter, als deswegen, daß sie Filips Tochter war.

»Maminka!«

»Petřičku!«

Sie nahm ihn bei der Hand, was ihr etwas merkwürdig

vorkam bei einem ernsten jungen Mann, staunte, daß sie ihn geboren hatte, und zog ihn in den Wartesaal, an Täuber vorbei, der ihm herzlich zunickte und zu dem Peter hinlaufen wollte.

»Nachher, erst laß dich anschauen. Du bist sicher müde und hungrig.« Sie rief zur Theke: »Für mich einen Kaffee, Peter bekommt eine große Tasse Schokolade mit viel Schlagsahne. – Mager bist du geworden, mein Kind, wir werden dich schon herausfüttern.«

»Wann ist er . . .?«

»Tatinek ist ohne Schmerzen hinübergeschlafen.«

»Kann ich zu ihm?«

»Vorher muß ich mit dir reden. Weißt du, es ist persönlich. Noch bevor wir in die ›Bohemia‹ kommen.«

Esther errötete und machte dabei das Gesicht eines ertappten Schulmädels. Peter dachte daran, wie Lotte sich verbeten hatte, Tante genannt zu werden, und wunderte sich auf einmal, daß diese verlegene junge Frau seine Mutter sein sollte.

»Weißt du, ich wollt' nicht mehr allein bleiben. Und du brauchst einen Vater, und beide brauchen wir jemanden, auf den wir uns verlassen können. Ich habe geheiratet. Simon Pelz heißt er. Sei lieb zu deinem Vater und nicht bokkig. Er wartet auf uns. Ich hab' ihn sehr gern.«

Peter war bereit gewesen, dieser hübschen jungen Frau, die seine Mutter war, zu geben, was ihr gebührte, Zärtlichkeit, Liebe, Verehrung, Dank. Seine Gefühle drängten ihr entgegen. Sein Staunen über ihre ersten Worte wandelten sich, als ihm ein Licht aufging, wem er das schlimmste Jahr seines Lebens verdankte. Seine Sympathien schlugen um in Enttäuschung und Bitterkeit. Ungeheuerlich war das.

»Deshalb habt ihr mich ins Waisenhaus . . .«

»Ich nicht, nicht allein, die Familie. Ist ja nicht so wichtig. Rudolf sagte, du hast so gut gelernt dort, daß du . . .«

»Nie wieder«, schrie Peter so laut, daß Täuber erschrokken aufsprang. »Nie wieder geh ich zurück. Eher laß ich mich vom Zug überfahren!«

Esther weinte: »Ich laß dich auch nicht mehr ins Waisenhaus. Moritz soll mich kennenlernen. Du bleibst bei uns, Peterchen.«

Merkwürdig, daß ihn diese Aussicht gar nicht so sehr beglückte. Peter blieb wortkarg, bis sie die geliebte »Bohemia« erreichten, und seine ersten Worte im Gang vor Zimmer eins, dessen Türfassung schwarz ausgeschlagen war, hießen: »Darf ich zu ihm?«

Ein paar bärtige Männer, die breitrandige schwarze Hüte trugen, verließen den Raum. Tikoschinski schloß die Tür ab, hob die Hände abwehrend, als Peter näher kam: »Du darfst nicht, Peter. Der Talmud sagt, man muß sein ein Bar–Mizwah, also eingesegnet, bevor man wird zugelassen zu einem Toten, wenn der Sarg ist noch offen.«

Esther wurde aus der Küche gerufen. Sie sagte schnell: »Sei brav, Peter« und rannte zur Arbeit. Der Junge beschwor den Kantor: »Er war nicht nur mein Großvater, er war mein . . . mein Freund.«

Der Fromme rettete sich ins Jiddisch: »As di willst weren a guter jid, a chossid, misst di folgen der thoire.« Und damit ihn Peter richtig verstand, fügte er hinzu: »Und wenn er noch so jung ist, ein Jude folgt der Heiligen Schrift.« Er ging achselzuckend fort. Peter lehnte seinen Kopf an die Türfassung und weinte.

Von der Terrasse her sah Simon den Jungen, eilte in die Halle. Er wußte sofort Bescheid, wer der Junge war, was ihn quälte, und führte ihn stumm von der Tür fort zu einem der tiefen Ledersessel in der Halle. Er setzte sich hinein, zog den Jungen zwischen seine Knie, klemmte ihn dazwischen fest. Der ließ sich das gefallen und wunderte sich selbst darüber.

»Let me have a look at you, my boy. Ach so, ich meine, laß dich anschauen.«

Zutraulich und angerührt meinte Peter und trocknete dabei seine Tränen: »Sie hätten ruhig bei Englisch bleiben können.«

»Oho, who do you think, I am?«

»I don't not a shine! Really – nothing doing!«

»You speak American slang, don't You?«

»My teacher was uncle Joe, from New York-Bronx.«

»Und du weißt immer noch nicht, wer ich bin?« Sie waren ganz allein in der Halle. Peter stand neugierig vor dem gemütlichen Mann.

»Glaubst du, daß wir Freunde werden?«

Der Junge beugte sich zu ihm und sagte ihm zutraulich ins Ohr: »Wenn du machst, daß ich meinen Opa besuche. Sie lassen mich nicht rein, weil ich noch nicht dreizehn bin, ganze drei Wochen fehlen mir bloß zur Einsegnung.«

»Höherer Blödsinn, aber«, er griff sich den Jungen und sagte ihm leise: »Kannst du ein Geheimnis bewahren? Can You keep a secret?« Dann legte er den Finger auf den Mund. Peter nickte. »Ich weiß, wo Esther den zweiten Schlüssel hängen hat. Sind wir jetzt Freunde?« Er hielt dem Kind seine Hand hin.

Täuber stelzte durch den Gang. Peter rief ihn: »Schlag durch!« Der Ahnungslose spielte mit und trennte die Hände mit einem leichten Schlag, Pelzens mächtige Tatze und Peters kleine Hand, ging weiter. Pelz schickte sich an, Peter auf den Schoß zu nehmen, der sich wehrte: »Ich werde dreizehn!« – »Ja dann«, meinte Pelz verständnisvoll: »Dann werden wir mal ein Männergespräch führen. Ich bin nämlich nicht nur dein Freund, ich bin dein neuer Vater.«

Peter verzieh seiner Mutter, die im weißen Küchenmantel erschien, nach diesen Worten vieles. Er rückte auch nicht weg, als sie sich auf der breiten Kante des Sessels niederließ. »Na?« Heftiges Nicken. Pelz hatte seinen Arm um die Schulter des Jungen gelegt. Nachdenklich erst, dann entschieden, urteilte der neue Vater: »Wir gefallen uns. Peter muß heraus aus diesem engen Brutkasten, sich den Wind um die Nase wehen lassen, fort aus dem Vorbestimmten.«

Daß Peter falsch verstand, war nach seiner Erfahrung nur menschlich. Er versuchte voller Schrecken, sich aus der Liebkosung frei zu machen. »Nie mehr ins Waisenhaus!«

»Waisenhaus! Was hört man da? War er denn nicht auf einer Internatsschule? Mein Rechtsanwalt und Moritz haben mir doch . . .«

Esthers Gesicht verriet ihm genug. Er sah sie an, beherrschte sich rechtzeitig, zwinkerte Peter zu und schob ihn mit einem ermunternden Klaps zur Seite: »March off, my boy. Wir sehen uns bald!«

4. Was ist das – ein Zionist?

Ein heller Schatten im Dunkeln, vom Mondlicht gefangen, erschien Peter auf dem Treppenabsatz. Die Uhr in der Halle schlug die erste Stunde des neuen Tages. Unten im Flur angekommen, zündete Peter eine dicke Kerze an. In seinem langen weißen Nachtgewand ähnelte er einem Chorknaben. Er sah sich vorsichtig um, nahm die Kerze in die linke Hand und schloß die Tür zum Zimmer eins auf. Das Zimmer hatte seine ganze Pracht verloren, alles war dunkel abgedeckt. Auf Zehenspitzen schlich er zum Vorhang, der das Schlafgemach der Polans vom Rest des Zimmers trennte, zog ihn beiseite. Da lag Filip nicht. Er mußte weitersuchen.

Der schmale Sarg stand im Büro, ein Sarg aus sechs einfachen, ungebeizten Brettern, der Sargdeckel war gegen die Wand gelehnt. Der Sarg ruhte in aller Kargheit, die der jüdische Ritus vorschreibt, auf vier Küchenstühlen. Es brannte nur eine lange Kerze. Peter wollte den Freund besser sehen, er verstärkte den Lichtschein, stellte seine Kerze an das Kopfende. Noch schmaler als im Leben wirkte der Tote, das Gesicht durchgeistigt, frei von Sorgenfalten und Müdigkeit, ohne Zeichen des Leidens. Der Kopf auf einem Aschesäckchen, das über einem großen weißen Kissen lag. Peter fiel auf, daß er und der Großvater ähnlich gekleidet waren, auch sein Nachthemd war weiß und lang. Lange sah Peter seinen Freund an, stehend, voller Ehrfurcht.

Ermüdet zog er einen Stuhl heran und redete zu Filip, sagte, was er dem Lebenden geklagt hätte: »Dedečku, du hast mir doch versprochen, daß du mich nach Hause holst. Statt dessen hast du mich ganz allein gelassen. Wen habe ich denn sonst noch? Onkel Täuber und Lotte. Die anderen haben sowieso nie Zeit für mich. Höchstens, vielleicht – der neue Vater. Ich hätte gern gewußt, wie er dir gefällt. Ich finde ihn prima.«

Noch vertraulicher gestand er: »Ach, weißt du, es war schlimm. Jetzt kann ich mir erst vorstellen, wie du bei den Österreichern in der Kaserne gedient hast. Sedum let jsem u vas sloužil. Wir durften auch keinen selbständigen Schritt machen, schon gar nicht heraus, und ringsum nichts als Mauern. Dresche hab ich auch gekriegt. Nicht so schlimm, du weißt ja, ich halt schon was aus. Das Gemeinste war, sie haben mir den Ausgang gestrichen, und das Blumenbeet haben sie mir weggenommen.«

Seine Worte wurden immer leiser, die letzten waren nur noch gedacht und Anfang eines Traumes.

Noch immer war Halbdunkel im Büro, die Helle kam durch verhängte Fenster, blitzte von Rändern des schwarz verhängten Spiegels.

Aus dem Gang hörte man erst Flüstern, dann laute Stimmen, entsetzte Ausrufe: Esther – Täuber – Lotte!

»Das Kind, Peter ist weg – sicher ausgerissen – es war zuviel für ihn – sein Brot ist unberührt – mein Schlüssel zur eins ist weg – Tikoschinski hat den anderen – Tikoschinski! Tikoschinski!«

Den Hereinstürzenden bot sich ein eigenartiges Bild. Peters Kopf lag neben dem des Großvaters, mit der Stirn auf dem gleichen Aschesäckchen, so daß das dichte schwarze und das seidige weiße Haar sich berührten. Der Junge schlief ruhig und gelöst. Moritz stand in der Tür und schrie: »Um Gottes willen, Leichengift!« Esther riß den Jungen an sich, nahm ihn in die Arme. Schuldbewußt sagte Pelz: »Man muß sofort einen Arzt holen. Ich bin überzeugt, ihm ist gar nichts. Schaut, wie normal er atmet, ohne Furcht, ohne Alptraum schläft er.«

»Mein Gott, das wirst du doch nicht wollen‹, flüsterte Josefine, die still gekommen war. Moritz brüllte immer noch von Vergiftung, brüllte es Ruben und Rudolf zu, machte in Panik. So tief schlief Peter, daß ihn der Lärm nicht aufweckte. Pelz nahm seiner Frau die Last ab: »Ich bringe ihn sofort ins Bett.«

Vorsichtig trug er den Jungen die Treppe hinauf.

»Doktor Spiegel anrufen«, befahl Rudolf, wütend auf seinen Bruder, »damit er dir deine ekelhafte Phantasie abgewöhnt, du Wunschtraumdenker, das wär nach deinem Geschmack, wie? Der Chef und der Erbe – du Laus!«

Die Mutter hob die Hand, und alles war still: »Geht alle

hinaus. Laßt mich mit ihm allein. Ich hätte die Nacht hier bleiben sollen. Seit drei Tagen habe ich das erstemal geschlafen. Rudla muß mir eine Beruhigungstablette in den Tee getan haben. Gut gemeint. Du siehst ja. Laßt mich allein mit ihm. Und sagt dem Jungen einen schönen Dank – er hat an meiner Stelle hier gesessen. Und Filip war nicht allein.«

Als die Familie am Morgen bei einem mageren Frühstück saß und auf den Glatzer Leichenwagen wartete, erschien Dr. Spiegel. Er machte den Söhnen Vorwürfe: »Wer hat hier Ammenmärchen erzählt? Unsere Anatomiestudenten sezieren stundenlang Leichen. Peter hatte nicht die Spur von einer Wunde, keinen Riß, nicht mal 'ne Abschürfung am Knie. Wirkliche Wunden habt ihr ihm beigefügt, tief innerliche. Das Kind will nichts mit Erbschaft zu tun haben, auch das Hotel will er nicht. Geweint hat er: Ich will nicht, ich will nicht erben!«

Der sehr aufmerksame Moritz meint milde: »Solche Jungen lassen sich nicht zwingen. Man muß ihnen ihren Willen lassen!«

Josefine erwachte aus ihrer Trance, aus den Erinnerungen, der geistigen Abwesenheit. Hellwach schrie sie: »Das sieht dir ähnlich, der Erbe aus dem Wege, die ›Bohemia‹ in eines von deinen Pleitegeschäften buttern. Solange ich lebe, wird uns bleiben das Haus. Und nach mir, so Gott will, der Familie. Deshalb hast du mir in den Ohren gelegen, der Junge soll auf ein Gymnasium, Rabbiner werden, deshalb.«

Verlegen begütigte Moritz: »Was soll es schaden, wenn eine Begabung gepflegt wird, Talmudkurse im Rabbinerseminar sind auch kein Gift. Deswegen bleibt er doch Erbe!«

»Ich will's nicht, nicht erben, nicht ohne den Großvater. Es war seine ›Bohemia‹, seine!« Peter fiel fast mit der Tür in das Zimmer. Offensichtlich hatte das Kind an der Tür gehorcht. Pelz packte den Jungen: »Das ist nicht der Peter, den ich kenne. Ein gutes Gymnasium. Don't You want to learn. I thougt . . .«

Ohne nachzudenken, rief Peter: »Lernen schon. Das

Haus mag ich sowieso nicht mehr, ohne Großvater. Weg ginge ich sofort, wenn's nicht gerade das Waisenhaus wär.«

Das einzige, was ihm im Waisenhaus gefallen hat, war die Schule. Peter graute vor der Rückkehr in die private Höhere Knaben- und Mädchenschule Sackisch, zu den Damen, die sie betrieben, den hilflosen und wirkungslosen Bemühungen der Fräulein von Samek und Samoggy. Die Honoratioren des Bades schickten ihre Kinder dorthin, weil das nächste Gymnasium in Glatz zu weit entfernt lag. Im Garbaty-Waisenhaus kamen so viele Lehrer auf so wenige Zöglinge, daß der Unterricht persönlich, aufregend interessant und gründlich war, ohne sich nach einem starren Lehrplan zu richten.

Schule hatte Peter vor allem Spaß gemacht, weil er gefordert worden war. Er bestätigte Josefine: »Babička, ich ginge wirklich gerne was lernen, wo sich's lohnt. Nicht nach Sackisch! Da bliebe ich stecken.«

»Und was wird es der ›Bohemia‹ nützen?« sagte Josefine mehr zu sich. »Das wollen wir einem Fachmann für Bädergastronomie fragen«, riet Moritz.

In der Tür stand Lotte: »Die Chewra-Kadischa, die Herren von der Heiligen Brüderschaft sind da. Sie tragen den Sarg, dem Toten zur Ehre.«

Mit einem Versuch zu lächeln, lobte die Chefin: »Aus dir könnt beinahe eine richtige Jüdin werden, wie du das gesagt hast.«

Sie ging zum Fenster der Eins, sah draußen den motorisierten Leichenwagen der Glatzer Jüdischen Gemeinde mit dem weißen Davidstern auf dem schwarzen Seitenteil und die Reihe der Droschken und Autos, die ihn eine Stunde lang begleiten würden. Sie legte ihr schwarzdurchbrochenes, feingestricktes Wolltuch um den Kopf und wendete tief aufatmend den Kopf ins Zimmer: »Es ist soweit, Kinder!«

Das schwarze Seidenband am Ärmel des hellen Sommeranzugs, konferierte Moritz Polan mit dem Kurdirektor; überreichte ihm eine Schachtel kostbarer Überseezigarren: »Ein kleines Souvenir von meiner letzten Auslandsreise.«

»Ach ja, Kaufleute kommen herum«, seufzte Herr von Weddingen. »Echte Havanna, das war doch nicht nötig.« Er legte sie trotzdem gerne vor sich auf den Tisch.

»Ich habe mich, wie versprochen, bemüht. Ein geschätzter Gast unseres Bades, Herr Oberstudiendirektor von Polke, wirkt, von einem sehr exklusiven Auswahlkuratorium beraten, an der sehr renommierten katholischen Eichendorff-Oberrealschule.«

»Zum Kuratorium gehören ...« Herr von Weddingen erhob sich, bevor er die bedeutsamen und erlauchten Namen mit sichtlicher Genugtuung vortrug: »... Ihre Kaiserliche Hoheit Kronprinzessin Cäcilie auf Schloß Oels, der Herr Generaldirektor der Linke-Hoffmann-Werke und Monsignore, seine Eminenz, der Erzbischof der Diözese Breslau.«

»Beeindruckend!«

Herr von Weddingen nahm wieder Platz und kam zu nüchternen Fakten. »Hauptzweig der Lehranstalt sind moderne Sprachen mit ein paar Spritzern Latein am Anfang. Dazu Deutsch, Geschichte, Mathematik, Naturwissenschaften und Geographie und das Übrige als Nebenfächer. Ich habe ein Empfehlungsschreiben vorbereitet.« Er reichte Moritz ein auf Büttenpapier verfaßtes Elaborat, als sei das eine sakrale Handlung, die Moritz mit einem tiefen Bückling quittierte.

»Es ist in jedem Falle zu begrüßen«, begann der Kurdirektor seine Abschiedsworte, »wenn die Polansche Hoteldynastie gebildeten Nachwuchs erhält, es wäre jedoch, wie Sie zu meinen belieben, bei einem so intelligenten Schüler auch möglich, einen akademischen Status anzusteuern, auch für den Fall, daß Ihre verehrte Frau Mutter nach dem Verlust ihres Gatten die fleißigen Hände ruhen zu lassen beabsichtigt. Wir würden einen solchen Entschluß verstehen und ihren Lebensabend sichern helfen, wofür der Wert der ›Bohemia‹ ja eine Basis bietet. Nicht wahr?«

Die Herren verstanden sich ausgezeichnet.

In das hellhörige Zimmer eins drangen die Stimmen der kaffeetrinkenden Gäste von der Steinterrasse, das Klappern der Teller. Das störte Josefine nicht. Sie hatte sich, weil sie der Rücken schmerzte, Arbeit aus dem Büro herübergebracht, die Speisekarte gegen eine Vase auf ihren großen Tisch gestellt und begann ihre Preiskalkulation, strich und verbesserte und vergaß dabei die Beschwerden, rief plötzlich: »Lotte!«

Die Erwartete kam herein: »Ha, erkenne ich deinen Schritt?«

»Ihre Ohren, Chefin! Wie die einer Siebzehnjährigen.«

»Setz dich. Wir haben den Oberkellner dabei erwischt, wie er hat vorbeigeschmuggelt am Bonkontrolltisch zwei volle große Tabletts, gehäuft mit vierundzwanzig Portionen. Wenn das Personal denkt, weil ich habe Trauer, man kann mich betrügen, irren sie sich. Der Mann ist geflogen, nach Bezahlung von dem Schaden natürlich. Du wirst mir sehr fehlen im Büro. Ab heute bist du erster Oberkellner.«

Lotte umarmte die Chefin strahlend vor Freude.

»Schon gut, schon gut!« Kaum hatte Lotte das Zimmer verlassen, kehrte sie zurück: »Pani Polanová! Sie haben Kondolenzbesucher!«

»Man soll mir schon Ruhe geben!«

»Doktor Gottschling und Herr von Weddingen.«

»Das ist etwas anderes. Ich lasse bitten.«

Feierlich dunkel gekleidet, verbeugten sich die Herren, wünschten herzliches Beileid und sagten, nachdem sie Platz genommen hatten, mit verteilten Rollen etwas von Hoffnung, daß trotz herben Verlustes Spannkraft erhalten bleibe, daß sie aber auch Verständnis empfänden, wenn sie das Lebenswerk des teuren Verstorbenen in andere Hände . . .

Es dauerte nicht lange, und Josefine wußte Bescheid, zumal Gottschling etwas von Bereitschaft der Gemeinde murmelte. Wider Willen amüsiert, lachte sie heraus: »Eines muß ich Ihnen zugeben, meine Herren, hartnäckig sind Sie und zähe. Seit zehn Jahren angeln Sie, jedesmal wird der Köder größer, dreihunderttausend, wenn ich richtig gehört habe, nicht? Würden Sie mir folgen!«

Sie führte die Herren zum Seitenfenster, das zum Garten hinaus lag. Sie blieb hinter ihnen stehen, schaute durch die Lücke. Draußen tanzte Lilli, die jüngste Enkelin, mit

Hüpfschritten nach dem Rhythmus des süßlich verkitschten Charakterstückes »Großmütterchen«, mit gequetschten Tönen von einem Leierkasten gespielt. Auf das Kind weisend, sagte Josefine: »Wenn diese kleine Lilli einmal Enkel haben wird, dann dürfen Sie die Kleinen fragen, ob die Polans die ›Bohemia‹ verkaufen. Ich weiß die Antwort schon heute.«

Der Bürgermeister kicherte, sein Partner prustete vor Wut, lief rot an, am Ende seiner Beherrschung schrie er: »Wo steht denn geschrieben, daß Grenzbrunn ein Judenbad bleibt. Au!«

Gottschling hatte ihm kräftig auf die Zehen getreten. Weddingen besann sich: »Ich meine nur, gnädige Frau, es könnte ja geschehen, daß sich die Gäste nicht mehr in einem solchen Ausmaß aus mosaischen Glaubensgenossen zusammensetzen.«

Von Josefine keine Antwort. Die Herren sahen noch immer angestrengt und verlegen aus dem Fenster auf das tanzende Kind. Immer noch keine Reaktion. Die Herren drehten sich um. Da war keine Josefine. Sie hatte das Zimmer verlassen. Dafür stand die Tür sehr weit offen, beide Flügel.

»Eine verdiente Ohrfeige, Herr Kurdirektor.«

Im Flur fügte Gottschling schadenfroh hinzu: »Diese Polans haben einen verteufelten Sinn für Auftritt und Abgang. Erinnern Sie sich nur an die Fahne und den Toast auf die ›Bohemia‹. Von denen können unsere Diplomaten noch etwas lernen.«

Im Büro traf Josefine den Schwiegersohn und Lotte. Simon reichte ihr eine Ausarbeitung. Sie las sie sorgsam, fuhr mit den Fingern die Zahlenkolonnen entlang, wiegte anerkennend den Kopf und lobte: »Simon, mein Sohn, dein Geschäft in Australien ist nicht gewesen koscher. Du hast nur zu tun gehabt mit Gojim. Aber beim Kalkulieren hast du behalten dein jidisches Keppale. Lotte, wir machen es genau, wie Simon hat geschrieben.«

Mariechen kam ins Büro: »Zwei Herren aus Berlin bitten um ein Gespräch. Herr Doktor Markus und Herr Doktor Steinitz.«

Die getreue Lotte seufzte: »Noch ein Beileidsbesuch.«

»Im Gegenteil«, seufzte auch Josefine. »Das ist die dritte ägyptische Plage.«

»Also Heuschrecken«, faßte Pelz zusammen.

Josefine nickte ihm zu und dann Lotte: »Führ sie in die Eins. Und wenn ich aufziehe die große Pendeluhr, was macht solchen Lärm, holt mich heraus, daß mich der Bürgermeister sofort sprechen muß.«

Nach der ausführlichen Kondolenz und tröstenden Wünschen kamen die Herren um die Vierzig zum eigentlichen Zweck ihrer Mission. Es waren glattrasierte, modern gekleidete, akademisch vorgebildete Geschäftsleute mit klugen, aber kühlen Gesichtern. Die kleinen, vom Glauben vorgeschriebenen anliegenden Rundkäppchen paßten überhaupt nicht zu ihrer äußeren Erscheinung. In einer abwechselnd vorgetragenen suggestiven Rede, wobei sie zwischendurch am Kognak nippten, trugen sie ihre Bitte vor, die eher wie eine belehrende Forderung klang. Ausgewiesen als nahe Verwandte von wertvollen Stammgästen des Hauses, waren sie sicher, aufmerksam gehört zu werden.

Dr. Steinitz begann mit volltönender tenoraler Stimme: »Es ist unter Juden üblich, daß man zum Gedenken an die Seligen etwas Bleibendes stiftet, eine Mizwah sozusagen. Wir Zionisten ehren den alten Brauch. Der ›Keren Kajemeth Hajessod‹, eine Organisation der zionistischen Weltbewegung, schlägt Ihnen vor, einen Olivengarten oder einen Zedernhain, je nach Belieben, im heiligen Land zu errichten. Der Preis pro eingepflanztem Baum ist auf nur fünfzig Mark festgelegt. Fünfzig Pflanzen sind das Mindeste.«

Indessen sah Herr Dr. Markus so lange auf Filips großes Foto an der Wand, bis er Josefine zwang, seinem Blick zu folgen, worauf er seinem Partner gefühlvoll sekundierte.

»In Anbetracht der großen Persönlichkeit des teuren Verstorbenen würden wir uns sogar bereitfinden, die Stiftung offiziell ›Filip-Polan-Hain‹ zu nennen und durch ewige Schilder so zu bezeichnen.«

Der andere Herr nickte großzügig und entgegenkommend, wendete aber ein: »Eine solche Ehrung erfolgt erst bei einer Stiftung von mindestens hundert Bäumen, meist spenden die Geber zwischen zweihundert und dreihundert. Aber damit ist garantiert, daß Filip Polans noch in fernster Zukunft gedacht wird. Doch ohne die Spenden der Juden in der ganzen Welt ist die Existenz der jüdischen Nation in Palästina bedroht. Wir müssen jeden Meter des Errungenen und Eroberten gegen die Araber verteidigen.«

Dr. Steinitz wollte nun das Gespräch und die Mission zum Abschluß bringen: »Also dürfen wir schreiben zweihundert Bäume mit Namensnennung. Wünschen Sie Oliven oder Zedern?«

Wahrscheinlich hielten die Herren Josefines Schweigen für das Zeichen stillen Einverständnisses. Sie hatte unbeweglich und ungerührt dagesessen, den Kopf etwas schief gestellt, als horche sie. Doch ihre Gedanken betrafen nur das eine: Wie werde ich diese Großbettler mit Anstand los.

Sie erhob sich. »Ich bin Ihnen verpflichtet zu großem Dank. Über so eine hohe Summe kann ich ohne Einverständnis aller meiner Kinder nicht disponieren. Es ist durchaus möglich, daß sie honorieren das Gedächtnis ihres Vaters noch höher. Gott allein weiß, wie hoch! Wenn Sie mir hierlassen Ihre Karte, wir werden Ihnen lassen zukommen einen Bescheid sehr bald.«

Die Herren schwiegen sichtlich unzufrieden.

Steinitz zuckte mit den Achseln. Markus legte insgeheim den Finger auf den Mund, entnahm seiner Westentasche eine Visitenkarte, die er auf den Tisch mit der rotsamtenen Decke legte. Er fand Gelegenheit, seinem Partner zuzuzischen: »Wer sagt dir, daß sie es nicht meint. Reiche Leute haben ihre Marotten.« Und dann verbeugten sich die Herren: »Schalom! Schalom, im nächsten Jahr in Jerusalem!«

War es Josefines Absicht gewesen? Die von den roten Portieren verborgene Tür in das Büro stand eine Handbreit offen, so daß Pelz, Esther und Lotte das Zweipersonenreferat vernahmen und auch die elegante Kehre, mit der sich die Chefin aus der Zwickmühle herausgedreht hatte. Lotte striegelte Peters dunkles Haar: »Schwarz wie die Hölle. Woher hat er nur die spröden Pferdehaare?« Die Chefin teilte die Portiere und erschien mit gerötetem Gesicht, Tränen in den Augen, die sie energisch wegwischte, Tränen der Wut.

»Das soll man meinem Filip nicht antun, das nicht. Niemand, versteht ihr! Sein ganzes Leben hat er sich gewünscht einen tschechischen Staat. Er hat ihn noch erlebt. Das hat sein Leben verlängert. Einen tschechischen – *nicht* einen *jüdischen*. Keinen Pfennig kriegen sie, die Herren Zionisten, keinen Pfennig.«

Sie fühlte sich auf einmal hochgehoben von den Bärenfäusten des Simon Pelz, der sie herzlich drückte.

»Mamme, das war ein gutes Wort. Wollen wir uns lieber vertragen. Wir haben uns nicht immer verstanden in the beginning. Aber man schmeißt das money nicht weg in einen Topf ohne Boden.« Nach einem Moment des Erschreckens genoß Josefine die Umarmung eines Mannes, obwohl sie schrie: »Laß mich herunter, laß mich augenblicklich herunter! Was weißt du schon von Zionisten.«

Der ewig neugierige Peter fragte Josefine: »Sag uns doch, Babička, was ist das, ein Zionist?«

»Ein Zionist ist einer«, Josefine nahm ihre Finger zur Hilfe, um zu erklären, »ein Zionist ist einer, der einen zweiten auf den Befehl eines dritten mit dem Geld eines vierten zu einem fünften nach Palästina schickt, damit er für einen sechsten die Kastanien aus dem Feuer holt.«

Pelz hielt sich die Seiten, lachte laut schallend: »Mamme, du sollst leben!«

Im Grunde war es Esther sehr recht, daß der Junge fortkam. Die Scherereien mit Gouvernanten und Hauslehrern während der Saison, mit denen Peter ohnehin schon lange nichts mehr anzufangen wußte, fielen weg, der einsame Winter, und da war noch etwas. Ihr Simon hatte sich von Anfang an nicht allzusehr mit der Gastronomie identifiziert, war bald zu seinem Diamantengeschäft zurückgekehrt, und die »Bohemia« interessierte ihn nur, weil Esther darin arbeitete. Und solange sie in der Küche blieb, klebten Simon und Peter zusammen, fuhren spazieren, redeten Englisch miteinander. Esthers Mißvergnügen steigerte sich in eine handfeste Eifersucht. Selbst den Einflüsterungen von Oscar, denen sie immer mißtraut hatte, hörte sie nun aufmerksam zu, und besonders dem Vorschlag, den Jungen, der immer eine gute Stimme gehabt hatte, nach dem Stimmbruch zum Kantor auszubilden. Warum sollte der Erbe der »Bohemia« nicht auch deren Vorbeter sein – vielleicht sogar Rabbiner? Oscar band ihr natürlich nicht auf die Nase, welcher Gedanke sich dahinter verbarg.

Der offene weiße Stoewer-Sport nahm die Hügel der Glatzer Berge mit der Leichtigkeit eines hochgetrimmten Motors. Der Wind spielte in Peters Haaren, die mit vieler Mühe gescheitelt waren.

Der Junge schien in die Breite statt in die Höhe zu wachsen. Sein Gesicht war mehr slawisch als jüdisch. Als er nach dem dreizehnten Geburtstag in der Glatzer Synagoge in die Männergemeinschaft eingesegnet wurde, wirkte er unter den anderen Judenjungen wie ein Fremdkörper.

Simon liebte es, hinter dem Steuer zu sitzen, genoß die Schnelligkeit, das Brummen des Motors und hatte Peter gern neben sich. Pelz, in Lederjoppe und Lederschirmmütze, rief seinem Beifahrer zu: »Too fast for you?«

»No.«

»I'm going to see you often, if only to escape from the ›Bohemia‹.«

»You don't like the house?«

»No, but I like mother – and you.«

Und Pelz legte den linken Arm um Peters Schulter. »So, nun wollen wir deutsch reden. Wir sind am Nikolai-Stadtgraben. Hier muß es hineingehen zu deiner Schule. Angst?«

»Nein, bloß Neugier.«

»Fahren wir mit dem Wagen hinein, sieht besser aus.«

Zwei Oberrealschulen, eine evangelisch und eine katholisch, inmitten eines ausgedehnten Komplexes von sandigen Höfen und baumbestandenen Wiesen. Davor ein breites, kunstvoll gestaltetes schmiedeeisernes Tor. Auf beiden Seiten der Einfahrt waren vor dem Tor zwei meterhohe Schmucksteine gesetzt, gekrönt vom Relief eines Löwenkopfes, so daß sie aussahen wie überdimensionale steinerne Stühle. Durch die Eisengitter sah man einen schmalen, aber tiefen Vorhof, das Portal, das nur für Amtspersonen, Lehrer und offizielle Besucher bestimmt war. Die

Schüler mußten seitlich am Gebäude entlang zu ihren Schleusen rennen.

Pelz klingelte am Tor. Ein ungnädiger Pedell erschien, dessen Züge sich erst glätteten, als er den Schein besah, der ihm in die Hand gedrückt worden war. Das Auto durfte sogar in den Vorhof.

Den Oberstudiendirektor Dr. von Polke mußte der schneeweiße Wagen beeindruckt haben. Er empfing Pelz sofort. Ein etwas zu kurz geratener Herr, der sich deshalb so gerade hielt, als sei sein Rückgrat ein Lineal, mit einem weißen hohen Lockenberg, einem hochgewirbelten grauen Schnurrbart und scharfmusternden grauen Augen hinter modernen ovalen Gläsern, nahm das Empfehlungsschreiben entgegen. Er setzte sich hinter einen mächtigen Schreibtisch, las sorgfältig und sagte: »Grenzbrunn – gute Empfehlung. Bin jedes Jahr dort. Das ist er also. Du darfst näher kommen.« Peter war bescheiden an der hohen Tür stehengeblieben.

»Allerdings, Herr – ehm – Pelz, ist bei uns eine kleine Aufnahmeprüfung obligatorisch; und ein informatives Gespräch über den allgemeinen Wissensstand des Schülers.«

Wieder schaute der Direktor in das Schreiben, unterstrich einige Worte: »Soso, Englisch, Französisch – Sprachkenntnisse sind ein Plus. Augenblick!« Er griff zum Telefon: »Bitte Herrn Studienrat Doktor Eberhard.«

Nach der erfolgreichen Prüfung versäumte der Herr Oberstudiendirektor nicht, darauf hinzuweisen, welch großes Entgegenkommen Herrn Pelz trotz sehr ansprechender Leistungen während der Prüfung durch die Aufnahme seines Sohnes gewährt würde. »Sie werden verstehen, daß wir Andersgläubigen – sogar christlichen Protestanten – an unserer Anstalt nur in Ausnahmefällen eine Chance geben.«

Damit entließ er seine Besucher, die sich – nun erst war es möglich und nützlich – zur möblierten Zimmerwirtin begaben, auf die man sich nach sorgsamen Recherchen geeinigt hatte. Pelz wollte erst allein mit ihr reden, und Peter sah sich den Hof, das Treppenhaus und die Landschaft ringsum an.

Die leichtgebückte, reinlich gekleidete Beamtenwitwe zeigte ein großes, schönes, helles Zimmer, recht modern eingerichtet für diese Zeit. Pelz zog, ohne viel zu fragen, seine Brieftasche heraus, so gut gefiel ihm das Quartier. »Ich zahle sechs Monate im voraus, mit koscherem Frühstück und Abendbrot. Mittags ißt Peter in der Mensa des Rabbinerseminars.«

Frau Zadek nickte: »Sehr wohl«, wurde dann etwas geschämig: »Nur wäre da noch eines. Damenbesuche – kann ich nur bis zehn Uhr gestatten, und auch das nur, wenn die Damen nicht wechseln, zu oft, Sie verstehen?«

Pelz verstand und lachte sich scheckig, vermochte kaum im Korridor nach Peter zu rufen, der seinen Lachkrampf miterlebte, angesteckt wurde, ohne zu wissen, worum es ging. Arm in Arm betraten die beiden das Zimmer, wo Frau Zadek beide Hände staunend an die Wangen legte: »Soo jung sind der junge Herr!«

5. Anschleichen auf einen Freund

»Der Direx und der Elefant«, verkündete der dazu ernannte Türspäher vom Dienst mit Brüllstimme. Das wilde Tohuwabohu der Klasse brach zusammen. In dieser Pause hatten sie ausnahmsweise im Unterrichtsraum bleiben dürfen, weil es draußen goß und stürmte. Die Untertertia rannte zum Fenster: »Mit der Musspritze!«

»Wen führen sie denn da zur Hinrichtung?«

»Ganz schön stämmig. Sieht aus wie für die Fußballmannschaft.«

»Auf Äußeres soll man nichts geben, vielleicht sind die Muskeln aus Watte.«

»Psst!«

Die Herren fanden eine schweigsame und ordentliche Klasse vor. Der kleine Dr. von Polke ging voran, gefolgt von einem bäuchigen Riesen mit breitem, fleischigem, schmißdurchkreuztem Gesicht, geschmückt mit einem mächtigen Walroßschnurrbart, dahinter trat etwas zögernd Peter in den Raum.

Sein erster oberflächlicher Eindruck von der Klasse: gemischtes Gemüse, ein paar Striche unter dem Garbaty-Durchschnitt.

Das Klassenzimmer schmeckte Peter weniger. Es war mit alten Bänken bestückt. Über der mittelhohen Schrankwand an der Seite vaterländische Helden unter Glas. Fridericus Rex fehlte nicht, aber zum Ausgleich hingen auch von Stein und Hardenberg, Moltke und sogar Ferdinand Lassalle da. Das Katheder war nicht ganz so hoch wie bei Garbatys, immerhin einen halben Meter, mit zwei Stufen Anstieg zum Klassenthron. Darunter an der Wand ein bescheidenes Kruzifix. Die Glocke ging. Die Klasse stand erwartungsvoll auf.

Dr. von Polke, vor dem Katheder angekommen, winkte Peter neben sich: »Euer neuer Mitschüler in der Tertia heißt Peter Samuel. Er kommt aus Bad Grenzbrunn, bringt also gesunde Landluft mit.« Pflichtschuldiges Gewieher wie beabsichtigt. »Er ist auch sonst gut empfohlen und vorbereitet. Guten Morgen!« – »Guten Morgen, Herr Direktor!« skandierte die Klasse. Polke ließ sie allein.

Nun wendete sich Studienrat Dr. Müller, genannt Elefant, einstimmiger Spitzname, zu Peter, der immer noch vor dem Katheder stand: »Wenn ich durch Kollegen Eberhard korrekt unterrichtet worden bin, bist du mosaischen Glaubens, Peter Sa-mu-el. Wohin setzen wir dich also?«

Spekulierend überschaute der Elefant die Klasse, als ob seine Entscheidung nicht schon lange getroffen worden wäre. »Wir haben doch da noch einen Mitschüler, der einen anderen Glauben hat als wir, vielmehr gar keinen. Durch göttliche Vorsehung ist in seiner Bank sogar noch ein Platz frei. Felix Schinski ist nämlich freireligiös. Also – der geeignete Banknachbar.«

Die Klasse lachte und lärmte. Der Elefant ließ sie eine Weile gewähren, hob die Hände, sofort Stille der Erwartung. »Im übrigen ist das zwar ein Mißgeschick, aber kein Makel. Der deutscheste aller Monarchen, Begründer des großpreußischen König- und Kaiserhauses der Hohenzollern, Friedrich der Große hat ausdrücklich betont: Bei mir kann jeder nach seiner Fasson selig werden! So wollen wir es auch halten. Setzen.« Der Elefant führte Peter zur hintersten Bank neben der Tür. Schinski half ihm, die Schultasche in das Bankfach zu schieben.

Indessen stand der Elefant wieder oben auf dem Podium, faltete die Hände und befahl: »Wir beginnen den Unterricht mit dem Choral: ›So nimm denn meine Hände und führe mich‹.« Auch Peter und Schinski erhoben sich.

In den ersten Wochen kam der Erbe der »Bohemia« fast um vor Sehnsucht nach dem Geburtshaus, das er allzu kurze Zeit genossen hatte. Dann begann ihn die Schule zu interessieren, die Art des Unterrichts. Die Lehrertypen – ein Raritätenkabinett von Fossilien, aber vollgestopft mit Wissen, also nützlich, und – damit die Ausnahme die Regel bestätigte –, einige wenige, die Peter sofort akzeptierte.

Meistens geschah es auf Gegenseitigkeit wie bei Dr. Eberhard, der Peter vor der Aufnahmeprüfung in französische und englische Konversation verwickelt hatte, die in ein fremdsprachliches Streitgespräch ausgeartet, bis sie sich die allerletzten Pariser und Londoner Anekdoten, entweder im Patois oder im waschechten Londoner Cockney, übermittelten, und das alles, ohne auf die Anwesenheit des Oberstudiendirektors Rücksicht zu nehmen. Damals erhob sich Dr. Eberhard und ließ Peter am Tisch allein. Auf dessen erstaunte Frage: »Ja, werde ich denn nicht geprüft«, hatte er, zu Dr. von Polke gewandt, geantwortet: »Ist das nicht eine Frechheit von so einem Famulus? Glaubst du denn, junger Peter, das unsrige sei ein Biertischgespräch gewesen?«

Damit hatte er Peter aus dem Zimmer gewinkt.

Und dann gab es Dr. Baginski, den die Schüler liebevoll Bagger getauft hatten, vielleicht unterbewußt, denn er vermochte heiter und ermutigend aus den Schwerfälligen und Schüchternen herauszuholen, was in ihnen steckte.

Aus seinem Banknachbarn wurde Peter anfänglich nicht ganz schlau. Der sprach wenig, tat nur das Notwendigste, schrieb gute Arbeiten, und eine Clique unter den Jungen sah geflissentlich über ihn hinweg, was ihn offensichtlich wenig bekümmerte. Peters feines Gespür registrierte, daß sich irgend etwas Geheimnisvolles in ihm verbarg, auch weil er seinen Fragen zur Person geschickt auswich.

Da, eines Morgens in der ersten Stunde, als er das Deutsch-Lesebuch aus seiner Schulmappe holte, die er längst nicht mehr über der Schulter trug, bemerkte Peter, daß Schinski eingenickt war, bemerkte auch die besondere Technik, die er entwickelt hatte, um die Tatsache zu verbergen; ein Buch vor sich aufgestellt, das die Sicht verdeckte, und das Kinn auf die Brust gesenkt. Peter nutzte die Chance, um seinen Banknachbarn lange und gründlich anzuschauen, das eigenwillige schmale Gesicht mit hoher Stirn, den kräftig ausgebildeten Schädel, das dichte Haar, die saubere, aber geflickte Kleidung, die blankgeputzten klobigen Schuhe. Aus der Beobachtung riß ihn ein Geräusch. Schinski schnarchte, er schnarchte immer lauter. Die Jungens, die in den hinteren Bankreihen saßen, räusperten sich, nur um ihn zu wecken. Es half nichts.

Vorne saß der Elefant, zum Glück in seine Lektüre vertieft. Er hatte, wie immer, wenn er etwas für sich tun wollte, der Klasse aufgegeben, ein Lesestück zu studieren und es dann in freier Rede zu erzählen.

Jene, die in den hinteren Bankreihen saßen, zählten nicht zu Schinskis Widersachern. Und sie meinten es gut, wenn sie ihn in eine rauhe Symphonie von Geräuschen einhüllten. Das nieste, hustete, scharrte, räusperte sich, damit der Elefant das Schnarchen nicht vernahm, aber auch, damit Schinski aufwachte. Es war des Guten zuviel, weil die Mitschüler in den vorderen Reihen ein Hallo anstimmten. Sie brannten darauf, Schinski eins auszuwischen. Sie erreichten, daß der Elefant hoch sah und den Grund ahnte.

»Was ist denn das für eine Unruhe? Schinski, Sondereinladung gefällig!«

Schinski, sofort erwacht, sprang auf.

»Schinski, wir hatten doch da eine deutsche Ballade zu lernen. Schenke dir den Titel. Fang an!«

»Als Kaiser Rotbart lobesam
Durch's heil'ge Land gezogen kam,
Da mußt er mit dem frommen Heer
Durch ein Gebirge wüst und leer.
Daselbst . . .«

Der Elefant unterbrach: »Gut, weiter von Kranzer!«

Der dicklich untersetzte Muskelprotz erhob sich, zuckte mit den Schultern und blieb ratlos stehen.

Voller Ironie bemerkte der Lehrer: »Vielleicht reagierst du, wenn ich dir deinen vollen Titel schenke. Adolf Edler Graf von Kranzer, du Rostfleck am hehren Wappenschild der deutschen Aristokratie – wieder nichts gelernt. Eine glatte Fünf. Setzen!« Es überraschte Peter sehr, daß Schinski ihm von sich aus zuflüsterte: »Der kann sich ein ganzes Schock Fünfen leisten. Versetzt wird der Edle immer.«

Die Vornsitzer sahen ziemlich bedeppert aus. Der Schuß war nach hinten losgegangen. Das würden sie dem Schinski nicht so bald vergessen. Der war fällig. »Da haben wir schon andere aus der Schule rausgeekelt«, versprach Kranzers langer Trabant Querholz, dessen Vater als Reichswehroffizier diente.

Die Pausenklingel. Der Elefant ging mit langen Schritten hinaus. Die Fronde steckte die Köpfe zusammen. Und

Schinski, der einen Teil der erbosten Flüstereien mitbekommen hatte, meinte zu Peter: »Du weißt doch was von moderner Geschichte. Der erste Satz in der Verfassung der Weimarer Republik lautet: ›Alle Staatsgewalt geht vom Volke aus!‹« – und er zeigte auf den Wespenschwarm der Vornsitzer, der Gegner. »So, und jetzt pökel dir deine Eins in Geschichte sauer!« Und Schinski biß in sein Margarinebrot und ging auf den Hof.

»Ach, deshalb meldest du dich nie freiwillig«, rief ihm Peter nach. Seine Worte gingen im Lärm unter.

Peter peinigte Neugierde, zwang ihn, sich an Schinski heranzumachen. Nicht nur, daß ihm der Junge imponierte, an dem war etwas dran. Was es war, würde, wollte, mußte er herauskriegen. Am nächsten Tag hängte er sich an ihn. Sie passierten das Schultor. Schinski bog links ab zum Königsplatz. Peter lief ihm nach, es war nicht zu verkennen. Beide trugen grüne Schülermützen. Schinski merkte etwas. Er blieb stehen: »Wohnst du denn auch im Norden?«

»Nein, im Süden, Gärtnerstraße.«

»Da gehst du falsch. Was willst du denn?«

»Ach, bloß dich begleiten.« Schinski marschierte weiter, hatte Peter an den Fersen.

Wieder blieb der Ältere stehen: »Mach das lieber nicht. Wenn du mit mir gehst, bist du in der Klasse unten durch. Da gibt's nämlich Klassenkampf im doppelten Sinne.«

»Wie meinst du das?«

»Das verstehst du nicht. Wirst es ohnehin schwer genug haben!«

»Wieso?« Peter hielt ihn staunend fest.

»Weil du Jude bist!«

»Deswegen?«

»Eben. Juden haben es bei denen schwer.«

»Und wie hältst du es aus?«

»Wenn man weiß, was man will, kommt man durch«, sagte Schinski.

Peter gab sich einen Ruck: »Willst du mich nicht einmal besuchen? Ich wohne sehr schön und ganz alleine.« Unerwartet ging Schinski schneller, beinahe im Laufschritt. »Lieber nicht. Vielleicht später mal. Mach's gut!« Sie näherten sich einer Straßenecke. Schinski rannte los, riß sich die Schülermütze vom Kopf. Ehe Peter sich besonnen hatte und ihm nachsetzen konnte, war Schinski um die Ecke geflitzt. Peter hatte die falsche Methode gewählt.

Wenn es überhaupt etwas gab, das Peters Jagdinstinkt weckte, war es so ein erfolgreicher Versuch, ihn zu übertölpeln. Nun war er gewiß nicht mehr davon abzubringen, Schinskis Geheimnis zu lüften. Der Geflickte hatte doch gewiß Hilfe nötig. Warum wies er gerade seine zurück? Gewiß nicht, weil er etwas gegen Juden einzuwenden hatte.

In der Schule als Banknachbar war er kameradschaftlich und freundlich. Man redete über den Lehrstoff, führte Fachgespräche, wehrte die Stänkereien der Kranzerclique gemeinsam ab, möglichst sogar mit einer siegreich schlagenden Pointe, zu der Schinskis Wortgewandtheit und reaktionsschneller Witz beitrugen.

Den Mannen um den Edlen gingen solche Fähigkeiten ab.

Wieder atemlos, wieder erschöpft, wieder voller Müdigkeit kam Schinski am nächsten Tag in die Klasse. Er schob Peter ein Briefchen hin: »Es ist nicht gut für dich, es mit mir zu halten. Es bringt nicht nur dir Schaden, sondern auch meiner guten Sache. Und sei nicht böse, daß ich so abweisend bin, es ist nicht persönlich gemeint. Felix.«

Als Dr. Eberhard eintrat, der gemütliche, mittelgroße, freundliche Mann mit dem bebrillten Kindergesicht, schlief Schinski schon wieder. Eberhard sah es und übersah es, setzte sich hinter das Katheder.

»Bon jour, messieurs. Nous répétons la dernière lection. Ah le nouveau, qui s'appelle Peter c'êst Pierre. Vous ètes Pierre bien entendu?«

Peter stand auf: »Asseyez vous! Racontez nous quelque choses biographique sur Daudet, peut ètre en rapport avec les ›Lettres de mon moulin‹!«

Nebenan schnarchte Schinski. Ich muß sehr laut antworten, dachte Peter, und fließend, darf ihn nicht dazu kommen lassen, daß er Felix hört, möglichst keine Pause. Er sah die graziöse Zemlinska vor sich, vernahm ihre geistreichen Aperçus. Wenn er's nur so zu sagen vermochte, *wenn*!

»Les ›Lettres de mon moulin‹ se compose de petits histoires et anecdotes. Les contents ce sont des impressions vivantes après d'un voyage en Provence. Tous ses souvenirs d'infance y reviennent.«

Schinskis Schnarchen kam trotzdem durch. Der Lehrer erhob sich, gebot Schweigen. Die vielen Lacher beherrschten sich.

»Et l'hero Tartarin, quelle est sa ville? S'il vous plait, Schinski.«

Felix schnellte hoch wie ein Federball: »La ville de Tarascon, Monsieur le professeur: Cette ville existe en realité, située en Provence ...«

Diese Reaktionsfähigkeit! Er hatte die Frage doch noch an den Schnarchenden gerichtet! Vor Staunen vergaß Eberhard sein Französisch. »Wie machst du das bloß, Schinski? Und sogar richtig. Wie ich dich kenne, hättest du in wohlgesetzten Worten ausführlich ...« Ärgerlich merkte der Lehrer, daß er von seiner Methode abgewichen war: »Excusez le petit faux pas – parceque içi nous ne parlons que le francais.«

Heimgekommen, fand Peter einen Brief von Lotte vor, wie üblich, große Speisenkarte aus Nachrichten, Episoden, Klatsch und Gerüchten, alles aus Grenzbrunn. Sie sparte kein Thema aus, fürchtete auch die heikelsten nicht. Lotte schrieb an ihn wie an einen Erwachsenen, den man ins Vertrauen nimmt, wurde ihren Spaß, ihren Ärger und ihre Schadenfreude los. Ihre Briefe überbrückten die Pausen von Ferien zu Ferien.

Entsetzt über sich bemerkte Peter, daß ihn die Briefe nicht mehr zum Heulen brachten wie vordem: In den folgenden Nächten träumte er nicht mehr nur von der »Bohemia«. An den folgenden Tagen nahm er die Schule sogar ernst. Unsinnige Flüchtigkeitsfehler unterliefen ihm nicht mehr. Nichts davon, Schinski hatte sich in den Vordergrund gedrängt, so vorsichtig Peter auch mit seinen Fragen und Nachforschungen geworden war.

Bedrückend und lästig empfand er nur den Druck, der auf ihn ausgeübt wurde, seine spätere gastronomische Laufbahn unbedingt schon jetzt durch eine jüdisch-kultische Ausbildung als Rabbinatsschüler für die Position des

Kantors und Religionslehrers zu unterstützen. Vom Schächter und Beschneider hatte man gütigst abgesehen. Er hatte eine durchaus sentimentale Beziehung zur Religion und ihren Riten, doch sein Leben füllten solche Gedanken und Überlegungen von Tag zu Tag weniger aus. Deshalb ärgerte es ihn, wenn Lotte schrieb:

»... von der Externatsschule des Rabbinerseminars gekommen ist. Sie schreiben von geschwänzten Stunden, mangelnder Teilnahme an den Gottesdiensten während der Wochentage, von Gleichgültigkeit gegenüber der Einhaltung von Gesetzen, und sie drohen mit dem Zeigefinger eine eventuelle Rückstufung in den Vorkurs an. Ich habe den Brief zunächst verschwinden lassen und dann Pelz übergeben. Esther zeigt doch alles der Mutter. Josefine darf man nicht aufregen. Sie mag es zwar nicht wahrhaben, aber sie hat Filips Tod nie überwunden. Eines will ich ihr zugute halten, sie nimmt sich imponierend zusammen. Noch hält sie das Zepter fest, aber in manchen Dingen kommt sie nicht mehr ganz mit, will sie alles so haben wie früher. Dann stecke ich mich hinter Pelz, der es mit ihr versteht. Leider reist er andauernd in der Welt herum, hat ein Büro in Brüssel genommen. Aber mach' Dir keine Sorge wegen Mutter, er liebt Esther immer noch so stark und gut wie zu Anfang, und sobald ich ihm schreibe, es brennt irgendwo, oder die Maulwürfe (sprich Familie) drohen, oder es sind ein paar Weichen zu stellen für die nächste Saison, sonst ... ist er mit dem schnellsten Zug da. Da ich mit Esther sehr befreundet bin und sich junge Frauen, die so befreundet sind, alles sagen, weiß ich, wieviel ihr der Mann und seine Liebe bedeuten. Vergiß nicht, Deine Mutter ist gerade dreißig, also sehr jung, und da sie keine Kinder mehr haben kann, gehört ihre ganze Liebe Dir, der ›Bohemia‹ und dem Mann. Über die Reihenfolge läßt sich streiten. Wer präsent ist, sitzt wohl vornean. Macht nichts, wir reden oft über Dich. Die Saison war gut. Die Zemlinska, die jetzt, nach ihres Mannes Tod, bei den Rothschilds in Paris lebt, hat nachgefragt, ob Herr Pinschewski sich für die nächste Saison angemeldet hat und – welcher Zufall! Herr Pinschewski hat auch wissen wollen, ob die Komtesse da sein wird. Joe Menasse kommt bestimmt. Die

Hilfe für die Polen damals zahlt sich immer noch aus. Ob ich heirate? Fragt man das eine alte Dame von fünfundzwanzig Jahren überhaupt noch . . .«

Wenn die letzte Tagesglocke tönte und die Jungens zur Tür rannten, wobei es bisher immer noch zu einer Balgerei gekommen war, hatte sich Peter bisher nicht an dem Wirbel beteiligt. Nun warf sich Schinski neuerdings hinein, und Peter folgte prompt nach. Einmal hätte er ihn fast bei den Garderobenhaken im Korridor erwischt, doch Felix saß inzwischen schon in der Besenkammer und beobachtete durch den Türspalt, wie sein Banknachbar traurig den Korridor verließ. Signal für Schinski, die Hintertreppe hinabzurennen, an der Schulmauer entlang zur Turnhalle zu laufen und die Anstalt durch das Kohlentor am Kesselhaus zu verlassen. Und wieder nahm er seine blaue Tertianermütze ab, als sei sie ein schimpflicher Gegenstand, und stopfte sie in seine Schultasche, die er nicht als Ranzen trug.

Satt hatte es Peter, satt bis zum Halse, und er meldete sich entschlossen im Dienstzimmer des Pedells. Der alte Mann, dem die Nickelbrille ganz vorne auf der Nase saß, der immer seine Dienstmütze trug und gleich, ob sie noch brannte oder schon ausgegangen war, an seiner Zigarre sog, war schon recht klapprig, aber noch nicht so vergeßlich, daß er sich an ein hohes Trinkgeld nicht erinnert hätte, an Spender und Anlaß. Deshalb fuhr er nach einem Brummintervall bereitwillig mit tabakbraunen, zittrigen Fingern die Namensliste entlang: »Wozu brauchst du denn die Adresse von Felix Schinski?«

»Wir schreiben morgen Mathearbeit. – Er hat seine Logarithmentafel vergessen.«

Der Mann schluckte die Ausrede, blickte vom Buch auf: »Na schön, Brigittental dreiundzwanzig. Nicht sehr empfehlenswert, die Gegend. Da nehmen Sie lieber a paar Schupos mit!«

Brigittental – eine holprige, schmale Gasse, die von der breiten, regen Geschäftsstraße abzweigt und am Ende in einen rechteckigen grauen Platz einmündet. Die mit Katzenköpfen gepflasterte Straße war von hohen Mietshäusern flankiert, außen schmal, innen fünf Höfe und fünf

Hinterhäuser tief. Es war nach der Normaluhr an der Ecke genau sechs Uhr am Morgen, als Peter die Straße entlanglief. Nichts zu sehen. Peter lief durch die Höfe der Nummer 23 bis zum fünften. Aus dem ersten Stock winkte ihm eine neugierige Alte mit strähnigen grauen Haaren, die sich, auf ein Kissen gestützt, herauslehnte, ein bißchen Leben einzufangen, Alltagsklatsch – wer mit wem und was –, wahrscheinlich reichte der Schlaf nicht bis zum Tageslicht.

»Die Schinskis? Da kommen Sie zu spät, junger Mann. Die Marta geht um sechs zur Schicht in die Wäscherei, und der Junge fängt ne Stunde eher an. Was wollen Se denn? Soll ich was ausrichten?«

»Die Schinskis?« Vom Seitenausgang her lief ein kleines bebrilltes Mädel mit Rattenschwänzchen auf Peter zu. In ihrem Ranzen klapperte die Schiefertafel. »Wer bist du denn? Bist du ein Jugendgenosse, bist du ein Freund von Felix?«

Verlegen nickte Peter.

Eifrig redete die Kleine in ihn hinein: »Weißt du, wo du ihn triffst? Bei unserem Gruppennachmittag. Felix ist unser Pionierleiter. Der spricht mit uns und erzählt und lehrt uns Lieder – auswendig. Hier, zwei Ecken weiter beim Kahlert im Gasthofgarten.«

Sie war kaum loszuwerden: »Dankeschön, ich treff' ihn vorher in der Schule.«

Als die Tage kürzer wurden, faßte Peter seinen Entschluß. Im Dämmern eines Morgens stand er hinter der Litfaßsäule gegenüber dem Eingang der Mietskaserne Brigittental 23. Langsam rückten die Zeiger der Normaluhr an der Ecke auf die Fünf zu. Die Turmuhr bestätigte die Zeit, und mit dem Schlag kam Felix aus dem Haus. Er lief barfuß, trug die Schuhe an den Schnürbändern um den Hals. Er rannte leichtfüßig, einer, der das Barfußlaufen gewohnt ist, zum Bäckerladen zwei Türen weiter, aber nicht hinein, sondern durch den Hausflur in die Backstube. Wenige Minuten blieb er, dann erschien er mit einer Hucke voller frischer Brötchen auf dem Rücken, die über die Straße hinweg dufteten. Eine lederne große Kassiertasche hing an einem Gürtel seitwärts hinunter. Die Schulmappe hatte er in der Backstube gelassen. An der Ecke sprang er auf die Elektrische, fuhr, Peter beobachtete es, nur eine Station, begann von dort seine Runde auf beiden Straßenseiten zurück zum Bäckerladen.

So hell war es geworden, daß Peter die Route des Schulkameraden mit seinen Blicken genau verfolgen konnte. Da war er endlich, trug die leere Hucke zum Bäcker, kam mit der Schulmappe wieder heraus und stellte sich an die Ecke der Verkehrsstraße. Es war wenige Minuten vor sechs. Ein kleiner offener Lastwagen mit dem schreienden Schild »Breslauer Neueste Nachrichten« in Schwarzweiß brauste um die Ecke, hielt mit einem Ruck an, und ein großes, verschnürtes Zeitungspaket fiel vor Schinskis Füße, in einen Leinenbeutel aus Juteband verpackt, der en miniature auch den Zeitungstitel trug. Der junge Säckeschmeißer grüßte schnell, die Hand am Mützenschirm. Winken zurück. Schinski zog den Packen in den offenen Hausflur, knüpfte die Schnüre eilig auf und zählte mit geschickter Routine, aus der lange Übung sprach, die Zeitungen in Zehnern durch. Zu guter Letzt holte er auch noch eine Abonnentenliste aus der Tasche, die er geschwind überlas. Nun trug er zwei Taschen, auf jeder Schulter eine, dazu die Schuhe um den Hals.

Mit den Zeitungen, die nur in die Briefkästen zu stecken sind, geht es schneller treppab, so daß Peter Mühe hatte, unbemerkt und beide Straßenseiten überschauend, den Barfüßler nicht aus den Augen zu verlieren. Sein Herz tat weh vor Mitleid: Deshalb schläft er jeden Morgen erst einmal ein paar Minuten lang, der arme Kerl. Warum macht er das bloß? Peter wußte genug. Gerade wetzte Felix in einen Hausflur, so daß es Peter gelang, unbemerkt auf die Straßenbahn zu springen.

Die Schulglocke rasselte zum ersten Mal. Die kurze Sackgasse vor den Lehranstalten war erfüllt von der Mützenpracht der vielen. Immitten des Trubels setzte sich Felix seelenruhig auf einen der Schmucksteine am Schuleingang, nahm seine schwergewichtige Halskette von den Schultern, holte Strümpfe aus den Schuhen und zog erst diese und danach die Botten an. Er wäre lieber barfuß in die Klasse gelaufen, wie einst auf der Valdberger Dorfschule, doch das durften auf der Eichendorff-Oberrealschule nicht einmal Freischüler. Er kämmte sich, nahm seine Schülermütze aus der Mappe, setzte sie auf und war vor dem dritten Läuten im Schulgebäude verschwunden.

Diesmal war der Platz vor Schinski leer, der zu seinem Pech sofort einnickte. Zunächst keine Gefahr. Der Geometrieprofessor zog die obere Wandtafel am Flaschenzug herunter, drehte sie um und kreidete eine Trigonometrieaufgabe unter Benutzung von Wurzeln und Logarithmen darauf. Jemand pfiff unwillkürlich durch die Zähne, so schwierig sah es aus. Dr. Butzke wurde aufmerksam. Peter schlüpfte geschwind auf den leeren Platz. Um Schinski abzuschirmen, zog er den Banknachbarn näher an sich heran und versuchte sofort recht laut zu husten, auf Signalwirkung hoffend. Sein Nebenmann kapierte und scharrte mit den Schuhen neben der Bank. Auch die Kameraden hinten taten etwas, das Felix' Schnarchen zudecken sollte. Es gelang nicht ganz. Ein Kranzerjüngling kicherte daraufhin absichtlich laut. Peters Stubser mit dem Ellenbogen erreichte unbeabsichtigt den Hals und fiel ein wenig hart aus, weil sich der Junge zu weit hinübergebeugt hatte. Der Schrei »Aua« ließ den Lehrer an der Tafel sich der Klasse zuwenden: »Wer war denn das?« Die Schinskipartei zeigte dem Schreier drohend, aber heimlich in Sitzhöhe ein halbes Dutzend geballter Fäuste. Dr. Butzke, der eine gute Nase hatte, fragte: »Was war denn, Greve? Heraus mit der Sprache!«

Greve erhob sich: »Entschuldigen Sie, Herr Studienrat. Ich habe mich mit dem Knie an der Bankkante geschlagen.« Der gutgelaunte Frager sah ihn dabei instinktiv sein Genick reiben und meinte: »Aha, du trägst dein Knie also am Hals.« Die Klasse brüllte vor Lachen. Befriedigt kam Peter an diesem Tage nach Hause, wo ein Brief von daheim auf ihn wartete. Und bald die nächsten Ferien!

6. Der Lehrer im geflickten Rock

Das Übliche. Die Saison erträglich, die Südamerikaner stellten das Hauptkontingent. Ihre Eltern gehörten meist zur dritten Emigrationswelle, jene, die schon wieder befürchteten, die Revolution bedrohe ihre Geschäfte – oder ihre Ruhe. Sozialrevolutionäre waren darunter und demokratische Menschheitsbeglücker, Kinder und Enkel von Juden, die sich in Rußland eine sanfte Plüschrevolution ohne jedes Blutvergießen gewünscht hätten. So etwa – wasche mich, aber mach mich nicht naß. Und Engländer und Franzosen kamen diesmal. Dagegen fehlte Peter der Riese Pinschewski. Die Mehrheit der Reichen kam diesmal aus dem Westen.

Amerikaner tauchten wieder auf, amerikanische Juden, schon stark assimiliert, nüchterne, angepaßte, ohne die Romantik eines Joe Menasse. Sie hatten ihre eigenen Maßstäbe, die einst der Talmud geprägt, verloren, das Daheem, seine Sitten und Gebräuche. Ihr neuer Wertmesser klang amerikanisch: How much does he make? Schon begannen sie den protzigen Selfmademen mit den eisernen Ellbogen zu ähneln, die zu werden sie einst ausgezogen waren, trugen sich laut und bunt – vor allem die Frauen.

Wenn Peter Menschen so sah und erforschte, geschah das, ohne daß er ahnte, schon mit Schinskis Augen und seiner Betrachtungsweise. In der Schule nährte er sich von Brotkrumen, die Schinski im Gespräch hinwarf, vor allem die spöttischen, ironischen während der Geschichtsstunden beim »Elefanten«. Er gewöhnte sich an, im stillen den Herrn Oberstudienrat Dr. Müller ähnlich zu kommentieren. Schon hatte er gelernt, eigene Schlüsse zu ziehen, eigene Meinungen zu äußern, aber die Methode, nach der er sich Urteile bildete, stammte aus Schinskis Textbuch, und das geschah, ohne daß es ihm bewußt wurde.

Das genaue Hinsehen, die kritische Sicht auf Bad Grenzbrunn, seine Gäste, die Familie, seine Proteste gegen soziale Gegensätze zwischen Dienstbotenquartier und Hotelhalle vormochten nicht zu verhindern, daß Peter sich während der Schulzeit bis zum Herzstechen schmerzhaft nach Grenzbrunn und der »Bohemia« sehnte. Damit meinte er auch die große Auswahl auf der Speisenkarte, die stiebitzten Torten – er aß doch so gerne. Er sehnte sich nach Menschen wie Großmutter, Täuber, Lotte, Pinschewski, Pelz und seiner Mutter. Er fand immer wieder erstaunt, wie jung und anziehend sie doch aussah. Und wenn sie, selten genug, dafür Zeit fand, streichelte sie ihn über den Kopf. Immer noch beherrschte ihn die Neugierde auf Menschen, das Personal, die Gäste, ihre Verschiedenheiten, immer noch drängte es ihn, seine Sprachkenntnisse zu erproben.

Brauchte er jedoch Teilnahme, wer sollte ihm dann verdenken, daß er sich am liebsten im hinteren, am Wirtschaftshof liegenden Trakt der »Bohemia« herumtrieb, Täuber besuchte, Lotte bei der Tagesbilanz störte, mit den Stubenmädchen schäkerte auf dem Wege zum Mannwerden. Oder war es nicht umgekehrt? Peter begann seine Kindheitsrundungen zu verlieren, und die Dorfmädchen sahen mit Spaß, wie er sich zum verlegenen, eckigen Halbwüchsigen streckte, wie seine Stimme sich rauhte, kratzig und heiser, aber schon so tief klang, daß Tikoschinski selbst im Krächzen zu erkennen behauptete: »Er wird singen einen schainen Bariton!«

Geschah es, daß Simon Pelz einmal daheim war, sparte er Peter immer ein paar Stunden, die er übrig behielt, wenn Esther über dem Hotelbetrieb den Mann vergaß. Doch noch liebten sie sich so sehr, daß sie Simon sogar vergab, wie oft er die »Bohemia« zu allen Teufeln wünschte.

Gegen Ende der Ferien dachte Peter mehr und mehr an Schinski, den er hatte an keinem Tage aus seinen Gedanken verdrängen können, obwohl er sich, von seinem Stolz verführt, in den letzten Monaten von direkten Kontakten zurückgezogen hatte. Er war dem Banknachbarn nicht mehr wie ein Hündchen nachgelaufen. Selbst in den Pausen auf dem Schulhof suchte er nicht mehr des anderen Gesellschaft, wobei er hoffte, Felix würde es merken, bedauern, irgendwie darauf reagieren. Das Echo blieb aus. Sie redeten von nun an nur das Nötigste miteinander.

Manchmal legte Felix seine Stirn erstaunt in Falten, sagte aber nichts.

Not zwingt zum Miteinanderreden. Der Horcher an der Wand hörte die Schande – der anderen. Es blieb ihm keine Wahl, alle Hemmungen verloren sich, der Mut kehrte zurück, sogar die Furcht vor einer Demütigung wich. Denn Felix drohte Gefahr. Und diesmal führte die zähe, erfinderische Verfolgungsjagd Peter zu einem Bauzaun, hinter dem Felix verschwunden war. Peter sprang ihm nach und stand ihm plötzlich unerwartet gegenüber. Beinahe wären sie aufeinander geprallt. Aus lauter Verlegenheit schickte sich Peter an umzukehren, als Felix ihn derb bei der Schulter packte: »Du bist wohl sehr einsam, gelt?«

»Wieso?«

»Na, glaubst du denn, ich hab' nicht gemerkt, daß du mir vor einem halben Jahr schon nachgelaufen bist wie ein Spitzel? Ich dachte wirklich zuerst – beinahe –, sie hätten dich auf mich angesetzt. Daß du dich plötzlich zurückgezogen hast, erschien mir wieder merkwürdig, bis ich dich richtig angeguckt hab' – dein Gesicht, als hätt' ich dir die Butter vom Brot gestohlen. Und heute – auf einmal, was ist?«

»Heute ging's nicht anders. Sie wollen dir auflauern, der Edle und seine Clique, wirklich und wahrhaftig.«

»Soso, der Graf!« Felix schien gar nicht überrascht. »Und woher weißt du's?«

»Zufällig mitgehört. Sie hatten sich in der Toilette versteckt, in der Kammer neben dem Waschraum, und da hab' ich mich aufs nächste Klo gesetzt, da hört man alles. Sie wollen uns beide rausbeißen, weil wir nicht auf die Schule gehören. Du sollst der Schandfleck sein und ich der Itzig. Dabei kann ich besser ringen und boxen als der ganze Kranzer.«

Zum ersten Male sprach Felix eifrig und lebhaft auf den Partner ein: »Meine Masche ist Jiu-Jitsu. Und weißt du, was das allererste ist, das man dabei lernt? Hinfallen – ohne sich was zu tun. Aber nicht liegenbleiben, sondern schleunigst wieder aufstehen, sekundenschnell, unerwartet. Das lernst du auch dabei. Denk mal drüber nach«, rief

Felix und rannte auf den Grasfleck am Rande des Bauplatzes und demonstrierte mit einer Serie von schnellen Purzelbäumen und Flickflacks das Hinfallen, den Armschutz und das schnelle Aufrichten.

»Das mußt du mir beibringen!«

»Laß dir's beibringen, wo ich's her habe. Bei ›Rot Sport‹. Noch was? Ich meine, ob du noch was wissen willst?« Es klang grob und abweisend.

»Will ich«, Peters Herz schlug schnell, und er errötete. »Warum trägst du früh Brötchen und danach die ›Neueste‹ aus? Das machst du doch nicht bloß aus Feez.«

»Na denn gut. Setzen wir uns erst mal. Hier sind ein paar Mauerreste.« Felix faßte den Frager am Ellbogen und beugte sich vertrauensvoll zu ihm hin: »Wir sind aus dem Waldenburger Revier gekommen. ›Grube Morgenrot.‹ Vater ist im Schacht abgestürzt, beim Ausprobieren eines Sicherungsgerätes. Der Rettungsgürtel war nicht zu Ende gedacht, ein fahrlässiger Schnellschuß. Vater stürzte ab, war sofort tot. Presse war da, sogar Rundfunk. Die Schuld der Zechenverwaltung glasklar vor allen Augen. Nicht totzuschweigen. Die Grubendirektoren hatten Butter auf den Köpfen. Mutter kriegte nicht nur eine schöne runde Summe von der Versicherung und die Knappschaftsrente. Die Herren zahlten aus Angst vor einem Prozeß eine ziemlich hohe Entschädigung, und mir schenkten sie, um vor Presse und Öffentlichkeit gut auszusehen, den Freischülerplatz auf der vornehmen Penne. Deshalb zogen wir her.«

»Da hat's ja ganz schön geklimpert in der Sparbüchse.«

»Beinahe – bloß mit uns zog die Inflation in Breslau ein, und die hat in ein paar Monaten alles ratzekahl weggefressen. Nun sind wir aber mal da, ausreißen ist sowieso nicht! Da helf ich der Mutter eben, daß wir durchkommen.«

»Entschuldige! Also deshalb ...«

»... hab ich vor der Schule zwei Berufe, Brötchenjunge und Zeitungsausträger.«

»Du schwindelst – Pionierleiter kommt dazu!«

»Gut hingehorcht, bloß – dafür krieg' ich nichts. Ich spiele mit Arbeiterkindern und bringe ihnen was bei, auch unsere Lieder.«

Nicht erschrocken war Peter, aber neugierig. »Bist du etwa ein Kommunist?«

»Dazu bin ich noch zu jung, vorläufig. Nicht mehr lange. Sag' bloß nicht so was in der Schule, sonst fliegen wir beide. Bloß nicht!« beschwor Felix. Peter fühlte sich beleidigt. »Mensch, ich bin doch dein Freund!« Und zutiefst enttäuscht, als er die ein wenig ironische Antwort bekam: »So? Davon wußte ich ja noch gar nichts.«

Um seine Tränen nicht zu zeigen, setzte sich Peter in Trab. Schinski rannte hinter ihm her, hielt ihn fest und sagte ernsthaft und herzlich: »Sei mir nicht böse. Ich wäre ja stockblind gewesen, wenn ich nicht gemerkt hätte, in der Klasse gibt es zwei Parteien, eine gegen Schinski, die führt der Graf, und eine für mich, da machst du den Räuberhauptmann. Das ist schon prima von dir. Aber mein Freund sein? Tja, weißt du, das ist 'ne brenzlige Sache, nicht für mich – wie bring' ich's dir bei, damit du nicht gleich wieder 'ne beleidigte Leberwurst bist. Also, da mußt du viel riskieren, darfst keinen Schiß haben und ... setz dich doch wieder ...« Er zog Peter auf einen Rasenfleck am Rande der Baustelle herunter und flüsterte ihm ins Ohr, als würden sie belauscht: »Schweigen können müßtest du. Was wir tun, wo, wie, wann, das bleibt unter uns, tiefstes Geheimnis. Kriegst du das fertig?«

»Wenn du mein Freund bist, alles!«

»Ich kann dich ganz gut leiden, obwohl du dich manchmal noch ein bißchen kindisch aufführst. Na, zieh nicht gleich so 'ne Flappe. 'n bißchen mehr als die Meute gefällst du mir schon.«

»Ph, kindisch – das eine Jahr, das du älter bist«, wehrte sich Peter. Es gelang ihm nicht, den Vorwurf aus seiner Stimme zu verbannen.

Eine Weile saßen sie still nebeneinander, der eine erwartungsvoll, der andere nachdenklich. Und aus dem Nachsinnen heraus formte sich die Antwort: »Das eine Jahr, das ich älter bin, tut's nicht. Das Großsein fängt bei Arbeiterkindern früher an, weil sie so wenig vom Kindsein haben, weil die Großen einen schon frühzeitig brauchen. Als ich zwölf war, hab' ich schon Streikposten gestanden und Verbindungskurier gemacht. Und dann waren auf der Grubenstraße Reißzwecken und spitze Nägel ausgesät, wie die Samenkörner, die wir vom Bauern Lampe geklaut haben, dicht gesät, kurz bevor die Streikbrecherwagen gekommen sind, so daß ihre Reifen mit lautem Knall platzten. Die hatten wir nämlich von den Dächern runtergeschmissen, die Zwecken. Riskierst du so etwas?«

Entschlossen posaunte der Erbe der »Bohemia«: »Mach ich!« – »Na dann«, der Freund packte ihn bei den Schultern: »Dann riskier' ich's auch.« Kleiner Augenblick einer Umarmung wie bei großen Männern, dann gingen sie nebeneinander, und es dauerte seine Zeit, bevor einer zu reden anfing.

Eine ganze Weile schon waren sie verfolgt worden. Die außen am Bauzaun guckten durch Astlöcher. Ein Trabant des Edlen rief ihm zu: »Jetzt seh' ich sie!« Kranzer kommentierte: »Also wissen wir jetzt sicher, daß Schinski mit dem Itzig mauschelt. Und wie die in der Klasse auf fremd mimen!«

»Wie ist es nun mit der Klassenkloppe?«

Der Chef tröstete: »Die kriegen wir noch mal.«

»Warum nicht gleich? Sind doch bloß zwei.«

»Zu spät! Keine Ahnung von militärischer Strategie! Vollkommen ungeeigneter Kriegsschauplatz«, und dabei zeigte er auf die grauen Mietskasernen ringsum. »Hier haben *die* doch ihr *Hinterland.«*

Inzwischen näherten sich die Gesuchten dem heimischen Brigittental. Sie waren tief gebückt noch unter den Gucklöchern entlang geschlichen. Plötzlich entdeckten sie keine Verfolger mehr. »Gesehen habe ich sie aber bestimmt, 'ne ganze Masse, viere auf einen.«

»Klar, jetzt weißt du, was dir blüht, wenn du in aller Öffentlichkeit zu mir stehst. Was dir überhaupt mit mir passieren kann! Mit mir kostet Lernen Prügel.«

»Gehst du eigentlich gerne in die Schule?«

»Man pickt sich heraus, was man brauchen kann: Deutsch-Literatur, auf die steh' ich, Geographie und Sprachen sind nützlich.«

Nickend stimmte der Jüngere zu: »Und Geschichte!«

»Schon, aber nicht beim ›Elefanten‹.« Er schüttelte

sich: »Brrr, das ist einfach Falschmünzerei.« Nun erst verstand Peter, warum sich der Arbeiterjunge beim dicken Müller noch nie freiwillig gemeldet, aber immer eine richtige Antwort parat hatte, wenn er aufgerufen wurde.

Vor dem Hoftor versperrte Peter dem neuen Freund den Weg. Er hatte noch eine Bitte: »Du, darf ich mal mitkommen zu den Kindern?«

»Nicht zum Zugucken. Da stehst du mir bloß im Wege rum. Höchstens zum Mitmachen. Uns fehlt noch jemand für die Kleinen. Kannst proletarische Märchen erzählen, von Hermynia zur Mühlen. Ich bring' sie dir runter. Warte, gleich!«

Er rannte durch den Torhof und sah sich vom Hinteraufgang her noch einmal um, ob der Freiwillige nicht doch Angst vor der eigenen Courage kriegte. Aber Peter blieb stehen und pfiff vor sich hin. Der einsame Erbe hatte aufgehört, allein zu sein.

Weil bei Heinz Querwege, Leiter der Kindergruppe »Clara Zetkin« des Jung-Spartakusbundes, die Schatten der Proletarierkrankheit entdeckt wurden, übernahm Peter seine Arbeit erst einmal vorübergehend. Aber man weiß ja, wie das ist. Wer ins Wasser geworfen wird, lernt schnell schwimmen und geht nicht unter. Zuerst ruderte Peter auch verzweifelt, bis er sich Übersicht verschafft hatte. Und da einer von Schinskis Leitsprüchen, einer, der noch von seiner Mutter, der Lehrerin, stammte, lautete: Wissen weitergeben, bedingt Wissen erwerben und nie damit aufhören, verschlang Peter nicht nur den Broschürenvorrat des Freundes, ihn gierte nach Antworten auf offene Fragen.

Im Gewerkschaftshaus tagte damals noch die »Marxistische Arbeitsgemeinschaft«. Schinski brachte Peter dorthin. Dort stritten Gewerkschafter, Sozialdemokraten – Rechte und Linke, Sozialisten, Kommunisten mit geistigen Waffen, setzten sich über ihre Theorien, Ansichten und Methoden auseinander, dort schärften sich Standpunkte und Meinungen am Schleifstein der Diskussion. Der Austromarxist Otto Bauer reiste aus Wien nach Breslau, um über seine Theorien zu diskutieren. Im Anbeginn gingen die

Diskussionen noch über Peters Niveau hinaus. Nur mühsam konnte er folgen, Zusammenhänge herstellen. Er wurde wütend und ungeduldig mit sich, studierte in die Nächte hinein. Schinski bedauerte ihn nicht. »Das bleibt dir nicht erspart, das mußte ich auch hinter mich bringen. Gehst eben in zwei Schulen: tags in die bürgerliche, nachts in die proletarische. Ich nenn' es das große Atemholen vor dem Sprung.«

Peter lernte, bis er sich zutraute, Fragen zu stellen, die nicht primitiv waren, und zu diskutieren. Schinski stachelte ihn an. Gemeinsam verteidigten sie ihre theoretischen Positionen. Man wurde in der Runde auf sie aufmerksam. Einer der Kursusreferenten, Schinski kannte ihn, wie man führende Genossen kennt, aus achtungsvoller Distanz, schnappte sich die beiden gleich nach der Lektion, hakte sich ein und ging mit ihnen die Oderpromenade entlang: »Oberrealschule?«

»Ja.«

»Funktion?«

»Pionierleiter Jung-Spartakusbund.«

»Und du?«

»Agitprop im Jugendverband.«

»Gut. Wißt ihr, was der SSB ist?«

»Keine Ahnung.«

»Sozialistischer Schülerbund, aktiv in den obersten Klassen. Beschäftigt sich mit spezifischen Fragen der Schulpolitik, nimmt die Interessen fortschrittlicher Schüler wahr, kämpft gegen reaktionäre Volksbildungsbestrebungen und Pädagogen, entspricht dem Kommunistischen Jugendverband auf dieser Ebene. In den Schulen daher streng illegal, natürlich noch strenger verboten.«

»So – und warum erzählst du uns das? Das wußten wir!«

»An der ›Eichendorff‹ gibt's noch keine Gruppe.«

»Hast also gleich gewußt, wo wir her sind?«

»Klar, ich mußte euch doch abtasten. Die Arbeit ist brenzlig.«

»Wir hätten 'ne ganze Klassenfraktion, wenn wir's richtig anstellen.«

»Ihr macht also mit?«

Felix lachte: »Seit wann werden junge Kommunisten gefragt, bevor sie einen Parteiauftrag kriegen?«

»Ist der denn schon drin im Jugendverband?«

»Peter tritt ein. Ich bin Bürge. Stimmt's?« Erstauntes Kopfnicken. Peter hatte sich bisher nicht getraut, seine Absicht zu verraten.

»Gefragt habe ich, weil's, wie gesagt, brenzlig ist. Wenn's rauskommt, fliegt ihr von der Penne und kriegt noch Jugendknast obendrein, falls ihr bei einer Aktion geschnappt werdet. Da fragen wir lieber vorher. Du berichtest an mich. Ich bin Flodur.«

Mit diesem Gespräch und den ersten beiden gewonnenen Mitgliedern begann die Existenz des Sozialistischen Schülerbundes an der Oberrealschule.

7. Für die Liebe muß man leiden

Von den nächsten Ferien knappste Peter seiner »Bohemia« eine Woche ab, um mit Felix zelten zu fahren. Was ihm der Erfahrene erzählte von eigenen Kindheitserfahrungen im Bergarbeiterdorf und beibrachte von Klassen, ihrer Entwicklung und der Geschichte ihrer Kämpfe, krallte sich wie ein Widerhaken bei ihm fest und zwang ihm Nachdenken ab, drang in seine Träume, änderte seine Leseliste. Ungern trennte er sich von Schinski. Nächstens sollte er mit nach Grenzbrunn. Schon damit der Kumpeljunge mal schöne Ferien hatte, war Peter bereit, die ganze Familie auf die Hörner zu nehmen. Mit dieser Absicht fuhr er heim.

Er fühlte sich stärker und war gesünder als die Stadtkinder. Da wuchs kein Riese heran, eher ein breitschultriger, mittelgroßer bulliger Halbwüchsiger, der älter aussah als seine Jahre und im Stall zupackte wie ein Ochsenknecht, gleich am ersten Tag daheim in der »Bohemia«, weil es ihm Spaß machte, sich ordentlich auszuarbeiten, bis er sich erschöpft und schweißnaß ins Heu legte und einschlief. Eliška, die Stubenmädchen lernte, sah ihn kräftig atmend im würzigen Kraut, die Pferdehaare verwuschelt, die Beine breit von sich gestreckt, und weckte ihn mit einem Strohhalm, damit ihn Josefine bei ihrem alltäglichen Rundgang nicht so erwischte. Bevor sie ihn weckte, sah sie ihn eine Weile an. Als er sich regte, kitzelte sie ihn wach und rannte aus dem Stall.

Heimisch werden daheim, dazu braucht man das Servussagen, indem man auf die Berge kraxelt und die Hügel besucht, über die Dorfweide läuft und ein paar Stunden auf dem Gondelteich herumrudert, quer durch den großen Kurpark spaziert. Erst einmal überall gewesen sein, auch über der Grenze in Nachod und Běloves, das ist wie ein Händereichen. Ihr seid erkannt, jetzt erst ist es möglich, etwas mit euch anzufangen. Servus!

Diese Begrüßungsausflüge unternahm Peter immer alleine, bevor er die Schulkameraden besuchte, die schon in die Lehre gingen und, mit ihrer Lebenserfahrung protzend, hochmütig auf den Pennäler herabsahen, der noch nicht einmal mit einem Mädchen geschlafen hatte.

Dann kam das Hotel an die Reihe. Über das Personal fragte er Täuber aus, bei den Gästen spielte er den Großvater als Empfangschef, fragte nach ihrem Befinden, nach Kurerfolg und Zufriedenheit mit der Speisenkarte, und da er die ersten langen Hosen trug und viel leere Zeit da war, nahm ihn die internationale Gesellschaft ernst und lobte Josefine gegenüber seine Sprachkenntnisse, seine Höflichkeit und Beschlagenheit, wenn ihm Fragen gestellt wurden. Und dann wurden der Großmutter die Augen feucht, weil sie Filip vor sich sah. Schinski hätte spöttisch gesagt: »Du gefällst dir als Hausherrensöhnchen, gelle?«

Der Familie ging er, schon vom Großvater gewarnt, aus dem Wege, und das war schade, denn Onkel und Tanten hatten Kinder, und er hatte eigentlich nie mit ihnen gespielt und selten Konversation gemacht. Was im Wirtschaftshof herumlief oder auf dem Boden hauste, im Keller herumfuhrwerkte, interessierte ihn mehr als jene.

Wie immer in der Hochsaison bewohnte die Familie Zimmer und Kammern, die nicht vermietbar waren, und Peters Bleibe war noch schmaler als die Fahnenkammer, in der nun drei Stubenmädchen hausten. Die schrubbten sich morgens, halbnackt über der Wanne stehend, im einzigen Badezimmer des Bodengeschosses wach, und Eliška ließ absichtlich die Tür offen stehen, weil Peter so schön rot wurde, wenn er mit gesenktem Kopf beim Vorbeigehen hineinschielte, obwohl Marketa sie rügte: »Laß den Jungen in Ruhe, der ist mal gerade ein Böcklein, und das dritte Horn ist ihm noch nicht gewachsen.«

Damit gab sich Eliška nicht zufrieden. Das wollte sie ausprobieren. Nicht, daß sie mit jedem – aber sie hatte es gern und gerade entdeckt mit ihren siebzehn. Und in den Jungen hatte sie sich schon verguckt, als sie ihn im Heu liegen sah.

Von der zupackenden Art der Eliška war zu erwarten, daß es nicht nur bei Wünschen blieb. Die kleine Kammer Peters im Bodenstock wurde mit Haken und Eisenschlaufe geschlossen wie die Kuller-Klosetts mit dem ausgeschnittenen Herzen auf den Hinterhöfen. Eliška fand bald heraus, daß Peters Tür nicht einmal auf diese primitive Art befestigt war. Sie schlüpfte hinein. Der ahnungslose Peter spürte einen nackten weichen, geschmeidigen Körper neben sich, der sauber nach Kernseife roch, und er merkte zu seinem Erstaunen, daß ihn das ganz und gar nicht kaltließ, als ihm das Mädchen das Nachthemd herunterzerrte, ihn küßte, ihm seine Männlichkeit begreiflich machte, wobei sie entschuldigend sagte: »Junger Herr, ich bin ja bloß die Eliška.« So begann Peters Liebesunterweisung. Und ohne viel Worte lernte er mit Eliškas Hilfe ziemlich gründlich und ausführlich Dinge und Übungen kennen, die angenehm, vergnüglich, wenn auch ermüdend waren, Sensationen an sich und bei ihr. Zunächst verbarg ihn Eliška, betrachtete ihn als ihre private Domäne, paßte auf, daß ihr die anderen Mädchen nicht in die Parade fuhren. Obwohl Peter die frische, lebens- und liebeshungrige, leidenschaftliche Eliška sehr gut gefiel, fragte er sie eines Nachts ängstlich: »Jetzt müssen wir wohl heiraten?«

Blaß, nimmersatt, mit Müdigkeitsringen um die Augen nach durchwachten Nächten, verbrachte Peter die erste Ferienwoche.

»Simon muß dieser Frau Zadek einen Zuschuß geben. Außerdem schicken wir ihm von jetzt ab jeden Monat ein Paket. So geht es nicht weiter, der Junge wird in der Stadt nicht satt. Schreiben Sie's auf, Täuber«, ordnete die ahnungslose Großmutter an, die sich besser ihrer eigenen Jugend erinnert hätte.

Zehn Tage währte die Idylle, dann sagte ihm Eliška eines Abends freundlich und unverblümt: »Heute geben wir's uns noch einmal tüchtig. Morgen kommt mein Chlap – aber du brauchst deswegen nicht traurig zu sein. Die anderen Mädels warten bloß darauf.« Der tief getroffene Peter verzichtete auf die anderen und, solange die Ferien dauerten, auf die neuentdeckte Beschäftigung und zog aus dem Stammhaus in die Dependance »Haus Friedrichsruh« zurück. Dort dachte er wieder sehr intensiv an Felix, las in den Broschüren, deren Lektüre ihm anempfohlen war, und machte sich Vorwürfe, daß er ihn überhaupt so lange hatte vergessen können.

Sommer wurde Herbst, Winterskälte wandelte sich mühsam in den Frühling. Drei Jahre, in denen die »Bohemia« ausgebucht blieb wie üblich. Großmutter ging ein wenig gebückt, Mutter hörte auf, wie ein junges Mädchen auszusehen. Die Freundschaft zwischen Peter und Felix wurde so fest, daß sie sich auch auf die Jugendgenossen, Jungen und Mädel ausdehnte, die sie beide politisch führten, und ohne daß etwas verraten oder aufgedeckt wurde.

Der Erbe der »Bohemia« hatte längst beschlossen, daß er das Haus, sobald es ihm zufiel, der Internationalen Arbeiterhilfe als Erholungsheim für die Familien der Streikenden zur Verfügung stellen und das Kapital der Parteikasse übergeben würde, worauf ihn Felix mit der listigen Frage bremste, was der arme Karl Marx wohl angefangen hätte, wenn der Fabrikantensohn Friedrich Engels ihm nicht in seiner Bettelarmut geholfen hätte.

Die Mützen auf den Schülerschädeln von Sexta bis Prima wechselten die Farben, blau, grün, gelb, weiß. Dazu kamen die Mützen für das Unter- (in Silber) und für das Ober- (in Gold), – von Sexta angefangen. Die jungen Männer wurden mit Sie angeredet. Nur, weil sie Sport trieben, rauchten sie nicht als Zeichen der Reife. Im Zeugnis stand, daß sie in die Obersekunda versetzt seien – der Stempel der Männlichkeit!

Daheim machten sich weder Josefine noch Simon Pelz Sorgen wegen der Familienblutegel. Sie kamen gar nicht in die »Bohemia«. Grenzbrunn reichte ihnen nicht, »not fashionable really«. Sie reisten nach St. Moritz zum Wintersport und nach Bad Nauheim zur Kur.

Die ersten künstlich hergestellten Industriediamanten verursachten eine Baisse im Edelsteingeschäft, der Simon Pelz mit einem kleinen Aderlaß entrann. Seither flüchtete er nicht mehr so oft ins Ausland. Indem er zu Esther zurückkehrte, die vom Stammhaus nicht loszureißen war, kümmerte er sich wieder mehr um die »Bohemia«, und das tat allen Beteiligten gut. Wie gerne er sich auch in den begrenzten, doch übervölkerten Ländern Europas herumtrieb, nach Jahrzehnten in der öden Weite – es tat ihm noch immer wohl und machte ihn glücklich, zu Esther heimzukehren.

Die Geschäfte von Moritz, Ruben und Miklos gingen gut, was bei ihnen leider immer die Gefahr in sich barg, daß sie sich übernahmen oder zu spekulieren begannen.

Es gab wenige Arbeitslose. Die Weimarer Republik stieg in das Rüstungsgeschäft ein und baute die ersten Panzerkreuzer für den eigenen Bedarf. Das veranlaßte den Korvettenkapitän d. R. Herrn von Weddingen, der »Scheinrepublik« seine Dienste anzubieten, zumal die Kriegsflotte die Farben Schwarzweißrot am Gösch führen durfte. Man dankte: Nein –, und der Kurdirektor igelte sich übelnehmend oder pensionslüstern auf seinem Posten ein. Nichts Neues in Grenzbrunn, um so mehr in der Stadt, in der Peter lebte.

Auf dem besten Wege, seinem Glauben und seiner frommen Vergangenheit für immer Ade zu sagen und aus seiner Mitgliedschaft zum Kommunistischen Jugendverband Konsequenzen zu ziehen, warf den Erben der »Bohemia« ein Ereignis aus den Gleisen, ehrlicher gesagt, zurück auf seine von der Familie vorbestimmte Bahn: Er verliebte sich in ein junges jüdisches Mädchen, eine wahrhaft orientalische Schönheit mit tiefbraunen riesigen Augen, schwarzem Kräuselhaar über hoher Stirn und einem großzügigen, schöngeschwungenen Mund. Sie war nicht nur gut gewachsen, die Harmonie ihrer Gestalt vom Kopf bis zu den schönen Beinen bezauberte. Dazu war sie selbstbewußt, intelligent und offensichtlich unerreichbar. Das machte die Liebe zwar tragisch und hoffnungslos, deswegen leider nur gewagter, beherrschender. Er hatte Channah, die Tochter einer streng orthodoxen Familie von Großhändlern für Buntmetalle, Erze und Stähle aller Arten, kennengelernt, als sie Sibby vom Seminar abholte, war ihr vorgestellt worden und stolperte wortschüchtern, hingerissen bis zum stattlichen Haus der Kobers neben ihr her, wurde beinahe größenwahnsinnig, als sie eine Minute Abwesenheit des Unterprimaners Silberstein dazu ausnutzte, ihm schnell und etwas atemlos zu sagen: »Ich war schon so neugierig auf Sie, Sibby hat erzählt und ... ach, er kommt. Morgen nachmittag muß ich meine kleine Nichte ausfahren, nachmittags so gegen fünf bin ich auf der Liebichshöhe.«

Wir finden Peter von nun an meist in der Gesellschaft des bewunderten Freundes Felix, obwohl die erste große Liebe ihre Schatten auf die Freundschaft wirft.

Der Freund war ihm nun auch physisch über den Kopf gewachsen, sein ernsthaftes, schmales Gesicht hatte Kanten bekommen. Zwar lief er nicht in Maßgeschneiderten herum wie Peter, doch die Zeit der geflickten Anzüge war vorüber, seit seine Mutter im Waldenburgischen wieder in den Schuldienst aufgenommen worden war. Auch die stabilisierte Knappschaftsrente besserte den Etat der Familie Schinski auf. Die dunkle Wohnung im Brigittental kostete zwar Gesundheit, aber wenig Geld und diente durchreisenden Genossen des Parteiapparates als illegale Bleibe. Im Sommer sahen sich die Freunde kaum, in der unwirtlichen Jahreszeit hockten sie in Peters Prachtquartier. Das Pendeln nutzte auch aus konspirativen Gründen. Sie lebten neben der Schule ein zweites Leben, ohne deswegen den Unterricht zu vernachlässigen, weil ihnen das Studieren Bedürfnis geworden war. Nur richteten sie sich dabei nicht allein nach Gymnasiallehrplänen.

Sie trugen die weißen Mützen der Obersekunda keß, im schiefen Winkel aufgesetzt, und gingen gelassen durch den Wirbel der Jüngeren, die sie umsprudelten im lärmenden Wirbel, schoben die Kleinen freundlich zur Seite, packten auch mal einen quirligen Quartaner am Wickel. Die ganze Meute rieb sich an den Großen.

Der pummelige Dr. Eberhard, dem Peter seit der Aufnahmeprüfung gut zugetan, winkte vom Lehrerzimmerfenster her: »Eine glatte Eins, Ihr französischer Aufsatz, Samuel. Sie sollten Romanistik studieren. Schinski auch nicht schlecht!«

Er verschwand im Zimmer, und Peter meinte gleichgültig: »Was ich mir dafür kaufe!«

Felix rügte ärgerlich enttäuscht von seinem Freunde: »Sei doch nicht so hochnäsig und leichtfertig. Seit dir die schöne Channah im Kopf herumspukt, vergißt du, wie wichtig gute Noten sind. Eine bessere Tarnung für verbotene politische Arbeit ist doch unvorstellbar.«

»Du willst ewig einen Politiker aus mir machen. Du weißt doch, daß ich mich dazu nicht eigne.«

»Besser als Rabbiner.«

»Les extrèmes se touchent.«

Felix gab sich geschlagen, weil das nun wirklich stimmte.

Tags darauf, am frühen Morgen im Betsaal des Rabbinerseminars gegen Ende des Gottesdienstes, schmuggelte sich Silberstein an Peters Seite. Noch trug Peter die viereckigen Kapseln mit den Glaubensartikeln an der Stirn und am Arm, wickelte die Lederriemen ab, die sie festhielten, das helle, an den Rändern schwarz gestreifte Andachtstuch über den Schultern, das runde Käppi auf dem Haupt. Endlich verließ der Rabbiner im vollen Ornat das Gebetspult, und Silberstein durfte flüstern: »Mein Onkel läßt dich einladen durch mich zum Sabbatmahl – Nudelsuppe mit Fleischklößchen, Gänsebraten, eine süße Reiskuggel. Ich beneide dich.« Genießerisch schnalzte er mit der Zunge.

»Wird Channah dabeisein?«

»Die soll ich mal heiraten, wenn ich mir die Hörner abgestoßen habe. Was findest du an der? Überkluge Mädchen sind mir langweilig. Vielleicht mausert sie sich noch. Solange es platonisch ist, kannst du sie meinetwegen bewundern. Das macht die Festung sturmreif.«

»Und wenn's nicht platonisch ist?«

»Du immer mit den Mädchen! Da macht sie nicht mit. Eine anständige jüdische Tochter. Das Bett steht erst hinter dem Hochzeitsbaldachin.«

Das feierliche Sabbatmahl vollzog sich wie in allen orthodoxen Familien nach dem festgelegten Ritual. Und doch war es bei den Kobers anders – verfremdet.

Wie oft hatte Peter in den fünfeinhalb Jahren der Polanschen Gastfreundschaft für ihre feindstaatlichen Gäste an Sabbattischen gesessen, atemlos den Zeremonien folgend.

Die in den Lehren kaum bewanderten Chassidim aus dem Osten, für die Religion mehr Brauchtum und Magie war als Wissen um Gott, hatten die Feier mit dem schummrigen Schleier ihrer mystischen Sagen und Märchen umwoben, mit kleinen orientalischen Melodien, zu denen sie rhythmisch mit den Füßen stampften, mit der dunklen, aber romantisch verklärten Mystik, die einst Marc Chagall bezaubert hatte, einer Mystik, die Gelehrsamkeit und die Auslegung des Talmud dem Wunderrabbi überließ, der für seine Gemeinde dachte und entschied. Und das Kind Peter hatte gelauscht, mitgefühlt, mitgestampft, mitgebetet – alles schien ihm natürlich und verständlich. Den deutschen Frommen blieb von all dem nur das nackte Regelwerk, leblos, obwohl man sich streng an die Buchstaben des ewigen Gesetzes hielt.

Dr. Kober, der in feierliches Dunkel gekleidete bärtige Hausherr, saß am oberen Tischende, dessen Beine länger sind, so daß sich die Tischplatte ein wenig nach unten neigt. Neben ihm blieb, wie das Gesetz es befiehlt, ein gedeckter Platz für einen zufällig vorbeikommenden Gemeindearmen frei. Die Chassidim dichten diesem Schnorrer an, daß sich in ihm der Prophet Elijahu verberge. Zur rechten Hand des Hausherrn saß der älteste Sohn, dann zu beiden Seiten die Männer der Familie, als letzter Peter als Gast, der seinem Schicksal dankbar war, brachte es ihn doch in nächste Nähe zu Channah. Denn das schneeweiße Damasttischtuch endete nach der Männerversammlung noch vor den Plätzen der Frauen. Die Trennung offenbarte sich dadurch, daß erst hinter einer handbreiten Lücke, die das braunpolierte Holz auftauchen ließ, das Tischtuch der Frauen ansetzte, wodurch ihre den Männern untergeordnete Rolle gekennzeichnet war. Hier herrschte keine bestimmte Rangordnung, nur die Hausfrau sah, am unteren Tischende sitzend, dem Gatten über den ganzen Tisch hinweg ins Gesicht.

Peter vor der Lücke, Channah dahinter, waren sie sich auf diese Weise nahe, und sie schauten sich so traumverloren an, daß die perückengescheitelte Mutter sich strenge räusperte. Channah guckte, Schamröte im Gesicht, schnell zum Vater hin, der aufgestanden war, um den Wein mit einem Segensspruch zu preisen, den Kiddusch zu singen: ». . . beauré peri hagofen«.

Es wurde wenig geredet bis auf das Lob der Speisen und höfliche Floskeln und Segenssprüche, und als Dr. Kober die Tafel aufhob, mußte Peter gehen, und den jungen Leuten blieb nur ein kurzer signalisierender Blick, der ihn nach der sorgfältigen Abschiedsrunde veranlaßte, vor der Haustür zu warten.

Es dauerte auch nicht lange, bis Channah ihn hastig von der Haustür wegzog und in den Schatten des Gartens führte. »Jetzt können wir uns nur noch im geheimen treffen. Vater hat mir den Umgang mit dir verboten, bis du dir Pajes wachsen läßt.«

Peter war nicht nach Lachen zumute, obwohl er kicherte: »Das heißt, unsere Freundschaft hängt von der Länge der seidigen Schläfenlocken ab, die ich tragen soll!«

»Mach dich darüber nicht lustig, Vater hat gesagt, ein abgeschnittener Jid trifft sich nicht mit meiner Tochter. Weißt du denn nicht, daß er zu den strengsten Orthodoxen gehört, Agudas Jisroel ist der äußerste rechte Flügel.«

»Nicht einmal im Rabbinerseminar haben sie von mir verlangt, daß ich Pajes trage.«

Channah führte ihre stärkste Waffe ins Feld: »Was ist dir wichtiger, kurzes Haar oder ich« – und erreichte damit, daß Peter sich einhängte und sie näher an sich heranzog, womit er sich offensichtlich ergab. Wohl deswegen ließ sie es einen Augenblick geschehen: »Du, ich muß, sonst merken sie, warum ich vom Schabbestisch weggelaufen bin.«

Peter küßte ihr die Hand. Sie machte sich los und rannte zur Haustür zurück. Im Treppenflur blieb sie stehen und berührte mit ihrem Mund die Stelle auf ihrem Handrükken, die Peter geküßt hatte.

Kaum war Peter in seinem Zimmer angekommen, da probierte er mit Kamm und Bürste vor dem Spiegel aus, wie man Korkenzieherlocken dreht und unter dichten Strähnen hinter den Ohren versteckt, und schielte dabei wie auf einem Opferaltar nach Channahs eingerahmten Bild neben dem Blumenstrauß.

Daß sich die Freundschaft zwischen Peter und Felix abkühlte, lag nicht an irgendwelchen Eifersüchteleien. Für Mädchenbekanntschaften hatte Felix immer Verständnis. Seit seinem Vierzehnten ging er mit Mädchen und machte nie eine Affäre daraus. Zuerst waren es Jugendgenossinnen, die nicht nur mit ihm schliefen; sie waren Kameradinnen und kleine Hausfrauen und wirtschafteten für ihn.

Schinski schreckte, wie sehr sich Peter in seine Liebe verlor, was er dafür aufzugeben bereit war, und er fragte sich, wie er politische Anfechtungen überstehen würde und was für einen unzuverlässigen Bundesgenossen er da gewonnen hatte. Dagegen sprach Peters Einsatz, nicht nur bei den Pionieren, auch in der K.J.V.-Zelle Breslau-Süd, im Schülerbund, in der Agitpropgruppe, wo er alles mittat, schreiben, Regie führen, spielen, Plakate und Bühnendekorationen entwerfen und malen, auf den Kastenrädern durch die Straßen fahren, durch das Megaphon schreiend werben. Da war er sich für nichts zu gut. Da waren sie auch Freund miteinander. Nicht einmal, wie Peter neuerdings hinter dicken hebräischen Folianten saß und sich, mit singendem Rhythmus vor und zurück schaukelnd, Sentenzen einprägte, störte Schinski. Er fand das ganz putzig und schalt auch Bibelstudium nicht feindlich. Es kam darauf an, wozu. Nur die persönlichen Vertraulichkeiten, die friedlichen, doch intensiven Streitgespräche wurden selten, schon weil Peter jede freie Minute bei Channah »Hündchen spielte«, wie es Schinski nannte. Der Freund hätte weniger dagegen gehabt, wären die beiden wirklich zusammengezogen. Monate gingen so vorbei, und beide, Peter und Schinski, wurden sich bewußt, wie sehr sie das Private, das Herzliche untereinander vermißten. Da wurden Peter und Silberstein in der Schultoilette überfallen, als Peter, der zu Dr. Kober befohlen worden war, den Mitschüler fragen wollte, ob seine Pajes dem strengen Urteil des jüdischen Hausherrn standhalten würden. Er kämmte sie gerade hinter den Ohren hervor, als die Meute in den Raum stürzte. Der Edle von Kranzer und sein Adjutant packten ihn sofort bei den Ringellocken und zerrten daran, andere griffen nach seinen Beinen.

»Heraus! Vorzeigen!« brüllten sie.

»Ein galizischer Jid, und wie er's geheim hält, der Heuchler, hinterm Ohr – hab' ich euch doch immer gesagt. Ein Ostjude, wie er im Buche steht. Deshalb das Sprachgenie! Er mauschelt ja auch in allen Sprachen, der Saujude. Da kommen die Einsen her. – Das sind eben die Geheimnisse der Weisen von Zion.«

Peter wehrte sich nach Leibeskräften, gewann ein wenig

Spielraum, konnte seinen Kopf befreien. Der Lärm lockte die anderen herein. Schinski und die Freunde vom Schülerbund hieben sich eine Gasse. Schinski schlug mit seinen Armen wie mit Dreschflegeln um sich. Die Kranzermeute wankte und wich mit einigen Blessierten, wurde schließlich hinausgedrängt. Von draußen riefen sie: »Pajes Itzig, Pajes Itzig!«

Schinski tupfte dem Freund Blut von der Schläfe. »Jetzt hast du die ganze Bande gegen dich aufgebracht. Woher kommt dieser Leichtsinn?«

»Die werden noch klein und häßlich, wenn sie wieder von mir abschreiben wollen!«

»Dies ist keine Antwort. Jetzt schwänzen wir die letzte Stunde und gehen erst einmal nach Hause. Mit Eberhard bringe ich das in Ordnung.«

»Große Aussprache fällig?«

Schinski nickte. »Bei dir, ich hab' nichts Eßbares zu Hause.«

Schon auf dem Wege legte der Freund Peter die Hand auf die Schulter und redete eindringlich, ja heftig in ihn hinein. »Das kommt von deiner verdammten Prinzipienlosigkeit. Was ist das für ein Jungkommunist, der sich nicht entscheiden kann?« – »Eben! Und vor der Partei hast du mich über den grünen Klee gelobt.« Schinski griff sich an den Kopf: »Du Idiot, das ist es doch gerade. Reine Schizophrenie. Mit dem Kopf begreifst du wie Marx. Religion als Opium für das Volk. Und dann läufst du mit Löckchen rum wegen eines Mädchens, das in euer Hotel einheiraten will.« Peter schüttelte heftig den Kopf: »Nein, das ist eine unbegründete Verdächtigung.«

»Klar will sie das! Du bist nämlich 'ne gute Partie, sogar für die Familie Kober. Steck' das Mädel ins Bett und schenk ihr, was sie braucht. Für eine spießbürgerliche Kapitalistenhochzeit, hier Aktienpaket Kober, dort ›Bohemia‹, bist du mir zu schade!«

»Channah auch!«

»Dann wähle gefälligst auch die Seite der Barrikade, wenn ich bitten darf.«

Wütend gegen sich selbst, weil er sich hatte hinreißen lassen, schrie Felix: »Siehst du, das hast du davon! Jetzt rede ich wie ein platter Agitator und weiß sehr genau, was für komplizierte Geschöpfe Menschen sind.«

Am gedeckten Tisch bei Tee und Kuchen ließ es sich angenehmer streiten: »Jetzt bin ich mal neugierig, was reizt dich denn so an der jüdischen Religion, oder führt Liebe zu einem Mädchen zur Glaubensbekehrung? Was?«

»Nichts. Nur das Historische, die praktische Seite, die sozialhygienische und psychologische. Beispiel: Moses hatte es mit einem Nomadenvolk zu tun, das sich um Schafe und Weidegründe stritt und auseinanderstrebte, dieses Volk der wandernden Hirten. Also erfand er ein Gottesgesetz, welches das Gebet erst dann voll gültig macht, wenn ihm zehn Männer beiwohnen. Hebräisch heißt das Minjan. Zählst du die Frauen und Kinder dieser Männer dazu, dann hast du eine kleine Stammesversammlung, na, mindestens ein paar Sippen beisammen. Daß dieses Gesetz heute noch gilt, füllt Synagogen. Oder das Verbot des Genusses von Schweinen und Wild, weil aus dem Verzehr Seuchen entstanden sind.«

»Ganz plausibel, heute überlebt, wo es amtliche Fleischbeschau und Trichinenüberprüfung gibt.«

Einmal im Zuge, hörte Peter keine Einwände: »Das Hohelied, die Psalmen – herrliche Lyrik, tiefe Gedanken, Fabeln, Geschichten. Der Talmud und seine rabbinischen Kommentare. Die logische Reihe von Frage, Gegenfrage, Argument und Schlußfolgerung . . .«

». . . die der Jude Karl Marx: These, Antithese und Synthese getauft hat . . .«, kicherte Schinski. »Hast du das ›Kommunistische Manifest‹ einmal einfach wegen der schönen Sprache gelesen? Deutsch ist das! ›Ein Gespenst geht um in Europa.‹ Und am Ende: ›Nichts zu verlieren als ihre Ketten, eine Welt zu gewinnen.‹ Da steckt die ganze Dialektik der Sprache drin. Selbst wenn Marx die Dialektik im Talmud entdeckt haben sollte.«

Sie redeten, bis die Wirtin an die Tür donnerte. Um Mitternacht war die alte Harmonie wieder hergestellt.

8. Die Sache mit Fridericus

...begann mit einer Frage in einer müden Dreiviertelstunde, während der jeder, auch der »Elefant«, mit Ungeduld auf das Klingelzeichen ihrer Beendigung wartete. Im Geschichtslehrbuch der Weimarer Republik waren für diesen Monarchen drei Seiten reserviert, womit ihm sicher allzuviel Ehre angetan worden war. Studienrat Professor Dr. Müller verdünnte den darauffolgenden Stoff und verkürzte den vorangehenden, um Platz und Zeit für seinen Helden Fridericus zu haben. Nun waren weder Peter noch Felix, zu deren Lieblingsfächern Französisch gehörte, unempfindlich gegenüber den ästhetischen Reizen und inneren Werten der französischen Kultur in diesem historischen Abschnitt, schon weil sich in ihm wie eine leichte Frühlingsbrise der Geist der Revolution spüren ließ. Sie schätzten den Briefwechsel Friedrichs mit dem Spötter Voltaire, unterhielten sich über die Versuche Friedrichs, das martialische väterliche Hofprotokoll des Soldatenkönigs umzukrempeln, sie bewunderten sein Bestreben, Anreger, Mäzen und Bauherr der Künste zu sein. Nur war das alles nicht, was der »Elefant« meinte, wenn er den Namen Fridericus wie den eines Gottes aussprach. Seine Heldenverehrung machte aus dem Hohenzollern den deutschesten aller deutschen Monarchen, worin er sich mit dem greisen Reichspräsidenten der Deutschen Republik, Herrn Generalfeldmarschall von Hindenburg und Beneckendorff, einig fand. Er plagte sich und die Schüler monatelang mit der zwielichtigen Gestalt. Und er präludierte nicht allein. Die angedichtete Mischung von genialem Strategen, Philosophen, deutschen Patrioten, Künstler und Fürsten, der sein Volk liebte und der wiedergeliebt wurde, geisterte in der Gestalt des Schauspielers Otto Gebühr in einer Flut von aufwendig, monströs und verschwenderisch inszenierten Fridericusfilmen über die Leinwand und riß die Masse der Kleinbürger vom Werkmeister bis zum Obersteuerinspektor zu Beifallsstürmen hin, wie sie ihre Oberen, vor allem die Rüstungsindustriellen, die landhungrigen Rittergutsbesitzer und die Bankiers, für ihre Zwecke brauchten.

In wessen Auftrag der deutschnationale »Elefant« den Fridericus strapazierte, darf man sich aussuchen, er erreichte, daß ihm kaum ein Schüler noch sonderliches Interesse abgewinnen konnte. So saß der »Elefant« auf seinem Stuhl, der für seine Fleischmassen viel zu klein gebaut war, so daß er nach allen Seiten von der durchgesessenen Sitzfläche überschwappte, und suchte nach einer neuen Variante.

»Wir kommen nun auf die Staats- und Regierungskunst Friedrichs des Großen zu sprechen, ausgehend von seinem Ausspruch: Ich festige die Staatsgewalt wie einen Bronzefelsen.«

»Sinngemäß unrichtig, zumindest sehr frei angedeutet«, flüsterte Peter Schinski zu. Doch Müller, der vergebens auf beifälliges Nicken gewartet hatte, vernahm das und fragte pikiert: »Und wie wär's richtig?« Peter stach der Hafer: »Er soll, das Zitat ist nicht verbürgt, in seiner unnachahmlichen Umgangssprachenmischung aus schlechtem Deutsch und gutem Französisch gesagt haben: ›Ich stabilisiere die Souverenité comme un rocher de bronce‹.«

»Soso, und mit welchem Recht mäkeln Sie an der Verdeutschung des Zitats des deutschesten aller Monarchen herum? Sie, gerade Sie?« Die Stimme des »Elefanten« klang scharf, überhöht laut, bedrohlich. Alle Köpfe wendeten sich Peter zu. Spannung knisterte im Klassenzimmer. »Na, wird's bald?«

Natürlich wollte Felix seinen Freund nicht im Stich lassen, er hätte es ohnehin nicht länger ausgehalten: »War er eben gar nicht, deutscher Monarch.« Das sagte er noch laut. Im Aufstehen flüsterte er Peter zu: »Und außerdem verwechselt er Vater und Sohn, von wegen rocher de bronce.«

Stille in der Klasse. Auch der »Elefant« erhob sich, schneller als sonst, der Stuhl ächzte. Zuerst sah es aus, als wolle er sich auf Schinski stürzen. Er besann sich. Er rieb sich sogar frohlockend die Hände: »Habe ich Sie also doch aus Ihrer Reserve gelockt, Herr Primus Schinski! Wenn auch nur als Heckenschützen, als Franctireur gewissermaßen. Immerhin, das erste Mal arbeiten Sie freiwillig mit. Da will ich großzügig sein. Bitte, stellen Sie Fragen zu allem, was Ihnen unklar erscheint.«

Schinskis Gesicht spannte sich noch kantiger, noch konzentrierter: »Drei Fragen habe ich, Herr Professor. Ist Friedrich der Zweite ...«

»... der Große, wenn ich bitten darf.«

»... ist der Genannte jener König, an dessen Hof Deutsch als Sprache verpönt war, der Deutsch als Sprache der Kutscher und Lakaien beschimpft hat, der seine Landeskinder den Rheinfürsten gegen Höchstgebot als Rekruten verhökert hat ...«

Die Zornesröte in Müllers Gesicht, dessen mächtiger Körper bebte, hielt Felix nicht auf.

»Ist Friedrich der Zweite jener Monarch, der ...« Eine Ohrfeige, die ihn gegen den Klassenschrank warf, fällte den mageren Schinski. Daran herunter rutschte er auf den Boden. Der Professor hatte seine Selbstbeherrschung verloren. Nur einen Augenblick. Nun schickte er sich an, dem Geschlagenen zu Hilfe zu eilen, aber da hatte sich Felix schon wieder aufgerichtet, hielt sich mit einer Hand die Backe, hatte die andere zum Melden erhoben und sprach ohne Aufforderung: »Herr Oberstudienrat, ich hätte da noch zu fragen: Seit wann sind Ohrfeigen schlagende Argumente?«

In ihrer Loyalität gespalten, reagierte die Klasse. Ein Teil lachte laut, andere beschimpften Schinski; alle betrachteten den Geohrfeigten als Sieger des Duells. Die Pausenklingel zerschrillte die Spannung.

Ruhig, als wäre nichts Erwähnenswertes geschehen, nahm Felix die letztvergangene Lektion des verehrten Dozenten Hermann Duncker während des Sonntagskurses der »Marxistischen Arbeiterschule« durch. Die Freunde gingen nebeneinander am Rande des riesigen Schulhofes entlang, wo man spazieren konnte, ohne vom Spielwirbel überrannt zu werden. Peter gab das Gehörte ungeschickt wieder, und Schinski rügte: »Das ist eine unzuverlässige Verallgemeinerung. Zunächst ist der Streik nichts anderes als der Entzug der Ware Arbeitskraft, auf die der Kapitalist zur Schaffung seines Profits angewiesen ist.«

»Du, ich bin kein Abc-Schüler. Ich habe ›Lohn-Preis-Profit‹ studiert.«

»Dafür drückst du dich reichlich ungenau, beinahe primitiv aus. Folgen wir der Leninschen Ausdeutung ... halt mal ...« Professor Dr. Müller, der Aufsicht zu erteilen hatte, näherte sich mit langen Schritten. »Verschwinde, der ›Elefant‹ will was von mir.« Peter verschwand, zu neugierig, sich dieses Rencontre entgehen zu lassen, flitzte er um die Ecke der Turnhalle, die in den Hof hinein ragte, und bezog nicht nur einen Beobachterposten, er winkte die anderen heran, so daß zu guter Letzt fünf Köpfe um die Ecke lugten. Sie ähnelten einer Version der Bremer Stadtmusikanten.

Hatte es Schinski darauf angelegt? Er manövrierte den Lehrer die Hauswand entlang. Sie blieben in Hörweite. Der Dicke klopfte Schinski versöhnlich auf den Rücken: »Entschuldigen Sie, Schinski, daß bei mir eine Sicherung durchgebrannt ist. Nicht ohne Ihre Mitschuld. Sie hätten mich nicht so schmerzhaft provozieren dürfen, zu etwas Verbotenem.«

»Ich trage es Ihnen nicht nach, Herr Professor.«

»Im Vertrauen, Schinski, woher haben Sie das Material zu Ihren Aussagen?«

»›Hohenzollernlegende‹ – Franz Mehring, Memoiren des Preußenkönigs, Voltairebriefe, allerdings alles in französischer Sprache geschrieben.«

Der »Elefant« würgte ein »Soso« heraus und zog sich langsam in die lärmende Hofmitte zurück. Doch auch Felix' Gesicht war ernst, als er zu Peter sagte: »So was schmeißt den ›Elefanten‹ nicht um. Außerdem trägt ihn die Hohenzollernwoge, der Fimmel mit dem ›alten Fritz‹ ist allerletzte Mode. Nicht nur im Kino. Im Theater spielen sie es auch. Das rauscht im Radio. Hast du die Schlange vor dem ›Kristallpalast‹ gesehen? Die Reaktion wittert Morgenluft. Du, ich weiß, wie das anfängt. Ich hab' den Putsch der Generäle Kapp und Lüttwitz als Kumpeljunge miterlebt. So was steckt an. Ich glaube, es reicht nicht, eine Schulklasse aufzuklären. Die Arbeiter muß man aufrütteln, verstehst du!«

Ob dieser Binsenwahrheit lachte Peter ansteckend: »Darauf ist die Partei auch schon gekommen, du Schlauberger.«

Schinski jagte den ausreißenden Peter über den Schulhof, und sie benahmen sich wie die Kleinen, unter denen sie sich tummelten. Atemlos blieb Peter stehen: »Ich ergebe mich und bringe dir den Tribut des Unterlegenen dar. Simon hat die Josefine und Mutter herumgekriegt. Du bist für den Herbst eingeladen.«

9. Blick aus der Baumkrone auf Gerechte und Ungerechte

Sie hatten, was man im alten Habsburger Reich einst Kaiserwetter nannte. Von ihrem luftigen Hochsitz sahen sie über die Bäderstraße hinweg die sonnendurchströmte Hügellandschaft, den Ansatz der Forsten über der langsam ansteigenden Gemeindeweide. Die Magistrale war im Herbst nicht so voller Menschen wie in der Hochsaison. Auf der anderen Seite: die Treppe von der Straße zum hohen Grund, die Fassade der »Bohemia«, im modernen Rosé gestrichen und von den Balkons hinab, deren Reihe das Dach der Steinterrasse bildete, überzogen mit den gelbroten Ranken des wilden Wein und auf der Terrasse die weißgedeckten Tische zur Kaffeemahlzeit.

Die beiden saßen, von unten unsichtbar, in den Kronen der alten hohen Birnbäume auf dem hohen Grund und pflückten Birnen in große Eimer, es sei denn, Peter legte den Finger auf den Mund zum Zeichen, daß sein Freund den Lauscher spielen sollte.

Auf der Terrasse saßen Moritz und Ruben, die angegrauten bäuchigen Onkels, die sich ähnlich geworden waren, und die vollbusige Thelma im ersten Stadium des Verblühens, gegen das auch korsettgeschnürte Reize und Pastellfarben nicht mehr viel auszurichten vermögen. Die im Geäst hatten allen Grund zuzuhören. Von ihnen war die Rede.

Mißtrauisch meinte Moritz: »Was hat er sich wieder den Goj mitgebracht? Ein Herz und eine Seele. Der Primus der Klasse, aber eigentlich Plebs, Bergarbeiterfamilie. Wenn das die Gäste erfahren!«

»Ich werde mit Mutter und Esther reden«, bot sich Thelma an, der ihr Mann sofort über den Mund fuhr. »Untersteh' dich, das ist unsere Sache! Jetzt, wo sich die Firma Kober wegen Peter vorsichtig über ihre Bank nach der Familie erkundigt hat. Montan en gros. Die Aktien werden sogar auf der Börse gehandelt. Und da bringt er so einen Proleten mit.«

Wie alle romantischen Frauen war Thelma im Bilde: »Die Channah ist knapp sechzehn.«

»Meine Liebe, wenn du soviel weißt, ist dir hoffentlich auch bekannt, daß man bei den Orthodoxen die Mädchen früh aus dem Hause gibt und mit den Söhnen wartet.«

Ruben wiegte anerkennend den Kopf: »Kleinigkeit, in so eine Weltfirma einzuheiraten. Die Esther hat immer wieder unverdientes Masel.«

»Vielleicht haben sie sich's andersherum ausgedacht«, kicherte Moritz in sich hinein. »Das Kapital behalten die Söhne, das heißt, es ist nicht Peter, der in die Firma Kober einheiratet, sondern die Channah wird die Enkel der ›Bohemia‹ auf die Welt bringen.«

»Dann hätten wir mit Zitronen gehandelt. Sauer, sauer!«

»Und warum hast du keinen Sohn, du Mamser, der aus lauter Geiz überhaupt noch nicht geheiratet hat?«

Beinahe wäre Schinski in lautes Lachen ausgebrochen über den üblichen Streit der Polanbrüder; da sagte Thelma noch bissiger: »Vielleicht kommt er ohne Frauen aus.«

»Ach woher, er hat nur jede Menge Verhältnisse, weil er dabei auf die Dauer billiger fährt, mein Goldstück.«

Ruben legte seinen Trumpf darauf: »Wer hat, der hat. Dafür betrügst du deine Frau am laufenden Band.« Worauf Thelma, die den Geldbeutel der Familie kontrollierte, nur mit dem Zeigefinger auf den Tisch klopfte und zu ihrem Mann, ihn scharf musternd, meinte: »Interessant! Interessant!«

Das Klopfen steigerte sich im Tempo und in der Lautstärke, ein Krach lag in der Luft, der Ruben ungelegen kam, deshalb forderte er Thelma auf: »Geliebte Schwägerin, halt erst mal die Luft an. Es liegt Wichtigeres vor. Ist das mit der Einheirat ein Gerücht, eine Spekulation, eine brüderliche Bosheit, oder steckt tacheles dahinter? Dann sollte sofort etwas geschehen. Mit Mutter reden, vor allem mit Esther. Wo ist Esther?«

Mit einer Geringschätzigkeit, die selbst Peter empörte, der seiner Mutter Stellung nicht beneidenswert fand, meinte Thelma bösartig lächelnd: »Wo wird sie schon sein? Am Küchenherd!« Zu Peters Glück stand Moritz hektisch auf, kippte dabei den Stuhl um und rannte in die Küche.

Es fehlte nicht viel und Peter wäre vom Baum heruntergeklettert. Schinski hielt ihn gerade noch fest: »Bleib – solange sie uns nicht ausspähen. Vielleicht versprühen sie noch eine Dose interessanten Giftes.«

»Hast recht, und sorg dich nicht. Die Baumkrone ist dicht. Das war schon vor Jahren mein liebstes Versteck, damals, als ich meine Mutter verlobt habe. Ich litt mit ihr, weil sie keinen Mann hatte, sehnte mich nach ihrer Zärtlichkeit – vergebens. Das war neunzehnhundertfünfzehn!«

»Erzähl doch.«

»Später vielleicht. Hast ja gehört: Wo wird sie schon sein, am Küchenherd. Anders kenn' ich Mutter kaum. Am Küchenherd. Moritz' Weibsstück hat ja sogar recht. Die Blutegel machen sich noch über sie lustig.«

»Deine Mutter tut mir trotzdem leid. Sie ist Hotelbesitzerin und Küchenmagd zugleich. Obwohl sie dich damals gern hatte, vielleicht sogar jetzt, hat sie dich in die Fremde geschickt. Ihre Geschwister sind hinter ihrem Erbe her. Wahrscheinlich hat sie es bloß deswegen noch, weil immer einer versucht, den anderen übers Ohr zu hauen.«

»Schwarze Seelen – aber gläubig!«

»Natürlich, alles streng orthodox. Und damit der liebe Gott für sie beim Teufel ein gutes Wort einlegt, lassen sie dich Rabbiner werden und machen dabei noch ein gutes Geschäft.«

»Natürlich, weil ich der Alleinerbe bin und sich Hotelbesitzer und Rabbiner gegenseitig ausschließen. Wenigstens den Gefallen tu ich ihnen nicht.«

»Denk nicht nur an dich. Lerne verallgemeinern. So verkrüppelt der Kapitalismus menschliche Eigenschaften und Gefühle.« Schinski zählte an den Fingern her. »Diese Leute werden mißtrauisch, mißgünstig, mißraten, mißgeleitet, mißverstanden. Jeder ist der Feind des anderen. Tausend Episoden würden es beweisen.«

»Und jetzt ziehen sie noch meine Channah in ihren Dreck.«

»Wer weiß, erinnere dich an meinen Verdacht, Peter, die

gute Partie. Was heißt überhaupt – deine! Seid ihr immer noch bei der vegetarischen Liebe, mit Handküßchen und Traumsehnsucht? Wetten, daß du noch Jungfrau bist?«

»Schon verloren, aber was hat das mit Liebe zu tun? Das ist doch nur eine Sache von gegenseitigem Hunger und Sättigung.«

»Pfui, du Realist.« Felix begann den Freund mit Birnen zu bombardieren. Nachdem der Waffenstillstand geschlossen war, sah Peter den Freund befriedigt an: »Bist braungebrannt, hast ausgelegt, frisches Gesicht. Nicht einmal von den Blutegeln läßt du dich ärgern.«

»Wir werden's brauchen, wenn aus der Agitation die Aktion wächst. Es sieht ernst aus.«

»Unke nicht. Guck dir lieber das Tabakskollegium an. Wir haben auch Freunde in der ›Bohemia‹.«

Auf der Terrasse saßen drei Menschen, die sich offensichtlich mochten, gerne zusammen waren. Das war daran zu sehen, wie harmonisch sie beieinander saßen, schwatzten, witzelten, sich anschauten, Minuten behaglichen Schweigens einlegten. Sie rauchten. Pinschewski saugte an Filips Oberförsterpfeife, auf deren Porzellankopf die handgemalte Miniatur eines Schäferspiels zu beschauen war. Rudolf paffte eine Orientzigarette, und Simon Pelz zog an einer dicken Zigarre.

Pinschewski folgte Rudolfs Blick: »Du kriegst sie nicht. Ich habe Filip so lange darum beneidet, bis er sie mir testamentarisch vermacht hat.« Simon grinste in sich hinein, führte einen Gedankenaustausch mit sich selbst. Rudolf unterbrach ihn leise: »Wenn du so schweigst, Simon, dann bist du mitten im australischen Busch und reitest auf einem kleinen, zottigen Wildpferdchen von Horizont zu Horizont.«

»Du meinst, von einem Freßlokal zum anderen, und keines ist koscher.«

Wie ein Marktschreier rief Pinschewski mit Anreißerstimme: »Simon Pelz' Snack-bars. The very best. Ham and Eggs, Coffee and Tea, Hamburgers!« Er klopfte Simon auf die Schulter und fragte im Scherz: »Reb Pelz, was fangt Ihr bloß an mit einem jüdisch-rituellen Hotel und einem koscheren Restaurant?«

Simon überlegte nicht lange.

»Die Köchin gefällt mir!« In der heiteren Antwort lag so viel Ernst, daß Pinschewski wütend in sein Jiddisch verfiel: »Far wos nemmt Ihr sie nischt mit ken Australie?«

»Sehr einfach, sie will nicht!«

Rudolf zuckte die Achseln und hob hilflos die Hände: »Die ›Bohemia‹! Die ›Bohemia‹! Der Magnet läßt sie nicht los.«

Peter kletterte herunter: »Die möcht' ich nicht weiter belauschen. Deren Intimitäten sind ihr Privateigentum. Feine Kerle!«

»Dafür erzählst du mir die Geschichte, wie du deine Mutter verlobt hast.«

»Das kommt davon, wenn einem die Zunge wegrennt. Du sitzt mir ja doch im Genick, bis ich's mache. Oben – auf der Terrasse!«

»Nein, hier! Bevor wir oben sind, begegnest du einem halben Dutzend potentiellen Langweilern, die dich aufhalten.«

»Schön. Obwohl ich heute noch schamrot werde, wenn ich dran denke. Wie oft habe ich sie verlobt in meinen Vorstellungen, Wünschen, Träumen. Wenn man keinen Vater hat und darunter leidet, erfindet und erwählt man sich alle möglichen Ersatzväter. Im zweiten Kriegsjahr hat uns der Oberlehrer Hille mit den Eltern zu einer Schulfeier eingeladen. Irgendeine Werbeveranstaltung, glaube ich. Damals gab es auf Holz gemalte Schablonen von germanischen Helden wie Siegfried mit Schild und Schwert, oder Papa Hindenburg. Die mußte man mit eingeschlagenen Nägeln Bronze, Silber, Gold, die kosteten zwischen einer und fünf Mark, zudecken, ausfüllen, komplettieren. Nagelporträts daraus machen. Wenn das Ding fertig war, steckten ein paar tausend Mark Kriegsanleihe im Holz. Und die Eltern durften sich angucken, wie weit die großen Helden schon eingekloppt waren.

Es sangen Knödelsänger, Schauspieler rezitierten von Patriotismus und sagten bluttriefende Gedichte her. Zur Erheiterung der Kinder spielte der Kasperl, und ein Zauberer holte Kaninchen aus dem Zylinder. Aber nur auf dem Dorfe. In der Stadt, wo Fleisch eine Rarität war, wurden ihm die zahmen Tierchen regelmäßig geklaut und brieten eine halbe Stunde später schon auf irgendeiner Pfanne. Na, jedenfalls jedes Kind kriegte zwei Karten. Ich bloß eine, weil Mutter Witwe war. Schulkinder suchen grausam nach Anlässen zum Hänseln. Sie spielten um mich herum Ringelreih. ›Ätsch, wir haben zwei und du nur eine.‹ Ich schrie aufgebracht: ›Ich krieg auch zwei‹ und durchbrach den Kreis der Kinder, lief zu Oberlehrer Hille. ›Ich krieg auch zwei. Meine Mutter hat sich verlobt. Er heißt Pinschewski und ist Pferdehändler.‹

Wer hätte mir sonst einfallen sollen. Ich war ein Knirps und Pinschewski der Zweimetermann. Alles an ihm imponierte mir, der Vollbart, der lange Pelz mit dem breiten Marderkragen, die hohe, spitze Pelzmütze, die ihn zum Gletscherberg hochstreckte. Und ich wollte doch so furchtbar gerne groß sein. Die anderen Polanenkel waren alle länger als ich, wenn ich auch breiter und stämmiger aussah. Wie Pinschewski sein – mein Ideal!

Tags darauf kam der Pastor gratulieren. Ich suchte nach einem Versteck und fand den Lichtschacht vom Keller zur Terrasse. Dort drüben siehst du ihn, das große Eisengeflecht von Fußabtreter liegt darüber. Und ich lag darunter und paßte auf, bis die Zugstiefel des geistlichen Herrn über mich hinwegschritten, heimwärts.

Die Mutter hatte sich ganz geschickt aus der Affäre gezogen, indem sie sagte, ihr Verlobter sei ›im Felde‹! Während Pinschewski, der von alledem keine Ahnung hatte, auf der Terrasse ein riesiges Wiener Schnitzel genoß. Bis in mein selbstgewähltes, unbequemes Kellerverlies roch ich seinen Duft, und da ich stundenlang da unten saß, war mir vom Hunger ganz flau. Außerdem zitterte ich vor Angst und Scham. In der ›Bohemia‹ spielt sich alles auf der Terrasse ab, wie im Balkan auf der Straße. So hörte ich, wie sie nach mir riefen, wie Großmutter das ganze Personal verrückt machte und auf die Suche schickte bis in den Wald. Mensch, die Angst vor der Blamage, die Angst vor dem Strafgericht. Großmutter muß wohl eine leise Ahnung gehabt haben. Sie lief mehrere Male auf die Terrasse und wiederholte immerzu: ›Komm heraus, du armes Kind, niemand wird dir etwas tun.‹ Bis Mitternacht habe ich es ausgehalten, ehe ich verschüchtert und verstaubt im Korridor erschien und in meine Bodenkammer schlüpfte.

Seither gibt es kein Familienfest der Polans, bis heute nicht, wo ich nicht mit der Geschichte aufgezogen werde. Aber Pinschewski imponiert mir immer noch.«

Der Wunderrabbi in Grenzbrunn markierte den Einzug des Spätherbstes. Der Kurpark halb leer. Nur die Bänke zu beiden Seiten der Mittelpromenade waren besetzt und ein paar Reihen vor dem Musikpavillon, wo die bereits dezimierte Kurkapelle recht schwunglos und ohne Schmiß potpourrisierte. Ältere Leute saßen dort und mitdirigierende Kinder. Langweilig – bis sich am Eingang der Promenade ein kompakter Menschenzug nahte. Voran, am Arm seiner Begleiter, der herzkranke Monarch, der große Rabbi von Radomsk, mittelgroß, zartgliedrig, ein wenig vorgebeugt. Auf seinem schmalen, hochstirnigen, bärtigen Gelehrtenkopf ein schmalrandiger runder Hut aus Pelz mit vier Pelzschwänzeln als Verzierung an den Seiten, jenes Strahmerl, das eine Königskrone ersetzt. Er trug einen seidenen, langen geraden Kaftan, dessen unterer Rand pelzverbrämt war. Seine Hosen steckten in weißen Socken und die wiederum in leichten dunklen Schuhen.

Ähnlich waren seine Begleiter gekleidet, die sich bei ihm eingehängt hatten. Nur waren ihre Pelzhüte ohne Hängeschmuck und die breitrandigen der in Viererreihe folgenden Schüler überhaupt ohne Pelzbelag. Auch die Kleiderstoffe des Gefolges waren weniger kostbar. Die Jünger trugen keine Vollbärte, nur Bartfransen, und die Schläfenlokken kräuselten sich seitwärts unter dem Hutrand.

Am Rande der Promenade sammelten sich Schaulustige, die Parade des Zuges abzunehmen, der tags darauf schon eine gewohnte Gegebenheit des Kurbetriebes sein würde. Nur eine halbwüchsige Dame schrie ihrem Freund zu: »Schnell, Henry, die Pinguine kommen!«

Sie hatte gar nicht so unrecht. Die Vorhut des Zuges sah von weitem einer Herde von Pinguinen, die in militärischer Formation vom Meeresstrand in Richtung Festland marschierte, recht ähnlich. Das galt nicht für die nachfolgende Gemeinde des Rebben.

Aschkenasische Juden aus aller Welt, die nur seinetwegen zu eben dieser Zeit nach Grenzbrunn gekommen waren auf Geheiß ihrer Vorfahren, die dieses Rebben Vater und Großvater noch verehrt hatten. Oder weil er ein Stück verlassene Heimat bedeutete, ein Bindeglied zur romantisierten Vergangenheit. Kaum einer der in alle Welt Zerstreuten sprach von Hause aus jiddisch, wenn nicht im Bemühen, sich über Sprachgrenzen verständlich zu machen. Sonst hörte man aus dem lauten Gemisch, wenn einzelne Worte herausstachen, fast alle Sprachen der Welt. Gemeinsam bemerkte man an ihnen eine äußerst lebhafte Gestik, mit der alles sprach, der Kopf, der Körper, die Hände, ein unaufhaltsames Temperament. Das war das einzige, worin sie sich ähnelten, die Art und Weise, in der sie im Haufen vorwärts und rückwärts liefen, weil sich die Spitze für ihre Ungeduld und Dynamik zu langsam bewegte.

Sonst sahen sie in Gestalt, Haut und Haarfarbe, in Kleidung, Farbigkeit und Habitus französisch, italienisch, angelsächsisch, nord- und südamerikanisch, slawisch oder deutsch aus, was sie ja inzwischen, seit Generationen zumindest, auch waren.

Das Spalier der Schaulustigen war dichter geworden. Aber die Objekte nahmen von ihrem Publikum überhaupt keine Notiz. Sie sahen es kaum, kümmerten sich nicht darum, was um sie vorging. Dazu waren sie viel zu sehr mit sich selbst beschäftigt. Sie waren die Gemeinde des Wunderrabbis von Radomsk.

Und der Jungkommunist Peter Samuel, dessen Weltanschauung ihn über Religionen und Götzenglauben zum Humanismus emporhob, fühlte sich ihnen trotz alledem auf eine merkwürdig hartnäckige Art verwandt, als sie da vorbeidefilierten.

Peters Privatgast war von Täuber in die Fremdengalerie des Kammermusiksaals im Kurvereinsgebäude hineingeschmuggelt worden, wo er unter den Leuten vom Badehauspersonal und von der Grenzbrunner Landschaftsgärtnerei unbemerkt blieb. Die Versammlung war schon eine Weile im Gange. Der Präsident des Bädertages hatte über den Anlaß sehr plausibel referiert. Das Thema und das

Anliegen dieser Versammlung des Kurvereins schien Felix vollkommen logisch, rechtens und ohne erkennbare Hürden, bis der Logierhausbesitzer und Friseur Hromadko in seinem harten böhmisch gebrochenen Deutsch aufschrie: »Hier soll ein Weltbad ruiniert werden.« Noch einmal nahm der Präsident das Wort, bevor er sich verabschiedete und es den Honoratioren überließ, mit der Angelegenheit alleine fertig zu werden, zumal er sagte: ». . . die Entscheidung ist unanfechtbar und unabänderlich. Doch von Ruin eines Weltbades ist keine Rede. Im Gegenteil: Ich wiederhole, Faktum ist, daß die Reichsversicherung zwar Geld und große Reserven hat, aber keine eigenen Kurorte für ihre Patienten. Also müssen sich alle Bäder Deutschlands damit abfinden, daß sie jeweils in einem von fünf Jahren ihre Kapazität gegen gute Bezahlung zur Verfügung stellen. Ganz gleich, ob das nun Kissingen, Baden-Baden, Nauheim, Borkum oder Kolberg betrifft. Kein Ort ist ausgenommen. Sie verzeihen, ich muß zur nächsten Sitzung.«

Wild fuchtelte Umlauf mit den Armen herum, erzwang sich die Fortsetzung seiner lauten Klage: »Das ganze Jahr in jedem Zimmer Leute. Das sind hunderttausend – ein Heuschreckenschwarm. Da bleibt kein Stein mehr auf dem anderen.«

Hilfesuchend sah der Kurdirektor dem Präsidenten des Bädertages nach. Gottschling schob ihm einen Zettel über den Vorstandstisch: Wir teilen uns die Argumentation auf. Einer von uns beiden spricht immer und sonst keiner. Wir lassen niemanden dazwischenspringen, bis die Angelegenheit durchgepaukt ist. Weddingen nickte und sprang zugleich auf: »Vom Standpunkt des Kurbetriebes hat die Regelung viele positive Aspekte. Einer ist, daß in diesem entsprechenden Jahr sämtliche Rekonstruktionen, Investitionsvorhaben, General- und Großreparaturen des Bades und der Gemeinde Grenzbrunn durchgeführt werden dürfen, da auf den Komfort der Gäste nicht solche Rücksichten genommen zu werden brauchen wie in der internationalen Hochsaison.«

Die ersten Zwischenrufe störten. Gottschling sprang sofort in die Bresche: »Was Herr von Weddingen meint, ist, unsere reichsversicherten Gäste werden sich auch durch

Gerüste, offene Kanalisationsgräben, nicht einmal durch verkleinerte Kuranlagen von ihrem Gesundungsprozeß abhalten lassen!«

Weddingen war wieder an der Reihe. Er hatte kapiert, daß er leiser treten mußte, spürte aber gleichzeitig, daß die Herrschaften vorne in den Samtsesseln, auf die es ankam, die Vorteile schon zu kalkulieren begannen, während die Krakeeler in den hinteren Reihen noch abgefertigt werden mußten. Sammetweich fuhr er fort: »Schließlich bietet die nähere Umgebung mit Hügeln und Bergen, Wiesen, Wäldern und Feldern reichlich Raum für Spaziergänge. Daß Rosengarten, Parkteile der Kuranlagen, auch einige Badehäuser und die aufwendigsten Einrichtungen dem Verschleiß unterliegen und der Durchdüngung, Bepflanzung, konzentrierter Bodenpflege, Aufforstung und Neugestaltung, die Gebäude baulicher Instandhaltung bedürfen und daher ein Jahr für das Publikum geschlossen bleiben, wird jeder Einsichtige, dem das Wohl des Weltkurortes am Herzen liegt, begreifen und unterstützen.«

Hromadko drang mit einem Zwischenruf durch: »Aber das Geschäft! Das sind doch alles Hungerleider, diese Reichsversicherten. Was soll uns der Bettelkram?«

Täuber spürte, wie heißer Zorn in ihm aufstieg. Die kaum verhüllte Verachtung der zukünftigen Gäste und ihre offene Beschimpfung aus der Versammlung nagten an seiner Selbstbeherrschung. Durfte er sie so weiter reden lassen, ohne für die Kollegen aufzutreten? Und dazu hatte er Peters Freund eingeladen. Dazu! Sie wollten uns überraschen, eine gute Sache mit ihrer Goldgier beschmutzen, bevor sie geboren ist. Hungerleider?

Selbst Herrn von Weddingen war dieser Ausdruck zu stark: »Keine Sorge, es handelt sich bei den Reichsversicherten nicht um Arbeitslose, sondern um aufbauende Kräfte in Lohn und Brot, die Geld ausgeben werden. Und was Sie und andere als Logierhaus- und Kurvillenbesitzer angeht: Nach einer vom ersten Januar bis zum dreißigsten Dezember garantierten Pauschale wird jedes Bett voll bezahlt. Über das Jahr berechnet also eine stetige, recht ansprechende Einnahme. Oder, wie man hierzulande volkstümlich sagt: Kleinvieh macht auch Mist.«

Täuber sprang auf. Gerade hatte Gottschling seinem Partner einen Zettel herübergereicht, auf dem stand: Sie fressen's! Jetzt auf die Tube vom gesicherten Einkommen drücken, da verdarb es dieser Elefant im Porzellanladen mit dem Kleinvieh.

Täuber meldete sich wütend, blieb stehen. Der Sekretär lief vom Präsidiumstisch zu ihm hinüber. Sie flüsterten leise. »Herr Jaroslav Täuber erbittet das Wort zu einer kurzen Erklärung.«

»Protesterklärung«, rief Täuber dazwischen, und Josefine, die an eine Solidaritätsbekundung des Hausdieners glaubte, beeilte sich, dem Vorstandstisch zuzurufen: »Mein Hausdiener spricht nicht für mich und die ›Bohemia‹.« Nun erst begriff Herr von Weddingen, daß sich hier etwas Unerhörtes zutrug. Er erhob sich. Täuber war auf dem halben Wege zum Rednerpult.

»Mit welchem Recht maßt sich ein Außenseiter, ein Hausdiener an, in der Vereinigung seiner Arbeitgeber überhaupt etwas von sich zu geben, vielleicht gar eine Erklärung?«

Die Herrschaften in den ersten Reihen wieherten, lachten wie über einen guten Witz. Hinten gab es Raunen, Rauschen, Unruhe. Täuber überwand den Lärm. Er sprach bei aller Lautstärke klar und sachlich: »Herr Bürgermeister Doktor Gottschling! Würden Sie bitte dem Herrn Kurdirektor eine Lektion in Kommunalpolitik lesen, ihn gelinde darauf hinstoßen, daß ein gewählter Gemeinderat von Grenzbrunn natürlich alle Rechte eines Kurvereinsmitgliedes genießt, auch das der Mitrede und der Mitentscheidung.«

»Total vergessen, Herr Täuber, total vergessen, Herr Gemeinderat«, versuchte Weddingen gut Wetter zu machen. »Es soll mich freuen, wenn Ihnen die Interessen des Bades so am Herzen liegen.«

»Mir liegen, liebe Mitbürger«, begann Täuber, am Rednerpult angekommen, »als Gewerkschafter die Interessen der Reichsversicherten am Herzen. Und wenn hier von Hungerleidern, Bettelsäcken, vom Heuschreckenschwarm die Rede ist, vom Kleinvieh, das auch Mist macht, so empfinde ich das als Beleidigung meiner Mitbürger und Kollegen. Vergessen Sie nicht, diese Leute haben in ihrem arbeitsreichen Leben Jahr um Jahr Versicherungsbeiträge gezahlt, erhalten also keine Almosen, sondern selbsterarbeitete Leistungen zurück. Sie haben, der Herr Kurdirektor beliebte, sie aufbauende Kräfte zu nennen, zur Wiederherstellung ihrer Arbeitskraft einen Erholungsaufenthalt nötiger als viele unserer Luxusgäste.«

»Hoho! Das ist zuviel!« protestierten die ersten Sesselreihen.

»Und wenn ich mir überhaupt Sorgen mache, dann nicht um den bedrohten Weiterbestand eines angeblich vom Ruin bedrohten Weltbades, sondern darum, was die Reichsversicherten unter den in diesem Saal gesetzten Vorzeichen erwartet. Sie dürfen sicher sein, daß ich mich darum kümmern werde, als Gemeinderat und als Gewerkschafter.«

Umzischt, ohne Beifall, bis auf ein paar schüchterne Versuche, in die Hände zu klatschen, kräftig nur Schinskis Applaus, ging Täuber auf seinen Platz zurück. Der Gast wunderte sich: »Das ist ja direkt spannend. Wie werden sie jetzt reagieren?«

Beruhigend, mit der Hand wedelnd, versicherte der Bürgermeister: »Unbegründete Sorge, lieber Herr Gemeinderat. Der Vertrag sieht vor, gesunde Hausmannskost nach den hohen Ernährungswerten, die von der Reichsversicherung vorgeschrieben sind, medizinische und balneologische Betreuung, freie Benutzung aller Kuranlagen.«

Weddingen sekundierte auf seinem Fachgebiet: »Selbst die Kurkapelle wird, freilich nur in der Triobesetzung, das ganze Jahr über aufrechterhalten. Und Herr Rudolf Polan wird in bekannter Qualität als Veranstaltungsdirektor fungieren.«

Josefine stand auf.

»Ah, unsere verehrte Frau Polanová, ich rühmte gerade Ihren Herrn Sohn.«

»Nur eine Frage. Und was wird mit den jüdischen Gästen aus der ganzen Welt? Ich bitt' Sie ...«

Auch bei der Beantwortung dieser Frage stand der Kurdirektor auf sicherem Boden: »Auf Grund einer Sondervereinbarung mit der Reichsversicherung werden für mosaische Gäste während der Hochsaison eine größere Anzahl Zimmer freigestellt, so daß alle Ihre Stammgäste anreisen können, gnädige Frau.«

Im Saal stürmten sie: »Die Polans kriegen natürlich eine Extrawurst gebraten.«

»Josefine ist wieder mal die Größte.«

»Polan sollte man heißen!«

»Nee, koscher müßte man sein.«

Weddingen hob die Hände: »So lassen Sie mich doch meinen Satz beenden. Allerdings ist Bedingung, daß Sie außerhalb der Hochsaison stärker herangezogen werden in der Anzahl der zu stellenden Betten, die sämtlich den Reichsversicherten zur Verfügung zu stehen haben. Da aber . . .«

Aufgeregt sprach Josefine dazwischen: »Ich werde hier nicht mit unterzeichnen einen Vertrag, was schadet der ›Bohemia‹, was schadet Bad Grenzbrunn. Ich werde nicht mitmachen das Theater mit den Reichsversicherten. Ich werde mich nicht lassen stellen auf eine Stufe mit meinem Hausdiener, was ich ihm hab' versohlt den Hintern, wann er war sechs, und geschickt auf die Hotelfachschule, wann er war vierzehn. Gott soll uns beschützen. Wo sind wir denn hier? In Rußland? Komm, Jaroslav, bring mich nach Hause.«

Esther, die neben der Mutter saß, versuchte, sie leise zu beruhigen: »Reg' dich nicht auf. Wieviel Juden wird es schon geben unter den Reichsversicherten? Vielleicht ein Dutzend. Denk an die vierzig Polen im Krieg.«

Josefine befahl Täuber, ohne Rücksicht auf die Leute im Saal: »Jaroslav, ich habe meinen Stock vergessen. Entweder geh holen den Fiaker oder bring mich. Wir gehen!« Esther und Jaroslav Täuber folgten gehorsam. Die Chefin stützte sich schwer auf ihre Arme, und sie führten sie aus dem Saal.

»Warum hat sie sich so aufgeregt?« wunderte sich Simon Pelz, als Esther berichtete. Er saß mit Lotte am Kontrolltisch. Sie zählte die Summen der Essenbons zusammen und verglich sie mit den herausgegangenen Portionen. Auch Pelz beschäftigte sich mit Zahlen: »Schöne Juden seid ihr, die nichts von Business verstehen! Bei eurem Koscherfimmel habt ihr das Rechnen verlernt. Hier!« Er zog einen Strich unter eine Berechnung, addierte und las die Summe ab.

»Wenn wir nur dreihundert Tage lang das Haus voller Versicherter haben, dazu neunzig Tage gemischt mit Ausländern, dann ist der Umsatz – bei weniger Personal- und Betriebskosten doppelt so groß wie in der Luxussaison.«

»Unsere Stammgäste eingerechnet?« staunte Esther.

»Nee, det kommt dazu«, berlinerte Lotte wie immer, wenn sie aufgeregt war. »Wie det willst, als hors d'œuvre oder als Dessert.«

»Ja, warum hat die Mutter dann den ganzen Kurverein vor den Kopf gestoßen?«

»Reg dich nicht auf. Du weißt, ich hab' sie sehr gern. Sie ist nebbich viel kränker, als sie glaubt. Lotte wird, ohne daß es die Chefin erfährt, mit mir eine Kalkulation ausarbeiten.«

Lotte wurde wieder rot vor Freude über Simons Vertrauen. »Ja, aber dazu brauche ich doch die Bücher! Man muß auf der Grundlage der Vertragsbedingungen und der Bettenzahl eine Bevorratungsliste aufstellen für ein ganzes Jahr. Bei Vorbestellung und Vorauszahlung kriegen wir Rabatt und sparen zehn Prozent der Einkaufskosten. Das wäre schon reiner Gewinn.«

»Okay, Lottchen, dann gehen Sie ran. Die Bücher besorg ich. Josefine läßt mich jederzeit an ihren Schreibtisch. Warum soll man einen Menschen nicht auch gegen seinen Willen glücklich machen. Und die Handwerker für die Generalrenovierung kannst du auch vorbestellen und vertraglich binden. Auf die beginnt bald der große Ansturm der anderen, wirst sehen. Und – Esther! Mutter darf von alledem nichts erfahren.«

Sie ging zu ihm und sagte flehend: »Aber du weißt doch, ich kann vor ihr nichts geheimhalten.« Er umarmte sie, und Esther spürte seine Hände im Nacken und nickte wehrlos, mit der Stirn gegen seine Schulter klopfend: »Mir zuliebe kannst du alles!« bestätigte er sich. »Wo ist sie?«

»Der Arzt ist bei ihr. Wenn Mutter von sich aus den Arzt rufen läßt . . .«

Sie fingen Dr. Kohn auf der Terrasse der »Bohemia« ab, als er mit seiner schwarzen Arzttasche durch den Haupteingang trat. Der fröhliche, rundliche, elegant gekleidete Herzspezialist, der wie ein Gummiball federte, blieb stehen.

»Wie geht es ihr? Was kann man für sie tun?«

Ernsthaft wiegte der Arzt den Kopf: »Es geht ihr wie mir, das Herz ist müde. Meines wird noch ein paar Jährchen halten. Ihres hat fast ausgedient. Ihr wollt sie doch noch ein bißchen bei euch haben, nicht wahr? Dann sollte sie sofort in ein gutes Sanatorium.«

»Wird sie gehen?« fragte Pelz besorgt. Er kannte seine Schwiegermutter.

»Sie weigert sich, aber ich habe sie überlistet. Wenn sie nicht ins Sanatorium kommt, muß man das Sanatorium zu ihr bringen. Immerhin habe ich sie dazu verführt, daß sie sich jetzt nach der Saison in Marthas Grunewaldvilla pflegen läßt. Martha hat ihr suggeriert, daß sie Mutters Rat im ›Russischen Hof‹ nötig hat. Ich begleite sie nach Berlin und engagiere gleich hier eine erfahrene Krankenschwester dazu, die sie versorgt. Und sagen Sie Peter nichts. Er hängt an ihr um Filips willen. Der Junge ist sehr empfindsam, obwohl er aussieht wie ein Berserker. Wenn Sie mich fragen, ich glaube, sie ist nie über Filips Tod hinweggekommen. Wer so geliebt hat, übersteht es schwer ...«

Und auf Esthers hoffnungsvolle Frage: »Und wird sie noch einmal?« sagte Dr. Kohn müde und skeptisch lächelnd: »Wenn Gott will, schießt ein Besen!«

10. Kleine Episode – große Liebe

»Ich bin die Prinzessin Sabbath«, rezitierte Peter seinen Lieblingsdichter Heine, der, ein Ungläubiger wie er selbst, von seiner jüdischen Herkunft bis zum Tode nicht losgekommen war, obwohl er auch geschrieben hatte: »Es will mich schier bedünken, daß der Rabbi und der Mönch, daß sie alle beide – stinken.«

Peter erwartete seine Prinzessin Sabbath-Channah an der festlichen Kaffeetafel. Channah wollte ihn zum ersten Male besuchen, Bedingung: nicht allein. Daraus ergab sich ihre erste Begegnung mit Schinski. Sie würde Vetter Silberstein mitbringen.

Blumen auf weißem Damast, die er immer wieder nervös arrangierte, wenn er nicht gerade zum zigsten Male auf die Uhr guckte, Bestecke gerade rückte, an seinem Schlips herumzerrte, im großen Spiegel suchte, ob seinen dunklen Anzug nicht ein helles Fädchen verunzierte.

»Frau Zadek?« Er wirbelte die eintretende Logierwirtin durchs Zimmer bis vor das Arrangement. »Heute kriege ich Damenbesuch!«

»Wurde ja auch Zeit!«

»Ihre Schuld, Frau Zadek. Welches war das erste Wort, das Sie Vater Pelz gesagt haben, als ich vor fünf Jahren eingezogen bin? Erinnern Sie sich? – Damenbesuch verboten!«

»So hab' ich's doch gar nicht gemeint.«

»Darf ich Sie später zur Kaffeetafel rufen? Damit sich das Mädchen unter drei Burschen nicht allzu alleine fühlt.«

Die Sonne, die durch die farbigen Glasfenster im Treppenhaus bunte Blitze um Channah verstreute, verlieh dem Mädchen eine ungewollte Aureole. Peter wußte nicht, was zuerst kommt, der Handkuß oder den Pelz abnehmen oder das Grußwort, und machte in seiner Verwirrung eine komische Figur. Channah ging ihm ins Zimmer voran, kehrte sofort um, stand wieder auf der Schwelle: »Wo sind denn die anderen? Allein bleib ich nicht, warte lieber draußen.«

»Wir waren doch schon einmal allein.«

»Bei uns zu Haus. Das ist etwas anderes.«

»Dann bleib du im Zimmer; ich warte, bis die Jungs kommen.« Er schloß die Tür von außen.

Die Neugierige verzichtete inzwischen nicht auf eine Inspektion des Mobiliars, des Schreibtisches, der Dinge, die herumlagen, fand ihr eingerahmtes Fotoporträt – ich hätte ihm das mit dem breiten Strohhut schenken sollen, hier sehe ich wie fünfzehn aus –: »Peter!« Sie öffnete die Tür zum Flur und sah Peter buddhagleich im Schneidersitz auf der halbhohen Kommode sitzen. Das erregte ihr Mitleid: »Komm herein. Wir tun einfach so, als wären ein Haufen Leute im Zimmer.« Und es gelang ihr, das Zimmer mit Menschen zu füllen.

Sie schüttelte als Dorfnachbarin dem Mantel, der auf einem primitiven Nagel am Hänger hing, heftig die Ärmel: »Grüß Gott, Herr Grünspan, wie steht das Getreide, kalben die Kühe?« Zog an den Gewichten der Standuhr, und beim darauffolgenden Uhrenschlagen war sie eine schreckhaft Schüchterne: »Ach, Herr Zeiger, was bin ich froh, daß Sie da sind. Wie schön, hier nicht allein sein zu müssen.« Sie lächelte ihr eigenes Porträt an, herrliche Studie einer Dame der Gesellschaft: »So eine aufgedonnerte Gans, beinahe gewöhnlich. Man trägt den ersten Modeschrei nicht vor den anderen, man wartet, bis die Gesellschaft ... Also beinahe, beinahe eine – Person!« – »Ach, Fräulein Kober. Sie sehen entzückend aus. In welchem Salon lassen Sie schneidern? Oder ist das ein Staatsgeheimnis?«

Sie stolzierte, sprang, rutschte im Zimmer herum, bevölkerte es mit erdachten Bekannten und Verwandten, wandelte sich in Bruchteilen von Sekunden und war dabei so erfinderisch und charmant, daß Peter, entzückt von ihrer phantasievollen Schauspielerei, dachte: Die liebe ich, und sie ist bei mir.

Er wollte sicher sein: »Du, Channah, aber warum sagst du zu deinem Bild nicht lieber Frau Samuel?«, worauf sie ihm schelmisch an den Kopf warf: »Aaaber Herr Peter!

An so etwas denkt ein anständiges jüdisches Mädchen nicht einmal im Traum. – Na, nicht gleich weinen.« Sie ließ ihm ihre Hand, und er führte sie zum Tisch. »Gieß uns ein und spiel die Hausfrau. Hier ist alles koscher. Dafür sorgt schon Frau Zadek. Es gibt nur Milchernes.«

»Wir sollten doch warten. Mein Vetter Silberstein würde sofort petzen: Sie haben allein getafelt.«

»Eigentlich wollte ich dir nur beweisen, daß du bei mir nicht hinter dem zerschnittenen weißen Tischtuch am unteren Tischende sitzen mußt.«

»Das ist eine uralte chassidische Sitte.«

»Sitte hin, Sitte her. Dieser Tisch ist rund.«

Sie stand auf und ging zum Fenster. »Ich wollte die Tischsitten der Familie Kober nicht angreifen«, sagte er neben ihr. »Nur, manchmal frage ich mich, wie *du* damit fertig wirst. Verstellst du dich, spielst du blinde Kuh, leidest du?«

»Ich? Kannst du dich etwas einfacher ausdrücken?«

»Schön. Du gehst in das modernste Lyzeum der Stadt, spielst Tennis im kurzen Röckchen und zeigst deine schöne Figur und die sympathischen Beine« – er konnte es nicht lassen – »im knappen Badeanzug. Du liebst Literatur, Theater, Kunst. Da macht dir niemand Vorschriften. Dann kommst du nach Hause. Sofort bist du äußerlich und innerlich hochgeschlossen. Du küßt an der Türschwelle die Zehngebotekapsel, den Katholiken gleich, die den Finger in den Weihwasserkessel tauchen. Du unterwirfst dich als Mädchen und werdende junge Frau allen möglichen Herabsetzungen, nur weil es in irgendeinem hebräischen Folianten vorgeschrieben ist. Du lebst in der Gegenwart, und von dort gehst du jeden Tag in das Mittelalter, wenn du die Schwelle eures Hauses übertrittst. Ich frage mich, wie du das aushalten kannst.«

Während Peter das sagte, er hatte es sich nicht vorgenommen, es war mehr ein Lautwerden quälender Gedanken, die er stockend, mit Pausen, zu einer Anklage fügte. Channah war mit gerunzelter Stirn zum Tisch zurückgegangen, Peter saß ihr gegenüber und sah sie antwortsuchend an, eher ratlos als angreifend. Sie knabberte abwesend an Keksen, goß sich sogar Kaffee ein, nahm ein paar

Schluck. Sonst hörte sie nur zu, aufmerksam, nachdenklich. Endlich, eine Weile war tiefe Stille, fragte sie: »Und das dreht sich dir im Kopf herum? Meinetwegen? Darum sorgst du dich?« Sie sah ihn an, lange, ernsthaft, fast nüchtern, sah ihm gerade in die Augen, ohne ihr ironisches Lächeln und auf andere, neue Art, als frage sie sich, ob er derselbe sei wie vorher. Er holte sich ihre Hände über den Tisch: »Du kleines Gnu, ich liebe dich doch. Sag doch endlich was.«

Hastig stopfte sie sich ein Stück Kuchen in den Mund, trank aus der Tasse, und nuschelnd und kauend kam ein verlegenes: »Kann jetzt nicht, siehst doch!«

»Du willst bloß nicht.«

Wieder herrschte Schweigen. Dann setzte sie die Tasse hin, schaute ihn an, unverhohlen staunend. Sie stand auf, nahm aber ihre Hände nicht aus den seinen, ging zur Tür und antwortete, schneller als er, wohl weil es ihr schon länger und häufiger durch den Kopf gegangen war: »Was du da so über mich nachgedacht hast! Man schläft sich halb durch die Stunden und Tage, denkt nicht nach über tägliche Verrichtungen, die längst Gewohnheiten sind, man ist zumindest nur halb wach, das war immer so, daran wagt niemand auch nur zu rütteln. Darin, weißt du, ist man geborgen, wie in einem Nest. Es fesselt die Familie, sagst du, aber es bindet sie auch zusammen. Du zwingst mir die Frage auf, ob das Mittelalter ist. Es gibt Brücken, neugebaute –. Schade, daß es nicht deine Welt ist. Du bist anders geworden, Peter!«

Sie befreite ihre Hände aus den seinen. Sie ging an ihm vorbei in den Korridor und nahm den Pelz vom Hänger. Er half ihr beim Anziehen, verzweifelt, ratlos, erschrocken und verlegen zugleich. Endlich bekam er den Mund auf: »Silberstein und Schinski müssen gleich da sein. Deinetwegen –.«

Auch sie, aufgestört, wollte sprechen, setzte an, schloß den Mund wieder, sagte endlich: »Peter, ich muß auch nachdenken. Ohne andere – bei mir allein, ich meine ohne Anwesende. Ich möchte gerne, daß dieses Gespräch uns beiden ganz allein gehört, nur uns beiden.« Sie war zuerst an der Wohnungstür, öffnete sie weit, kam zurück, umarmte Peter mit erstaunlicher Kraft, küßte ihn schnell, aber fest und heiß, und rannte die Treppe hinunter.

Der erste freiwillige Kuß, der erste, den er sich nicht hatte erobern müssen, der nicht lau war und gespendet, der erste ernstgemeinte – kein Flirtkuß. Er schaute ihr nach. Lachen überkam ihn, wenn er daran dachte, wie sie erst die Wohnungstür weit geöffnet hatte, damit ihr der Fluchtweg offen blieb für den Fall, daß er es versucht hätte, die Situation auszunützen, die vorsichtige Kober-Tochter, aber sie liebte ihn, na, jedenfalls war er ihr nicht gleichgültig. Der Kuß!

Immer noch stand er in der offenen Wohnungstür. Frau Zadek kam aus der Küche, weil es zog, sah ihn, vergaß ihre vorbereitete Klagerede wegen der Kohlen, der Türen und seinem Leichtsinn, um mitleidig zu sagen: »Schade! Sie ist Ihnen schon weggelaufen.«

Peter jubelte: »Nein, sie ist erst richtig zu mir gekommen!«

11. Fridericus bis zum bittern Ende

Immer, wenn Peter Samuel direkt aus seinem Edelquartier in das triste Vereinszimmer der Eckkneipe ins Proletarierviertel schlenzte und die Kumpel und Genossen hinter ihrer Bulette und dem schal gewordenen Bier oder der Zehnpfenniglimonade sitzen sah, zog sich ihm das Herz zusammen. Gewiß, er hatte inzwischen viele Armeleutewohnungen zu sehen bekommen.

Und Studentenbuden, wo es vor lauter Büchern, Broschüren, Manuskripten und Schriften keinen Platz zum Hinsetzen gab und Peter sich immer wunderte, wo er oder sie schliefen, bis irgendwo ein Bücherberg weggeräumt wurde, unter dem sich das Lager fand. Er war herumgekommen unter seinen jungen Genossen.

Bertl Gipke, deren Mansarde so klein, hell und freundlich war, daß ihr Freund Schinski sie »mein Schmuckstück in der Schmuckschatulle« getauft hatte, meinte einmal angesichts des ausgesuchten Mobiliars in Peters Zimmer, und dieser empfand das als großes Kompliment: »Innerlich, ich meine von seiner Haltung aus – Quatsch, wie er jetzt denkt und tut und mitmacht, gehört er schon lange nicht mehr in diese Junggesellenwohnung.« Das zog einen langen Disput mit ihrem Freund und Peter mit sich, die wortreich davon träumten, wie die Proletarier leben würden, wenn sie die Macht erobert hätten. Felix holte ein viel gelesenes, beinahe zerlesenes großes Fotowerk vom Schrank, das die Sanatorien zeigte, welche die junge Sowjetmacht auf der Krim als Erholungsstätten für Arbeiter baute. Es hatte schon in vielen Versammlungen und Diskussionen als Beweismaterial gedient. Und da Peter ganz andere Ansichten über Architektur und Wohnkultur hatte als Schinski, fungierte die hübsche, dunkelblonde Bertl zu guter Letzt als Schiedsrichter.

Das Vereinszimmer des Ecklokals war wirklich zu armselig. »Das kommt auf den Redner des Abends an«, behauptete Robin Zange, der Oberschüler. Doch auch die

Glut des glänzendsten Referates konnte das verwinkelte Gelaß nicht wärmer machen, als der rotglühende kleine Kanonenofen es zuließ, dessen Wohltat eben nicht bis in die zugigen Ecken drang. Es war im Ganzen bitter kalt. Die Genossen hatten ihre Mäntel anbehalten, ab und zu stand jemand von den Ecktischen auf, um die klammen Finger über dem Öfchen warmzureiben. Die Tische waren ungedeckt. Zu den Vorzügen gehörte das große gerahmte Foto von Ernst Thälmann. Teddy in der Uniform des Rotfrontkämpferbundes, dessen Blusen sie meist eingefärbt trugen, denn der Frontkämpferbund und seine Uniform waren verboten.

Vorzug war auch, daß ein lautes Orchestrion die Gespräche übertönte, wenn das notwendig wurde, daß die Fenster so niedrig im Souterrain lagen, daß man daraus ohne Mühe auf die Straße entwischen konnte, daß auch eine Tür nach hinten hinaus führte, von wo es im Gewirr der Hinterhöfe viele Fluchtmöglichkeiten gab und – daß der Wirt ein guter Genosse war.

Der dicke Wirt schaltete den Musikautomaten ab: »Die Streife ist vorbei. Ihr könnt weitermachen.« Ein Junge in Lederjacke stellte sich als Wachtposten an die Tür zum Hof. »Vogt-Fritze hat das Wort.«

Ein kleiner drahtiger Mann stand auf, er mußte sich mühen, seine heisere Stimme zu bändigen, die gewohnt schien, über weite Plätze zu schallen und Massen anzufeuern. Die Mütze mit der Antifaplakette saß unternehmungslustig schief auf dem derben Arbeiterschädel, schief die breite, kurze Boxernase, die Augen klein und lustig. Der Schnurrbart sandfarben wie das Haar. Er trug nicht die Antifa-Uniform, sondern einen dunkelgrauen, etwas abgeschabten Zweireiher. Fritze Vogt ersparte sich stets lange Präambeln und Vorworte; setzte bei seinen Genossen das theoretische Fundament, das Wissen um Situation, anstehende Probleme und politischen Hintergrund voraus und ging sofort auf die Aufgaben ein, was ihm den Spitznamen Orgfritze verschafft hatte. Wenn er diesmal von der Regel abwich, steckte ein besonderer Grund dahinter.

»Genossen! Hand aufs Herz! Wie haben wir vom SSB die Oberrealschüler und Gymnasiasten genannt? Spinnerzelle. Wir haben, auch ich, gefürchtet, daß sie uns belasten werden, weil sie jünger waren, aus einem anderen Familienhintergrund stammten, bürgerlich und so, belasten auch, weil ihre Organisation polizeilich verboten ist. Heute wissen wir, sie haben uns nicht belastet. Sie haben geholfen und mitgemacht. Und weil sie sowieso schon im Lernen drin waren, gewissermaßen eingefahren, haben sie gleich als Kursusreferenten gedient, und sie waren erst langstielig und umständlich dabei, bis sie auf den richtigen Dreh gekommen sind. Jetzt macht keiner mehr 'ne Fliege, wenn sie euch was beibringen. Und der Jugendgenosse Schinski hat jedesmal ein überfülltes Haus, nicht wahr? Also – Spinnerzelle ist vergessen. Ich sage das, weil wir ihnen Informationen über eine brandeilige Sache verdanken. Dazu hat Felix Schinski das Wort.«

Die Genossen klatschten Beifall.

»Jugendgenossen, Genossen der Partei, ich schenke mir die weibliche Form. Für mich sind wir alle gleichberechtigt. Ich habe wegen Fridericus Rex in der Penne eine Ohrfeige eingesteckt, die war nicht von schlechten Eltern. Es sieht so aus, als ob wir jetzt alle eine einstecken werden, das ganze Brigittental, ganz Breslau-Nord.«

»Raus damit!« – »Komm schon!« – »Mach's nicht so spannend!« – »Das wollen wir doch mal sehen!«

»Die Premiere des nächsten Fridericusfilms ›Das Flötenkonzert von Sanssouci‹ findet in den ›Nordstern-Lichtspielen‹, mitten in unserem Arbeiterbezirk statt. Sie haben den abgetakelten Riesenschuppen von ehemaligem Tanzsaal, wo meiner Freundin Bertl Mutter vor zwanzig Jahren hin tanzen ging und sich das Kind zugezogen hat, extra deswegen von unten bis oben, außen und innen renoviert. Premiere mit allem Klimbim. Der Hauptdarsteller Otto Gebühr erscheint persönlich. Und der Kronprinz auch. Eine überlegte, bewußte Provokation! Ein Versuch, mit den Mitteln der nationalistischen Afterkultur in das Arbeiterviertel einzudringen. Auch das Datum der Premiere, siebenundzwanzigster Januar, Kaisers Geburtstag, paßt da rein, weil wir nämlich sooo republikanisch sind. Solange sie den alten Fritzen im Stadtzentrum flimmern lassen, ist uns das zwar auch nicht gleichgültig, geht uns aber nicht an die Haut. Die Spießer sollen meinetwegen mit ihm selig werden. Aber in unserem Kietz kippen wir das Klavier um! Verstanden?«

Sie brüllten: »Verstanden!«

»So, und jetzt hat euch der Jugendgenosse Peter Samuel etwas zu berichten, was uns aufrütteln wird.«

»Der Anführer der Faschisten und Deutschtümler in unserer Klasse heißt Adolf Edler Graf von Kranzer, Vater Rittergutsbesitzer, Kommentar überflüssig. Er hat für die ganze Klasse Eintrittskarten zur Fridericus-Erstaufführung gestiftet. Der ›Elefant‹, Verzeihung, Oberstudienrat Professor Doktor Müller, hat die Karten eigenhändig an die Mitschüler verteilt. Gestern schlüpfte dem Edlen ein unbedachtes Wort über die Lippen. Er ist im ›Stahlhelm‹ und verriet, daß die aus allen Himmelsrichtungen der Stadt einen Sternmarsch mit Spielmannszügen vorhaben mit dem Ziel ›Nordstern-Lichtspiele‹. Filmpremiere. Nun, wir haben unsere Genossen sofort in die Nähe der Verkehrslokale der Stahlhelmer geschickt und ein paar noch anderswohin – denn wo der Stahlhelm, da ist die SA der Nazis nicht weit weg –, damit wir die Partei richtig informieren. Der Kranzer, dieser Angeber, konnte ja unverschämt aufgeschnitten haben. Es stimmte aber. Wir faßten die Ergebnisse unserer Erkundungen zusammen und meldeten sie der Bezirksleitung. Die Partei behielt uns gleich im Haus, denn im Brigittental hört der Spaß auf. Unser Arbeiterheim ist um die Ecke, und ein Stückchen weiter steht das Gewerkschaftshaus. Über die Beschlüsse und Maßnahmen, die sich daraus ergeben haben, sollte Genosse Fritze Vogt etwas aussagen, denke ich!«

»Da denkste richtig. Kommt mal alle her.«

Er legte eine genaue Skizze des Schauplatzes auf den Tisch. Das gab dem neugierigen Peter die Gelegenheit, den Freund zu fragen: »Wie war ich?«

»Bißchen zu viel Randverzierungen. Konnte noch knapper sein. Aber doch gut.«

Vogt erklärte die Zeichnung, fuhr mit dem Stift die Konturen entlang: »Wir haben mit unseren ›Experten‹ mehrere taktische Varianten besprochen und uns für eine entschieden, weil wir es mit der so deichseln können, daß die

Leute nicht aus dem Kino rauskommen und die Polizei nicht rein, daß die Stahlhelmer und die Kackbraunen dazwischen stecken und von beiden Seiten Dunst kriegen. Übrigens hat der Genosse Bezirkssekretär zu bedenken gegeben, ob wir den Plan vor so vielen so früh bekannt machen. Ich habe gesagt, es sind die Besten in der Jugend, und ich stehe für sie gerade. Bildet euch nicht allzuviel darauf ein. Ihr erfahrt nur, was ihr unbedingt wissen müßt. Den Rest besorgen die vom illegalen Rotfrontkämpferbund. Sie sind auch für den gesicherten Rückzug verantwortlich. So, und jetzt brauche ich erst mal ein Dutzend Jungen aus der Chemiebude, die von einer Prise Schwefeldunst nicht gleich umfallen. Arbeitslosenbilletts, die Rasiersitze vorn und unter dem Dach für das Juchhe, fünfzig Pfennig das Stück, haben wir mitgebracht. Die verteilt man schön in den Zellen. An Mädels aber nur, wenn sie bei ›Rot-Sport‹ sind, möglichst in der Jiu-Jitsu-Sparte. Und das Ganze fängt an, wenn . . .«

Der mit »Katzenköpfen« gepflasterte rechteckige Platz, der das Brigittental abschloß, sah an diesem Abend ungewohnte Gäste. Die bessergestellten Bürger, die sonst kaum einen Fuß in diese verrufene Proletariergegend setzten, pilgerten in Pelzmänteln und Abendanzügen zu den »Nordstern-Lichtspielen«, wenn sie nicht mit ihrem Mercedes vorfuhren.

Unsichtbar wie kaum je zuvor die Bewohner des Viertels. Die feinen Leute versuchten auch, ihre Anwesenheit in dieser unheimlichen Gegend abzukürzen, stellten sich innen vor den Kassen an und gingen schnell oder blieben gleich im Foyer, obwohl die Premiere erst in einer Stunde beginnen würde.

Auf den Straßen lag dicker Schnee. Nur die Bürgersteige waren notdürftig geräumt. Eine halbe Stunde vor Spielbeginn gähnte der Platz noch bedrückend leer. Der Kinoportier erschien und hängte ein Schild unter die grelle Lampe über dem Eingang des Etablissements mit den riesigen bunten Filmreklamen. Erstaufführung ausverkauft! wurde da mit dickem Ausrufungszeichen verkündet. Es herrschte eine fast unheimliche Stille genau um die Zeit, während der es im Zentrum der Stadt vor Geschäftigkeit siedete. Die Theater, Kinos, Varietés öffnen, man geht ins Caféhaus, besucht Freunde, ißt im Restaurant. Nichts davon auf dem einsamen Brigittentaler Platz mit dem hellerleuchteten Fremdkörper inmitten der Dunkelheit, dem in ein Lichtspielhaus verwandelten Tanzbums.

Von Ferne tönten dumpfe Paukenschläge, helle Töne von Holzinstrumenten, durchdringende Trompeten mischten sich darein, Trommeln und Querpfeifen. Die ersten Fackeln zeigten sich. Die Lichtpunkte sammelten sich zu Zügen, die von beiden Seiten anmarschierten. Die ersten Polizistenhelme wurden sichtbar, aber die Polizisten marschierten im Marschtritt der Kapellen und paßten mehr auf, daß sie nicht aus dem Tritt kamen, als daß sie sich wie Ordnungshüter fühlten.

Die beiden Züge erweiterten sich zu Strömen, ein dritter kam von der Hauptstraße her. Die Züge stellten sich zu einem riesigen Rechteck auf. Im leeren Geviert sammelten sich die Spielmannszüge und die Blasmusiken zu einem Musikkorps. Befehle erschallten. Die Kinobesucher mußten sich durch schmale Durchgänge den Weg in den Saal bahnen. Erst nachdem die letzten das Kino betreten hatten, hörte man Befehle: »Abteilung halt! Stillgestanden! Rührt euch!« Die Feier für die Fußvolk-Premierenbesucher begann. Es sah aus wie eine Fahnenweihe auf dem Kasernenhof. Das ganze Musikkorps spielte, dirigiert vom Kapellmeister, vor der Freitreppe des Kinos den »Fridericus-Marsch«. Danach der knorrige Redner des »Stahlhelms«: »Mitbürger, Deutsche! Tausende sind gekommen, um den Triumph des Preußentums unter dem hohen Fürsten des Hohenzollerngeschlechts zu erleben, unter Fridericus Rex. Das Filmtheater konnte seine Huldiger nicht fassen. Feiern wir also hier draußen unter schwarzweißroten Fahnen die Wiedergeburt des Frontsoldatengeistes.«

Gleich nach den ersten Sätzen hatte die SA, die sich nicht repräsentiert fühlte, die markige Rede durch machtvoll skandierte Zwischenrufe – »Heil Hitler! Deutschland erwache! Es lebe der Nationalsozialismus!« – in Satzfetzen zerrissen. In ihrer Ungeduld genügte ihnen das nicht mehr. Sie drängten den feldgrauen Partner recht unsanft von der Rednertribüne und ersetzten ihn durch ihren Mann, der seine Rede ähnlich begann, jedoch anders adressierte: »Volksgenossen, Deutsche! Unser Führer Adolf Hitler ...« – Und drinnen im Kinosaal? Begeisterte Zustimmung, gespannte Aufmerksamkeit, patriotisches Hochgefühl.

So wäre es wohl weiter gegangen, wenn sich begeisterte Spießbürger im Kinosaal bescheidener benommen hätten. Sie applaudierten den Äußerungen des alten Fritz mit lautem Händeklatschen, wodurch sich ein Teil des Publikums geehrt, ein anderer Teil gestört fühlte. In diese Unruhe, die vor allem entstand, weil soviel Besucher »Ruhe« und »Schscht« riefen, ertönte der erste Sprechchor, der lauter klang, weil sich wenige Leute auf dieselben Worte, ja sogar Sätze geeinigt hatten:

»Bleibt uns bloß weg mit euren Helden,
Die haben bei uns nichts zu melden.«

Nachdem auch ein paar junge Männer auf dem dritten Platz in den vorderen Reihen, die es mit hochgereckten Gesichter auf dem sogenannten Rasiersitz ausgehalten hatten, in den Sprechchor mit einstimmten, fingen andere junge Leute aus dem ersten Parkett mit denen vorne eine Prügelei an, unterbrochen nur vom nächsten Sprechchor:

»Fridericus, der ist tot,
Das Brigittental bleibt rot!«

Und bevor das Licht anging, folgte der dritte Sprechchor:

»Nieder mit dem Preußenstaat,
Hoch das Proletariat!«

Da die Lampen in der allgemeinen Prügelei als erstes eingeschlagen wurden, spendete nur die grünliche Notbeleuchtung spärliches Licht. Ein dicklicher Bürger brachte das Faß zum Überlaufen, indem er rief: »Gas, Gas! Gas strömt aus!«

Die Feuerwehrleute vom Dienst stemmten sich der Panik entgegen. Vergeblich. Die Besucher hatten ihre Taschentücher herausgerissen, hielten sie vor Mund und Nase und drängten zu den Ausgängen. Hysterische Damen kreischten: »Gas, ich ersticke!« Das Kinopersonal hatte furchtgeschüttelt die Seitentüren verschlossen und im

Stich gelassen, und obwohl die Feuerwehrleute andauernd brüllten: »Bitte keine Panik. Kein Gas, bloß Stinkbomben!«, beantworteten die Besucher den guten Rat durch eine immer stärker anschwellende Parole: »Raus, raus! Bloß raus!«

Gegenüber auf der anderen Seite des Platzes auf den Bürgersteigen, die so öde und leer ausgeschaut hatten, standen Zuschauer, viele, auch Frauen und Kinder, die sich langsam zurückzogen, weil die Männer Platz brauchten, die aus den Treppenhäusern und über die Mauern der Hinterhöfe von Mietskasernen gekommen, sich in den Höfen gesammelt hatten und durch die Torwege auf den Platz stürmten. Aus Dutzenden wurden Hunderte. Trompetensignale vom Dach formierten sie. Schinski ordnete seine Männer: »Es ist soweit!« Und Vogt sagte es deutlicher: »Auf das nächste Signal raus! Quetscht die Bande gegen das Kino!«

Wohl stand auf dem Platz eine vielfache Übermacht. Doch kam der Angriff so plötzlich und unerwartet, daß die mit dem Rücken zum Bürgersteig in Reih und Glied stehenden nationalen Helden schon in die Flucht getrieben wurden, bevor sie Zeit hatten, sich umzudrehen. Hinter ihnen schrien die Arbeiter: »Raus aus dem Roten Brigittental!« – »Raus aus dem Arbeiterviertel!« – »Raus mit den Faschisten!« Die gesammelten Spielmannszüge, die Sturmabteilungen, die Stahlhelmkolonnen fanden sich im Nu gegen die Außenfassade des Kinos gedrängt. Die Polizei, selbst eingeschnürt und eingekeilt, war machtlos. Ein paar in die Luft abgegebene Schüsse vergrößerten das Chaos. Es blieb den Polizisten nichts übrig, als auf die Spielmannszüge einzuprügeln, um sich Luft und ein paar Meter Bewegungsfreiheit zu schaffen. Um das Gedränge komplett zu machen, fehlten nur noch die Taschentuchbewehrten, die sich mühten, ins Freie zu gelangen. Das ging wiederum nicht, weil die Ausgänge von außen verstopft waren.

Signalhupen kündigten die Ankunft weiterer Verstärkungen der Polizei an. Im ersten Wagen stand ein Offizier und brüllte durch das Megaphon: »Den Platz räumen, sofort den Platz räumen!« Wenn er damit die Arbeiter meinte, die hatten das schon besorgt, als Fritze Vogt gleich nach dem Hupen kommandierte: »Zurück in die Höfe und weg über die Hintermauern!« Wenige Minuten, und Bürgersteig, Hinterhöfe und die Treppen der Mietskasernen waren öde wie vorher. Die draußen kloppten und prügelten sich jetzt gegenseitig weich. Wie die Arbeiterfrauen, die aus den Bodenluken schielten, später erzählten, sprangen die Polizisten von den Mannschaftswagen, das Kommando »Sturmriemen an, Gummiknüppel raus« folgte, und dann droschen sie in die Masse hinein, um für sich und ihre Beamten eine Gasse durch den Platz frei zu zwingen, ihren eingeschlossenen Kameraden Hilfe zu bringen. Die enttäuschten nationalen Kämpen, die nicht zu Unrecht gehofft hatten, der größte Teil der Polizei stünde auf ihrer Seite, setzten sich wütend zur Wehr. Auch der blind um sich schlagende Graf Kranzer wurde erst überwältigt und in Haft genommen, als ein blaues und ein zugeschwollenes Auge und zwei Rippenbrüche seine weiteren gewalttätigen Ausbrüche zunichte machten.

Einer der ersten, die ihn im Lazarett des Polizeipräsidiums besuchten, war der »Elefant«, der selbst einige Abschürfungen und einen schmerzhaften Bluterguß am Fußgelenk zu beklagen hatte. Sofort nach der Metzelei hatte der Polizeipräsident eine Razzia angeordnet, wobei sich herausstellte, daß die meisten Männer des Arbeiterviertels bis auf bettlägerige oder im Betrieb arbeitende an einer ordnungsgemäß angemeldeten Versammlung des Arbeitslosenausschusses auf dem Exer – im Falle schlechten Wetters: im Schießwerdersaal – teilgenommen hatten. Der Stadtverordnete Stope sagte aus, er habe diese Versammlung auch deshalb anberaumt, um Zusammenstöße im Zusammenhang mit der Filmpremiere zu verhindern. Der schlaue Polizeikommissar Gatzke ordnete an, festzustellen, ob die Anwohner des Brigittentals irgendwelche Blessuren am Leibe hätten, ob in Rettungsstellen, Kliniken, Arztpraxen der Arbeiterschaft angehörige Patienten behandelt worden seien, da fast alle Leute auf dem Platz Wunden, Prellungen, blaue Augen, Schwellungen, Beulen, Rippenbrüche, Abschürfungen, Gehirnerschütterungen, Nervenschocks, Blutergüsse, Quetschungen und Verstauchungen davongetragen hatten. Wenn die Proleten an der Prügelei beteiligt gewesen waren, was er zu beweisen versuchte, dann mußten bei ihnen ähnliche Spuren der Massenkeilerei zu finden sein.

Nun ergaben die Nachforschungen durchaus, daß sich die Mehrzahl der Proleten unverschämter Gesundheit erfreute bis auf Opfer der Ausbeutung, chronisch Erkrankte, Blessierte, die Aktiven vom Arbeitersport der Sparten Ringen und Boxen, bei denen Narben und Beulen zum Renommé gehören, aber die inkriminierten Schäden waren sonst nicht zu diagnostizieren. Worauf Kriminalkommissar Gatzke von der I. A. – so nannte man die politische Polizei – seinem Chef resigniert mitteilte: »Ich gehe wohl nicht fehl in der Annahme, daß es sich bei der Angelegenheit um eine Art Bruderzwist zwischen dem ›Stahlhelm‹ und der SA gehandelt hat, wobei der Streitgrund offensichtlich in einer Meinungsverschiedenheit darüber lag, wer größere Berechtigung besäße, mit dem politischen Erbe Friedrichs des Großen identifiziert zu werden, und daher als nachfolgeberechtigt gälte.«

Der Chef wiegte bedauernd den Kopf und meinte: »Schade, schade! Womit die unerfreuliche Episode zu den Akten gelegt wäre.«

Wenn Professor Dr. Müller nicht aus einem wehleidigen Kranzer herausgekitzelt hätte, Peter Samuel, und das bedeutete für ihn natürlich auch Schinski, habe vorzeitig vom Sternmarsch der nationalen Verbände Kenntnis erhalten, wäre alles im Sande verlaufen!

Montag war nie ein Tag gewesen, an dem sich Schüler und Lehrer durch besondere Frische und Vitalität auszeichneten. Und dazu erst der Montag nach dem Wochenende auf dem Brigittentaler Platz! Die bepflasterten und bandagierten Oberrealschüler schurften müde durch das Klassenzimmer. Oberstudienrat Professor Dr. Müller selbst hinkte zu seinem Katheder und sah auch sonst recht mitgenommen aus. Er ließ das Morgengebet sprechen und fragte, ohne in die vom Vertrauensschüler geführte Statistik zu schauen: »Wer fehlt heute?«

Die Klasse, die endlich einen Schuldigen für ihr eigenes Ungemach gefunden hatte, rief durcheinander, traurig, hämisch, schadenfroh, anklagend: »Der Edle ist geschnappt!« – »Graf Kranzer ist verhaftet« – »Der hat seins gekriegt, der elende Verführer!« – »Er ist in der Falle geblieben, in die er uns gelockt hat, Herr Professor.«

»Falle ist gut!« Der »Elefant« stand vor seiner Klasse und ließ, was selbst an einem normalen Montag nie zu geschehen pflegte, die Flut der Vorwürfe und Anschuldigungen über sich niederregnen, schaute nur ab und zu hinüber zum Fenster, bis er sichtlich erleichtert nickte: »Schluß der Debatte!«

Plötzlich brüllend fragte er: »Wer von euch wohnt im Brigittental?« Schinski erhob sich.

»Würden Sie bitte heraustreten. Auch Ihren Busenfreund Samuel möchte ich ergebenst darum ersuchen. So! Folgen Sie mir bitte zum Herrn Oberstudiendirektor.«

»Herr Professor, die waren doch beide gar nicht dabei«, wagte jemand aus den hinteren Bänken einzuwenden. Der Weg führte auch nicht zum Direktor, sondern nur bis in den Hof, wo ein Flitzer der Schutzpolizei wartete, in den die beiden Schüler eingeladen wurden.

Die neue Situation war in Kursen mit sympathisierenden Juristen oft durchgesprochen worden. Peter hatte selbst nach gründlicher Lektüre entsprechender Bücher und Broschüren in der »Roten Hilfe« Vorträge zum Thema gehalten: »Wie verteidige ich mich vor dem Klassengericht?« Schinski bemerkte lakonisch: »Sie wissen nur, was sie aus dir herausholen.«

»Hier wird nicht geflüstert«, verbot der Polizist im Vordersitz. »Schnauze halten!«

Den Grund für die Verhaftung suchte Felix richtig in Graf Kranzers Eingeständnis, vorzeitig über den Sternmarsch geplaudert zu haben. Die daraus gezogene Schlußfolgerung schien ihm unbeweisbar, und er war sicher, bald frei zu sein.

Womit man jahrelang irgend einmal rechnet, damit hat man gelebt, dachte Peter. Er spürte weder Furcht noch Mißbehagen, nur, obwohl ihm mancher Genosse von der Prozedur berichtet hatte, ein wenig Neugierde. Neugier auch darauf, wie er sich selbst verhalten würde, wie er mit sich selber auskäme, ob er sich ein guter Gesellschafter und Kumpel wäre.

Herr Kriminalkommissar Gatzke ließ die Inhaftierten dreimal täglich verhören, einzeln und gemeinsam, verordnete Arrestkost, erzählte ihnen gegenseitig, der andere habe gestanden, und erklärte nach wenigen Tagen: »Die Sache geht nicht erst zu Gericht. Überflüssige Aktenschmiererei. Die jungen Burschen sind alte Hasen, wohnen im Walde und wissen von nichts. Außerdem hat sie dieser verblödete Graf selbst entlastet, indem er ausgesagt hat, sie hätten als einzige seine geschenkten Eintrittskarten zum Besuch der Filmpremiere abgelehnt. Laßt sie noch ein paar Wochen schmoren, und dann schmeißt sie raus!«

Sorgen machte sich Peter mehr um den Freund als um sich selbst. Und Schinski grübelte vor allem darüber nach, was sie zur Beruhigung ins Essen taten und erst, als ihm ein älterer sozialdemokratischer Wachtmeister bei der Zelleninspektion versichert hatte, daß Soda- und Bromzusätze in der Polizeihaft nicht üblich seien, beruhigte er sich. Zur Entschuldigung der beiden scheinbar so gefühllosen und herzlosen Häftlingen sei festgestellt, daß sie in Vorbereitung der Aktion Fridericus seit Tagen die Nacht zum Tag gemacht, aber tagsüber auch nicht geschlafen hatten. Vor lauter Erschöpfung pennten sie erst einmal so hingegeben, daß man sie zu jedem Verhör wecken mußte. Auch regelmäßiges Essen, wie dürftig und pappig es auch war, genoß Felix. Es ist zu verstehen, daß es die politische Polizei ärgerte, wenn Häftlinge, und dazu noch so junge, offensichtlich von ihrer Machtfülle und ihren repressiven Maßnahmen so unbeeindruckt blieben. Und einen Verdächtigen, der mitten in einem scharfen Verhör einnickte, hätte sich der ehemalige Zwölfender und Kompaniefeldwebel Gluske jetzt gerne auf seinen Kasernenhof gewünscht.

Sachlich überlegte Felix, als die erste Woche vergangen war, was nun in Bälde mit ihnen geschehen würde. Daß sie nach den ständigen Verhören plötzlich so vollkommen in Ruhe gelassen wurden, roch nach langer Untersuchungshaft mit Prozeßvorbereitung. Wie fähig er war, sich nach der Freilassung irgendwie durchzuschlagen, wußte er. Desto schlimmer stand es mit Peter, dessen Familie, dem

Haus, an dem er hing. Für ihn trug er die Verantwortung. Was geschah mit ihm? Wie würde er es ertragen, entwurzelt zu sein? Und wie stellte er dann den Jungen auf die Beine? Vielleicht half ein Kompromiß. Der Pelz schien ein Kerl zu sein, mit dem sich reden ließ.

In der Mitte der zweiten Woche steckte man sie in eine Dreierzelle. Damit war das Schlimmste vorüber. Doch nach den ersten vorsichtigen, doch ernsthaften Gesprächen merkten sie, der Taschendieb, der sie als Stamminsasse erwartete, war neugierig. So sprachen sie englisch oder französisch, mischten es mit ein bißchen Latein zu einer vergnüglichen Neuschöpfung, die nur ihnen verständlich war.

Der Besuch von Simon Pelz wurde wegen Verdunkelungsgefahr als Eingriff in ein schwebendes Verfahren abgelehnt. Den Taschendieb ersetzte der Fürsorgeerzieher Michel, in Polizeihaft wegen unsittlicher Berührung einer Minderjährigen. »Wenn's weiter nichts ist«, sagte Felix, »das gibt höchstens ein paar Monate.« – »Weiter nichts! Sie wollen mir ja noch mehr nachweisen.«

Die dritte Woche begann, und Peters Nachtträume, besänftigt von Gesprächen, gefesselt und abgelenkt, verließen ihre Traumwelt und drangen in die Wirklichkeit. Er brach nicht in Panik aus, wehklagte nicht, doch Channah kam ihm in den Sinn, ob sie wohl zu ihm halten würde und ob sie ihn in den Ferien nach Grenzbrunn ließen und wie lange es wohl hier drinnen noch dauern sollte. Er schlief schlecht, wälzte sich auf dem Bett herum. Die ersten Anzeichen des Zellenkollers meldeten sich, und Schinski, der es merkte, begann ein strenges Regime: »Wir sind hier nicht zum Faulenzen. Überprüfen wir, was wir in der Marxistischen Arbeiterschule bei Doktor Hermann Duncker, bei Baron, Rektor Felsen, Rudolf Miesner gelernt haben. Wirklich gelernt ist nur das, was man sich gemerkt hat. Also, die Grundsätze des dialektischen Materialismus. Fang an! . . .«

In dieser Nacht entwarf Felix im Kopf einen geordneten Lehrplan zur Überprüfung des Wissensstandes. Die gesetzten Ziele, in Tagesaufgaben gegliedert, forderten und prägten Schüler und Lehrer in solchem Maße, daß der harmlose Liebhaber allzu junger Mädchen flehentlich bat, in eine andere Zelle verlegt zu werden.

Noch einmal versuchte es Gatzke. Er ließ sie früh am Morgen kommen, redete sehr väterlich mit ihnen, die ganze Sache sei geplatzt, da aber die Oberschüler nur am Rande des Komplotts mitgetan hätten, sei es möglich, ihnen eine goldene Brücke zu bauen und sie als jugendliche Verführte freizulassen. Dazu seien allerdings als Formalität die Namen von ein paar Verführern notwendig. Dies stellte insofern keinen Verrat dar, weil die Betreffenden als Hauptangeklagte, Vogt zum Beispiel, schon so belastet wären, daß die Aussage kaum einen Nadelstich bedeute. Ihm aber als Kriminalkommissar mit sozialdemokratischer Einstellung und Verständnis für Jugendstreiche vermochte sie als Vorwand für ihre Freilassung dienen. Er ließe ihnen jedenfalls zwei Stunden Zeit, sich zu entscheiden. Falls sie auszusagen bereit wären, sollten sie sich beim Gefängniswachtmeister melden.

Kaum in die Zelle zurückgekehrt, examinierte Schinski seinen Schüler erbarmungslos über das Kapitel zwei des ersten »Kapital«-Bandes. Da dazu mehr als zwei Stunden nötig waren, störte das Öffnen der Zelle die eifrigen Studenten, und sie hörten recht unwillig die ersten Worte, aber sehr gerne den nächsten Satz: »Mit Wäsche, Decke und Geschirr antreten! Marsch! Marsch! Sie gehen frei.«

12. Der schwarzen Liste ein Schnippchen

Daß ihm so etwas passieren mußte, ihm, dem gerissenen Taktiker, ihm, der als alter sozialdemokratischer Kriminalbeamter gerochen hatte, daß dieser Bürstenschnurrbart Schicklgruber aus Braunau der Sieger von morgen sein würde. Voraussehbar für einen Mann von Erfahrung. Wer als Beamter der politischen Polizei nicht spürte, daß diese ganze Weimarer Republik den Konzernen, den Herren Krupp und Thyssen und Klöckner nicht mehr kontrollierbar erschien, dem fehlte der Sinn für Zusammenhänge, Gatzke hingegen schmeichelte sich, sie erkannt zu haben. Ein starker Mann wurde aufgebaut, und der hieß Hitler. Deshalb besaß der gemütliche Dickwanst, der aussah wie ein Fleischermeister, neben dem Parteibuch der Sozialdemokratie eine frühe Mitgliedsnummer der Braunschwarzen und war als Nebenbeschäftigung für seine zukünftigen Auftraggeber tätig. Und ein so hervorragender Rückversicherer, der sich noch nie den Luxus eines Gewissens geleistet hatte, fiel auf eine dumme, unverwertbare, unbeweisbare Anzeige ihrer Schule gegen zwei Gymnasiasten herein, denen man etwas am Zeuge flicken wollte. Das fuchste ihn. Er schickte dem Oberstudiendirektor einen höflichen, ja einschmeichelnden Dankesbrief mit der Bitte, die zur Verhaftung nicht ausreichenden Gründe doch bitte durch weitere Beweise zu ergänzen und sich präziser über die Verdachtsmomente zu äußern, die zur Information der Lehranstalt an die Polizei beigetragen hatten.

Ein sammetweicher Brief, nur war Studiendirektor von Polke intelligent genug, um den Stahl unter dem Samt zu spüren. Das verlangte eine gründlichere Absicherung, und deshalb saßen seine Stellvertreter, die Oberstudienräte Eberhard und Müller, die sich im Privatleben nicht grüßten, in seiner Privatkanzlei und spürten die Spannung hinter der ebenso sammetweichen Frage an den »Elefanten«: »Sie haben sicher gute Gründe gehabt, Herr Doktor Müller, mich zur Festnahme der Schüler Schinski und Samuel zu veranlassen. Allerdings war ich in jenem Augenblick zutiefst erschüttert. Ich sah diesen Schinski schon als Primus omnium, als Beweis dafür, was meine Anstalt selbst für so einen Bergarbeiterjungen geleistet hat. Sie haben die beiden also tatsächlich bei der Ausübung von Delikten ertappt, nicht wahr?«

»Ehm, sozusagen«, wand sich der dicke Riese. »Äh, nicht direkt. Ich habe nur kombiniert und offensichtlich richtig. Es hat sich ja inzwischen so einiges herausgestellt, wie mich die Polizei informierte.«

Obwohl er sich vorgenommen hatte, nicht zu reden, er fürchtete für seine Stellung, seine gute Ehe, seine vier Kinder, muckte Eberhard auf: »Soweit mir bekannt ist, hat die Polizei die Schüler wegen mangelnder Beweise auf freien Fuß gesetzt.«

»Nach drei Wochen erst«, warf der Chef ein.

»Richtig, und das scheint mir ein unerhörter Justizskandal zu sein, zwei Siebzehnjährige so lange schuldlos festzuhalten. Das kann sich auf ihre Zukunft auswirken.«

»Schuldlos, schuldlos!« Müller sprang auf: »Ich höre immer schuldlos, Herr Kollege. Immerhin sind in Schinskis Wohnung hektografierte Flugblätter gefunden worden und bei Samuel sämtliche bisher erschienenen zwanzig Bände der sogenannten ›Bibliothek des Marxismus-Leninismus‹ neben anderen einschlägigen Büchern und Hetzschriften.«

Befriedigt nickte Polke: »Ich habe die beiden natürlich für alle Fälle vorläufig vom Schulbesuch dispensiert.« Müller nahm zufrieden wieder Platz.

»Vielleicht ein ganz klein wenig übereilt, Herr Oberstudiendirektor. Denn meines Wissens waren die Flugblätter von einem Mitglied des Reichstags unterzeichnet und daher legal, und die Bände sind nicht verboten. Ich besitze selbst einige. Sie sind für einen Geschichtslehrer wichtige Informationsquellen, wären es sicher auch für Kollegen Müller. Marx, Engels, Bebel, Mehring, Lenin – so etwas gehört nicht nur zur Lehrerbildung.«

Der kleine Chef rutschte vor peinlicher Verlegenheit auf seinem Drehstuhl hin und her. Er bekam es allmählich mit der Angst: »Immerhin, ein Unterschied, ob ein Lehrer oder ein Schüler solche Druckschriften benutzt.«

Müller fraß die Wut in sich hinein, sah in eine Zeitschrift, tat uninteressiert, gleichgültig, blieb stumm. Sein Kollege Eberhard ließ nicht ab: »Ob das auch auf einen so vielseitig interessierten Kopf wie Schinski zutrifft, wäre zu erwägen.«

Mühsam hatte sich Müller im Zaum gehalten. Jetzt hielt er es nicht mehr aus, brauste auf, ließ seine Faust auf den Tisch herniederkrachen: »Zum Teufel noch einmal! Und wenn er ein Ausbund von Weisheit wäre, diese Anstalt ist nicht zur Ausbildung von roten Bonzen errichtet worden.«

»Beruhigen Sie sich doch, Kollege Müller. Meine Maßnahmen sind getroffen oder vorbereitet. Die Entfernung des Schinski wirft überhaupt kein Problem auf. Ein Freischüler kann sofort vom Kuratorium verwiesen werden, sicher auch im voraussehbaren Einverständnis der Grubenverwaltung. Herrn Hotelbesitzer Pelz, einer sehr – ehem – dynamischen Persönlichkeit, habe ich den Vorschlag gemacht, den Jungen Peter selbst von der Schule zu nehmen, habe die Versetzung in die Unterprima zugesagt und keinerlei Eintragungen in das Zeugnis. Herr Pelz hat sich einverstanden erklärt.«

Nun riß es Müller hoch. Er machte seinem Spitznamen Ehre. Wie ein Elefant stapfte er mit großen Schritten durch das Zimmer, wendete seinen Kopf hin und her, hatte die Kontrolle über sich verloren und brüllte: »Das ist doch Augenauswischerei! Das heißt doch, dieser Samuel hat jetzt den Freibrief, sein kommunistisches Unwesen anderswo zu treiben. Wozu dann der ganze Rausschmiß?«

Polke lächelte fein: »Bitte nehmen Sie Platz, Herr Doktor.« Müller folgte brav. »Samuel wird keine Gelegenheit haben, irgendwo irgendein Unwesen zu treiben. O nein! Nicht, wenn ich bei der Direktorenkonferenz der Höheren Lehranstalten ein paar warnende Worte fallen lasse.«

Befriedigt nickte der »Elefant«: »Dann allerdings . . .« Dr. Eberhard flüsterte tonlos: »Jammerschade!«

Vor dem Polizeipräsidium wartete Simon Pelz mit dem Sportwagen auf Peter. Zu Hause lagen zwei Briefe. Der eine, den Oberstudiendirektor von Polke unterschrieben hatte, sprach die Suspendierung des Schülers Peter Samuel bis zur vollständigen Klärung des Falles aus, der andere kam von Channah. Noch nie hatte sie eine Botschaft in Peters Wohnung geschickt. Sie versicherte, daß sie trotz allem zu ihm halte, erwarte aber, daß er sich darauf besinnen möge, wie bedroht ihre Liebe sei, wenn er sich nicht als Jude bewähre. Soll Politik sein, dann jüdische, bitte sogar sozialistische, ihretwegen.

Peter reichte Felix den Brief, verzweifelt: »Das ist Sybbi, der Zionist Silberstein, sein Stil, seine Formulierungen. Sie haben das Mädchen in der Zerre gehabt. Die bieg ich noch heute gerade. Schlimmer wird die Gardinenpredigt jetzt. Wo ist er?« – »In der Küche. Versucht Frau Zadek zu beruhigen.«

Offensichtlich hatte Simon wenig Erfolg mit seinem gütlichen Versuch, denn die in Ehren gealterte Witwe erschien vollkommen aufgelöst und rotgeweint auf der Schwelle, mit wirrem Haar, und tobte: »Sie verlassen sofort meine Wohnung. Polizei war zum ersten Mal in diesen Räumen und auch zum letzten. Hier ist kein Raum für Zuchthäusler, die gerade aus dem Gefängnis kommen. Dieses ist ein gutes jüdisches Haus und hat keinen Platz für Verbrecher.«

Nachdem mildes Bitten nichts genutzt hatte, nahm Simon Pelz die Witwe energisch bei den Ellbogen, hob sie über die Schwelle, indem er ihr leise versicherte: »Bitte geben Sie Ruhe. Peter zieht in einer Woche. Lassen Sie uns darüber beraten.« Grollend zog sich Frau Zadek in die Küche zurück, und Simon verlangte, man solle sich gefälligst wieder hinsetzen, und steckte sich umständlich eine Zigarre an. Darauf setzte er seinen Streit mit Felix fort, der schon im Auto begonnen hatte: »Erwarten Sie denn von mir, daß ich als wohlhabender Mann ein Kommunistenfreund bin? Wer fällt denn jedem um den Hals, der ihm in schöner Offenheit erklärt, er wolle ihn seines Besitzes berauben?«

»Andere erklären so eine Absicht nicht so offen. Sie rauben tagtäglich, und *die* stehen Ihnen näher, Herr Pelz.«

»Nicht gleich so bitter, Mister Schinski! Wohlbemerkt, ich hasse Kommunisten nicht. Die ich kenne, sind ebenso anständig, naiv wie ungefährliche Narren mit idealistischen Absichten, sehr humanistisch. Nur ist unsere Interessenlage verschieden. Darin werden Sie mir beipflichten. Trotzdem bitte ich Sie, mir mit Peter zu helfen. – Es geht um Esther und Großmutter«, wendete sich Simon wieder an den Stiefsohn. »Den Brief des Oberstudiendirektors konnte ich abfangen. Josefine ist so schwer krank, daß jede Aufregung von ihr ferngehalten werden sollte. Ehrlich gesagt, ich gönne auch Moritz und Ruben den Triumph nicht, und den anderen wünsche ich keine Katastrophe, Martha, Rosa, am wenigsten Rudolf. Alle hängen an der ›Bohemia‹, auch wenn sie für die Schwäger eine ewige Melkkuh ist. Selbst ich hänge dran. Für mich ist sie gleichbedeutend mit – Esther.«

»Mir ist das Haus gar nicht gleichgültig. Es gibt nur ebenso wichtige Dinge.«

»Wir haben beide Rücksichten zu nehmen. Herr Schinski wird mich da unterstützen.«

»Cant You be a bit more precise, please!«

»Bitte! Weiter die Schule besuchen, bloß eine andere. Dein Versetzungszeugnis ist eine Empfehlung, so ein Wechsel weder eine Katastrophe noch eine Sensation. Schulgeld? In meinem Schlauchgürtel wird sich auch für deinen Freund das Nötige finden.«

Lachend bemerkte Felix: »You are a jolly good fellow, Mister Pelz! Hilft nichts. Linkspolitische Tätigkeit, Gefängnis, gleich ob schuldig befunden oder nicht, bedeutet schwarze Liste. Das heißt, die Türen zur Höheren Lehranstalt sind verrammelt!«

»Blacklisted – eh? Nicht unbekannt. Ich war's auch einmal als junger Held. Die ›Internationale Artistenliga‹ hat mich herausgeboxt. Gibt's da keinen kleinen Hintereingang? Es ist wirklich wichtig, Mister Schinski, daß Peter nicht aussteigen muß.«

»Rektor Felsen!» rief Felix. »Rektor Felsen, Mitbegründer der Freien Weltlichen Schule, kein Genosse, linker Sozialdemokrat. Wenn einer einen Ausweg weiß . . .«

»Worauf warten wir noch.« Schon hatte Pelz seinen Strohhut auf den Kopf gesetzt und war an der Tür.

Simon Pelz war beruhigter nach Grenzbrunn zurückgekehrt, von dem grauhaarigen Pädagogen Felsen stark beeindruckt. Im Provinzialschulkollegium, wohin sie Felsen geschickt hatte, wurden die Freunde von einem jüngeren Mann erwartet, dem Typ eines engagierten, wachen Wissenschaftlers. Er stellte sich vor: »Doktor Heinrich«, lud sie mit achtungsvoller Freundlichkeit in sein Büro, gab ihnen die Hand, bot Platz an, wurde verlegen, wußte nicht, wo beginnen, ebensowenig wie seine Besucher, rettete sich in: »Zigarette?« Beide verneinten, hatten keinen Schimmer, woran sie mit dem Mann waren, wie offen sie mit ihm sein durften, wieviel er wußte. Mitten in das verlegene Schweigen prustete der Hausherr lachend: »Wie hätten Sie es gern, feierlich oder heiter?« Schinski fing den Ball: »Wenn man die Feierlichkeit überdreht, wird sie wieder heiter.«

»Einverstanden, dann also im Amtsrichterdeutsch.« Der Mann stand auf, zog eine nicht vorhandene Robe zusammen, nahm sein ebenso unsichtbares Barett ab. Seine Stimme, barsch und wichtignehmerisch, tönte: »Vorgeladen und erschienen vor dem Oberregierungsrat Doktor Heinrich, stellvertretender Rektor des Lehrerbildungsinstituts beim Provinzialschulkollegium, empfohlen von Rektor Felsen, Anführende und Ausübende des Sieges über Fridericus und die Seinen in Tateinheit mit dem Verschulden der Absetzung des Filmes im ›Nordsternkino‹.«

»Einschränkender Zwischenruf gestattet? Nicht wir. Das waren vor allem die Arbeiter, auch Sozialdemokraten, wie Sie!«

»Bitte nicht unterbrechen. Tiefstapelei ist ebenso strafbar. Die Angeschuldigten werden dazu verurteilt, an einem Lehrerkursus für Externe teilzunehmen, der ihnen zugleich mit dem Abitur die erste Lehrerprüfung abfordert. Darauf werden Sie als Lehramtseleven in Unterklassen eingesetzt und machen inzwischen Ihre zweite Prüfung und das Diplom.«

Schüchtern fragte Peter: »Geht denn das?«

»Mit Haken und Ösen. Der Haken, daß damit eine fünfjährige Verpflichtung für den Schuldienst verbunden ist. Volksschullehrer sind Mangelware.« Der skeptische Peter bemerkte ängstlich: »Das ist schon kein Haken mehr, da steckt ein Pferdefuß«, worauf Dr. Heinrich wieder sehr amtsrichterlich dozierte: »Sollte bei aller Vorsicht und Verschwiegenheit die vor kurzem verbüßte Untersuchungshaft und die politische Vergangenheit der Lehramtskandidaten offenbar werden, besteht aller Voraussetzung nach die Befürchtung, daß von Ihrer Verwendung im Schuldienst abgesehen wird . . .«

»Merkste was?« lachte Schinski und tippte Peter auf die Stirn. »Das Abitur hast du im Kasten. Das klaut dir niemand mehr.«

»Auch Sozialdemokraten verstehen zu kombinieren«, sagte Dr. Heinrich, als er wieder saß.

»In des Wortes wahrer Bedeutung, was auch Einheitsfront heißen kann, aber nur linke!«

»Keine Lobreden bitte. Ich erwarte von Ihnen harte Arbeit, gute Leistungen und keine politischen Aktivitäten innerhalb des Institutsbereiches, damit ihr nicht vorzeitig auffliegt. Was außerdem passiert . . .« Er erhob sich: »Na dann, bis dahin auf Wiedersehen, Genossen Verschwörer!«

13. Von Tod und Liebe – und Verrat

Durch Kissen fast bis zur Sitzhaltung gestützt, lag Josefine Polan im breiten Ehebett ihrer Tochter Martha, bleich, mit ein wenig aufgedunsenen Zügen, sehr schwach, zugleich klar und bewußt, und wenn die Familie ihr eingeredet hatte, man sei mit den Kindern nach Berlin in Marthas Grunewaldvilla gereist, um, wie seit Jahren üblich, das Lichterfest Chanuka gemeinsam zu feiern, die alte Polanová ließ sich nicht hinters Licht führen. Dr. Kron hatte Rudolf gleich nach dessen Ankunft beiseite genommen. »Es geht dem Ende zu, auch wenn sie wie eine Klette am Leben gehangen und gekämpft hat, bis heute. Und sie weiß es.«

Zwar waren im »Russischen Hof« Zimmer für alle vorbereitet, aber nur die Halbwüchsigen fuhren abends mit der S-Bahn in die Stadt. Die anderen betteten sich irgendwie im Flur, auf Treppenabsätzen, Stühlen, Sofas. Noch immer hielt die Mutter die Familie zusammen, war höchste Autorität und Zentrum. Sie saßen eigentlich andauernd an ihrem Krankenbett, und wer in die Küche ging, um einen Happen zu essen und den Durst zu löschen, tat es mit einem Blick der Entschuldigung und schlechtem Gewissen. Der milde Spätherbst erlaubte, die breiten Fenstertüren zur Gartenveranda weit zu öffnen, und Josefine sah und hörte die Kinder draußen herumtollen, bis es dämmerte. Der getreue Tikoschinski drückte ihnen bunte Kerzen in die Hände, die sie selbst anzünden durften, um im Gänsemarsch in das Krankenzimmer zu marschieren und das Lied des Festes »Moaus zur jeschuossi« zu singen.

Sie marschierten um das Bett und bildeten einen Kreis, vornean die Kinder-Königin des Festes, die graziöse Lilli, die den silbernen siebenarmigen Leuchter mit sieben brennenden Kerzen trug. Sie durfte bis an das Bett der Großmutter herankommen. Josefine langte nach der vorbereiteten Bonbontüte unter ihrem Kissenberg und gab Lilli die Süßigkeiten für alle. Die kleine Handreichung strengte sie so an, daß sie zurücksank, die Augen schloß und nur mühsam Luft bekam. Dr. Kron schickte die Kinder aus dem Raum. Auf seinen Wink netzte die Krankenschwester die trockenen Lippen der Patientin mit einem feuchten Tüchlein. Der Arzt befühlte ihre Füße. Josefine war sehr bleich geworden und schien zu schlafen. Als sie versuchte, die Augen aufzutun, riet der Arzt: »Schlafen Sie nur ruhig, sammeln Sie Kräfte, Sie dürfen sich nicht so anstrengen.« Seit Tagen hatte sie kaum etwas gegessen. Sie griff nach ihrem mit Nelken, Gewürzen, Zitronatstückchen gespickten Riechapfel, holte sich ihn zielstrebig von der Daunendecke und roch daran. Der Arzt bewunderte ihr Reaktionsvermögen. Sie begann zu sprechen, leise, sehr klar mit vielen Pausen. Sie fand ganz kurze, vernünftige Sätze.

»Ich muß sprechen, Doktor Kron. Zum Schlafen ist keine Zeit mehr. Ich muß den Kindern etwas sagen.« Es klang eifrig, ungeduldig. Sie litt offenbar gar keine Todesangst, eher empfand sie Lebenshunger.

Alle eilten näher, setzten sich dicht an das Bett oder gleich auf die Bettkante. Und wieder kurze Sätze, überlegt, verständlich, wenn man nahe kam. »Was macht ihr denn alle hier? Wer ist in der ›Bohemia‹? Wer läßt das Haus allein? Ist das Eis schon bestellt? Lotte und Täuber – ist schon eingekauft für die Saison?« Sie sammelte ihre Kraft, sparte damit, teilte sie ein. »Laßt die Kleinen im anderen Zimmer spielen. Komm, Peter!«

Sie machten dem Jungen Platz.

Peter setzte sich auf den Bettrand, beugte sich nieder zu ihr. Sie streichelte mühsam seine spröden Haare. »Synetschku, Freund von meinem Filip. Du sollst sein a guter Jid. Seit zweitausend Jahren bewirft man uns mit Schmutz, und wir müssen uns immer sehr rein waschen. Wenn alle Menschen sind weiß, wir müssen sein schneeweiß, denn wir sind Juden.«

Sie schob ihn zärtlich und behutsam aus dem Weg, um Platz zu machen für die anderen. Wen sie ansprach, der hatte den Vorrang nächster Nähe. »Moritz, Ruben, Rudolf, Martha, Elsa, hört zu! Mit allem kann man handeln. Aus allem kann man Geld machen. Aber Geld rollt. Und ein Haus steht. – Den Mund feuchten«, befahl sie. Es geschah. »Jungens, ich kenn euch auswendig – wie mein Filip. Ihr seid Spieler. Nicht am Kartentisch. Nein, an der Börse, Spekulanten. Aber Spieler bleibt Spieler. Merkt euch das!«

Langsamer sprach sie allmählich, machte längere Pausen. Das Atmen fiel ihr schwerer, aber sie hielt sie alle fest mit beschwörenden Augen, setzte wieder an, sprach weiter: »Die ›Bohemia‹ ist unser Leben. Wer aufgibt die ›Bohemia‹, wirft weg das Leben von der ganzen Mischpoche, wirft weg, was man hat aufgebaut in fünfzig Jahren Arbeit.«

Die Todkranke wurde Pelzens gewahr, der bewundernd am Fußende des Bettes stand. »Simon«, mit dem Finger befahl sie ihn zu sich: »Wenn du könntest lieben die ›Bohemia‹ wie du liebst Esther, hätt' ich keine Sorgen mehr. Merk dir, ein koscheres Hotel ist mehr wert als die Welt. Es ernährt und hält zusammen die Familie, mehr als Geld. Aber ich dank' dir. Du warst treu und anständig, wie unser Rudla.«

Sie schloß die Augen und schien zu schlafen. Der Arzt erkämpfte sich Raum an ihrer Seite, faßte behutsam nach ihrem Puls. »Schscht!«, er winkte die Familie fort. Bevor sie auf Zehenspitzen drei Schritte getan hatten, hörten sie ein energisches »Dableiben! – Esther will ich!« Alle kamen zurück. Esther hockte sich am Boden nieder und legte ihren Kopf in die Nähe der streichelnden Mutterhände. »Estherleben, halt dich fest an der ›Bohemia‹, halt sie fest. Zeig, was du gelernt hast bei mir. Du bist mir verantwortlich, daß die Familie, so Gott will, soll behalten ihr Heim.«

Alle spürten, welche Mühe es ihr machte, den Mund, die Zunge, die Zähne zu bewegen, sich zu artikulieren. Die Schwester brauchte keine Aufforderung mehr. In jeder Wortpause befeuchtete sie Josefines trockene Lippen. Deren Sprache blieb deutlich: »Laß dir helfen von guten Menschen«, sagte sie zu Esther, »und gib den Armen ...« Und da blieb noch Kraft für ein leises Lächeln: »Aber nicht den Zionisten, sonst wird mir mein Filip dort oben verweigern die Hand. Und ihr alle – betet zu Gott, dem Allmächtigen. Und haltet ein die Gesetze, seine und die, was haben gemacht Menschen.«

Wieder schloß sie einen Augenblick die Augen und schien zu schlafen. Niemand rührte sich mehr von der Stelle. Sie erwarteten ihr nächstes Wort. Die Züge verfielen unverkennbar, aber als sie die Augen aufschlug, lebten sie, waren groß und klar. Sie spielte wieder mit ihrem Riechapfel. Den Händen fehlte die Kraft, ihn festzuhalten. Sie befahl Esther: »Gib mir meinen Riechapfel.« Sie packte fest zu, führte den Apfel zur Nase, wie sie es am Fasttag im Betsaal getan hatte, wenn sie der Hunger zu überkommen drohte. Sie roch lange und genießerisch daran, als wolle sie Kraft daraus saugen. Sie richtete sich noch mehr auf im Bett, straffte sich. Ihre Augen blitzten groß und gebieterisch, und mit lauter, klarer Stimme rief sie: »Wer verkauft die ›Bohemia‹, soll sein verflucht!« Sie fiel zurück, der Apfel rollte aus ihren Händen über die Decke und schlug dumpf auf. Ihr Mund öffnete sich, aber nicht mehr, um zu atmen.

Im Armeleutequartier Schinskis, in das Peter gezogen war, seit die jüdische Witwe ihn hinausgeworfen hatte, teilten sich die beiden Freunde in Arbeit und Studium. Nur die Miete bezahlte Peter allein, es war seine Bedingung, nachdem er sich den Argumenten von Felix gebeugt hatte: »Als Quartier für die illegalen Genossen des Parteiapparates ist die Bleibe ohnehin nicht mehr zu verwenden, seit die Politische Polizei ein Auge auf uns hat. Mutter schläft in meinem Zimmer, wenn sie zu Besuch da ist. Für uns ist es leichter. Und zusammen sind wir auch.«

Wenn Felix und Peter miteinander sprachen oder stritten, überhaupt in ihrer Gemeinsamkeit, gab es zwar reservierte Inseln und Tabus, Gebiete, die man nach stillschweigender Vereinbarung nicht betrat, ab und zu einen handfesten Krach, viel Foppen und Flachsen, Ringkämpfe und Gedanken und Erfahrungen, wobei die Stellung Schinskis als Lehrer unangetastet blieb, es gab Meinungsverschiedenheiten über ästhetische Fragen, Bücher. Peter verstand Liebe und Gefühle sentimentaler und idealistischer als der nüchterne Freund. All das gab es, nur nie Langeweile und Stillstand. Nie! Und die Tabus, zu denen Gespräche über ihre Mädchen gehörten, die reservierten Inseln, wurden gelegentlich durch heftige Vertrauensausbrüche verbunden mit Ratsuche, manchmal sogar mit Hilferufen geöffet und zugänglich gemacht. Meist geschah das draußen im Grünen bei Bergtouren oder bei durchwachten Nächten in Arbeitspausen. Sie waren schon widersprüchliche Gesellen, selbst im Aussehen, der lange, schmale, zähe Felix mit dem asketischen, kantigen Gesicht, in dem die dunkelgrauen kühlen Augen brannten, das die Mädchen anzog und die Zuhörer fesselte, und der kleinere, breite Freund mit diesen aus dem Slawischen und dem Jüdischen gemischten Zügen, dem ovalen Gesicht, den hohen Backenknochen, dem dunklen, zottigen Haar, der milde gebogenen Nase.

Wer wohl auf die Idee kam, das spottbillige alte Tandem beim Trödler zu kaufen! Daß man reden kann, ohne überhört zu werden, war nur ein Grund, sportliches Interesse und Bewegung in frischer Luft ein anderer, aber was entschied: Sie waren jung und brauchten ein Ventil gegen den Ernst ihrer Tage. Und es war Frühling. Sie fuhren an der Oder entlang zum Südpark, und Peter pustete, weil er Schinskis Tempo nicht mithalten konnte: »Ich schaff's nicht weiter.« Schinski trat auf die Bremse, sie stiegen ab, ruhten sich aus. Peter wischte sich den Schweiß von der Stirn: »Endlich Pause, du Athlet.«

»Hat's dich mitgenommen?«

»Lächerlich, die paar Kilometer? – Spielend.«

»Ich meine doch die Großmutter.«

»Ach so«, nach einer nachdenklichen Pause, »schon, wenn auch nicht so wie der Tod von Filip. Ohne sie hätte es ihn nie gegeben. Daß er so liebenswürdig, liebenswert werden konnte, lag daran, daß sie ihm die Steine aus dem Weg geräumt hatte, damit er sich getraute, patriotische Träume wahr zu machen, für seine Idee kämpfte. Nur für meine Mutter war sie zu gewaltig, die Alte. An ihrer Seite blieb sie abhängig und unselbständig. Weißt du, unter großen Blättern entwickeln sich kleinere Pflanzen langsamer. Oh, sie war schon eine Persönlichkeit, die Josefine – im Leben, und wie sie starb.«

»Und wie wird deine Mutter mit der ›Bohemia‹ fertig?«

»Sie zehrt noch von Josefines Erfahrungen. Jetzt steht sie vor einer neuen, ungewöhnlichen, ungewohnten Situation. Die Reichsversicherten sind gekommen. Wegen des Todesfalles bekam sie noch eine Galgenfrist. Nun sind sie da. Jahreskontrakt von März bis März. Das Haus ist voll vom Keller bis zum Dach. Statt individueller Gästebehandlung, dem Eingehen auf persönliche Wünsche und Launen – Massenbetrieb. Na, zu den Sommerferien fahr' ich ja heim. Dann weiß ich mehr.«

»Von Channah willst du sicher mit mir nicht reden.«

»Eigentlich gerade, weil sie mich quält wie Prinzessin Turandot. Sie weiß, daß ich sie lieb habe, und wie. Wir unterhalten uns. Nicht nur mit Lachen und Reden. Manchmal hab' ich das Gefühl, wenn sie mich küßt, streichelt und umarmt, daß sie endlich ... dann wehrt sie sich, wird stocksteif, spielt die keusche jüdische Tochter, fürchtet sich oder tut so. Hinhaltetaktik? Unnötig, ich will sie ja heiraten, was verlangt sie denn noch, welche Sicherheit? Ist das noch die Channah, die sich auch politisch zu uns hin entwickelt hat, es ist doch kein Zufall, wie sie sich nach dem Schulskandal, nach dem Knast zu mir bekannt hat?«

»Warte es ab, sie kriegt es noch satt, weiter die eiserne Jungfrau zu spielen. Dazu ist sie zu normal. Da steckt sicher anderes dahinter.«

»Vielleicht sagt sie mir's heute nachmittag. Sie hat mich zu einem Spaziergang in den Südpark eingeladen.«

»Vielversprechend. Schön schummrig, toi, toi, toi!«

»Duu!« Sie balgten noch ein wenig, bevor sie auf die Räder stiegen.

Schummrig! Sie erwartete ihn am Eingang, gab ihm die Hand, schön wie die biblische Judith. Sie wanderten los.

Am Waldweg nahm er ihren Arm. Sie ließ es zu. Er stahl ihr einen schnellen Kuß aufs Ohr. Sie rannte weg, nicht allzu schnell, damit er nachkam, sank, erschöpft tuend, auf eine Bank, wartete auf ihn.

Da werde einer schlau. Er war im Begriff, sich zu ihr zu setzen, da umringten plötzlich Burschen das Paar, acht Mann umzingelten sie, in Peters Alter, ein paar vielleicht zwei Jahre älter. Die beiden standen auf, wollten weiter. Peter fragte: »Sibby, was soll das?« Channahs Vetter war mit von der Partie. Die Burschen bildeten eine Sperrmauer auf dem Waldweg. Nicht, daß sie Channah und Peter zu nahe auf den Leib rückten, sie ließen sie nur nicht durch, und als sie stehenblieben, formten sie wieder einen Kreis um sie. Jeder einzelne verbeugte sich und stellte sich formvollendet vor. Jüdische Burschen nannten ihre jüdischen Vereine: »Isaak Steinschneider, Sportclub Hagibor.« – »Markus Ohrenstein, Jüdischer Wanderbund J. W. B.« – »Chaim Mandelbaum, Maccabi.« – »Jossuf Jaller, Blauweiß.« – »Martin Silberstein, Agudas Isroel.« – »Heinz Fuchs, Poale Zion.« – »Moses Thal, Schomer Hazair.« – »Benno Feinstich, Kibbuz Haganah Palästina.«

Verdutzt lächelnd dienerte auch Peter, bereit mitzuspielen: »Peter Samuel, freut mich, was wünschen die Herren?« Der Gast aus Palästina, Benno Feinstich, Erez Jisroel, begann das Palaver streng: »Wir sind keine Herren, wir sind Brüder, Genossen, Chawerim. Wir haben mit dir zu reden.«

»Nichts dagegen. Machen wir einen Treff aus. Wie ihr seht, bin ich nicht allein. Ihr seid doch hoffentlich Kavaliere.« Peter zog Channah an sich heran, worauf Silberstein näher rückte: »Den Luxus können wir uns leider nicht leisten.«

Entsetzt und aufgestört stellte sich Channah zwischen die jungen Männer. »Sibby, du hast mir fest versprochen, du kommst allein, und es wird ein friedliches Gespräch.«

»Du hast's gewußt?« Der erstaunte Blick Peters traf Channah wie eine Ohrfeige. Sie wurde tiefrot. Einen Augenblick herrschte Stille. Der Palästinajude zischte böse: »Worauf wartet ihr. Zuviel der Ehre; so eine lange Ouvertüre. Schluß damit. Fest steht, du verrätst das Judentum, machst gemeinsame Sache mit einem Goj, mit den Schaigitzes. Du gibst uns allen einen schlechten Namen. Du prügelst dich herum für die Bolschewiken und hast einen von ihnen als Busenfreund. Du Revolversozialist! Und wir vergießen in Erez Israel unser Blut gegen die Araber.«

Fuchs von »Poale Zion« lenkte ein: »Hör auf, ich bin auch Sozialist. Warum machst du dir's nicht leichter, Peter, wir stehen dir doch viel näher. Wir sind doch auch alle Sozialisten. Nur unsrige, jüdische zionistische Sozialisten!«

Diskussionen schüchterten Peter nicht ein. Wenn es darauf hinauslief, war er ganz gut gerüstet: »Aus sieben verschiedenen Organisationen, wie ich höre. Wenn ihr euch schon Sozialisten schimpft, lest gefälligst bei Marx nach, wie wichtig die Einheit der Klassenorganisation ist. ›Kritik des Gothaer Programms.‹ Ihr spaltet euch in ein Dutzend Clubs auf. Bei euch scheint's im Dutzend billiger zu werden.«

Die Ironie wirkte auf Feinstich wie ein rotes Tuch. Er wollte auf Peter los. Moses Thal hinderte ihn daran: »Nicht so laut. Wir veranstalten doch hier kein Stehkonvent. Wozu brauchen wir die große Öffentlichkeit? Machen wir's uns gemütlicher. Bitte!« Seine einladende Hand wies in den Wald. Peter hätte Krach schlagen, Hilfe rufen sollen. Das hätte denen so gepaßt! Feige benahm er sich nicht. Er packte Channah so fest, daß ihr ein paar blaue Flecke sicher waren, und Arm in Arm, der ihrige wie von einer Zange festgehalten, ließ sich das Paar durch die mannshohe Schonung auf eine Lichtung begleiten, wo sie schon alles vorbereitet fanden: Decken auf der Grasnarbe, Picknickkörbe. »Nehmen wir Platz«, befahl Moses Thal, der designierte Wortführer. »Peter bitte in der Mitte!«

Channah wollte sich dazu setzen. Peter schickte sie böse aus dem Kreis. »Ich brauche Übersicht.« Erwartungsvoll, ohne Furcht schaute er in die Runde. Thal eröffnete friedlich die Debatte.

»Wir haben uns darauf geeinigt, dich für einen Verein zu keilen. Du kannst ihn dir aussuchen, damit du nicht in so unglückliche Geschichten hineingerätst wie in diese Fridericusschlacht. Der geht uns Juden nichts an, auch nicht seine Kriege. Wir haben mit den Arabern im eigenen Land genug zu tun ...«

»Ich höre immer eigenes Land. Seit wann haben Nomadenstämme ein eigenes Land? So war's doch. Zwölf große Nomadenstämme, vielleicht sogar ein paar mehr, machen irgendwo im Nahen Osten Halt. Sie nennen sich Israeliten. Nach der Vertreibung aus einem anderen Land wollen sie sich vorübergehend konsolidieren, die Viehbestände hochzüchten, auffüllen, bevölkerungspolitisch wachsen, ein paar Generationen, so lange, bis die nächste Dürreperiode die Gefahr einer Hungersnot an die Wand malt. ›Mene tekel upharsin‹ – und sie ziehen weiter. Mag sein, daß sie auch ein römischer Stadthalter vertrieb, weil sie sich ihm allzu fruchtbar vermehrten, zu zahlreich wurden, zu einflußreich. Das dauerte vielleicht zweihundert Jahre, vier Generationen, vielleicht fünf, vielleicht auch kürzer, alles in allem auch für die moderne Geschichte keine Ewigkeit. Und sie zogen weiter oder verstreuten sich, zuerst das eine, dann das andere. Aber eigenes Land? Seit wann haben nomadisierende Stämme ein eigenes Land?

Nach dem Auszug haben Araber darauf gesiedelt, erst Zelte, dann Hütten und endlich Häuser gebaut. Welches Recht haben die Juden auf dieses Land? Daß sie vor zweitausend Jahren einmal eines von vielen Wüstenkönigreichen gegründet haben? Weißt du, Channah, was in zweitausend Jahren passieren kann? Denk an die große Völkerwanderung. Was sind dagegen zweihundert Lenze. Und alles vor dem Mittelalter, das du heute noch zu Hause hast.«

Wütend, jedoch fasziniert von der ungewöhnlichen Darstellung, neugierig darauf, wie weit Peter gehen würde in seiner Argumentation, hatten die Burschen zugehört, vom sprachlosen, überraschten Zorn wie hypnotisiert. Nur der Kreis war enger geworden. Der rabiate Feinstich drohte: »Soll ich ihn – aufklären?« Thal setzte sich Peter gegenüber, so nahe, daß sich ihre Füße berührten: »Nein, wir wollen ihn nur noch ein bißchen kitzeln, damit er begreift, wie er uns schadet, wenn er die Geschäfte der Kommunisten besorgt. Ein kleiner Denkzettel zur Überzeugung!« Er stand auf, seine Schuhe zwischen Peters Schenkel gestellt. Feinstich holte einen Gummiknüppel unter dem Hemd hervor. Peter kriegte es fertig zu grinsen: »Eure Überzeugungsmethoden sind nicht gerade neu, oft ausprobiert, sogar auf jüdischen Buckeln – aber nicht nur. Die zaristische, preußische, englische, amerikanische, französische Polizei wenden sie an, mit Vorliebe feige gegen Minderheiten, Minoritäten – wie ihr acht gegen mich –, gegen Neger, Juden, Iren, Araber, Inder, Farbige, Mulatten. Die Kleinen kriegt die Übermacht eben klein. Trotzdem wäre ich euch dankbar, wenn ihr mir nun endlich sagen würdet, worum es euch geht.«

»Na endlich«, meinte Sibby befriedigt: »Er kommt, er gibt nach. Wir verlangen keine Kapitulation. Im Gegenteil, wir bieten dir was!«

Thal sah Morgenröte. Milde agitierte er: »Du sollst bei uns eintreten. Wir wollen Sozialismus im jüdischen Land. Wir haben uns eine Festung erobert mitten im Arabergebiet. Dort kämpfst du als Jude statt gegen Fridericus Rex von Preußen. Was geht uns Juden Deutschland an?«

Was würde Felix jetzt tun, überlegte Peter. Prügeln mit acht Mann? Hoffnungslos. Losrennen zwecklos, keine Lücke da. Sie standen jetzt alle ganz nahe um ihn, hoch über ihm, er saß ja immer noch. Hochspringen in jedem Fall, da kriegte man nicht so viel ab, vor allem keine Tritte gegen den Unterleib. Feinstich schob Thal zurück und nahm ungeduldig dessen Position ein. Seinen Gummiknüppel ließ er vor Peters Gesicht pendeln. Höchste Zeit. Wie bloß die Kerle ablenken? Channah drang durch den Kreis, kniete neben ihm nieder. »Peter, Peterle, Peterchen, wir meinen's doch gut mit dir«, schmeichelte sie. »Tu's für uns, damit ich dich zu Hause dem Vater zeigen kann, damit wir heiraten, Kinder haben. Gib nach für uns beide!«

Jetzt erst begriff Peter alles: »Du hast von diesem Überfall gewußt, Zeit, Ort, Zusammensetzung der Schlägerbande.«

»Nein, nicht, daß es so kommt. Sibby hat versprochen, er allein, höchstens noch ...« Laut schallend lachte Peter, lachte, bis ihm Tränen kamen. Erschrocken schrie Silberstein: »Gott soll uns schützen, er ist meschugge geworden.« Feinstich kitzelte Peter mit der Schuhkappe: »Was ist denn so lustig?« Immer noch lachend, sagte Peter: »Erst haben mir die Faschisten wegen Fridericus aufgelauert, jetzt machen's die Zionisten. Ich bin direkt stolz darauf, ein Kommunist zu sein.« Feinstich hob seinen Gummiknüppel über Peters Kopf und beugte sich bedrohlich über ihn: »Ich glaube, der braucht seinen Denkzettel.« Peter packte blitzschnell Feinstichs Beine, riß ihn nach hinten um und sprang über ihn hinweg ins Dickicht. Die Überraschten rannten ihm nach. Nur Channah blieb zurück, weinte, schluchzte, machte nur Pausen, um ängstlich in die Weite zu lauschen, bis sie Feinstich rufen hörte: »Chawerim, wir haben ihn!«

»Doktor Levi, Abteilung Gemeindebewegung. Nehmen Sie Platz.« Der kleine Mann mit Bart und Rundkäppi stand von seinem Drehstuhl am Amtsschreibtisch hinter der Holzbarriere auf und reichte dem Besucher die Hand. Das unpersönliche Zimmer im Verwaltungsflügel der Jüdischen Gemeinde zu Breslau empfing Peter ebenso nüchtern wie modern.

»Sie sind also Herr Samuel?« Peter nickte. »Zt, zt, es hat sich herumgesprochen, daß Sie eingesperrt waren. Zt, zt. Haben Sie das nötig? Aus so einer Familie! Straßenschlacht! Ein Jud' gehört ins Caféhaus, nicht auf die Straße.« – »Deshalb komm ich ja her.« – »Meines Wissens belegten Sie außerhalb der Schule Kurse am Rabbinerseminar. Wie soll ich Ihren Besuch also verstehen?« – »Ganz einfach. Ich erkläre meinen Austritt aus der Jüdischen Gemeinde.«

»Aber nicht doch!« Dr. Levi sank in seinen Sessel, vor Schreck stand er wieder auf. »Wer wird denn gleich so grundsätzlich sein. Man schüttet doch das Kind nicht mit dem Bade aus. Haben Sie Zweifel, was die Richtung anbelangt? Lieber junger Freund, die Religionsgemeinde ist so groß, daß in ihr Platz ist für Orthodoxe und Assimilierte, für Zionisten und Liberale, für Rechte und Linke. Wollen Sie, gottbehüte, ein Katholik werden?«

So hätte auch Filip argumentiert, und Peter wäre nicht sein Enkel gewesen, wenn ihm das keinen Spaß bereitet hätte. Seine Wut löschte das Intermezzo aus, nicht seinen Entschluß. »Schlimm«, bangte Dr. Levi. Peter breitete die Arme aus: »Schlimmer, Herr Doktor. Ich habe etwas Unglaubliches festgestellt. Zwischen deutschen Faschisten und sogenannten zionistischen Sozialisten bestehen bemerkenswerte Ähnlichkeiten, sogar Gemeinsamkeiten. Stellen Sie sich vor, ein Femegericht existiert bei beiden. Ich bin ihm, wie Sie sicher an meiner Visage bemerkt haben, begegnet.«

»Sie haben meine Frage nicht beantwortet.« Der Ton

des Herrn Dr. Levi gewann an Härte und Durchdringlichkeit: »In welche Glaubensgemeinschaft wollen Sie übertreten?«

Fröhlich sagte Peter: »In viererlei: Kommunist, Internationalist, Atheist, Humanist.«

Dem Gemeindebeamten blieb die Spucke weg. Solche Worte! Hier wurde bewußt provoziert oder lächerlich gemacht. Auf die Schippe nehmen ließ sich ein Herr Dr. Levi nicht. Man war immerhin Akademiker. Er holte eine kurze Stehleiter, zog das Schubfach S auf, den Evidenzbogen aus der Gemeindekartei, stieg kopfschüttelnd wieder herunter, sagte, um Sachlichkeit bemüht: »Bitte Ihre Unterschrift. Ihnen ist offenbar nicht zu helfen. Ich bin gehalten, Ihre Erklärung entgegenzunehmen, betrachte sie jedoch nicht als endgültig. Sie haben sechs Wochen Zeit zu widerrufen. Solange unterstehe ich der Schweigepflicht. Dann ist Ihr Austritt rechtsgültig. Wir warten jedenfalls.«

»Lassen Sie sich die Zeit nicht zu lang werden! Adieu!«

»Schalom«, sagte Herr Dr. Levi.

Auf dem Heimweg überlegte Peter, wie sein Mentor die spontane Entscheidung aufnehmen würde, mag sein, daß er sie verurteilte und ihm wie üblich eine Predigt hielt, wie wichtig seine religiöse Tarnkappe für die politische Arbeit sei.

Er irrte.

14. Anlaß und Vorbereitung eines Ultimatums

Der Bahnhof von Grenzbrunn – nicht wiederzuerkennen. Der Glanz, die Farbigkeit, die internationale Note fehlten ihm – und das mitten in der Saison. Gelbe Postautobusse am Vorplatz, flache Lastwagen, pferdegezogen oder motorisiert, wenige Droschken, Hotelkremser abwesend. Die »Bohemia« allein hatte ihren geschickt, weil Peter heimkam.

Herrliches Sommerwetter, vom frischen Gebirgswind milde gestreift, kein Wölkchen am Himmel. Dann diese Dürftigkeit. Der blaue Äther wischte das Graue nicht weg. Ein neuer Bus fuhr an. Seine Insassen rannten zu den Lastwagen und zerrten ihr Gepäck herunter. Kaum einer trug mehr als einen Koffer weg. Die Abreisenden stellten ihr Gepäck in Reih und Glied. Sie sahen erholt und gebräunt aus, waren guter Dinge, neckten sich, blieben zusammen, eine geschlossene Gesellschaft. Alles schien wohlorganisiert und eingelaufen. Das Schauspiel wiederholte sich an anderen Bussen. Es mangelte die Luxusatmosphäre des internationalen Bades. Die Kleidung dieser Gäste war Konfektion, keine Creation der Haute couture sichtbar, kein Pariser Modell. Dabei hätten die maßgeschneiderten Kostüme diesen Leuten sogar besser gepaßt, vor allem die Männer hätten nicht so viel Watte in den Schultern und unter den Revers nötig gehabt. Ihre Gesichter waren nicht leer, sie erzählten Schicksale. Und die Figuren der Mädchen und Frauen ließen sich anschauen. Sie waren im Ganzen anders als die üblichen Gäste, einfach anders.

Abwesend auch die Fürsorge der dienstbaren Geister. Ein älterer Mann schleppte seinen Koffer zum Bahnhofseingang, bis ein junges Mädchen, das selbst ein Gepäckstück trug, zu ihm eilte und ihm den Koffer abnahm.

All das sah Täuber vom Kutschbock des »Bohemia«-Kremsers, und er sah genau hin, sah, daß sich mehr Leute am Bahnhofsvorplatz und in der Halle bewegten als sonst in der Hochsaison. Sie machten nur nicht soviel her. In der

Mitte eines Haufens gab jemand Anordnungen. Sie horchten aufmerksam, der massige Graukopf genoß offenbar Autorität: »Kollegen, es genügt, wenn einer beim Gepäck bleibt, der betreffende Wachhabende wird ein paarmal abgelöst. Zunächst gehen wir zurück in den Bus und schmettern noch einen, bis der Bäderexpreß wieder abfährt, der jetzt ankommt. Zeit genug. Wenn uns die Gäste, die jetzt gleich ankommen, nicht früher hinausschmeißen.« – »Machen die nicht. Sind ja unsere.« Sie folgten lachend, kichernd, schwatzend, meist jüngere Leute zwischen dreißig und vierzig. Der Vertrauensmann dirigierte »Wann wir schreiten Seit' an Seit'«.

Täuber, dem nach Mitsingen zumute war, sah einen Bekannten. »Pane Pietsch«, rief er dem Lastkutscher zu, »wo ist Ihr Fiaker?« – »Lohnt nicht. Keine Kunden. Da fahr' ich lieber das Gepäck, bringt auch nicht viel, Stückpreis. Die Leute haben's nicht dicke. Die Masse macht's!« Verärgert fragte Täuber: »Warum schafft ihr die Leute so früh zum Bahnhof, zwei Stunden, bevor ihr Zug abgeht?« Pietsch kratzte sich mit dem Peitschenstiel am Rücken: »Weil's ein Aufwaschen ist, Pane Täuber. Ein Durchgang wird zum Bahnhof gebracht, der andere abgeholt. Zwei Stunden Pause dazwischen. Sonst müßten wir ja zweimal hin und zurück fahren. Lohnt sich nicht, Pane Täuber. Was sagen Sie zur alten Polanová? Das war ein Format! Wir waren befreundet. Ich sag's ja, die Besten sterben zu früh. Nazdar!«

Der erste Hausdiener der »Bohemia« hinkte zum singenden Bus hinüber: »Kollegen! Ich bin hier Gemeinderat – Gewerkschaftsliste. Hand aufs Herz! Hat's euch gefallen, was war gut, woran hat's gefehlt?«

»Keine Angst, wir haben uns trotzdem erholt.«

»Danke, das sagt einiges! Woher kommt ihr?«

»Wo wir gerade hinfahren. Berlin, lauter Metallarbeiter und ihre Miezen.«

»Frauen bitte!«

»Meinetwegen.« Täuber wäre am liebsten mitgefahren, so gut gefielen ihm diese Leute. Das Mädchen, welches dem Alten geholfen hatte, flüsterte Täuber zu: »Ick bin Kommune, vastehn Se. Im alljemein' is et hier durchwachsen, nich?« Sie sprach genau wie Lotte, wenn sie aufgeregt war. »Aba unsa Schorsch hat den Laden raus, orjanisiert allet, Ausflüge, Singereien, Sportabende. Diskussjonen. Der is uf du und du mit den Vergnüjungschef von de Kurdirekzjon, wie heeßt a noch, Polan heeßt er. Der hat für unsaeen ooch mal wat Besonderet arranschiert, Konzertkarten, Theaterplätze, Tanzturniere. Der Polan war mal'n As im Tanzen.«

Guter Rudla! dachte Täuber. Ein langgezogener Pfiff verkündete, daß der Bäderexpreß vor dem Lewiner Tunnel angelangt war und bald eintreffen würde. Täuber setzte die Schildmütze auf und eilte auf den Bahnsteig. Er erschien Peter, der sich auf ihn freute und ihn herzlich umarmte, griesgrämig und düster, unwillig, Fragen zu beantworten, sich zu unterhalten.

Stumm saßen sie nebeneinander auf dem Kutschbock. Peter sah noch hinten in das leere Gefährt mit den acht ungenutzten Sitzen: »Warum hast du eigentlich keine Reichsversicherten aufgeladen?« Täuber empfand den Vorwurf, empfand ihn als gerecht, suchte trotzdem nach einer Ausrede: »Das waren zu viele. Acht nehmen und die anderen stehenlassen, das ginge nicht. Die Leute fahren für fünfzig Pfennige mit den Postbussen in das Bad, und die Lastwagen bringen ihr Gepäck, Preis pro Stück drei Groschen, klappern die Kurhäuser ab und lassen das Zeug vor den Eingängen liegen. Wer will das schon klauen?« Es klang traurig, wie Täuber das sagte: »Manche laufen sogar.«

»Die müssen sparen.«

»Auch am Trinkgeld?«

Der Bursche kam auch auf alles, dachte Täuber. Was sollte Täuber antworten? Lieber schwieg er verbissen, gab den Pferden die Peitsche, trieb sie zum Galopp. »Na, sprich schon!«

»Wenn du's nicht anders haben willst: Schönste Harmonie ist es gewiß nicht. Am meisten zahlt das Personal drauf, und zwar alle ohne Ausnahme, weil der Zehnprozentzuschlag nicht mehr gilt. Das Personal muckst aber nicht, aus Angst, in der nächsten Saison, wo die Zechinen wieder rollen, nicht eingestellt zu werden. Es geht ihnen hundsdreckig. Sie haben faktisch vom Trinkgeld gelebt, woher sollen solche Gäste es nehmen?«

»Und unsere Stammgäste?«

»Fragt sich noch, welche die Unsrigen sind.«

»Entschuldige, du hast ja recht. Ich hätte nicht *unsere* sagen sollen. Ich möcht' mich prügeln.«

»Schon gut. Die Stammgäste essen abgesondert, verpflegt aus einer Spezialküche hintenherum über den Hof, natürlich à la carte. Für die zwei Dutzend sorgen mehr Köche als für hundertfünfzig – und bessere. Die Reichsversicherten werden im großen Saal mit Hausmannskost massenweise abgefüttert. Nicht schlecht, schön gehaltvoll, schmackhaft, sicher besser als anderswo. Und doch nicht ›Bohemia‹-Standard.«

»Das darf nicht sein!«

»Hast du 'ne Ahnung. Heut hab' ich Zeit, mein freier Halbtag. Ich zeig dir's. Machen wir einen kleinen Umweg. Nehmen wir's außen lang.«

Wie grimmig auch seine Erwartungen waren, das Herz ging Peter auf, als der grüne Waldhügel mit dem weißen Aussichtspavillon, hoch oben in Tannen eingebettet, vor ihm auftauchte, die farbige Welt der Villen, wie bunte Bausteine in die Talmulde geworfen, durch helle Bänder und Fäden verbunden, am Rande die sanft ansteigenden Wiesen und Felder, die in Bergland und in die fernen graugelben Felsen des Heuscheuergebirges übergingen.

Er sah sich als Maskottchen unzählige Male mit dem Landauer in das zerklüftete Sandsteinlabyrinth hinauffahren und die Namen aller Phantasiegebilde auswendig wissen, bevor er auf der Schiefertafel schreiben konnte; wie seine Mutter vor ihm. Im großen hatte sich die Natur nicht verändert, alles sah aus wie eh und je. Erst wenn man näher hinschaute, fiel auf, daß die Straßen belebter waren als früher und trotzdem grau. Ohne lärmenden Badeschwatz, ohne das Necken und Flirten und Lachen der goldenen Jugend. Die meisten Leute gingen diszipliniert mit Brunnengläsern und den Saugröhrchen darin zu den Eisenquellen oder, Frotteetücher über dem Arm, zu den Badehäusern. Sie gingen wie zur Arbeit – nein, sie gingen zur Arbeit, mit dem Gesundwerden ernsthaft beschäftigt, und an den Neuen, den noch ungebräunten, erkannte Peter, daß sie es bitter nötig hatten. Einige Sondergäste fielen in jeder

Beziehung aus dem Rahmen. Auch in der Kleidung. Die Reichsversicherten waren nicht häßlich, eher praktisch angezogen, weil sie einen kleineren Kleiderschrank zum Aussuchen hatten. Die Männer trugen Trenchcoats, Frauen und Mädchen Kostüme, Rock und Bluse oder die unvermeidlichen Dirndlkleider.

Durch die Bäderstraße zog sich, den Raum eines Bürgersteiges einnehmend, der Graben für die neue Röhrenleitung der Kanalisation. Es geschah überhaupt sehr viel: Fassadenerneuerungen, Umbauten, Häuser wurden frisch gestrichen. Am Eingang zum Kurpark das erste Verbotsschild: Der Rosengarten ist wegen Umgestaltung für Kurgäste vorläufig gesperrt.

Den ganzen Weg hatte Täuber geschwiegen, sich nur mit den Rappen beschäftigt, starr geradeaus auf ihre dampfenden Hintern gestarrt. Das Verbotsschild weckte ihn: »Von der Sorte Schilder gibt's viele Dutzend. Sie wollten sogar den Gondelteich samt Bootsverleih schließen und die Schießbude zumachen. Da hab' ich im Gemeinderat mit der Faust auf den Tisch gehauen. Durchgekommen bin ich nur, nachdem sich die Badeärzte auf meine Seite gestellt hatten. Bei der Schießbude hat die Dorfjugend Krach gemacht und gesiegt, vorneweg deine Schulfreunde. Sonst wurde, was irgendwie ging, verrammelt.«

»Wie sind sie nun, die Reichsversicherten?«

»Unsere ziemlich radikal, na ja, die ›Bohemia‹ ist ein Sonderfall. Natürlich werden die Leute in so einem Fall – und nur in so einem – vorher benachrichtigt, wo sie untergebracht sind, also in einem jüdischen Hotel, wo sie koscher essen sollen, auf ungewohnte Art bereitete Gerichte, das heißt ohne Eisbein, Schinken und Schweinefleisch leben. Juden gibt es unter ihnen natürlich nur wenige. Bleiben also nur solche übrig, denen es nichts ausmacht, in einem jüdischen Heim zu leben, die anderen dürfen absagen, eine andere Unterkunft wählen.«

»Natürliche Auslese, klar! Dazu gehört schon, daß man großzügig, fortschrittlich und tolerant ist. Genossen dabei?«

»Auch. Die gibt es auch noch anderswo. Sogar im vornehmen Haus ›Grunewald‹. Der liebe Amtsschimmel! Das

Bad wurde in Zonen aufgeteilt. So geraten Ruhrkumpel und Stahlwerker aus dem Ruhrpott in einen Bereich. Ihre Bleiben liegen zusammen. Die Grubenkumpel aus Oberschlesien wohnen mit den Pierunjes um die ›Quisi sana‹ herum. Den Berlinern haben sie den ›Fürstenhof‹ zugeteilt. Da ließe sich glatt 'ne rote Fahne drüber hissen. Und für die Bankbeamten, die mittleren Verwaltungsbeamten und die technische Intelligenz, die schwarzweißrote. Die kampieren in den kleinen Villen und tun exklusiv. Mensch, Peter, ich verquatsch mich. In einer halben Stunde ist die Freizeit vorbei. Und Mariechen wartet mit dem Essen.«

Täuber hob die Peitsche. Im flotten Zuckeltrab strebten sie der »Bohemia« zu.

Mutter schlief, ein Luxus, den sie sich nur gestattete, weil Simon, wenn er einmal daheim war, auf einer Nachmittagssiesta bestand, und er hatte auch sie daran gewöhnt. Peter machte sich mit seinem Koffer auf den Weg zu seinem Zimmerchen im Bodenstock. Auf der Treppe begegnete er Eliška. Er faßte sie freundschaftlich beim Arm: »Na, wie geht's, Eliška, was macht dein Chlap?« Sie riß sich los und antwortete nicht. »Was fehlt dir, Eliška, warum bist du böse? Ich hab' dir doch nichts getan.«

»Wer redet denn schon mit dem Sohn von der Chefin?«

»Mädel, du hast doch sonst ...«

Sie flüchtete die Treppe herunter. Der Tag war Peter verdorben. Die Ferien begannen nicht gerade ermutigend. Er aß ohne Appetit in einer der Beiküchen an einem klobigen, rissigen Holztisch, schlief ein wenig, müde von der Reise, ging spazieren, grübelte vor sich hin. Gegen Abend suchte er Täuber auf, um von ihm noch mehr zu erfahren. Er saß am Schreibtisch und schrieb Gästelisten aus. Daneben hockte der athletische Hausknecht Karl und putzte Schuhe. Wenige standen nur da, sehr elegante – kein Zweifel, wem sie gehörten.

»So wenig Schuhe?«

»Nur von den Sondergästen. Die armen Schlucker putzen ihre Botten selber, damit sie sich unsere Groschen sparen.«

»Erholsam ist das gerade nicht.«

Die Schuhe flogen in alle Himmelsrichtungen auseinander, so riß es Karl hoch, so voller Wut: »Und wir? Eliška und Margitka haben sich im Park ihre Seidenstrümpfe durchs Hinlegen verdient, weil sie abends zum Tanz keine hatten.«

»Jetzt aber raus! Verschwinde!« Täuber jagte den Vorlauten auf den Hof. Zu spät! Peter nahm ihn bei den Schultern: »Stimmt's, Genosse Täuber, stimmt es? Ist das wahr?« Täuber zuckte die Achseln und schwieg. Als er zu reden begann, tat er es schicksalsergeben und tonlos: »Früher hat man in den Tschechendörfern ringsherum gesagt, bei der Polanová in der ›Bohemia‹ kann sich ein Mädel anständig in drei Sommern eine Mitgift verdienen. Ließ sich ja auch wirklich machen. Die Herrschaften waren freigiebig schon aus Angabe. Und man hat gesagt, die Polanová paßt auf die Mädel auf. Hat sie auch. Sie hat nicht nur mir den Hintern versohlt, wenn ich aus der Schule schlechte Zensuren mitbrachte, da war ich sechs, und Filip Polan nahm mich ins Haus, als mein Vater in Prag im Gefängnis war. Sie ist auch tatsächlich jeden Abend vor zehn auf den Boden gekraxelt und hat nachgeguckt, ob die Zimmermädel nicht herumstreunen.«

»Erzähl mir keine Moralgeschichten aus dem Kinderkalender. Bleib bei der Unmoral. Deshalb wollte sie nicht mit mir reden, die Eliška, deshalb. So ist das. Und du Spartakist? Was tust du? Schöner Bolschewik! Pfui!«

»Ich frage anders herum: Wer hat etwas davon, wenn sie mich rausschmeißen? Das geschieht, wenn ich spontan reagiere. Hilft es den anderen? Deine Mutter ist unsicher, deshalb übernervös und ungerecht. Sie versteht es noch nicht mit den Leuten. Ohne Lotte wäre sie überhaupt aufgeschmissen. Pelz steckt in Antwerpen. Jedem Tierchen sein Pläsierchen. Seins trägt bloß mehr ein.«

»Hör auf mit dem leerem Gewäsch. Was ist zu tun?« schimpfte der entrüstete Jungkommunist.

»Leeres Gewäsch?« Täuber bückte sich und holte eine Akte aus dem Schreibtisch. »Da wäre was vorbereitet – ein Kollektivvertrag, so eine Art Ausgleichsgarantie für magere Jahre, sichert vernünftige Mindesteinkommen für das Personal. Ein Haken dran, es geht nur über die Gewerkschaft. Da sind sie nicht drin, weil's gar keine Gewerkschaft für Hausangestellte gibt. In Bad Grenzbrunn habe ich sie unter Kommunal- und Badepersonal und Hilfsarbeiter eingeschmuggelt, weil sie nachweislich dem Kurbetrieb dienen. Die Ausrede wurde uns abgenommen. Die Kreisstelle in Glatz hat die Bestimmung weitherzig ausgelegt. Bloß, daß ich dahinter stecke, dürfen sie nicht wissen. Beim Sekretär bin ich als roter Hund verschrien.«

»Dann schick Mariechen!«

»Kriegt gerade das nächste!«

»Fahre ich eben nach Glatz. Auf meinem Ausweis vom ›Deutschen Lehrerbund‹ steht nicht drauf, daß ich bloß Student bin.«

»Stanietz heißt er. Braver Reformist, rechte SPD, einigermaßen sauber. Rede vorher mit Lotte. Die überschaut die Situation.«

»Lotte? Was versteht Tante Lotte von Politik? Die Busenfreundin meiner Mutter. Wo steckt sie denn überhaupt?«

»Schlafen gegangen. Das Mädel ist seit früh um fünf auf den Beinen. Die Reichsversicherten essen um sechs zu Abend, und sofort danach legt sie sich hin. Die hat auch kaum was vom Leben, außer ihrer Bergsteigerei am freien Sonntag.«

»Ich fahre!«

»Wer hat dich hier schon gesehen? Du mußt im Hintergrund bleiben. Das Haus ist voller Leute. Zum Glück wohnen die Stammgäste im Filialhaus, essen bloß in der Veranda. An dem Tag, wo du in Wirklichkeit nach Glatz fährst, unternimmst du pro forma eine Bergtour mit Rucksack und ledernen Bundhosen, läßt das Zeug bei mir am Hang im Täuberhäusel, ziehst dich dort um und gehst durch den Forst zur Lewiner Bahnstation. Zurück ins Bad Grenzbrunn trägst du wieder die Bergsteigerkluft.«

»Das hört sich an wie ein gut überlegter und vorbereiteter Plan. Auch welche Rolle du mir darin zugedacht hast. Das ist nicht jetzt in einer Minute ausgedacht, du Schlawiner!«

Grinsend antwortete Täuber: »Was hast du denn gedacht von mir. Wir sind doch alle gleichmäßig betroffen;

selbst die Köche und Mamsells, weil die Zehnprozentgebühr, die sonst auf alle verteilt wird, im Reichsversichertenjahr wegfällt. Hast du deine Mutter schon gesehen?«

»Sie hat nachmittags geschlafen. Später war keine Zeit!«

»Tu's jetzt und sprich vor allem mit Lotte. Servus!«

Durch das ganze Parterre lief Peter, die Halle, das Café, die Korridore, kam in den Saal, wollte in die Veranda. Zugeschlossen, an der Tür ein Pappschild. »Privat« stand darauf. Drinnen tafelten die Sondergäste. Peter entdeckte durch das einzige Fenster des Saales mit dem Blick auf den Wirtschaftshof, wie sich die befrackten Kellner mit Tabletts voller Nachtischgerichte, mit Sektkühlern und Flaschen durch den staubigen Hühnerhof kämpften, um die Veranda hinten herum zu erreichen.

Peter freute sich auf Pinschewski und die Komtesse, die aus Paris angereist war, auf Uncle Joe aus New York und Professor Feininger, der mit Frau Ružena hier sein sollte, kam aber in seinen Gedanken nicht von Eliška los: Wer redet denn schon mit dem Sohn der Chefin. Er setzte sich hin und schrieb einen ziemlich verzweifelten Brief an Felix.

Ein neuer Tag daheim – das bedeutete, das schmale, selbstbereitete, in Eile hinuntergeschlungene Breslauer Frühstück fiel weg. Doch schön, bedient zu werden, nicht aufräumen zu müssen. Frische Blumen in der Vase, schneeweißes Bett. Wenn die Ferien vorbei waren, standen schwere Prüfungen am Horizont, das Abiturjahr ging in seine erste Hälfte. Es ist Pflicht und Notwendigkeit, sich zu erholen, nicht bloß Spaß, hatte ihn Felix, der mit seinem Mädchen zelten fuhr, noch am Bahnhof beschworen.

Seine Gedanken bestimmten seine Entdeckungswege durch das Geburtshaus. Ach, Mädchen! Channahs Verrat fraß noch an ihm. Wenn man erst mit dem Schönen angefangen hatte, gewöhnte man sich an Zärtlichkeiten, an witzige, neckende, anzügliche Wortspiele, an weiche Haut und an Zweisamkeit. Unerfüllte Wünsche beunruhigen. Genug, um melancholisch zu werden.

Grund dafür auch die langen, übereinander getürmten Reihen Hunderter von dreiteiligen Eßplatten in den Regalen. Gemüse, Fleisch, Kompott in jener vorfabrizierten Gemeinschaftskost. Das Kompott schon eingefüllt. Welch Glück, daß Josefine das nicht mehr miterlebte. Und im Hof, durch eine Bretterbarriere unsichtbar gemacht, die nur von einem schmalen Durchgang unterbrochen war, die im ehemaligen Wasch- und Reinigungskomplex neueingerichtete Küche für die begüterten Stammgäste. Davor der Kontrolltisch für Essenbons und die Registrierkasse, geschützt durch ein notdürftiges Wellblechvordach. So viel Improvisation für so wenige.

Es gefiel Peter nicht in der »Bohemia«. Er flüchtete hinüber ins Tschechische, wie er es als Kind getan hatte, wanderte über die Grenze, vorbei an der Höheren Knaben- und Mädchenschule, Stätte seiner ersten Liebesbriefe von Bank zu Bank. Er freute sich, daß sein Tschechisch fließend und frisch geblieben war, hatte jedoch Pech mit seiner Rückkehr.

Neue Gäste der Reichsversicherten waren eingetroffen, sammelten sich um einen großen ovalen Tisch im Café der Hotelhalle, standen um einen geschäftsmäßig amtierenden Herrn, der vor sich eine Reihe Schlüssel und eine Liste hatte, nach der er die Versammelten aufrief und die Schlüssel ausgab. Er sprach knapp, mit routinierter, gut geübter und geheuchelter Fröhlichkeit, schnell wie ein Trommelwirbel. »Bitte Beeilung. Das Abendbrot wird pünktlich um sechs im Saal eingenommen. So, jetzt bitte aufmerken: Ihr trautes Urlaubszimmer samt Besetzung: Päuse, Burghardt, Plön, Brettschneider – Zimmer zwölf. Bolze, Pöhr, Magnus, Schlinz – Nummer elf. Folgt das Sechserzimmer für Junggesellen: Völlhaus ...«

Peter langte, was er gehört hatte. Er ging hinauf in seine Kammer, hörte die Neuen die Treppe heraufkommen, sah Eliška eine Zimmertür öffnen, die Leute einweisen, sah den Ältesten verschämt eine Münze in ihre Hand drücken, auf die sie spöttisch-ermutigend spuckte: »Handgeld! Das erste heute.«

Während des Morgenausfluges hatte Peter über seine Mutter nachgedacht, sich die Frage gestellt, welche Gefühle er für sie empfinde, ob er an ihr hänge, warum er das erste Gespräch hinausschiebe. Er kam zu keinem Schluß, außer dem naiv-banalen: Blut ist dicker als Wasser. Vielleicht war seine ewige Kindheitssehnsucht nach ihren streichelnden Händen jetzt nur noch Bewunderung dafür, daß sie anziehend geblieben war, als gingen die erlebten Jahre an ihr vorbei, ohne tiefe Spuren zu hinterlassen.

Eben war die ganze distanzierte Sympathie zusammengebrochen. Eliškas Spucken auf die Münze und ihr Ausspruch: »Handgeld, das erste heute«, riefen ihm den empörenden Anlaß des Gesprächs mit Täuber frisch ins Gedächtnis. Und die alte Polanová, die zum Boden hochgekraxelt war, um über die Tugend der Dorftöchter zu wachen. Alles zwang ihn, mit der Mutter über einen anständigen Lohn zu reden.

Er rannte in den Gang. Vor dem Zimmer eins siegte der Respekt über den Zorn. Er holte den Kamm aus der Tasche, fuhr durch die Haare und zupfte sein weißes Kavalierstaschentuch hervor, bevor er anklopfte.

Die Eins erschien ihm wenig verändert. Zu den steifen statischen Bildern der Urgroßeltern waren die guten Porträts von Filip und Josefine gekommen. Sonst war alles geblieben, die Jugendstilmöbel, die mit den alten Überzügen aufgepolsterten Sessel und das Kanapee. Das riesige Viersäulenbett, durch die Samtportiere ringsum vom übrigen Raum des Zimmers abgeschirmt und die Tür zum kleinen Büro mit der Aussicht in die Küche. Alles, wie er es aus seiner Kindheit kannte. Das stimmte ihn sofort weich, daß er die Mutter aus freien Stücken umarmte und ihr Streicheln erntete. Um sie zu erfreuen, holte er sein Zeugnis aus der Tasche: »Lies, Maminka, schau, wie gut ich vorankomme auf dem Institut. Meine Zensuren sind noch besser als auf der alten Penne.«

Sie überflog die Liste der Erfolge und die lobende Schlußbemerkung wohl deswegen so schnell, weil sie dadurch an irgendeine Liste erinnert wurde, eine nicht ausgefüllte, vielleicht an eine Unterlassungssünde. Sie war plötzlich irgendwie abgelenkt und zerstreut, fing sich wieder und führte den Sohn an der Hand in das kleine Büro. Sie winkte ihm, sich hinzusetzen, schloß ein Fach auf und reichte ihm einen Hundertmarkschein. »Also war es gut, die Schule zu wechseln. Und ich hab' dem Simon deswegen Krach gemacht. Davon versteht er eben mehr als ich. Mach dir einen guten Tag damit! Und komm wieder, wenn ich Zeit habe.«

Diesmal wehrte Peter die Hand ab, entsetzt darüber, daß dies alles sein sollte, was eine Mutter ihrem Sohn mitzuteilen hatte, den sie ein Vierteljahr nicht gesehen hatte. Er sah nur den Austausch von Zärtlichkeit gegen einen Geldschein, hielt sie bei den Ellenbogen fest und schrie: »Meine guten Tage hängen nicht von deinem dreckigen Geld ab. Gib es lieber den Stubenmädchen, damit sie nicht wegen ein paar Seidenstrümpfen zu Nutten werden.«

Sie schüttelte seine Hände ab, blieb aber vor Schreck sitzen: »So etwas hast du nicht einmal in den Mund zu nehmen! Glaubst du denn, mir ist unbekannt, daß du dich mit roten Lumpen herumgetrieben hast? Und ich habe Simon geglaubt, du bist kuriert. Vielleicht haben dich die Schlampen selber verführt. Die fliegen! Was geht dich so etwas überhaupt an?« Sie rang nach Luft.

Peter sprach leise und veröhnlich: »Maminka, reg dich nicht auf. Ich meine nur, für das Personal sind wir menschlich alle verantwortlich.« Sie verstand ihn ganz falsch. Ihre Stimme schrillte, überschlug sich: »Alle? Was hast du gesagt, alle? *Mir* hat die Mutter die ›Bohemia‹ anvertraut, mir allein.« Nun stand sie da mit erhobenen Händen.

»Aus dir spricht Moritz, der mir das Haus unterm Hintern wegreißen will. Du hast sie gehört, Mutters letzte Worte: Verflucht soll sein, wer die ›Bohemia‹ verkauft. Verflucht!«

Peter sah, daß nichts mehr mit ihr auszurichten war, ging zur Tür. Sie schrie ihm nach: *»Mir* gehört die ›Bohemia‹, *ich* bin die Chefin.«

Seit einem Dutzend Jahren fast, so lange wohnte Lotte im selben Zimmer, einer stark abgeschrägten Mansarde, und so lange hatte sie sich bemüht, es wohnlich zu machen. Das durfte sogar etwas kosten, eine hübsche hellbunte Blumentapete, zierliche Möbel, gute Stiche, selbst einige Originale, eine Leselampe über dem Bett. Sie genoß diese Insel und ihre Stille nach der Turbulenz der Tage. Sie hatte ja sonst nichts, nur ihre Bergsteigerei und Esthers Freundschaft, ab und zu einen Mann, aber sie wählte sehr anspruchsvoll aus.

Sie vergnügte sich mit der Lektüre Thomas Manns, freute sich kichernd an seinen kunstvoll gebauten Satzkonstruktionen, die sich wie Kartenhäuser erhoben, ohne zusammenzustürzen, als sie vor der Tür Schritte und dann ein Geräusch hörte. »Bist du's, Esther? Wart, ich komm schon.« Die Schritte entfernten sich. Sie sprang aus dem Bett, riß die Tür auf, sah Peter, eilte zurück, nur mit dem Oberteil des Pyjamas bekleidet, flammendrot, aber sehr froh. Daß er jetzt bloß nicht weglief: »Komm nur rein, Peter, mein Junge. Ich schlaf noch nicht!« Sie sprang ins Bett, die Tür stand offen.

Es dauerte eine Weile, Peter mußte erst mit der neuen Lotte fertig werden, diesem rosigen, duftigen Etwas, das sehr weibliche Verführung ausstrahlte. Und er hatte in ihr die fixe Tante Lotte, die Dame im strengen Schneiderkostüm, die Vertrauens- und Respektsperson gesehen. Schüchtern meinte er drinnen: »Hübsch ist es bei dir – und – du siehst soviel jünger aus. Ich trau mich gar nicht, zu dir Tante zu sagen.« Sie lachte ihn aus: »Das wundert mich ohnehin. Ich bin ja kaum acht Jahre älter als du. – Aber wie ich dich kenne, bist du nicht hierhergekommen, um mir Komplimente zu machen.« Sie sah nach ihren Sachen, die säuberlich über der Sessellehne zusammengelegt waren, wollte nicht halb nackt aus dem Bett steigen: »Geh mal 'ne Sekunde raus. Nein, nicht nötig. Setz dich auf den Bettrand. Wo brennt's? Worum geht's?«

Die Duftmischung aus Parfüm und Frau betäubte Peter fast. Unverständlich und erstaunlich regte sich Begierde in ihm. Er versuchte, sich durch wilde Agitation seiner Verlegenheit zu erwehren: »Um die Bettelgehälter für das Personal, um die trinkgeldlose Saison, um die Geschichte mit Eliška und Margitka, um die Unmenschlichkeit meiner eigenen Mutter.«

Vor Ärger über die politische Predigt verfiel Lotte in ihr Berlinisch: »Ne janze Speisekarte. Noch mehr Buletten uff Laga?«

Auch Peter war enttäuscht: »Ich hab' gleich gesagt, daß dich so was nicht kratzt, aber Jaroslav . . .«

»Da biste bloß seinetwegen zu mir jekomm'n, wa?«

»Nicht doch, ich meinte bloß, daß bei dir einiges vorauszusetzen wäre. Das Verständnis für die Entwürdigung der Frau ...« Und er wußte gar nicht, wie hungrig er sie dabei ansah. »... für die Menschen überhaupt ... Ich borg dir mal 'n Buch. Verstehst es sicher. Bist ja intelligent: August Bebel ›Die Frau und der Sozialismus‹, und Lenin, der gesagt hat: ›Jede Köchin ...‹«

Lotte gab sich große Mühe, nicht zu lachen, und amüsierte sich: »Wie viele Frauen kennst du denn schon näher, du kleiner Casanova?« Rot werdend verteidigte sich Peter: »Beinahe hätte ich eine feste Freundin gehabt. Das gehört nicht her.« Und in dem Durcheinander, dem Gezerr, das er in sich fühlte, begann er zu dozieren wie ein stocksteifer, langweiliger Referent auf der Parteischule: »Ich will als Jungkommunist nicht zusehen, wie die Kapitalisten Profite machen und ihre Angestellten darben lassen, weil, weil sie die Reproduktion der Arbeitskraft den Trinkgeldspendern übertragen haben, um selbst Geld zu sparen. Und jetzt, wo Trinkgelder fehlen, heißt es: Hungere noch dieses Jahr. Dann kommen wieder vier fette. Ich will das nicht ertragen!« Trocken und schnoddrig schlug Lotte zu: »Dann hättest du dir lieber 'ne andere Familie aussuchen sollen!« Hilflos flehte Peter: »Würdest du endlich bitte, bitte mal ernsthaft reden.«

Mit dem Versuch, seriös zu sein, der ihr ganz und gar mißlang, setzte sich Lotte im Bett auf und warf Peter vor: »Du nimmst mich ja auch nicht ernst. Bietest mir Bebel und ein falsch gebrauchtes Zitat von Lenin an in der schüchternen Hoffnung, ich möge intelligent genug sein, um das zu kapieren.«

Vor Staunen bekam Peter den Mund nicht zu. Aber Lotte fuhr fort: »... und dabei hast du noch George Sand und die Suffragetten vergessen und Lily Braun und Clara Zetkin und Alexandra Kollontai und die Krupskaja und Marxens ›Heilige Familie‹!«

Er war gleichzeitig verwirrt, böse mit sich selbst, verlegen, verzaubert und fürchterlich angezogen, fand keine Worte der Entschuldigung und rief endlich aus: »Verzeih, Lotte, ich hatte ja gar keine Ahnung.« Sie bot ihm die Friedenspfeife an. Er gefiel ihr zu gut, als daß sie ihn noch länger hätte peinigen können: »Na also, kleiner Mann, zur Sache. Natürlich werden wir etwas unternehmen, sobald wir einen unauffälligen, geschickten Boten nach Glatz gefunden haben. Und jetzt gib mir einen Gutenachtkuß und trolle dich.«

Verzweifelt und verlegen stöhnte Peter: »... Ich, ich ... ich kann nicht, ich kann dir keinen Tantenkuß mehr geben!«

»Du bist ja auch ein Mann. Dann gib mir einen anderen.« Wer wen zuerst umarmte, ist im nachhinein schwer auszumachen. Der Kuß dauerte sehr lange. Lotte löschte das Licht. Einen Augenblick war es ganz still, bis Peter vernahm: »Mein Junge, mein Lieber, mein Liebster, aber doch nicht in Schuhen!«

Die Beleidigung von Filips Probierecke im hintersten Winkel des geräumigen Weinkellers hätte des alten Verkosters Haare zu Berge stehen lassen. Da saßen doch wirklich drei Leute auf Küchenhockern um seinen steinernen Tisch herum und tranken – Milch. Peter sehr eng an Lottes Seite, wobei Jaroslav so tat, als merke er nicht, wie sehr sie sich der Nähe freuten, und zur Einhaltung der Tagesordnung mahnte: »Wir haben nicht viel Zeit. Wenn die merken, daß wir uns unter Benutzung von Schlüsseln der Beschließerin Wenzke im Weinkeller verborgen haben, wird unweigerlich gemeckert. Berichte also bitte kurz.«

»Jut! Ick bin rumjeschwirrt, hab' vorjefühlt, allet is empört bis wütend, aba ooch hilflos. Stimmung für 'nen Streik is da. Die Angst hemmt noch'n bisken, det Unjewohnte. Aba mitmachen wern se.«

»Und die Reichsversicherten? Die gehören doch eigentlich hinter dieselbe Barrikade. Ich schlage vor, die Gästelisten für das Gemeindeamt nach Trojanischen Pferden zu durchforschen!«

»Klappe, du redest zuviel, zu oft und zu hoch. Du fährst nach Glatz und brauchst deinen Grips. Denn Stanietz darf nicht wissen, daß wir Kommunisten sind, sonst ist alles verschissen. Fahr schön auf der Gewerkschaftsstrecke. Bring ihn mit, und nach Feierabend punkt zehn Uhr steigt die Personalversammlung im Kuhstall.«

Peter fuhr mit der Unterprimaschülermütze der Eichendorff-Oberrealschule, der er gar nicht mehr angehörte, und dem Knickerbockeranzug, der ihn um Jahre jünger machte. Ein harmloser Pennäler, der im Zug seine Hausaufgaben nachholte, in Richtung Glatz fährt, sang zurückgelehnt, bei seinem Filip angekommen, leise dessen trotziges Lied: Sedum let jsem u vas sloužil – was sich die Mitreisenden von so einem Lausejungen gefälligst verbaten, ohne zu verstehen, was er sang. Erst als der Perronsprecher ausrief: »Glatz Hauptbahnhof – aussteigen und Türen schließen!«, sprang er aus dem Zug, riß die Schülermütze herunter, verstaute sie in der Aktenmappe und verwandelte sich in einen ernst zu nehmenden jungen Mann.

Im Gewerkschaftsbüro beeindruckte er den kleinen, beleibten Stanietz durch die Chancen, die er ihm selbst einräumte, verführte ihn durch ungeahnte Aussichten, so daß der zuerst sehr ablehnende und übervorsichtige Mann ausrief: »Und die Hotelangestellten würden tatsächlich alle in die Gewerkschaft eintreten?« In seinem runden, etwas geröteten Gesicht stand die hoffnungsvolle Frage. Sogar seine braunen Stehhaare richteten sich erwartungsvoll auf.

»Klar! Wenn wir sie *ver*treten, werden sie *ein*treten. Oder dürfen Sie einen Streik mit Unorganisierten durchführen?«

»I, woher denn!«

»In der ›Bohemia‹ sind es achtzig. In Bad Grenzbrunn zweitausend.« Das Kinn in seiner flachen Hand geborgen, dachte Stanietz fieberhaft nach. Die Sache schmeckte ihm immer besser. Lotte Wenzke, seit zwölf Jahren organisiert, das klang gut. Noch einmal fragte er: »Es herrscht also faktisch eine Art vertragsloser Zustand?«

»Es gibt schon nominelle Gehälter. Sie sind aber mehr oder minder auf die hohen Nebeneinkünfte hin berechnet. Durch deren Ausfall und dazu den des Zehnprozentaufschlages in diesem Jahr entstand die akute Notsituation.«

Peter horchte sich selber zu und war beeindruckt. Stanietz noch mehr. »Das wäre ja mal ein Exempel, ein Mitgliedergewinn durch erfolgreiche Interessenvertretung. Und die Versammlung ist vorbereitet?« – »Ja, sie findet in jedem Falle statt. Kollegin Lotte Wenzke würde allerdings sehr bedauern, wenn ohne gewerkschaftliche . . .«

»Außer Frage – natürlich erscheine ich.«

»Nur eines noch. Der ganze Lohnkampf fiele ins Wasser, wenn herauskäme, daß ich als Sohn des Hotelbesitzers etwas damit zu tun hätte. Bedingung: Ich bleibe unbekannt und handle als Gewerkschaftsmitglied, das ich auch bin. Ihr Partner ist die Kollegin Lotte Wenzke, gewählte Vertreterin der Belegschaft.«

Stanietz blickte aus seinen Notizen auf: »Lassen Sie mir ein paar Stunden Zeit, mein Referat auszuarbeiten.«

»Der Abendzug geht um sieben.«

15. Mit Lotte – Streik und Sieg

Madame Zemlinska, nun wieder Komtesse de Oppenheim, nach Paris zurückgekehrt, ein wenig rundlicher geworden, immer noch beweglich, apart und pikant auf ihre französische Art, war eine schöne Frau. Ihr Charme, ihr Esprit verhinderten, daß sie sichtbar alterte. Dagegen merkte man dem angegrauten Riesen Pinschewski seine Jahre schon eher an. Seine Bäuerlichkeit, auch wenn er sie noch so oft in Wort und Rede zur Schau stellte wie ein Zunftzeichen, war ausgeblichen. Er trug sich modern und elegant. Der Dritte am Tisch, Uncle Joe Menasse, hielt sich, ein wenig abgemagert, als würdiger Greis aufrechter als vor zehn Jahren. Wie immer saßen sie in Großvaters Lieblingsecke auf der Terrasse, weil sie verborgen war und gleichzeitig den Raum beherrschte. Ungern riß sich Peter los aus dem Kreis dieser geliebten und verehrten Menschen. Die Versammlung! Es wurde kühl auf der Terrasse. Mariechen schickte ein halbes Dutzend dienstbare Geister, um in Minutenschnelle mit Sektkühlern, gefüllten Flaschen, den weißen Damastdecken, Servietten und den angerichteten Salatplatten in die Glasveranda umzuziehen. Pinschewski haßte diesen Abschiedsabend.

Der angegraute Riese nahm übel. Sein Mißbehagen tobte sich an den Nebensächlichkeiten aus, am Wetter, am Lokalwechsel, am Zustand der Gastronomie, und versuchte zu verdecken, daß ihn die Abschiedsstimmung, die über dem letzten Souper vor der Abreise der Komtesse lag, melancholisch zu machen drohte, und er seufzte laut und beinahe jiddisch vor sich hin: »Sonderessen, Sonderveranda, Sonderzimmer, Sonderbehandlung. Sei mir a Stickl Gutskind, wos sennen mir asoi Besonderes. Warum logier ich seit zwanzig Jahren bei de Polans? Nischt, weil ich bin a kranker Mensch. Nein, weil ich hab gewollt herois aus dem poilischen Ghetto, treffen a sach Jiden von viele Länder. Aber nischt nur Jiden. Auch Gojim, Daatsches, Amerikanskie, Franzosen – Menschen, varstejt ihr, Menschen! Ihr habt eben gesprochen mit Pjotr, Pierre, Peter – jeder mit seinem Vornamen, wie ihr's haben wollt. Was für ein interessantes Leben er schon gehabt hat, wie er nachdenkt, bevor er etwas sagt, wie er alles in sich aufsaugt. Wenn man bedenkt, wir haben ihm gezeigt den Weg zu drei Sprachen. In Janovce hätt' ich ihn nie kennengelernt und nicht Filip und Josefine. Menschen! Und wo find' ich mich wieder? Als Sondergast! Wie während dem Krieg – nur umgekehrt! Jetzt stopft man hinein in den Saal die anderen und sperrt sie aus von unserem Luxusghetto.« Mit ausgestreckter Hand wies er auf die Saaltür nebenan.

Seine Lautstärke wuchs mit der Länge seiner Klage, dröhnte zuletzt wie Töne der Tuba, dunkel und dumpf, bis Madames Blick ihn festmachte und die Lautstärke stark zurückgenommen wurde, ein Blick, der streichelte. Doch die Klage ging hochdeutsch weiter: »Warum müssen Sie schon wegfahren, Madame? Zeit wiegt man nicht mit der Uhr, Zeit läßt man sich nicht wegfressen von der Uhr, die Uhr ist da, die Zeit einzuteilen nach dem Bedürfnis. Und ich hab' das Bedürfnis, daß Sie hier bleiben.«

»Ne fachéz vous, Monsieur Pinschewski, l'anné prochaine l'atmosphère sera luxuriese et mondaine.«

»Was hab ich vom nächsten Jahr. Heut' leb' ich. Nach dem, was ich hab' erlebt diesen Sommer, wird mir der Luxus vom nächsten Jahr erscheinen unecht, nachgemacht.«

Die Komtesse strahlte. Frohlockend bohrte sie den Finger durch die Luft, auf Pinschewski gerichtet: »Ertappt! Sie haben jedes Wort verstanden. Ihr bäuerliches Gehabe, Monsieur Pinschewski, lügt. Haha! Mich glauben zu lassen, Sie verstünden kein Französisch. Wohl um meine penseés et monologues secrètes zu belauschen, n'est ce pas?«

Pinschewski wand sich verlegen aus der Klemme: »Varstejn heißt noch nischt redden. Jeder giter Jid is a Kosmopolit und varstejt alle Sprachen.«

Das verneinte Uncle Joe: »Dann bin ich a schlechter Kosmopolit. Mir reicht Englisch. Schwer genug ist es mir gefallen, es anständig zu lernen in den letzten zehn Jahren. Warum kommt ihr beiden nicht einmal über den großen Jam, ich hab' mehr Geld, als was ich kann ausgeben. Seid meine Gäste in Amerika.«

Ihr Näschen rümpfend, meinte die Komtesse: »Ich kenn' es. Mir scheint es noch ein bißchen halbwüchsig, unfertig, wie sagt man: in den Flegeljahren. Es hat noch nicht die Patina der Zeit.«

Ärgerlich reagierte Joe: »No, wir werden es schön tapezieren und goldene Nachttöpfe gießen mit Arabesken.«

Immer noch war Pinschewski nicht fertig mit der neuen, umgekehrten Ghettosituation, zu der er wieder zurückkehrte: »Ich habe gesprochen mit den Reichsversicherten, zufällig sind gewesen an einem Tisch ein Kollege Schmied, ein Grubenarbeiter, ein Bankbeamter. Was für interessante Leute, mit einer Lebenserfahrung! Zt! zt! Allen jidischen Hühnern gesagt! Weshalb setzt man sie in die vierte Klasse? Was haben sie verbrochen, sie sind doch keine Juden.«

Er freute sich, daß ihm Antoinette zustimmte: »Seit mein Mann nicht mehr lebt, komme ich auch viel mehr mit einfachen Menschen zusammen.« Sie lachte: »Der Herr Bankdirektor hat sie mir prinzipiell ferngehalten. Ich frage mich manchmal, wer von uns beiden der wirkliche Aristokrat gewesen ist.« Joe schenkte Champagner ein. Antoinette schob ihm ihr Glas entgegen, stieß mit Pinschewski an: »Wenn Sie mir heute schon versprechen, daß Sie alle in der nächsten Saison wieder hier sind, vielleicht ließe ich mich überreden, jetzt noch eine Woche anzuhängen.« Pinschewski gab keine Antwort. Genüßlich guckte Joe von einem zum anderen, stellte sich hinter das ungleiche Paar, legte jedem eine schmale, zähe Greisenhand auf die Schulter, hielt sich fest und meinte dann, halblaut und pfiffig: »Zwei erwachsene Menschen redden herum, schleichen sich herum, immer einer um den anderen. Wie lange noch? Dabei werdet ihr gries und grau und kahl. Vor lauter feeling werd ihr eher fielen die kalte Erd. No sogt mir schon, ihr zwei scheene Jiden, wann werden wir endlich tanzen unter eure Chuppa?«

Empört sprang Antoinette auf: »Monsieur Menasse!« Der flüchtete händereibend aus der Veranda mit einem letzten hinterlistigen Blick des Heiratsvermittlers aus Passion. Antoinette setzte sich erschrocken und erschöpft nieder, bemüht, an Pinschewski vorbeizusehen, der ihre Aufregung kühl beantwortete, als sei zwischendurch kein Wort gefallen: »Ich hab' meinen Gegenvorschlag, Komtesse Antoinette. Wir fahren morgen zusammen zu mir nach Janovce und reservieren lieber die zwei Wochen Grenzbrunn noch für die nächste Saison.« Damit stand er auf, auch die Frau, die in die Mitte des Laufganges auswich. »Wie meinen Sie das? Warum denn?«

Pinschewski ging auf sie zu. Sie blieb stehen, hätte sich auch gar nicht rühren können. Und als er so nahe bei ihr war, daß sie seinen Atem spürte, behauptete er: »In Polen liebt es sich besser!« Sie nickte, und der Riese hüllte sie mit seinen Armen ein, daß sie kaum noch zu sehen war.

Hoch über dem Eingang, innen im Kuhstall baumelte eine verdrahtete elektrische Stallaterne und warf unsicheres Licht über das langgestreckte Gewölbe. Auf der einen Seite des Mittelgangs scharrten die Pferde, gegenüber auf der anderen standen die Kühe, im Hintergrund, auf kleinerem Raum, die Kälber, Ziegen und ein paar Schafe. Wer ganz genau hinsah, die Augen zusammenkniff, erkannte auf Strohballen, Futterkisten, Melkeimern, Heuhaufen sitzend Menschen. Eine umgekehrte Handkarre diente als Vorstandstisch, damit das Präsidium, das dahinter saß, etwas erkennen konnte. Lotte, Stanietz und Täuber saßen daran. Jemand war auf die schlaue Idee gekommen, Taschenlampen mit Gummiringen zu bündeln. Karl, der Hausdiener, stand an der Tür Wache. Noch war er kein Streikposten.

Es sah recht gespenstisch aus. Dazu das Muhen, Blöken und Wiehern der Tiere. Die Versammlungsteilnehmer hatten Angst vor der Umgebung und noch mehr vor der eigenen Courage. Die Zusammenkunft begann mit einem leichten Mißton. Täuber setzte sich nämlich nach kurzem Gruß hinter die Karre, nickte Lotte zu und reichte Stanietz die Hand, der die seine auf seinem Rücken verbarg, und während Täubers Worten zur Einführung wendete er sich erregt flüsternd an Lotte: »Sie haben mich hübsch hereingelegt. Täuber ist doch Kommunist!«

»Keine Ahnung. Ich kenne ihn nur als Gemeinderat, Listenführer für die Kommunalarbeiter und das Badepersonal und von der Gewerkschaft her. Er hat nie versucht, mich für den Kommunismus zu werben oder zu begeistern.«

Sich selbst beruhigend, nickte Kollege Stanietz: »Ja, so könnte ich's verantworten. Er hat große Sympathien bei den Kollegen, das sieht man.«

Täuber bedankte sich bei seinen Zuhörern: ». . . und ich freue mich, daß uns auch unsere führenden Kräfte, der Chefkoch, die Oberkellnerin und sogar die Beschließerin ihr Vertrauen geschenkt haben.«

»Ich darf nischt streiken«, klagte Tikoschinski und fühlte sich dabei sehr unbehaglich. »Ich bin gebunden durch das Gesetz des Ewigen. Ich will euch versprechen, daß ich werde euch nicht verraten.«

»Sie sind dispensiert, Herr Kantor Tikoschinski. Aber wer spricht denn überhaupt von Streik. Wir beschließen hier ein gemeinsames, mildes, vernünftiges Angebot, das die Kirche im Dorf läßt, und erst, wenn die Hotelbesitzerin ablehnt, legen wir die Arbeit nieder.«

Ein ängstlicher Zwischenruf: »Und wenn sie uns dann entlassen?«

»Seien Sie beruhigt, Kollege. Das ist nicht sehr wahrscheinlich«, erklärte Stanietz. Es waren seine ersten Worte an die Versammlung. »Der Kurort ist überfüllt. Die meisten verfügbaren Arbeitskräfte aus der ganzen Umgebung sind in Bad Grenzbrunn beschäftigt. Jede Reserve fehlt. Und ich darf euch im Namen des Kreisbüros erklären: Die Gewerkschaft steht hinter euch!« So laut rief er das aus, daß der Wachtposten am Stalltor beschwörend die Hand auf die Lippen legte. Der ganze dämmrige Stall bebte von Leben. »Das Wort hat die Kollegin Wenzke.«

Jeder wußte, sie war mit der Chefin befreundet, jeder konnte sie gut leiden, auch jene, die sich manchmal über ihre Härte und Unnachgiebigkeit ereiferten, eine junge Frau, deren männliche Kollegen sie respektierten. Während sie ihre numerierten Notizblätter parat legte und das Taschenlampenbündellicht darauf lenkte, wurde es still im Raum.

»Wir haben unsere Forderungen bescheiden und gerecht zusammengestellt. Sie gefährden weder den Bestand noch die Betriebsmittel des Hotels ›Bohemia‹. Daß der Anstoß zur Aktion von Peter Samuel ausgegangen ist, sollte euch nicht kopfscheu machen. Es ist kein plötzliches

Umschwenken, geschieht auch nicht aus Opposition zu seiner Familie. Wir wissen, er hat immer, eigentlich seit seiner Kindheit schon, zum Personal gehalten. Ich sage für ihn gut.«

Beifälliges Murmeln in der Atempause war die Bestätigung.

»Allerdings ist es in unser aller Interesse, wenn sein Name vollständig aus dem Spiel bleibt.« Wieder Zeichen der Zustimmung. Und Eliška flüsterte bedauernd mit ihrer Freundin: »Jetzt tut's mir leid, daß ich ihn habe so kalt abfahren lassen. Er hat's besser verdient.«

Lotte fuhr fort, und als weihe sie die Kollegen in ein Geheimnis ein, senkte sie die Stimme: »Im Auftrag von Herrn Pelz habe ich zufällig errechnet, er hat das noch kontrolliert und bestätigt, daß der Umsatz im Reichsversichertenjahr bei weniger Personal und stark gesenkten Betriebskosten doppelt so hoch ist wie in den kurzen Luxussaisons. Warum sollt ihr das nicht erfahren? Mitleid ist also falsch am Platze.«

»Na so was!«

»Wenn man die reden hört, denkt man, sie nagen am Hungertuch.«

Die anfängliche Befangenheit der Versammelten wich. Aus Murmeln und Flüstern wurden Zwischenrufe. Auch die Scheu vor dem Reden verflüchtigte sich, man fragte nicht erst und redete los. Wenn es des Zuhörens wert war, blieben die Zuhörer still. Lohnte es nicht, dann redeten sie durcheinander. So wurde Wesentliches bekannt, und es entstand eine Art von demokratischem Selbstverständnis, dem Täuber gerne beiwohnte, das Peter verwirrte, den Gewerkschaftler Stanietz ängstlich zusammenzucken ließ und das die ordnungsliebende Lotte mißbilligte. Bevor ein hoffnungsloses Durcheinander entstand, drang Täubers Stimme laut durch das Gewirr: »Wir kommen zur Abstimmung.«

Es war still. Abstimmung, selbst entscheiden, ungewohnt und anspruchsvoll. Inmitten von Ängstlichkeit und Zögern auch ein Drängen. Alle waren zu weit mitgegangen, um sich noch zurückziehen zu können.

»Wer dafür ist, daß wir unsere bereits verlesenen Forderungen übergeben und im Falle ihrer Ablehnung die Arbeit niederlegen, hebe die Hand. Die Kollegin Wenzke und der Kollege Küchenchef werden die Stimmen für und gegen auszählen.«

Zwar gingen die Hände langsam in die Höhe. In Abständen. Man machte sich gegenseitig Mut. Der tut's – dann ich auch. Dann erhob sich ein Wald von Händen. Lotte und der Koch gingen durch den Stall, jeder mit einer Taschenlampe versehen, und zählten laut, so daß Eliška vorlaut und keck dazwischenkrähte: »Wozu denn, ist doch sowieso einstimmig!«, was ihr den Tadel eintrug: »Du grüner Naseweis, es muß doch alles seine Ordnung haben.«

»Und wer ist dagegen?« versicherte sich Stanietz. Die Hände senkten sich – alle. »Es ist noch zu entscheiden, wer im Auftrage aller Frau Pelz das Schreiben überbringt.« Der Küchenchef meinte: »Es muß eine Vertrauensperson sein, der die Chefin glaubt, daß es uns ernst ist.«

Täuber widersprach: »Das reicht mir nicht. Wir sollten alle unsere Namen darunter setzen. Sonst ist das ein guter Vorschlag. Haben Sie auch einen Namen, Kollege Küchenchef?« Der nickte.

»Machst du's, Lotte?«

Die Leute entschieden durch ihren Beifall für sie, und sie überlegte laut: »Vielleicht gar nicht so schlecht. Dann fällt sie weicher. Ich übernehme es!«

»Die Liste legen wir vorne an die Tür, da ist ein kleines Pult für die Futtereingänge. Da kann jeder unterschreiben. Bleibt noch eins. Jetzt mag es schon spät sein, aber mindestens am Morgen ist das Personal der wichtigsten Hotels vom Arbeitskampf zu informieren, damit sich der Hotelier nicht von ahnungslosen Kollegen aus anderen Betrieben aushelfen läßt.«

In einer schlaflosen Nacht fürchtete Lotte Wenzke den nächsten Morgen. Sie hielt ihre Sache für gerecht und richtig. Ob sich ihre freundschaftliche Beziehung zum Hause Polan und zu Esther danach aufrechterhalten ließ?

Sie trat ins Büro und fand Esther, die sich mit einer Sonderspeisekarte herumquälte und ihr hilfesuchend die Arme entgegenstreckte: »Gott sei Dank, daß du kommst. Alles geht durcheinander. Statt Abschiedsdiner für die Komtesse hat Pinschewski alle Gäste in der Veranda zu einem Verlobungsessen eingeladen. Der Abreisetermin bleibt zwar. Sie fahren zusammen, aber du weißt ja, wie die Zemlinska sich hat, wenn ich statt accent aigu ein accent grave setze. Reicht man Filet Luxembourg mit einer paté froide oder einer Sauce behernaise? Denk bitte schnell nach.«

»Tut mir leid, das Verlobungsessen wird es nicht geben, Esther! Im Auftrage des Personals überreiche ich dir diese Forderungen. Alle haben unterschrieben.«

Zerstreut sagte Esther: »Lies mir mal vor.«

»Nein, das wirst du schon selber lesen müssen.« Mitten im Lesen stand Esther auf, die Luft blieb ihr weg, sie setzte sich wieder – eine Weile fehlte ihr ein Wort. »Du auch?« – »Oft genug hab ich dich gewarnt, hab dir gesagt, daß es so nicht weitergeht.«

»Unbegreiflich! Alle haben unterschrieben, alle.« In ihrer hilflosen Wut versuchte sie den Bogen zu zerreißen. Lotte nahm ihn ihr rechtzeitig, nicht grob, aber energisch aus der Hand. »Bis Mittag arbeiten wir noch, damit du eine Frist hast. – Keine Minute länger!«

Esther schrie: »Ich glaub's nicht, es ist unmöglich. Das tun mir meine tschechischen Dorfmädel nicht an. Meine Leute lassen mich nicht im Stich, im vollen Haus.« Sie glaubte es wirklich nicht, ließ Lotte stehen, rannte in den Flur, rannte durch die Gänge, fegte durch das Haus, suchte Leute, die sie im Unglauben bestätigten, erwischte den Hausknecht Karl: »Hast du unterschrieben?« Verlegen nickte er und wand sich vorbei. Sie lief in die Küche, hielt den Frühkoch fest, ob seine Unterschrift denn echt sei. Ihre Haare, in die sie im ersten Schreck gefahren war, hingen ihr herunter. So geriet ihr Eliška in den Weg. »Es ist gar nicht wahr, daß ich dich rausschmeißen will. Das hab' ich bloß Peter gesagt. Du fällst mir doch nicht in den Rücken. Deine Unterschrift ist sicher gefälscht. Man hat dich verführt, überredet, nicht wahr? Du bist gezwungen worden, wer, sag's mir!« Eliška floh.

Die gute Köchin Esther kochte nach dem falschen Rezept. Vielen Mädchen war am Morgen ihre eigene Courage leid. Ernste entschiedene Anweisungen, Argumente, eindringliches, vernünftiges Zureden hätte die Leute in ihrem

Entschluß wankend gemacht, noch bevor der Streik begann. Die fassungslose, kopflose Ungläubigkeit, die unsichere Mischung von Zuckerbrot und Peitsche erreichte das Gegenteil. Mit Staunen stellte das Personal fest, daß sie wer waren.

So kehrte Esther unverrichteter Sache müde und zerschlagen ins Büro zurück, wo Lotte auf sie wartete, und verlegte sich auf Bitten. »Wenigstens bis morgen werdet ihr noch warten. Das Haus ist voller Gäste.«

Es half nichts. Sie hängte sich an die Telefonkurbel, sagte, halb zu sich, halb drohend: »Rudolf, Miklosch und Else sind da. Moritz und Ruben sollen sofort herkommen – der Rabbiner Doktor Brodski aus Nachod. Den Landauer sofort anspannen, den Rebben holen. Täuber! Und Pinschewski verlobt sich – eine Katastrophe!«

»Ich werde deine Geschwister anrufen oder ihnen telegrafieren. Bis punkt zwölf tu ich alles für dich.«

»Peter soll kommen. Ruf den Rechtsanwalt.« Erschöpft sank sie in den Sessel. Die brave Lotte telefonierte und rannte zum Postamt telegrafieren.

Schräg vis-à-vis von der »Bohemia« auf der anderen Straßenseite im Hinterzimmer des »Gasthauses zur Post« hatte Stanietz seinen Beobachtungsposten. Das Fenster gewährte ihm den Auffahrtshügel, die Steinterrasse und ein Stück des Vorgartens im Blickfeld. Hier nahm er die Aufnahmescheine der Belegschaft der »Bohemia« entgegen und klebte die ersten Marken in Gewerkschaftsbücher, stiftete Biere, und der Gastwirt behandelte ihn als vielverzehrenden Gast zuvorkommend. Inzwischen rentierte sich für ihn auch die behende Stafette der »Bohemia«-Piccolos. Vertrauensleute beeilten sich, ihre Kollegen für alle Fälle unter die Fittiche der Gewerkschaft zu bringen. Ein Streik indessen hatte noch gar nicht begonnen. Und Esther hoffte noch immer.

Die Gäste der Reichsversicherung, vor allem die der »Bohemia«, hatten mit Arbeitskämpfern mehr Erfahrung als die Betroffenen, und als der Küchenchef als erster auf das Grün des Vorplatzes trat, sich räkelte und hinfläzte, begleitete ihn ein Betriebsrat von Krupp. Allmählich sammelten sich auch die anderen auf dem kleinen runden Grasflecken.

Esther sah sie ganz nahe, so nahe, daß sie die feinen Härchen an Eliškas Nacken erkannte. Es war ihnen also ernst.

Gäste versorgen, bewirten, begrüßen, mit Behaglichkeit umgeben, das gab Esther zeitlebens mehr Freude und Genugtuung als gefüllte Kassen, die sie gewiß auch nicht verachtete. Daß in ihrem Hause Gäste hungerten, widersprach ihrer Natur. Sie fürchtete für den Ruf der »Bohemia«, fürchtete die Verachtung solcher Hausfreunde wie der Neuverlobten und ihres Kreises, am meisten fürchtete sie sich vor Selbstvorwürfen. Am liebsten hätte sie jeden einzelnen selbst bekocht, bedient. Sie sah die Unmöglichkeit. Ein volles Haus läßt sich nicht ohne Personal führen, und wenn man hundert Hände besäße.

Sie schloß sich mit Lotte ein, sie gingen gemeinsam die Bedingungen durch, Zeile für Zeile. Ruben und Moritz würden frühestens den Nachtzug erreichen. Vielleicht hätte sie wenigstens auf den Rechtsanwalt warten sollen, doch sie empfand den Zustand als unerträglich.

Die vorbildlich gedeckten Tische, die Leinenservietten, mit denen die Kellner, vom Serviermeister angeleitet, Schwäne, Fächer, Pfauen darstellten und für die kleineren Gäste Kätzchen und Eichhörnchen, grinsten sie leer und höhnisch an. Der Vertrag schien ihr auf einmal als kleineres Übel. Sie unterschrieb ihn am Nachmittag in Anwesenheit von Lotte und dem Küchenchef, die gegenzeichneten. Sie tat es gefaßt. Ihr Haar war ordentlich gekämmt.

Zu Esthers Schwächen gehörte das lange Zögern, Zweifeln, Lavieren, das vielfache Rückversichern und Abwägen, Hin- und Herüberlegen. War aber einmal ein Entschluß gefaßt, kam jenes Stück Erbe zum Vorschein, das sie Josefine verdankte. Sie ließ die Kassiererin kommen, rückläufige Löhne auszahlen und besprach mit dem Küchenchef und Lotte betont kühl und geschäftsmäßig, wie es weitergehen solle mit den Mahlzeiten für die Reichsversicherten, dem Galaessen zur Pinschewski-Feier und den Vorbereitungen für den nächsten Tag.

Es ging jedoch schon lange weiter, ohne daß sie davon wußte. Die Reichsversicherten saßen im großen Rund um mächtige Schüsseln, schälten Kartoffeln, sangen fröhliche Lieder reihum. Sie würden schon nicht fasten. Täuber hatte sie eingewiesen. Vorratskeller- und Speisekammerschlüssel verwaltete eine Vertrauensperson. Niemand wunderte sich, als die Küchenmädel und Kaltmamsells sich dem Kreis zugesellten. Über den Sieg wurde kein Wort verloren. Es sang sich nur besser danach.

Esther rechnete: »Fünf Stunden – kaltes Diner à la picnic, Champagner, Wein, illustrierte Schüsseln, pikante Salate, Kaviar, Perdrix aux truffes. Das geht schon, und was machen wir morgen? Keine Kartoffeln. Nichts ist vorbereitet! So eine Schande.« Erst laut gedacht, dann leise geflüstertes Selbstgespräch.

Der Koch zwinkerte Lotte zu: »Alles gut, sie schimpft schon wieder!« Er beruhigte die Chefin: »Die fünf Stunden holen wir ein, Chefin. Der Patissier wird die Mehlspeisen noch in der Nacht...« Esthers Kopf war auf die Tischplatte gesunken. Lotte hob die Hände. »Was ist ihr?« fragte der Koch.

»Sie schläft, sie schläft. Nichts sonst. Sie schläft. Ich kenne sie doch. Die Aufregung hat sie erschöpft, und die Erlösung, die Klärung der Situation, schläfert sie plötzlich ein.«

Mariechen, die Beschließerin, eine Woche nach der Geburt noch ein bißchen rundlich, aber gut beisammen, kam ins Zimmer, sah die Schlafende, machte: »Pst! Pst!«

»Wenn die Chefin erst mal schläft«, beruhigte Lotte, »kann man nebenan Kanonen abfeuern. So – Mannsbilder sofort verschwinden! Mariechen, wir ziehen sie aus und legen sie ins Bett.«

Während sie das behutsam taten, sprach Esther im Schlaf: »So etwas in der ›Bohemia‹. Noch nie dagewesen. Ein Streik – nicht möglich!«

Vasen mit frischen geschnittenen Blumen begrüßten die Chefin, als sie im Viersäulenbett aufwachte, pünktlich um sechs wie seit vielen Jahren. Davor stand der Chefkoch, ein duftendes Tablett mit starkem Kaffee und ihrer Lieblingsleckerei in den Händen.

»Nußkipfel«, sagte er. »Der Konditor hat sie speziell für Sie gebacken. Mitten in der Nacht. Wir sind ja alle so froh.«

Das hätte ebenso Esther sagen mögen. »Ich danke Ihnen so sehr«, und zu Lotte: »Was wäre ich ohne dich. Laß die Reichsversicherten heute à la carte essen, sie haben gestern in der Küche geholfen.« Darauf verlangte sie ihr Schreibzeug, und statt diesen geschenkten Morgen im Bett zu genießen, schrieb sie einen Brief an Simon, der ein Triumphbrief wurde darüber, wie gut sie die Situation gemeistert hatte. Schickte nach Peter, um den Streit mit ihm wegzuwischen. Sie ließ sich sein Zeugnis noch einmal zeigen, ihn an ihrem Bette sitzen, streichelte schüchtern seine Haare. Er war nahe daran, ihr alles anzuvertrauen, seinen Austritt aus der jüdischen Gemeinde, seine Entscheidung gegen die aufgezwungene Berufswahl, sein Gefängniserlebnis und seine tiefe, bittere Enttäuschung über Channah. All das, was er allzugern an einen vertrauten Menschen abgeladen hätte. Im Grunde hungerte er ebenso nach Zärtlichkeit und Anhänglichkeit wie sie selbst. Schon waren die ersten Worte gesagt, als Moritz, ohne anzuklopfen, in das Zimmer drang. Er nahm von Peter gar keine Notiz und bestürmte sofort Esther: »Wozu läßt du uns kommen, wenn du deine Dummheiten doch alleine machst?«

»Chad Gadjo – ein Lämmchen!« lästerte Moritz. »Gibst ihnen den kleinen Finger, und sie nehmen die ganze Hand. Pflegst dich mit Nußkipfeln, und in deiner Küche geht es drunter und drüber.« Er langte aber sofort nach den Leckerbissen und nahm gleich zwei Nußkipfel, goß sich ungefragt Kaffee ein.

Peters Minuten des Vertrauens waren jäh unterbrochen. Der Verdacht, daß in der Küche ohne sie Unordentliches geschah, genügte, daß Esther Moritz und ihn aus dem Zimmer schickte. Um die Unruhe voll zu machen, stürzte Lotte herein und rief: »Esther, das ganze Bad streikt. Zweitausend Leute!« Ihre Mitteilung verhalf Esther zu ihrem Triumph: »Siehst du, Moritz, wie vernünftig ich war. Wir haben's hinter uns. Die Zores der anderen fangen erst an. Wir sind heraus aus dem Schlamassel.«

16. Moritzens Trumpfkarte

Ein ausgedehntes Liebesmahl unter Kameraden trug dazu bei, daß die Streiknachricht den Langschläfer und Junggesellen von Weddingen im verdunkelten Zimmer wie ein unerwarteter Tiefschlag traf. Wen sollte es da wundern, daß er sich beim Rasieren schnitt, zusammenzuckte, wie ein Feldwebel fluchte, sich das Blut abwischte und mit dem Alaunstein wütend über die Backe fuhr: »Das kommt davon, wenn man so jäh aus dem Schlaf gerissen wird.« Der Sekretär wehrte sich: »Hätt' ich Sie denn nicht anrufen sollen, Herr Kurdirektor, bei solchen Informationen? Es steht doch in allen Zeitungen!«

»Geben Sie das verdammte Geschreibsel her. Das ist hinterlistig, das ist Treuebruch. Streiken ohne Ankündigung.« Der Sekretär blieb unterwürfig an der Tür stehen, nachdem er die Blätter hingereicht hatte. »Haben Sie's gelesen?« – »Nur die Schlagzeilen.«

Die waren fett und unübersehbar. Am deutlichsten waren die des »Vorwärts«: »Kurbadpersonal legt Arbeit nieder!« Und noch größer in der »Schlesischen Arbeiterzeitung«: »Der erste Bäderstreik der Deutschen Republik!« Weddingen pfiff durch die Zähne: »Die haben sich aber beeilt. Das muß schon gestern nacht an die Presse gegangen sein.«

Weddingen überflog die Kolumnen auf der ersten Seite, las sich in eine Mordswut, knüllte die Zeitungen unbeherrscht zu einem Ball zusammen, den er in den Papierkorb feuerte.

»Was stehen Sie denn noch herum, Mensch?«

»Situationsbericht – Hilferufe der Logierhausbesitzer«, stotterte der betrübte Sekretär.

»Schon, referieren Sie mal. Und setzen Sie sich, Sie machen mich nervös mit Ihrer Zappelei.«

Der Sekretär ordnete seine Zettelchen: »Am Bahnhof verderben Lebensmittel, die nicht abgeholt werden. Im ›Fürstenhof‹ und im ›Haus Grunwald‹ haben sich die Reichsversicherten vor der Küche zusammengerottet und vollführen einen Höllenlärm. Sie klappern mit den Bestekken und nehmen eine drohende Haltung ein. In der ›Bohemia‹ sollen sie sogar die Küche besetzt und den ganzen Betrieb übernommen haben. Jedenfalls haben sie gefrühstückt und sich selber bedient. Fakt! Herr Kurdirektor.«

»Das Telefon«, rief die Sekretärin, »der Herr Bürgermeister.«

»Geben Sie rüber.« Weddingen packte den Hörer und überschüttete den Gemeindevater mit Vorwürfen: »Sie haben aber auch gar nichts gemerkt. Täuber, Ihr Täuber, von wegen harmloser Sozi. Der Herr Gemeinderat ist Vorsitzender des Streikkomitees, Ihr Täuber!«

»Ist gerade bei mir gewesen, um seine Haltung zu rechtfertigen. Und Sie reagieren wieder einmal vorschnell, Herr von Weddingen. Der Mann macht durchaus den Eindruck eines loyalen Republikaners. Seine Einlassung, daß er sich an die Spitze des Lohnkampfes gestellt hat, um im Interesse der Weiterführung des Badebetriebes Schlimmeres zu verhüten, ist nicht zu widerlegen. Er war der erste, der in diesem Sinne vermittelt hat, und er schlägt uns vor, den Herrn Kreisgewerkschaftssekretär zu empfangen, der die Sache in der ›Bohemia‹ durch einen vernünftigen Kompromiß aus der Welt geschafft hat. Im übrigen ist die Situation unhaltbar. Schauen Sie aus dem Fenster. Sie können sich aus eigener Anschauung davon überzeugen.«

»Danke, mir reicht's! Wissen Sie, was ich am liebsten täte? Die Polizei, den Kriegerverein, die freiwillige Feuerwehr und die nationalen Verbände alarmieren! Das wäre doch gelacht, wenn wir keine preußische Ordnung in den böhmischen Saustall hineinbrächten. Aber Sie sind ja wie immer butterweich. Also lassen Sie in Dreiteufelsnamen diesen Glatzer Unterhändler antanzen. Ich werde den Herrn empfangen.«

Der solide Eindruck, den Herr von Weddingen von dem kleinen, untersetzten Mann erhielt, der einem biederen Handwerker glich, führte dazu, daß der Kurdirektor Kognak und gute Zigarren aus dem Schränkchen holte und die Herren bald zum Kern des Themas vorstießen.

»Dann darf ich Ihnen vielleicht den mit Frau Esther Pelz ausgehandelten Kompromiß vorschlagen. Er ist gründlich durchgearbeitet, bis in alle Einzelheiten hieb-

und stichfest.« Er legte eine Anzahl Blätter auf den Tisch. »Ja, ja, Juden verstehen zu handeln!« Mißtrauisch forschte von Weddingen: »Woher haben Sie die Zeit hergenommen, so schnell eine unangreifbare Vereinbarung . . .«, er ließ den Satz in der Schwebe. Stanietz saß in der Klemme. Peter hatte ja den fertigen Vertrag schon nach Glatz mitgebracht. »Die ganze Nacht haben wir, habe ich, haben sie – ich meine alle zusammen, beide Seiten . . .«, log er. Von Weddingen merkte nichts, ihm lag eine andere Fragestellung näher: »Erklären Sie mir bitte, wo in einer solchen amiablen Vereinbarung – voller Nächstenliebe für Hotelbesitzer – liegen Ihre Interessen? Sie sind doch schließlich auf der anderen Seite. Wieso Menschenfreund?« Stanietz überhörte die Ironie: »Weil weder Ihnen noch den Gewerkschaften mit einer Verzögerung und einer dadurch bedingten Verschärfung gedient sein kann. Streik kostet Geld, Sie und uns. Streik radikalisiert. Wir dürfen nicht zulassen, daß sich erst die Kommunisten reinhängen.«

Heftig nickend sagte Herr von Weddingen voller Sympathie: »Das letzte leuchtet mir ein. Hier sehe ich Gemeinsamkeiten. Reichen Sie mir diesen Vertrag mit der ›Bohemia‹ mal her.«

»Er trägt Modellcharakter, ist übertragbar auf andere Logierhausbesitzer. Er läßt sie zwar ein wenig zur Ader, ist aber von jeder Seite aus vertretbar, Herr Kurdirektor. Auch weil er den Bäderbetrieb schützt und stabilisiert.«

Weddingen las, schüttelte dabei immerzu den Kopf, und der Gewerkschafter fürchtete, der Mann werde nicht so einfach zu überzeugen sein wie der Bürgermeister. Weddingen sah auf, nahm den Vertrag, legte ihn unter die Postsachen und sagte nur noch: »Wir werden entsprechend verfahren. Leben Sie wohl, Herr, wie bitte, ach ja, Stanietz.« Und als ob der Besucher nicht mehr in seinem Zimmer stände, rief der Korvettenkapitän d. R. durch die Tür ins Schreibzimmer: »Sofort dringende Kurvereinssitzung anberaumen. Eilt! Einladungen per Boten!«

Am Nachmittag erzählte Täuber bereits von der Sitzung: »Es war wieder wie zur Zeit der Josefine, Peter. Nur, daß statt ihrer deine Mutter dasaß und Rudolf neben ihr in seiner Funktion als Veranstaltungsdirektor. Moritz und Ruben fehlten Gott sei Dank. Weddingen hat die Chefin öffentlich gelobt, ihr Pappe ums Maul geschmiert, ... erfreulich, daß die Initiative zur Lösung des Arbeitskonflikts von unserer hochverehrten Tochter der unvergessenen Frau Josefine Polanová ausging ...‹, vom Einigungspapier hat er geredet, das die Gewerkschaft als Kollektivvertrag bezeichnet haben will, eigentlich die selbstverständliche Sicherung des Grundlohnes für alle Sparten des Kurortpersonals, nichts weiter. Wortwörtlich hat er's gesagt – auf einmal – selbstverständlich, Peter! Soviel Kraft liegt allein in einer Androhung des Ausstandes. Ich mußte leider früher weg, jedenfalls ist die Sache für das ganze Bad gut ausgefallen, erfolgreich ausgegangen. Die Lohnvereinbarung wird als gemeinsam beschlossene Anordnung des Kurvereins behandelt, das spart die Einzelfummelei, und Stanietz nimmt sie als Vertreter des Kreises Glatz der Gewerkschaft entgegen. Jetzt rechne ich noch so mit einem Stündchen oder zweien. Weddingen und Stanietz lassen sich die Gelegenheit zu einer Weile Selbstbeweihräucherung bestimmt nicht entgehen. Gottschling will natürlich reden und ein Vertreter der Kurhausbesitzer. Wenn *ich* mich nicht gedrückt hätte, wäre auch noch Liste vier drangekommen.«

Liste IV führte das große Wort im »Gasthaus zur Post« schräg vis-à-vis. Das Hinterzimmer hatte aufgehört, der einsame Beobachtungsposten des Gewerkschaftssekretärs zu sein, denn nicht nur das Schankzimmer war überfüllt. Sein Tisch war umringt von seinen siegreichen Kollegen, die den Sieg ihm verdankten. Das feierten sie entsprechend. Wer keinen Platz mehr bekam, stand herum, das Bierseidel oder einen Kurzen, manchmal auch beides, in der Hand. Stanietz hätte alle seine neuen Kollegen tief beleidigt, wenn er ihre Angebote, mit ihnen auf sein Wohl zu trinken, nicht angenommen hätte. Er revanchierte sich mit einer Stubenlage. Obwohl er sehr viel vertrug und es wußte, sprach er schon ein bißchen rührselig und nicht mehr ganz so schnell: »Das soll mir erst einer nachmachen. In knapp zwei Tagen fünfzehn-, fffünfzehnhundert Mitglieder in die Gewerkschaft aufgenommen.« Der Hausdiener von der »Grunwald« lüftete seine bestickte

Schildmütze und kündigte an: »Eine Runde für den Sieger!«

Mühsam wehrte Stanietz ab: »Nee, jetzt ist der Eichstrich erreicht. Muß noch einigermaßen auf den Beinen sein, wenn ich die Kapitulation entgegennehme. Kurverein beschließt sie gerade!« Ein neuer Anlaß zum Jubel. Der hartbedrängte Stanietz mußte noch einmal ... »Na denn, der allerallerletzte Schluck.« – »Das wollen wir doch nicht hoffen, wie?«

Die Fülle im Lokal vermehrte sich durch zwei ungeladene Gäste, von denen der beamtete Vater von Peters Schulfreund Biller seine Neugierde durch eine dienstliche Mitteilung, die auch hätte warten können, vernebelte. Er wurde ringsum als Oberpostrat und Posthauptmann spöttisch apostrophiert, und es gelang ihm und seinem Sohn, sich in die Hinterstube zu schlängeln, als deren weingeistiger Mittelpunkt der Tisch des Kollegen Stanietz zu erkennen war. Trotz seines Vorsatzes, lieber nichts mehr von sich zu geben, redete er lauter, als es gut tat: »Kollegen! Es ist eigentlich zum Lachen.« Das tat er dann, und alle stimmten mit ein, verlangten aber anschließend zu wissen, worüber, und er erfüllte die Bitte: »Der ganze Streik ist durch einen Pennäler ins Rollen gekommen, so'n Gymnasiast, der Lehrer wird. Eigentlich 'n Hausherrensöhnchen. Der hatte die verrückte Idee, mit der Revolution ausgerechnet in Mutters Hotel anzufangen.«

Im nu war Biller wieder im Schankzimmer. Zwar hielt ihn der Wirt noch einen Augenblick am Ärmel fest: »Aber Postdirektorchen, willste schon gehen? Jetzt wird's doch erst gemütlich. Der Gewerkschaftsonkel aus Glatz hat Freibier gestiftet.« Doch Biller riß sich los, ließ seinen Sohn stehen, schwang sich aufs Rad, und der Wirt brummte, ihm nachschauend: »Mensch, du, was sagste. Dein Vater schlägt Freibier aus. Das schreib' ich in den Schornstein. Der fährt ja wie 'ne gesengte Sau. Ježiš Marja!«

Als der Zettel zum Präsidiumstisch des Kurvereins hinaufgereicht wurde und die Köpfe sich über ihn beugten, war man bei den üblichen Schlußreden angelangt. Der unvermeidliche Präside des Badeärzteverbandes gab seiner Genugtuung über die elegante Lösung Ausdruck, oben indessen waren die Ereignisse schon weit vorausgeeilt, und auch im Zuschauerraum flüsterte man sich die sensationelle Neuigkeit zu. Während der Arzt weiter dröhnte, ohne sich gestört zu fühlen, weil er stets sowieso nur sich reden hörte, vergewisserte sich der Bürgermeister noch einmal: »Ist das wirklich bewiesen?« – »Biller ist absolut zuverlässig, unser Mann, außerdem ist es schon im ganzen Bad herum. Leider können wir nicht mehr zurück. Es ist alles unterschrieben. Natürlich werden wir unseren Standpunkt: schärfste Verurteilung, Schuldfrage, hinterlistiger Dolchstoß ...« Gottschling sagte: »Nerven behalten«, und da der Doktor sich ohne Applaus vom Rednerpult trennte, sprang er schnell auf, um Weddingen daran zu hindern, es vor ihm zu tun. »Es scheint kein Zweifel mehr daran zu bestehen, daß der junge Peter Samuel den Streik ausgelöst hat, ja, vielleicht sogar dessen spiritus rector ist. Wir bedauern seine Mutter aus ganzem Herzen!«

Raunen und Rauschen im ganzen Saal.

»So ein verdammt lahmarschiger Schlappschwanz«, fluchte der Kurdirektor. Im Raum surrte, summte und zischelte es, und schließlich gelang es dem Kurdirektor, seine Stimme über jene des Bürgermeisters zu erheben und ihn damit zum Schweigen zu bringen.

»Bedauern? Bedauern? Daß ich nicht lache. Zugegeben, ich bin ein nationaler Mann, aber bestimmt kein Antisemit. Um so mehr ist es notwendig zu betonen, daß der bolschewistische Anschlag ausgerechnet von einem jüdischen Hotelierssohn ausgegangen ist.«

Händeklatschen, Zischen, Schimpfen. Die Meinung des Kurdirektors blieb nicht unwidersprochen. Immerhin hatte er die Mehrheit mitgerissen. »Ich muß mich fragen: Ist das ein Zufall, daß solche volks- und artfremde Einflüsse, die das deutsche Gepräge von Bad Grenzbrunn schon seit langem beflecken und mit diesem Vorfall ihren Höhepunkt ...« Der Satz ging im Lärm unter, der nachließ, als Esther erwähnt wurde.

»Ich will Frau Pelz gewiß nicht persönlich beschuldigen, aber wenn ihr Sohn als Rädelsführer des Streiks zweifelsfrei festgestellt worden ist, erhebt sich die Frage, ob die – gelinde gesagt – allzu liberalen Ansichten gewisser jüdischer Kreise im Zusammenhang stehen mit der Verbreitung der Weltpest, des Bolschewismus.«

Nun wurden neben dem Applaus widersprüchliche Zwischenrufe immer lauter. »Ludendorff – Knüppelkunze« riefen sie in den oberen Sitzen.

Weddingen schrie über den Lärm hinweg: »Diese Prinzipienlosigkeit führt dazu, daß man sich am Bestand des deutschen Ordnungssinnes, am deutschen Nationalgefühl, an deutscher Disziplin vergeht, so daß diese Kreise faktisch zu Brunnenvergiftern herabsinken.«

Lauter Protest verschluckte Beifall und Applaus. Josefine wäre in so einem Augenblick gewiß aufgestanden und gegangen. Esther hingegen erhob sich, am ganzen Leibe zitternd, und im Saal wurde es still. Sie nahm nicht zur Anschuldigung gegen ihren Sohn Stellung, sie wehrte sich nicht gegen die persönliche Beleidigung, für sie waren die »Bohemia« angeklagt und ihre Gäste, ihr Sein. Sie sprach nicht sehr laut: »Da ich bemerke, daß viele meiner Hotelierfreunde der gleichen Meinung sind wie der Herr Kurdirektor, werde ich sofort alle meine jüdischen Gäste im In- und Ausland, die Herr von Weddingen pauschal als Brunnenvergifter bezeichnet hat, davor warnen, was sie hier erwartet.«

Tumult brach los. Rudolf grinste in sich hinein. Diese Drohung war eine glatte Erpressung. Ob sie damit durchkam? Ja, sie hatte geschafft. Der Umschwung, der sich schon bei den letzten Passagen der Rede des Scharfmachers angedeutet hatte, war nun vollkommen. Aller Zorn richtete sich gegen ihn, zumal Esther still und voller Genugtuung den Saal verlassen hatte.

Der Profit war in Gefahr. Der Protest erhob sich nicht nur unten, er kam auch vom Präsidiumstisch. Gottschling rief beschwichtigend in den Saal: »So war das nicht gemeint!«

Von unten: »Wer kann denn schon was für seine Kinder!« Der Gemüsehändler Wodak verlangte vom Kurdirektor, er solle ihn am Arsch lecken, der Faschist. Ein neues Wort stand im Raum – Faschist. Nachbar Umlauf erklärte: »Für mich hat Herr von Weddingen nicht gesprochen.«

»Wir verlangen Zurücknahme der Äußerung«, forderte der katholische Fotograf Giebel. Und Strihauka, der bullige Bauunternehmer, sprang auf das Podest und bot Weddingen Ohrfeigen an. Der wich bis an das Ende des Podiums zurück und flüchtete durch ein kleines Seitentürchen.

Moritz' große Stunde war gekommen. Den Erben der »Bohemia« zu stürzen, damit der Weg frei wurde zu dem Haus, damit er an das Geld herankam, das Geld, das Haus, den Boden, die Stallungen, das Vieh, die Felder und Wiesen, das Waldstück. Das Wasser lief ihm im Munde zusammen. Natürlich stand die Familie noch im Wege, der Umweg hieß Familienrat. Wozu war man der Älteste, der Verantwortliche – am besten schalte ich Konkurrenten aus, indem ich sie untereinander streiten lasse, sollen die Löwen die Tiger fressen.

Sie waren alle da, hatten, ohne zu fragen, die Eins besetzt, während Esther noch der Versammlung beiwohnte. Moritz trug einen unsichtbaren, aber langen, feierlichen Talar moralischer Entrüstung, streng tuend, innerlich frohlockend, was seine Züge zuweilen nicht ganz verbergen konnten. Die anderen wagten nur schüchterne Einwände gegen seine Verdammnis.

»Das Tischtuch ist zerschnitten. Der Junge wird sofort hinausgeschmissen. Wir lassen uns doch nicht den Ast absägen, auf dem wir sitzen. Ohne blanken Pfennig. Sollen ihn die Roten bezahlen!«

Sorgenvoll und abwehrend schüttelte Martha den frisierten grauen Kopf. Sie waren ja alle nicht jünger geworden mit den Jahren. »Ohne Pfennig, ohne Beruf verkommt er. Die Leute werden mit den Fingern auf uns zeigen. Er trägt doch unseren Namen.«

Miklosch, der Schöne, klopfte sich grinsend aufs Knie: »Zum Glück nicht. Keiner sonst heißt Samuel. Bei uns in der Puszta gibt es tausend Kinder von vierzehn, die sich ihren Unterhalt allein verdienen.«

»Esther wird nicht darauf eingehen«, meinte Else nachdenklich und hoffnungsvoll, erregte damit den Zorn ihres Mannes. »Immer fällst du mir in den Rücken«, schrie der Uniformschneider und gab Moritz das Stichwort, der im Zimmer auf und ab marschierte, die Hände auf dem Rükken, die Ellbogen herausgestreckt, und die Anwesenden andauernd zwang, zurückzutreten und ihm eine Gasse freizumachen. »Das ist es, keiner darf aus der Reihe tanzen. Wer kennt nicht unsere Esther? Wenn wir ihr alle die Pistole auf die Brust setzen, hat sie doch immer nachgegeben. Diesmal wird uns selbst der Rabbiner beistehen. Ich hab' den Doktor Brodski ein bißchen vorgeimpft.«

»Muß es denn überhaupt sein?« Immer noch gab Martha ihren Widerstand nicht auf. »Nach dem Schock wird er sicher brav und folgsam. Knapp siebzehn Jahre – ein halbes Kind. Mein Vorschlag wär': Heraus aus dem Gymnasium und als Kochlehrling einstellen. Das wäre möglich. Dann hätten wir ihn unter Kontrolle.« Else nickte zustimmend. Wutschnaubend blieb Moritz vor ihr stehen: »Ihr seid wohl nicht bei Trost. Wollt ihr den Zustand permanent machen? Pelz ist im Ausland, wird es noch lange bleiben. Es gibt keine günstigere Gelegenheit, Esther dazu zu bringen, daß sie verkauft, wenn der Erbe aus dem Weg ist, daß sie uns das Kapital vorstreckt. Was der Pelz auch in die ›Bohemia‹ hineingebuttert haben mag, das Haus bleibt Familienbesitz. Oder braucht ihr etwa kein Geld?«

»Was du aus ihr herausholst, kann sie gleich in den Schornstein schreiben«, meinte Else, während der Mann im Selbstgespräch vor sich hin sagte: »Meine Werkstatt wird erweitert. Ein Darlehen käme mir zupasse. Bei Esther brauch' ich keine Zinsen zu zahlen.«

Moritz stellte sich an die Tür, von wo er alle im Auge hatte, wie ein Feldwebel seine Kompanie. Er hämmerte auf sie ein: »Es könnte auch ganz anders kommen. Es könnte sein, daß sie versuchen, uns für immer hinauszuschmeißen aus unserem Elternhaus, keine Kur, keine Erholung mehr. Stellt euch vor, Peter beeinflußt seine Mutter. Dumm ist er ja nicht, und sie werden sich hinter unserem Rücken einig und machen eine Art Konsum daraus, gemeinsam mit der Reichsversichertenkasse, oder holen Pelz zurück. Dann schalten sie uns vollständig aus, alle!«

»Dem Australier hängt das Haus auch zum Halse heraus.«

»Trotzdem, er hängt an Esther. Wenn er die Taschen zunäht, ist für uns alles verloren. Tatsachen schaffen, vollendete Tatsachen; das allein hilft. Ich habe da noch eine Überraschung parat, eine geladene Bombe für den Rabbiner.« Moritz spekulierte mit der Neugier der Polans, setzte sich auf den Plüschtisch und barg nachdenklich das Kinn in seiner Hand. »Nur die Leute, mit denen sie sich immer berät, diese Lotte und den Jaroslav, die stützen Peter. Wie räume ich sie bloß aus dem Wege?«

»Um Gottes willen, willst du sie etwa umbringen?« Ruben traute seinem Bruder alles zu. »Nein! Einfach wegzaubern. Umbringen würde ich nicht so laut ankündigen.« Else stand auf: »Da will ich nicht mittun. Das Haus ist Esthers Existenz.« – »Was heißt schon Existenz, kann sie nicht bei Martha im ›Russischen Hof‹ Küchenchefin werden?«

Martha ging nicht darauf ein: »Wo ist bloß der Junge?« sagte sie und schaute aus dem Fenster auf die Bäderstraße. »Er wird doch nicht ausgerissen sein!« – »Wär' er's nur«, seufzte Miklosch. In Siegerpose holte Moritz einen Zimmerschlüssel aus der Tasche, hob ihn hoch und markierte damit einen Luftkreis. »Seine Stube ist ausgeräumt, die Siebensachen in einen Koffer gepackt. Der steht vor der abgeschlossenen Tür.« Sie fühlten sich alle nicht wohl beim Zuhören. Bei den Geschwistern regte sich Widerstand: »Ist das nicht ein bißchen brutal? Wie soll das auf Esther wirken?« Else versuchte es diplomatisch.

»Wenn der Junge erst weg ist, wird sie weich wie Wachs. Ich kenne meine Schwester.« – »Deine?« fragte Else. Unschlüssig meinte Martha, die der Debatte müde war: »Wenn du denkst.«

Noch einmal ging Moritz durch die Gasse der Anverwandten, schaute jedem ins Gesicht, in die Augen, um seinen Willen zu suggerieren: »Dann sind wir uns also einig, Else, schick mir den Täuber – und, wenn du ihn dann aus dem Zimmer kommen siehst, die Lotte. Sorg dafür, daß die beiden zwischendurch keine Gelegenheit kriegen, miteinander zu reden.«

»Was geschieht inzwischen?« fragte Ruben, der bis dahin kaum gesprochen hatte, um den Intriganten Moritz voller Neid zu bewundern.

»Wir warten, bis sie von der Kurvereinssitzung kommen. Der Rabbiner ist schon da. Ich habe ihn zu Kaffee und Nußkipfeln eingeladen.«

Auf dem breiten, niedrigen Tisch hinter der Bretterbarriere im Dienstraum der Zollabfertigung lag der Tuchballen. Ungeduldig trat Täuber von einem Fuß auf den anderen. »Immer mit der Ruhe«, brummte der Uniformierte hinter der Barriere.

»Der Güterfrachtschein wird schon gestempelt. Der Zollinspektor unterschreibt gleich. Einen Augenblick noch.« Die Tür ging auf. Lotte stand darin. Überrascht setzte sich Jaroslav auf den Stuhl: »Was machst du hier?«

»Einfuhrgenehmigung für Moritz' Tuchsendung, einen Ballen.« – »Die hab' ich schon!« – »Aber er hat mir zehn Mark Trinkgeld gegeben.« – »Mir auch.« – »Ob er's bloß vergessen hat und uns nacheinander rausjagt? Der Geizkragen!« – »Der doch nicht! Lotte, hier stinkt was.«

»Der Weg bis zur Zollgrenze und zurück macht mit Warten drei Stunden. Die wollten uns aus dem Wege haben, alle beide.«

»Moritz hat 'ne Schweinerei vor.« Lotte schrie so laut, daß der Beamte in die Abfertigung stürzte: »Peter! Hast du den Pferdewagen mit?«

»Klar, ich soll ja den Ballen transportieren.«

»Mich hat er mit dem Bus losgeschickt, bloß die Genehmigung holen, der krumme Hund.« – »Los, nach Hause«, entschied Täuber. Sie rannten aus dem Amtszimmer. Der Zollbeamte stürzte durch die Seitentür und rief hinter ihnen her: »Ist schon soweit alles ausgefertigt. Der Ballen ist bereit.«

Sie hörten ihn nicht mehr. Täuber gab dem Braunen die Peitsche.

17. Entlassung aus dem Bürgertum

Die Schulkameraden lagerten am Grenzstein um den Helden des Tages. Sie waren junge Männer mit tiefen Stimmen geworden. Der lange Hromadko maß inzwischen die begehrten zwei Meter, Giebel schmal, bebrillt, ernsthaft, der kräftige Alfred Umlauf, der bewundernd erklärte: »Mein Vater verflucht dich bis in alle Ewigkeit. Warum hast du das angestellt?« Giebel lag auf dem Bauch mit aufgestützten Ellenbogen und fragte nachdenklich: »Mich interessiert mehr, wie man so etwas deichselt. Daß es niemand gemerkt hat, bis alles soweit war. Wie 'n richtiger Harry-Piel-Film, spannend und mit Geheimnissen und so!« Auch der Lange steckte voller Bewunderung: »Wie du die Großen in den Sack gesteckt hast, wie nischt davon rausgekommen ist, wie ihr die günstigste Situation abgepaßt habt, wie sie alle dachten, es betrifft bloß die ›Bohemia‹, alle Achtung, einfach prima.«

Betrübt lächelte Peter vor sich hin: »Ist ja doch herausgekommen. Wo is 'n der Biller?« Sie schwiegen, bis Hromadko bekannte: »Der kommt nicht. Der ist in dem SA-Sturm, hat schon Lametta drauf. Der geht nicht mit Juden.«

»Schade, ich konnt' ihn eigentlich immer gut leiden. Na ja, Vaters Fuchtel.«

»Der hat doch gar keinen Grund zu kneifen, wenn du bei der Kommune bist. Die Nazis reden doch auch von der Brechung der Zinsknechtschaft und vom deutschen Sozialismus.« Obwohl er fürchtete, daß sie ihn nicht verstehen würden, fühlte sich Peter verpflichtet, seine Schulkameraden aufzuklären. Er stand auf, umkreiste sie ein paarmal, überlegte, was er ihnen sagen sollte. »Die reden – und wir tun. Uns geht es prinzipiell um die Beseitigung der Ausbeutung, das war auch der Grund für den Streik. Dazu ist eben notwendig, den Kapitalismus durch eine gerechtere, menschliche Gesellschaftsordnung abzulösen. So einfach ist es, das erste Ziel der Kommunisten.«

Gehässig schnurrte Alfred Umlauf: »Hast schön auswendig gelernt von den Russen. Ihr seid ja bloß 'ne Moskaufiliale.« Hromadko stubste den neben ihm Liegenden und packte seine Nachbarn an den Schultern. »Quatsch, Jungen, blast die Attacke ab. Überlassen wir die Politik den Führern in Braun und Rot. Erinnern wir uns lieber daran, wie wir hier Länderstechen gespielt haben und unsere eigene Eroberungspolitik betrieben. Und wie uns die Grenzer am Arsch kriegten.« Giebel lachte herzlich bei dieser Rückerinnerung. »Und ich hatte krachlederne Seppelhosen an, da tat's nicht weh.«

Als Peter die Tür zur Nummer eins öffnete, war er nicht mehr ahnungslos. Seinen »Koffer vor der Tür« hatte er in Täubers leerem Kabuff abgestellt gefunden. Der Freund war nicht daheim. Er sah die Familie fast komplett um den großen rotsamtbelegten Tisch sitzen. Rudla zwinkerte ihm ermutigend zu, alle anderen Blicke und Gesichter waren eisig, selbst das der Mutter. Man spürte, wie sie alle, am Geschirr rüttelnd, auf den Ausbruch warteten. Doch das Schiedsrichteramt des präsidierenden Rabbiners Dr. Brodski zwang zur Beherrschung. Peter blieb an der Tür stehen. Dr. Brodski wandte sich ihm zu. »Peter, ich war dabei, als du beschnitten worden bist, ich habe, als du dreizehn warst, die Predigt gehalten, als du ein Bar mizwah, ein Sohn des Gesetzes, geworden bist, ich bin ein alter Freund der Familie. Willst du uns nicht erklären, warum du dich gegen deine Mutter, deine Familie gestellt hast *wie ein Feind?«*

Eine ernsthafte Frage verdiente eine ernsthafte Antwort. Peter war, obwohl er sich über Ausmaß und Konsequenz der Ächtung nicht im klaren war und sich überhaupt noch keine Gedanken gemacht hatte, darauf gefaßt und entgegnete dem Rabbiner ruhig: »Ihre Fragestellung ist ungerecht, Herr Doktor Brodski. Sie könnten ja ebensogut wissen wollen, *wofür* ich mich hingestellt und *für* wen, als ein *Freund*. Warum denn immer nur gegen?«

»Ein Demagoge ist er. Sehen Sie nicht, Rabbiner, wie er Ihnen das Wort im Mund herumdreht? Man hat ihn zum Agitatoren geschult, zu einem bolschewistischen Agenten.« Ruben konnte sich kaum beherrschen. Die weinende Esther suchte entschuldigende Erklärungen: »Da haben Sie ihn, Doktor Brodski, so ist er. So steht er da, wie ein Stück Eisen. So einen Dickschädel hat er, wenn er sich versteift. So ist er. Aber nicht von sich allein. Das fing mit dem Großvater an, der hat ihn verführt, ein Verschwörer zu werden, wie er einer war. Ein Revolutionär. Großvaters Geist spricht aus ihm, aus seinem Mund. Also lassen Sie Peter nicht alle Schuld tragen. Gott soll mich beschützen. Und das ist mein Fleisch und Blut!« Sie legte die Hände vors Gesicht und schluchzte weiter. Das mochte Rudolf nicht tatenlos ansehen. Er ging zu ihr und sagte aus Trotz und provokativer als beabsichtigt: »Du brauchst dich wirklich nicht zu schämen, Esther. Der Junge mag schwierig sein, kompliziert, sogar besessen, aber wenigstens sauber und konsequent, uneigennützig.«

»Laß dich nicht von Rudolfs Gefühlsduseleien beeinflussen, Esther.« Ruben stellte sich neben Esther und nahm ihre Hand. »Wir haben alle mit dir beschlossen, nicht wahr, daß er nicht mehr zur Familie gehört, daß er weggeht, sich Arbeit sucht und uns in Ruhe läßt.«

»Sein Schulgeld werd ich ihm doch dürfen schicken und die Miete für die Pension!«

Hart erhob sich Moritz und schrie: »Nein, er soll sich allein helfen.« Er erntete Stille, spürte den Widerstand aller bis auf Ruben und setzte milder fort: »Wenn er uns in einem halben Jahr um Verzeihung bittet, wird man sehen.«

»Kann er nicht gleich um Verzeihung bitten?« schlug Esther hoffnungsvoll vor. Miklosch stellte sich an Moritz' Seite: »Nein, Strafe muß sein!« Esthers Weinen wurde lauter. Der Rabbiner erhob sich, sie zu trösten, während Miklosch Moritz flüsternd fragte: »Warum hast du ihm eine goldene Brücke gebaut? Ein halbes Jahr ist nicht lang.« Moritz beruhigte ihn: »Ich kenn' doch den Dickschädel. Betteln kommt der nie!«

Die ganze Zeit hatte Rudolf voll schweigenden Widerstandes dagesessen. Nun hielt es ihn nicht länger. Er schüttelte den Kopf und stand energisch auf: »Ich bin nicht bereit mitzuwirken, wenn das Sündenlamm der Familie geschlachtet wird.« Er ging zur Tür, legte Peter die Hand auf die Schulter und gab ihm einen freundschaftlichen Stubs. »Wenn du mich brauchst, *hauptpostlagernd Berlin* erreicht mich immer.« Rudolf schaute sich nicht mehr um, winkte dem Rabbiner freundlich, spendete sonst keinen Gruß oder ein Wort und ging. Peter schaute ihm sehnsüchtig nach. Auch Brodski schien sichtlich beeindruckt und wurde nachdenklich: »Wissen S', Moritz, ich tät doch für a bisserl Milde plädieren.« Sein Prager Deutsch nahm dem Dialog die Schärfe und trug zur Gemütlichkeit bei. »Zwar sagt der Allmächtige, Auge um Auge, Zahn um Zahn, aber schaun's, lieber Moritz, wo steht denn geschrieben im heiligen Buch, daß sich das auf Juden bezieht – oder gar auf Kinder?«

Lauernd meinte Moritz: »Wie meinen Sie das, Herr Doktor? Also das Wort Gottes bezieht sich auf Feinde, die noch dazu keine Juden sind?« Der Rabbiner, der nicht wußte, worauf Moritz mit der Frage hinauswollte, zögerte nachdenklich mit der Antwort und gab Moritz die Gelegenheit zu einer großen Szene und der Rächerpose. Er streckte seine Hand dramatisch gegen Peter aus: »Da habt ihr ihn, ein Feind, der noch dazu kein Jude ist. Der unsere Existenz vernichtet! Ein Am haarez, ein Rosche!«

»Geben Sie's ein bißchen billiger, Moritz Polan. Das sind *zu* schwergewichtige Worte«, wendete der Rabbiner ärgerlich ein, aber Moritz spielte seinen Trumpf aus: »Bitte! Doktor Levy von der Breslauer Jüdischen Synagogengemeinde hat mir ganz im Vertrauen mitgeteilt: Peter Samuel ist aus dem jüdischen Glauben ausgetreten. In einer Woche wird es im Gemeindeblatt publik gemacht.«

Ungläubiges Staunen ringsum, wie ein Schauer ging es durch die Anwesenden. Sie sahen sich an, schauten zu Peter hin, zum Rabbiner, der ausrief: »Das ist doch unmöglich!« Esther schrie: »Ein Schekerbilbl von irgendwelchen Roschoim.« Auch Else meinte: »Das kann nicht wahr sein«, worauf Ruben stichelte: »Fragt ihn doch!« Der Rabbiner verschaffte sich mit beschwörender Geste, erhobenen Händen Ruhe und fragte Peter, auf ihn zugehend: »Peter, ist das wahr?«

Die Frage kam nicht unerwartet. Peter hatte den Jordan überschritten, und in ihm war eine seltsame Ruhe, als stünde er außerhalb der dramatischen Szene. Und so sprach er auch: »Ja!«

Die kleine Silbe verursachte eine große Bewegung im Zimmer. Und wieder neugierige, gespannte Stille. Peter redete ruhig, berichtend, unbeteiligt: »Ich bin gar nicht dazu gekommen, es früher zu sagen als jetzt. Da war Großmutters Krankheit. Und vor der Beerdigung kam ich ins Gefängnis!«

Alle schrien wie aus einem Mund: »Waaas?« Ruhig setzte Peter fort: »Jawohl, drei Wochen, wenn auch unschuldig. Im ersten Trauermonat ging's auch nicht. Ich wollte mich wahrhaftig nicht drücken. Und hier – da kam alles viel zu schnell hintereinander. Es war soviel zu tun für den Streik. Es fand auch niemand von euch Zeit für mich. Vergeßt nicht, ich bin ja erst drei Tage daheim.«

»Daheim?« höhnte Moritz. Die Lähmung der Zuhörer löste sich. Moritz hatte den Faden wiedergefunden: »Da rühmt er sich noch! Streik! Du menschlicher Auswurf! Du Verbrecher! Raus, sage ich!« Nach dem Wüten verfiel er wieder in den salbungsvollen Predigtstil: »Du bist nicht mehr würdig, zu einer harmonischen, anständigen, moralischen, frommen Familie zu gehören. Wir stoßen dich aus, fort mit dir!«

»Ihr stoßt mich aus?« Peter besann sich auf seine Situation und gewann Haltung. Zur Überraschung der anderen ging er auf den Onkel zu, der bis zum Fenster zurückwich, und sagte voller Bitterkeit: »Moral! Dieses Wort solltest du nicht in den Mund nehmen, Moritz. Ihr habt gepascht, betrogen, gelogen euer Leben lang und meiner Mutter ebensolange das Haus abzunehmen versucht mit Listen und Tücken. Schon der Großvater hat euch Blutegel genannt. Untereinander seid ihr wie Hund und Katze, versucht euch gegenseitig hereinzulegen. Eure Frauen betrügt ihr von vorn und hinten. Nur, wenn's gegen jemand außerhalb geht, seid ihr einig – oder ums Geld – gegen mich.«

Noch einen Schritt näher auf Moritz zu trat der Angeklagte, und Moritz zog seinen Kopf zur Seite und fürchtete, einen Hieb einzufangen. Trotz allen Widerwillens hörten sie Peter wie hypnotisiert zu. In Peter verselbständigte sich der Zorn. Er sah wirklich bedrohlich aus. Dr. Brodski stand wieder auf.

»Anständig! Harmonisch! Moralisch! – Daß ich nicht lache! Euch geht es um den Besitz, ums Geschäft, ums Kapital und sonst weiter nichts.« Peter drehte sich zum Rabbiner um: »Glauben Sie denn, man will mich aus Frömmigkeit Rabbiner werden lassen? Nein, nur um den Erben der ›Bohemia‹ auszuschalten, wie die Katholiken Söhne und Töchter ins Kloster schicken, wenn sie ihnen im Wege sind. Und als das danebenging, Moritz, hast du alles drauf angelegt, mir den Koffer vor die Tür zu stellen. Seien Sie gewiß, Herr Rabbiner, von denen hier glaubt keiner an den da oben, der sowieso nicht existiert, sonst wären die hier alle schon biblische Salzsäulen.«

Was sollte er noch sagen? Sie verstanden ihn ohnehin nicht. Er zuckte die Schultern, ging zur Tür zurück und stellte sich dagegen. Doch er sprach weiter, leiser, weniger demonstrativ, mehr um sich vor sich selbst zu rechtfertigen, fast besinnlich: »Im Grunde tut ihr mir leid. Nur, daß ich mein Mitleid für andere Leute dringender brauche. Die Profitsucht hat euch verkrüppelt, und dabei seid ihr nicht einmal erfolgreiche Ausbeuter, vielmehr schlechte Geschäftsleute, Pleitehelden. Aus meiner Mutter habt ihr eine Küchensklavin gemacht. Vielleicht hänge ich mehr an der ›Bohemia‹, am Haus, an den Leuten als ihr alle zusammen. Doch auf dieses Erbe pfeife ich, wenn ihr der Familienrat seid. Ich bin Kommunist, ein sehr junger, noch kein sehr guter. Der Streik war mir eine gute Lehre, eine Feuerprobe der Menschlichkeit.« Niemand antwortete. Noch einmal ging Peter durch das Zimmer. Ruben machte ihm ängstlich den Platz am Fenster frei. »Und jetzt«, er schaute sich um, fand alles widerlich, was ihn umgab. »Und jetzt«, rief er, »jetzt laßt mich raus, sonst ersticke ich.«

Nun schrie alles durcheinander: »Raus, du Verbrecher!«

»Verflucht sollst du sein!«

»Wie konntest du nur?«

Doch niemand traute sich, Peter anzufassen. Er sah so grimmig aus, daß sie Angst vor ihm kriegten. Miklosch riß die Tür auf. Nur der Mutter wollte Peter die Hand geben, als er an ihr vorüberschritt. Sie legte ihre Hände auf den Rücken und sah steinern an ihm vorbei. Kaum hatte Peter das Zimmer verlassen, knallte Moritz die Tür mit aller Macht zu. Es klang wie ein Schuß.

Schmal und lang dehnte sich die schräge Mansarde über die ganze Weite des Dachgeschosses. Durch ihr Atelierfenster sah man das Häusermeer der Breslauer Innenstadt. Diese Öffnung hatte jedoch ihre Nachteile. Der vorherige Mieter, ein Kunststudent, hatte die bleigebundenen Scheiben in die Ziegelschräge eingelassen und zwang seine Nachfolger, mit dem schönen Panorama die Herbst- und Winterkälte in Kauf zu nehmen. In der kalten Jahreszeit rannten die neuen Mieter der Zugluft ständig hinterher, indem sie andauernd und vergebens Ritzen mit Schamotte und Plasteline verklebten und verschmierten, denn anderswo bildeten sich neue. Da halfen auch der Küchenofen mit Herdplatten im hinteren Teil und das Kanonenöfchen mit langem Blechrohr nahe der Tür nicht genug. Das Mobiliar, zweckmäßig, knapp und improvisiert, bestand aus zwei selbstgefertigten Couchbetten, wenn man derbe Matratzen auf ungehobeltem Holzgestell so titulieren will, einem rohgezimmerten Tisch mit drei Schemeln und wild vollgestopften Bücherregalen. Dazu kam die Geschirrecke beim Herd und ein überraschend ordentlicher Studiertisch. Fügte man noch Teppiche aus einfachem, farbigem Rupfen in das Ganze, dann war man mit Schinskis Quartier schon am Ende, bis auf den kühlen Luftzug fanden es Bewohner und Besucher gemütlich. Und der störte gerade jetzt im Spätherbst.

Deshalb hatte sich Schinskis Gast, ein frisch wirkender Fünfziger mit gekraustem, dichtem grauen Haar und glattem, rasiertem Gesicht in eine Decke gewickelt, aus der er eilig herausfuhr, als es mehrmals stark an die Tür klopfte. Auch Schinski sprang auf. Beide waren noch angezogen. Schinski flüsterte: »Um diese Zeit? Fast Mitternacht.« – »Die Polente«, überlegte Prause.

Schinski legte den Finger auf den Mund, stieß das Dachfenster leise hoch. Ebenso leise hob der Gast einen

Stuhl an. Felix säuselte: »Das Dach ist flach, lauf nach rechts, spring aufs nächste, ist'n bißchen niedriger. Dort findest du beim Luftschacht eine Nottreppe. Unten über die Hinterhöfe kommst du raus. Treff am Südpark, sieben früh, Rondell.«

Der Gast stand schon auf dem Stuhl, bereit, sich hinaufzuschwingen, da hörten sie: »Mach doch auf, Felix. Ich bin's, Peter.«

Schinski winkte den Genossen herunter, stellte den Stuhl aufatmend beiseite, zog die Fensterklappe zu und öffnete die Tür. Die Freunde umarmten sich. »Hast mir 'nen ganz schönen Schrecken eingejagt. Wir dachten: Polizei und Hausdurchsuchung. Na, setz dich erst mal. Siehst ja aus wie Braunbier mit Spucke, käsig – was ist?«

Hastig und stockend, sichtlich mitgenommen, stieß Peter hervor: »Die Familie hat mich rausgeschmissen. Meine neue Wirtin in Breslau auch. Die kann ich sowieso nicht mehr bezahlen. Pelz ist in Antwerpen. Adresse hab ich nicht.«

»Kohldampf?« Peter nickte. »Ich renn' mal schnell runter in die Kneipe vom Taxistand, die hat bis drei offen. Brüh inzwischen Tee auf! Nehmt euch Margarineschnitten als Vorspeise. Und das ist Genosse Prause. Gebt euch die Hand. – Übrigens, Peter ist in Ordnung. Prause muß mal 'n paar Tage untertauchen, seit auf dem höchsten Schornstein im ganzen Revier eine riesige rote Fahne am Blitzableiter weht. Die Fahne hatte sich zuerst beim Genossen Prause um den Bauch gewickelt, der damit hochgeklettert ist, natürlich in der Neumondnacht. Eine große Malaktion mit Ölfarbe die Länge des Schornsteins runter und in allen Zechen hängt auch noch dran. Da sind ein paar Tage Luftveränderung erst mal empfehlenswert. Er hatte ja auch vorher ordnungsgemäß Urlaub genommen, bis die Luft rein ist, klar? Tschüs!«

Wortlos teilten sich die Gäste in die Arbeit. Peter holte das Geschirr aus dem Schrank, ging sparsam mit den Teeblättern um, schmierte Brote, füllte den Teekessel. Prause legte Holzscheite und ein paar Kohlestücke auf, nahm die Mittelringe aus der Kochplatte und setzte den Kessel auf das schiere Feuer. Peter war neugierig: »Woher kennst du

Felix?« begann er das Gespräch. Der Mann zögerte eine Weile, hob mit der Zange ein Kohlestück in die Höhe. »Muß man dir immer die Worte mit dem Grubenschrapper aus der Kehle holen?« Der Kumpel lachte: »Ich bin der Schuldige daran, daß Felix überhaupt hier in Breslau ist.« – »Erzähle.«

Prause zierte sich nicht lange. Während sie, gemütlich auf der Couch sitzend, tranken und kauten, berichtete er: »Felix war zehn Jahre alt, hatte den gerechten Zorn des Kumpeljungen auf die Gymnasiasten, genauer, des mageren Barfüßlers gegen wohlgenährte und beschützte Buntmützen im Leibe. Wie das mit dem Absturz seines Vaters war, weiß du, mit der Schuld der Zechenverwaltung, der Freistelle. Und er sollte nun selber Buntmütze werden. Die Partei sagte, jawohl! Denen nichts schenken. Ich hab' seine Mutter mal sehr gerne gehabt, war roter Betriebsrat und kriegte nun den Auftrag. Felix wollte nicht. Drinnen sargten wir seinen Vater ein. Ich hab' mir das Kind vorgeknöpft, habe ihn mir auf den Schoß gesetzt, hab' sein Gesicht zwischen die Hände genommen und mir zugewendet, damit er nicht sieht, wie die Träger den Sarg aus dem Häusel trugen, bis sie weg waren. Gesagt: ›Pionier, das war er. Du ziehst dir deinen Sonntagsanzug an und gehst zum Bergrat. Danke schön für den Freischülerplatz. Die Partei läßt dir das sagen!‹ Er hopste mir vom Schoß. ›Seit wann hältst du es mit denen?‹ Ich will nicht, ich mag nicht, ich werde nicht. – Stur wie ein Böckchen. Ich dachte, den bringst du jetzt erst mal auf Touren. Sage also: ›Felix, nicht nur, daß es die Grubenherren nichts kosten darf, es soll ihnen auch noch nützen. Die Zechendirektoren denken, auf der hohen Schule biegen wir uns den Felix zurecht, bis er nach unserer Pfeife tanzt und unsere Peitsche schwingt, gleich, ob als Ingenieur, Aufseher, Steiger, Markscheider. Jawohl, ein akademischer Speichellecker sollst du werden.‹ – Felix guckte mich an, als wollte er mich ermorden. – ›So denken die Koksbarone!‹ – ›Und wie denken wir?‹ fragte das Kind. ›Wir denken, der Felix wird es am Anfang verflucht schwerhaben. Die feindliche Welt wird versuchen, ihn umzukippen. Er wird Mut und zusammengebissene Zähne brauchen, Standhaftigkeit und Zähigkeit. Aber wenn er dann runterkommt vom Gymnasium oder von der Universität, wird er ein gebildeter Kämpfer sein.‹ Felix war immer noch nicht überzeugt. ›Jetzt hör mal gut zu‹, sagte ich. ›Vielleicht kommt mal die Zeit, da werden wir so was brauchen, Bergräte, Diplomingenieure, Grubenspezialisten, wenn uns die Gruben gehören, wenn wir die Grubenherren enteignet haben. Die werden höhnen: Die Gruben saufen euch ab, ohne Fachkräfte, ihr könnt ohne uns nicht existieren, ihr dreckigen Proleten, ihr habt ja keine Ahnung! Wer führt, wer leitet eure Gruben? Ha! – Und nun stelle dir vor. Just an dem Tage kommt der Felix heim mit dem Diplom von der Technischen Hochschule: ›Genossen, hier bin ich – wo ist die Grube?‹ So habe ich mit ihm geredet. Da hat mir der Felix die Patsche gegeben wie ein Großer und hat einen Satz gesagt, den ich mein Lebtag nicht vergessen werde: ›Die Reichen sind schlau – aber die Arbeiter sind klug.‹ Und dann kam: ›Ich will's versuchen, Genosse Prause.‹ So war das.«

Als Felix mit dem Freßpaket und mit den Bierflaschen in die Mansarde kam, bestand zwischen den Gästen nicht nur das freundschaftliche Einvernehmen unter Genossen, sondern das der Liebe für einen Dritten. Es war aus ihren Augen abzulesen. Felix deutete auf Peter: »Hat er dir Heldensagen erzählt?« – »Nee, im Gegenteil, von deiner Dickfälligkeit haben wir geredet.« – »Werdet ihr's heute nacht auf einer Couch zusammen aushalten?« Prause meinte: »Wir hielten's auch in einem engen Kohlenloch miteinander aus. Nähe hält warm.« Peter bedauerte, daß der Kumpel am nächsten Tag schon Abschied nehmen mußte.

Äußerlich schien er wieder der alte zu sein. Er bewältigte seine Aufgaben ohne besondere Mühe. Er verdiente einen guten Teil des Zweipersonenetats als Nachhilfelehrer. Den Rest ergänzte der geschickte Felix durch Schwarzarbeit als Reparaturschlosser, beliebt in der ganzen Nachbarschaft. Zusammen reichte es, knapp, aber gehungert wurde nie. Ab und zu schickte Pelz von irgendwoher eine Postanweisung, wenig genug, in großen Abständen, nahm er doch an, daß Peter jeden Monat wie vereinbart Schulgebühren, Taschengeld und die notwendigen Summen für

Pension, Kleidung und Essen erhielt. Peter fand sogar noch Zeit, viel zu lesen, die Kurse in der Marxistischen Arbeiterschule pünktlich zu besuchen, zu studieren, in der Zelle des Kommunistischen Jugendverbandes zu referieren, in gegnerischen Versammlungen zur Diskussion zu sprechen. Äußerlich also alles zum besten. Peter fühlte, daß er sich in die Arbeit vergrub, ins Studieren flüchtete, weil ihm der Zwangsexodus aus Grenzbrunn mehr an die Nieren gegangen war, als er ohne nachhaltige Folgen vertrug, zumal er sich – ebenso wie übrigens Esther – weigerte, Simon Pelz reinen Wein einzuschenken. Daß es die Mutter nicht wagte, hatte ihm Lotte verraten. So taten Peter und Esther das gleiche, wenn auch aus entgegengesetzten Gründen. Esther, weil sie fürchtete, Pelz könnte empört sein, daß ihre Ehe Schaden nähme. Peter, weil er gerade Pelz nicht um seinen Lebensunterhalt anbetteln wollte. Die Heimatlosigkeit quälte Peter so, daß er sich in jede Anstrengung hineinstürzte, um sie zu verdrängen. Felix verriet mit keinem Wort, daß er seines Freundes Situation erkannte, nicht nur erriet. Er fürchtete, daß Peter zusammenklappte. Er wollte es nicht zulassen und schrieb besorgt an Lotte.

Für Lotte bedeutete Peter sehr viel. Der Junge, den sie hatte aufwachsen sehen, an dessen Erziehung und geistiger Entwicklung sie Anteil hatte wie Täuber und Pinschewski, wie die Komtesse und Onkel Joe, wie Josefine und Rudolf und vor allem Filip, Peter, der Sohn ihrer Freundin Esther – sie hatte nie eine andere gehabt. Er war für sie ein Ausflug in die Vergangenheit des Entgangenen, in die heißen Wünsche eigener freudloser Jugend, die allein das politische Bekenntnis, die Erfüllung freiwillig eingegangener Pflichten als junge Genossin erträglich gemacht hatte. Doch Peter war der Beweis ihrer Fähigkeit, einen Mann lieben zu können, zu stöhnen, zu lachen, zu schreien und sich zu verlieren. Peter war Selbstbestätigung, obgleich es auch andere Männer gegeben hatte und es ihr nicht schwergefallen war, sie zu gewinnen, wie Medizin gegen die Einsamkeit. Ihre Hemmungen und Ängste schwanden in den Armen des Jungen. Bei ihm ließ sie sich gehen ohne Scheu, und er kam ihr unbefangen entgegen. Und nur eine Furcht quälte sie noch, daß die drei Tage, in denen sie ein paar Stunden beieinander gelegen hatten in der Mansarde unter dem Dach der »Bohemia«, sich ebenso als Eintagsfliege erweisen würden wie ihre seltenen Abenteuer vorher. Der Brief von Felix zwang sie wie ein Notsignal, die Furcht zu überwinden und sich selbst zu trauen. Sie gab ihre Reisepläne der uneinsichtigen Esther nicht preis, sparte freie Tage aus Überstunden und Sonntagsdiensten. Felix teilte ihr mit, wann er für eine Woche in das Waldenburger Grubengebiet reisen werde, um an einer Schulung für junge Parteikader teilzunehmen, und sie stand unerwartet morgens vor Peters Tür. Gerade an diesem Tage ohne Felix, trüben Gedanken überlassen, fühlte sich Peter erbärmlich, und als er Lotte sah, wortlos umarmte, begann er an ihrer Schulter laut zu schluchzen, wie ein vom Schreck erlöstes Kind. Und das sagte sie sich auch voller Gram, als sie ihn hielt: Herrgott, das ist ja kein Mann, das ist ein Kind, ein heimwehkrankes, verzweifeltes Kind. Die Enttäuschung währte nicht lange. Sie sprachen kaum etwas. Peter führte sie an beiden Händen zur Couch. Sie zogen sich gegenseitig aus, küßten sich und waren so hungrig aufeinander, daß sie sich der Kleider erst ganz entledigten, als der erste Rausch vorüber war und sie Muße hatten, sich bei klarem Bewußtsein zu besitzen, zu streicheln, zu betasten, zu vergewissern, daß der andere da war, wie er war, sich zu entdecken mit Mund und Händen, mit der Haut und mit den Augen.

Es waren erstaunliche Tage im schäbigen Quartier. Lotte kochte Leckerbissen auf der rostigen Herdplatte und kachelte so viel Briketts ein, daß sie es sich gestatten konnten, nackt herumzulaufen. Erst nach der zweiten Nacht begann die »Bohemia« eine Rolle zu spielen.

Peter fragte, und Lotte berichtete: daß sie hoffe, Esther werde die Bevormundung der Familie bald satt kriegen, erzählte, wie Moritz Esther erpreßt habe, gedroht, er würde, falls sie es wagen sollte, mit Peter Kontakt aufzunehmen, sofort den Wunderrabbi und die orthodoxen Gäste verständigen und über Peter aufklären, womit die »Bohemia« ruiniert wäre. Außerdem führten er und Ruben noch eine ganz große Schlechtigkeit im Schilde, um Esther für immer kirre zu kriegen. Sie hätte festgestellt, daß Gespräche sofort verstummten, wenn Esther, Lotte oder Täuber in der Nähe waren. Nur soviel war vorläufig herauszuhören, daß es etwas mit Nachod und dem Rabbiner zu tun habe. Ob sie wieder versuchen würden, sie und Jaroslav ins Bockshorn zu jagen? Sie und Täuber würden schon dahinterkommen. Solange sie in der »Bohemia« wachten, stände die Mutter nicht schutzlos da.

Während sie sprach und er zuhörte, kam Lotte die Erkenntnis, daß sie in diesem jungen Peter nicht den Lebensgefährten liebte, nicht den Mann fürs Leben. Sie hing zwar an ihm und war bereit, für ihn alles Menschenmögliche zu tun, seine Bewunderung tat ihr gut, doch sie wurde sich der Jahre bewußt. Im erschöpften Schlaf träumte Peter, er hielte Channah im Arm, Channah, die Treulose. Er wütete gegen seinen unterbewußten Verrat. Nach der dritten Nacht gestand sich Lotte ein: Jetzt bin ich des Spieles müde. Warum fiel ihr dann am nächsten Tag nur der Abschied so schwer? Es war, als ließe sie die Jugend endgültig hinter sich zurück.

Mit Peter geschah das Umgekehrte. Nach dem Abschied seiner Lotte wachte er vollends auf, und Felix erlebte nach der Rückkehr einen quicklebendigen Partner, für den es weder das Wort Hunger noch Strapazen gab, obwohl er beides zur Genüge erfuhr. Die belebende Nachwirkung hielt monatelang an, bis der klirrende Frost sie erstickte.

Die Kohlen waren ausgegangen. Eines Nachts hatten sie einen kleinen Leiterwagen, hochgetürmt mit Scheiten und Knüppelholz, heimgefahren und am hellichten Tag darauf einen mächtigen Stubben aus dem Wald hinter Brigittental geholt, denn zum Stubbenroden wurde im Gegensatz zum Holzklauen ermutigt. Wie sehr der Kanonenofen auch glühte, die beiden jungen Leute saßen in Decken und Schals vermummt auf der Couch und zitterten vor Frost. Woher Schinski Ironie und Kraft nahm? »Das ist der Nachteil der Kohleferien. Deine Nachhilfeschüler kommen nicht, um sich vom Wissen berieseln zu lassen, wie? Und wir merken's am Geldbeutel. Dafür entgeht dir der Ärger mit den Holzköppen, den Objekten deiner haushohen Überlegenheit.«

»Hör auf! Meinst du, es macht mir Spaß, die Durchfallkandidaten und Aspirantinnen einer guten Partie über die Prüfungshürden zu bugsieren und auf die leidende Menschheit loszulassen, vielleicht sogar als Medizinstudenten? Und das für zwei Mark fünfzig die Stunde.«

»Sei eben ein bißchen charmanter, verführe die Lyzeumstöchter wenigstens mit menschlicher Wärme, wenn es hier drinnen schon saukalt ist, sonst verlieren wir unsere letzten Kunden auch noch. Gib zu, bis jetzt hat uns die Einmannpresse vor dem Ruin gerettet. Oder ist dir nach Aufgeben zumute?«

»Ich denke gar nicht daran. Bis zum Abitur wird durchgehalten. Ich frag' mich nur manchmal, ob so ein Abitur alle die Schikanen und die Schinderei wert ist, ob es speziell uns was nutzt. Es gibt kein Abitur in Sozialismus.«

Mitten in dem kameradschaftlichen Gekabbel klopfte es an die Tür, nicht das vereinbarte Morsesignal, nur ungeduldiges, heftiges Pochen. Ohne auf das Herein zu warten, erschien ein schneebedeckter Lulatsch. Der lange Hromadko schüttelte sich, eilte auf Peter zu und redete schnell im suggestiven Befehlston, der keinen Widerspruch duldete, auf Peter ein: »Schöner Herbst, wie? Schnee im November. War Schwerstarbeit, euch zu finden. Hic rhodus – hic salta. Hier bin ich nun, lade dich zum Skiausflug nebst Geburtstagsfeier ein. Achtzehn wirst du, nicht? Wir feiern in Grenzbrunn. Vater ist breitgeschlagen worden mit Mutters Hilfe. Wir fahren mit dem Schnellzug um ein Uhr. Viertelstunde zum Packen gnädig gewährt.«

»Das ist ein Überfall«, sagte Peter, der seinen Geburtstag vollkommen vergessen hatte. Schinski schien sehr angetan: »Manche Leute muß man zu ihrem Glück zwingen. Fahr, Peter, einer kommt besser durch als zwei. Gib mir den Pfandschein für die Uhr. Vielleicht verlängert der Halsabschneider die Frist noch einmal.«

Peinlich berührt, weil die Pfandleihe erwähnt worden war, fingerte Peter den zerknüllten Zettel aus der Seitentasche, wollte ihn Felix übergeben, Hromadko fing ihn weg: »Den lösen wir unterwegs aus!«

Peter griff hastig und vergeblich danach: »Gib her, gib sofort her, das ist die Goldhuhr von Simon.« Ungerührt grinste Hromadko: »Eben! Ich warte unten, Proteste werden abgelehnt. Sie fahren natürlich mit, Felix.« Ehe sie einen Widerspruch anmelden konnten, trampelte er schon die Treppe hinunter.

»Wie lange kennst du den?« Mißtrauisch hörte sich das an. »Wodurch?« – »Dreierlei: Nachbar, Spielkamerad, Schulfreund. Als sie mich zu Hause rausgeschmissen haben, stellte er sich auf meine Seite.«

»Mag sein.« Felix schüttelte zweifelnd den Kopf. »Mir gefällt forsche, teutonische Sprechweise nicht bei einem, der Hromadko heißt, dieses Überfahren mit dem Dampfroller.«

Wütend schrie Peter: »Warum hast du ihm dann das mit dem Pfandschein verraten?«

Felix lachte ansteckend: »Die Reichen sollen bluten!«

18. Peter ist totgesagt – hoch soll er leben

In der jüdischen Gasse gibt es keine großen Geheimnisse, nur intime. Was auch an der sichelmondgekrümmten Magistrale des Nachoder Judenviertels geschieht, multipliziert sich mit der Schnelligkeit der Kreise, die ein ins Wasser geworfener Stein auslöst. So war nicht zu verwundern, daß die Gläubigen unter uralten Vorwänden vom Salzborgen bis zu Fragen nach religiösen Ausdeutungen zu Dr. Brodski kamen, um mehr zu erfahren. In der Gemeinde war nur herum, daß der Rabbiner mit den Minjanleuten nach Grenzbrunn fuhr.

Der tiefere Grund blieb rätselhaft, nicht einzusehen eigentlich auch bei Dr. Brodski selbst, der über diesen chassidischen Ritus, den man ihm zumutete, erst nachlesen mußte. Ihm selbst war er noch nicht vorgekommen. Ihm sträubten sich die Federn gegen kabbalistischen Mummenschanz. Weder Moritz noch Ruben hatte er mystische Neigungen zugetraut. Wenn so wichtige Gemeindemitglieder es verlangten, blieb auch einem reformierten Seelenhirten keine Wahl.

Nun hielten sogar zwei Landauer vor dem Haus der jüdischen Gemeinde, der Kutscher Pietsch und sein Sohn. Sie entschuldigten sich in ihrem gewohnten Kuchelböhmisch, daß die Droschken alle in der Reparatur seien. Deshalb die vielen dicken Decken, die sie mitgebracht hatten: »Aber wozu zwei Wagen«, rechnete Dr. Brodski. »Moritz und Ruben sind schon in der ›Bohemia‹. Ich habe noch drei Plätze im Auto frei. Ein Gefährt reicht.« – »Nischt zu machen. Anordnung von Herrn Moritz. Vielleicht braucht er noch'n paar Reservebeter. Ist alles im voraus bezahlt. Sollen sich's doch die Herren Greise aus dem jüdischen Altersheim ein bißchen bequemer machen.« Und er zeigte auf die graubärtigen Männer, die aus dem Gemeindehaus herausschlurften, ihre weißen, am Rande schwarzgestreiften Gebettücher zusammengelegt über dem Arm. Sie winkten Pietsch zu: »Woher wissen Sie das?« – »Ach, Pane

Doktore, die fahr' ich doch nicht zum erstenmal. Immer, wenn außerhalb der Saison für irgendeinen heiligen Anlaß, Hochzeit, Begräbnis, Beschneidung, Männer zum Gottesdienst gebraucht werden, engagiert man die Alten. Was für einer ist es denn heute?«

Der Rabbiner wich auf einen Scherz aus: »Pane Pietsch, Sie wissen zuviel. Ich muß Sie bald in die jüdische Gemeinde aufnehmen.« Er klopfte dem Kutscher gemütlich auf die Schulter und ging zu seinem Auto und sah, wie Pietsch, ein wenig beleidigt, auf den Kutschbock kletterte und sich in die Decke wickelte.

Vom halben Dutzend der Getreuesten waren noch drei übriggeblieben: Arthur Giebel, Alfred Umlauf und Karel Hromadko feierten mit Schinski Peters achtzehnten Geburtstag. Das helle Vorderzimmer an der Bäderstraße mit dem breit vorspringenden Balkon, die schön gedeckte Kaffeetafel, die demonstrative Freundlichkeit, der Streuselkuchenduft vermochten es nicht, Schinskis wache Augen dafür zu blenden, daß Alfred Umlauf beim Eintritt auf der Schwelle noch einmal kehrtmachte, um das Naziabzeichen vom Revers zu nehmen, das er dort angesteckt hatte, bevor er Peter die Hand entgegenstreckte. Mit dem Rükken zum Fenster sitzend, um die »Bohemia« nicht andauernd vor der Nase zu haben, schüttelte Peter kräftig seine Pranke. »Nazdar, Petře, oller Verwaister, viel Glück! Hier ein Geschenk aus dem Bethlehem – noch vom Urgroßvater geschnitzt. Dir hat die Figur des Tischlers doch immer so gefallen.« Peter besah und betastete die kleine, buntbemalte Figur mit Liebe. Er freute sich: »Da hast du dir wirklich was Feines ausgedacht.« Das empfand auch Felix. »Nett von euch. So eine Geburtstagsfeier hat Peter sicher nicht erwartet.« Eifrig Arthur Giebels Zwischenruf: »Hast du ihm erzählt, wie uns die Grenzwächter ...« – »Felix weiß alles von mir.« Mit dieser entschieden ausgesprochenen Wahrheit markierte Peter sein Verhältnis zum Freund. Und die anderen respektierten es. Man sang, erzählte aus dem Witzrepertoire, neckte sich, aß. Der Alkohol war dem Abend vorbehalten, wenn die Mädchen und Frauen präsentiert wurden und die Bekannten. Da sollte es im Frühstückszimmer, das zum Garten hinaus ging, eine kleine Grammophontanzerei geben. Doch dazu kam es nicht erst. Hromadko sagte, aus dem Fenster hinausschauend: »Jungens, in der ›Bohemia‹ tut sich was.« Giebel, der wie Peter mit dem Rücken zum Fenster saß, erklärte gleichmütig: »Ja, Ruben und Moritz sind angekommen.« – »Kurz vor dem Winter? Das gab's noch nie!« – »Nee, der Rabbiner aus Nachod mit seinem Wagen«, berichtete der Beobachter. Lachend protestierte Peter: »Nehmt mich nicht auf die Schippe. Einen schon im Dezember in den April schicken, das ist doch höherer Blödsinn. Um die Zeit schläft die ›Bohemia‹ wie ein Murmeltier. Oder soll ich hochhopsen? Ich sitze hier sehr bequem.« Damit kreuzte Peter die Arme vor der Brust. Dagegen erhob sich nun Giebel und trat an das Fenster. »Scherz beiseite, da ist wirklich was los.« – »Wehe dir, wenn das nicht stimmt«, sagte Peter, sprang auf, stellte sich neben die anderen ans Fenster.

Drüben fuhr Brodskis Auto vor. Moritz begrüßte ihn im Schneegestöber an der Treppe. Peter wagte sich an den Rand des Balkons, sah die Landauer im flotten Trab anfahren, halten, sah die alten Männer aus den Wagen steigen, mit den Füßen stampfen, die Arme um den Rumpf schlagen, um sich warm zu machen und so schnell, wie ihre steifen Knochen es vermochten, die Treppe hochlaufen und im Haus verschwinden.

Ungewöhnliches geschah. In der gästeleeren »Bohemia« ging das Licht im Speisesaal an, kein Notlicht, die Festbeleuchtung aller Lüster. Felix sah den Freund leichenblaß an der Balkonwand lehnen. Atemlos sagte Peter: »Es wird doch Mutter nichts geschehen sein. Bitte wartet, ich muß mal rübergucken, nein, nicht hineingehen, nur von außen gucken.« Peter holte sich Mantel und Schal aus dem Korridor, setzte sich die Pinschewski-Pelzmütze auf und machte sich auf den Weg: »Entschuldigt! Gleich wieder da. Bloß mal um die Ecke linsen.« Enttäuscht rief ihm Hromadko nach: »Hast du an einem Rausschmiß noch nicht genug?« Um die Ecke linsen, genau das tat Peter, er pirschte sich neben der leeren Steinterrasse an die großen Fenster heran. Sein Blick suchte die Mutter, vergeblich.

Bewegte Gestalten befanden sich im Hintergrund. Dort lag die Betecke. Wenn er bloß in die Glasveranda hineinkäme. Es gab da so einen Trick. Wenn auch nur eine Ritze der Schiebefenster offen war, genügte ein Hölzchen dazwischen, um sie weiter aufzustoßen. Er bückte sich noch tiefer und schlich um das Haus zu den Stützen der Glasveranda, kletterte an der vordersten hoch, und der Einstieg gelang.

Das erste, was er sah, war seine Mutter. Sie saß allein hinter den Brüdern, das schwarze, filigrangehäkelte Wolltuch umgebunden, das Gebetbuch in der Hand. Am Betpult brannten Kerzen, die geöffnete Bundeslade ließ die kostbaren Thorarollen hindurchschimmern. Zu beiden Seiten der Brüder Polan wiegten sich die Alten, das kleine schwarze Käppchen auf der Glatze oder auf den weißen Haaren, knicksten, verbeugten sie sich vor ihrem Gott, die Fransen der Gebetstücher verehrend zum Munde führend. Vor dem Betpult stand der Rabbiner. Peter sah und hörte ihn. Er sang das Abendgebet, wie es der Ritus für Wochentage vorschreibt, tat aber noch ein Übriges. Er sprach der kleinen Gemeinde den Kaddisch vor, das Gebet für die Verstorbenen: »Jiskadal, we jiskadasch schemej rabo we almo dychossej, we jamlicho malchussej.« Peter starrte entsetzt. Wem galt das Totengebet? Er hörte Brodski sagen: »Mischebejrach awaussenu Awrom, Peter Samuel.« Peter verließ den Horchposten. Wie sollte er das verdauen, ertragen, überwinden? Wer den Glauben der Väter verläßt, gilt als gestorben, das hatte er in der hebräischen Kinderschule schon gelernt, aber auf sich selbst angewandt? Ihn fröstelte vor Entsetzen, und er erinnerte sich an den Volksmund, der sagt: »Wenn's dich fröstelt, geht jemand über dein zukünftiges Grab.« Er saß immer noch in der Veranda, versuchte mit dem Erlebten fertig zu werden. Näher berührte ihn die Aussage seines Lieblingsdichters Heinrich Heine, der als Getaufter beklagte, daß er ohne das jüdische Totengebet oder irgendein anderes eingescharrt werden würde. Keinen Kaddisch wird man sagen, keine Messe wird man lesen. Für ihn, für Peter, sagten sie einen Kaddisch – und er lebte. Er lebte und saß immer noch auf dem geweißten Stuhl in der geweißten Veranda, bekam es nicht fertig aufzustehen, sah durch die gegenüberliegende

Fensterwand, wie sie das Haus umkreisten, ihn suchten, sein Freund, seine Kameraden. Wie aus weiter Ferne hörte er Hromadko sagen: »Vielleicht ist er im Wald. Er ging immer in den Wald, wenn's ihm lausig zumute war.« Als sie mit geschulterten Skiern die »Villa Anna« verließen, fühlte sich Peter endlich nicht mehr angenagelt, und als sie die Bretter anschnallten, stand er ihnen gegenüber. Felix fragte: »Was ist dir?« – »Ich fahre sofort nach Breslau zurück. Ich halt's nicht aus. Ich schaff's einfach nicht.« – »Was ist denn?« – »Drüben halten sie meine Totenfeier ab. Versteht ihr, meine Totenfeier. Wer austritt, ist tot. Das Gedenken daran heißt Jahrzeit. Ich gehe in mein Zimmer, packen.«

Im Friseursalon, der für das Publikum geschlossen war, saßen Hromadko und Felix in den Ledersesseln und warteten auf den Ausreißer. Hromadko paffte Ringe in die Luft: »Schade, daß der Geburtstag so verhunzt ist. Schade. Dabei ist Peter schon ein toller Hecht. Er hat den Streik ausgetüftelt, das Personal organisiert. Jude ist er auch nicht mehr, will's nicht mehr sein. Auf den sind wir stolz in Grenzbrunn. Trotz allem!« – »Trotz wessen?« – »Na, trotz dieser koscheren Itzigfamilie. Mit der Sorte hat er immerhin Schluß gemacht.«

»Ich freue mich«, sagte Felix. »Worüber?« – »Daß ich Sie richtig eingeschätzt habe.« – »Mich? Wieso?«

Peter kam mit dem Koffer die Treppe herunter und sagte: »Glaubt mir, ich könnte jetzt keine überflüssige Minute mehr in Grenzbrunn bleiben. Ich weiß, daß es sentimentaler Unsinn ist, pure Einbildung. Wahrscheinlich komme ich darüber hinweg und bin bald wieder mal zu Hause. Ich kann nur jetzt nicht dagegen ankämpfen.«

»Nur nischt draus machen«, meinte Karel Hromadko ermutigend. »Bist immer bei mir eingeladen. Komm, wenn du dich besser fühlst. Keine Sorge, die Sorte da drüben wird's nicht mehr lange machen. In Deutschland wird alles anders. Deutschland erwacht.«

Er drückte Peter, der immer noch abwesend, nichts gehört und nichts verstanden hatte, herzlich die Hand.

Schinski hatte gehört und verstanden. Und deswegen übersah er demonstrativ die Hand, die sich ihm entgegenstreckte, und ließ sie ausgestreckt auf halber Höhe im Raum stehen. Er packte den bestürzten Peter beim Arm und zog mit ihm los, um einen Bus zu finden, der zum Bahnhof fuhr.

Hinter einem Riesenkarton versteckt, den sie mühsam vor sich herschleppte, stand Lotte auf dem Perron. Als sie Peters ansichtig wurde, ließ sie den Packen fallen, und sie stürzten sich entgegen, als höre mit ihnen die Welt auf. Sie umarmten sich, und Peters Schock löste sich in Schluchzen und Tränen. Während er an ihrer Schulter weinte, verständigten sich Felix und Lotte flüsternd miteinander.

»Es hat ihn schwer mitgenommen. Weißt du, er ist inwendig noch ein bißchen weich.«

»Das hat er von Esther geerbt. Wenn es wirklich darauf ankommt, ist er zuverlässig und stabil«, verteidigte Lotte. »Keine Sorge, den kriegen wir wieder hin.«

Lotte rüttelte Peter aus seinem Jammer: »Nimm dich zusammen Peter, die Leute!« Es half.

»Entschuldige, ich fürchte, ich war 'ne Weile nicht ganz da.«

»Hör zu, faß mal an. Hier sind ein Haufen warme Sachen und Wäsche für dich; aus den Schränken gerettet und gestohlen, Bettzeug, Hemden, Tragbares, manches von Simon. Und dann ein paar Mark von mir. Vor allem, geh sofort zum Jugendamt. Du bist noch minderjährig. Deine reiche Familie hat nach dem Gesetz bis zum einundzwanzigsten Lebensjahr für deinen Unterhalt aufzukommen. Du wirst denen doch nichts schenken.«

Sie sah ihn an, und nun kamen ihr doch die Tränen, und sie rannte voraus, um ihre Rührung zu verbergen. Felix versicherte dem Freund: »Auf diese Frau kannst du dich immer verlassen.«

Der Bahnhofsvorsteher erschien mit der grünen Kelle: »Zum D-Zug nach Breslau über Glatz einsteigen!«

Lotte umarmte Peter wieder und ermahnte ihn unter Küssen: »Vergiß das Jugendamt nicht. Es wäre schiere Sünde, den Blutegeln deinen Anteil zu überlassen.« Grimmig machte sich der Rebell los, und während er in den Zug sprang, rief er: »Geld von denen? Von den Kapitalisten? Keinen Pfennig! Hörst du – keinen Pfennig!!«

III. Buch

1. Wetterleuchten in Braun

»Bin ech mir ein Sojcher,
Müß ech haben Schojre.
Bin ech a Melamed,
Müß ech lernen Thoire.
Un de Räder drejhen sech,
Un de Johren gejhen sech,
Un ech bin schojn alt und gras un grau ...«*

So singt die alte jiddische Weise über das kurze Leben.

Und so gingen auch die Jahre in Bad Grenzbrunn dahin. Jedoch, was auch immer geschah, Überraschungen und Veränderungen, Gehen und Kommen, es gab gewisse Fixpunkte im Wandel der »Bohemia«, an denen die Zeit wenig änderte. Jedes Jahr wurde das Eis eingefahren im Winter und das ganze Haus geputzt vor Pessach, dem Überschreitungsfest, das daran erinnert, wie die Kinder Israel trockenen Fußes das Rote Meer überschritten. In der Hochsaison herrschten Luxus und Fülle, die ebbten im Frühherbst dann langsam ab. Aber wenn der September sonnig blieb, kam jedes zweite Jahr der Wunderrabbi. Nur dann freilich! Schon einmal hatte er wegen schlechten Wetters seinen Besuch abgesagt, aber da sich die »Bohemia« auf den Rat von Simon Pelz hin vom klugen Herrn Levkovicz einen Kostenvorschuß zum Sondereinkauf und zur speziellen Vorbereitung der rabbinischen Kur vertraglich gesichert hatte, der nicht zurückgezahlt werden mußte, diente selbst dieses Mißgeschick dem Jahresetat.

Indessen gelangte die Deutsche Republik über die Regierungen Brüning, Papen, Schleicher allmählich in den braunen Morast, in dem sie versinken sollte – eine blanke,

---

*»Wenn ich ein Händler bin,
Brauche ich Ware.
Wenn ich ein Taldmudgelehrter bin,
Muß ich die Heilige Schrift studieren.
Und so drehen sich die Räder,
Und so jagen sich die Jahre,
Und so wird man alt und krumm und weiß ...«

saubere Rutschbahn ohne sichtbare Hobelspäne und Unebenheiten, von neuen Gesetzen flankiert, einer äußerlich demokratischen Wohlanständigkeit, die selbst böse Eingriffe als Notverordnungen kaschierte und vom Reichstag absegnen ließ. So war auch für die klugen Begleiter des Wunderrabbis kein Anlaß zu sehen, auf die notwendige Herzkur zu verzichten.

Aber Bad Grenzbrunn lag am Rande der Republik. In Breslau nahm sich die Rutschbahn schon gefährlicher aus.

Vom Sekretariat der »Schlesischen Arbeiterzeitung« blieben nach der allmorgendlichen Redaktionssitzung noch der Chefredakteur, die Stenotypistin und Fritz Vogt übrig, um auf Peter Samuel zu warten. Der Chef sah aus wie ein gemütlicher Oberlehrer, ähnelte darin Peters Französischpauker Dr. Eberhard, nur war er größer, kompakter und hatte bewiesen, daß er hinlangen konnte, wenn Arbeiterheime verteidigt wurden.

Dazu Fritz Vogt – einst Parteiberater der proletarischen Jugend, zäh, drahtig, blond, unverwüstlich, heiter und natürlich, während der Chef – was recht häufig geschah – im Gespräch vergaß, daß er nicht auf einer Rednertribüne stand, wie eben, als er dem eintretenden Peter seine Kaffeetasse entgegenschob und ihm mit oft geübtem Pathos zurief: »Gratuliere! Die Chefredaktion und die Bezirksleitung der Partei haben auf meinen Vorschlag hin beschlossen, dich in ein neues verantwortungsvolles Tätigkeitsfeld einzusetzen.«

»So, jetzt setz dich erst mal«, unterbrach Vogt, grinste Peter an: »Wirst es nötig haben.«

Bathke fuhr ungehalten fort. Wie fand er jetzt den Übergang zum Lob, dem danach der bittere Trank folgte? Er schaute in eine Kaderakte. »Du hast von der Pike auf gedient, Volontär, Reporter, Sport und Kultur – überall durch. Bist Redakteur geworden, Abteilungsleiter. Alles wirklich gut gemacht. Lokales und Gewerkschaft auch einigermaßen. Erstaunlich bei so einem jungen Spunt! Die Sonntagsgedichte sind gut angekommen und werden mit deinen Gerichtsreportagen sogar in Berlin nachgedruckt.«

Noch breiter wurde das Grinsen von Fritz Vogt: »Damit

ist bewiesen, daß du dich mit dem Klassengericht auskennst!«

»Mir schwant Schreckliches!« Peter griff sich an den Kopf: »Sitzredakteur soll ich werden!«

»Jeder kommt mal dran«, sagte Vogt lakonisch.

Zornig fuhr ihm Bathke in die Parade: »Ich bitte mir eine andere Bezeichnung aus. Du wirst als verantwortlicher Redakteur im Impressum eines Organs der Kommunistischen Partei stehen, das mit seinen Kopfzeitungen Oberschlesien, Mittelschlesien, Niederschlesien und einen Teil der Lausitz vertritt.«

»Bloß nicht so blumig, Genosse Bathke. Im Grunde hat er recht. Nu, Peter, du folgst mir, trittst in meine Fußtapfen. Ich hab's durchgehalten und es sehr interessant gefunden, trotz der vier Monate Festung, die ich abbrummen mußte!« Vogt lachte ansteckend.

Streng rügend meinte der Chef: »Im Grunde ist die Funktion ein Vertrauensbeweis. Sie erfordert einen Genossen, der politisch klar, rhetorisch begabt und über Situation und einschlägige Gesetze so weit informiert ist, daß er seine Zeitung vor dem Klassengericht erfolgreich verteidigen kann.« Und aufstehend schloß Bathke: »Es kommt eben gerade darauf an, *nicht* zu sitzen.« Worauf Vogt, der sich nicht gerne etwas vormachen ließ, einwarf: »Was ziemlich schwer sein dürfte momentan, wo wir andauernd mit weißen Flecken erscheinen, lauter Wegzensiertes, und die Presseprozesse haben eine rapide steigende Tendenz. Und dazu – Peters Temperament!«

Indessen brachte der Redaktionsbote eine angedruckte Zeitungsseite zur Imprimatur aus der Setzerei. Bathke las wohlgefällig die Untertitel und überflog den Text: »Hier steht ja was von dir. Da kannst du gleich mal auslöffeln, was du dir eingebrockt hast. Die Sache über die Verfilzung der Nazis im Bezirk mit der Direktorenspitze im Lincke-Hoffmann-Konzern, vor allem die Geldzuwendungen an Edmund Heines, ehemals Fememörder, jetzt Obergruppenführer der SA für Schlesien.« Er setzte sein Signum auf die Seite. Vogt sah ihm über die Schulter, las mit: »Immerhin, durch die Zensur gegangen, dem Zensor müssen sie beim Boxen die Augen zugeschlossen haben. Eine Bombe!

Die Nazis werden fluchen. Guter Titel: Wessen Kassen – welche Taschen? Wie ich den schwulen Heines kenne, klagt er auf Verleumdung! Vielleicht sogar vor der Strafkammer!«

Peter fühlte sich nicht wohl bei dem Lob. »Die bürgerliche Presse, ob das die ›Vossische‹ ist oder das ›Berliner Tageblatt‹, hat einen hochbezahlten Mitarbeiter, eine Kapazität, der sich die Überschriften ausdenkt, den Titelmann. In der Überschrift eines Artikels muß eine Art Vorauspointe liegen, die neugierig macht, das Ganze zu lesen. Und eine Zeitung ist zum Gelesenwerden da. Aber Binsenwahrheiten werden bei uns am wenigsten geglaubt.«

Der Chefredakteur fühlte sich belehrt und getroffen: »Steig du bloß wieder runter von deinem hohen Roß!«

»Da bleibt ihm nur die Zivilklage«, erklärte Peter, der in den letzten Jahren in die Breite gewachsen war und seinem Vater immer mehr ähnelte. Mittelgroß, haarig, männlich, älter wirkend als seine zweiundzwanzig Jahre. Einer, der im Lernen und Lehren, Studieren, Diskutieren, dem Trepp-auf-Treppab der sogenannten Kleinarbeit aufgegangen war. Und wenn man ihm nachsagte, er habe nicht einmal für ein Mädel Zeit, dann traf das zwar zu, hatte aber im Hintergrund mit der im wahrsten Sinne schmerzlichen Erfahrung und dem heiß und vergeblich geliebten Mädchen Channah zu tun. Deshalb legte er auch keinen besonderen Wert auf Kleidung und lief im Räuberzivil der politischen Jugend herum, dem Russenkittel oder der Lederjacke, den Manchesterhosen; natürlich gehörte dazu der Schillerkragen. Er schrieb mit wehrhafter Klinge, fürchtete sich auch nicht vor einer Privatklage. »Privatklage geht vorläufig immer noch über den Schiedsmann und endet im schlimmsten Falle mit einer Geldstrafe. Es gibt Schlimmeres! Gestern im Odertor, als wir unser Verkehrslokal verteidigt haben, gab es zwei Schwerverletzte.«

»Geld ist schlimm genug. Und wenn du dich so gut auskennst mit der Beschaffung, besorg uns erst mal einen Dukatenscheißer«, empörte sich Vogt über die Geringschätzung der baren Münze. »Wenn du gewußt hättest, wie dringend wir Geld brauchen, hättest du aus so einem Hotel deiner Alten etwas herausgeschunden, statt den Kapitalisten deinen Anteil zu überlassen.« Da mußte Peter ihm recht geben.

An einem sonnigen Herbstsonntag des Jahres 1932 erwartete das ganze Haus die Ankunft des Wunderrabbis mit seinem Gefolge. Die Piccolos hockten im Gipfel des Birnbaumes, wo Peter und Felix einst die Gespräche von Freund und Feind belauscht hatten, weil man von dort die Bäderstraße weit hinunter überblicken konnte. Sie sollten Signal zur Steinterrasse geben, sahen den Hotelkremser als erstes Gefährt um die Ecke biegen. Nur der Wunderrabbi mit seinen vertrauten Räten und dem Schächter Tikoschinski als zur Begrüßung entsandten Botschafter des Hotels saßen darin. Eng gedrängt in den folgenden Landauern und Droschken die Jünger des Rebben, Bachurim genannt, und am Ende dieser etwas uniformiert wirkenden engeren Umgebung die überfüllten Fiaker, die von seiner Gemeinde besetzt waren, deren größerer Teil aber noch schimpfend und schreiend am Bahnhofsvorplatz wartete, weil die Kutscherfahrzeuge nicht zum Transport ins Bad ausreichten, so daß die Fiaker hoch und heilig versprachen, sie würden eilends wiederkommen, um die Gäste abzuholen. Noch nie waren so viele Juden aus so vielen Ländern in der Gemeinde angereist wie diesmal. Als spürten sie das Bedürfnis kundzutun, wie weit der geistige Bereich des Rabbis aus dem alten Daheem für sie in der Fremde noch gelte. Oder hörten sie das Gras wachsen? Trieb sie eine ihnen selbst unbewußte Sehergabe?

Unmöglich, in solcher Menge den kleinen Auffahrtshügel zur »Bohemia« zu benutzen. Der langen Reihe der Fahrzeuge blieb nur die Bäderstraße. Die ersten hielten vor der breiten Treppe, als plötzlich der SA-Sturm Grenzbrunn in Zweierreihen von beiden Seiten auf dem vorgelagerten Bürgersteig einherstürmte – kleine militärische Übung in voller Uniform, Sturmriemen herunter marsch, marsch –, ohne auf die Passanten Rücksicht zu nehmen. Die beiden Formationen trafen sich genau vor der Straßentreppe, schubsten Leute mit Stiefeln und Ellbogen aus dem Weg und umringten zu guter Letzt den Kremser und die Droschken. Sie standen unter dem Befehl des jungen

Studiosus Biller, der kommandierte: »Nicht anpacken – bloß anschreien!« Und so schallten den Gästen wenig melodische Sprechchöre entgegen, die offensichtlich einstudiert waren. Sie wechselten sich darin ab: »Judensäue, Judenschweine! Raus – sonst machen wir euch Beine.« Und: »Das ganze Bad nach Knoblauch stinkt, wenn ihr im Kurpark Brunnen trinkt.« Damit erschöpfte sich die Erfindungsgabe der nationalsozialistischen Poesie.

»Polizei! Polizei! Hilfe! Überfall!« schrie Esther vom hohen Grund über die Treppe, worauf Täuber sie recht derb am Mantel zerrte, um zu sagen: »Kein Zweck, Chefin, die Polizei kommt nur, wenn die SA Dresche kriegt, und dann, um die rauszuhauen.« Das drohte nun, weil die tschechischen Köche der »Bohemia«, noch mit ihren hohen weißen Mützen, Kellen und Kochlöffel schwingend, die Hausdiener mit Besen, Hacken, Schaufeln und Rechen den Hügel herunterstürmten, sogar die Piccolos rannten hinterher. Und da inzwischen jüngere, kräftige Juden von den Droschken gesprungen waren, geriet das braune Aufgebot in die Gefahr, in die Zange genommen zu werden, und wich nach beiden Seiten aus, um sich in achtunggebietender Entfernung wieder zu sammeln und einen neuen Sprechchor zu dichten: »Es kommen gleich noch andre her – wo wir herkommen, gibt es mehr!«

Diese Drohung führte zu einem Telefongespräch Rudolfs mit dem Kurdirektor, wobei Herr von Weddingen gehorsamst und schluckend zuhörte, zumal ihm bekannt geworden war, daß einige Gäste auf ihre Kur verzichtet hatten und am Bahnhof gleich auf die Rückfahrt des Bäderexpresses in Richtung Breslau warteten. Das erschien Herrn von Weddingen doch recht alarmierend. Als ihm Rudolf endlich Gelegenheit gab, sich zu äußern, versprach er: »Sofort, sofort, natürlich, Herr Polan, ganz recht, nicht nur gegen Sie gerichtet, geht gegen das ganze Bad. Wiederhören! Rufe gleich.« Er tat es, erreichte Billers Vater: »Blasen Sie sofort die Aktion vor der ›Bohemia‹ ab, sonst trifft Sie ein Donnerwetter, und ich sorge dafür, daß Sie die längste Zeit Staatsbeamter gewesen sind.«

Er hörte ungeduldig das Gegenargument, stampfte mit dem Fuß auf und erhärtete dann seine Ausführungen mit einem heftigen Bleistift-Klopfkonzert: »Na dann eben Ihr Sohn, nicht Sie. Pfeifen Sie ihn sofort zurück. Im Winter können Sie ihn meinetwegen ›Juda verrecke‹ und ›Deutschland erwache!‹ schreien lassen, bis die Wände einstürzen. Da brüll ich sogar mit. Nicht in der Saison oder der Nachsaison, solange die Polans und andere noch volle Häuser haben.« Pause. »Darauf verlasse ich mich. Wer sagen Sie? Gemeinderat Fischer hat das veranlaßt? Grüß Gott, Biller! Na schön, meinetwegen auch Heil Hitler!«

Weddingen wandte sich angewidert ab, rief ins Nebenzimmer: »Herr Sekretär! Türe zumachen! Lassen Sie den Wagen vorfahren. Zu Gemeinderat Fischer, Villa Rheingold, und bringen Sie mir meine Ordensspange. Muß diplomatisch behandelt werden, wie ein rohes Ei, kleines Würstchen gewesen, hat die ganze Naziführung hinter sich, jetzt Ortsgruppenleiter. Schöne Republik! Ach ja, eine Repräsentationskiste Zigarren mitnehmen.«

Der Sekretär stand erschüttert und wie angewurzelt da. »Na, was denn? Worauf warten Sie noch? Andere Zeiten – andere Sitten.«

Es bedurfte nicht der beschwichtigenden Worte Esthers an den Rabbi von Radomsk. Eher beruhigten sogar seine Begleiter Esther in ihrer Aufregung und Empörung über das Vorgefallene. Sie hatte die hohen Gäste, von Rudolf begleitet, in das Prachtzimmer eins eingeladen. Levkovicz, vor dem sie, verzweifelt die Hände ringend, gestanden hatte, erklärte ihr wie einem Kinde: »No, Estherleben, warum sollt ihr nischt ochet hoben eure ›Schwarze Hundert‹, eure Kosaken!« Er wiegte den Kopf: »Solange sej nur schreien, ist es noch nischt zu fürchten. Erst wenn sej schluggen und hargenen un nemmen die Frauen, beginnt a wirkliches Pogrom. Wenn sej brennen un killen un marteren. Verglichen mit was haben erlebt unsre Eltern, unsere owaus awaussejnu, das hier is a Mückenstich.« Und Kenig kam sogar zu einem optimistischen Schluß: »Wos glaubt Ihr, Frau Samuel, wos hält zusammen die Jiden am ganzen ojlum – in der Welt? Oif alle Kontinenter? Welches Volk hat schon a Geschichte fün fünftausend Johr? Der Druck, die Verfolgung, der Zwang, die Vernichtung, was ihnen droht, hält sie zusammen. Hätt man sie gelassen in Ruhe, oj weh! Schon längst wären sie aufgegangen im großen Strudel, hätten sich assimiliert, wären sojmes geworden, Gojim, Rosches, Ungläubige, Buddhisten, Moslems, Heiden oder gar nichts, was weiß ich! Kein Mensch hätte mehr gewußt, daß einmal auf der Welt sennen gewesen Jiden, nicht einmal wie sej hoben oisgesehen. Der Ewige, der Herr der Heerscharen, unser Gott und unserer Väter Gott, weiß schon, warum er schickt dem Volk Israel Plagen. Von den sieben in Ägypten bis zum heutigen Tag. Sein Name sei gelobt!«

Der Wunderrabbi saß ermüdet im Prunksessel der Josefine, beinahe teilnahmslos. Erst Kenigs Argumente erweckte offensichtlich sein Interesse. Er nickte sich zu und summte leise eine kleine orientalische Melodie vor sich her, Rudolf sah ihn sogar mit der Schuhsohle Takt dazu schlagen.

Er triumphiert, dachte Rudolf, dieser Kenig hat ja so verflucht recht, die Verfolgung treibt die Juden in die mystischen Netze der Chassidim, wirft sie zurück in das archaische, überlebte Regelwerk der Orthodoxen, hält ihnen den Zerrspiegel vors Gesicht und isoliert sie immer wieder. Und so wachsen dem Wunderrabbi die Schäfchen zu, die er scheren kann. Wie zufrieden er ist, indes meine arme Schwester . . .

Nein, Esther vermochte sich immer noch nicht zu beruhigen. Sie fühlte sich veranlaßt, die anständigen Bürger und Nachbarn von Grenzbrunn gegen die Chuligani, die Radaubrüder, zu verteidigen: »Ich versichere Sie, unter den Schreiern ist kein Kind von einem Hotelbesitzer oder einem Arzt. Es sind Schaigitzes, niedere Leut, Tagelöhner.«

Der Wunderrabbi blinzelte seinen Begleitern befehlend zu – anderes Thema. Und er begann damit wie immer, indem er sie seine Fragen, mit Antworten, die er ihnen zuflüsterte, laut wiedergeben ließ. Kenig begann: »Der Rebbe laßt euch frugen, wos tit euer Jingale, der Peter Awrom ben Benjomin, wos is seine parnosse, wos is ois ihm geworen, wieviel verdient er, wie lebt er?«

Seit langem hatte niemand mehr so direkt nach ihrem Sohn gefragt. Rücksichtsvoll umging Esthers Umgebung das Thema und half ihr, den Jungen zu verdrängen, aus ihrer Erinnerung zu verbannen. Kein Wunder, daß sie in Schluchzen ausbrach und unbeherrscht aus dem Zimmer rannte. Rudolf antwortete für sie: »Er hat beendigt sein Gymnasium. Er hat studiert. Jetzt soll er sein bei einer Zeitung, einer radikalen, sehr links. Deswegen weint Esther.«

Das Trio steckte wieder die Köpfe zusammen und flüsterte, bis Levkovicz die Weisheit des Rabbi weitergab: »Der Rebbe suggt, a giter Wein gärt in der Jugend, er reift in mittlere Johren, un er wet sein mild und gesetzt im Alter. Gebt das weiter an Esther. Sie soll sech nischt grämen!« Der Rebbe stand auf, seine Begleiter faßten ihn unter, und die Gäste schritten, einen stummen Gruß nickend, aus dem Zimmer.

Die »Bohemia« ging zur Tagesordnung über; denn die erste Septemberwoche glitt ruhig vorbei, obwohl der Ortsgruppenleiter Fischer fast täglich mit dem Kurdirektor konferierte und Herrn von Weddingen jeden Tag kleinlauter entließ. Wahrscheinlich wäre der Septemberaufenthalt des Radomsker Roow trotz alledem ungestört zu Ende gegangen, hätte es im Fürstenhof nicht einen sehr hohen Würdenträger der Republik gegeben, der aus seiner nationalistischen Einstellung noch nie ein Hehl gemacht hatte. Und wenn die Sondergäste der »Bohemia« sich mit dem Reichsbankpräsidenten im Fürstenhof konfrontiert fanden, bestand kein Zweifel am Ausgang einer Affäre, die sich auf einer großen Naturbühne abspielte, bei hellem Tageslicht, im Kurpark von Grenzbrunn zu lärmenden Wagnerklängen der Kurkapelle. »Sonderkonzert« stand über dem überall ausgehängten Programm, wohl weil es das letzte der Saison war. Zum Schwanengesang war Herr Kammersänger Henschke, von dessen Stimmgewalt nur noch der Titel übriggeblieben war, engagiert worden. Wiener Walzer und preußische Märsche krönten die Galavorstellung. Außer den Kurgästen waren, wie üblich zum Ausgang des Sommers, Einwohner von Grenzbrunn, sogar Logierhausbesitzer im Kurpark erschienen. Von nun an würde nur das Trio musizieren.

Von weithin sichtbar näherten sich der Mittelpromenade des Kurparks der Wunderrabbi und seine Gemeinde, voran er selbst am Arm der Begleiter, dann, wie die Schweizer Garde des Vatikans zu Fuß, die bis auf die weißen Söckchen schwarz gekleideten Jünger in Reihen zu zweit, diszipliniert und ordentlich. Das erschien gegenüber dem bunten, regellosen, geschwätzigen Haufen der Gemeinde dahinter besonders auffällig. Bevor sie jedoch die Promenade erreichten, traten ihnen Herr von Weddingen und Herr Fischer entgegen, stellten sich mitten in den Weg. Fischer sperrte den Raum, indem er seinen Arm mit dem Knotenstock verlängerte und so stehen ließ. Neben dem aristokratisch schlanken, feingliedrigen, ein wenig degenerierten Weddingen stand der vierschrötige Vierziger, den Quadratschädel mit Schmissen verziert, in Lederbreeches, Ledergamaschen zum Sportjackett und Gamsbarthut. Er trat bedrohlich auf und wirkte wie ein brutaler Schläger, so daß Kenig und Levkovicz den Arm des Rabbi einigen kräftigen Jüngern überließen und auf die Störenfriede zustürzten. Die Gemeinde machte es sich in den Lauben und auf den Bänken um Blumenrabatte und Springbrunnen bequem und erwartete mit philosophischer Ruhe den Ausgang. Sie wirkten so bunt und vielfältig wie die letzten Herbstblumen, die sie beschauten.

»Was soll das bedeuten?« fragte Levkovicz, der auch gut deutsch sprechen konnte, wenn er sich Mühe gab. Weniger zivil schon der athletische junge Reb Kenig: »Wer hält uns auf, wer stört unsere Kur, wer beleidigt den Rabbi! Und warum?« Weddingen, dem der Anlaß peinlich war, verbeugte sich. »Ich bin, wie Ihnen wahrscheinlich bekannt ist, Kurdirektor des Bades. Herr Fischer ist Logierhausbesitzer und kooptierter Gemeinderat. Wir haben leider einen sehr heiklen Auftrag zu erfüllen, der Ihren freien Bewegungsraum betrifft.« Levkovicz war oder tat ahnungslos: »Ich verstehe Sie nicht! Wir haben Kurtaxe bezahlt. Sondersteuer für Hotels erster Klasse.«

Ungeduldig und schroff schrie Fischer: »Quatsch mit Soße! Sie sollen während des Kurkonzertes zu Hause bleiben. Sie stören hier, Sie sind unerwünscht. Bin ich deutlich genug?«

Mit beiden Händen wehrte Weddingen ab: »Nein, nein, so nicht! Nehmen Sie es bitte nicht übel. Wir sind in einer Zwangslage. Einer unserer werten Stammgäste ist eine hochgestellte Persönlichkeit . . .«

»Kann es geben eine Persönlichkeit, was is noch höcher gestellt als der Rabbi von Radomsk?« sagte Levkovicz laut, sich aufreckend, erregt und voller beleidigter Würde.

Weddingen wand sich: »Es handelt sich um . . .« Doch Fischer fiel ihm rücksichtslos ins Wort: »Reichsbankpräsident Hjalmar von Schacht fühlt sich durch Ihren tagtäglichen Aufzug beleidigt und provoziert.«

»Soll das etwa heißen, daß Sie wollen heraustreiben kranke Jiden aus dem Kurpark?« Weddingen sandte Fischer einen flehenden Blick, bevor er antwortete: »Wer spricht denn vom Heraustreiben? Wir wollen Sie nur bitten, Ihren Nachmittagsspaziergang mit Genuß der Heilbrunnen in der vom Ärztekonzilium angeordneten Ruhezeit der Kurgäste, also zwischen eins und drei zu nehmen. Frühmorgens und abends, allerdings außerhalb der Konzerte ist Ihnen der Besuch freigestellt. Sonst bitten wir Sie herzlich, davon abzusehen.« Angewidert durch den sammetweichen Ton Weddingens, aber gewarnt durch die übereilte Abreise ängstlicher internationaler jüdischer Gäste und am Rande seiner Beherrschung, suchte der kooptierte Gemeinderat Fischer den Ausweg im schleunigen Rückzug.

Wie der Weddingen der Forderung des Herrn Schacht ihr Recht verschaffte, mußte ihm gleichgültig sein. Daß es geschah, dessen war er sich sicher. Sollte dieser Seeheld sich ruhig abstrampeln. Und Fischer verbeugte sich kurz, schlug die Hacken zusammen und marschierte schnell zur Promenade. Die Herren Kenig und Levkovicz sahen ihm verblüfft nach, und Weddingen atmete erleichtert. Nun durfte er das Verbot mit Vanillesauce versüßen: »Meine Herren! Die Anordnung gilt nur für den Fall, daß Sie darauf bestehen, als *kompakte Körperschaft* im Kurpark zu erscheinen. Niemand verwehrt Ihnen als Einzelindividuum, noch genauer, Einzelgast oder – en famille – innerhalb der Majorität der Erholungssuchenden, auch während der Konzertdarbietungen, am Badeleben teilzunehmen. Bin ich verstanden worden?«

Kopfwiegend und achselzuckend schwieg Herr Levkovicz, Herr Kenig sah besorgt zum Rabbi hin, den die jungen Bachurim zu einer Bank geführt hatten, wo er sich recht beschwerlich niederließ. »Herr Kurdirektor«, sagte er dann verhalten und beherrscht: »Man darf nicht abbrechen eine Herzkur, es ist zu gefährlich. Also müssen wir jetzt noch bleiben in Grenzbrunn. Ob wir wiederkommen . . .?«

Voller Schrecken stotterte Weddingen: »Im – im nächsten Jahr wird alles ganz anders sein, ich verspreche Ihnen, im nächsten Jahr . . .«

Kenig zischte zwischen den Zähnen hindurch: »Im nächsten Jahr, im nächsten Jahr kann Meschiach kommen, was Ihr nennt Messias. Im nächsten Jahr, so Gott will, kann sein das Ende von der Welt. Im nächsten Jahr? Zt, zt.« Grußlos drehte er Herrn von Weddingen den Rücken. Levkovicz folgte ohne ein weiteres Wort.

Sie haben es geschluckt, dachte der Kurdirektor, dabei schluckte er selbst an dem brüsken Abgang der bärtigen Juden.

2. Senoussi mit Strohmundstück

»Dein Gesellenstück«, rief Fritz Vogt Peter Samuel entgegen, der das Redaktionssekretariat im besten Anzug betrat: Lederjacke, Knickerbockerhosen, den weißen Schillerkragen über der Jacke. »Habe ich dir nicht gesagt, daß sie klagen würden? Lampenfieber?«

Peter verneinte: »'s wird Zeit, Rot Front! Ich melde mich ab.« Er ballte die Faust zum Gruß. »'s wird nicht allzulange dauern. Gleich hier, Trebnitzer Straße, zehn Hausnummern weiter. Der Schiedsmann ist der Stope, Stadtverordneter der Sozialistischen Arbeiterpartei. Seine Tochter ist bei mir in der Kindergruppe der Internationalen Arbeiterhilfe. Patentes Mädel. Wenn der Vater ähnlich wäre ... Na tschüß.« Bathke rief Peter nach: »Hast du die Akte?« – »Keine Zeit – komme sonst zu spät.« – »Na, denn Rot Front! Erscheine nachher gleich, um zu berichten.«

Die wenigen Schritte lief Peter im Dauerlauf, sprang fröhlich die Treppe hoch, klingelte, Hildegard öffnete, grüßte ihn mit »Seid bereit!«, der Parole der Jungpioniere. Aus dem Wohnzimmer kam Stope auf den Flur, ein freundlicher Kahlkopf, kräftig, untersetzt, mit gutem Arbeitergesicht, das sehr besorgt aussah. »Grüß dich, du bist Peter Samuel, nicht wahr? Bist du etwa allein gekommen?«

Peter staunte: »Na klar!« Stope führte Peter in die Küche, schlug sich an die Stirn ob solch einer Naivität. »Ja glaubst du denn, er kommt allein?!?«

»Wer denn?«

»Der Obergruppenführer der NSDAP, Herr Edmund Heines.«

»Kann man nicht telefonieren?« – »Hab' keins. Wär auch zu spät. Sie sind schon da. Guck auf die Straße!«

Schlächterwagen, ohne Karosseriedach, gewissermaßen auf halber Höhe durchschnitten, man nannte sie Kübelwagen, leicht zu besteigen und zu verlassen mit: »Sprung auf! Marsch, marsch!«, gestopft voller SA-Leute, hielten vor der Trebnitzer Straße 60. Dahinter folgte ein Mercedes Luxus, der erst anhielt, nachdem das Spalier von der Straße durch den Hausflur die Treppe empor bis zur Wohnungstür der Stopes gebildet war. Die Herausschauenden sahen zwar die Fortsetzung des Spaliers durch den Eingang bis zum ersten Stockwerk nicht, hörten aber bis in alle Einzelheiten den Lärm der Marschstiefel, die schallenden Befehlen folgten. Inzwischen stieg Stabschef Brückner auch als erster aus dem Mercedes, überflüssigerweise ordnete er noch einmal lauthals an: »Doppelspalier bis zur Wohnung des Schiedsmannes. Sturmriemen herunter, Knüppel los. Stillgestanden!« Nun erst verließ Heines in der hellgelben Uniform aus feinstem Juchtenleder mit seinem zartgliedrigen Adjutanten den Mercedes.

Fieberhaft überlegte Stope, rief Tochter Hildegard und flüsterte mit ihr, stubste Peter ins Amtszimmer. »Mir fällt schon noch was ein.« Er begrüßte den Würdenträger der NSDAP: »Guten Tag, Herr Heines, das sind Sie wohl?« – »Heil Hitler! Obergruppenführer Heines! Kennen Sie mich etwa nicht?« – »Verzeihung, aber dem Schiedsmann ist nur die Benutzung staatlicher, militärischer und akademischer Titel erlaubt.«

»Ich sehe ein! Dienst ist Dienst, Herr! Gehen wir weiter.« Stope stellte sich vor die Tür seines Arbeitszimmers. »Bedaure! Ich muß Sie darauf aufmerksam machen, daß die Verhandlung vor dem Schiedsmann der Geheimhaltung unterliegt und nur von diesem und den Kontrahenten wahrzunehmen ist.«

»Aber mein persönlicher Adjutant.«

»Bedaure! Gestatten Sie übrigens, daß mir meine Tochter erst noch ein paar Zigaretten holt. Meine Marke ist ausgegangen, und ich bin leider ein starker Raucher.«

Der Obergruppenführer nickte: »Gute Idee. Das blonde Kind darf mir auch meine Sorte mitbringen. Komm her, Kleine. Man sieht sofort: ein reinarisches Kind. Also, Senoussi mit Strohmundstück für mich.«

Artig ging Hildegard zu dem Mann, der so stark nach Parfüm roch, knickste, nahm den Zehnmarkschein, knickste wieder und lief los. Heines rief ihr noch leutselig nach: »Der Rest ist für die Sparbüchse.« Er schob eigenhändig, aber behutsam seinen Adjutanten von der Tür weg: »Schorschi, mußt schon in der Küche warten. Wie hat der

Führer gesagt: Legal bis zum Schafott. Und Sie, Brückner, schauen draußen nach dem Rechten. Übrigens«, wendete er sich an den Schiedsmann, »ist der rote Schmierant schon da?«

»Bitte keine Beschimpfungen. Der verantwortliche Redakteur Peter Samuel vertritt die ›Schlesische Arbeiterzeitung‹.«

»Aha, der vom Fridericus-Skandal!«

Scharf und betont sagte Stope: »Ich garantiere in dieser meiner Wohnung für Ihre und für seine Sicherheit.« Heines lachte: »Na, na, na, ich krümm' dem Jüdchen kein Haar. Das besorgen andere für mich.« Stope wies einladend zur Tür seines Arbeitszimmers. »Bitte!«

Noch hatte Hildegard ihren Fuß nicht über die Haustürschwelle gesetzt, da wurde sie von zwei riesigen SA-Leuten festgehalten, zu denen sie hochsah wie auf Türme. Auch der Stabschef eilte hinzu. Er fragte sie: »Wohin, junge Dame?«

»Zigaretten holen. Für Vater und für den Herrn in der Uniform.« Das Kind schaute unbefangen nach oben. Auch ihr »Aua« klang natürlich. Brückner ging gern auf Nummer Sicher: »Welche Marke?« – »Für Vater die Juno, für den Herrn Offizier Senoussi mit, mit« – sie erinnerte sich – »mit Strohmundstück.« Brückner befahl: »Loslassen, das ist die Spezialmarke vom Ogruf.«

Hildegard sprang die Straße entlang und hob und senkte die Arme im Spiel wie die Schwingen eines freigelassenen Vogels.

Sie musterten sich beide über den Schreibtisch hinweg, an dessen Schmalseiten sie sich gegenübersaßen. Peter sah einen ziemlich großen, schwer gebauten Mann mit einem großflächigen, breitkantigen, doch schon etwas aufgedunsenen, stark gepuderten und lippengeschminkten Gesicht.

Heines sah Peter mit Ekel an, als sei er ein giftiges Reptil, wurde ungeduldig, weil er fand, der Schiedsmann zögerte die Vorbereitungen zur Verhandlung zu lange hinaus. Stope ließ sich nicht beirren, legte jedem einen leeren Bogen auf den Platz, informierte die Gegner ausführlich über Sinn, Absicht und Funktion der ehrenamtlichen Schiedskommission und schlug eine friedliche Übereinkunft der streitenden Parteien vor. Es dauerte eine ganze Weile, bis er dem Kläger das Wort gab. Heines sprach arrogant, provokativ, mit der offensichtlichen Absicht, das Schiedsverfahren recht schnell scheitern zu lassen, damit der Weg zur Zivilklage und danach zur Strafkammer frei wurde. Unwillig sah er Peter ins Gesicht. »Machen wir's kurz. Ist Ihre Redaktion bereit, auf der Frontseite, schwarz umrahmt, den verleumderischen Artikel mit dem Ausdruck des Bedauerns zurückzunehmen, eine von uns entworfene Berichtigung zu drucken und zehntausend Mark für die notleidenden Kameraden der SA zu spenden?«

Peters Blicke waren nicht mehr neugierig. Das Lächeln war aus seinem Gesicht verschwunden. Hier saß der Faschist, und hier wurde mit harten Bandagen gekämpft, hier gehörte furchtloses Kontra hin. Er wählte seine Antwort ruhig und mit Bedacht. »Die Wahrheit wird nicht widerrufen! Ihr Eingeständnis, daß die SA Not leidet, bezieht sich wohl auf die Arbeitslosen und die Landarbeiter und Knechte, die von den Gutsbesitzern in die SA gepreßt worden sind wie einst in die Schwarze Reichswehr. Aber dafür sind Sie ja aus eigener Erfahrung der bessere Fachmann, nicht wahr?«

»Sie!« brüllte Heines. »Muß ich mich hier beleidigen lassen?« Stope schüttelte den Kopf und zwinkerte gleichzeitig Peter zu, voller gut verborgener Spannung; denn im Geiste sah er Hildegard in der Setzerei der Arbeiterzeitung, sah die Setzer, Drucker, Redakteure auf die Straße rennen, und alle hatten etwas in den Fäusten. Ein Lineal, einen Satzrahmen, eine Bleizeile, einen Stahlwinkel. Er überlegte schnell, was ihm drohte, wenn sie dahinterkamen. Sicher war es gut, sich erst einmal zu verkrümeln, womöglich noch heute nacht. Am besten ein Urlaub im Thüringischen. Hildegard hatte ja Schulferien. Vaters Bruder hauste als Witwer im Ausgedinge, kleines Häusel im Hügelwald. Was verlor er selbst schon als Arbeitsloser?!

Von der Straße drang Lärm durch die geschlossenen Doppelfenster des Arbeitszimmers. Der Adjutant stürzte zitternd und angstschlotternd in den Raum. »Edi, wir sind umzingelt. Die Kommune hat die Straße abgeriegelt. Die müssen was gerochen haben. Wir haben schon Verletzte. Ehe die Verstärkungen durchkommen . . .«

Bleich, doch beherrscht verlangte Heines von Stope: »Sie haben meine Sicherheit garantiert!«

»Beider Sicherheit, Herr Heines. Wollen Sie bitte für alle Fälle in die Speisekammer treten. Sie ist abschließbar.«

Indessen stürzte Brückner ins Zimmer: »Obergruppenführer, wir halten den Ausgang frei – unter Verlusten. Kommen Sie sofort.«

»Im Gegenteil.« Heines kommandierte energisch: »Abrücken! Auch der Mercedes. Die sollen denken, daß ich drinsitze. Dalli!«

Der Stabschef wagte einzuwenden: »Aber Obergru . . .«

»Ich bin hier sicher, Heil Hitler!« Brückner rannte los. Draußen hörte man ihn bellend das Treppenspalier auflösen.

Heines blieb vor der Speisekammertür stehen, bis Peter gelassen grüßend die Wohnung verließ. Der hörte nicht mehr, wie Heines zähneknirschend zischte: »Peter Samuel, den Namen merke ich mir, den vergesse ich nicht so leicht.«

3. Rutschbahn ins Ungewisse

Wenn die Saison zu Ende ist, feiert die Familie; das war schon zu Filips Zeiten so. Freilich, daß Josefine die Kinder um sich versammelte, meist zu Channuka, dem Fest der Lichter, in der Jahreszeit zwischen Herbst und Winter, geschah mehr als Akt der Pietät – nicht aus einem inneren Bedürfnis. Sie hatte ihre Kinder nicht bekommen, weil sie Kinder, sondern weil sie Filip liebte. Auch die Kinder behielten das Datum der Familienzusammenkunft bei, weil das Lichterfest mit Josefines Todestag zusammenfiel. Jüdischer Ritus verlangt, daß Jahrzeit der Erinnerung an Eltern und nahe Verwandte gehalten wird, wobei man gemeinsam Kaddisch sagt, das Totengebet. Nachdem Moritz damit feierlich Peter, den Erben, aus der Liste der Lebenden gestrichen hatte, blieb ihm jetzt keine andere Wahl, als auch Mutters Jahrzeit zu begehen. Bis auf Martha, die sich in Berlin um den »Russischen Hof« kümmerte, und das Viehhändlerehepaar erschienen alle mit ihren Kindern, selbst die »Budapester«. So viele, daß man die Tafel im großen Saal rings um den neugesetzten hohen Kachelofen angeordnet hatte.

Sie waren nicht jünger geworden. Moritz' Glatze, die Tränensäcke unter den Augen, das Doppelkinn und der Bauch, der ihn nach dem guten Essen zwang, mit geöffneter Weste und aufgeknöpfter Hose dazusitzen, trugen dazu bei, daß man ihm den Verführer liebeshungriger Damen nicht mehr abnahm. Nicht einmal der elegante Maßanzug reichte als Gegenmedizin, und – ähnlich – auch alle Korsetts der Welt vermochten nicht mehr, Thelmas eingeschnürte Massen im Zaume zu halten, obwohl sie sich geradehielt wie ein Dragoner. Sie trug zur Abwechslung blondes Haar. Der Weltmann Simon, unverändert, hielt sein Interesse an der Familie in ironischer Distanz.

Ruben dagegen war geizig, sogar mit sich selbst. Er schien einzutrocknen, war aber sicher gesünder als Bruder Moritz.

Rudolf, immer noch beweglich, voll Charme, heiter, wenn auch neuerdings recht wortkarg, hielt sich noch am besten von den Polans. Dem schönen Miklosch merkte man an, daß er seinen pomadisierten großen Schnurrbart und die Schläfen schwarz färbte. Das verlebte Gesicht sah nur noch von weitem aus wie das eines Operettentenors oder eines Primáš. Die Kinder am Nebentisch, von denen das schönste, Lilinko, schon keines mehr war und mit den frühreifen Augen lockte wie eine erfahrene Kokotte, spielten Cousin und Cousine. Sie wurden von der erfahrenen Else, die an der Seite des Magyaren zur breithüftigen Matrone geworden war, wachsam beäugt; denn Lilli war »der ganze Miklosch« – und den kannte sie.

Sie hatten alle gespeist, viel und gut und mit Wein nachgespült. Ganze Berge von gebratenem Geflügel, Kalbsfilet, von Spargel und Klößen waren vertilgt worden. Mariechen räumte die Tafel ab und brachte Obst und Mokka als Nachspeisen. Als Esther an Simons Seite – er hatte sie abgeholt, weil sie ihm fehlte – den Saal betrat, schallte ihr vielstimmiges Lob ihrer Kochkünste entgegen. Nur Moritz hielt seine Art Überraschung für sie bereit. Voller Schadenfreude reichte er ihr die »Schlesische Arbeiterzeitung«.

»Was soll mir das Kommunistenblatt?« – »Lies, Schwesterchen, lies das Impressum. Nicht mehr kleiner Agitator, nein, nein, ein roter Bonze. Lies das Impressum, ganz unten links, erste Seite, wo die Angaben über das Blatt stehen – Redaktion, Adresse, Druckerei. Lies, was da steht hinter ›Verantwortlicher Redakteur‹.« Tonlos las Esther: »Peter Samuel.« Simon Pelz bemächtigte sich interessiert der Zeitung, Rudolf stand auf und sah ihm über die Schulter: »The boy has made his way. Verkommen ist er also nicht«, meinte Pelz wohlgefällig.

»Hast du denn gar keinen Kontakt?«

»An mich hat er sich leider nie gewandt«, erklärte Rudolf. »Weißt du, gerade das imponiert mir bei ihm. Keinen Pfennig hat er von uns genommen.«

Wütend gegen sich, weil seine Überraschung ein Rohrkrepierer geworden war, schrie Moritz: »Ph – schöner Held. Esther, hast du etwa irgendeine Verbindung zu diesem Halunken?«

»Was denkst du von mir? Wir sind eine anständige Familie!«

Eine Antwort ganz in Moritz' Sinn, der seine Schwester wohlwollend tätschelte. Sie hatte mit ihrem Mahle, dessen Zusammenstellung und Delikatesse seinen Geschmack getroffen. In solchen Augenblicken zeigte er seine Befriedigung, wie ein Bauer nach dem Sonntagsschmaus. Er rülpste, saß breitbeinig am Tisch, streckte die Beine von sich. Bruder Ruben schwärmte ihm nach: »Ein Gedicht, exzellent, dieses Soufflé und der Kabinettpudding, durch den man ganz diskret den Rum hindurchspürt.« Die in ihrer Hausfrauenqualität beleidigte Thelma sagte süßlich herablassend: »Du mußt mir unbedingt das Rezept aufschreiben, dann kann ich es ebensogut.« Moritz vernahm den allzu freigiebigen Fluß des Lobes ungern. Das sagte sein Blick zu Ruben hin, und dieser nahm folgsam etwas zurück. »Das hat sich ja schließlich auch so gehört, Esther. Wir sind ja immerhin während der ganzen Bombensaison keinen einzigen Tag in der ›Bohemia‹ gewesen, haben keine Zimmer blockiert. Da ist es nur angemessen, daß du die Familie wenigstens jetzt im leeren Haus verwöhnst und mit deiner Kochkunst bezauberst, eine Art Abschlagszahlung. Dein Hegen und Pflegen ...«

»... das sich heute nacht hoffentlich noch in höherer Qualität fortsetzen wird«, übernahm Moritz den Stafettenstab. »Wenn heute abend meine Geschäftsfreunde kommen, erwarte und erbitte ich ein Sektsouper der Extraklasse.«

Von Natur aus war Pelz gutmütig, ließ sich viel gefallen, ein friedliebender Mensch, platzte ihm aber der Kragen und er explodierte, dann mit allen Sinnen und Muskeln – vor allem, wenn es um Esther ging. Er marschierte wie eine Dampfwalze auf Moritz zu, der sich in die Zimmerecke flüchtete. »Erbitten – kannst du viel, aber kriegen kannst du meine letzte Pisse. Merk dir, teurer Schwager, Esther ist weder deine Köchin noch deine Dienstmagd. Und daß ihr alle in dieser Saison nicht wiedergekommen seid, das hat nicht für einen Fatz mit Rücksichtnahme zu tun. So ...« Und damit setzte er sich behaglich in den Sessel und rechnete den Familiengästen mit grimmiger Behaglichkeit ihre Absichten vor. »Wo seid ihr gewesen? Natürlich im Ausland, habt herumgerochen, gewittert, wohin man gehen kann, wo ein goldgefüttertes Schlupfloch wartet, wenn es hier brennt, wo man noch Märkte findet und günstige Geschäftsbedingungen, wenn die Krise hier weitergeht. Glaubt ihr denn, ich merke nicht, daß ihr die Hosen voll habt, ihr Legionäre!?«

Wenn Simon danach zumute war, zumeist als Abwehrreaktion nach kurzlebigen Ausbrüchen, kriegte er es fertig, die Anwesenheit vieler Menschen – diesmal der ganzen Familie – zu ignorieren, zu vergessen, sie auszulöschen und zu Esther zu reden, als befänden sie sich allein im Zimmer.

»Sie haben ja recht, deine feinen Verwandten. Nicht einmal der Paradegast Wunderrabbi will wiederkommen und sich von braunen Klachels und Hooligans beschimpfen lassen. Ich reiß' mich auch nicht danach, Esther, wir verkaufen das Hotel und besorgen etwas in Zoppot oder Zakopane, meinetwegen sogar in Karlsbad, wenn's nach mir ginge, eine Spielbank – wenn's nach dir geht, ein Diätsanatorium, wenn du unbedingt Speisekarten entwerfen mußt, wieder ein Hotel. Aber – *ohne* Familie, verstehst du, *ganz ohne*!«

Esther respektierte solche Monologe, sie hörte, was ihr sonst nicht gegeben war, ruhig zu, bis Pelz einen Punkt berührte, in dem sie allzu empfindlich war – dieses *ohne Familie*. Sie antwortete ebenso wie Pelz, ohne Rücksicht auf die Anwesenden, die sich stumm, ein wenig ängstlich, ein wenig verärgert, ein wenig pikiert anschauten, während sie nur Simon ansah. »Meine Mutter hat auf dem Sterbebett verflucht denjenigen, der die ›Bohemia‹ verkauft. Die Familie soll dort immer ein Heim haben. Man kann sich seine Familie nicht aussuchen.« Esther sprach weiter ohne Rücksicht, sie sprach nur vertraulich zu Simon: »Glaubst du, ich weiß nicht, daß Moritz ein unersättlicher Schwamm ist, ein Egoist, ein schlechter Bruder, und daß Ruben stinkt vor Geiz, Vater hat sie Blutegel geheißen. Aber es sind meine Brüder, verstehst du, mit ihren letzten Worten hat mir die Mutter diese Familie anvertraut.«

Hilfesuchend und als Zeichen der Ergebung hob Simon die Hände, gab seine Niederlage zu, und Esther gab er einen Kuß. Und weil der Kuß lange dauerte, atmete die verängstigte Familie erleichtert auf. Simon streichelte Esthers Nacken, und sie fühlten sich immer noch ganz unter sich. Er seufzte: »Mein Estherleben, wenn du nicht wärst, säß' ich schon längst wieder auf einem anderen Breitengrad, meinetwegen am Äquator oder nicht weit davon. Mir gefällt die Farbe braun nicht, und Hakenkreuze sehe ich lieber als Schmuckborte auf den kurzen Röckchen polynesischer Mädchen, weil die einen hübschen Popo haben. Nein, Esther, so war's nicht gemeint. Du brauchst dich auch nicht zu beklagen.« Obwohl sie das gerne hörte, sagte sie natürlich: »Pfui!«, kehrte aber wieder zu ihrem Thema zurück, anscheinend brauchte sie so etwas wie eine Rückversicherung. »Pinschewski hat auch gemeint, die Braunhemden sind wie die Kosaken des Zaren. Sie kommen, aber sie gehen auch wieder. Vergiß eines nicht: Ganz Grenzbrunn lebt von den Juden, die Gojim ebenso wie wir, basta!«

Und da dieses »Basta« allen galt, fühlte sich die Familie wieder angesprochen. Moritz wagte eine Stellungnahme: »Ich finde schon, daß Simon recht hat. Wir sollten tatsächlich die ›Bohemia‹ günstig verkaufen und das Geld im Ausland anlegen. Ich habe da in Paris – also, da war ein großartiges Objekt . . .« Simon brach in helles Lachen aus. Moritz verstummte, machte ein dummes Gesicht, das alle amüsierte, und dann lachten die Polans wie einst die Eltern, herzhaft und andauernd. Nur Esther fühlte sich veranlaßt, noch ein Pünktchen aufs »i« zu setzen: »Ich bleib', und die ›Bohemia‹ bleibt, aber es ist Schnee in der Luft, und wenn ihr faulen Polansöhne mir nicht sofort helft, den Eiskeller gründlich sauberzumachen und für das Einfahren vorzubereiten, kriegen Moritz' Gäste heute trockenes Brot.« Das scheuchte die Gesellschaft hoch. Simon setzte sich an die Spitze der Kellerprozession.

Die nächsten Prozessionen, die die Gemüter erregten, Demonstrationen, Wallfahrten, Märsche, gingen nicht in den Keller. Die neuen Herren liebten die äußeren Merkmale – den Fackel-, Feuer-, Feuerwerksraketenschein, den Schein an sich, verdeckten die Dürftigkeit ihres Ideenangebotes durch Gold- und Silbertressen und buntes Spektakel. Der Widerschein reichte bis nach Grenzbrunn und veranlaßte den SA-Sturm Grenzbrunn, der mit seinen dreißig jungen Mannen Krach für hundert vollführte, aufzumarschieren. Da die Logierhausbesitzer, um den Krach zu kompensieren, alle ihre Grammophone, Radioapparate auf volle Lautstärke gesteigert und an die Fenster gestellt hatten, Feuerwerkskörper dazwischen platzten, entstand ein unharmonischer Höllenlärm. Mit dem Rücken zur »Villa Anna« und zum Hromadko-Laden stellte sich der Sturm zum Sprechchor auf, und die jungen Leute schrien, um den Polans Angst und sich selber Mut zu machen: »Jetzt sind wir hier, und wir bleiben hier. Der Führer Adolf Hitler und wir!«

Als ihnen der Vers langweilig wurde, schalteten sie um auf ihr SA-Lied: »Die Fahne hoch, die Reihen fest geschlossen . . .«, und davon ermüdet, ließen sie »Deutschland erwache« und »Juda verrecke!« erklingen, übten »Stillgestanden« und andere militärische Männchen, ließen den jungen Biller die Front abmarschieren, bis sie auf sein Kommando: »Das Ganze – rechtsum, marsch!« abrückten. Der matte Abglanz des historischen Fackelzuges vor dem alten Generalfeldmarschall und dem neuen Führer hatte die »Bohemia« und ihre Bewohner zum Angriffsziel. Esther und Simon hatten hinter halbgeöffneten Fenstern durch schmale Ritzen in den Vorhängen im dunklen Zimmer das Spektakel auf sich wirken lassen, und als der letzte Ton des abmarschierenden Sturmes verhallt war und die Straße im Dunklen lag, zog Simon die Vorhänge ganz genau und gewissenhaft zu, knipste das Licht an und sah Esther an. Er war ganz bleich geworden, und als Esther ein Lächeln versuchte, schüttelte er den Kopf: »Das sieht nach Ernst aus, meine Liebe.« Doch Esthers optimistisches Gemüt blieb – kaum ging der Schrecken vorbei – unzerstörbar. Schon wieder beruhigt, tröstete sie sich: »Das ist nur die ersten Tage so, weil es ihnen befohlen ist. In Grenzbrunn ist alles halb so schlimm. Man lebt miteinander, man lebt voneinander. Was von außen kommt, ist bald vergessen.«

»Gott erhalte dir dein kindliches Gemüt. Wo sind Lotte und Täuber? Stell dir vor, sie verlassen uns.«

»Mal keine Teufel an die Wand.« Esther lachte: »Ich

hab' in meinem Leben nur eine einzige Freundin gehabt, und die ist mir geblieben. Lotte läßt mich nicht im Stich.«

»Denk an den Streik!«

»Da hat sie recht gehabt.«

»Und Peter?«

»Kein Wort über ihn, bitte!«

»Aber Täuber!«

»Der sitzt immer noch im Gemeinderat.«

»Wie lange noch bei dieser Regierung?«

»Was hast du bloß gegen den Hitler? Er ist für den Schutz des Eigentums. Er ist gegen den Kommunismus. Und das mit dem Antisemitismus wird sich mit der Zeit abschleifen.«

Simon gab auf, diesmal mit größeren Zweifeln und vielen Einwänden. Sollte er sie ängstigen, warnen, ihr drohen? Es half nur kurze Zeit und machte ihr Herzweh. Wozu denn? Die Ereignisse würden sie mit der Nase darauf stoßen, was da in der Kulisse wartete.

In der Fahnenkammer hockten indes ein paar Leute ohne Illusionen beisammen. Sie sahen und hörten durch das Bullauge die letzten farbigen Raketen gegen den dunklen Himmel platzen wie fernes Abendleuchten nach dem Gewitter. Eingemummelt in viele Decken, kauerten sie auf dem Matratzenberg. Auf dem Hügel draußen brannten mächtige Holzstöße wie Johannisfeuer. Der Atem der drei wurde zum Eisnebel.

Lotte meldete sich: »Eine konspirative Frage: Was wird mit uns, mit dir, mit ihr – sind wir nun verdächtig? Was könnten sie uns vorwerfen? Her mit der Visitenkarte. Wie sollen euch die Nazis sehen?«

Täuber stand auf und meldete sich stramm: »Täuber, Jaroslav, bekannt als guter Gewerkschaftler, Kriegsinvalide, Marine, unpolitisch, harmlos, kompromißbereit, Gemeinderat. Im großen ganzen erfolgreich getarnt. Biller wollte mich schon für die Nazis werben und in die braune Arbeitsfront.«

»Ich weiß: Peter hat dich deswegen oft genug Kompromißler geschimpft.« Lotte sprach langsamer, nachdenklicher: »Was mag der Junge nur machen?«

»Dasselbe wie wir, Parteiarbeit!«

»Weißt du's genau?«

»Wenn ich's wüßte, dürfte ich's dir nicht sagen.«

»Wir schweifen ab, Lotte!«

»Richtig, weiter in der Bestandsaufnahme. Darf ich sitzen bleiben? Lotte Wenzke – seit dreizehn Jahren im selben Ort, mit siebzehn gekommen, hängt an Grenzbrunn, Spartakistenvater unbekannt, dafür bekannt als passionierte Bergsteigerin, Vorstand des Klettervereins ›Edelweiß‹. Berühmt durch ihre Berliner Schnauze, macht jeden Spaß mit und ist politisch unbeleckt, bis auf Gewerkschaftsarbeit, aber die gilt ja noch nicht als gefährlich. – Nun du, Mariechen.«

»Tschechisches Dorfmädel – jetzt Hausfrau, Mutter, Großmutter. Im Hotel Beschließerin, ganz und gar unauffällig.«

»Die Zelle. Unsere Zelle«, faßte Täuber zusammen. »Klein genug. Drei Kommunisten bei hundertsechzig Angestellten.«

»Bleiben wir?« fragte Lotte.

»Was meinst du, Kletteraffe?«

»Ich? Von der Grenze geht ein Genosse nicht weg. Erst recht nicht, wenn er jeden Weg und Steg kennt.«

»Also beschlossen«, sagte Mariechen.

»Jaroslav hat die Verbindung, die Leitung das letzte Wort.«

Sie hörten Esther durch das Treppenhaus rufen: »Lotte, Lotte – wo steckst du, ich brauch' dich!«

»Kann man wohl sagen«, nickte Täuber, während er das Bullauge zuschloß. Sie brachen vorsichtig auf, einer nach dem anderen, mit deutlichen Pausen.

4. Ein Illegaler kommt – ein Bürgermeister geht

Der Schnurrbart, den sich Peter lang und dicht wachsen ließ, geriet struppig wie seine Haare und verlangte andauernd Pflege, das rebellische Haar trug er gescheitelt und mit Haaröl gebändigt, und es fügte sich günstig, daß ihm der Augenarzt eine Brille verschrieben hatte, die er sich mit einem hellen Hornrahmen machen ließ, damit das Gesicht nicht durch allzuviel Dunkles belastet wurde. Die Kleidung wählte er bürgerlicher. Er ließ sich seine Nachhilfestunden, die wieder zur Haupteinnahmequelle avancierten, höher bezahlen. Um die Verschwiegenheit seiner Schüler brauchte er sich nicht sorgen. In den Schulen herrschte das Durcheinander des Umbruchs. Lehrer und Schüler fürchteten, freilich in verschiedenem Sinne, um ihre Versetzung oder gar Entlassung. Und die politische Arbeit, wie kompliziert und konspirativ sie auch geworden war, schaffte ihm den Ausgleich zur Öde des Amateurpädagogen. Meist ging sie bis tief in die Nacht. Und so ist es auch begreiflich, daß Peter seinen Freund wütend anschrie, der ihm vor dem Morgengrauen einer Januarnacht die Bettdecke wegzog.

Er schrie: »Eine Gemeinheit! Bis vier haben wir Flugblätter genuddelt. Heute wollte ich endlich mal ausschlafen.« Schinski setzte sich zu ihm und sagte nur: »Alarm!«

Peter, hellwach, stülpte sich das Hemd über den Kopf, fuhr in die Hosen, die Schuhe, kämpfte hektisch mit den Schnürsenkeln. »Was ist?«

»Die Nazis sind endgültig dran. – Schon die Papen-Regierung hat unsere Zeitung verboten. Beschluß: Niemand zeigt sich auch nur in der Nähe der Redaktion. Die Wache ist auf die naheliegenden Häuser verteilt, streng illegal. Der zweite Befehl betrifft dich: Du wirst von der SA gesucht, auf Anordnung von Heines persönlich. Er hat dich auf dem Kieker, seit der Schiedsverhandlung. Nach deinem Steckbrief bist du zwar nicht zu erkennen, aber ein dusseliger Zufall, und du hängst drin. Bleib erst mal zu

Hause. Hier bist du vorläufig einigermaßen sicher. Die Partei entscheidet, was weiter mit dir geschieht. Zu tun wirst du genug haben. Deine alte Spezialität. Das Verbot der Zeitung bedeutet Häuserblock- und Stadtteilzeitungen, und nicht zu vergessen: Handzettel, Flugblätter, Klebezettel. Die Stadtteilzeitungen drucken wir irgendwie, das andere wird abgezogen. Das meiste wirst du schreiben oder nach Arbeiterkorrespondenzen formulieren, Spiegel und Umbruch machst du natürlich auch. Das Nähere erfährst du heute noch. Punkt drei heißt Abschied. Ab heute arbeite ich im illegalen Apparat der Partei, also Untergrundbahn. Für die Welt bin ich verschwunden. Na, werd' nicht sentimental. Wenn 's not tut, werde ich dich zu finden wissen.« Die Freunde umarmten sich. Schinski riß sich los und meinte auf der Türschwelle: »Und nun kannste meinetwegen ausschlafen.«

Peter zeigte ihm den Vogel: »Als ob ich jetzt noch ein Auge zukriege.«

»Na denn, tschüß.«

Weg war er, um einige Monate nach der Machtübernahme der Nazis gänzlich unerwartet aufzutauchen. Fritz Vogt und Peter rollten gerade auf einem handbetriebenen, selbstgefertigten Abziehapparat, bestehend aus Holzrahmen, Druckerfarbe, Matrize, Papier, mit einem filzbedeckten Nudelholz Flugblätter aus. Sie diskutierten heftig über Titel der Beiträge. »Wenn du es nicht unterstrichen hättest, wäre es zahm, bloß kalter Kaffee. Die *Unterstreichung*, die macht's. Wer hat den Reichstag *wirklich* angezündet?« Vogt war endlich einverstanden. Peter fragte: »Wieviel noch? Mein Handgelenk brennt schon!« – »Zwanzig.« Und da drehte sich ein Schlüssel im Schloß. Die beiden wendeten sich blaß vor Schrecken um. Schinski übersah, in der Türe stehend, mit einem Blick die Situation: »Sofort Schluß! Das Zeug verbrennen! Ihr habt ja ganz schöne Illusionen. Abziehen in einer polizeilich gemeldeten Wohnung. Und sie verhaften von rosa bis links, wen sie kriegen, die Kommunisten vorneweg, Verdächtige, Unschuldige – leider viele wichtige Genossen. In diesen Stunden gehen Tausende hoch. Und ihr nuddelt gemütlich.«

»Von wegen gemütlich«, brummte Vogt, schon eifrig dabei, Bogen ins Feuer zu schmeißen, die Matrize brannte lichterloh. Peter zerbrach den Holzrahmen und stopfte ihn in das Feuerloch. Schinski stand, während er ihnen zusah, als Aufpasser an der Tür und horchte auf Treppenlärm. »Die Reichstagsbrandstiftung, das war *ihr* Fanal, auf das sie gebaut haben, um ohne große Umstände die ganze Partei führerlos zu machen. Was soll ich zu so etwas wie euch sagen! Machen weiter, als wäre nichts passiert.«

Leise entschuldigte sich Vogt: »Das hier war ein dringender Auftrag der Unterbezirksleitung Süd. Die Häuserblockzeitungen für Gräbschen haben wir doch auch hier geschrieben, getippt und abgezogen. Und alles sofort, sofort, sofort. Da guckt man nicht aus dem Fenster, was draußen ist.«

»Schon gut«, beschwichtigte Schinski, der ein Flugblatt las, bevor er es ins Feuer warf. »Ich hätte eine Sensationsmeldung für euer Flugblatt, wenn's nicht schon zu spät wäre. Die hätte genau dort hineingehört. Ich könnte euch nämlich beweisen, wer den Reichstag angezündet hat. Einwandfreie Indizien!«

»Spuck's aus. Spann uns nicht übermäßig auf die Folter. Was weißt du?«

»Genau einen Tag vor dem sogenannten Reichstagsbrand war der seit zehn Jahren nicht mehr benutzte, feuchte, halb eingefallene Kellerzellenbau, in dem der Schwamm saß, im Untersuchungsgefängnis Graupenstraße, ringsherum außen frisch isoliert, getrocknet, ausgemauert, geweißt, die Zellenwände innen eingerissen und die Räume zu Massenzellen umgefummelt. Beendigung der Bauarbeiten und Übergabe an den Bauherren genau einen Tag vor dem achtundzwanzigsten Februar. Fix und fertig, genau zur rechten Zeit bezugsfertig. Präzise Planung! Die sind jetzt überfüllt, diese Massenzellen, mit unseren Leuten. Preisfrage: Wer wußte wochenlang vorher auf den Tag genau, daß die ›Kommunisten‹ den Reichstag anzünden würden?«

»Woher hast du die Fakten?«

»Ein Gefängniswachtmeister hat geplaudert. Ein Bauunternehmer hat gezittert und gebebt, als er gefragt wurde. Aber die Maurer haben es bestätigt, obwohl sie versucht hatten, stramme Stahlhelmer zu finden in der Arbeitslosenschlange. Stell dir solche Indizien im Mund von Dimitroff vor. Der macht aus der ganzen Anklage Kleinholz.«

»Schade, daß wir das nicht drucken.«

»Du druckst nicht, Vogt. Du verdrückst dich – übers Dach, du bist in der Wohnung nicht gemeldet. Vorläufig gibt es noch Unterschiede zwischen der Amtsführung von Polizei, SA und Gestapo. In ein paar Tagen ist das eine einzige braune Soße. Also marsch! – Warte mal.« Er half Vogt durch das hochgestemmte Atelierfenster aufs Dach. »Tschüß, mach's gut!«

»Und wir?« fragte Peter.

»Zuerst gründlich lüften. Hier stinkt's nach Druckerschwärze. Da hilft nur penetranter Schmierseifengeruch dagegen. Also reichlich beim Schrubben verschwenden. Das tust du, sobald ich weg bin. Setz dich, Peter!«

Schinski zog den Schemel heran und rückte Peter, der auf der Liegestatt hockte, näher: »Über dich ist entschieden worden. Du gehst weg. Nicht, weil du halber Jude bist. Die sparen sie sich für später auf. Jetzt heißt die Fangparole ›Weg mit den Roten‹. Aber die SA sucht dich seit Wochen, Spezialauftrag Heines, mit Steckbrief. Damit nicht genug, hat dich die Abteilung I A der Polizei auf dem Kieker. Zu unserem Pech haben sie die Fingerabdrücke. Deine veränderte Visage hilft bald nicht mehr. Bleibt nur: verschwinden!«

»Wohin?«

»Außer Landes. In die Emigration! Das Jahr war gefährlich genug. Und kriege bitte keine Minderwertigkeitskomplexe. Die Partei läßt dir sagen, daß du dich gut gehalten hast.«

»Ohne mich. Ich reiße nicht aus!«

»Kindskopf. Du sollst dich für die Partei retten. Alle Redakteure mit Ausnahme von Vogt sitzen.«

»Um so mehr brauchen sie mich. Ich bin Spezialist für illegale Zeitungen, abgezogenes Material, Handdruckpressen, fürs Spiegeln und den Umbruch. Ich stelle das Zeug her – vom Schreiben bis zur Verteilung. Es wäre nicht der erste illegale Agitprop-Apparat, den ich aufgebaut habe. Du weißt selber, daß ich vielseitig verwendbar bin.«

»Wer sagt dir denn, daß du aus der Etappe nicht wieder an die Front geschickt wirst? Nur anderswo – vielleicht im Ruhrpott, wo die SA und neuerdings auch die Abteilung I A nicht mit deinem Steckbrief hausieren gehen. Glaubst du denn, die Partei kann es sich leisten, auf den Einsatz erfahrener Kader zu verzichten? Das will aber vorbereitet sein.«

»Bloß jetzt schon – warum?«

Mit seiner ganzen Autorität befahl Felix: »Schluß der Debatte! In die Partei geht man freiwillig. In der Partei fügt man sich der Disziplin. Die Partei hat deine Emigration beschlossen.«

»Fragen sind den Genossen doch gestattet.«

»Es fehlt mir die Zeit für lange Antworten. Zunächst die Maßnahmen: Hier mußt du raus. Wann sie draufkommen, wo wir wohnen, ist nur eine Frage von Tagen. Ein Quartier können wir dir nicht nachweisen. Selbst ist der Mann. Wir verlassen uns auf deine Erfahrung. Jedenfalls nicht im Arbeiterviertel. Unauffällige Bleibe, die du behältst, bis dein Grenzübergang vorbereitet und abgesichert ist – das kann noch Monate dauern.«

»Heute nacht . . .«

». . . bleibst du noch hier. Im Morgengrauen beginnst du deine Suche, zur Frühschicht, wo du gleich im Strom der Fabrikarbeiter untertauchst. Und komm nicht mehr zurück. Paß auf, daß du keinen Schatten hast. Die wichtigsten Wege mach immer zu Schichtbeginn und -ende. Nirgends ist ein Illegaler besser aufgehoben als im lebendigen Strom seiner Klassengenossen. Die Wohnung hier – schaff das Wichtigste in Sicherheit. Hinterlasse keine Spuren. Zuschließen – Schlüssel und Restmiete in den Briefkasten, damit der Wirt nicht daraufkommt, die Polizei zu benachrichtigen. Hast du Geld genug?« Peter nickte.

»Das wäre die Polizei. Wer benachrichtigt mich?«

»Du meldest deine neue Bleibe über die Adresse Zigarettenladen. Der Mann ist in Ordnung. Den Rest erledigen wir. Ob ich selber –? Na ja, wenn's geht.«

»Wir nehmen in letzter Zeit immer häufiger Abschied voneinander. Mit jedem Mal wird das Wiedersehen ungewisser.«

»Werd nicht sentimental. Vorhin, als wir vom Reichstagsbrand redeten, habe ich mich an eine kleine Reiberei mit dem ›Elefanten‹ erinnert. Der dicke Müller erklärte, der Herr der Heerscharen, der Allmächtige sei mit Fridericus Rex im Bunde gewesen, als er Maria Theresias Armee ausgerechnet in jenem Augenblick angegriffen habe, als die Generalität zu einem Fest nach Wien befohlen worden sei. Und die kopflose Armee wäre vernichtend geschlagen worden, so habe die Vorsehung dem alten Fritzen geholfen. Und da bist du mit deinem Zwischenruf herausgeplatzt ... ›Oder sein Spion Käsebier, Herr Oberstudienrat!‹ Die Klasse brüllte vor Lachen.« Sie lachten beide in der Rückerinnerung: »Na also, jetzt sagen wir uns fröhlich ›Rot Front‹. *Dabei* bleiben wir.«

Und Peter war allein und begann seufzend, die Scheuerutensilien und die Schmierseife aus dem Schrank zu zerren.

Wo viele Menschen sind: Schichtzeit, Hauptstraße, Markthalle – Peters Stationen auf der Suche nach der Bleibe. Zur Markthalle lief er mit seiner grauen Schiebermütze, den Rucksack auf dem Buckel. Er bevorzugte die Stände vor dem Halleneingang im Freien, die langgestreckten Gebäude der Universität zur Rechten, die Oder mit dem Wehr und die Brücke vor der Straße zur Dominsel zur Linken, vor sich einen übersichtlichen Platz und breite Straßenkreuzungen. Dort kaufte er Kartoffeln. Jemand zupfte ihn diskret am Rockärmel. Er drehte sich um. Ein hellblondes Mädchen. Erst die großen schwarzen Augen verrieten sie. Channah stand vor ihm. Sie starrten sich an, wurden angerempelt, bildeten ein Verkehrshindernis, ließen sich stoßen, blieben stehen. Peter zog das Mädchen hinter einen Stand an die Wand der Markthalle.

»Verzeih«, sagte sie, »ich müßte mich bei dir entschuldigen. Du hattest recht damals und die Jungens unrecht. Die meisten sind schon längst in Palästina. Und du hast auch politisch das Richtige vorausgesehen. Wie du das fertigkriegst, verstehe ich nicht, ich habe immer noch wenig Ahnung davon – jedenfalls eins glaube mir: daß sie dir so auflauern würden, das habe ich nicht geahnt. Bloß reden wollten sie ...«

»Ich hätte dich kaum wiedererkannt. So fremd bist du mit diesem Blond.« Staunen und Bewunderung waren in Peters Blick. Sie merkte es, wurde rot und meinte scherzhaft: »Beinahe hätten sie mich verprügelt, weil ich in unseren koscheren Fleischerladen gegangen bin – wie kann ein arisches Mädchen in ein Geschäft laufen, wo draußen dransteht: ›Deutsche, kauft nicht bei Juden‹.«

»Aha, deswegen blond. Warum kauft euer Dienstmädchen nicht für die Familie ein?«

»Ich bin ganz allein. Die Eltern und Sibby sind schon vor einem halben Jahr voraus als Quartiermacher. Vorläufig in die Schweiz. Sie wollen nicht für immer dort bleiben.«

»Die haben dich also völlig allein gelassen. Hast du denn keinen Bammel?«

»Ach nein! Ich erledige mit Sibbys Vater die letzten Bankangelegenheiten. Noch sind Kapitalüberweisungen nicht verboten. Und wir verkaufen Grundstücke, das geht allerdings über ausländische Vermittler. Vater Silberstein darf ganz schön bluten. Doch der Krösus erträgt so einen Aderlaß, ohne mit der Wimper zu zucken. Der Herr Bankier Doktor Silberstein meint allen Ernstes, mit einem hübschen blonden Mädchen zur Seite erzielt man bessere Abschlüsse, und es sieht nicht so sehr nach Panik aus.«

Leichtsinnig, leichtlebig, frivol, gleichgültig auf Nummer Sicher bedacht, war das Channah? Oder versteckte sich unter solchem Gehabe Angst, Verzweiflung, Hilflosigkeit? Was auch immer. Peter wollte es riskieren. Die Tage verrannen, die Bleibe unter dem Dache schien jeden Tag unhaltbarer. Da blieb keine andere Wahl.

»Würdest du etwas für mich tun?«

»Immer!«

»Komm!«

Der Markttrubel keilte sie ein, stieß von allein Seiten. Die Kaufhalle schloß ihre mächtige Tore, auch die Besuchereingänge wurden zugemacht. »Wir sind hier Verkehrshindernis. Am Stehkaffeeausschank ist Platz.«

Die Theke des festgemachten Budenwagens reichte als schmaler Tischaufsatz um das ganze Vehikel herum. Nur die Tür war ausgespart.

»Ich hab' dir ja so unrecht getan. Ich tue alles, was geht.«

»Eine Bleibe brauche ich.«

Verlegene Röte zog sich wieder über Channahs Gesicht.

»Peter, ich bin doch mit Sibby verlobt. Die Eltern hatten es schon vor zehn Jahren vereinbart, als er Bar Mizwa wurde mit dreizehn. Und jetzt . . .«

»Nicht, was du denkst«, kam es rauh und grob aus Peters Munde: »Mir tät die Dienstmädchenkammer reichen. Sie wär' sogar ideal, hinterer Treppeneingang für Dienstboten, Lieferanten und Hausierer.«

»Ach so, was Politisches?«

»Die SA sucht mich – vielleicht auch schon die politische Polizei. Ich hätte dir das ohnehin gesagt, bevor du mich aufnimmst.« Channah erschien Peter abgekühlt, desinteressiert – ganz plötzlich.

»Entschuldige, ich wollte dich wirklich nicht belästigen.«

Er war im Begriff, schnell wegzugehen, als er Channah mit kleiner Stimme etwas angestrengt sagen hörte: »Warte mal!«

Sie mühte sich um einen Schlüsselbund: »Warte noch 'n Augenblick, ich muß den kleinen Schlüssel erst loskriegen, der sitzt so fest.« Sie steckte ihm den Sicherheitsschlüssel in die Seitentasche. »So – und jetzt zieh Leine, bevor wir auffallen.« Channah verschwand im Gedränge.

Es begann eine Zeit, in der sie sich nicht sahen, aber spürten und nahe waren. Sie hörten die Geräusche der täglichen Verrichtungen voneinander. Man hatte feste Aussagen und Regeln vereinbart für alle Fälle, auch den Ernstfall. Sie durfte dann keine Ahnung haben. Das letzte Dienstmädchen, deren zeitweiliger Liebster er gewesen zu sein vorgeben sollte, hatte ihm den Schlüssel zugesteckt. Sie paukte alles gewissenhaft ein. Wenn es etwas Merkwürdiges in ihrem neutralen Verhältnis gab, dann dies, sie dachten unaufhörlich aneinander, sorgten sich, und unter der Asche glimmte neues Feuer auf.

Das Frühjahr des Jahres 1934 war angebrochen. Im Bürgermeisteramt von Grenzbrunn saßen die neuen Herren um den Sitzungstisch, der Ortsgruppenleiter der NSDAP, Logierhausbesitzer Fischer, und der Führer des SA-Sturmes, Dr. Biller in Uniform, der Gemeindesekretär und der Ortspolizist. Nur einer stand. Er stand am Kopf des Tisches und wußte nicht, was er mit seinen zitternden aufgeregten Händen anfangen sollte. Er starrte ins Leere und wirkte wie vom Schlag getroffen. Fischer ermunterte ihn. »Na, machen Sie nicht so ein todtrauriges Gesicht, Gottschling. Ein paar Jahre vor der gesetzlichen Altersgrenze pensioniert zu werden, mit vollen Bezügen, das ist doch kein Beinbruch. Die Dienstwohnung bleibt Ihnen, und den neuen Flügel mit den Logierzimmern, die Sie angebaut haben, nimmt Ihnen auch niemand weg. Damit sind Sie immerhin Kurhausbesitzer. Behalten Sie doch endlich Platz. Hätten rechtzeitig umsteigen sollen auf unsere Partei wie Herr von Weddingen, dann blieben Sie in Amt und Würden. Schade! Na, setzen Sie sich doch endlich.«

»Danke, ich stehe lieber. Bestätigen Sie bitte die ordnungsgemäße Übergabe der Geschäfte. Der Gemeinderat hat mir bereits die ehrenvolle Entlassung erteilt.«

»Aber, aber, diese steife Amtssprache unter Freunden. Warum so förmlich auf einmal?« Zu den anderen gewandt, ordnete Fischer an: »Wollen die Herren bitte in meinem Vorzimmer auf mich warten. Ja, Sie auch, Sturmführer Biller.«

Mit bösen Gesichtern schlurften die Neugierigen aus dem Raum. Fischer atmete hörbar auf: »Na endlich! Setzen Sie sich doch.« Er brüllte: »Ich befehle Ihnen, sich hinzusetzen.«

Gottschling sank in den Stuhl und kroch in sich zusammen.

»Tut mir leid, der Befehl. Ging nicht anders, Herr Doktor, was wir jetzt zu besprechen haben, unterliegt parteiamtlicher Schweigepflicht. Verstanden?«

Völlig durcheinander gebracht durch die Aussicht, in das Vertrauen gezogen zu werden, dienerte der ehemalige Bürgermeister wie eine aufgezogene Puppe. »Sehr wohl, Herr Ortsgruppenleiter.«

»Das Wort ›Bürgermeister‹ kommt Ihnen wohl schwer über die Zunge?«

»Ich – ich – ich wußte nicht, welchem Rang Sie den Vorzug geben.«

»Schön, und jetzt erzählen Sie mir mal im Detail, was es mit der ›Bohemia‹ auf sich hat. Von vorn an. Was für Absichten die Gemeinde mit dem Haus verfolgte seit 1910. Wie das mit der Hypothekenfalle war, wie die Itzigs herausrutschten. Im großen und ganzen ist uns das bekannt. Ich brauche das Detail hinter der Akte ›Bohemia‹, die kleinsten Einzelheiten Ihrer Erwägungen, Verhandlungen, Ihrer Maßnahmen.« Erschrocken stand Gottschling auf, schuldbewußt, in Verteidigungsposition stotterte er entsetzt: »Ich – ich – ich habe nie allein, sondern stets im Einverständnis und nach Beschluß des Gemeinderates ...« – »Kein Vorwurf, Doktor«, unterbrach Fischer ungeduldig. »Alles zugestanden, war alles vollkommen in Ordnung. Fangen Sie endlich an. Kommentieren Sie das fette Bündel, jede Seite, ich habe Zeit und Geduld.« Er balancierte die Akte »Bohemia« wie ein Tablett auf den Händen, sagte bedeutungsvoll: »Das wiegt, das wiegt!« und warf sie auf den Tisch vor Gottschlings Platz. Die Herren saßen bis zum späten Abend beisammen, und der Altparteigenosse und Vorkämpfer des Nationalsozialismus, Fischer, wagte es danach noch vor der Mitternacht, seinen Kumpanen, mit dem er einst »nasse« Sachen, notwendige, hinter sich gebracht hatte, in seiner Privatwohnung anzurufen.

Das größte Zimmer im Appartement des Ortsgruppenführers der SA, des Mitglieds des Stadtrats und Polizeipräsidenten von Breslau, Edmund Heines, hatte eine riesige, viereckige niedrige Couch als Mittelpunkt. Schwere, tiefe Sessel, rosa Lämpchen, überall indirektes Licht von der Decke, die kleine Statue eines nackten Athleten, Wandteppiche, eine Tee-Ecke mit Chippendaletischchen und -stühlchen, ein niedriger Bücherschrank, auf dem ein Blumenarrangement blühte.

Heines nahm den Hörer ab: »Wer spricht? – Ach nee, Erhard Fischer, wirklich! Kamerad von dunnemal, wo bist du denn abgeblieben. Du altes Schlachtroß lebst? Großartig. Aber natürlich, solche Kameraden vergißt man nicht. Grenzschutz, Organisation Consul, Baltikum, Schwarze

Reichswehr – das bindet. Natürlich helfe ich dir. Kann ja ein paar Jungens mitbringen. Heh? Verbinden wir Dienstliches und Privates. Also ein bißchen Angst einjagen, dann ist der Apfel reif zum Fallen. Nichts dagegen, bloß, weißt du, die Berliner sind gegen wilde Husarenritte. Sogar, daß man mit der Knarre winkt, ist ungern gesehen. Sohn Kommunist, Redakteur, jetzt verschwunden. Wie heißt der? Pelz – Samuel? Etwa Peter? Ist der Hund in der Nähe? Nicht auslassen. Auf keinen Fall. Ein guter Mann auf die Fersen! Erhard, das hättest du früher sagen sollen. Ich komme. Selbstverständlich. Hört euch mal um, wo dieser Peter jetzt steckt. Der Kerl hat mich einmal blaß und mit vollen Hosen erlebt. Den lang ich mir! Sorge für ein bißchen intimes Beisammensein nachher, mit dezenter Musik. Wie? Bar im Fürstenhof? Hört sich gut an. Na denn, Heil Hitler!«

5. David und Goliath

Der Wecker rasselte. Esther fuhr auf. Verschlafen murrte Simon: »Mußt du unbedingt als erste in der Küche sein, wo die Saison noch gar nicht angefangen hat? Keine Zeit für ein Wort. Ich muß ernsthaft mit dir reden. Der Prozeß gegen diesen Dimitroff kündigt eine böse Zukunft an. Laß uns weggehen, Esther.«

»Mein Bär kriegt Angst«, schmunzelte Esther, kraulte seinen dichten, dunklen Haarpelz auf der Brust: »Du siehst viel zu schwarz. Sie sind ordnungsgemaß gewählt worden. Geredet wird viel. Den Juden hat man noch kein Haar gekrümmt, wenn sie nicht Rote sind!« Sie zog den Vorhang beiseite, fuhr geschwind in den Morgenmantel, in die kleinen farbigen Badeschuhe, band sich ein Tüchlein um, machte sich für das Badezimmer bereit. Für einen Augenblick vergaß der von ihrer behenden Grazie immer entzückte Simon seine Sorgen. Dann richtete er sich, bestürzt über ihr leichtes Hinwegschwindeln, auf, sprang im Nachthemd aus dem Bett und rief ihr zu: »Schäfchen, glaubst du denn wirklich, daß die Kommunisten den Reichstag . . .«

»Wer streikt, wer seinen Glauben verleugnet, wer das Eigentum beschlagnahmen will«, sagte Esther schon von der Türe her, um kein Gegenargument anhören zu müssen, »dem ist alles zuzutrauen.«

»Und dein Kind, der Junge, Peter?«

»Sprich nicht von ihm. Ich will den Namen nicht hören.« Die Tür fiel ins Schloß, öffnete sich jedoch wieder. Esther flüsterte: »Besuch! Zieh den Vorhang vor.« Auf der Schwelle stand ein Dorfmädchen im Kopftuch, grüßte tschechisch, knickste tief und sagte atemlos, auf Raten, leise, gebrochen: »Dobry den, Pani Polanová! Ich bin hintenherum gekommen, durch den Hof. Frau Gottschling läßt grüßen! Ich soll ausrichten, der oberste Führer der Nazis in ganz Schlesien, der Obergruppenführer Heines, kommt Sie besuchen. Ja, Sie! Frau Gottschling hat es nur hintenrum erfahren, weil sie vorher einen Appell machen, die SA, und weil Girlanden und Ketten von Fähnchen sind gehängt am Gemeindehaus.« Pelz kam in Hose und Morgenmantel hinter dem Vorhang hervor: »Was will er von uns?«

»Ja, die Frau Gottschling meint, es ist wegen dem Hotel. Ich gehe jetzt schnell. Nach sieben sind mehr Leute auf der Straße. Nazdar. Na shledanou!« Sie verschwand schnell und leise.

Energisch erklärte Pelz: »Ich gehe, as long, as the going is good. Ich reise ab.«

»Feige bist du!«

»Und du – gehst auch. Lotte soll dich vertreten. Esther, meine Liebe. Du begreifst den Unterschied zwischen Mut und Wahnsinn nicht. Hätt' ich nur meinen britischen Paß behalten! Jetzt hilft nur das Australia Department in Berlin. Immerhin – fast dreißig Jahre war ich australischer Bürger.« Esther sah ihren Mann zornig und entschlossen an, und es kostete sie ihre ganze Willensstärke, ihm zu widerstehen: »Die ›Bohemia‹ hergeben! Mutters und Filips Haus? Nie! Ich denke nicht daran. Dafür gibt es Gesetze. Der Rabbiner wird helfen. Ich gehe ihn holen.« Sie zog sich schnell den Mantel an, band ein Bauerntuch um den Kopf, fuhr in halbhohe Stiefel, überhetzt, verkrampft, unbeirrbar, und glich im Aussehen und der Haltung der Josefine, auch in der wilden entschlossenen Unaufhaltsamkeit. Es half nichts, daß Pelz ihr zurief: »Aber Esther, Liebes. Du vergißt, sie haben dir doch den Schein für den kleinen Grenzverkehr weggenommen.«

»Über *die* Grenze geh' ich im Schlaf, in stockdunkler Nacht. Wir haben schon als Kinder Tabak gepascht. Lehr du mich die tschechische Grenze kennen!« Sie rannte durch die Hotelhalle, in den Gang auf den Hof. Simon hinterher, schrie: »Esther, Esther«, da war sie durch das Hoftor. Weiteres Rufen hätte Verdacht erregt. Verzweifelt ging er ins Haus. Esther lief quer durch den Kurpark, einen Eierkorb unter dem Arm, mit gesenktem Kopf, gelangte in das Grenzdorf Tscherbenei gleich hinter dem Gondelteich, dessen Bewohner deutsch wie eine Fremdsprache radebrechten, obwohl sie in der Schule gar kein Tschechisch lernten. Sie rannte in den Bauernhof einer alten Handweberin, deren Töchter im Sommer in der Nähstube der »Bohemia« ihr Brot verdienten, erzählte ihr, sie brauche für die Saison dringend ein paar Büchsen mit Gewürzen drüben aus Nachod. Sie hätte eben bemerkt, daß sie ihren Grenzschein zu Hause vergessen habe, ob sie nicht durch den Hintergarten und das Feld ... Natürlich, selbstverständlich, warum sie denn überhaupt erst frage ...

Als sie im Auto des Rabbiners zurückfuhr, stieg sie vor der Grenze aus und dahinter wieder ein, ungesehen und triumphierend wie ein Schuljunge nach einer Lausbüberei. Die lachende Miene verging ihr, als am Auto vorbei auf der Bäderstraße die vereinigten SA-Stürme der ganzen Umgegend marschierten, und das waren nicht nur die Grenzbrunner drei Dutzend, da stampften und sangen mehr als dreihundert »Die Fahne hoch«. Der Wagen fuhr durch die Nebengasse zum hinteren Hoftor. Eine bleiche Esther legte die Hand auf ihr klopfendes Herz: »Gott sei Dank, er ist noch nicht da.« Simon, heilfroh, empfing den Rabbiner im Zimmer eins. Es wurde kaum geredet. Alle standen am Fenster. Vier Männer in ihren Galauniformen entstiegen dem Mercedes des Obergruppenführers, außer ihm Schorschi, Stabschef Brückner und der neue Bürgermeister in nagelneuer brauner Uniform. Wieder bildete eine SA-Wache Spalier von der Straßentreppe über den höheren Grund zur Steinterrasse und dem Hoteleingang. Vom Flur traten sie mit heftigen Stiefeltritten in das Zimmer eins, aus dem der Rabbiner Pelz, den »Australier«, fortgeschickt hatte. Er stand mit Esther vor dem hohen Büfett. Mit der Reitpeitsche am Mützenrand grüßend, schauten sich Heines und seine Gefolgschaft ungeniert um. Sie nuschelten: »Heilter«, und der Oberste entheiligte Josefines Thronsessel, indem er sich darin niederließ: »Gut haben es die Juden bei uns. Wer ist denn dieser Bart?« Heines war von dem Adjutanten und dem gedrungenen Stabschef Brückner eingerahmt. Dahinter stand der neue Bürgermeister. Heines klatschte ungeduldig mit der Reitpeitsche auf seine Langschäfter, und Esther sagte, vor Schreck viel lauter, als sie es vorgehabt hatte: »Das ist Herr Oberrabbiner Brodski aus der Tschechoslowakei.« Mißgestimmt schaute Heines auf, brummte aber recht zivil: »Soso. Dann wird Ihr Gast uns wohl bitte allein lassen. Rufen Sie meinetwegen Ihren Sohn, der ist doch sicher im Haus, oder?« Esthers Herz schlug bis zum Hals. Sie rief, vor Angst wieder überlaut: »Mein Sohn gehört nicht mehr zu unserer Familie. Wir haben ihn daraus entfernt. Er ist Kommunist. Aber der Herr Oberrabbiner ist mein Berater!«

Heines, der sich nur langsam von seiner Enttäuschung erholte und sich außerdem vor Augen führte, daß die Hauptstoßrichtung vorläufig die Roten waren, wenn sogar die Itzigs ihre Söhne rausschmissen, weil sie – na dann lieber bißchen vorsichtig mit den Knobelbechern. Er drehte sich zu Fischer um: »Na, dann schießen Sie mal los, Kamerad Fischer, damit wir's geschwind hinter uns bringen. Habe noch viel vor heute!«

Der Angeredete trat vor, öffnete eine Akte und begann ohne Einleitung: »Diesen angebotenen Kaufvertrag kennen Sie ja. Auch die Summe dreihunderttausend. Brauche ihn also nicht vorzulesen.« Er klopfte auf die Akten, er hob seine Stimme, als redete er zu den Massen, wie auf einer Rednertribüne, und wurde emphatisch: »Diesem so großzügigen, stetig gesteigertem Angebot hat die Familie Polan – Samuel – Pelz seit fast dreißig Jahren ein hartnäckiges Nein entgegengesetzt. Nun ist die Zeit gekommen, wo wir andere Saiten aufziehen.« Drohung lag in der Stimme: »Jetzt heißt es: Entweder – oder!« In Tränen gebadet, schluchzte Esther an der Brust des Rabbiners. Dr. Brodski machte sich frei, indem er sie in einen Sessel drückte. Er räusperte sich, und im gemütlichen, sauberen Prager Deutsch sprach er langsam, bedacht und eindrucksvoll mit der geübten Stimme des Predigers: »Gestatten Sie mir, daß ich als ausländischer Jude auch im Namen meiner überseeischen Glaubensgenossen rede. Schauen S', Herr Oberst, seit Menschengedenken suchen Juden auf der ganzen Welt in diesem Badeort Erholung und Heilung. Und weil wir gläubig sind, leben und essen wir im koscheren Hotel und Restaurant ›Bohemia‹. Ich weiß nicht, das muß ich Sie fragen, Herr Oberst, ob Sie in der beneidenswerten Lage sind, auf ausländische Valuten verzichten zu können?«

»Das Miststück«, fauchte Fischer, wütend, weil ihm das

Wort impulsiv herausgerutscht war, betroffen und erschrocken zugleich. Sein Chef war da auch nicht unterrichtet und ebenso unsicher: »Wie ist es? Können wir?« Fischer knurrte wütend: »Kriegen die Itzigs eben einen anderen Laden. Muß ja nicht gerade die ›Bohemia‹ sein.« – »Wieso?« fragte Heines, nun richtig böse. »Da haben wir ja in ein schönes Wespennest gelangt. Nächstens hetzt du mir noch alle Weisen von Zion und die Propheten dazu auf den Hals.« Ohne Gruß stürmte Heines aus dem Raum, Brückner folgte ihm, Fischer zottelte ratlos hinterher, und noch einmal fiel Esther dem Rabbiner um den Hals, diesmal aus Erlösung. Der Rabbiner drückte sie sanft von sich weg, hielt sie an den Ellenbogen fest: »Esther, glaub mir, Simon hat recht. Verlassen Sie diesen Ort, solange noch Zeit bleibt. Ziehen Sie in die Stadt, unter vielen fällt man nicht so auf. Hier sitzen Sie als einzige Jüdin auf dem Präsentierteller.«

Sie schüttelte den Kopf. »Sie sehen nur den Bürgermeister und seine Vorgesetzten, Herr Rabbiner. Ich weiß von vielen guten Menschen, eine Frau hat mich heute durch ihren Garten ins Tschechische geschmuggelt und wieder zurück. Die guten Menschen haben sich nur ein bißchen versteckt, bis das schwere Wetter vorbei ist. Mit der Sonne kommen sie wieder heraus. So Gott will, Herr Rabbiner, erhalte ich der Mutter ihr Haus.«

»Geschlossene Gesellschaft« stand vor dem Eingang zum Fürstenkeller, aus dem Charlestonmusik klang. Die Tür war von zwei SA-Posten bewacht. Eine Polizeistunde gab es für die geschlossene Gesellschaft nicht. Sie waren selbst Polizei, und Heines hatte seinen Ärger in vielen Flaschen ertränkt, so daß er zur Vertraulichkeit mit seinem alten Kumpanen zurückfand: »Du hast mich in eine dämliche Lage gebracht vor dieser rabiaten Sarah. Wenn du ihr nichts am Zeuge flicken kannst, was hieb- und stichfest ist, laß die Finger davon. Ich hätt' ihr, glaub mir das, liebend gerne eins ausgewischt, schon wegen ihres Sohnes, und ich schwör dir, den kauf ich mir noch, bloß da war keine Handhabe.« Ein wenig angeheitert streckte er, nicht mehr ganz treffsicher, seinen Zeigefinger nach Brückner aus:

»Was sagt der Jurist?« Es kam wie aus der Pistole geschossen, wie bei einer Prüfung abgefragt und vorgeleiert: »Enteignungen und Zwangsverkäufe jüdischen Eigentums, dessen Besitzer nicht straffällig geworden sind, dürfen nicht ohne höchste Entscheidungsgremien vorgenommen werden.«

»Vorläufig, vorläufig! Siehste. Aber du hast ja nie Zeit gehabt zu warten. Deine Hand war immer schon viel zu schnell am Abzug, mein Junge. Knall, bumm – fertig! Sonst wärst du schon viel weiter.«

Mit knirschenden Zähnen fluchte Fischer: »Diese hundsfotzigen Itzigs. Diese Polansarah. Der zahle ich's heim. Diesen Tag vergess' ich ihr nie.« Heines kicherte: »Dasselbe habe ich ihrem feinen Sohn versprochen. Laß dir Zeit, Fischerlein. Rache ist ein Gericht, das kalt genossen sein will.«

Die Freunde trafen sich hinter der Jahrhunderthalle im herbstbunten Park, im kleinen Pavillon auf dem Kinderzobten, einem Steilhügelchen, dem großen vulkanischen Zobtenberg ähnlich. Am Frühlingssonntag sind viele Leute unterwegs. Das Tandem, während der letzten Schuljahre zusammengebastelt, weil man sich damit nicht nur Bewegung verschaffte, sondern Privates und weniger Privates darauf bereden konnte, ohne aufzufallen, tat ihnen immer noch gute Dienste. Sie sahen in Radfahrmützen, schwarzweiß gestreiftem Sportjersey und kurzen Hosen zünftig aus. Auf dem Gepäckhalter waren ihre Windjacken befestigt, und so radelten sie los. Zuerst ohne zu reden, froh, wieder beisammen zu sein, sie fanden ihren alten Rhythmus. Bis es Peter nicht mehr aushielt: »Weshalb der Treff?« – »Bitte nicht Treff, das ist Politdeutsch. Wir benutzen Sportlerjargon: Fußball, einverstanden?«

»Trotzdem – weshalb?«

»Na, es ist schön, die Sonne scheint. Frische Luft ist immer gesund.«

»Sei mal ernst, reden wir also vom Sport.«

»Warte mal noch'n bißchen. Zu viele Leute hier, die lieber Spaß mögen als Sport.«

Endlich war es soweit, daß Schinski zu reden begann:

»Wir haben im Vereinsvorstand über dich gesprochen. Du fährst als Verbindungsmann der Mannschaft weg, um die nächste Pokalrunde vorzubereiten.«

»Aber ich bin doch mit dem Training noch nicht fertig. Die Marschroute für das Sonntagsspiel ist nicht durchdacht. Vor allem: Wozu die Mannschaft schwächen? Immerhin – der Mittelstürmer.«

»Hilft nichts. Für internationale Vergleichskämpfe brauchen wir einen Mann, der von Club zu Club fährt und die Matchs aushandelt. Wir sind überall einsatzfähig, auch wo es keine Grasplätze gibt. Wir fürchten weder Sandboden noch Asphalt. Gut für die Kondition. Für die Ligamannschaft bleibst du Ersatzmann und erste Reserve, klar? Wie ist übrigens dein letztes Trainingsquartier?«

»Ziemlich anständig, aber nicht winterfest.«

»Störanfällig?«

»Noch nicht.«

Eine Weile herrschte Schweigen. Schinski drehte sich auf dem Sattel um, grunzte, Peter klopfte ihm auf die Schulter. Sie waren froh, zusammenzusein. Die Zeit schrumpfte.

Felix sagte: »Guck mal in die nächsten Nummern der Zeitung, die du mal ausgetragen hast. Wenn da ein Satz guterhaltener schwarzweißer Jerseys angeboten wird, ruf die Nummer an als Sportwart von der Spielgemeinschaft ›Immertreu‹.«

»Ausgerechnet der Name vom Unterweltringverein?«

»Na gut, meinetwegen ›GutsMuts‹. Ich gebe das weiter. Den Rest erfährst du dabei.«

»Sehen wir uns vorher?«

Felix sprang vom Tandem: »Nein. Mach's gut. Und schwitz nicht zu sehr beim Schieben, Sportfreund. Das Tandem kriegt Vogt. Und gib schön auf den Meniskus acht.« Felix drehte sich nicht mehr um. Lange sah ihm Peter nach. Schatten senkten sich über den Park. Peter tat seine Windjacke an, zog den Kopf zwischen die Schultern und trat in die Pedale.

Im fernen Grenzbrunn bewies sich, daß es Peter nicht leichthaben würde, wollte er die Heimat verlassen, obwohl sich der Tag beim Nachbarn Umlauf recht friedlich anließ. Denn weil Weihnachten im Anzuge war, arbeiteten Vater und Sohn gemeinsam im Radkasten des »Bethlehem«. Von hinten sah man den prosaischen technischen Hintergrund des erleuchteten beweglichen Spektakels. Alfred hatte an seinem Motorrad herumgebastelt, bis ihn der Vater in die Werkstatt gerufen hatte: »Alfred, hilf mir mal. Allein schaff' ich's nicht. Ich laß das ›Bethlehem‹ Probe laufen. Die neuen Figuren sind noch steif. Schmier mir die Gänge. Und das Jesulein in der Krippe braucht ein frisch gemaltes Ärschl. Wir machen's für die Kinder und den seligen Großvater.«

Doch noch während Alfred die Nacktheit des kleinen Jesus' bepinselte, stand der lange Hromadko-Karel auf der Schwelle und bemühte sich, seiner Stimme die Härte der Autorität zu verleihen: »Befehl vom Sturm, Alfred. Zieh die Uniform an, Tornister, felddienstmäßig. Punkt sechs Uhr Abmarsch. Diesmal hängt die Nacht dran.«

»Siehst du denn nicht, daß ich meinen Sohne zu Hause brauche? SA-Sturm ›Deutschland erwache‹, daß ich nicht lache: Lauter urdeutsche Namen – Umlauf, Hromadko, Strihauka, Dvořak, Wodak, Schmatolla.«

Die unwirsche Ablehnung und daß sich der Vater lustig machte, flößten dem Sohn Angst ein. Wenn der Karel so etwas weitertrug! Nur fühlte sich Karel auch nicht allzuwohl in seiner Haut: »Pane Umlauf«, begann er, korrigierte sich aber sofort: »Volksgenosse Umlauf, lassen Sie den Alfred lieber gehen. Der Giebel-Artur hat sich vom Dienst gedrückt. Der hatte danach wochenlang einen blaugrünen Hintern, erst blau – dann grün. So haben sie ihn . . .«

»Na, dann geh, Alfred. Ich brauch dich heil. Die Arbeit wartet. Hat's denn überhaupt einen Zweck, sich die Nächte um die Ohren zu schlagen in den Felsen?«

»Wir haben zwei erwischt«, rühmte sich Hromadko, »und wir wollten sie auch verhören und so ein bißchen rumspielen, bloß das ›Kommando zur besonderen Verwendung‹ hat sie uns ausgespannt, weil sie verbotene Bücher mithatten. Die sollen in so ein Lager gebracht worden sein zur Umerziehung: Arbeit macht frei. So war es.«

Darauf reichte Vater Umlauf dem langen Karel die Hand: »Na, dann macht's mal gut, ihr Helden, aber Karel, vergiß dein Tschechisch nicht.«

»Ach woher denn, wir reden auf Wache andauernd tschechisch, zur Tarnung.«

6. Plan mißlungen – Flucht geglückt

In seinem Dienstmädchenkämmerchen ohne Tageslicht packte Peter seinen Rucksack. Das wichtigste Gepäck – ein weißer Zettel, der zurückbleiben mußte und den er beim Packen laut memorierte: »Gerhard Töpfer, Schönwasser bei Hirschberg, Nr. 12. Grüße von Tante Bienchen ausrichten.«

Und noch einmal. Jetzt endlich saß es. Er zündete das Zettelchen sorgfältig an, ließ es auf einer Untertasse verbrennen und stocherte in der Asche herum, bevor er sie in den Papierkorb schüttete. Wie bringe ich's ihr nur bei, so plötzlich. Kann ich sie überhaupt allein lassen? Soll ich ohne ein Wort verschwinden? Ach, es geht ohnehin nicht mehr. Und wir haben nie miteinander geschlafen.

Ein Schlüssel drehte sich im Schloß. Peter horchte, schob den Rucksack unters Bett. Channah sagte: »Grüß dich, Peter. Ich hätt' dich nicht in deiner dunklen Klause besucht, wenn's nicht eilig wäre.« Sie bemühten sich beide um ein kameradschaftliches Verhältnis, das nicht recht gelingen wollte. Zu lange lagen ihre Hände schon ineinander.

Channah versuchte zu scherzen: »Immer, wenn ich in der Schule etwas besonders gut gekonnt habe, bin ich nicht drangekommen. Deinetwegen habe ich eine ganze Litanei auswendig gelernt, für alle möglichen Fälle und Zufälle. Nichts habe ich bis jetzt gebraucht – nichts. Soll ich's dir herbeten?«

»Nicht mehr nötig.«

»Schade – warum? Was ist passiert?«

»Ein Inserat. Ein Telefonat. Ein Rendezvous.«

Scherzhaft, jedoch mit heftig klopfendem Herzen fragte die Braut von Sibby: »Hast du etwa eine andere?«

»Ich habe ja nicht einmal dich!«

»Macht es dir Spaß, mir Rätsel aufzugeben?« Beide bebegannen gleichzeitig: »Channah.« – »Peter.« Sie lachten darüber. Peter beherrschte sich zuerst: »Mir ist gar nicht nach Kichern zumute.«

»Mir eigentlich auch nicht. Die Eltern kommen heute zurück. Das neue Nest im Ausland ist vorsorglich gefedert. Dann fliegen die Vögel endgültig nach dem Süden. Die deutsche Kober AG ist liquidiert. Im Stich lasse ich dich trotzdem nicht. Notquartier in Silbersteins Laubenpieperheim, draußen in Pöpelwitz, ein Palast gegen die dunkle Mädchenkammer. Soll heißen, du mußt weg.«

»Das trifft sich ja großartig. Sogar sofort muß ich. Das war nämlich das Rendezvous.«

»Wohin darfst du mir wohl nicht sagen?«

»Nein, lieber später schreiben, wenn ich legalisiert bin. Ich melde mich Poste restante zurück, einverstanden? Wie wär's mit einem Abschiedskuß?«

»Peter, ich bin verlobt!«

»Trotzdem, zum Nachkosten!«

Sie gingen schüchtern und unbeholfen aufeinander zu, doch dann stürzten sie sich in eine Umarmung, die mehr war als der Abschied zweier Kameraden, bei der sich jeder fürchtete, als erster loszulassen.

Sie fühlten sich von Kopf bis Zeh, es war, als umarmten sie sich das erstemal, unlöslich aneinandergebunden. Aber sie küßten sich nicht. Wortlos holte Peter den Rucksack unter dem Bett hervor, buckelte ihn auf.

»Alles Gute, Peter!«

»Dir auch!«

Sie ging in die Küche, sah durchs Fenster, und er zeigte auf ein Porzellanschild an der Hausmeistertür. »Eingang für Dienstboten, Lieferanten und Bittsteller.« Er rief hinauf: »Bittsteller stimmt – ich liebe dich!« Er winkte und lief eilig um die Ecke.

Die Abteile vierter Klasse waren von einfachen, schmalen Holzbänken umsäumt, damit in der Mitte Platz genug für Stehplätze blieb, und Peter hatte auf dem Breslauer Hauptbahnhof im hintersten Wagen ein menschenleeres Abteil ergattert und glaubte, das sei das große Los, als eine Horde Pimpfe hereinstürzte. Er zog sich auf einen Eckplatz am Fenster zurück und ließ die Lärmwogen über sich hinwegfluten, bis er merkte, daß er selber Gegenstand der Unterhaltung geworden war. »Ein Pollake.«

»Nee, ein Jude!«

»Quatsch doch nicht, die sehen anders aus.«

»Ein Katzelmacher.«

»Wer soll das sein?« fragte der Fähnleinführer. »Mein Vater sagt, so heißen die Italiener.«

»Früher mal, jetzt nicht mehr«, belehrte der junge Mann. »Benito Mussolini ist unser Freund!«

»Was soll der denn sonst sein?« fragte ein Bürschel.

Stimmen gleichzeitig und durcheinander.

»Wenn er uns aber nicht versteht?«

Ein fetter Zwölfjähriger stellte sich zwischen Peters Knie: »Könn' Sie ›Hoch auf dem gelben Wagen‹?«

»Und ›Wilde Gesellen vom Sturmwind zerzaust‹?« – »Die Fahne hoch?«

»Das ist wohl mehr etwas für die großen Kameraden«, erklärte Peter großspurig, und der Pimpfenführer gab ihm recht. »Wie ist es, singen Sie mit uns?«

»Gerne, aber nicht bloß gegrölt.« Peter sah sich aufstehen, in der Mitte stehenbleiben. Chorleiter, davon verstand er etwas und durfte in der Rolle bleiben: »Wer singt erste, wer zweite? Wer brummt, der darf sitzen bleiben. Habt ihr wenigstens 'ne Klampfe oder 'ne Quietschkommode?«

»'ne Stimmgabel habe ich.«

Bereitwillig reichte der junge Mann sie herüber.

»Fangen wir an: Do re mi – erste. Zweite. Do – – dottodo – mimimi. Achtung: ›Hoch auf dem gelben Wagen . . .‹ «

Nicht der erste Chor, den Peter dirigiert hatte, dafür der wichtigste, es ging um Durchkommen oder Geschnapptwerden, um so mehr, als nur der singende Chorus ihn davor bewahrte, in die Ausweiskontrolle hineinzugeraten. Die Breslauer Genossen hatten ihn gewarnt. Je näher der Grenze, um so mehr Stichproben. Und das Singen machte sogar noch allen Spaß.

Bis Görlitz blieb die Hitlerjugend sein Schutzpanzer. Umsteigen. Am späten Nachmittag stieg er aus der Kleinbahn und wanderte auf Waldpfaden durch den Forst. Er hatte die Wanderkluft aus dem Rucksack geholt. Zünftig: Bundhose – bayrisches Trachtenjankerl, Seppelhut und den Bergstock in der Hand. Bald erschien die Asphaltchaussee parallel zum Waldesrand. Es war nicht die seine. Eine holprige Dorfstraße zweigte ab. Peter erblickte sie erst gar nicht, sie war in den hohen Wiesengrund eingelassen, so daß sich zu beiden Seiten grüne, schräge Böschungen darüber erhoben. Noch bei Tageslicht gegen vier Uhr nachmittags erwartete ihn der Töpfer Gebhardt. Er würde ihn bis zum Abmarsch verstecken und in der Nacht bei Neumond über die Grenze schleusen. Bis jetzt klappte auch alles. Da stand das Ortsschild: Schönwasser, Kreis Hirschberg. Gleich dahinter ernteten barfüßige Kinder mit der Sichel, das Mädchen riß mit den Händen Gras, spät wucherndes Gras, gefroren vom ersten Schneefall her. Der Junge um die zwölf, das Mädchen ABC-Schützin, und mit dem halbgefüllten kleinen Leiterwagen wartete unten noch ein Zehnjähriger auf die Ernte. »Macht ock schnelle«, schrie er nach oben. »Der Knecht vum Gemeendevursteher. Wenn der uns kriecht, der hult das Groas fer die Karnickelzucht von seen Herrn.«

»Der hot eh genug«, trotzte der Große. Als die Kinder Peters Schritte hörten, versteckte der Große die Sichel unter der Grasernte auf dem Leiterwagen. Die Kleinen verbargen ihre grüngefärbten Hände auf dem Rücken. Der Große beruhigte seine Komplizen: »Bloß a Stadtkerle.«

»Dos weß ma nie, paß ock uff«, quietschte der Kleine.

Der Junge fragte den herankommenden Peter einfach: »Wo wulln Se denn hie?«

Mit dem Knotenstock zeigte Peter auf das Ortsschild.

Die neugierige Kleine: »Zu wäm denn do?«

»Du bist aber gar nicht neugierig, wie?«

Altklug versicherte der Große: »Weil mir nämlich uffpass'n missen.«

»Aha! Auf den Landjäger, weil ihr dem Gemeindevorsteher sein Kaninchenfutter absäbelt!«

»Nee, uff Fremde, hot der Herr Lährer gesogt.«

»Ach nee!«

»Weil's hier Rote gibt im Dorfe, richt'ge Rote.«

»Glaub ich nicht.«

»Een ham se verhaft' heite frieh.«

Das kleine Mädchen wollte seine Information schnell

anbringen. Das war nur zum Guten; denn sie verriet: »Den Töpfer Gebhardt – und jetzt mochen se dos gonze Dorf wilde, die von der SA.« Sie hätte noch mehr geprahlt, aber der Große hielt ihr den Mund zu.

Peters Nerven hielten, er riß sich zusammen. »Na, da will ich nicht noch mehr Aufregung . . .«

Nun ließ der Mittlere nicht locker: »Is doch kee Geheimnis nich, zu wäm Se wulln.« Der Große schloß gleich an: »Was sind Se denn ieberhaupt for eener?« Er hatte Verdacht geschöpft.

Peter sah sich um. Zum Dorfeingang war es noch weit – zum Wald ein Hundertmeterlauf. »Ich kann neugierige Kinder gar nicht leiden, die ihre Nasen in die Angelegenheiten der Großen stecken. Abends komm' ich wieder. Grüß Gott.« Mit diesen Worten ging er schon und hatte den sicheren Waldrand erreicht, als er die Kleinen ihm nachlaufen sah. Er hörte die Kleine zum großen Bruder sagen: »Schorsch, dos miss'n ma angäben«, worauf ihr der Philosoph antwortete: »Wenn ma dos eene sog'n, miss'n ma mit'm andern ooch raus. Das Groas for de Zicken is wicht'ger.« Er holte die Sichel aus seinem Versteck und machte sich wieder an seine Arbeit.

Im schattigen Wald, im Rauschen der Bäume, Krachen der Äste, in dem Vogellärm und den vielen Geräuschen des Werdenden und Vergehenden, zog Peter seine Schlußfolgerungen. Er sprach seine Gedanken laut vor sich hin. Der Kontaktmann, verantwortlich für die Sicherung des Überganges, im Besitz der Anlaufadresse, fiel aus. Zurück nach Breslau? Nicht nur zu gefährlich, auch gegen die Anweisung der Partei. Vielleicht hatten auch schon ein paar Angeklagte ihre Schuld erleichtert, indem sie einen Teil auf ihn abwälzten. Ein durchaus legitimes Mittel der Verteidigung, nach der Devise: Wer weg ist, ist schuld. Und sicher war in Breslau herum, Peter Samuel ist draußen. Nach Prag mußte er also schon, nur wo und wie über die Grenze? Felix würde sagen: Wo kennst du jeden Stein, jeden Hügel, jede Straße und jeden Gebirgspfad? Jedes Flüßchen, jedes Wehr? Wo sind dir die besten Verstecke bekannt? Wo kannst du schlimmstenfalls anlaufen, ohne das Risiko, verraten zu werden? Antwort: Zu Hause, an deiner Grenze – bist ja von dort. Schwierig wird, eben weil dich die Leute kennen, das Hingelangen. Dafür bewegst du dich, bist du erst dort, in der Nacht wie eine Fledermaus. Das Problem ist nur: hinzukommen. Und zu wem?

Sicher gab es in Grenzbrunn nicht nur den Spartakisten Jaroslav Täuber. In der Lewinschen Weberei arbeiteten gewiß Genossen. Wie sie finden ohne Jaroslav? Also: Jaroslav! Und wenn er vom Bahnhof Grenzbrunn auf die Chaussee nach Gellenau abbog, sich in den Straßengraben drückte – denn nach Mitternacht war die Chaussee menschenleer –, quer durch das Territorium des Dominiums hinten an den Ställen vorbei bis zur Schonung lief und von dort durch den Forst und die Gemeindewiese zum Täuberhäusel? In Obergrenzbrunn, wo steckten da noch Fallstricke? Täubers gingen jede Nacht heim, seit die große Tochter in der Weberei auf Nachtschicht arbeitete und ihre Kleine zu Hause blieb. Sollte sich das geändert haben? Am Bahnhof Bad Grenzbrunn-Sackisch, letzte Station vor der Grenze, würde sicher eine SS-Wache stationiert sein.

Der Mitternachtszug zog sich sehr lang, weil sie immer ein paar Güterwagen dranhängten. Dahinter zottelte stets der Berliner Kurswagen, weil er am nächsten Morgen an die Lok gekoppelt wurde. Also dort. So etwas änderte sich nie bei der Reichsbahn. Daher: So weit wie möglich hinten ein- und aussteigen.

Wie ungern er auch die illegale Arbeit verließ, man hoffte wenigstens, nicht noch vor der neuen Aufgabe gleich gefaßt zu werden.

Was für Träume!

Vorläufig war man im Walde etwa fünfzehn Kilometer von Hirschberg, am Rande des Riesengebirges. Es begann das Wandern auf Waldpfaden, möglichst nahe den Rändern. Die sollten wenigstens durchschimmern, damit man sich nicht im Forst verlor.

Wandern in der Früh- und Nachtdämmerung, schlafen auf der Moosdecke am hellen Tag. Wenn es nur nicht schneite und fror. Ab und zu nahm ihn auch ein gutgelaunter Bauer ein Stück mit. Das hieß, die Landschaft der Gesichter prüfen, gut schauen, wenn möglich: durchschauen.

Und den Weg durch Kumpelsiedlungen machen, durch Weberdörfer. Die, die dort wohnten, verrieten einen kaum. Das Kohlenrevier von Waldenburg und Neurode. In Glatz stieg Peter um zehn Uhr abends endlich in den Mitternachtszug nach Grenzbrunn.

Vier Tage war Peter unterwegs gewesen. Das Schuhzeug? Daß es Gott erbarme! Neben der Güterabfertigung hatte einst die Höhere Knaben- und Mädchenschule gestanden. Stand wohl noch immer – wenigstens das Gebäude. Das beliebteste Bravourstückchen der Schüler war, unter dem Bretterzaun hindurchzuschlüpfen, um auf den Verschiebebahnhof und zum Lokomotivschuppen zu gelangen. Ein Brett war locker und ließ sich hochschieben. Diesmal sollte das in umgekehrter Reihenfolge vor sich gehen, und diesmal war der Preis nicht ein anerkennendes Schulterklopfen.

Merkwürdig, wie kühl man in Augenblicken der Gefahr abwägt, beobachtet.

Peter sprang aus dem letzten Wagen, noch weit entfernt vom Perron, auf das Schienengelände, bemerkte sehr wohl die SS-Wache auf dem Bahnsteig, bückte sich tief über die Gleise. Der Bretterzaun! War er viel fester geworden, etwa erneuert? Nein, der Bretterzaun war immer noch derselbe, schadhafter als vor dreizehn Jahren, dasselbe Schiebebrett gab den Weg frei. In der Güterabfertigung brannte Licht. Er huschte vorbei und hörte nicht auf zu rennen – den geplanten Weg, wie er ihn sich selbst vorgezeichnet hatte, Stunden, bis er erschöpft in der Schonung angekommen war. Es begegnete ihm nicht einmal eine streunende Katze oder ein wildernder Hund. Das änderte sich, als er über den Bergrücken dem Badeort näherkam. Weit unter ihm blinkte die Bäderstraße. Er lief parallel zu ihr durch den hügeligen Forst und überhörte beim Rennen, durch das wilde Klopfen seines Herzens abgelenkt, ungewohnte Geräusche. Ein grell angeleuchtetes Schild »Außenkommando GLATZ«, ein Stacheldrahtzaun überraschten ihn. Er sah die Baugrube, sah Gestalten in grauen, in gestreiften Anzügen, kräftige und abgehärmte, sah sie sich mit schweren Karren abquälen, sah am Rande der Baugrube die Wachen mit Stahlhelmen, sah schwarze Vögte mit Peitschen, hörte sie brüllend kommandieren. Er sah und wußte, ganz in der Nähe lag gewiß ein Arbeitslager der Festung Glatz. Eines der kleinen KZs, der gefährlichen, weil sie klein waren und darin fast anonym gepeinigt und geschlagen wurde.

Peter kroch auf dem Bauche abwärts, fühlte weder Raum noch Zeit, nur sein Zwerchfell, seinen Herzschlag, die Schenkel, die er nachzog, die Beine, die sich an Steinen und Stachelbüschen rieben. Er kroch, ohne zurückzuschauen, ohne anzuhalten, Puste zu holen. Er wunderte sich, daß er noch Kräfte genug übrigbehielt, nicht liegenzubleiben. Was der Mensch so aushält, staunte er. Immer weiter, immer tiefer rutschte er. Eine Lichtung. Der Hochwald. Die Dorfweide schimmerte hindurch. Hier durfte er nicht weiter. Zu übersichtlich die Dorfweide, ohne Busch und Strauch, jetzt im Spätherbst kahler Grund. Seine Kräfte gingen aus. Seit Tagen hungerte er erbärmlich.

Er fiel in eine Kuhle, japste nach Luft, und als er ruhig zu atmen vermochte, schlief er auch schon, erschöpft, ausgelaugt, kraftlos, doch beruhigt, mit weit offenem Mund. Er erwachte davon, daß seine Beine sich schwer und unbeweglich anfühlten vom Frost, obwohl es ihn am ganzen Körper kribbelte. Ein böser Muskelkrampf lähmte seine Glieder vom Schenkel bis zum Zeh. Da es ihm nicht gelang, sich aufzurichten, auf den Beinen zu stehen, rollte er sich zwischen den Bäumchen hin und her, schneller, immer wieder, ohne Pause. Das Kribbeln verstärkte sich, drang in seine Muskelstränge. Sein Blut pulsierte wieder, als am Horizont ein hellerer Wolkenstreifen auftauchte. Höchste Zeit. Täuber kam als einer der ersten zur Arbeit in die »Bohemia«. Also Trab durch die schmalen Villenstraßen. Unversehens kam er der »Bohemia« nahe, sah die Glasveranda, die das Licht der Straßenlaterne auffing und vervielfachte. Er sehnte sich danach, in die lockende Wärme zu treten. Sicher beherbergte das Haus Gäste, die Mutter schlief in der zwölf a, seit ihrer Kindheit schlief sie dort, seit seiner eigenen; die Hotelhalle, ach, ein guter Kaffee und Buchteln, Berge hätte er verschlingen mögen. Lotte in ihrer Junggesellenkemenate, ob sie überhaupt noch an ihn dachte? Nur einmal vorbeigehen am Haus, geschwind vorbei. Genosse, du bist mir ein illegaler Parteiarbeiter! So etwas auch nur zu *denken*! Doch es tat weh, sich an der »Bohemia« wie ein Strauchdieb vorbeizumogeln. Peter sah an sich herunter. So sah er aus, wie ein Strauchdieb.

Auf Seitenpfaden weiter nach Obergrenzbrunn ...

Am Täuberhäusel brauchte er nicht lange am Fenster zu klopfen. So schnell, als sei Jaroslav nächtlichen Besuch gewohnt, kam er in Stiefeln mit derbem Zeug heraus, nahm Peter wortlos bei der Hand, ohne Überraschung zu zeigen, deutete ihm, den Mund zu halten, und zog ihn in den Heuschuppen, den er sorgsam zuschloß. »Jetzt.« Er besah ihn von oben bis unten. »Oben hui, unten durch, wie ich sehe. Wir müssen dich von Kopf bis Fuß neu einkleiden. Ein Lumpenbündel bist du. Anscheinend fix und fertig, wart' mal, ich zieh dir die Botten aus. Schmeiß dich erst mal ins Stroh.«

»Bloß Durst und Hunger und müde.«

»Schlaf, Mariechen richtet dir was!«

»Information ist wichtiger«, stieß Peter hervor. »Emigration im Parteiauftrag, Kontaktmann vor Grenztreff KFZ verhaftet. Sofort Breslau über illegalen Apparat benachrichtigen, daß der Übergang von jetzt ab eine Falle ist. Hast du Verbindung?«

»Über ein paar Ecken.«

»Gut, Hauptsache schnell. Ich bin hierhergekommen, weil ich mich daheim auskenne. Ich will hier rüber.«

»Das wollen viele, mein Junge. Leider hat die SS die ganze Grenzzone dicht gemacht. In den Hügeln bauen sie Maschinengewehrnester. Politische Sträflinge besorgen ihnen das. Keine Bange, wir kriegen dich schon weg. Das erledigt ein ausgefuchster, zuverlässiger Spezialist.«

»Wie erledigt er's?«

»Na, der wackelnde Zahn, der sitzende Neger, die steinerne Glucke.«

»Danke, Groschen gefallen. Heuscheuergebirge oder ›Wilde Löcher‹?«

»Was gerade paßt, Peter. Jetzt schlaf! Ich muß dich ein bißchen zudecken, mit Heu. Sieh zu, daß du Luft kriegst, und schlaf den ganzen Tag durch. Dann darfst du baden.

Es geht sowieso erst im Morgengrauen nach der nächsten Nacht. Das will vorbereitet sein.« Schon halb schlaftrunken fragte Peter noch: »Und die ›Bohemia‹, Lotte, Mutter – ist der Pelz daheim?«

Bevor Täuber hätte antworten können, schlief er schon fest. Sonst hätte Jaroslav ihm erzählt, daß Pelz die Spannung nicht mehr hatte ertragen können und nach Antwerpen gereist war, Esther mit Briefen bombardierte, endlich nachzukommen, und gedroht hatte, er würde nicht mehr zurückkehren.

Jaroslav hätte gelogen. Denn gerade an diesem Vormittag kehrte Pelz zurück und wunderte sich, daß sich die Saison bis in den unerwartet warmen Spätherbst zog. Nur die Nächte bissen schon bitterkalt.

Esther saß im Winkel, dem weingeschützten. Merkwürdig, wie sich die Lieblingsplätze der Polans vererbten, Filips Schmauchecke. Lotte bediente sie. Esther lud sie an den Tisch, da hielt das Auto, und Pelz stieg mit zwei mächtigen ledernen Koffern die Treppe hoch, ließ die Koffer auf halbem Weg stehen, rannte zur Terrasse hinauf und umarmte Esther. Nach wortlosem Beieinander mit vielen Küssen sagte er ihr: »Liebes, ich bin ein Feigling, you know, gegen meinen Vorsatz doch gekommen. Ich hab' es nicht fertiggekriegt, dich allein zu lassen.« Wieder küßte er sie: »Rudolf hat mir einmal gesagt, ich höre ihm immer zu, weil er mein liebster Schwager ist, er hat gesagt: ›Meine Schwester Esther hat Glück mit ihren Männern und Pech mit ihrem Leben.‹ Also komm, Liebes, fangen wir anderswo als hier damit an. Mit dem Leben!«

Noch in seinen Armen wehrte sich Esther: »Und auch mit dem Leben hat er unrecht. Umsonst hast du dich geängstigt. Nichts ist uns geschehen. Nur ein paar Dorfklachels schreien herum und schlagen sich mit anständigen Leuten. Daß die Nachbarn Hakenkreuze tragen? Das müssen sie wegen der Obrigkeit. Im Herzen bleiben sie gut tschechisch. Ach, Simon, du Angsthase. Was geschieht mit solchen Leuten, die anständige Bürger bedrohen? Diesen Heines? Erschießen hat ihn der Hitler lassen, erschießen, den Heines, den mit der Reitpeitsche. In der Zeitung hat es gestanden. Vielleicht hat Hitler erfahren, was sich hat hier abgespielt. Und vor dem bist du davongelaufen, Simon, vor *dem*!«

Kopfschüttelnd führte Simon seine Frau zur Plauschecke, ließ sie sich setzen und wurde ihr Gegenüber. Immer noch den Kopf wiegend, sagte er hoffnungslos: »Es hilft nichts, Estherlein. Du wirst es nie verstehen. Das alles war doch nur das Vorspiel zur Tragödie.«

»Was heißt Tragödie?« rühmte sich Esther. »Das Hotel ist voll, auch die Dependance, jetzt schon, fürs nächste Jahr alle Zimmer vorausbestellt bis Ende September, das Restaurant ist tagtäglich ausverkauft. Wir verdienen viel Geld, frag meine Kassiererin, frag Lotte.«

»Was ist sie nicht, deine Lotte, Beschließerin, Oberkellnerin, Kassiererin, Beraterin, warum berät sie dich nicht, endlich wegzugehen?«

Lotte zuckte die Schultern, hinter Esthers Stuhl stehend, das Tablett zum Abräumen in der Hand: »Willkommen, Herr Pelz, wie gut, daß Sie da sind. Esther, kannst du mich ab heute bis morgen mittag entbehren? Es ist alles aufgearbeitet. Auch die Steuererklärung schon abgeschickt.«

Esther nahm die Freundin um die Taille. »Frag mich nicht erst. Hab ich dir schon einmal nein gesagt? Sicher wieder deine verrückten Bergtouren. Seit mindestens zwölf Jahren kraxelt sie, Simon, ihr einziges Vergnügen! Oder hast du dir einen Bergführer angelacht?« Das war freundlich-anzüglich, im Scherz gesagt.

Lotte wurde rot bis zum Haaransatz und versuchte, ebenso fröhlich zu reagieren: »Etwas Ähnliches, eine Sonntagsabwechslung. Also, darf ich?« Es gelang ihr nicht, Pelz zu täuschen. Er spürte, daß sich hinter der Bitte tiefer Ernst verbarg: »Laß sie!« Ein wenig beleidigt knurrte Esther: »Das mußt ausgerechnet du mir vorsagen!« Sie stand auf, küßte Lotte und ging ins Haus.

Pelz winkte Lotte neben sich, stützte den Kopf verzweifelt in die Hände und lud seine allzuschwere Sorgenlast bei ihr ab: »Sie kapiert nicht. Sie will nicht begreifen, warum das Haus voll ist. Hier ist der einzige Platz, wo Juden nicht beschimpft und beleidigt werden. Wo sie unter sich sind, wenn sie so viel Geld haben, daß sie es sich leisten können. Die Armen sind noch bedauernswerter. Hier ist der einzige Ort, wo Juden sich noch als gleichberechtigte Bürger *fühlen* können, wo sie nicht wie abgeschriebener Abschaum der Gesellschaft behandelt werden, sondern als begehrte Gäste. Was meinen Sie, Lotte, warum ich den jovialen Empfangschef mime, der mir sonst gegen den Strich geht, wenn ich hier bin. Weil, Lotte – hier ist der einzige Platz, wo sie sicher sind die paar Wochen wenigstens. Esther nimmt das todernst, sonnt sich in der Gastronomie und der Zufriedenheit der Gäste. Sie merkt nothing. Sie begreift es nicht. Und ich liebe das Weibstück!« schloß Simon komisch verzweifelt und sah wie hilfesuchend zu Lotte hin.

»Ich liebe sie auch, gerade weil sie so ist, ein einfacher, naiver, gläubiger Mensch, darauf liegt die Betonung: Mensch. Nur, daß sie die tote Mutter vergöttert und den lebendigen Peter verstößt, das tut weh. Es liegt wohl daran, daß sie noch fast ein Kind war, als er geboren wurde. – Schwamm drüber! Berg frei! Herr Pelz, die Gipfel locken.« Und sie sprang wie eine Gemse mit langen Schritten über die Steinterrasse.

Simon suchte seine Frau. Wo würde sie sein? – In der Küche!

Mit Lotte erlebte Peter immer improvisierte Flitterwochen auf Raten. Wie auf einer andauernd unterbrochenen Hochzeitsreise, die Tage in ihrer Mansarde, in Peters Bleibe – und nun auf der Pferdedecke im Heu, das bittersüße Finden vor dem großen Fragezeichen nach dem nächsten Mal. Und dabei erfüllte sie jedesmal sein Verlangen nach der unerreichbaren Channah. Das Liebesspiel verrät es nicht, es ist erfinderisch, leidenschaftlich, ehrlich, und die Zärtlichkeiten verraten nichts, sie sind zart und derb, gefühlvoll und wollüstig. Und die Nacht geht jedesmal allzuschnell vorbei, als daß sie Zeit fürs Schlafen haben. Und trotzdem bleibt die Wahrheit: In Lotte umarmte er Channah.

Morgengrauen! Lotte rieb sich die Augen, und als sie ihm zärtlich über das Rückgrat streichelte, glaubte er in die

Arena gerufen zu sein, doch sie wehrte ihn staunend ab: »Keine Zeit, Junge. Ich muß schon sagen, nach den vier Tagen Strapazen, die du hinter dir hast, bist du aber außerordentlich kampflustig.«

»Mach *dir* das Kompliment, Lottchen!«

»Schade, aber wir müssen aufbrechen. Zu unserem Glück gießt es wie aus Kannen. Auf geht's! Ich seile dich an, wir steigen von höher oben herab. Gebirgsjäger brauchen sie wohl anderswo, vielleicht in Bayern. Also gehören uns die Felsen und die Spitzen.«

Der Tag meldete sich schüchtern durch Hochnebel und Regenschleier. Sie saßen in einer Pinge, die tief in den Berg vorstieß, beinahe eine rechte Höhle war, und sie saßen eng aneinander geschmiegt. Lotte schaute auf das Leuchtzifferblatt, richtete sich halb auf und umwand Peters Schuhe mit dicken Lappen, die sie mit Bindfaden zuschnürte: »Wie Janošik«, kommentierte Peter, »der slowakische Räuberheld, der den Kaiserlichen nahm und den Armen gab.«

»Gib mir mal deine Pfote, hebe die Haxen, gut ist's. Es ist soweit, Junge. Um sechs Uhr früh werden die Hundeführer abgelöst. Spürhunde sind nur in der Dunkelheit eingesetzt. Die wären wir dann erst mal los. Komm näher an den Rand. Man sieht schon was. Die helle Schneise da passiert die Streife pünktlich sechs Uhr zehn. Dann ist der Pfad genau acht Minuten lang unbesetzt, eigentlich kaum ein Pfad, eher eine ausgetrocknete Rinne zum Quellbach. Acht Minuten. In dieser Zeit mußt du nicht nur unten sein, sondern weit genug, damit dich kein Geräusch mehr verrät. Luftlinie kaum fünfzig Meter, aber steil bergab. Vielleicht ein bißchen mühsam mit dem Lärmschutz an den Botten. Du schaffst es schon. Du bist nicht der erste, den ich rübergeschleust habe – nur der liebste! Die Landstraße unter dem Steilhang ist schon tschechisch. Signal wie geübt: Käuzchenruf.«

Peter zischte: »Achtung, sie kommen!«

»Hier oben hören sie uns nicht.«

Die Grenzwächter waren in der jungen Tageshelle deutlich zu erkennen, Hundeführer, die sich mit ihrer Ablösung mitten auf der Schneise trafen.

Der eine zerrte den Schäferhund an der Leine zum Halt. »Heiltr! Scheißwetter!«

»Heiltr! Ich hab 'n Grog für dich.«

»War was?«

»Langweilig und saukalt.«

Sie tranken aus ihren Feldflaschen. Der Rum ging herum. »Ein Schluck für Harras?« fragte der Wachtablöser. »Unterstehe dich, du.«

»Na, dann Heiltr!«

Die Hundeführer verschwanden. Der Diensthabende der Ablösung holte den Feldstecher aus dem Futteral und schaute in die Gegend. Lotte zog Peter in die Höhle zurück. Dann Schritte. Noch stärker trommelte nun der Regen. Lotte lugte über den Rand. Die Schneise war leer. Lotte umarmte den Flüchtling. Sie küßten sich. Dann noch ein Wort, ein geflüsterter Befehl: »Jetzt!« Peter sprang. War weg, wie verschluckt. Lotte kniete zitternd vor Spannung am Rande. Die Sekunden dehnten sich, sie hielt Ohren und Augen offen. Da endlich der Käuzchenruf. Die Spannung wich aus Lottes Gesicht. Sie setzte sich, tief in der Höhle, hin und heulte.

7. Juden unter sich?

Auf Anordnung des Führers und Reichskanzlers wurden, in Anbetracht der kommenden Olympiade, die der Welt ein friedliches Deutschland zu offerieren bestimmt war, die Zügel nach dem Jahre 1935 ein wenig gelockert. Der »Stürmer«, das ordinär-pornografisch brutale Hetzblatt gegen die Juden, verschwand von den Zeitungskiosken, wenn auch nicht aus der Zirkulation. Dafür war, gründlich und genau bis in die kleinste Ausführungsbestimmung, in aller Stille ein Gesetzeswerk zur Entrechtung der Juden entstanden, zur Vernichtung ihrer Position, zu ihrer Enthebung aus dem Beamten- und Juristenstand, zur Begründung der Unzulässigkeit, eigene größere Fabriken, Banken und Geschäfte zu führen und zu besitzen. Und ihre Pässe sollten einen diskriminierenden Namenszusatz erhalten. Die Hauptarbeit und die Federführung hatte man einem gewieften Juristen anvertraut, von dem man sich versprach, daß er kein Schlupfloch offen lassen würde. Der Herr hieß Dr. Globke und regierte über eine stattliche Anzahl von Mitarbeitern. Die Vorbereitungen waren mit größter Verschwiegenheit als Staatsgeheimnis behandelt worden. Die Juden – ahnungslos – atmeten wieder auf, die Geschäfte gingen besser, man spuckte sie auf der Straße nicht mehr an. Sie kamen in besserer Stimmung zur Kur, verquickten sie mit Offerten und Plänen.

Und dem Simon Pelz, der die Gäste empfing und sie insgeheim bedauerte, flößten ihr Optimismus und ihr unbändiger Lebenswille unbeabsichtigt Hochachtung ein. In Staunen versetzte ihn aber auch immer wieder, wie verschiedenartig, wie gegensätzlich Juden aus verschiedenen Ländern aufeinander reagierten. Merkwürdig war es schon, fand der »Australier«, wie sich die jüdischen Kurgäste aus Deutschland von jenen aus dem Osten distanzierten und die Juden aus Übersee von beiden, zu einem Zeitpunkt, wo sie sich eigentlich nach aller Logik hätten zusammenfinden müssen. So aber kreisten die Gestirne um die Tische der Honoratioren, und die Deutschen hatten einen seit uralten Stammtischzeiten erprobten Zufluchtsort – die Billardecke. Die grünbezogenen schweren Tische prangten in einer Saalnische.

Daß der Rabbiner Dr. Brodski mitspielen durfte, verdankte er dem Umstand, daß er eigentlich ein Prager Deutscher war. Der patriotische Dr. Strauß führte das große Wort und Herr Honorarkonsul Breitner das beste Queue. Seine idealen Stöße kommentierte seine Ehefrau stets mit dem Ausruf: »Einer für Papa!« Dann brillierte noch der Geheime Kommerzienrat Siegfried Koppel mit gekonnten Paraden.

Herr Breitner, der Adonis der Gesellschaft, ein lächelnder Faun mit Menjoubärtchen, so um die Vierzig, blond, von leutseliger Herzlichkeit, die sich während der Geschäftsverhandlung in einen stahlharten Ton verwandelte. Es war schon zu verstehen, daß ihm seine Frau, die einmal sehr anziehend gewesen sein mußte, bevor sie sich allzusehr rundete, was leider das Dümmliche unterstrich, daß diese Dame ihm wie ein Schießhund hinterherrannte und aufpaßte. Breitner wirkte ganz und gar unjüdisch, ein deftiger Charmeur. Vergeblich bemühte sich der Würdenträger des Kommerz, Koppel, es ihm nachzutun. Der Löwe der Börse beeindruckte dafür durch seine majestätische Haltung, die konservative, aber gediegene, stets ein wenig feierliche Kleidung.

Als später Gast, unwillig, eher der Not und der Sehnsucht nach Gesellschaft gehorchend, erschien stets der saloppe Publizist Seeliger, ein Mann mit roten Haaren und Koteletten, um die Fünfzig, nicht sehr beliebt, weil er mit seinen Ansichten oft aus der Reihe tanzte. Auch Herr Dr. Steinitz war bekannt, der Sammlungs- und Werbereisende des Zionismus, der einst Josefine den »Filip-Polan-Hain« hatte verkaufen wollen.

Nun sammelten sie sich alle um den Billardchampion Breitner, der sein Spiel mit einem Paradestoß zu beenden versuchte. Dazu setzte er sich auf den Rand des grünen Tisches, hielt das Queue auf dem Rücken mit beiden Händen fest, schaute in den Seitenspiegel und spielte den Ball: klick – klack. Das saß. Die Umstehenden applaudierten. Breitner, der Sieger, blieb sitzen: »Jetzt wissen Sie, Doktor Strauß, wo die Redensart herkommt: ›Von hinten durch die Brust geschossen.‹ Hätten Sie's besser gekonnt, Herr Oberleutnant, oder war es Hauptmann a. D.? Oder etwa noch höher?«

Strauß schnarrte selbstbewußt und aggressiv: »Mit einem gesunden Bein – wer weiß?« Und noch härter: »Meine Offiziersehre lassen Sie bitte unangetastet. Wenn den Juden überhaupt gestattet wird, im Rahmen der zuletzt erlassenen Gesetze an der nationalen Erneuerung Deutschlands teilzuhaben, dann ist das den Frontsoldaten zu verdanken.«

Selbst den friedfertigen Rabbiner erregte diese Behauptung so, daß er sich aufrichtete, darauf verzichtete, seine Kugel zu spielen. Fassungslos vernahm er das Wort *verdanken.*

»Verdanken? Aber Doktor Strauß! Bitt' schön, diese Gesetze stempeln Sie doch zu Menschen zweiter Güte. Schaun S' gefälligst a bisserl näher hin. Der Antisemitismus ist doch dahier Staatsraison, net wahr?«

Alle waren still, warteten darauf, wie das Duell ausgehen mochte. Dr. Strauß sammelte seine Argumente, während er seine Queuespitze mit Kreide einrieb, reckte sich schließlich und schob seine Brust heraus: »Das ist für Sie unmöglich zu verstehen, Herr Rabbiner, weil Sie, mit Verlaub, gewissermaßen doch ein Ausländer sind. Ich als einer der maßgeblichen Männer des Reichsbundes Jüdischer Frontsoldaten versichere Ihnen, daß die von uns jetzt erlebten Übergangserscheinungen nur *Symptome* der Auseinandersetzung mit würdelosen Liberalen, der absolut undeutschen internationalen Sozialdemokratie und der bolschewistischen Weltpest sind.«

Sogar Breitner, der an der Reihe war und seine Meisterschaft dadurch bewies, daß er beim Spiel aufschaute und sogar redend zielte und erfolgreich abschoß, war durch Straußens Aussage pikiert. Immer noch im gemütlichen Ton attackierte er den Schneidigen: »Na, na, na! Umsonst nennt man Sie nicht die ›Schmeißtunsraus-Juden‹! Ganz so rosig ist die Situation nun wohl doch nicht. Für meine Person bin ich schon ganz froh, columbianischer Honorarkonsul mit diplomatischer Teilimmunität zu sein, so daß sie mir nichts können, höchstens den Hintern – bleib anständig, Breitner«, ermahnte er sich aus Ulk. »Alles, was recht ist, der Rabbi predigt keinen Unsinn. Es stinkt schon verdächtig nach Diktatur und Gewaltherrschaft à la Mussolini.«

Diese Worte erschienen nun wieder dem Börsenlöwen als zu übertrieben. Beschwichtigend hob er die Hände: »So etwas will ich nicht gehört haben. Offenbar ist und bleibt: Alles hat sich nach durchaus demokratischen Spielregeln entwickelt. Selbst der herabgeminderte Status der jüdischen Staatsbürger sichert ihnen eine gesetzlich genau fixierte und dadurch geschützte Position.«

Ein hübsches Serviermädchen unterbrach den Disput. Sie brachte ein Tablett mit Getränken. Breitner nutzte ihre Situation sofort aus, um dem Mädchen mit einer Hand die Wange zu streicheln, mit der anderen möglichst ungesehen den Popo und ihr gleichzeitig etwas ins Ohr zu flüstern. Im Gesicht seiner Frau malte sich schiere Panik. Sie stürzte sich ins Gewühl: »Jawohl, geschützte Position, das kann ich bestätigen. Als mich der Pöbel in der Markthalle mit faulen Eiern und Tomaten bewarf, hat mich ein Schupo befreit und fürsorglich über die Straße geleitet.«

Die naive Beweisführung der Frau Breitner war nicht nur allen peinlich. Der Terror stand mitten im Raum, nicht wegzuwischen. Beweis ist geführt. Wehe der jüdischen Hausfrau oder irgendeiner, die dunkel aussieht und eine gebogene Nase hat, Polin, Französin, Südländerin, wehe ihr, wenn sie in der Markthalle einholen will. Man räusperte sich, hüstelte verlegen. Breitner sah sein Weib an, als wolle er sie ermorden. In die nachdenkliche Pause sprach der Rabbiner sein weiches, konziliantes südliches Deutsch. Er sprach es langsamer und eindringlicher als üblich: »Wissen S', das mit den ›demokratischen‹ Gesetzen hat der Herr Hitler beim Fürsten Metternich bis auf den Buchstaben genau abgeschaut. Der war *sehr human,* er bestimmte nur zuallererst einmal, was die Tschechen alles *nicht* werden durften, auf welche höheren Schulen, Hochschulen sie nicht zugelassen wurden, welche Berufe ihnen *verschlossen* waren, wie etwa höhere Chargen beim Militär und im Staatsdienst, Besitz von Manufakturen – heute würde man Fabriken sagen. Schauen's, es ist also alles schon dagewesen unter den Habsburgern. Ich hab' mir erzählen lassen, der Herr Hitler soll auch ein Österreicher sein. Untersagter Besitz ist doch so etwas wie Enteignung, oder nicht?«

»Schauen Sie mich an! Seh' ich etwa enteignet aus?« höhnte der Geheime Kommerzienrat. »Davon ist gar keine Rede. Es hat sich eben alles so entwickelt. Sogar im zentralen Bankrat . . .«

». . . und ihr habt alles fleißig mitentwickelt«, fauchte Breitner, »ihr Herren Bankiers von Rothschild bis Abs, von Schröder bis Schacht.«

Koppel zog sich in die Verteidigung zurück. »Was hätten wir denn tun sollen, Sie Schlauberger. Es gab ja nicht die geringste gewalttätige Änderung, der wir hätten entgegentreten können, es ging auch in den Aufsichtsräten absolut statutengerecht vor sich. Nicht einmal der Versuch einer Ungesetzlichkeit war zu beobachten.«

»Außer in tieferen Sphären, wo man Rote in Massen erschlagen hat, wenn sie in der Minderheit . . .«, orientierte der rothaarige Seeliger.

Das war der Angelpunkt, auf den Dr. Steinitz lange gewartet hatte, hier wollte er einhaken, das war sein Stichwort: »Liebe Glaubensgenossen«, säuselte er, »ich finde Sie ratlos. Zu Recht! Worüber ereifern Sie sich, liebe Mitjuden? Was geht uns dieser Staat noch an? Die Juden gehören nach Palästina, und das gemeinsame Vermögen dient der Umsiedlung.«

Diese unerhörte Zumutung rief Koppel auf den Plan, der den Zionisten aufgebracht anschrie: »Ausgerechnet *Palästina!* In der Wüste! *Mein Kapital?* – Sie sind wohl nicht bei Troste. Stecken Sie sich Ihr Erez Jisroel, Ihren ganzen Fimmel vom Judenstaat an den Hut oder noch besser: in den Hintern. Sie! Meine Aktienpakete den Engländern in den Rachen werfen? Ph! Kommt nicht in die Tüte.« Er mäßigte sich: »Nicht, solange es noch internationale Finanzabkommen über Guthaben und Aktienwerte gibt.«

Einem, der schon eine Weile zugehört, sich bei aller Ungeduld beherrscht hatte, der sich bewußt war, daß diese Leute ihn und die Zeit nicht verstanden, platzte der Kragen. Seeliger, immer noch mit Schlips und Kragenknöpfchen, also zivilisierter, begann zwar erregt, doch leise: »Eine bescheidene Frage, Herr Geheimer Kommerzienrat. Daß Sie sich irgendwie helfen werden, daran besteht bei mir nicht der geringste Zweifel. Bloß, wie helfen sich jene Juden, etwa eine Dreiviertelmillion in Deutschland, die keine Guthaben im Ausland haben und keinem Finanzkonsortium angehören? Was machen Sie mit denen? Streichen Sie sie aus Ihren Büchern, Herr Koppel? Und Sie, Herr Breitner, waren Sie nicht einmal sozialdemokratischer Stadtverordneter in der Reichshauptstadt Berlin?«

Der Angeredete stotterte verlegen: »Die – die Parteien sind aufgelöst!«

»Eben, Herr Breitner! Wenn die Linke zusammengehalten hätte und einheitlich, mutig gemeinsam dem Finanzkapital entgegengetreten wäre, das unter schwarzweißroten Flaggen und mit dem billig dazu eingekauften Hakenkreuz aufmarschierte...«

»Wollen wir uns diese bolschewistische Propaganda weiter anhören?« schrie Koppel, und auch Breitner richtete seinen Zeigefinger anklagend gegen den Rothaarigen: »Sind Sie etwa für den Kommunismus?«

Seeliger wich der direkten Frage zwar aus, war aber um eine allgemeine Antwort nicht verlegen. »Immerhin haben die Kommunisten gesagt: ›Wer Hindenburg wählt, wählt Hitler, und wer Hitler wählt, wählt den Krieg.‹ Und das Allererste, was Hitler jetzt aufbaut, ist... na, was wohl? Die Kriegsindustrie. Etwa nicht, meine Herren?«

Es war nicht die Schuld des Dr. Strauß, daß seine Gegenrede so salbungsvoll geriet. Er meinte jedes Wort ehrlich.

»Der Führer betont seine Friedensliebe in jeder öffentlichen Rede, bei jedem Notenwechsel, jedem diplomatischen Gespräch. Und was *uns* angeht, meine Herren: Auf der Wintertagung des Reichsbundes Jüdischer Frontsoldaten Deutschlands wird ein aktiver General der Reichswehr das Hauptreferat halten. Denken Sie nur, ein Vollarier!«

»Sicher über den Frieden«, spottete Seeliger, der diese Gesellschaft aufgegeben hatte, der unter diesen Leuten nicht zu atmen imstande war, ohne sich aufzuregen, der in diesem Augenblick beschloß, Hochverrat zu üben, indem er Herrn Feininger, den Goldschmied aus Warschau, bat, an seinem Tische Platz nehmen zu dürfen. Der Mann war klug und belesen, der Sohn Philosoph und Germanist.

Seelinger war sich bewußt, daß er damit ein Tabu der deutschen Juden übertrat. Er ließ sich ganz öffentlich mit einem Ostjuden ein.

Na wenn schon! Dann wollte er es ihnen einmal, zum letzten Male tüchtig geben. Spöttisch und scharf. Er setzte sich auf das grüne Tuch, erzwang damit die Unterbrechung der Partie, und redete sie alle an: »Der Reichswehrgeneral spricht vor jüdischen Frontsoldaten, welche Gnade – und ausgerechnet über den Frieden. Ach, ihr armen Scheißerchen! Hier in der ›Bohemia‹ fühlt ihr euch sicher. Hier spielt ihr euch auf. Hier gebt ihr an, ihr Beschimpften und Bespuckten, mit faulen Eiern und Tomaten Beschmissenen. Stimmt doch, Frau Breitner? Glaubt doch nicht, weil sie jetzt die Roten ins KZ sperren oder gleich umbringen, ihr, ausgerechnet ihr bleibt verschont. Seid ihr denn blind und taub? Jetzt muß man kämpfen, damit das Schiff nicht sinkt. Oder wenn man feig' ist, hilft SOS! Rette sich, wer kann. Aber deutsche Helden spielen – ein jüdisch-preußisches Walhalla? Überlaßt die Götterdämmerung den germanischen Barden und schaut den Tatsachen anständig ins Auge. Ach, es ist schade um jedes Wort.« Er sprang vom Billardtisch und rannte aus dem Saal. An der Tür warf er beinahe Pelz um, der mit einem unerwartet pariserisch elegant gekleideten Herrn Menoches den Saal betrat. Seinen Vollbart hatte Herr Menoches bis auf einen stattlichen Schnurrbart abrasiert.

Seeliger prallte an Pelz ab und fiel hin. Simon hob ihn auf. Er rannte, ohne zu danken, hinaus. Simon schaute ihm nach – ein unwürdiger Abgang. Pelz präsentierte den Herren seinen neuen Gast. Er stellte die Herren wortreich vor, ohne einen Titel zu vergessen, bis auf die dem Neuen schon bekannten – und dann ihn: »Herr Menoches aus Polen, Stammgast seit mehr als zwanzig Jahren. Ein wohlhabender Unternehmer im Installationsgeschäft.«

Doch damit war Menoches nicht sehr glücklich. Schon während der Vorstellung hatte er Simon am Arm gezerrt, und nun erklärte er, in einem hoffnungslosen Versuch, Hochdeutsch zu meistern: »Madame, meine Herren. Ich bin sech sehr erfrait! Nur bitte, Reb Pelz – iach heess nischt mehr Menoches. Iach leb nischt mehr in Poilen. Seit wannen iach bin geworden a Argentinischer, oisgewandert, verlegt meine Werkstätten, ma ruft mech Menochetti – varstejt ihr, Menochetti, nischt mehr Menoches – nur noch Menochetti!« Und der neugebackene Menochetti verbeugte sich und war auch den deutschen Herren als Argentinier viel akzeptabler als der Menoches aus Polen von ehedem.

8. Lehrzeit und Zwielicht im Land der Sehnsucht

Prag, die Stadt der tausend Türme ... Sie hatte in den Träumen und Erlebnissen des alternden Filip gelebt, in den heroischen Episoden seiner Jugend, von denen er erzählte, sie war durch die Gesänge des Großvaters gegeistert, während er Peter auf den Knien schaukelte, sie war in den tschechischen Kinderliedern, in den Weisen zum Einschlummern und später, als Peter schon manches davon verstand, in den Spottliedern auf die k. u. k. habsburgische Monarchie. Filips Publikum, sein Echo, ohne das er nicht sein konnte, hatte immer wieder aus diesem einzigen Jungen bestanden, den er vom vierten bis zum dreizehnten Lebensjahr mit seiner leidenschaftlichen Verehrung der Stadt und der Nation begeisterte. Und so hatte Peter über die Sagenhelden der tschechischen Nation und ihre Märchenhexen schon lange ausführlich Bescheid gewußt, bevor er Grimms und Andersens Sammlungen und das Nibelungenlied zu Gesicht bekam. Den »am schlimmsten tschechisierten Jungen an der deutschen evangelischen Volksschule« hatte ihn der Oberlehrer Hille eines Tages berechtigt beschimpft.

Wie alle überzeugten Nationalrevolutionäre hatte auch Filip danach gestrebt, seinen Enkel zu bekehren, zu gewinnen. Um Peters Forderung, doch endlich einmal mit ihm nach Prag zu fahren, hatte sich der Alte gedrückt, weil er dem Kind nicht sagen durfte, er sei aus Österreich-Ungarn ausgewiesen, und Prag lag eben darin. Als Ausrede benutzte er die Behauptung, die »Bohemia« sei schon ein Stück Böhmen in Deutschland, oder er rief emphatisch aus, daß er Prag erst besuchen werde, wenn es Praha hieße. Inzwischen aber solle sich Peter vorbereiten, und der Junge sagte wirklich die Geschichtsdaten auswendig her, vom großslawischen Reich, das bis zur Ostsee gereicht hatte, bis zur Staatsbildung 1919 – einschließlich der langen Reihe böhmischer Könige, von denen einige apostolische deutsche Kaiser mit römischem Segen gewesen waren.

Bis Marx und Engels, Darwin und die Utopisten, Liebknecht, Luxemburg und vor allem Lenin sich der Vorstellungskraft Peters bemächtigt hatten und Filips Welt ablösten, beeinflußte ihn das Slawentum, las er die tschechischen Klassiker, studierte ihre Geschichte, wußte über den »Sokol« Bescheid und die beiden Dichter, die zur Zeit Heines lebten und zusammen – der eine als politischer, der andere als Liebeslyriker – der Stimme Heines gleichkamen, Karel Hynek Mácha und Havliček-Borovsky rezitierte er begeistert auswendig.

Nun, es kam der Zeitpunkt: Prag hieß Praha. Filip löste sein Wort ein, der frühreife Zehnjährige fuhr mit ihm nach Prag und war so genau informiert, daß er keinen Stadtplan nötig hatte. Filip ließ sich am ersten Tag von seinem Enkel führen, vom Žižkaberg über Žižkov, genannt nach dem einäugigen Heerführer, bis zur Bertramka, dem Schloß der Sängerin Duschek, wo Mozart den ›Don Giovanni‹ komponiert hatte. Ein bißchen wild durch den Gemüsegarten, wie Filip schmunzelnd feststellte. Doch er war voller Bewunderung und Freude darüber, wie ungeheuer viel bei seinem Enkel haften blieb. Am zweiten Tag schon meinte der Alte: »Petře, heute beginnen wir das ein wenig zu systematisieren.« Von da an verwandelte sich der Wochenausflug in eine Bildungsreise.

Das riesige Buchpaket, das der verschwenderische Filip für seinen wißbegierigen Enkel zusammenkaufte, reichte dem noch während seines einjährigen Waisenhausaufenthaltes als Bildungsquelle und blieb nach Großvaters Tod viel und oft studierte Erinnerung an den milden Revolutionär und liebsten Freund.

Unter den halb auswendig gelernten tschechischen Werken befanden sich auch zwei reich illustrierte dicke Bände über die Geschichte böhmischer und slowakischer Schlösser und Burgen und die Geschlechter der Schloßherren. Sie sollten Peter später noch einen Beruf bescheren.

Sein Weg in die Tschechoslowakei, die Prozedur der Eingliederung, erschien Peter folgerichtig, einfach, gradlinig. Man meldete sich bei der Partei, wird registriert, unterstützt, eingesetzt, am besten wieder an der Front des Dritten Reiches. Die Leitung der Studentenpension an der Žitna nahm ihn trotz des mageren Gepäcks auf, bedeutete ihm aber, er habe sich innerhalb von zehn Tagen polizeilich anzumelden, was nur über eines der drei offiziell anerkannten Emigranten-Komitees möglich sei.

Peter machte sich auf, seine Partei zu suchen, erfuhr, daß ihre Tätigkeit polizeilich verboten war und sie daher offiziell nicht existierte. Ihre Zentrale arbeitete illegal. Die Genossen der KP der Tschechoslowakei bedauerten, ihm nicht helfen zu können. Seine Angelegenheit fiele nicht in ihr Ressort. Peter lief im Kreise und bekam schließlich heraus, daß drei Emigranten-Komitees existierten, jenes nach Šalda, dem großen tschechischen Gelehrten genannte, das der »Liga der Menschenrechte« und schließlich das Unterstützungsbureau der Jüdischen Gemeinde. Zu keinem besaß er eine Einführung, eine Empfehlung.

Die erste Woche ging allzuschnell vorüber. Noch fünf Tage Galgenfrist. Die Prager Fremdenpolizei wies Leute wie ihn unbarmherzig aus. Die Ersparnisse, der Notgroschen, sie schwanden dahin, der Körper ermüdete, der Schädel brannte, und Peter, der seine illegale Arbeit mit Ruhe und Übersicht und furchtlos durchgeführt hatte, verfiel nun in Panik.

Die Zeitungen berichteten über Nazideutschland: Verhaftungen, Hinrichtungen von Genossen. Peter fühlte sich elend. Sie kämpften, und er war weit vom Schuß, unnütz und unglücklich. Wo war Filips »Bohemia«? Wo war der national-revolutionäre Staat Bohemia, der ihn, Angst in den Hosen, unfähig wie einen entwaffneten, demobilisierten Soldaten herumlaufen, frieren und hungern ließ? War dieses sein »Schicksal Bohemia«?

Im Café Continental, dem Treffpunkt der Literaten und Künstler, der deutschen und tschechischen, traf er endlich Adam Scharrer. Sie kannten sich aus dem Bund proletarisch-revolutionärer Schriftsteller. Der riet: »Die Partei gibt's nicht legal, aber bei der tschechischen ›Roten Hilfe‹ in der Spálena ist einer von den Unsrigen dabei.«

Peter schlug das Herz, als er neben dem Metallschild der Arbeiterverteidigung – »Délnický obhájce« – das internationale Symbol der »Roten Hilfe« sah, den Arm, der mit einem roten Tuch durch stählerne Gitter vom Kerkerfenster winkt.

Im schmucklosen Empfangsbüro amtierten drei Männer, ein Tscheche, ein Slowake, ein Deutscher. Sie bremsten Peters Mitteilungsdrang hart und schnell, gaben ihm stumm einen dreifach auszufüllenden Fragebogen, sachlich, mit ernsten unbeweglichen Gesichtern.

Vilém Starý, Abgeordneter des tschechoslowakischen Parlaments, groß, schlank, schmal, nervöses, überarbeitetes Intellektuellengesicht, grau, müde, heiser vor Erschöpfung, mit überraschend hellen und wachen blauen Augen.

Falta, ein sachlicher, verständnisvoller älterer Bratislavaer Jude; dunkel, klein, beweglich, freundlich human blickend. Und Gebhardt, der Längste, jünger als beide, breiter Blondschädel mit kantigem, hartem Gesicht, dem Gesicht des Roten Frontkämpfers mit hoher ausgebuchteter Stirn und Stehhaaren.

Der enttäuschte Peter, der ihnen beim Eintreten am liebsten um den Hals gefallen wäre, fror in ihrer Gegenwart, erstarrte vor dieser Wand aus Teilnahmslosigkeit, unverhohlenem Mißtrauen und deutlicher Reserve immer wieder, wenn er aufschaute und sah, wie sie ihn musterten. Endlich war er mit dem Fragebogen fertig. Es begann ein erbarmungsloses Verhör auf der Grundlage seiner schriftlichen Aussage, das zwei Stunden dauerte. Und das Fazit? Vilém faßte den Spruch zusammen. Er sprach deutsch.

»Wir sagen nicht, daß du uns belügst, vieles klingt wahrhaftig. Deine Angaben über erfragte Genossen stimmen. Was du zugibst, ist bereits Geschichte, die Verhaftung von Gebhardt Töpfer in Schönwasser. Woher wissen wir nun, daß er nicht durch deine Schuld – ich sage noch nicht einmal: deinen Verrat – hochgegangen ist? Wer beweist uns, daß du nicht, trotz aller konkreten und genauen Angaben, ein Spitzel bist? Woher wissen wir, ob und wie tief der Feind Information über unseren Apparat hat, bis in Einzelheiten in ihn eingedrungen ist ...«

»Also, Genossen!«

»Wissen wir, ob du noch einer bist? Oder je einer warst? Das Entscheidende fehlt, das Aviso. Das Aviso, die Ankündigung, die Information: Peter Samuel ist in unserem Auftrag über die Grenze und so weiter ... Das Aviso kommt von den Genossen, die dich in die Emigration geschickt haben. Solange es nicht eingetroffen ist, wirst du nicht als Emigrant anerkannt.«

Mit seinen vierundzwanzig Jahren hatte Peter ein gerüttelt Maß mehr erlebt und erlitten, als in das Leben eines Vierundzwanzigjährigen hineinpaßte. Dieser Schlag jedoch, unerwartet, unvorhergesehen, unverdient vor allem, warf ihn um. Wie gelähmt saß er vor seinen Genossen, unfähig zu reagieren, sein Gesicht weiß, die Züge trugen die ratlose Frage, was ist mit mir geschehen? Der Deutsche erkannte das Dilemma.

Peter nahm sich zusammen: »Meine Gegenfrage: Was soll ich so lange tun, bis sich alles klärt?«

»Geh zu den Juden, melde dich als Verfolgter aus religiösen Gründen. Das stimmt *jedenfalls*«, schlug Falta vor.

»Ich lüge nicht gerne. Ich bin nur ein halber, ich bin längst aus dem jüdischen Glauben ausgetreten. Das ist bekannt. Auch hier festzustellen, stand im Breslauer Jüdischen Gemeindeblatt gedruckt. Es schadet mir außerdem politisch, bei denen im Evidenz geführt zu werden.«

»Hm, dann bleibt dir die ›Liga für Menschenrechte‹. Die sind nicht so scharf, prinzipiell und streng in ihren Fragen. Paß aber auf, es ist eine etwas undurchsichtige Gesellschaft.« Vilém riet und warnte gleichzeitig dagegen.

»Eben, schon gehört. Warum schlagt ihr mir so etwas Zwielichtiges vor? Ausgeschlossen, auch weil ich wieder ins Land will zur illegalen Arbeit!«

Gebhardt versuchte, an Peters Verständis zu appellieren. Der Neue tat ihm leid: »Wenn du wirklich Genosse bist, versetze dich gefälligst in unsere Situation. Es kommt einer, ohne angekündigt zu sein, ohne Aviso, und erzählt uns seine Geschichte, die nicht überprüfbar ist, weil fast alle Genossen, auf die er sich beruft, in den letzten zehn Tagen verhaftet worden sind oder unerreichbar im illegalen Apparat. Das einzige, was in seinem Bericht nachweislich stimmt, spricht gegen ihn. Der Kontaktmann an der Grenze, dessen genaue Adresse er kennt, ist hochgegangen, noch bevor sie sich getroffen haben. Wir beschuldigen dich nicht grundlos, ein Spitzel zu sein, oder einer, der weichgekloppt wurde, den sie durch Androhung von Sippenhaft erpreßt haben. Sie verfügen ja über ein großes Instrumentarium, die Schweine. Nun steige einmal in unsere Verantwortung ein und sage uns, was du meinst, was wir mit dir machen sollen. Schon, daß wir dich nicht der Fremdenpolizei übergeben, weil sie in letzter Zeit Leute ins Dritte Reich zurückgejagt haben, beweist, daß wir Zweifel haben, daß wir nicht daran denken, dich abzuschreiben. Wir fordern dich auf, wieder zu erscheinen, obwohl wir für die Sicherheit der politischen Emigration verantwortlich sind. Nur, Peter, entscheide für uns, was sollen wir sonst mit dir tun? Oder für dich?«

Falta lachte ihn an: »Mir wär's zu glauben, wenn wir dir glaubten. Bleibt nur das Šalda-Komitee. Du sagst, daß hier Leute sind, die deine Mitgliedschaft im Bund proletarisch-revolutionärer Schriftsteller bezeugen!«

»Bedaure, das reicht nicht«, entschied Vilém schnell. »Auch in den Bund kann sich wer eingeschlichen haben. Es gab solche Fälle. Tut mir leid, Peter, ich sag nicht einmal Genosse. Bis das Aviso eintrifft, wirst du als politischer Emigrant nicht anerkannt. Komme nächste Woche Donnerstag siebzehn Uhr wieder, wenn du noch darauf Wert legst, und jeden Donnerstag danach, gleiche Zeit. Wiedersehen!« winkte er.

Peter bekam den Mund nicht auf zum Antwortgruß. Benommen schlurfte er aus dem Zimmer. Auf dem Karlsplatz in einer versteckten Baumnische stand eine Bank im Grünen, Peter setzte sich darauf und schluchzte, hilflos, unaufhörlich. Seine Verzweiflung, seine innere Müdigkeit, das Gefühl der Verlassenheit verlangten ein Ventil. Er beherrschte sich erst, als er eine alte zahnlose Frau zu ihrer Nachbarin laut zischeln hörte: »Da sitzt einer. Dem ist sicher seine Liebste davongelaufen. Ganz durcheinander. Sollte man nicht die Polizei verständigen, bevor er sich aufhängt?«

»Keine Angst, die Weiber bedeuten mir viel, Mamachen, und ich hänge an ihnen. Bis zum Aufhängen geht das aber nicht. Keine Sorge.«

Peter vermochte wieder zu lachen. Sein Gehirn arbeitete, und damit bohrte die alte Frage, was würde sein Freund und Mentor Felix ihm raten? Zurück ins Reich, das ginge gegen den Beschluß der Partei. Weiter die Bureaus abklappern? Nein! Wo anders als dort lauerten Spitzel und fischten im trüben. Was immer er auch wählte, das Beste blieb noch das Vertrauen zu Vilém, Falta und Gebhardt, Vertrauen, weil sie streng und grundsätzlich mit ihm verfuhren, Vertrauen, weil sie sein Wiedererscheinen befahlen und ihm glaubten, daß er sich meldete. Wie also ging es weiter? Zunächst etwas finden, wovon man lebte.

Nachdenken! Die besten Gedanken kamen ihm stets beim Laufen. Er ging bis zur Mánes-Brücke, über sie hinweg in Richtung Smichov, änderte seinen Kurs zum Kleinseitner Markt, zählte unterwegs die magere Barschaft in seinen Taschen, setzte sich ins Café »auf einen Schwarzen«, verwarf die Idee, Gelegenheitsarbeit im Straßenbau anzunehmen, weil dabei auch Zigeuner mittaten, auf die Prags Polizei ein allzuwaches Auge hatte, und erinnerte sich auf dem Rückweg, begleitet von Barockschlößchen, der Karlsbrücke und der Universität, an Sergej Pawlowitsch Chudoschkin und sein Angebot. In der Studentenpension hatte ihm dieser Adlige von einst, dessen Vater als weißer Offizier 1917 aus Rußland geflohen war, was seinen Sohn nicht daran gehindert hatte, tschechischer Jungkommunist zu werden, angeboten, Arbeit zu beschaffen, wenn er erst selbst im Staatlichen Reise- und Touristenbureau Čedok angekommen sei, als Fremdenführer in russischer Sprache oben auf dem Hradschin, der Prager Burg.

Schon daran zu denken, erregte Peter. Bei der Vorstellung, dieses große Ensemble zu erklären, wurde ihm warm ums Herz. Die durch hohe, dicke Mauern geschützten Fürstenhäuser, Kavaliersresidenzen, Kirchen, Kapellen, Wachtürme, Kemenaten, Mönchs- und Nonnenklöster, mittelalterlichen Söller und Turnierhöfe, Prunksäle, Paläste und Verliese, und all das um den hellsten Dom Europas, St. Veit, angeordnet. Dort reichten sich Romanik, Gotik, Renaissance und Barock die Hand, gingen ineinander über. Geschichte der Baukunst auf dem Raum von zwei Quadratkilometern, von Touristen aus aller Welt überschwemmt.

Sergej Pawlowitsch staunte: »Du schwärmst ja wie ein junges Mädchen. So habe ich das gar nicht gesehen. Mir geht es um eine gutbezahlte Stellung, damit's fürs Studieren reicht. Gib mir ein paar Tips. Übermorgen ist die Aufnahmeprüfung für den Kurs. Die Angenommenen kriegen dann richtige Historiker, Kunstwissenschaftler und Architekturdozenten als Kursleiter, lauter Professoren von der Karls-Universität. Acht Wochen lang nur Klausur bis zur Abschlußprüfung. Wer zum Kursus angenommen wird, dem zahlen sie sofort die Hälfte vom Gehalt als Fremdenführer.«

Peter hatte, schon um sich abzulenken, bis spät nach Mitternacht mit dem Studenten gepaukt und rekapituliert. Nun dachte er: Die Hälfte vom Gehalt, das reichte für Milch, Margarine, Brot, ab und zu Fleisch und Käse, für die Wäsche, neue Socken und die Miete. Vielleicht wußte Chudoschkin einen Rat. Peter rannte in die Pension. Der dunkelbärtige Sergej saß tief über einen dicken Folianten gebeugt: »Mensch, in zwei Stunden muß ich los. Pump mich schnell ein bißchen auf. Hör mir die Reihenfolge der Kronjuwelen in der Schatzkammer ab. Hier, gucke mal, da steht's. Was man da alles zur Aufnahmeprüfung wissen soll, ist schon ein halbes Studium. Und erst der Kurs! Wozu halber Gelehrter für die sensationslüsternen Halbidioten von Touristen«, schimpfte er.

»Na, na, mach's nicht gar so wild«, wendete Peter ein. »Es gibt auch internationale Experten und Kenner darunter, Wissensdurstige, ehrlich Neugierige. Und außerdem – so schlecht bist du gar nicht vorbereitet!«

»Am besten, du kommst mit und steifst mir unterwegs den Buckel, weißt sowieso nicht, was mit deiner Zeit anfangen!«

Sergej Pawlowitsch ahnte nicht, daß Peter Deutscher war. Sie hatten von Anfang an nur tschechisch miteinander geredet. Darum führte er ihn auch unbefangen durch die vornehmen Hallen und teppichbelegten Gänge der Čedok-Generaldirektion, und da saß er unter den büffelnden, Lehrstoff hersagenden, aufgeregten Kandidaten im Vorsaal und ließ Sergej seine Weisheiten vorleiern. Eine Ordnungsperson an der Tür erspähte ihn, verlangte seinen Namen. Verdutzt stellte sich Peter mit seinem richtigen vor, wurde notiert und zu seiner Überraschung mit dem ersten halben Dutzend aufgerufen. Sein: »Aber ich gehöre ja gar nicht dazu«, verhallte im Lärm. Er wurde wie die anderen fünf an einen der in weiten Abständen von einander plazierten kleinen Tische im Konferenzsaal geführt, hinter denen die Examinatoren saßen und auf ihre Opfer warteten. Der kahlköpfige bebrillte Herr hatte das erste Wort: »Na, gut vorbereitet? Anders gefragt, wissen Sie was?«

»Ich denke schon. Was wäre gefällig?«

So eine Anmaßung. Dieser Junge will durchfallen. »Wie wär's mit Geschichte? Erzählen Sie uns etwas von Wahrheit und Dichtung um die Gestalt Kaiser Rudolfs II., angeblich des hohen Rabbi Löws Schachpartner, und von der Legende vom Golem, über die Grundlage, auf der sie entstand.«

Peter schwieg nachdenklich, lange.

»Na also, den Mund zu voll genommen, wie? Ich gebe Ihnen noch eine Chance, Pane Samuele.«

»Nein, die brauche ich nicht. Ich dachte bloß darüber nach, wie ich anfangen, das Thema anpacken sollte.«

Es wäre unfair, wollte man Peter mit den armen Hascherln an den anderen Tischen vergleichen. Was er vortrug, war der Besitz seiner Kindheit, waren Filips Schätze, Resultat einer geliebten Lektüre, ein Fest der Sprache, die er virtuos beherrschte, Filips Hochtschechisch. Er schöpfte unbefangen aus dem vollen, bemüht, das Wesentliche herauszufinden, und sagte mühelos und spannend, weil innerlich beteiligt und selbst gespannt, was von ihm verlangt würde, so daß der Prüfer abwehrend die Hände hochhob: »Genug, genug, sonst setze ich Sie noch als Examinator ein. In wieviel Sprachen können Sie das ebenso fließend erzählen?«

»Deutsch, englisch und – beinahe so fließend – französisch. Da müßte ich wohl noch ein bißchen daran arbeiten.«

»Commençons donc«, sagte der Prüfer. Und bereits nach ein paar Sätzen: »Continue in English now, if you please.« Dann: »Gut. Und wie steht es mit deutsch?«

»Ich habe deutsche Schulen besucht.«

»Ja, ja, die Prager Juden und ihre deutschen Schulen«, nickte der Examinator. »So ein Max Brod, ein Franz Kafka, ein Werfel, Meyrink.«

»Kisch«, ergänzte Peter in Gedanken, »Weiskopf«, ohne den Irrtum klarzustellen. Er hätte ja auch wirklich ein Prager Halbjude sein können. Warum nicht? Ein Zufall.

»Schade, daß wir nicht mehr Zeit für einander haben«, bedauerte der freundliche Prüfer. »Sie sind angenommen – Kurs eins. Nazdar! Geben Sie das Papier dem Herrn an der Tür. Sie erhalten im Bureau das bestätigte Ergebnis Ihrer Aufnahmeprüfung.«

Ein Triumph, leider ein wertloser, ein nichtsnutziger, ein verfluchter, solange der deutsche Paß in der Seitentasche steckte und er nicht als politischer Flüchtling anerkannt war. Er wanderte im Vorsaal auf und ab, ließ sich vom glückstrahlenden Sergej Pawlowitsch, der, im zweiten Aufgebot gerufen, auch bestanden hatte, Dank sagen und selbst beglückwünschen. Zu guter Letzt bekannte er dem Weißrussen seinen ganzen Jammer.

»Menschenskind, wag' es doch! Čedok darf alles! Čedok ist die weiße Kuh der Republik. Čedok bringt Ausländer, Devisen, belebt die Gastronomie, ist die Säule der vielen Kurorte, die Elite der internationalen Fremdenwerbung. Langer Rede kurzer Sinn. Geh mit dem Papier zur Fremdenpolizei. Du fällst niemanden zur Last, übst eine für die Finanzwirtschaft unentbehrliche Fremdenführerfunktion aus, das heißt, du empfiehlst Lokale, Hotels, Museen, und das wichtigste Plus: Du bist nicht durch ein politisches Emigrantenkomitee legitimiert, also nicht a priori polizeiverdächtig. Dir hat nach sorgfältiger Prüfung *Čedok* eine Arbeit gegeben, gewissermaßen eine staatliche Instanz.«

»Mensch, Sergej, Čedok weiß doch selbst nicht, daß ich ein Deutscher bin.«

»Sie erfahren es frühestens, wenn du den Kurs abgeschlossen hast. Das ist in acht Wochen. Die werden sich hüten, auf einen Spezialisten zu verzichten, der in drei Fremdsprachen Reisegruppen herumführt und klüger macht.«

Nachdenklich trennte sich Peter vom dankbaren Nachbarn. Was geschah ihm, was drohte, was riskierte er wirklich? Wenn er übermorgen nicht polizeilich registriert war, warfen sie ihn unweigerlich aus der Studentenpension, er würde ohnehin aufgegriffen – und landete bei der Fremdenpolizei. Dann lieber mit dem Čedok-Papier. Mit klopfendem Herzen erschien er bei der Meldestelle und fragte sich auf seinem Golgathaweg durch viele Zimmer, ob er richtig gehandelt hatte.

Er war gut beraten. Man schob ihn von Schreibtisch zu Schreibtisch, schleuste ihn durch viele Amtszimmer, bis er vor dem gestrengen Verantwortlichen stand, in einem Zimmer, dessen Fenster mit Eisenstangen bewehrt waren und in das man von einem Schließer ein- und wieder herausgelassen wurde – oder auch nicht. Dr. Hejzlar, Unterkommissar der Abteilung, rief ihm entgegen wie einem alten Bekannten: »Höchste Zeit! Glauben Sie denn, wir wissen nicht, wer in der Studentenpension logiert. In ein paar Tagen hätten wir Sie uns *gepflückt.*«

Peter nahm all seine Frechheit zusammen: »Ich wollte erst meine Anstellung bei Čedok in der Tasche haben, bevor ich mich präsentiere. Ich lege nämlich keinen Wert darauf, von den politischen Emigrantenkomitees vertreten zu werden. Und auch bei der Jüdischen Gemeinde als Schnorrer in den Listen zu stehen, geht mir gegen die Selbstachtung.« Seine in gutem Tschechisch vorgetragene Begründung erregte Aufmerksamkeit.

»Zeigen Sie her!« Der Herr in Uniform vertiefte sich wohlgefällig in das Prüfungspapier, las die Beurteilung. Er führte den Čedok-Stempel nahe an seine Augen, benutzte die Lupe und forderte – eigentlich nur symbolisch, aber aufwertend – zum Hinsetzen auf, bevor er schnell und abwimmelnd entschied: »Aufenthaltsgenehmigung vorläufig auf drei Monate befristet, dann sehen wir uns wieder. Gehen Sie mit diesem Zettel in die Kanzlei. Sie werden fotografiert und daktyloskopiert, für alle Fälle. Servus!« – »Nazdar.«

Den Arm napoleonisch über die Brieftasche ins Jackett gelegt, in der die Aufenthaltsgenehmigung wärmte, ging Peter gelöst und übermütig durch das Tor des Polizeipräsidiums. Nun wollen wir einmal sehen, wer länger Geduld hat. Vilém, Falta, Gebhardt – oder ich. Es wird an einem Donnerstag geschehen, da werden sie sich entschuldigen und Genosse zu mir sagen.

Ein junger Mann bläst nicht ewig Trübsal, zumal der trübe Winter sich verabschiedete und die Sonne Stippvisiten machte. Die reschen, gut gewachsenen Pragerinnen gefielen ihm, und die Leute auf der Straße sahen böhmisch aus wie die Grenzbrunner. Wie jeder Bürger der Stadt überquerte er jeden Tag mindestens einmal den Wenzelsplatz oder ging ihn entlang. Vom Brückchen am unteren Ende bis zum Denkmal des heiligen Wenzel am Museum. Den Kurs an der altehrwürdigen Alma mater besuchend, fühlte er sich als Student. Er las alle Zeitungen, deren er habhaft werden konnte, vor allem französische, englische, überhaupt fremdsprachige, hörte Rundfunksendungen, horchte herum, wo Leute von daheim auftauchten, und seine Sorge war: Wie steht es im Lande? Er verkehrte im Café Conti am Graben, traf sich mit Mitgliedern des Bundes proletarisch-revolutionärer Schriftsteller im Bert-Brecht-Club. Der Universitätskurs verlangte ihm wenig ab, was er nicht schon wußte, immerhin stellte die strenge thematische Leitlinie Zusammenhänge her, die reizvoll zu verfolgen waren, Fragezeichen in die Gegend, denen er nachging. Und jeden Donnerstag um siebzehn Uhr stand er im Büro vor den Genossen und durfte seine Geschichte, die Vorbereitung seiner Flucht, die Leute, die daran beteiligt waren, erzählen, nennen, beschreiben, bis er einmal genug davon hatte: »Ja to mám až po krk. Mir hängt es nun schon zum Hals heraus.« Worauf Vilém ihn streng tadelte: »Hier wird deutsch gesprochen, damit Genosse Gebhardt uns versteht! Klar?«

»Klar. Aber ich hab euch das schon fünfundzwanzig Mal erzählt. Wenn ihr darauf spekuliert, daß ich mich in Widersprüche verwickle, seid ihr auf dem Holzwege. Schmeißt mich endgültig raus oder laßt mich ins Reich zurück.«

»Wie lange bist du in der Partei?« fragte Vilém.

»Seit neunzehnhundertvierundzwanzig Kommunist des Jugendverbandes. Seit achtundzwanzig Partei.«

»Nehmen wir an, das stimmt, wie kannst du dann so

einen Blödsinn verzapfen! Entweder du bist ehrlich und *in Ordnung,* dann weißt du, daß du daheim von den Illegalen, vom Apparat abgehängt bist, und damit gingst du zwangsläufig hoch, du liefst den Faschisten ins Messer. Oder du bist *nicht* in Ordnung, bist ein Spitzel und hattest Gelegenheit, dich hier umzugucken in Emigrantenkreisen. Dann bleibt uns nicht übrig, als deine Heimkehr mit allen Mitteln zu *verhindern.* Such dir's aus!«

»Hast recht«, bedauerte Peter. »Deswegen laßt ihr mich auch immer wieder kommen.«

»Na also, mein Junge, nicht wegen deiner schönen Augen, dann notieren wir die Fakten zum sechsten Mal. *Sechs,* nicht fünfundzwanzig! Ich nehme dir die Arbeit ab. Peter Samuel, letzte illegale Funktion Agitprop, Verfasser, Abzieher, Verteiler von Häuserblockzeitungen in Breslau-Süd, Gräbschener Straße. Letzte *legale* Funktion: Bis zu deren Verbot verantwortlicher Redakteur der ›Schlesischen Arbeiterzeitung‹. *Emigrationsanordnung* von Felix Schinski übermittelt und über getarnte Anzeige an einen Genossen mit Decknamen Regenschirm weitergeleitet . . .«

»Dessen richtigen Namen, Adresse, Beruf du nicht weißt«, ergänzte Gebhardt.

»Genau«, sagte Peter.

»Weiter. Erhielt von Regenschirm Adresse von Kontaktmann Töpfer, Schönwasser, erfuhr am Dorfeingang von Verhaftung. Den Rest schenk ich dir – nur den Regenschirm beschreib uns noch ein bissel genauer. Hat der eine Warze mit Haarbewuchs über der rechten Oberlippe am Nasenrand?«

»Ihr wißt ja verflucht genau Bescheid, links ist die Warze!«

Als er gegangen war, saßen die Genossen in einem der hinteren Zimmer und redeten über Peter. Wie immer war es der gemütvolle Falta, der ausrief: »Er tut mir leid. Ich bin mir sicher, er ist echt. Ich sorge mich darum, wie er sich ernährt. Er sieht ganz ordentlich aus, weder schäbig noch aufgedonnert. Wer so aussieht, verhungert lieber, als äußerlich zu verkommen. Er kriegt doch von keinem Komitee Unterstützung, der Dickschädel. Woher hat er das Geld fürs Leben?«

»Wenn wir das nicht wüßten, das könnte gefährlich sein, in jedem Fall verdächtig«, erklärte Vilém. »Wir sind genau orientiert. Er hat einen Fremdenführerkurs auf der Uni bestanden und ist für die Prager Burg eingeteilt worden. Verdient gutes Geld, hätte es gar nicht nötig, sich von irgendwem bestätigen oder unterstützen zu lassen, am allerwenigsten von uns.«

»Auch das spräche unter Umständen gegen ihn. Vielleicht ist er auf uns angesetzt. Was hier alles zusammenläuft!« Gebhardt wußte, was er sagte. »Was mich stutzig macht, ist die Beständigkeit, die Hartnäckigkeit sogar, mit der er sich auf Schinski beruft, der als führender Genosse im illegalen Apparat arbeitet und an den wir seit gut drei Monaten nicht herankommen, obwohl er offensichtlich nicht verhaftet ist.«

Der nächste Morgen sah Peter schon zeitig auf dem Kutschbock eines bequemen Fiakers. Er gehörte inzwischen zur Elitemannschaft von Čedok. An zwei Tagen der Woche fuhr er mit »Dollarparties« durch die Stadt. Das bedeutete: Valutenstarke Gäste konnten seine Dienste und die von Kutscher, Roß und Wagen erwerben. Den ganzen Tag zeigte er ihnen die Sehenswürdigkeiten: Gebäude, Museen, Galerien, Ausstellungen, dinierte mit ihnen und empfahl das Lokal mit dem besten hausgebrauten Starkbier, dem modernsten Five o'clock, die gemütlichste Fidlovačka, das gepflegteste Weinbeisel und die nackigste Nachtbar, je nach Gusto und Vermögen der Gäste.

Diesmal hieß die Dame, die Peter mit einem Travellerscheck an sich fesselte, Gwenda, ein sportliches Mädchen mit großen grauen, durch ein Stupsnäschen getrennten, weit auseinanderliegenden Augen. Sie sprach gut deutsch, wenn auch mit starkem Akzent, und war offenkundig reich; sie hatte die anderen eingeladen, reichsdeutsche Touristen: einen Mann, in dem Peter voll staunender Freude seinen Französischlehrer Dr. Eberhard wiedererkannte, die deutsche Studentin Heli und deren Freund, mit Helis Slawistikstudium in Prag offensichtlich nicht einverstanden. Er offenbarte es durch eine müde Blasiertheit. Peter bedauerte Heli. Auch Gwenda schien von ihm nicht begeistert zu sein. Ihr gefiel der Čedokführer besser, wenn der auch diese langweilige graue Dienstuniform trug. (Die Schildmütze wenigstens hatte er irgendwo verstaut.)

»Eine großartige Idee von Ihnen, Miss Gwenda, den Reisebus auszuschlagen und diese individuelle Sight-seeing-Expedition abzuschließen.«

Dr. Eberhard, immer noch rundlich, kaum verändert sein rotbackiges Kindergesicht und der genaue Mittelscheitel im aschblonden, angeklatschten Haar, krauste nachdenklich die runde Stirn. Wohin sollte er nur diesen polyglotten Reiseführer stecken, der ihm so merkwürdig bekannt vorkam?

Gwenda zupfte Peter, der mit ausgestreckten Armen das Panorama erklärte: »Sie müssen sehr lieben diese Stadt, Mister.«

»Diese Stadt, das war die Sehnsucht meiner Kindheit, sie ist die Zuflucht meiner Gegenwart und die Hoffnung für ein Leben.«

Heli witterte etwas: »Sie sind auf einmal so ernst geworden. Paßt gar nicht zu Ihnen.«

Als Peter den Wagen halten ließ und heruntersprang, schmuggelte sich Gwenda geschickt an seine Seite.

Peter führte seine kleine Gesellschaft zum Denkmal des tschechischen Dichters Karel Hynik Mácha. Es war mit Blumen geschmückt, lauter kleine Sträußchen lagen da, Herbstblumen, Feldblumen, Strohblumen, sogar Treibhausnelken und Röschen. Peter legte seinen kleinen Immortellenkranz, den er in der Seitentasche verborgen gehalten hatte, an den Fuß des Denkmals, nicht ohne dabei bemerkt zu werden. Gwenda rührte die Geste: »Warum Sie haben niedergelegt das Kränzchen?«

Herr Gehlhaar, Helis Freund, drängte sich dazwischen: »Zarte Erinnerung an Liebesnächte im Freien.«

»Sie sind gar nicht so weit vom Schuß. Es ist hierzulande Brauch, Brauch der Liebenden, den Dichter der Liebesleute und der Jugend zu ehren. Vor diesem Denkmal umarmen und küssen sie sich, rühmen sich ihrer Liebe und bringen dem Dichter kleine Geschenke, vor allem die Studenten.«

»Aha, deshalb haben Sie's getan uns zu Ehren. Die Studenten danken!«

»Zu Recht, Fräulein Heli. Dieser Mácha ist wie der Deutsche Heinrich Heine der zärtlich-ironische Fürsprecher der Jugend.«

»Oh, Heinrich Heine«, grübelte Gwenda. »Hat er nicht geschrieben das ›Buch der Lieder‹? Mit sehr, sehr viel schöne Liebeslyrics.« Gehlhaar ärgerte es offensichtlich, von einer Amerikanerin über einen deutschen Dichter belehrt zu werden. Auch Heli zuckte unwissend mit der Schulter. Ungeduldig verlangte Gehlhaar zu wissen: »Na, sagen Sie schon, was für ein Heini Ihr Heine ist!«

Dr. Eberhard flüchtete ängstlich an den Rand der Promenade und überließ Peter die Antwort.

»Herr Gehlhaar, kennen Sie zufällig das ›Lied von der Lorelei‹?«

»Klar, urdeutsches altes Volkslied. ›Ich weiß nicht, was soll es bedeuten‹«, begann er sofort zu singen. Heli stimmte mit ein.

»Auch von wem das Lied geschrieben ist, wissen Sie?« bohrte Peter, den Gesang unterbrechend.

»Dichter unbekannt, steht sogar so im Lesebuch«, schnauzte Gehlhaar.

»Früher stand Heinrich Heine da – im Lesebuch! Sehen Sie, Herr Gehlhaar, und der Grund, warum man ihn hat *unbekannt* werden lassen? Heine war jüdischer Abstammung und dazu noch mit Marx und Engels befreundet. Daher die kleine Urkundenfälschung.«

Gwenda klatschte begeistert in die Hände: »Oh, oh, oh, lieber Mister Gehlhaar, jetzt Sie haben gesungen ein jüdisches Lied.«

Alle lachten. Nur Gehlhaar verlor jäh seine Beherrschung und brüllte: »Sie dreckiger Bolschewist! Sie Judenschwein! Sie Untermensch! Heli! Studienrat! Wir haben in dieser Gesellschaft nichts mehr zu suchen!« Damit wendete er sich zum Gehen. Aber niemand machte Anstalten, ihm zu folgen. So blieb ihm nichts übrig als zurückzukehren.

Er schritt auf Peter zu, drohte: »Wenn ich Sie bei uns hätte . . .«

Ironisch, beide Arme in die Seiten gestemmt, lächelte Peter ihn an: »Pech, wie? Aber Prag ist viel schöner als das braune Paradies.«

»Wir sprechen uns noch«, schrie Gehlhaar und rannte in deutlichem Abstand hinter ihnen her.

Heli entschuldigte sich: »Verzeihen Sie die Beschimpfungen. Wir sind so erzogen. Wir wissen's nicht besser, wirklich.«

Vom Rand der Promenade, wo er angelegentlich interessante Baumformen betrachtet hatte, näherte sich der Studienrat, der seinen ehemaligen Schüler immer noch nicht erkannt hatte. Er nahm Peter am Ärmel und flüsterte bedrückt: »Ich konnte es mir nicht leisten, öffentlich Partei zu nehmen, nicht einmal für den toten Heine. Soweit sind wir schon gekommen, daß ein alter Pauker aus schierem Selbsterhaltungstrieb zum Feigling wird. Man hat schließlich Familie.«

Laut antwortete Peter: »Herr Studienrat, ich habe nie daran gezweifelt, daß Sie Heine kennen und lieben. Sehen Sie, ich hatte ... hatte sehr gerne bei Ihnen Französisch.«

»Impossible! Could it be true? Na so was! Is'nt it's wonderful«, kreischten die beiden Mädchen, die das ungewöhnliche Zusammentreffen als erste begriffen. Endlich erinnerte sich auch Eberhard, schlug sich an die Stirn. »Peter Samuel! Das wird gefeiert! Champagner! Vin rouge!«

»Im Hotel Alcron. Heute abend.«

Gwenda, die sein Zögern falsch deutete, hängte sich bei ihm ein, zog ihn an ihre Seite und steckte ihm einen Geldschein in die Tasche, den er mit ihrer Hand noch erwischte. Wütend zerriß er ihn in kleine Fetzen.

»Darling, ich wollte Sie nicht kränken. Jeder Fremdenführer in der ganzen Welt lebt von Trinkgeldern. Niemand verachtet ihn deswegen. Eine Party kostet Geld – ich habe es. Sie dürfen mich damit einladen. Sollten die Kommunisten nicht die Expropriateure expropriieren?«

»Miss Gwenda, ich muß das erklären. Ich habe einmal wegen dieses verfluchten Trinkgeldes mein Geburtshaus und die Sympathie meiner ganzen Familie verloren. Es ist so herabwürdigend und beschämend. Und jetzt nehme ich selbst ...« Gwenda, schnell und heiter, küßte ihn vor allen impulsiv auf die Nase, kniff ihn in den Arm: »Ist es vergessen, he?« Er nickte.

Auf der Promenadenstraße am Kamm des Hügels, wo der Fiaker wartete, fauchte Gehlhaar: »Ich nehme die Elektrische oder ein Taxi« und rannte davon. Heli, stumm, entschuldigend, lief gehorsam hinter ihm her.

Peter bestieg den Bock des Fiakers, holte unter dem Sitz die Schildmütze mit dem Čedoksymbol hervor und gebärdete sich dienstlich, bis sich Gwenda im Wagen hinter ihm aufrichtete, übermütig die Mütze nach vorne überkippte und bat: »Please, Mr. Peter, wir haben zwei Plätze frei.«

Sie saßen nebeneinander, Dr. Eberhard gegenüber.

Der, immer noch voller Reue, fragte: »Hat Sie meine Haltung erschüttert?«

»Nicht Ihre. – Es tut deutschen Gymnasiasten sicher gut, wenn bei einigen Lehrern – selbst unter dem Hakenkreuzbonbon – ein anständiges Herz schlägt, das den Humanismus nicht ganz verdorren läßt. Erschüttert bin ich über diese beiden jungen Leute. Sie sind fünf, höchstens sechs Jahre jünger als ich. Das heißt, sie haben nur die drei Jahre der Oberstufe nationalsozialistische ›Bildung‹ genossen. Drei Jahre und schon so – so verkrüppelt. Wie hat das Mädchen noch gesagt: ›Wir sind so erzogen, wir wissen's nicht besser.‹ Wenn das der Anfang ist, Herr Doktor Eberhard, was für Monstren sollen daraus werden?«

Gwenda hatte aufmerksam gelauscht.

Sie sagte: »I like you. Ich möchte ein kleines Geschenk von Sie.«

»Schon bewilligt!«

Sie sagte an seinem Ohr: »Schenk mir alle deine, wie sagt man, Gewissensbisse und Selbstvorwürfe, is it right? Schenk sie mir. Und denke bitte bei jedes Trinkgeld: Ich nehme es von den Reichen! O. k.?«

»O. k. Ich will's versuchen.«

9. Channah

Der Alltag ergriff Besitz vom Menschen, Peters Alltag hieß Čedok, Zeitungslektüre, Schreiben, Tagebuch und Kurzgeschichten, die er sogar verkaufte, weil ihm die Hand juckte, wenn sie nicht die Feder führte, hieß Radiohören, hieß ein kleines Quartier, Mansarde im Bodenstockwerk einer der schmalen Renaissanceresidenzen der Hofkavaliere an der Treppe zur Prager Burg, schräg vis-à-vis der Botschaft des Dritten Reiches, hieß jeden Donnerstag siebzehn Uhr der Besuch bei den Genossen, zu denen ihn gar nicht mehr so sehr die Hoffnung trieb als die Notwendigkeit, mit ihnen zu reden, von ihnen zu erfahren, was sie ihm mitteilen durften, sich auszutauschen und auszusagen, wie er die Geschehnisse sah und empfand. Schon wurde Gewohnheit aus der Pflicht. Schon sagte er sich: Wenn ich in der Gewerkschaft der Holzarbeiter mitmache, Flugblätter entwerfe, die Patenschaftsarbeit mit den Reichenberger Gewerkschaftlern ankurbeln helfe, die nicht tschechisch können, dann erfülle ich doch mein politisches Soll. Die drei hatten ihm diese Arbeit gestattet, wahrscheinlich sogar irgendwie vermittelt, weil plötzlich jemand im Quartier aufgetaucht war und gefragt hatte, ob er nicht bei einer Gewerkschaftsgruppe, die mit den Reichenbergern Kontakt pflegte, ein wenig die Rolle des Übersetzers wahrnehmen wolle. Und ob er wollte!

Es kündigte sich die Gefahr der Selbstzufriedenheit an. Nachts schrieb Peter, immer noch ohne Freundin, Liebesgedichte für Channah, die er nicht abschickte, und Briefe in der Sklavensprache an Lotte von einer Deckadresse über eine andere. Tagsüber tat er seinen Dienst, pflichtbewußt, schon so angepaßt, daß es ihm nicht mehr gleichgültig war, wieviel Trinkgeld er am Abend in der Tasche spürte.

An diesem Morgen waren die Anglo-Amerikaner an der Reihe. Den Kompromiß zwischen westamerikanischem Slang, dem Drawl des USA-Südens, dem Londoner Cockney und dem reinen Oxford-Konversationsenglisch zu finden, stellte Peter vor schwierige Aufgaben, die er mit Hilfe der BBC-Sprachvariante zu lösen versuchte. Ein wenig ermüdet nach der ersten Burgwanderung, die mit den neusten Ausgrabungen einer romanischen Kapelle am Seitentrakt des St. Veitsdoms endeten, kam er zu den letzten Sätzen: »These well-preserved remnants have just been discovered, and it may be assumed, that even before the foundation of christianity, heathen cult and burial places were situated on the same site. I wish You a pleasurable stay in the Golden city of Prague. Our excursion is ending here. Good Morning to You all.«

Und im Durcheinander von »Thank you«, »Very interesting«, »I'll come a second time. – So intriguing!« steckten die Touristen dem Burgführer möglichst diskret Scheine und Münzen zu. Der tat so, als bemerkte er es nicht.

Aufatmend ließ sich Peter auf der Bank nieder. Von weitem mit einem weißen Papier winkend, rannte ein Kollege zu ihm und las ab: »Programm für dich: Die Franzosen um drei. Die Deutschen um fünf. Die nächsten Engländer erst morgen. Und am Donnerstag, wie ausgemacht, der Nachmittag frei.«

Doch als Peter an jenem Donnerstag das Büro in der Spálena verließ und voller Sorge über die Hamburger Verhaftungswelle, von der er eben erfahren hatte, nachdenklich mit gesenktem Kopf über die Straße ging, streckten sich ihm Mädchenhände entgegen. Er griff zu: »Channah! Du – du bist da! Meine ...« Er unterbrach sich: »Verzeihen Sie, Fräulein Kober.«

»Hör auf mit Fräulein. Ich hab's dort nicht mehr ausgehalten. Ich bin zu dir gekommen. Nein, nicht gleich so, wie du meinst. Weißt du, ich lebe in diesem Breslau so unendlich allein. Man wird sich selbst ein Graus. Die Menschen ringsum reden, aber sagen, sagen tun sie mir nichts mehr.« Und nun stürzte und flutete es aus Channah, es brach aus ihr hervor: »Da ist so viel schmieriger Opportunismus. Die Juden überlegen krampfhaft, wie man's zustande brächte, sich mit den Nazis einzurichten, wie man das letzte Quentchen Vorteil und Ausweg aus den Gesetzen herausquetscht oder sie umgeht, hintenherum Geschäfte macht und Geschäftchen. Sie merken gar nicht bei dieser Gschaftelhuberei, daß es ihnen Tag für Tag dreckiger geht. Andere suchen nach internationalen Mauselöchern, durch die sie herauskommen. Die Reichsten sind ohnehin schon entkommen und werden vergeblich mit Bettelbriefen der Armen bombardiert. Peter, Peter, was da an Energie verpulvert wird für Kurpfuscherarzneien des Lebens. Wie man sich Wunderdinge von ausländischen Verbindungen und Verwandten ausdenkt, erhofft.«

Alles was sie quälte, drängte zum Ausgesprochensein. Und als Peter nach den anderen Juden fragte, wurde ihre Rede noch hektischer: »Die armen Juden wollen heraus und können nicht, aber nur ganz bekannte Zionisten reden vom Auswandern. Gerade sie bleiben da. Hinter vorgehaltener Hand redet man von Menschenhandel, den sie mit Nazistellen treiben, von ausgehandeltem Kopfgeld pro emigrierte Person. Glaub mir, ich hätt' bleiben können. Niemand hat mir etwas getan. Nur, ein Leben ohne Zweck, ohne Ziel, ohne Inhalt – nein!«

Peter versuchte die Flut zu dämmen: »Pause, Channah, bitte Pause! Laß mich staunen! Das soll Channah die Leichtsinnige sein, das Mädchen, das auf der Oberfläche schwimmt, sich keine Gedanken macht? Die reiche Nutznießerin eines sorglosen Daseins? Ich kenne dich nicht wieder. Du sprichst ganz anders als früher. Du mußt einen Haufen gelesen und gelernt haben in diesem Jahr. Du bist gewachsen, Mädchen, über dein Alter hinaus erwachsen, vernünftiger, als ich dich kannte, nachdenklicher. Du überlegst selbständig.«

Ganz außer sich vor Freude war Peter. Hier schien ihm nicht nur seine Geliebte wiedergekommen, hier wuchs ihm eine Kameradin, eine ebenbürtige Partnerin. »Du bist ein neuer Mensch!«

»Deine Schuld. Du hast mich als erster mit Gedanken gepeinigt und verwöhnt, mit Fragen, mit deinem Wissen – und allen voran mit deiner Verläßlichkeit. Du hattest einen unverrückbaren Standpunkt.«

»Der gehört zum geistigen Marschgepäck jedes Kommunisten, Channah.«

Sie konnten nicht auf einem Fleck stehenbleiben, ohne aufzufallen, aber sie sahen nicht, was um sie geschah, sie liefen durch die Straßen, redeten, sahen sich an, sahen sich neu. Peter die erregte und erregende Channah, deren dunkle Haarfülle wieder in orientalischer Pracht prangte.

»Standpunkt, weißt du, ich hätt' ihn ja gern akzeptiert, hab mich immer nur vor den Konsequenzen gefürchtet. Du hast mich eben nicht energisch genug festgehalten. Damals – da dachte ich, wer tauscht denn so leicht ein bequemes Leben.«

»Na, wer?«

»Ich möchte ja, Peter, halt mich fest. Laß mich nicht mehr ausbrechen.«

»Was soll das sein, eine Loyalitätserklärung – oder mehr? Liebeserklärungen sind ja angeblich Männersache, und da muß ich doch fragen: Sibby? Silberstein?«

»Glaubst du etwa?« Channah blieb stehen, ihm gegenüber, faßte nach seinem Arm: »Er und ich, meinst du? Gar nichts war, ist oder wird. Die Eltern haben uns verlobt, seine und meine – wir uns nicht.« Sie sah ihm in die Augen, in die lachenden.

»Und als braves jüdisches Mädchen tust du's nicht unter einer Hochzeit, wie?«

Sie war enttäuscht: »Dein letztes Wort beim Abschied war: ›Ich hab dich lieb, Channah.‹ «

»Und als ich dir bloß einen Kuß geben wollte zum Abschied, nur einen einzigen . . .«

Sie legte ihre Hand auf seinen Mund. Sie duftete nach einem guten Parfüm. Er zog sie in eine Haustür: »Wir wollen den Kuß nachholen.« Sie umarmten sich, zum Kuß kam es nicht. »Nicht hier«, bat sie. »Viel zu öffentlich. Ich habe ein Appartement in der ›Pension Flora‹. Dort reden wir weiter.«

»Und ich eine Renaissancemansarde, bescheiden, aber sturmfrei.« Stolz auf die errungene Bleibe sprach aus Peter.

»Wir knobeln wo. Kopf oder Schrift?«

»Kopf«, sagte Channah, als er die Kronenmünze in die Luft warf. »Schrift – verloren!« verkündete Peter. Befangenheit überkam Channah, Angst vor der eigenen Courage: »Wir wollen aber wirklich nur etwas erzählen.«

»Vielleicht ab und zu ein Kuß dazwischen.«

»Nimm's doch ernster«, bat sie.

Sie landeten zu guter Letzt im Luxusappartement der »Pension Flora«. Die hellhörige Mansarde erschien Channah zu öffentlich, und da Channah verlangte, daß alle Vorhänge im Zimmer zugezogen wurden und alle Lichter ausgeknipst, um alle Worte zu sagen, liebten sie sich als Silhouetten, bis sie aufgehört hatten, sich voreinander und ihrer Leidenschaft zu schämen, die maßlos war, ohne Vernunft, ohne Denken, zwei in einem, unzertrennbar, zeitlos. Als sie voneinander abließen, ging Peter zum Lichtschalter und sagte: »Ich will dich endlich dabei sehen.« Sie streckte sich aus, ihrer Schönheit bewußt. Doch sie schloß die Augen. Dann sprang sie auf: »Und jetzt ich!« Sie zwang ihn, es ihr nachzutun. Das Licht war auf einmal nicht mehr der gefürchtete Verräter. »Sehen wollen wir«, riefen sie aus. Und ein neues Fest begann, Mund und Hand und Auge und Glieder lernten neu, auf Entdekkungsreisen zu gehen. Als sie einschliefen, stand die Frühjahrssonne hoch über dem Horizont.

Dem großen Schauspiel folgte die kleine Komödie. Noch schliefen sie, die Köpfe einander zugeneigt. Channah erwachte, dehnte sich ausgiebig, streckte die Arme und schob ihn dabei versehentlich, aber recht kräftig aus dem Bett. Sie hatte die Zweisamkeit vergessen, und er fand sich nackt auf dem Teppich neben dem Bett, riß voller Schrecken und unbegreiflicher Schamhaftigkeit, die noch aus dem Traum stammte, die Bettdecke über sich und damit von ihr weg. Sie rutschte mit ähnlichen Empfindungen schnell nach, hinunter zu ihm, und sie versteckten sich beide voreinander, indem jeder versuchte, einen größeren Teil der Decke zu erwischen. Je mehr sie sich bemühten, um so mehr fühlten sie einander, spürten Haut und Glieder, bis sie sich, notdürftig eingewickelt, anschauten, bemerkten, wie albern der ganze aus dem Halbschlaf geborene Vorgang war, und in ein lautes Lachen ausbrachen.

Wenn das Einerlei des Tages abstumpft und die Arbeit in die Routine abgleitet, dann lehrten glückliche Tage das Vergessen noch gründlicher, weil neue Erlebnisse sich stark und unmittelbar davorstellten. Zum ersten Mal in seinem Leben wurde Peter umsorgt. Channah verlangte es danach, sich als gute Hausfrau zu beweisen. Obwohl sie es nicht nötig hatte, kochte, buk, nähte sie für ihn, betrachtete einen fehlenden Knopf als eigene Schande, brachte ihm Brote zur Burg hinauf, besorgte Karten für das Theater, für Konzerte. Sie lebten in ihrem Appartement. Peters Mansarde staubte ein, und was ihn daran hinderte, sie aufzugeben, wozu Channahs Besitzstreben ihn eigentlich drängte, blieb ihm selbst rätselhaft, eine unterbewußte Rückversicherung vielleicht.

Nach wie vor besuchte er die drei Genossen, traf Gebhardt aber nur noch selten an, erfuhr in einem Nebensatz, sicher unversehens, er sei an der Grenze. Und eines Tages sagte Vilém zum kleinen Falta: »Jetzt, wo es scheint, daß er legitimiert werden kann, wo wir erfahrene Genossen – Erfahrungen hat er – für den Einsatz dringend nötig haben, verspießert er an den Lippen einer Liebe.«

»Immerhin nicht zu verachten, die Lippen und das Mädchen. Guter Geschmack darf ihm bestätigt werden.«

»Jugendfreundschaft«, erklärte Vilém, der so etwas stets vorher erfahren hatte. »Daß er durch Jaroslav Täuber an Lotte Wenzke weitergeleitet wurde, beides gute zuverlässige Grenzkontakte, von ihr über die Grenze gebracht wurde, ist bestätigt. Beide kennen seine ganze Entwicklung und haben für ihn gutgesagt. Ihr Bericht deckt sich mit seiner Aussage. Was ihn immer noch belastet, sind das Fehlen des Avisos, die Verhaftung von Töpfer und die Zähigkeit, mit der er andauernd nach Schinski schreit, der eine führende Funktion im Lande ausübt, nach dem die Faschisten mit Steckbrief und hoher Fangprämie jagen.«

»Das klärt sich schon. Vielleicht sollten wir ihn jetzt zweimal die Woche kommen lassen, das zweite Mal zur politischen Schulung, Unverfängliches! Marx, Lenin aufpolieren, Situationsbericht international. Kommentare zu Presseberichten, ich übernehme das. Abwechselnd mit einem Kumpel von der deutschen Partei.«

»Einverstanden!«

Die Genossen bemühten sich, Peter im Blickfeld der Illegalen zu behalten, auf die nächsten Aufgaben behutsam vorzubereiten, den Faden nicht abreißen zu lassen. Der glücklichen Channah lag am Gegenteil, lag daran, alle seine Gefühle, Sinne, Gedanken und Pläne auf sich zu konzentrieren. Alle weiblichen Künste erprobte sie, ihn an sich zu binden. Beinahe gelang es ihr, doch irgendwann blitzte ein Gedanke auf, der sie warnte, sich in seinem Besitz zu sicher zu fühlen.

Sie flanierten eingehängt, er von ihr mit vielen Päckchen und Kartons behängt, den Wenzelsplatz hinunter. Sie fand den Packesel so lustig, daß sie ihre Leica hob, um ihn zu knipsen, und sah erschrocken die Reflexbewegung, mit der er beide Hände vor das Gesicht riß, so daß die Kartons auf die Erde purzelten: »Kein Foto, bitte – ein Illegaler läßt sich nicht fotografieren.« Sie zwang sich ein Lächeln ab: »Bist du ja nicht, von deinen werten Genossen nicht einmal als Politischer anerkannt.« – »Nur eine Frage der Zeit«, behauptete er voller Zweifel.

Channah zog eine Schippe: »Wozu eigentlich? Setz dich erst mal. Hinter der Alpha-Passage ist eine grüne Insel, der Klostergarten von Maria Schnee.« Sie brachte ihn wirklich dazu, die belebte Passage zu durchqueren, sich auf eine Parkbank zu setzen und brav mit gefalteten Händen und ironischem Lächeln zu ihr aufzublicken.

»Mach dir keinen Ulk daraus. Ich meine tatsächlich: wozu! Wozu eigentlich Illegaler? – Wir sind jung, wir sind glücklich. Das Leben ist uns ein bißchen Freude schuldig. Seit du zu mir gezogen bist, hast du kaum ein Wort über Kampf, Agitation und Propaganda verloren. Auf einmal kein Foto! Du solltest nicht Peter, sondern Miesepeter heißen. Seit wann ist der Sozialismus gegen Menschenglück? Geld haben wir, du verdienst, und ich werde reichlich beschickt. Was fehlt uns?«

»Ein Ziel!«

Channah lutschte an seinem Ohr: »Ich wüßte eins.« Ihre Hände streichelten ihn, und er ließ sich verzaubern wie immer.

Als er neben ihr und vor ihr erwachte, dachte er: Wieder habe ich mich von ihr hinreißen lassen, in ihre Verspieltheit, ihren Leichtsinn, ihren Hunger nach dem Liebesgenuß.

Wieder einmal. Und ein kleiner Mückenstich Zweifel schuf eine winzige juckende Narbe, zumal Channah demonstrativ übelnahm, daß er seit einiger Zeit zweimal die Woche nach der Arbeit in die Spálena rannte. Um so verführerischer, zärtlicher versuchte sie ihn zu gewinnen. Und wenn sie frühmorgens beim Frühstück saßen, am reichbeladenen Tisch, Peter im Pyjama und Channah in dem von ihm geliebten Morgenrock, der sich zuweilen öffnete und lockende Einblicke gestattete, waren ihre Gespräche voller kleiner Angelhäkchen: »Noch ein bißchen Prager Schinken?«

»Du Gottlose, ich wollte schlank und rank bleiben. Und du verführst mich zur Sünde.«

»Auf eine mehr oder weniger kommt es schon nicht mehr an.«

Und Channah beugte sich über den Tisch, ließ sich von Peter begehrlich anstarren. Er flüsterte: »Du hast es gesagt.« Und sie wußte, jetzt steht er auf, errötete in der Erwartung. Er zog sie vom Stuhl hoch und umarmte sie. Sie schrie: »Liebster, ich muß in die Uni – eine wichtige Vorlesung von Siebenschein.« Er erwiderte: »Es gibt nichts, was wichtiger wäre als die Liebe.« Als er sie zum Bett trug, hielt sie seinen Kopf umarmt.

Ganz zufrieden war sie dennoch nicht. Als sie ausruhten, richtete sie sich im Bett auf: »Manchmal, Peterle, da glaub' ich wirklich, du bist so glücklich wie ich. Kaum kommst du von denen, du weißt schon, von deinen, den ungläubigen Genossen, liegt ein Schatten auf deinem Gesicht. Warum? Sag, warum!«

Peter gab keine Antwort. Er war beschäftigt, denn er versuchte sich liegend und recht geschickt im Zöpfeflechten. Channahs langes, glänzendes Haar verführte dazu: »Nicht ablenken, bitte!« verlangte sie.

»Gut, nicht ablenken. Als die Affen das Aufrechtgehen gelernt hatten, mochten sie nicht mehr auf allen vieren kriechen. So entstand der Mensch. Ich kann mich nicht mehr vom Kommunisten zurückentwickeln zum Pfahlbürger, nicht mehr bescheiden mit der Liebe zu zweit, wenn das Leben von Millionen bedroht ist.«

»Der Vergleich ist nicht sehr schmeichelhaft. Ich werde

ihn großzügig überhören, weil ich eine großartige Überraschung habe für uns. Heute mit der Frühpost gekommen. Du hast versprochen, du wartest noch sechs Wochen, dann läßt du die Spálena und gehst deine eigenen Wege.«

»Stimmt! Die Genossen haben mir angekündigt, daß ich in dieser Frist legitimiert oder endgültig abgelehnt werde.«

»Na schön! Dein zwielichtiges Leben zwischen Sein und Nichtsein, zwischen Anerkennung und Illegalität hört auf! Ich habe ein Schweizer Visum für dich in Aussicht, weil der Vater des Herrn Botschaftsrates in der Gesandtschaft der freien Eidgenössischen Schweiz durch unsere Koberaktien reich geworden ist. Wir werden morgen in der Gesandtschaft erwartet.«

»Die Frist der Genossen läuft noch fünf Wochen.«

»So lange dauern die Formalitäten sowieso. Bitte einen langen Kuß dafür!« kommandierte sie, und die Ausführlichkeit der Ausführung war nach ihrem Geschmack. Dabei fiel Peters Blick jedoch auf die Uhr: »Heiliger Bimbam, hilf mir. In einer Viertelstunde muß ich bei Vilém sein!« Channah pelzte ihn wütend mit Kissen: »Das – Aviso – kommt – NIE!«

10. Die Ankunft des Herrn Gottlieb

Solange die »Bohemia« existierte, hatte noch nie eine Saison so früh begonnen wie die neunzehnhundertsechsunddreißiger. Der Mai ausverkauft, und selbst die Plätze im Restaurant bis Oktober ausgebucht. Obwohl Lotte und Täuber schon im Winter eine großzügige Vorratshaltung gesichert hatten, schien das Eingefahrene nicht zu reichen, und so fuhr Esther mit Simon Mitte April noch einmal über Land, um Obst und Gemüse bis zum Herbst vertraglich zu sichern, Eier, Geflügel, Kälber und Kücken einzukaufen. Es war wie zu Zeiten der alten Josefine, nur thronte Esther nicht auf dem Kutschbock des hohen Leiterwagens, auf dem Säcke, Körbe und Hühnerstiegen gestapelt waren; den dirigierte diesmal Täuber. Sie saß im einstöckigen Hotelkremser, und Simon lenkte die Pferde. Während sie durch die Bäderstraße trabten, sah er viele einheimische »bessere Leute«, die bewußt wegschauten, auch Gemeinderat Strihauka, der Baumeister, der den Polans viel einträgliche Arbeit und Kapital verdankte, blickte energisch zur Seite, um nicht in die Verlegenheit zu geraten, grüßen zu sollen. Selbst Nachbar Umlauf betrachtete ausführlich das Straßenpflaster. Nur der alte Gemüsehändler Wodak winkte freundlich aus dem Laden: »Nazdar, Pani Pelzová, Nazdar, Pane Pelz, Nazdar, Jaroslave!«

Doch schon während Esther ihm zurief: »Alles Gute, Pane Wodak«, zog ihn seine Frau am Rockschoß in den Laden zurück. Der Vater des Sturmführers Biller auf dem Bock des hohen gelben Paketwagens der Post spuckte in hohem Bogen aus, als sie vorbeifuhren. Was Simon Pelz nicht sehen konnte, war Bürgermeister Fischer, der seinen Feldstecher bemühte, um die Einkaufsfahrt der Pelzens aus sicherer Distanz zu beobachten.

Sie fuhren um den Kurpark herum, am Gondelteich vorbei in das nächste Dorf, an Pfarrhaus, Kirche und Friedhof entlang auf die breite Dorfstraße. Hier erwarteten Esther wenige Passanten. Das Leben der Einwohner solcher

Reihendörfer spielte sich in den Wohnungen und Höfen ab, die durch buntgemalte dicke Wände und große rundbögige Tore von der Straße getrennt waren, und auf den Feldern.

Diesmal war es ganz anders. Esther ließ überrascht langsamer kutschieren.

Tscherbenei war zwar ein Dorf im Deutschen, gesprochen wurde nur tschechisch. Und diesen Leuten bedeutete es immer noch etwas, wenn die Polans ins Dorf kamen. Leute erschienen an den Fenstern, öffneten sie, Häusler traten vor ihre Tore, sie grüßten laut und herzlich und nicht nur, weil in diesem streng katholischen Grenzdorf Besucher überhaupt als kleine Sensation galten. Nicht einmal, weil diese Besucher Geld und Geschäfte brachten. Sie sahen nur, da kommt die Tochter von der Josefine Polan, die eine »Bohemia« aufgebaut hatte, die tschechische Josefine, eine der Ihrigen.

»Dobry den, pani Pelzová.«

»Nazdar, Polanová.«

»Co nám nesete?«

»Pan Bůh Vás ochrání!«

Und wo Kremser und Leiterwagen anhielten, öffneten sich die Hoftore weit, sie einzulassen. Sie schlossen sich nur, die neugierigen Kinder fernzuhalten. Vielleicht auch einen Neugierigen in Uniform.

»Der Kremser hält vor der Mitteltreppe, der Leiterwagen fährt gleich weiter zum hinteren Hoftor«, ordnete Esther auf dem Heimweg an. Vergnügt musterte sie die Massen der eingekauften Lebendware, und Simon bewunderte seine kleine behende Frau. Aber am Treppenaufsatz vor der »Bohemia« blieb er sprachlos stehen. Die Fenster im Parterre und im ersten Stock waren eingeschlagen. Lotte und Mariechen kehrten die Scherben von der Terrasse: »Siehst du das, Liebes, überzeugt dich das endlich?« Esther gab gar keine Antwort. Sie holte sich einen Reisbesen, packte sofort mit an. Ihr aktiver Trotz: »Nun gerade!« verlieh ihr eine solche Energie, daß sie Lotte und Mariechen mit ihrer Dynamik mitriß.

»Die Versicherungspolice ist doch rechtzeitig bezahlt, wie?«

»Natürlich, Esther!«

»Funktioniert das?«

»Bisher wurde anstandslos ersetzt, wofür gestempelte Rechnungen vorlagen.«

»Na also, ist der Glaser bestellt?«

Mariechen meldete sich: »Das schon, Chefin, bloß . . .«

»Was ist?«

»Er käme auch, sagt er, nur nicht bei Tage. Er will die Fenster von innen in der Nacht verglasen. Er könnte es, meinte er.«

Selbstsicher und ungerührt ging Esther zur Tagesordnung über: »Das ist mir gleich. Hauptsache morgen früh kann man in der ›Bohemia‹ wieder durch Fenster sehen. Nächstens bleibt ein Mann daheim, Simon oder Täuber.« Verzweifelt schrie Pelz sie an: »Shit and Fuck! Das hilft uns nichts, Esther!« Sie wischte seinen Zorn weg: »Nur Neid und Mißgunst, weil wir ausverkauft sind diese Saison. *Ersticken* sollen sie daran!«

Die neuen Gäste hatten andere Gesichter, waren überhaupt anders, erkennbar schon, wenn sie aus den Droschken stiegen. Gut gekleidet, jedoch nicht teuer und elegant, sehr unkonventionell viele, dafür mit eigenem Geschmack. Mancher Gelehrtenkopf darunter, Intellektuelle und Künstler. Ausländer meist gemeinsam mit ihren deutschen Verwandten. Und da die meisten so ungewöhnlich waren, fielen die Getreuen gar nicht aus dem Rahmen, wenn sie Pinschewski und Antoinette de Oppenheim hießen. Wie sie von Esther, Pelz und sämtlichen dienstbaren Geistern der »Bohemia« begrüßt wurden, ein heimkehrendes Herrscherpaar, erregte die Eifersucht anderer. Unter den Stammgästen fehlte auch Señor Menochetti nicht.

Pinschewski wirbelte Esther durch die Luft und sprudelte dabei: »Estherleben, wie geht es dir, was machen die Blutegel, wie geht es Peter? Wo ist er, mein Peter. Ich sehe, das Geschäft blüht. Du bist doch die beste jüdische Köchin, die ich kenne.« Eine tüchtige Kopfnuß von Antoinette besänftigte ihn, und sie sah ihn vorwurfsvoll, aber verliebt an: »Du Bär, du Bauer. Wie kommst du dazu, Frau Pelz zu duzen?« Nun erst stellte der Riese Esther auf den Boden.

»Filip hat sie mir persönlich ans Herz gelegt, schon neunzehnhundertdreizehn.«

Er legte seinen Arm um Esther: »Gehöre ich nicht zur Familie? Hast du etwas dagegen, Esther?« Sie sah ihren Mann an, fragte: »Du gestattest doch?« und küßte Pinschewski herzlich. Antoinette lachte: »Und ich werde nicht gefragt?«

»Was sagen Sie dazu, Madame Antoinette, daß sich mir eben ein Mister Joe Menasse angekündigt hat, telefonisch vom Bahnhof. Muß gleich da sein.«

»Damit macht man keine Witze, Esther!« rügte Pinschewski ernst. »Von woher soll er kommen? Aus dem Garten Eden? Er ist doch nebbich gestorben dieses Jahr, nachdem er hat herübergeholt die ganze Familie Schlampatzki nach USA. Bis auf Ružena, was ist veheiratet mit dem Doktor Feininger.«

Indessen erschien ein großer, glattrasierter, kräftiger Mann, kurzgeschoren, sehr amerikanischer Businessman, um die Vierzig, spurtete die Treppe hoch und stellte sich vor Esther auf, als beabsichtige er, eine militärische Meldung zu machen. »Sie wünschen?«

»Joe Menasse junior! Von Ihnen hat gesprochen mein Tatte, noch am Abend vün seinen Toit, hot mich dahergeschickt. Ich kenn dos Haus, innenwendig un äußenwendig, jede Stüb, jedes WC. Un ich well hoben Nummer neun, wie Tatte hot gehat.« Und dann fuhr sein Arm heraus, und der Zeigefinger richtete sich sicher wie eine Kompaßnadel auf Pinschewski: »Sie sennen Pinschewski. Und dos is die Komtesse. Ihr seid Esther. Tatte hot dich beschribben wie in a Spiggel.«

Den Kopf wiegend sagte Pinschewski, ins Jiddische fallend: »A schaine Zeit hot Ihr aach oisgesucht hierherzekümmen, Jingale!«

»Tatte hot mir oifgetrugn a Mizwe. Ich soll heroisbringen so viele Jiden as is meglech«, sagte der junge Menasse entschlossen und eifrig. Gerührt und skeptisch zugleich nahm der Riese den jungen Mann um die Schultern: »Oj, Menasse Jingale, wie ma suggt in Amerika ›junior‹! Hot Ihr oich oifgeladen a parnosse. In Polen regiert Oberst Beck, in Ungarn a gewisser Admiral Horthy. In Italien schrejt herum Mussolini.« Hilfesuchend hob Pinschewski die Arme: »Großer Gott, wieviel Jiden wollt ihr retten, Junior? *Wie groß ist Amerika?«*

Junior führte von der phantastischen Frage zur redlichen Nüchternheit zurück: »Nur die Mischpoche Feininger, a Goldschmied für Warschau und den Sohn, was is a Doktor mit Philosophie.«

Voller Freude und Rückerinnerung schrie Esther strahlend: »Sie sind da! Sie sind da. Feininger, der Alte und der Junge und die Frau. Der Junge hat bei uns geheiratet die Růžena Schlampatzki.« Sie kamen auch schon die Treppe herunter, stürzten sich auf den Joe junior, daß der kräftige Mann sich kaum auf den Beinen halten konnte, die Alten, die Jungen, ihre Kinder wollten den Onkel aus Amerika umarmen. Pinschewski nahm Esther beiseite. Sein Füllhorn an Neuigkeiten schien ihm noch zu leer: »Und Doktor Strauß?«

»Ist hier.«

»Glaubt er immer noch an Deutschlands Herrlichkeit?«

»Ach, jeder Mensch ist auf seine Art meschugge. Ist es nicht wie neunzehnhundertvierzehn, Reb Pinschewski?«

Langsam und immer wieder und zuletzt sehr energisch schüttelte Pinschewski den Kopf: »Nein, nein, Estherleben, es ist schlimmer, viel schlimmer!«

Und ging, während Antoinette badete, sich schön machte und ihre Kostüme pflegte, Bekannte treffen, Gäste ausfragen, Geschenke verteilen, Grüße ausrichten, erst im Hotel und dann den Nachbarn und von Haus zu Haus, denn solche fröhlichen, großzügigen, spendablen, neugierigen, lebenshungrigen Stammgäste wie Pinschewski, die seit dreißig Jahren jedes Jahr gekommen waren, gehörten in Grenzbrunn beinahe zu den Einheimischen, den Dasigen, wie man hier sagte. Und selbst der Postsekretär Biller überlegte erst, nachdem er zurückgegrüßt hatte, voller Schrecken, daß dieser Pinschewski, dessen er sich von vielen Trinkgeldern her erinnerte, eigentlich doch ein polnischer Itzig sei.

Wenn es überhaupt etwas gab, wofür Simon seiner Frau noch mehr dankbar war, als daß sie überhaupt existierte und für ihn da war, dann deswegen, weil sie verhinderte, daß er zum Weltzigeuner entartete, zu Ahasver, dem ewig wandernden Juden, wie es eigentlich seinen Anlagen entsprach.

Simon, der von Esther aufgehaltene Weltwanderer, war im Grunde ein Spaßmacher, doch ein gutherziger Mensch, und da er wie selbstverständlich Filips Funktion des Empfangschefs übernommen hatte, kam das den Menschen zugute, die an sein Pult traten. Seit die Nazis die Juden bedrückten, bemühte er sich um besondere Herzlichkeit. So änderte sich in der Empfangshalle nur wenig.

Der alte weißhaarige Portier hatte die Jahrzehnte überdauert und mit ihm der Stand mit den grellbunten Ansichtskarten des Bades, von denen er einst leichtsinnig eine allzu große Engros-Partie gekauft hatte. Die Damen trugen darauf noch Pleureusen und nach hinten gebauschte lange Röcke. Nun kauften die Gäste die kolorierten Karten als Grenzbrunner Kuriositäten – wie den sonstigen Bäderkitsch, etwa die Andenkentassen mit dem neckischen, traurig-aktuell gewordenen Sprüchlein: »Was Krupp in Essen, bin ich im Trinken« oder das ähnlich sinnvoll verzierte Wetterhäuschen: »Gestern tröpfelte es froh, heute regnet's munter. Gießt es morgen auch noch so, geht Bad Grenzbrunn unter!«

Das kleine, von riesigen Topfpalmen und Gummibäumen abgegrenzte, abgeschirmte Café funktionierte noch inmitten des Trubels der braungetäfelten Hotelhalle. Der Trubel war leiser geworden, hatte Lebhaftigkeit und Heiterkeit eingebüßt und gegen Hektik und Nervosität eingetauscht. Nur Pelz milderte freundlich Schwierigkeiten, auch solche, die ihm Gäste machten. Da war Professor Naumer, der ein kleines Zimmer bestellt hatte, mit der Schwiegertochter und zwei Enkeln angereist. Die Schwiegertochter hatte Simon bei einer älteren Dame untergebracht, die nichts gegen ein »belegtes« Sofa in ihrem Zimmer einwendete. Was aber sollte mit den lebhaften Kindern werden?

»Herr Professor! Sie hatten doch nur sich allein angemeldet!«

Dem grauhaarigen Gelehrten kamen Tränen: »Mir ist

das schrecklich peinlich. Mein Schwiegersohn ... ist ganz plötzlich, ich meine ganz dringend ... ins Ausland. Seine Frau ist ja arisch und ganz unpolitisch. Er dagegen ...« Schnell unterbrach Pelz. Mitwisser sein schien ihm ebenso gefährlich wie Täter.

»Wenn Ihnen mit einer kleinen Mansarde gedient ist, Herr Professor, für die Jungen, im Bodenstockwerk, freilich ein Dienstmädchenraum. Wir machen ihn für die Kleinen hübsch zurecht.«

Schon schlug er kräftig auf die Standklingel, weckte den schläfrigen Portier: »Professor Doktor David Naumer und Familie, Zimmer elf und dreiundzwanzig«, während der Alte »Vielen Dank« stammelte und sich verbeugte. Esther erschien, fühlte aber, bevor sie Pelz erreichte, die Verpflichtung, allen Gästen die Hand zu schütteln. Freilich, die Wienawskis, eines bleichen, jungen Mannes mit schulterlangen schwarzen Haaren, faßte sie an, als wären sie aus Meißner Porzellan: »Ich werde niemals vergessen Ihr Chopinkonzert. Wie schön, daß Sie gekommen sind.«

»Ich? – Das ganze Quartett. Und wenn wir üben dürfen, konzertieren wir zum Dank aus freien Stücken.«

»Keine Frage – besprechen Sie die Zeit mit Herrn Pelz.«

Esther lachte, als sie sah, wie sich ein riesiger, schlaksiger Bursche an ihr vorbeizudrücken suchte. Sie rief ihm zu: »Keine Angst, Herr Markus, ich tue Ihnen nichts.«

»Mein Geld ist immer noch nicht da. Jeden Tag erwarte ich die Sendung aus London.«

»Zu spät. Ihr Onkel hat den Betrag heute früh überwiesen. Sie brauchen von nun an vor mir nicht mehr den Gejagten auf der Flucht zu spielen. Sie haben Kredit.«

»Aber noch kein Affidavit, damit ich mein Studium in Cambridge fortsetzen kann.«

»Sagen Sie bitte, was ist das: Affidavit?«

»Wollen Sie mir weismachen, die unter allen deutschen Juden meistgebrauchte Vokabel sei Ihnen fremd? – Affidavit bedeutet eine vom Einladenden, von einer Institution, einem Fonds erteilte, bezahlte Garantie, bestätigt von der Regierung, die sicherstellt, daß der Einwandernde nicht den Behörden zur Last fällt, also vereinfacht: Garantie des Lebensunterhaltes. Dieses Dokument ist die Voraussetzung zur Erteilung einer Einreisebewilligung.«

Befriedigt nickte Esther: »Aha, Affidavit, danke«, kam zu Simon, legte die Ellbogen auf das Pult und ließ sich von ihm anhimmeln, als sei sie ein Backfisch und er ein Primaner. Er machte sich Sorgen – auch wenn er abwesend war. Und auch sie wollte ihm etwas Angenehmes sagen: »Ach, Simon! Was für feine Leute jetzt kommen, so gebildete, leise, bescheidene, angenehme Menschen. Hab ich dir's nicht gleich gesagt, in Grenzbrunn ist alles halb so schlimm.«

Was sollte er darauf antworten! Reden half nichts, vielleicht das Sehen. Recht energisch nahm er ihren Arm und führte sie durch die Halle. Sie nickten und verbeugten sich. Bewegung war in der Halle, man saß meist nicht lange, weil das Sitzefleisch fehlte, man stand herum, ging von einem zum anderen, ruhelos. Die Bewegung glich jener eines aufgescheuchten Hühnerhauses. Um einen Tisch scharten sich teilnehmende Menschen, ein älterer Mann hielt die Schultern seines Sohnes umfaßt. Beide weinten. Die Umstehenden ahnten sicher nicht warum. Sie wußten nur, daß es mit der Drohung zu tun hatte, die sie alle empfanden. Solcherart war die Bewegung, gedämpft und traurig. Frauen ließen sich beim Ausfüllen fremdsprachiger Fragebogen helfen. Sicher handelte es sich um Ausreisepapiere. Ernsthaft redete Simon, leise aber dringlich in sie hinein: »Schau hin, Liebste. Wenn sie nur protzten, voller Chuzpe angäben, mit Trinkgeldern herumschmissen – wenn sie nur schimpften, sich beschwerten, weil sie ihre Portionen zu klein fänden. Esther, wenn sie Geschäfte abschließen wollten, sogar faule meinetwegen, wenn sie ihre Töchter auf dem Heiratsmarkt anpriesen, wenn sie sich um Börsenkurse stritten, Tips austauschten: das wäre normal, das wären jüdische Gäste, Kurgäste, verstehst du. So aber – es sind nicht nur different people – it is a different time, a dangerous time. Nicht nur verschiedene Gäste, eine gefährliche Zeit zeigen sie uns an.«

Er hatte sich aufgeregt, atmete kurz, schnell, flach, spürte, daß all seine ernsten Worte an Esthers Optimismus abprallten, daß der Rundgang durch die Hotelhalle vergeblich war. Sie freute sich über das ausverkaufte Haus und die neue Blüte der »Bohemia« in schlechten Zeiten.

Sie streichelte seine Hand: »Sei kein Pessimist! Sie sind, was sie immer waren: Kranke, Patienten! Die leben sich schon ein. Hier in Grenzbrunn wird man gesund, du Bär, und man vergißt seine Zores!«

Kaum ausgesprochen, schon bereut. Die breite Hoteleingangstür öffnete sich, an beiden Flügeln offen gehalten. »Achtung! Heil Hitler!« schnarrte es, und vom Spalier der SA eingesäumt, stampften zwei Würdenträger der Herren Deutschlands in die Halle, voran Ortsgruppenleiter, Bürgermeister und Logierhausbesitzer Fischer, lang, eckig und derb wie ein rechter Landsknecht. Seit er mit dem mittlerweile gerne verschwiegenen Busenfreund Heines hier erschienen war, hatte er an äußerlicher Distinktion, an Rangabzeichen und Orden gewonnen, gelernt, das Dritte Reich zu repräsentieren und Angst zu verbreiten.

In der Halle war alles erstarrt. Die Menschen standen, saßen unbeweglich da, wie Gestalten im Panoptikum. In Fischers Begleitung erschien ein harmlos aussehender, dicklicher blonder Mann mit preußisch kurzgeschnittenem Haar, Mittelscheitel und freundlichen roten Hängebäckchen. Alles an ihm schien etwas kurz geraten, auch die krummen Reiterbeine, wenn auch die Uniform mit dem »Goldenen Parteiabzeichen« manches veredelte. Zum Angsteinflößen sah der Mann gewiß nicht aus. Ein wenig zu dicklich für sein Alter.

»Wo kann man hier mit den Besitzern dieses Hauses allein und ungestört sprechen?« verlangte Fischer. Simon wies mit einladender Geste auf den Korridor, und die zitternde Esther öffnete das Zimmer eins, wo sich die ungewünschten Besucher sofort auf das Sofa setzten, um sich dahinter auf die Rückenlehne zu stützen. Ein Augenblick der verlegenen Stille, dann Fischer: »Wollen Sie sich gefälligst erheben, um eine Anordnung entgegenzunehmen!« – »Aha«, nickte Simon, als wolle er Esther klarmachen, daß er recht gehabt habe. Er half Esther auf. Fischer verlas aus einer Akte: »In Anbetracht der Bedeutung des Objektes ›Hotel Bohemia‹, in Anbetracht auch der Valutaeinkünfte und der erheblichen Umsätze, die in dem Unternehmen getätigt werden, hat die Wirtschaftskontrollabteilung der NSDAP in Übereinstimmung mit dem Provinzialrechnungshof der Provinz Schlesien verfügt ...« Fischer machte eine Aufmerksamkeit erheischende Pause. Und der kleine Mann versuchte sein Backpfeifengesicht mühsam in Amtsfalten zu legen, während Esthers bleiches Gesicht trotzige Aufsässigkeit zeigte. Lauter, mit der Stimme, die versuchte, den Haß zu unterdrücken, aber den Triumph nicht verbarg, fuhr Fischer fort: »Der Parteigenosse Hermann Siegfried Gottlieb wird als Kontrollkommissar für das Unternehmen eingesetzt. Er bezieht vom Inhaber des Hotels ein Gehalt von achthundertfünfzig Mark. Dazu kommt die Entlohnung seiner Bürokraft mit dreihundert Mark. Beide werden voll verköstigt und bedient. Anfallende Spesen sind von den Hotelinhabern zu tragen. Angemessen eingerichteter Wohn-, Schlaf- und Büroraum ist zur Verfügung zu stellen.« Das hat gesessen, dachte Fischer und sah voller Genugtuung in die bleichen Gesichter. »Und nun noch der I-Punkt: Parteigenosse Gottlieb vertritt den nationalsozialistischen Staat in allen seinen Belangen und genießt dessen absolute Vollmacht. Er ist dem Bürgermeister von Grenzbrunn und Ortsgruppenleiter der NSDAP berichtsverpflichtet.«

In sich hineinlächelnd erriet Simon: Das ist nicht auf Fischers Mist gewachsen. Rechtsanwalt Schmidt hat es ihm gewiß entworfen. Und ungerührt hört er Fischer noch sagen: »Der Kontrollkommissar übernimmt seine Pflichten sofort. – Wollen Sie sich überzeugen?«

Schon streckte Esther die Hand nach dem Dokument aus. Pelz hielt ihre Hand fest: »Danke, es wird schon stimmen.« Wieder Stille, unbewegliche. Von draußen klang eine Chopinpolonaise durch das geöffnete Fenster zur Steinterrasse. »Wer spielt denn da so schön Chopin?« fragte Pg. Gottlieb, der offensichtlich gerne Musikkenntnisse darzutun wünschte. Esther griff nach dem Strohhalm: »Ruben Wienawski. Er ist mit seinem Quartett bei uns zu Gast. Klavier, Cello, Bratsche und Geige.« Das überraschte Herrn Gottlieb wirklich: »Was denn? Was denn? Ist der Wienawski etwa Jude?«

Verärgert schnauzte Fischer, der den heroischen Abgang

verpfuscht sah: »Haben Sie ’ne Ahnung, wer bei uns alles Jude ist. Heidewitzka! Auf, marsch – marsch!«

»Den Flügel möchte ich unbedingt bald mal ausprobieren«, erklärte Gottlieb, eitel und selbstgefällig. Grußlos verließen die Uniformierten die Nummer eins. Draußen folgte Fischer die SA-Begleitung. Nur Gottlieb fläzte sich in der Hotelhalle in einen Ledersessel und schrie in die Gegend: »Bereiten Sie mir inzwischen die zugewiesenen Räume vor. Ich warte hier auf meine Schreibkraft.« Und niemand glaubte mehr, daß er harmlos sein könnte.

»Um Gottes willen«, flüsterte Esther, »drei Zimmer im ersten Stock. Was geschieht mit den Stammgästen?« Simon lachte grimmig: »Die sind besser und glücklicher in der Dependance untergebracht. Wer will schon mit so einem Kommissar in einem Haus wohnen.«

11. Medizin gegen Giftschlangen

Das Leben im Hotel, in der Dependance »Friedrichsruh«, auf der Steinterrasse, auf dem Wege zum Kurpark, bei Tag und Nacht begann sich um den Kommissar Gottlieb zu drehen, der zuerst so harmlos freundlich und bürokratisch angemutet hatte wie der preußische Oberbuchhalter, der er einst gewesen war, aber sich bald benahm wie ein hinterlistiger, erpresserischer Spitzel, der dazu noch stahl, betrog und vergewaltigte.

Die deutschen jüdischen Gäste sahen in ihm den Engel des Todes, verfolgten seine Schritte, wichen ihm aus, horchten auf seine Äußerungen, forschten nach seinen Taten oder Tätlichkeiten, erzählten sich von ihm, redeten sich selber die Panik an den Hals, indem sie seine Bedrohung aufbauschten.

Die Juden aus dem Osten, deren Eltern und Großeltern noch Zarenpogrome der Kosaken erlebt hatten, wo erschlagen wurde, gemartert, vergewaltigt, beraubt, Häuser verbrannt und mit ihnen die Menschen darin, wurden mit dem »Trauma« Gottlieb besser fertig. Sie verarbeiteten andersartige Episoden unter sich, Erlebtes, Weitergesagtes, immer wieder Geschichten von David und Goliath. Sie waren Esther näher als Simon. Sie suchten nach dem Lächerlichen der Figur, fanden es und damit die listige Courage der Waffenlosen und ihren stillen Widerstand. Bis das erste Opfer fiel.

An einem regenschweren Tag schritten in der Vorhalle drei dunkel gekleidete Gäste auf Simon zu. Sie trugen ihre Hüte und gingen in einer Reihe wie eine Deputation, Pinschewski, der weißhaarige Professor Naumer und der berühmte argentinische Chirurg Señor de Corezza. Sie näherten sich feierlich, tiefernst. Pinschewski sagte leise, jedoch sehr klar: »Wir müssen einen arischen Arzt kommen lassen. Ein Todesfall. Doktor de Corezza hat das Ableben festgestellt, aber sein Befund gilt ja nicht.«

»Wer ist es?«

»In der Dependance geschah es«, sagte der alte Naumer. »Der Chefkonstrukteur Diplom-Ingenieur Brandstetter von der Stahlbau GmbH Mühlheim/Ruhr und seine Frau.« Das klang wie die Ankündigung eines Gästepaares zu einem Empfang. »Beide? Woran?« Nun meldete sich der Arzt zu Wort: »Veronal, eine tödliche Überdosis, mit Champagner eingenommen. Sie waren schon einen halben Tag nicht mehr am Leben, als wir das Zimmer aufbrachen.«

»Die Polen haben herumerzählt, er hat erfahren, daß er an Krebs leide.«

»Auch seine Frau?«

Stillwütend, erschüttert, bissig zischte Pinschewski: »Ich wette, der Krebs trägt auf seiner Schale ein Hakenkreuz.«

Ängstlich sah sich Naumer um, sah Lotte ganz nahe, die zuhörte: »Herr Pinschewski!«

»Vor Lotte sage ich alles. Wir kennen uns seit fünfzehn Jahren.«

Nichts vernahm Lotte, nichts. Sie stand starr da, als sei sie stehend bewußtlos. Erst Pinschewskis Frage: »Nicht wahr, Lotte?« weckte sie. Es sprach aus ihr halb unbewußt, sie hörte sich sagen: »Sie sind dem Gottlieb immer in großem Bogen ausgewichen, die Brandstetters. Wenn sie ihn von weitem sahen auf der Bäderstraße, sind sie übern Damm und auf das andere Trottoir hinüber. Kluge, feine, anständige Herrschaften. Sie haben sich an den Händen gehalten, die Alten, wie Filip und Josefine. Und ihr Sohn ist im Gefängnis. Vielleicht lebt er auch nicht mehr.«

Sie schwieg. Alle vier verharrten still, sahen Lotte an, ihre unpathetischen Worte waren der Gedenkrede eines Freundes am offenen Grabe ähnlich. Endlich zog Pinschewski die Schlußfolgerung: »Gut, sagen wir dem Amtsarzt, sie haben sich vor Krebs gefürchtet und sich deshalb umgebracht.«

»Wir haben die Chewra-Kadischa zusammengerufen. Die Särge werden schon gezimmert. Sobald der Totenschein da ist, werden die Gläubigen sie waschen und in das Totenhemd kleiden.« Sie wandten sich zum Gehen. Der Arzt hielt sie noch einmal zurück, fragte Simon: »Kann man denn gar nichts tun, damit Gottlieb uns in

Ruhe läßt, gar nichts? Er stiehlt, er durchsucht unsere Zimmer. Er horcht an den Türen. Er belästigt die Mädchen, erpreßt sie, vielleicht noch Ärgeres. Gibt es keine Gegenwehr?«

»Gott behüte!« ängstigte sich Naumer. »Sie bringen uns an den Galgen. Sie haben einen südamerikanischen Paß. Aber wir?!!«

»Wir werden zusammentün inseren Sejchel, insere jidischen Köpp«, ermutigte Pinschewski den erschütterten Naumer, hängte sich bei ihm ein und sprach das verballhornte Jiddisch, das seine deutschen Glaubensgenossen verstanden und das Naumer aufheiternd lustig empfand: »Aber redden darf ma nischt darrüber. Sonst wet es erfahren, den Gott liebt.«

Während Herr Gottlieb solchermaßen für Gesprächsstoff und Lebensgefahren sorgte und sich in der Angst seiner Umgebung sonnte, hackte Mathilde im Trägerkleid der Maiden auf der Schreibmaschine herum, hörte seinem Diktat zu und nahm übel, eine etwas ausgegangene, fade, blondschneckige Langweiligkeit mit Stacheln, Gottlieb, seine Lieblingslektüre, den Streicherschen »Stürmer«, vor sich, unterbrach das Diktat, um witzig zu sein, wies auf ihre altgermanische Brustrune. »Die Brosche haste wohl an, damit man weiß, was vorne ist, Mathildchen, wie?« Anstatt sich über die diskrete Erwähnung ihres Busens zu freuen, sprang Mathilde von ihrem Drehstuhl auf, wie von einem Insekt gestochen. »Sturmführer, das will ich nicht gehört haben!« Schnell pirschte sich Gottlieb an sie heran, umfing sie von hinten: »Aber gefühlt!« Sie wehrte sich nur symbolisch und setzte sich wieder, wobei sie nun mit übergeschlagenen Beinen und dem hochgezogenen Trachtenrock wortlos auf spärliche Reize hinwies. Als Gottlieb jedoch darauf nicht reagierte, kamen die Stacheln aus dem gelbgeringelten Wespenleib: »Gefühlt? Auch nicht. Überhaupt – Sie, Sie greifen jedem Zimmermädchen unter den Rock. Kein Weibsbild ist vor Ihnen sicher, dabei ist es man bloß dünne bei Ihnen. Sogar hinter den jungen Sarahs sind Sie her, als wären sie blond und arisch. Für Sie existiert wohl keine Rassenschande. Ein Wort von mir ...«

»Aber Mathildchen! Du wirst doch nicht...«, schrie Gottlieb erschrocken und schlug schnell vor: »Gehen wir nachmittag auf den Gondelteich. Und nachher – ich hab' 'ne Flasche in meinem Zimmer.« Schnell versöhnt trieb ihn Mathildchen an: »Dann muß der Tagesbericht fertig werden. Diktieren Sie weiter.«

Gottlieb legte den »Stürmer« beiseite und diktierte: »Auf Unregelmäßigkeiten bin ich den durchtriebenen Itzigs bisher nicht gekommen. Die abgehörten Gespräche geben wenig her, weil sich die Judenschweine des Mauschelns bedienen und auf jüdisch oder ausländisch loslegen, sobald ich in der Nähe bin, was die betrügerische Absicht und das schlechte Gewissen dieser abgefeimten Untermenschen zur Genüge verrät. Bloß die Handhabe fehlt mir noch.

Damit das Volksvermögen gesichert ist, beginne ich sofort nach jedem Posteingang mit der Kontrolle, erstrecke sie anschließend auf Buchführung, Bestandsaufnahme der Bevorratung, Geschäftsgebaren und politisches Wohlverhalten, Informationen und das Nachgehen von Verdachtsmomenten...«

Schloß sich der Kontrollkommissar nach dem Posteingang im Büro der Rezeption ein, ließ er die von innen vergitterten Milchglasscheiben herunter und begann seine Routine, dann brüllte er jeden Klopfer an: »Ich verlange, allein gelassen zu werden. Ich verbitte mir jede Störung. Ich übe hier eine Staatsfunktion aus!«

Sie bestand darin, daß er die Reisepässe in die numerierten Zimmerkäfterchen des Schlüsselschrankes schob, darauf sich die Post vornahm, die Briefe befühlte, beroch, beschaute, auch kontrollierte, ob da in einem nicht etwas Festes spürbar war.

Mit seiner Lupe inspizierte er die Briefmarken, überseeische mit außerordentlichem Interesse. Es geschah, daß er eine ungewöhnliche, farbige südamerikanische oder afrikanische Dreiecksmarke so interessant fand, daß er versuchte, sie vorsichtig abzulösen, nicht ohne sie später mit Pinzette und Lupe nach fachgerechtem Sammlerbrauch auf die Verzahnung der Ränder zu untersuchen. Wenn er fürchtete, ein solches Objekt seines Interesses ohne weitere

Hilfsmittel nicht unbeschädigt lösen zu können, steckte er den Brief kurzerhand in die Jackentasche. Das geschah auch mit umfangreichen Kuverts, in denen vielleicht mehr stecken mochte als eine Nachricht, allerdings erst, wenn die Manipulationen mit der langen, scharfen Klinge des Brieföffners vergebens geblieben waren.

Nicht die Buntheit der Briefe und Paketchen allein befruchtete Gottliebs Farbensinn. Der purpurne goldbestickte Samtvorhang des Betschrankes, der die Rollen mit der heiligen Lehre barg, erregte seine Aufmerksamkeit. Welche Kostbarkeiten mochten sich wohl dahinter verbergen? Und deshalb versuchte er im frühen Morgengrauen, den Kultgeheimnissen der Juden auf die Spur zu kommen. Vorsichtig betrat er im Morgenmantel den Saal auf Zehenspitzen, schob den Vorhang beiseite und öffnete den Schrank. Die samtene, gestickte, ziselierte Silberpracht, die Edelschmiedekunst, blendete ihn beinahe, die silbernen Zeiger mit der Zeigehand am Ende, die Schmuckhüllen aus Edelmetall. Er griff nach den Haltern der Bundeslade, hatte aber nicht mit den silbernen Glöckchen gerechnet, die ringsherum daran hingen. Die Schwingungen der einen teilten sich den anderen mit, und plötzlich erklangen alle Schellen. Entsetzen packte den Eindringling, er ließ den Schrank offen stehen, rannte zur Saaltür, vergewisserte sich, daß sie zugeschlossen war, und ging ängstlich zu dem jetzt verstummten unheimlichen Schrank zurück, um ihn zuzumachen und den Vorhang möglichst ohne Geräusche darüberzuziehen.

Er wähnte sich unbemerkt, doch der Vorbeter, Kantor, Beschneider und Wahrer religiöser Gesetze, Red Tikoschinski, war ihm nachgeschlichen, hatte ihn eintreten sehen, spurtete durch den Hof zum hinteren Eingang der Glasveranda und sah und hörte von dort, wäre beinahe in Lachen ausgebrochen, als er das panische Erschrecken bemerkte, und zog die Konsequenz, die Anzahl der Schellen aus den polnischen Reservebeständen zu verdoppeln.

Er hatte seine gefährlichste Begegnung mit dem dicklichen Tyrannen schon hinter sich. Tikoschinski liebte nach dem Schächten gemächliches Tempo, damit er allen religiösen Vorschriften überlegt und in Ruhe genügte. Er spülte das Blut von seinem Schächtmesser, trocknete es mit einem Velourläppchen, zog es auf seinem Schleifstein ab und legte es sorgfältig in die richtige Einbuchtung des großen Samtfutterals. Dabei, den Deckel auf den langen schmalen Koffer zu drücken, sah er auf der Hintertreppe zur Glasveranda Herrn Gottlieb stehen, bis dahin unbemerkt geblieben, weil er statt der Uniform neuerdings einen eleganten grauen Anzug trug, in dem er wirkte, als habe man einer falschen Schaufensterpuppe das Allerneueste angezogen. Wie Tikoschinski das goldene Parteiabzeichen blitzen sah, hätte er beinahe das Futteral aus den Händen gleiten lassen. So etwas schmeckte Gottlieb. Er sagte sammetweich und gutgelaunt: »Nicht erschrecken, Herr Schächter. Ich hege keinen Verdacht, wir haben ja nicht Ostern, wo an den Mazzen das Christenblut von Kindern klebt. Aber wie Sie die Hühner schlachten, pfui, pfui! Die laufen ja noch rum, bis sie ausbluten. Das ist doch Tierquälerei. Könnt ihr die nicht erst betäuben, wie wir es mit den Schweinen machen?«

Das veranlaßte Tikoschinski, den schmalen, zarten Juden, den Vater einer kinderreichen Familie, tollkühn zu sein. Er konnte es sich nicht verkneifen; etwas zwang ihn, höflich zu sagen: »Schweine haben es bei uns gut, Herr Kontrollkommissar. Denen tun wir nichts.« Und Gottlieb, der die Doppelbödigkeit der Antwort nicht begriff, nickte erfreut.

Seither fühlte sich Tikoschinski als wahrer Held. Die Geschichte machte die Runde wie der Bericht des Chefkochs, den der ohne Warnung in der Hauptküche erschiene Gottlieb angebrüllt hatte: »Ihre mageren Braten, Ihre dünnen Schnitzel, Ihre fettlosen Fleischportionen habe ich satt bis zum Erbrechen. Sie haben mir ab sofort einen anständigen, schön durchwachsenen Schweineschinken zu servieren, sonst ...«

In einem rituellen jüdischen Haushalt gibt es keinen Krümel Schweinefleisch. Der ratlose Chefkoch verzagte, blieb sprachlos stehen. Da kam ihm eine Idee: »Herr Kontrollkommissar, ich hätte da für Sie eine neue Delikatesse. Mein Meisterstück. Bitte kosten Sie einmal.«

Wimmer, mit Pelz schon seit Australien befreundet, wo er

ihm bei der Massenherstellung von Hot dogs, Hamburgern, Steaks und Eierspeisen beigestanden hatte, ein christlicher Bajuware mit den Körperausmaßen Pinschewskis, rückte dem polizeilichen Gast einen Stuhl an den riesigen Küchentisch, breitete eine schneeweiße Serviette vor Gottlieb aus, legte ein Besteck vor, füllte ein Glas mit Rotwein und bat Gottlieb mit einladender Geste, Platz zu nehmen. Obwohl ein genauer Kenner der rituellen Küche, hatte sein Christentum während des Aufenthalts des Wunderrabbis ihn von seiner Tätigkeit disqualifiziert, und der Weise war ihm wahrhaftig genug auf die Nerven gegangen. Wie sehr er Gottlieb liebte, verriet ein stiller Stoßseufzer: »Jesses, Marandjosef, schick mir lieber tausend Wunderrabbis als einen Kommissar.«

Gottlieb ließ sich erweichen, setzte sich nieder, kostete zögernd, nahm einen zweiten Bissen, dann einen großen Happen. Der Chefkoch legte diskret nach. Gottlieb beugte sich über den Teller und fuhr die Delikatesse ein wie Heu in die Scheune, hörte nicht auf. Kauend lobte er: »Na so was, das ist ja Fürstenspeise, meisterhaft.« Bescheiden wehrte Wimmer ab. »Nur ein uraltes jüdisches Gericht. Gefüllter Fisch á la Hebrew oder, wie es französisch heißt, á la juive, Herr Kontrollkommissar.«

»Muß man ja schließlich auch mal kontrollieren, die Lieblingsspeisen der Itzigs«, lachte Gottlieb, freilich recht verlegen. Und von da an ließ er den Chefkoch ungeschoren.

Solche Geschichten trugen sich selten zu in der Kette der Beleidigungen und Tätlichkeiten des Kontrollkommissars Gottlieb. Wenn er irgendwo erschien, änderte sich die Atmosphäre, versteifte sich, erstarrte. Vorsichtig standen Gäste auf und bewegten sich zur Treppe, tauchte Gottlieb in der Hotelhalle auf. Vereinzelte, gleich ob sie saßen oder standen, igelten sich schutzsuchend in kreisförmigen Gruppen zusammen, die notwendigerweise Gottlieb den Rücken zukehrten. Auch ohne es zu beabsichtigen, unwillkürlich redete man leiser. Die Angst war wie flüssig gewordene Luft spürbar. Doch die David-Goliath-Episoden kursierten nun sogar bei den deutschen Juden, obwohl inzwischen noch fünf Gäste ihrem Leben ein Ende gesetzt hatten. Während Simon sich bemühte, Esther so oft wie nur möglich mit dem Vorhandensein Gottliebs zu konfrontieren, er führte sie sogar in seinen Weg, suchte mit ihr seine Anwesenheit, reagierte sie darauf, indem sie sich totstellte. Nicht sehen, hören, aufnehmen! Dafür ließ sie sich von den geflüsterten Histörchen ermutigen, wie alle anderen. Manche waren überspitzt, aufgeputzter ausgedrückt: sogar frei; aber gut Erfundenes entstand. Auch dessen Glaubwürdigkeit stieg durch eigene Erfahrung.

Eine Episode erlebten sie alle mit. Natürlich freute sich Gottlieb über den Schrecken, den er in der Hotelhalle verbreitete, ärgerte sich gleichzeitig als geselliger Mensch über die kalte Schulter, die ihm gezeigt wurde, und daß ihm kein Weg einfiel, wie sich Respekt aus Angst und gleichzeitig aus freundlichem Interesse erreichen ließ. Das Dilemma ärgerte ihn so sehr, daß er Streit suchte. Zunächst fand er den Andenkenstand des alten Portiers, stöberte im Ansichtskartenständer herum, und – sieh an: Da hing das Gesuchte, genauer, fand sich nicht das Fehlende. »Kein einziges Führerbild unter den Ansichtskarten«, brüllte er los. »Weder Reichsmarschall Hermann Göring noch Progagandaminister Doktor Josef Goebbels. Nicht einmal den Parteigenossen Streicher habt ihr hier am Kartenstand, der sich im ›Stürmer‹ für die Juden geradezu aufopfert. Wo sind die Repräsentanten des Nationalsozialismus? Wo?« Mit Mühe verhinderte der Portier, daß er das ganze Drahtgestell des Kartenständers umschmiß. Den geretteten Rahmen in beiden Armen, beugte sich der Portier vertraulich zu Gottlieb, der sich das gefallen ließ, weil er hoffte zu hören, der Hotelier habe den Verkauf solcher Karten untersagt. Doch statt dessen vernahm er (und vernahmen's alle in der Halle): »Herr Kontrollkommissar sollten doch wissen: Juden sind nicht der Ehre würdig, die Hakenkreuzfahne zu hissen oder Bilder des Führers und andere Persönlichkeiten zu kaufen, zu besitzen oder gar zu zeigen!« Gottlieb wußte keine Antwort, suchte, blieb viel zu lange ratlos stehen. Alles schaute zum Andenkenstand hinüber.

Da endlich fiel ihm die Lösung ein. Jovial hieb der Kommissar dem alten Portier auf die Schulter: »Klar wußte ich das, guter Mann. Wollte bloß mal kontrollieren, ob es Ihnen auch bekannt ist. Weitermachen! Heil Hitler!«

Im Herzheilbad Grenzbrunn suchten nicht nur organisch kranke Gäste Erholung. Schlimm genug, daß gerade diese Herrn Gottlieb nicht zu entweichen imstande waren, ihm im Hotel, auf der Bäderstraße, auf der Kurpromenade, im Caféhaus, sogar im Rosengarten zwangsweise begegneten. Die hier seit Jahren Ruhe, Entspannung, Gesellschaft, ein wenig Vergnügen suchten und genug Kraft und Elastizität aufbrachten, rissen in die Berge aus. Und Lottes individuelle Sonntagstouren wandelten sich in regelrechte Gästeexpeditionen mit dem Bergführer, den sie darstellte.

Manchmal tat am Sonntag Täuber mit. So sahen sie, wie sich in den »Wilden Löchern« eine Grenzabteilung der SA und SS durch einen Felsenpfad schlängelte. Sie sahen und wurden gesehen, vor allem von dem Mann in Zivil, der den Uniformierten folgte. Peters Schulkameraden trugen die Chargen, waren Unteroffiziere, Korporale und Leutnants im Rang, und Biller junior führte das Kommando. Die größte Autorität aber zeigte der Mann in Zivil, dessen Wort die ganze Truppe anhielt: »Halt! Wer kriecht denn da auf den Sandsteinfelsen herum?« – »Darf ich um den Feldstecher bitten«, ließ sich Hromadko dienstfertig vernehmen. »Bitte«, Biller reichte das Fernglas hin. Karel schaute lange und ausgiebig hindurch, bevor er strammstehend Bericht erstattete: »Das sind nur Täuber und die Lotte von der ›Bohemia‹ mit einem Dutzend Gästen.«

»Wer ist das, Lotte?«

»Ach, die gehört zum Vorstand von unserem Bergsteigerverein ›Edelweiß‹. Seit seiner Gründung vor – na, wieviel waren's denn noch – na, etwa seit fünfzehn Jahren. Die macht das mit Gästen jede Saison ein paarmal. Sonst kraxelt sie lieber alleine hier oben rum oder führt am Seil auf die höheren Spitzen. Lotte ist 'n ganz alter Hase beim Bergsteigen.« Der Mann in Zivil schwieg.

Umlauf erklärte es noch deutlicher. »Is 'ne späte Jungfer, kriegt keinen, da läuft sie sich in den Bergen einen ab. Wär' doch was für dich, Biller, sieht gar nicht schlecht aus, schön durchwachsenes Stück mit langen guten Keulen.«

Voller Widerwillen schüttelte sich Sturmbannführer Biller: »Nee, die haben sicher schon zuviel Juden betatscht. Geh'n wir mal näher ran an die Itzigs.«

»Valutenbringer, bitte!« meinte Umlauf, ironisch spaßend.

»Richtig«, entschied der Mann in Zivil. »Das Treffen geschieht zufällig. Wir marschieren nur vorbei, verstanden?«

»Zu Befehl«, antwortete der Chorus, und Hromadko kommandierte: »Ein Lied!« Ohne zu zögern, stimmten sie an:

»O Herr, schick uns den Moses wieder,
Auf daß er seine Glaubensbrüder
Heimführe ins gelobte Land.

Oh, laß das Meer sich wieder teilen,
Bis daß die hohen Wassersäulen
Feststehn wie eine Felsenwand.

Und wenn in dieser Wasserrinne
Das ganze Judenvolk ist drinne,
O Herr, dann mach die Klappe zu,
dann haben alle Völker – Ruh!«

Sie sangen, marschierten und taten, als seien die Leute, an denen sie vorbeizogen, schiere Luft, überhaupt nicht auf der Welt, und drehten sich auch nicht mehr nach ihnen um, als sie sie hinter sich gelassen hatten.

Die Leute bildeten eine recht bunte Mischung. Am zünftigsten war Lotte gekleidet. Bundhosen, derbe Wollstrümpfe, Bergsteigerschuhe, eine dicke Windjacke mit breitem Ledergurt gehörten zur Grundausstattung. Durch die Metallschlaufen des Gürtels ging das Seil, das nur im Zustand der Reserve über die Schultern in einen Rucksack lief, der die Seilmasse barg und an dem das kleine Beil, Pickaxt und Berghaken befestigt waren. Auch an Täubers Ausstattung erkannte man, daß er in den Bergen zu Hause war. Sie hatten gemeinsam auch ihre Pflegebefohlenen einigermaßen bergfähig, wenn auch zusammengestoppelt, mit geeigneter Kleidung versorgt. So trug Pinschewski Knickerbocker, seinen kurzen Jagdpelz und die Pelzmütze. Bevor Lotte jedoch Antoinette auf den kurzen Pfad zur

Bergkuppe starten ließ, wickelte sie deren Kopf und Hals, den Leichtsinn der Komtesse mißbilligend, in einen langen Wollschal. Schnell erreichte die Gesellschaft die breite Kuppe. »Hier rasten wir«, entschied Lotte. »Die sind wir jetzt los. Sie marschierten nach unten. Wir spucken ihnen sowieso auf den Kopf, denn höher geht's nimmer. Müde, Madame Pinschewski?«

»Bißchen schon. Alles in allem genommen, war es wunderschön.«

Täuber legte dicke Pferdedecken auf das Bergmoos und lud zur Siesta ein. Der alte Feininger, schon recht klapprig, setzte sich mit Hilfe seines Sohnes, des Philosophiedoktors, der ihn mit Růžena Gesellschaft leistete. Herr Menochetti gesellte sich mit Joe Menasse junior dazu. Lotte erklärte der Komtesse die Gegend. Nur Pinschewski nahm Täuber gedankenvoll am Ärmel. Das Lied hatte ihn mehr mitgenommen, als er es wahrhaben wollte: »Jetzt brauche ich ein Wort mit einem vernünftigen Menschen. Sie haben's gehört. ›O Herr, dann mach die Klappe zu, dann haben alle Völker Ruh.‹ Hand aufs Herz, Jaroslav, was halten Sie von den Juden?«

»Zu einfach gestellt die Frage, Pan Pinschewski, viel zu einfach. *Die* Juden gibt es nicht. Soviel Länder, soviel Sorten – außerdem Arme und Reiche, Fleißige und Faule, Träumer und Realisten, Dumme und Gelehrte. Und alle sind anders, jeder einzelne von ihnen.« Antoinette hatte die letzten Sätze mitbekommen und drohte Täuber lachend mit dem Finger: »Das entspricht aber ganz und gar nicht der Rassenlehre des Führers und des Herrn Rosenberg. Sie werden mir verdächtig, Jaroslav Täuber.« Der Angeredete ging nicht auf ihren Scherz ein. Ihm war nach Ernsthaftigkeit und Bekenntnis: »Ich besitze einen Schatz von dreißig Jahren Erfahrung. Und Sie, Herr Pinschewski, sehen aus wie ein polnischer Schlachziz und Madame um kein Deut anders als jede hübsche, kapriziöse Pariserin.« Antoinette bedankte sich mit einem zierlich schwungvollen Hofknicks: »Merci, Sie machen hübsche Komplimente. Seit ich diesen Bären geheiratet haben, hält er mich kurz damit.« Darauf reagierte der Getadelte, indem er seine Frau packte, hoch über seine Schultern stemmte und sie sanft auf die Decke setzte, so daß Lotte, die ihr zu Hilfe geeilt war, zu spät kam. »Dafür trage ich dich auf den Händen, Komtesse. Sogar, daß du auf den französischen Paß bestanden hast, habe ich toleriert«, sagte Pinschewski während der Kraftübung. Antoinette zog ihn an der Nase. »Na und? – Heute?« Lotte faßte ihre Hände und zog sie von der Decke hoch: »Wie nennt der Führer so etwas? Die göttliche Vorsehung.«

»Aber sag mir, Bär, dieses Lied geht mir nicht aus dem Kopf. Woher dieser antisemitische Ausbruch? Wie entsteht so ein Lied? Es ist gut gereimt, hat eine Melodie, populär, wie die Pariser Gamins es auf der Straße pfeifen.«

Und da sie musikalisch war, pfiff sie die Tonfolge genau nach.

»Da kann ich Sie beruhigen«, mischte sich Lotte ein. »Das Lied wurde schon zu einer Zeit gesungen, als man in den zwanziger Jahren den Juden Rathenau erschoß, einen deutschen Außenminister, es gehörte zum Repertoire der Ludendorff-Jugend gleich nach dem Krieg, Knüppelkunzes Recken sangen es – dann schlummerte es, bis die Braunen es wieder vorholten. So wie sie selbst von der Schwerindustrie aus der Versenkung hervorgeholt wurden.«

»Woher wissen Sie so viel von Politik, Lotte?« staunte Pinschewski.

»Die hab ich mit der Muttermilch eingesogen.«

»Damit ist die Frage nicht beantwortet, woher der Antisemitismus aufbricht und ein ganzes Volk erfaßt wie in Frankreich zu Beginn der Dreyfuss-Affäre.«

Pinschewski krauste die Stirn und kratzte sich am Kopf. »Antisemitismus ist nur eine Spielart des Minderheitsrassismus.«

»Bitte verständlicher!«

»Joe Menasse, er soll selig ruhen, hat einmal gesagt: ›Oj, hoben es die Jiden git in Amerika, solange es in USA gibt Neger! Was wären die Yankees sonst für oisgezeichnete Antisemiten, a Talent haben sie dazu. Oj, wos für a Talent . . .‹«

»Ein Talent hat nicht nur seine Bewunderer, sondern

auch seine Mäzene. Stellen Sie die Frage lieber anders, Pan Pinschewski, fragen Sie, wem nützt der Antisemitismus.«

»Aha«, Pinschewski flüsterte in Täubers Ohr: »Sie haben die Fahne auch nicht gewechselt.«

»Sonst wär' er doch nicht bei uns, Mann, Mann! Vous êtes foux!« Antoinette wühlte in den dichten Haaren ihres Mannes.

Die zärtliche Geste sah der junge Menasse, und ihm fiel ein zu fragen: »Verzeihen Sie, ich habe gehört Tattes Namen. Ist es wirklich emess, daß er hat Sie beide ...«

»Der geborene Heiratsvermittler, Euer Tatte, ohne Gebühren. Bitte ...«, er zeigt auf Feininger junior und Růžena, »die auch!« Dr. Feininger stieß mit seiner Thermosflasche gegen die seiner Frau: »Prost, lechajim! Hoch lebe Joe Menasse.«

»Ein guter Tatte, er soll sein gesegnet in Ewigkeit«, sagte der Sohn.

Das nahm Herr Menoches-Menochetti übel; wenn Neid färbte, wäre er quittegelb geworden. Daß von ihm nichts Gutes gesagt wurde, vertrug er schwer. Er zankte sich mit sich selbst und der Welt herum deswegen, und trotz aller Bemühungen, sich so rasch wie möglich südamerikanisch zu assimilieren, schimpfte er jidisch: »Iach hätt ochet geschidocht a chassene, aber es sind nischt gewehn do genig jinge Lait. Soll ich eppes stiften a Bigamie?«

Die Komtesse übersetzte, ihr Lachen mühsam bändigend: »Ich hätte Euch gern eine Hochzeit vermittelt und Ehen eingerührt, aber es sind nicht genug junge Leute dagewesen. Hätt ich etwa stiften sollen eine Bigamie?«

Alle hörten es, alle lachten, wieherten, kieksten über. Lachen umspülte Menochetti wohltätig. Pinschewski ertrug schlecht, wenn Gedankengänge unterbrochen, Fragen nicht ausdiskutiert wurden, führte Täuber an den Rand der Felsplattform: »Ich bin hartnäckig, Jaroslav, uns haben Sie analysiert, uns Ausländer. Wie unterscheiden Sie deutsche Juden?«

»Danach, ob sie Hitlers ›Mein Kampf‹ gelesen haben und wie sie darauf reagieren.«

Pinschewski packte Lotte, die sich den Männern genähert hatte und sich wegdrehte, um das Gespräch nicht zu stören, beim Gürtel und legte seine langen Arme um ihre Schultern, hielt sie fest: »Hör mit zu«, sagte er ihr, und in das vertraute Du verfallend, bohrte er bei Täuber weiter: »Du meinst, weil sie dann keine Ausrede mehr haben. Sie wissen, was ihnen zugedacht ist.«

»Nicht die paar Bankiers und Fabrikanten, Großhändler meine ich. Die retten sich jetzt schon, obwohl gerade die bis zum letzten Drücker warten könnten. Die große Masse bleibt übrig – Lämmer und Widder. Gewerkschaftsleute, Opportunisten, kleine Leute, Handwerker, Menschen, die nur ihr enges Schicksal sehen, nur sich und dazu falsch.«

Pinschewski winkte seiner Frau. Lotte nickte Einverständnis. Sie kam, und Jaroslav beendete seine Beweisführung: »Zum Glück gibt es auch andere. Jüdische Arbeiter, jüdische Künstler, jüdische Genossen. Sie kämpfen tapfer – mit uns, sie setzen ihr Leben tagtäglich für unsere Sache ein. Und wenn es sein muß, sterben sie. *Die* wissen wenigstens wofür!«

Sie antworteten nicht. Pinschewski reckte sich und dehnte seine Muskeln. »Wie Peter, meinst du, nicht wahr?« meinte er tiefatmend.

Lottes Gesicht rötete sich, erhellte sich. Sie sagte lächelnd: »Und ihr beide seid mitschuldig. Ihr habt das Kind, sicher ganz absichtslos, schon in ganz jungen Jahren zum Internationalisten erzogen.«

So erstaunt war Antoinettes Gesicht, so viel Überraschung lag darin, daß es Lotte zum Grinsen reizte. »Und ihr – ihr habt den Rest besorgt, wie?« fragte die Komtesse.

»Nicht allein«, sagte Täuber bescheiden.

Madame Pinschewski rief lachend aus: »Antoinette de Oppenheim, Educatrice du Communisme, mon dieu!«

Wolken zogen auf am Horizont. Lotte schaute sich prüfend um und kommandierte: »Schluß der Debatte. Ich seile euch alle ab. Täuber sichert den Abstieg. Pinschewski als erster. Er nimmt euch unten in Empfang. Wir sammeln uns dort am knüppligen Niederholz.«

Antoinette bedauerte den Aufbruch: »Schade, wir waren gerade inmitten wahrhaft *existenzieller* Fragen.«

»Gegenstandslos«, erwiderte Lotte, »wenn wir nicht mehr *existent* sind.«

Die Bergsteiger sahen ihren Pflegebefohlenen beim Abstieg zu. Jaroslav half Lotte beim Zusammenpacken der Decken und des Picknickkorbes. Sie standen auf der platten Felsklippe direkt über der Pinge, von der aus Peter geflüchtet war und mit hundert langen Sprüngen die Grenze und die Freiheit erreicht hatte. Sie erzählte ihm davon. Mißtrauisch meinte Jaroslav: »Und da mußtest du die Gäste ausgerechnet hier hinaufführen.«

»Eben, eben«, lachte Lotte hintergründig und fuhr lachend fort: »Es ist der einzige Übergang, den die Braunen nicht kennen, der auch nicht so leicht zu versiegeln ist. Und deshalb bin ich eine harmlose Bergsteigerin, die ihre Gäste für die Gebirgsnatur begeistert. Nicht wahr? Eine in die Berge verliebte, die so hineinpaßt, sich so hineinblendet in die Felsen, daß sie niemand mehr wahrnimmt. Ein Stück gewohntes Mobiliar.«

»Wem mußt du das beweisen?«

»Ich habe ab und zu einen Schatten gehabt, und genau der soll mich als unverdächtig schrulliges Objekt in Ruhe lassen. Denn – übermorgen schlafen zweie bei dir im Heu.«

»Geht in Ordnung. Aber wer ist der Schatten, vor dem wir uns in acht nehmen müssen!?«

»Der Mann in Zivil.«

Verstrichen waren die ersten Monate der Tätigkeit des Kontrollkommissars der NSDAP, und die Erwartungen, die der Bürgermeister auf ihn setzte, hatten sich nicht im geringsten erfüllt. Seine Erfolge beschränkten sich auf alle möglichen Unmenschlichkeiten, die Terror und Panik verbreiteten. Aus den Absichten und Plänen, die Fischer in Zusammenhang mit der alten »Bohemia« bewegten, war nichts geworden. Fischer befahl die Parteigenossin Mathilde zu sich, die er Gottlieb zum Zwecke der Entlarvung der Polan-Pelz-Sippe abgetreten hatte. Er warf ihr den Aktendeckel voller Berichte wütend auf den Tisch.

»Nichts, womit man diese Sarah, diese Pelz, festnageln könnte. Nichts als Geschwätz und leeres Stroh. Ich brauche Beweise. Es *muß* sie geben. Zu so viel Geld kommt man nur durch Beschiß.«

Angst empfand Mathilde. Angst um ihren friedlichen Beischläfer, Angst um die ungesetzlichen ansehnlichen Brocken, die vom Tisch der »Bohemia« in ihre Tasche purzelten. »Herr Bürgermeister! Sie machen wirklich alles streng nach Gesetz und Anordnung. Eher mehr als zu wenig. Der Diamantenhändler buttert noch zu.«

Jetzt langte es Fischer: »Und deshalb türmen sich bei mir die Akten. Du bleibst ab heute hier. Gottlieb soll gefälligst seine Berichte alleine abtippen. Dich brauch ich im Büro. Und gnade ihm Wotan, wenn er nichts zutage fördert. Richt' ihm das aus. Heil Hitler!«

»Heil!«

Jeden Abend lud Esther die Pinschewskis in das Zimmer eins, zu Wein, Kabinettpudding und vorbereiteten Delikatessen, in Wirklichkeit, um ihre Tagessorgen auszusprechen, auf Simon zu schimpfen, der ihr das Leben mit seinem andauernden Flehen, das Haus aufzugeben, vermiest, den Erfahrenen um Rat zu fragen und mit seiner Frau fraulich zu plauschen. Dann saßen sie alle auf dem Prachtsofa, vor sich die Wand mit den eingerahmten Fotoporträts von Filip und Josefine, daneben deren Eltern.

An diesem Tage war Pinschewski allein gekommen, würdigte den würzigen Brombeerschnaps und hörte geduldig zu. Esthers Alltagskram erregte ihn nicht sehr. Plötzlich jedoch horchte er auf, als Esther ihm von der Tragödie am Betpult zu erzählen begann, als Tikoschinski den Kiddusch singen wollte, um den Sabbath mit Wein zu begrüßen. Er hatte den Kelch bereits erhoben, den Segensspruch gesungen, griff nach der großen bauchigen Flasche mit dem süßen Kidduschwein – und sie war leer, so daß man – wie schrecklich vor der ganzen Gemeinde – den Gottesdienst unterbrach, bis eine neue aus dem Keller geholt worden war. Pinschewski spitzte die Ohren: »Und wer hat . . .?«

Statt gleich zu antworten, schlich Esther zur Tür, steckte den Kopf hinaus, nickte beruhigt, schloß vorsichtig wieder ab, flüsterte: »Es kann nur Gottlieb gewesen sein. Der Saal war abgeschlossen. Nur er hat einen zweiten Schlüssel.«

Sie hörte Pinschewski durch die Zähne pfeifen: »Tsss, tsss, tutu.« – Er sprang auf, legte die Hände auf den Rükken und ging schnell auf und ab im Zimmer. »Wie kommt er bloß dazu«, überlegte Esther laut. »Nach sechs Wochen, auf *einmal!*«

»Antoinette würde dich psychoanalytisch aufklären, etwa so: Gottlieb, der Chorknabe, trinkt in der Sakristei den Meßwein des Pfarrers weg, wird gefaßt, verdroschen. Seither assoziiert er und kompensiert die Schmach. Er rächt sich an jedem vollen Weinpokal. Schabbes überkam es ihn so stark . . .«

»Sie machen sich lustig über mich, Reb Pinschewski.«

»Halt! Frage: Also ist er überhaupt noch nicht in Filips Heiligtum hinuntergestiegen?«

Verlegen lachend gestand Esther: »Schon, ich hatte deswegen mit dem Chefkoch gesprochen, wir mußten ihm ja alles zeigen, und der Chefkoch hat ihn zu den sauren Saucenweinen geführt. Dem Grünberger und dem Freyburger.«

Pinschewski sank lachend in den Sessel und klatschte sich aufs Knie: »Und den hat er gekostet, wie? Estherleben! Wie ich ein kleiner Junge war, da haben mir vor dem Ghetto immer angeschickerte Dorfjungen aufgelauert und mich mit Knüppeln in die jüdische Gasse getrieben. Da hat mich die Mutter mitsamt meinen Beulen und Schrammen auf ihrem Knie gewiegt und hat gesungen:

›Oj, oj, oj,
Schicker ist a Goj,
Schicker is er,
Trinken müss er,
Darum ist er asoj.‹ «

Und Esther wiegte sich mit ihm und freute sich wie ein Kind: »Unsere Großmutter auch, die hat es auch gesungen. Wozu erzählen Sie das?«

»Es tut dir sicher leid, Estherleben, vielleicht sogar sehr weh, wenn du hundert Flaschen von Filips Mittelbestem ins Klosettbecken schüttest. Oder in Gottliebs Schlund, was dasselbe wäre.«

»Vaters Wein? Nein! Nie!«

Vor diebischem Spaß, vor lauter Erregung fiel Pinschewski in sein Jiddisch zurück: »Estherleben! Wir werden zurecht machen im Weinkeller a Kabinettl; Bänkalech, a Tischale, nur ein Klaintschikes zum Probieren für einen Schickeren, neben a gemietlichem alten Faß. A Kabinettl! A Stickale weiter hinein, nicht gleich vorn, wie man kommt innenwendig, versteckt oif de Seit, damit er sich nischt fühlt gestört, varsteijst di a bissale a Geheimnis, a mezie, wos er entdeckt persehnlich.«

Sie merkte endlich, worauf er hinauswollte. Sie schrie: »Die Juwelen nicht. Nicht die Juwelen.«

»Wer spricht von Filips Juwelen? Filips dritte Güte genügt schon.«

»Es geht nicht, Reb Pinschewski. Was geschieht dem armen Chefkoch?«

Verschmitzt zerstreute der Attentäter auf Gottliebs Nüchternheit Esthers Besorgnisse.

»Woher soll kennen ein Chefkoch alle Geheimnisse von meinem Freund Filip?«

»Vater hat nur gekostet, nie getrunken.«

»Lenk nicht ab. Dos Stübale geht man einrichten, sofort . . .«

Ergeben stimmte Esther zu: »Wenn Sie meinen, Reb Pinschewski? Tate Filip hat sich ganz hinten eine Sitzecke zum Weinkosten eingebaut, etwas ganz Geheimes, aber wie wird es Gottlieb finden?«

Esther starrte Pinschewski an, der sich mit der gleichen Geste die Hände rieb wie einst ihr Vater.

»Was heißt finden? – Entdecken, Estherleben, entdekken! Er revidiert doch das Haus jeden Tag von unten bis oben. Man läßt die Tür geöffnet nach Mitternacht, Aroma, Duft, ein bißchen ausgegossene Weinlake, das führt ihn hin, das lockt wie das Parfum von meiner Antoinette. Gut? Gut!«

»Was sagen Sie zu dem jungen Joe Menasse . . .«, fragte Esther, aufgebracht und klatschsüchtig. »Gar nichts sagt man mehr«, ordnete Pinschewski an und hob die Sitzung auf. »Man sagt nicht, man tut. Weihe Lotte und Täuber ein, sonst keinen. Nicht einmal den Chefkoch.«

12. Trübes Wetter – mit Sonneneinstrahlung

Jeden Pflasterstein auf der kurzen Strecke vom Karlsplatz bis zur Spálena wußte Peter auswendig. Routine! Heim vom Vormittagsdienst, umziehen – in der Čedokuniform ging man nicht ins Büro der »Solidarität« –, eine Stunde mit Channah. Ohne sie wäre das Leben ohnehin nicht zu ertragen, das Leben neben dem Kampf der anderen. Das Muster der kleinen weißen Quadrate, geformt aus weißen Steinen, verführte ihn gedankenverloren zum Hopse-Kinderspiel angesichts kopfschüttelnder Passanten. Angekommen, nahm er die Treppen mit wenigen Sprüngen, klingelte gleichgültig und wunderte sich, daß Vilém hinter dem Schreibtisch hervorkam und sein »čest práce« mit einem festen Händedruck beantwortete. Ihm folgte der Parteidelegierte der Emigration, der lange Gebhardt, auch er streckte Peter die Hand entgegen. Alle lächelten ihn an, mit herzlichen, erfreuten Blicken. »Wer hat denn heute Geburtstag, Genossen?« Vilém winkte Peter auf den Stuhl vor dem Schreibtisch, den der Ankömmling das Armesünderbänkchen getauft hatte: »Wir feiern deinen fünfundzwanzigsten Besuch.«

»Witze sind das! Wie soll ich's euch erzählen, von hinten, von vorn, in Code, soll ich's morsen, wollt ihr's mit Fähnchen signalisiert haben?«

An der Tür kicherte jemand, Vilém bedeutete den Genossen, sie mögen sich nicht verplappern.

»Zur Feier machen wir's kurz«, begann Vilém. »Alles, was ich noch einmal bestätigt haben möchte, ist, daß deine Emigration, deine Pläne, Perspektiven der politischen Arbeit und deine Einsätze in der illegalen Arbeit mit einem verantwortlichen Genossen ausführlich vorbereitet worden sind. Wer war der Genosse?«

»Schinski! Und ich möchte nicht in eurer Haut stecken, wenn der erfährt, wie ihr mich habt brachliegen lassen. Er wird dafür sorgen, daß ihr zur Verantwortung gezogen werdet.«

Voller Wut spuckte Peter die letzten Worte in die Gegend. Hinter ihm ging die angelehnte Tür auf, die Genossen drehten sich um. Im Zimmer herrschte absolute Stille. Peter spürte, wer in der Tür stand. Es lief ihm abwechselnd eiskalt und heiß den Rücken herunter. Er wußte, wen er im nächsten Augenblick umarmen würde. Plötzlich schämten sie sich vor den Genossen und wurden ganz wach, standen da, sagten nichts und waren dankbar, als Vilém vorschlug: »Gehen wir ins Hotel.«

Im eleganten Appartement des »Hotels Alcron« wohnte Dr. Brausewetter, geborener Schinski, ein paar Tage, um seinem gut zurechtgemachten Paß das Renommé des Hauses zu verleihen, damit die Fremdenpolizei nicht erst auf den dummen Gedanken käme, sich seine Dokumente allzu genau anzusehen und später auch bescheidenere Unterkünfte tolerierte.

»Simon Pelz sagt in einem solchen Fall: a good sendoff«, kommentierte Peter, als sie ankamen.

»Nicht nur deswegen. Ich empfange ein paar wichtige Besucher, die dazu helfen, der Grenzarbeit auch eine finanzielle Basis zu geben.«

Der reichgedeckte Tisch, die tschechischen Genossen hatten ihn bereitet, das streng rationierte Pilsner Bier, die Luxuszigaretten lenkten die fünf keinen Augenblick ab von der Spannung, der Neugierde, dem Wissensdurst. Einer kam von daheim, kam aus dem Kampf, der Konspiration, teilte Erfahrungen mit. Felix berichtete: »Natürlich nahmen wir an, Samuel sei mit der Grenzstelle hochgegangen, unsere ganze Breslauer Stadtteilleitung Süd, also die Leute, die seinen Übergang vorbereitet hatten, wurden am selben Tage verhaftet. Das habe ich viel später erfahren. Da war ich längst im Ruhrgebiet. Dann holten sie mich an die Waterkant – dann Thüringen. Ich kriegte die Wanderfahrten satt, das ewige Löcherstopfen. Es nutzte so wenig. Uns fehlten die Menschen, und die KZs füllten sich. Es gab welche, die kriegten Manschetten und sprangen leider ab.«

Bitter fragte Peter: »Wo blieb unsere mächtige Massenorganisation?«

»Wir haben uns mit eigenen Fehlern auseinanderzusetzen. Zu lange lockten uns gewisse Illusionen. Die Einheitsfrontpolitik war schon richtig, aber wir haben allzulange auf den *legalen* Kampf gesetzt und uns nicht rechtzeitig mit Kadern gesichert, die viel früher schon gut getarnt, mit Papieren und sicheren Bleiben versorgt, in die Illegalität gegangen wären. Die Zeuthener Konferenz mit Teddy war leichtsinnig, nicht der einzige Leichtsinn. Die Brutalität des Klassenfeindes rechtzeitig einzuschätzen, mit allen ihren Konsequenzen, gehört ins Waffenverzeichnis. Vielleicht waren wir zu menschlich für die Unmenschlichkeit. Wir waren bedroht vom Weißbluten. Bis wir endlich beschlossen haben: die Grenzen als einen Schwerpunkt zu setzen, dabei die böhmische Grenze als Nummer eins. Das heißt: Kontakte, Übergänge, geheime Paßwege, Sicherungen einbauen, Verbindungen anknüpfen. Mit dieser Funktion mußte ich nach Böhmen. Ja, und dann kommt Vilém, kaum treffe ich ihn im ZK, und warnt mich: Du, die haben dich auf dem Kieker oder so, da ist einer ganz scharf auf dich, nennt sich Peter Samuel. Prost!«

Vilém hob sein Glas und vollendete den Bericht aus seiner Sicht: »Sagt doch Felix Schinski: ›Wenn der da ist, kann ich mir zwei Wochen Arbeit sparen, dann brauche ich mich nicht mehr umzugucken, wer meine Arbeit weitermacht, wenn ich wieder mal Flügel kriege!«

»So ist es«, bestätigte Schinski. »Du gehst für mich an die Grenze.«

»Laßt mich erst einmal spüren, wie es sich anfühlt, als Genosse rehabilitiert und anerkannt zu sein, wie das schmeckt, Selbstachtung, Verantwortung. Außerdem ist es notwendig, sich in die Parteiarbeit wieder richtig einzufuchsen. Schulung, Information, eingeweiht sein.«

»Angst vor der Front?« stichelte Gebhardt, worauf der loyale Schinski ihm sofort entgegenhielt: »Das wäre neu.«

»Channah ist da«, erklärte Peter.

»Na also, endlich!« Schinski lachte ihn an und fuhr ihm derb durch die Haare: »Besteht sie noch auf Schläfenlokken, auf Pajes und Talmud?«

»Wir leben zusammen«, gestand der Freund.

»Ich bin der letzte, der dir keine Flitterwochen gönnt«, begann Schinski weich, doch die Stimme wandelte sich ins Entschiedene, »nur heißt es Flitterwochen und nicht Flittermonate. Wenn ich Prag verlasse, wird mein Genosse Peter Samuel die Arbeit, die ich ihm hinterlasse, fest in der Hand haben. Vorsorglich habe ich gleich Kontakt aufgenommen. Ich verkünde dir also eine Anordnung der Leitung. Hast du Bemerkungen dazu?«

»Wie lange gebt ihr mir noch?«

In sein Notizbuch schauend, entschied Gebhardt: »Drei, höchstens fünf Wochen. So lange brauchen wir in Prag, bis du gründlich eingewiesen worden bist. Stimmt das mit den drei Sprachen?«

»Du beleidigst einen international renommierten Burgführer. Čedok wird ihm heiße Tränen nachweinen.«

Falta war in glücklicher Spötterstimmung, voller Genugtuung, weil er nach Peters erstem Verhör behauptet hatte: »Der Mann ist in Ordnung« und nun recht behielt.

»Halt mal, nicht gleich aussteigen bei der Firma, er soll bis zum letztmöglichen Augenblick dort bleiben. Das ist gute Tarnung«, schlug Schinski vor.

»Wir sind schon weitergegangen. Wie steht die Sache, Genosse Falta?«

»Selbst bei der härtesten Grenzarbeit werden zwei Tage in der Woche für die Führungen abfallen. Wenn ich richtig verstehe, heißt deine Spezialstrecke Dollarparties. Und damit er eine Ausrede für Čedok parat hat, warum er nur zwei Tage für sie Zeit hat, immatrikulieren wir ihn auf der Karls-Universität. Mit dem Dekanat und der Fakultät ist das geregelt. Einer unserer Genossen Professoren sitzt auf einem festen, hohen Lehrstuhl, der schummelt ihn durch.«

»Lassen wir die beiden jetzt erst mal allein«, schlug Gebhardt verständnisvoll vor. »Wer weiß, wann sie sich wiedersehen.«

Schinski horchte zur Tür hin, als sie gegangen waren. Ob sie noch einmal zurückkommen, ob einer etwas vergessen hat oder vergessen hat, Wichtiges zu sagen? Nichts. Und dann schauten sie sich an und wischten Ernst und Stirnfalten aus ihren Gesichtern, sprangen aufeinander zu, umarmten sich wieder, klopften sich auf den Rücken. Peter hob Schinski aus. Der packte ihn um die Hüfte. Sie rangen wie Lausbuben miteinander. Sie spürten bei allen ernsten Pflichten, daß sie jung waren und gute Kameraden.

»Wir machen die Nacht zum Tage. Morgen früh fahre ich nach Karlsbad und an die Grenze. Dich nimmt Gebhardt mit. Wir wollen reden und ab und zu einen Schluck nehmen, sobald die Kehle austrocknet. Und singen, als ob wir besoffen wären, laut singen, unsere Lieder. Was meinst du, wie sehr ich mich danach gesehnt habe. Lieder nicht bloß zu denken, nein, sondern einmal hinauszuschreien in die kackbraune Umgebung. ›Dem Karl Liebknecht, dem haben wir's geschworen.‹ « Peter fiel ein, und dann sangen sie. »Wir ham die Welt durchreiset, Fridolin« – und alle Tippellieder, die sie kannten. Fiel ihnen nicht gleich ein neues ein, dann redeten sie, erzählten erlebte Schnurren, erzählten von den Mädchen.

Wenn sie am Morgen ein wenig angeheitert schienen und leicht benebelt, dann kam es nicht vom Wein.

Seine täglichen vier Stunden am Flügel begann Wienawski zeitig früh, und er störte nicht, weil das Zimmer eins am entgegengesetzten Ende des Hauses lag und im Erdgeschoß sonst niemand schlief. Trotzdem verursachte der Meistervirtuose, daß Leute früh aufstanden, sich leise in die Glasveranda stahlen, allerdings um ihn zu hören. Durch die massiven Raumteiler war im großen Saal schräg vis-à-vis von der Betecke eine Art Nische entstanden, und wer den Platz am richtigen Innenfenster der angrenzenden Veranda eroberte, konnte Wienawski nicht nur hören, sondern auch sehen, wovon begeisterungsfähige junge Mädchen Gebrauch machten. Andere wagten es, die Tür zwischen Veranda und Saal einen Spaltbreit zu öffnen. Selbst Esther, die jeden Morgen ab sechs mit der Herrschaft über *ihre* Küche begann, sparte sich etwas Zeit ab, um Wienawski zu hören, der keine Ahnung zu haben schien, daß er jeden Morgen so viele leise, respektvolle Zuhörer hatte.

Ein Besucher ließ sich nicht überhören, Gottlieb stapfte in den Saal, bemüht, martialisch einher zu paradieren und zielbewußt auf den Flügel loszusteuern, in dessen Nähe er sich schwerfällig niederließ. Es fiel ihm gar nicht leicht, und Señor de Corezza vertraute Pinschewski, mit dem er in der Glasveranda lauschte, leise an: »Er hat angebissen! Ist Ihnen schon aufgefallen, daß man den Zustand der

Trunkenheit zuallererst daran erkennt, welche verzweifelte Mühe sich der Befallene gibt, besonders aufrecht und gerade zu gehen? Einer philosophischen Betrachtung würdig, wie?«

Obwohl Gottlieb und seine Beifallsäußerungen auch Wienawski störend aufgefallen waren, spielte er mit eiserner Konzentration weiter. Das gefiel Gottlieb gar nicht. Er erhob sich und schaukelte zum Flügel, voller alkoholgetränkter Gutmütigkeit, klopfte Wienawski anerkennend auf die Schulter, wobei er Zigarrenasche versprühte. Irritiert legte er die brennende Zigarre auf den nächsten weißgedeckten Tisch. Die Damastdecke rettete ein hinzuspringender Kellner. Gottlieb angelte sich mit dem Bein einen Stuhl, schob ihn neben den Pianisten und ließ sich darauf niederfallen: »Gut, mein Junge!« Wieder ein Klaps auf die Schulter. »Du kannst was. Spielen wir mal vierhändig. Die Serenade von Tisolli – nee Toselli.« Und er begann schmalzig zu knödeln, nicht nur die Melodie entstellend, sondern auch mit einem obszön veränderten Text. »Nur einmal nackt sollst du mir gehören, bis mir vor dir graut. – He, du, mitmachen, nicht drücken. Sonst beschlagnahme ich den Flügel, Jüdchen!« Und Gottlieb präludierte ebenso schwungvoll wie falsch. Wienawski, der um seinen Übungsflügel bangte, machte gute Miene zum bösen Spiel. Na, nicht ganz so gut, denn er spielte lauter parodistische Variationen und Kommentare um den Schmachtfetzen herum, daß wenigstens das Klavierspiel seine Opposition ausdrückte. Die Zuhörer verbissen sich mühsam das Lachen.

Der Arzt wies auf den riesigen Orientteppich. Pinschewski meinte: »Ich mache mir Sorgen, ob wir das Richtige getan haben.« Pinschewski winkte einem Kellner: »Die Zigarre. Er brennt noch den Teppich an. Jemand muß andauernd hinter ihm herlaufen.«

»Ich weiß was Schlimmeres«, unkte der Südamerikaner. »Der Wochenbericht beim Bürgermeister, den er jeden Freitag nüchtern abliefern soll.«

»Und schreiben.«

Nachdenklich, doch entschlossen überlegte de Corezza: »Notfalls kriege ich ihn immer nüchtern. Ich besitze ein gut ausgerüstetes Medikamentenschränkchen. Starker Kaffee wirkt auch wahre Wunder.«

Die Musik brach ab, weil Gottlieb befriedigt den Deckel auf die Klaviatur krachte und sich stolz auf seine Leistung erhob. Während er den Saal verließ, grölte er nachkostend: »Nur einmal nackt sollst du mir gehören, bis mir vor dir graut. Brauchst mir nicht ewige Liebe schwören, ich hab schon 'n andere Braut.« Voller Seligkeit wedelte er mit seiner brennenden Zigarre.

Seufzend bat der Arzt Pinschewski: »Sagen Sie dem Simon, daß ich bereit bin, einen Dienstboten zu bezahlen, der nichts anderes tut, als Gottlieb nachzulaufen, und ihn nebst ›Bohemia‹ vor Unheil bewahrt. So viel ist mir die Ruhe wert, bis die Verwandten kommen, die ich herausholen will.«

Auf den Zufall verließ sich Simon in der Wahl des zweiseitigen Schutzengels nicht mehr. Er bat Täuber, sorgfältig zu wählen und zu kontrollieren, so daß der junge athletische Zimmerkellner, den er fand, sich ebenso verschwiegen wie häufig mit dem ersten Hausdiener konsultierte.

Auch ein Gottlieb, der sich in der Weinfalle des polnischen Schmiedes gefangen hatte, stellte die Polans und ihre Gäste vor schwierige Probleme. Die ernsthafteste und gefährlichste Konsequenz der neuen Lage auf dem stillen Kriegsschauplatz »Bohemia« gegen Gottlieb übernahm Simon. Esther überraschte ihn an einem der nächsten Freitage in seinem Büro der Rezeption hinter der Schreibmaschine, erschrocken zusammenzuckend.

»Ein makabrer Spaß, Darling!«

»Was schreibst du da – Liebesbriefe?«

Simon ließ seine lange Virginia, die er neuerdings schmauchte, von einem Mundwinkel zum anderen wandern und brummte: »Du meinst wohl, ich schreibe ab?« Vor ihm lag Streichers »Stürmer«, das pornografisch-antisemitische Leib- und Magenblatt auch des Kontrollkommissars. Das Titelblatt trug die riesige Zeichnung eines buckligen, gebückten Juden mit unförmiger Nase, ein Ausbund an grausiger Häßlichkeit, seine Finger voll Krallen, der eine Hand nach einem lieblich anmutenden blonden Mädchen mit schwellendem Busen ausstreckt.

Auf der ausgebreiteten Innenseite sah Esther, rot unterstrichen, Adjektive. »Schimpfwörter schreibst du ab?« fragte die Ahnungslose.

»Mein Kopf ist nicht so ein Schittpott, daß sich darin so viel Unrat sammelt, wie ich ihn für Gottliebs Bericht brauche. Ein makabrer Spaß. Its like burying oneself alive – verzeih! Als ob man sich selbst bei lebendigem Leib begräbt.«

»Pfui, ein widerliches Kunststück!«

»Kunststück?« Die Wut machte Pelz laut und böse: »Schönes Kunststück! Bespuck dich, bepiß dich, befick dich, bescheiß dich – je unflätiger, desto besser, damit Herr Gottlieb nicht erwischt wird, damit Herr Fischer seine rechte Freude an ihm hat.«

Mitleidig streichelte Esther ihm den Kopf und sagte besänftigend, als sänge sie ein Kind in den Schlaf: »Was willst du denn, Simonek. Bis jetzt ist doch alles gut gegangen. Er säuft – ersticken soll er daran, er wird ausgenüchtert, Corezza schafft das meisterhaft. Man rasiert und reinigt ihn, spritzt ihn an mit Eau de Cologne; zu guter Letzt fährt ihn unser Kremser ins Gemeindehaus – fertig ist der Lack. Na lach doch endlich, mein Simon! Jetzt läßt er die Gäste in Ruhe. So Gott will, ist in drei Wochen die Saison vorbei.« Und befriedigt schloß Esther: »Eine sehr gute Saison!«

Immer tiefer hatte sich Simon über den Tisch gebeugt, sein breiter Rücken begann zu zittern, mühsam im Geschirr gehalten, die letzten Worte zerbrachen die peinvoll aufgebaute Beherrschung. Er sprang auf, zerschmetterte den großen Aschenbecher aus geschliffenem Kristallglas, der in tausend Stücke zersprang, suchte nach dem nächsten Objekt seiner Wut, brüllte, ohne sich zu hemmen: »Hurra! Hurra! Eine gute Saison! Und Esther siegt! Und die ›Bohemia‹ siegt! Und die Gerechtigkeit siegt! Und der Spuk geht vorbei! Und im nächsten Jahr wird es noch besser, voller, profitabler noch – noch – noch – noch feinere Leute, hurra! Die ›Bohemia‹ ist ausverkauft! Das schreist du noch unter dem Galgen!«

Zu Tode erschrocken lehnte Esther am Fenster. So hatte sie Simon noch nie erlebt, daß sie ihn nicht hatte beruhigen, versöhnen, beschwichtigen können mit der Macht ihrer Liebe, ihrer Weiblichkeit. Sie rannte zu ihm, warf sich an seine Brust: »Simon, still – still! Um Gottes willen still. Er ist draußen auf der Terrasse. Er hört uns.« Diese Drohung half Simon, sich zu beherrschen, zum Fenster zu gehen, es zu öffnen: »Er sitzt wirklich draußen. Ich muß den Dreck hier fertig schreiben. Er wird doch schon beim Bürgermeister erwartet.« Er sagte es ruhig, aber er zitterte noch am ganzen Leibe.

Vorläufig war alles friedlich auf der Terrasse. Die Gäste tranken Kaffee. Lotte bediente mit ihrer Gruppe junger Lehrlinge und verfolgte aufmerksam das Verhalten des Herrn Gottlieb, der ziemlich nüchtern zu sein schien. Recht zivil näherte er sich dem Tisch des silbriggrauen Professor Naumer, bat durch kurze Verbeugung, sich hinsetzen zu dürfen, tat es dann aber, ohne Zustimmung abzuwarten. Alle Blicke richteten sich auf den Tisch. Gottlieb ließ die Vortäuschung eines höflichen Zeitgenossen fallen wie einen Schleier, schnauzte: »Besorgen Sie sofort einen Dritten zum Skat. Mir ist danach – verstanden?« Er warf ein Kartenblatt auf den Tisch. »Sie können doch, oder etwa nich?« – »Ja, natürlich, aber wer spielt denn, ich kenne niemanden«, sagte Naumer bestürzt.

»Soll ich etwa rumfragen, auf dem Itzigtrödelmarkt? Wer glauben Sie denn, daß Sie sind, he? Professor, ph, ph, und Itzig, dreimal ph – ein Furz sind Sie, ein hebräischer, dreckig stinkender Furz. Na, wird's bald?«

Mit zittriger Stimme: »Ich gehe ja schon.«

»Abheben!« brüllte Gottlieb. »Ich gebe inzwischen.« Der Dialog hallte bis hinunter auf die Straße, wo Täuber schon auf dem Kutschbock des Kremsers auf Gottlieb wartete, den Bericht in der Aktentasche, den Gottlieb unterwegs dankbar entgegennahm und auf der Straße während einer kurzen Zigarettenpause unterschrieb. Im stillen nahm er an, es sei Täuber, der seine Berichte abfaßte, voller Rachedurst auf seine Itzigchefs und weil er doch erfolgreich seinen Busenfreund mimte. Im übrigen fragte er danach nicht mehr. Das alles ertränkte die Probierstube im Keller.

Täuber sprang die Stiegen hoch, setzte sich an den

Tisch, nahm die Zügel in die Hand: »Sie haben gegeben, der Professor ist vorne. Also achtzehn, zweiundzwanzig, vierundzwanzig...« Befriedigt lehnte sich Gottlieb zurück: »Na also, hab ich doch gleich gesagt.«

»Aber nur ein Spiel. Der Herr Ortsgruppenleiter erwartet uns im Gemeindeamt zum Rapport, Herr Kontrollkommissar.«

»Der soll mich . . .« Er überlegte es sich anders.

Derweil hing Esther am Telefon, rief Martha in Berlin an, die, selber ein schüchternes Huhn, ihre Verwirrung nur noch vergrößerte. Das Gespräch wurde mehrmals unterbrochen, sie drehte die Kurbel, hing den Hörer auf, kurbelte wieder, erfuhr von Martha, daß die Brüder nicht im Lande seien, zu guter Letzt fiel ihr erlöst Rabbiner Brodski ein. Sie wurde zu ihrer Überraschung sehr schnell mit ihm verbunden und klagte ihm ihr Leid, rief ihn um Hilfe an.

»Herr Rabbiner! Sie müssen kommen. Die Jungens sind im Ausland. Martha muß im ›Russischen Hof‹ bleiben. Jetzt will mich Simon im Stich lassen. Er beabsichtigt, in Geschäften nach Antwerpen zu reisen. Sie müssen ihm ins Gewissen reden. Läßt mich allein – mit allem Zores.«

Esther schien seine Mitteilung vollkommen unmöglich. Sie fuhr sich durch die Haare, schrie in die Hörmuschel: »Unerwünschter Ausländer!? Ein Rabbi? Nicht mehr über die Grenze dürfen? Das geht gegen mich. Das ist nur der Neid auf mein gutes Geschäft. Deswegen schneidet man mich ab von meinen Freunden. Mutter hat schon recht gehabt: Laß dir das Hotel nicht nehmen! Und, Herr Rabbiner, ich gebe das Haus nicht her. Nicht, auch wenn sie mir eine goldene Kuh dafür geben. Das ist unser Familienbesitz. An die Regierung werde ich mich wenden. Es muß doch ein Recht geben. Wie – hören Sie, Herr Rabbiner, wie, hallo?« Nichts! Wie wild drehte Esther an der Kurbel. »Fernamt, Fernamt! Mein Gespräch ist unterbrochen. Es war doch dringend! Na endlich – wie? Wie bitte? Der Teilnehmer hat abgehängt – er selber? So! Abgehängt!«

Gut, daß gleich unter dem Wandtelefon ein Sessel stand. Dieses Gespräch war der Anlaß dazu, daß der Bürgermeister Rechtsanwalt Dr. Schmidt ins Amt befahl, um die Mitteilung eines Polizeioffiziers entgegenzunehmen. Als der

Anwalt eintrat, bat Fischer: »Herr Oberleutnant, bitte noch einmal.« Der Polizeioffizier las vor und schloß: »Dieses Gespräch zwischen Sarah Esther Pelz mit dem Rabbiner Doktor Brodski zu Nachod in der Tschechoslowakei ist befehlsgemäß abgehört worden.«

»Der Judenpfaffe hat also kalte Beine bekommen, nachdem wir ihm den kleinen Grenzübergangsschein abgenommen haben. Daß sich die Polanjungens in der Weltgeschichte herumtreiben! Schöne Geschichten! Dürfen die denn so was?«

»Tschechoslowakische Staatsbürger«, knurrte Rechtsanwalt Dr. Schmidt kurz und knapp.

»Aha – und Pelz?«

»Reist morgen wieder ab. Er hat eine eingetragene Firma in Antwerpen. Das weiß ich von Post-Biller.«

»Sehr schön. Gut, wenn man überall seine Leute hat. Was zu machen?«

»Vielleicht?«

»Wieso nur vielleicht? Haben die Juden bei uns Narrenfreiheit?«

Nachdenklich und langsam überlegend: »Ich zerbreche mir auch schon den Kopf. Ich finde bloß keinen geeigneten Paragraphen, solange der Mann Valuten einbringt.«

»Valuten?« schreckte Fischer auf »Hände weg! Deshalb die große Schnauze von der Polan – an die Regierung wenden und so. Da habe ich mir schon einmal die Finger verbrannt. Das fehlte uns gerade noch!«

Dr. Schmidt junior, der inzwischen Fett angesetzt hatte und den Titel »junior« nur noch aus Eitelkeit führte, wiegte den Kopf: »Eigentlich steht die Sache doch recht günstig. Die Zeit ist mit uns verbündet, Herr Bürgermeister.«

»Ich höre!«

Schmidt warf einen Blick auf den stummen Polizeioffizier und erst, als Fischer beruhigt nickte, meinte er vorsichtig: »Je einsamer diese Frau ist ... es kommt schließlich der Winter.«

Erfreut stampfte Fischer mit dem Stiefel auf: »Guter Mann! Na klar, wir bleiben streng legal, nur machen wir ihr die Luken dicht!«

13. Von illegaler Arbeit, jüdischer Philosophie und Gottliebs Adieu

Ein leerer, fast nackter nüchterner Raum mit derben Stühlen und Tischen davor, ein paar Schulschränke, das einzige Bunte eine sehr große Karte der Tschechoslowakei. Noch schwebte blauer Zigarrettendunst in verbrauchter Luft. Gebhardt rannte zum Fenster und riß es auf: »Zu wenig Platz für dreißig Leute. Wir sollten die Grenzschulung lieber im Emigrantenheim veranstalten. Na, das erste Jahr Grenzarbeit hast du hinter dir, brenzlig, heiß – aber nie geschnappt, also gratuliere. Wie fühlst du dich jetzt als neugeborener politischer Abschnittsleiter? Spazieren wir noch einmal über die Karte.« Gebhardt fuhr mit dem Zeigestock darüber: »Dein Revier ist die Linie Schwaderbach, Graslitz, Rothau, Heinrichsgrün, Neudeck, Fischern. Die Basis bleibt Karlsbad.«

»Und die Druckerei?«

»Wo sie ist, in Fischern. Die Verantwortung für den Transport der Drucksachen trägst du. Mehr hast du nicht zu tun.«

Komisch verzweifelt seufzte Peter: »Danke, mir reicht's.«

»Vorläufig, möglicherweise kommt noch etwas dazu. Vielleicht Südböhmen, Zentrum Budweis«, erklärte Gebhardt konzentriert und ernsthaft, mit dem Zeigestock in die südliche Kartenlandschaft vorgerückt. Darum ärgerte ihn Peters lautes Lachen, als der »Budweis« hörte.

»Josef Schwejks Rückzugsbasis. Hašek nennt sie Anabasis!«

»Bist du zu Späßen aufgelegt?«

»Entschuldige!« Peter fühlte sich schuldig und tat sehr zerknirscht. Gebhardt durchschaute ihn, faßte ihn dennoch freundlich am Arm und führte ihn zum vordersten Tisch: »Ich habe überhaupt nichts gegen Heiterkeit. Du bist jung, und Leben macht Spaß, aber von morgen an riskierst du es, riskierst Kopf und Kragen jeden Tag, also wollen wir es ein bißchen vorbereitend beschützen. Ihr habt ja nicht nur mit der tschechischen Gendarmerie zu rechnen und mit den Schwarzen drüben über der Grenze. Dazwischen sind die Henleinfaschisten mit sehr guten Verbindungen zu beiden, den besten zur SS. Die verpfeifen euch nach beiden Seiten.«

Unschuldig verlangte Peter: »Ist mir nicht unbekannt. Aufgabenstellung ebensowenig.«

»Die Aufgabe heißt: Einschleusung ins Nazireich, Fluchtwege hinaus sichern, Kurierrouten, Literaturtransporte, Beratung der illegalen Gruppen. Nimm die Aufgabe nicht leicht: Was wirklich dahintersteckt, ist ein Kampf auf Leben und Tod.«

»Behandle mich nicht wie einen kleinen Jungen. Ich habe meine eigene Sicht auf die Dinge. Mein konkretes Thema im Augenblick sind die Kontakte. Sie sind verbesserungswürdig. Die Dresdener Bergsteigertruppe ist großartig, aber ein Tropfen im Vergleich zum Notwendigen. Unsere Verbindungen tiefer ins Land zu ziehen, geht als Aufgabe allen anderen voran. Deshalb ist diese Arbeit so wichtig. Das wär's.«

Gebhardt ging zur Tür: »Du zuerst, bitte. Wenn's losgeht, kriegst du Bescheid.«

Mitten in der Führung bemerkte Peter, daß sich Channah den Touristen angeschlossen hatte. Sie sprühte Übermut, versuchte, ihn durch ihre Fragen in Verlegenheit zu bringen. Sie huschte von Gruppe zu Gruppe, und ihre frechen Kommentare machten die Runde. Und alles, was Peter denken konnte, war: Sie ist so schön, wie komme ich zu so einem schönen Mädchen, das aus sich heraus, von innen her strahlt, Freude am Leben atmet. Noch nie war ihm Channah so anziehend wie nun, da er wußte, daß sie sich, manchmal gewiß für längere Zeit, nicht mehr sehen würden.

Endlich! Die Touristen waren noch in Sicht, Channah umarmte ihn stürmisch, hängte sich an, wollte Wichtiges übereifrig loswerden, verhedderte sich in der Hast.

»Ich hab dir ja soviel zu erzählen.«

»Ich auch«, meinte er leise, trocken, in trauriger Nüchternheit. Sie hörte es gar nicht. »Denk dir, Vater ist da, heute *müssen* wir zu *dir*. Er ist Schweizer Staatsbürger geworden. Wir hatten ja immer schon eine große Filiale dort. Jetzt verhandelt er in Prag. Großes Geschäft. Er kauft Bodengrundstücke und Nutzflächen auf für geplante Industrieanlagen in Palästina. Es geht um Bauxitverarbeitung.«

Ein Spruch Karel Čapeks fiel Peter ein. Noch am Scheiterhaufen kocht sich jemand ein Süppchen. Der alte Kober ging nicht nur mit der Konjunktur. Er schuf sie. Na freilich! Arbeitskräfte kämen ja bald zu Tausenden nach Palästina, und Bosse brauchten Betriebe und Industriegelände.

»Du hörst mir ja gar nicht zu.« Sie küßte ihn aufs Ohr und sprang ihm an den Hals. Schuldbewußt streichelte er sie. »Und denk dir: Natürlich hat er's aus mir rausgekitzelt, daß es mit Sibby, also mit Silberstein nichts wird. Und auf dich, was sagst du dazu, ist er von ganz alleine gekommen. ›Also der Radikale!‹ hat er gesagt.«

»Guter Informationsfluß über den Apparat der Weltfirma Kober. Glaubst du Schäfchen wirklich, da hätte niemand aus gewisser Distanz aufgepaßt, was du hier anstellst?«

Channah drückte seinen Arm und sprang mit ihm die lange Burgtreppe hinunter. »Ist ja egal, alle sollen uns sehen, er will dich in die Firma nehmen, eigene Abteilung: Werbung international. Filiale Schweiz – du als Chef.«

Sie trällerte vor sich hin, zwang ihn zu Tanzschritten die breiten Stufen der Steintreppe hinab, ganz außer sich vor Freude.

»Liebster, das heißt, wir bleiben zusammen. Wir werden die Welt sehen, reisen, das Dritte Reich vergessen, die Erde ist groß. Deine Mutter holen wir nach. Sei doch froh, daß wir reich sein werden.« Sie küßte ihn tupfend auf Nase und Stirn. »Reich, reich, reich! Du! Du! Du!« Und während sie sich wiederholte, dachte Peter: Aus! Aus! Aus!

Sie faßte ihn bei der Hand: »Schneller, Liebster, ich bin verrückt nach dir – aber ich bleib nur bis zehn. Vater braucht nicht gleich alles zu wissen!«

Sie rannten die Burgstiegen bis zum Kleinseitner Ring hinunter, ohne einmal anzuhalten.

Entlang der Moldau von Brücke zu Brücke durch die Uferpromenade, den Töpfermarkt der Prager Kampa schlenderte ein einsamer Nachtschwärmer, der sein Mädchen ins Hotel »Flora« begleitet hatte und es nicht fertigbekam, sich wieder in das zerwühlte Bett zu legen, das sie verlassen hatten. Und so war Peter durch die linde Luft gelaufen, hatte wie ein Schatzsucher alle gemeinsamen Lieblingsplätze aufgesucht, Straßen, Plätze, Ecken, tiefe Renaissancehöfe mit Außenballustraden, war zu guter Letzt auf den Petřinhügel gestiegen, bevor er wieder im Tal und in der Kampa beim alten Prager Töpfermarkt gelandet war. Von der Fröhlichkeit der Stunden mit Channah – er hatte es nicht über sich gebracht, ihr von der zeitweiligen Trennung zu berichten – war wenig übriggeblieben.

Nun meldete sich auch Müdigkeit. Tiefatmend mit langsamen Schritten stieg er abgespannt die Stufen zur Karlsbrücke hinauf. Die Hiebe, die er mit einem abgebrochenen Ast in der Luft verteilte, mit denen er böswillig Blätter von den Zweigen schlug, galten ihm selbst. Er haderte mit dem Schicksal, murmelte vor sich hin: »Man ist doch jung, verdammt noch mal. Ich liebe sie! Channah ist wirklich noch nicht ganz ausgegoren. Den Unsinn mit der Schweiz traue ich mich, ihr auszureden. Ob sie mein schwieriges Dasein teilen kann, fragt sich. Versuchen wir's. Ich liebe sie doch.«

Aus dem Schatten hinter seiner Haustür löste sich eine Gestalt. Gebhardt hatte auf ihn gewartet, zog ihn schnell in den kleinen Seitengarten: »Na, junger Spund. Die Nacht durchliebt oder durchwandert?«

»Teils, teils.«

»Weiß sie's?«

»Nein, ich muß erst mit mir selber fertig werden. Deswegen bist du sicher nicht hier. Rede nicht drumherum.«

»In einer halben Stunde kommt der Kurier. Wärst du nicht erschienen, dann hätte ich hinmüssen.«

»Warum solltest du nicht?«

»Weil mich sicher ein paar Spitzel von der politischen Sektion der Prager Fremdenpolizei im Kopf eingraviert haben. Der Mann aus dem Reich darf nicht dekonspiriert werden. Wir brauchen dein unauffälliges, harmloses Burgführergesicht für ein Minutengespräch. Vielleicht hätten Sie mal 'n Streichholz für mich – oder wie spät ist's? Mehr brauche ich dir altem Hasen wohl nicht zu sagen.«

»Wo ist der Treff?«

»Halt mal die Luft an, Peter. Und sag nicht so schnell ja! Laß dich nicht von mir überfallen. Wenn du jetzt gehst, hast du deine konspirative Arbeit angefangen, und es gibt kein Zurück mehr. Überleg: Im Notfall, also fürs erste ginge es schon noch mit mir.«

Lächelnd sagte Peter, der eigentlich und innerlich dankbar dafür war, daß ihm der Sprung ins kalte Wasser abgenommen worden war, weil er sich endgültig überwunden hatte. »Schinski hat mich vor zwölf Jahren, als er mich für den Jugendverband warb, gewarnt: Kommunist wird man aus freien Stücken, aber sobald man dabei ist, untersteht man der Partei und ihrer Disziplin. Also – wo ist der Treff?«

Gebhardt atmete erleichtert auf: »Hetzinsel – vor den Tennisplätzen, rechts am Ufer zwischen den beiden höchsten Weiden. Nimm dir ein Taxi bis zur Brücke.«

»Taxis sind teuer.«

»Du wirst doch noch tüchtig umlernen müssen. Sparsamkeit ist für einen Illegalen nicht immer eine Tugend. Für Prag gilt als besondere Regel, Taxigeld ist kein Luxus. Außerdem haben die Tschechen unter den Chauffeuren eine prima Parteizelle.«

»Na denn«, winkte Peter und lief über den Platz hinunter zum Taxistand.

Rotgoldenes dichtes Laub des wilden Weines umhüllte die Steinterrasse und ließ der Sonne nur die Außenseite offen. Dahinter verborgen saßen sie, die Stammgäste, in der Nähe von Filips Ecke. Pelz und die Pinschewskis, der modisch verfeinerte Menochetti, die Feiningers, Professor Naumer und Familie mit Menasse junior, Señor Dr. de Corezza, der mit Wienawski und seinen Solisten Freundschaft geschlossen hatten. Die vielen anderen Gäste schauten neidisch zu den Bevorzugten hin. Sie trösteten sich damit, daß der Kaffee wieder einmal stark und würzig und die Nußbeugel die Güte der »Bohemiaspezialität« hatten.

Und sie sprachen, flüsterten, beugten sich zueinander, lachten, sinnierten, nicht mehr so laut und redselig wie noch vor wenigen Jahren, doch froh, sich zeigen zu können, sorgfältig, aufmerksam und freundschaftlich bedient vom Servierpersonal, das Lotte und Mariechen beaufsichtigten.

Vor der »Bohemia« hielt eine Droschke. Ihr entstieg eine Blondine, rosig, vollbusig, blauäugig, wahrhaft eine Brunhilde im gutsitzenden Schneiderkostüm. Sie wirkte etwas zu laut. Das mochte an dem allzu großen breitkrempigen Hut liegen oder an der anmaßenden Haltung, mit der sie die Treppenstufen der »Bohemia« betrat. Beim Näherkommen erkannte Lotte das Parteiabzeichen auf dem Kostümrevers und ging ihr eilig entgegen.

»Bitte sofort den Kontrollkommissar der NSDAP, Herrmann Siegfried Gottlieb.«

Lotte verbeugte sich zuvorkommend und lud ein: »Wollen Sie nicht Platz nehmen? Ich schaue sofort nach. Darf ich Ihnen inzwischen etwas – ich meine, vielleicht möchten Sie sich stärken?«

»Gute Idee. Ein Pilsner und einen Doppelkorn. Herr Gottlieb bezahlt.«

»Einen Augenblick!« Bis zum Eingang gelang Lotte noch eine gemäßigte Gangart. Durch die Halle rannte sie, so daß Dr. de Corezza, dem sie unauffällig gewinkt hatte, sich mühen mußte, ihr zu folgen. Sie trafen sich im Flur vor dem Zimmer des Kontrollkommissars. Auch die Pinschewskis beeilten sich, in den ersten Stock zu gelangen. Ihnen waren die aufgeregte Lotte und die aufgeputzte Dame nicht ganz geheuer.

De Corezza, mit den Tatsachen bekannt gemacht, erklärte lakonisch: »Scheiße.«

»Seine Frau?« fragte Markus.

De Corezza berichtete mit der Ironie des überlegenen Skeptikers: »Die *Frau* war schon einmal da, ich hab es für mich behalten, damit nicht erst eine Panik entsteht. Ein armes, abgearbeitetes Wesen. Ein paar Hunderter aus meiner Privatschatulle, und sie verließ uns hochbeglückt. Ich hab ihr vorgeschwindelt, er hätte mir das Geld für sie dagelassen.«

»Aber die draußen?«

»Die neue Hüterin des Feuers sieht mir gefährlicher aus«, flüsterte der Arzt. »Ich fürchte Komplikationen. Na, servieren Sie ihr erst einmal den scharfen Trank, und finden Sie eine gute Ausrede. Ich gucke mir den Herren einmal an.« De Corezza klopfte vergebens, die Tür war offen, er ging ins Zimmer.

»Der Herr Kontrollkommissar inspiziert den Geflügel- und Obsteinkauf des Hotels für die Nachsaison«, informierte Lotte bedauernd die aufgeregte Dame.

»Haben Sie ihm denn nicht gesagt . . .«

»Unmöglich, das geschieht im Dorfe Tscherbenei. Wir haben sofort angerufen, daß er kommt. Zwei Stunden dauert es schon, mindestens.«

»So ist er mir schon einmal gekommen! Läßt mich ohne Geld sitzen! In zwei Stunden erscheine ich wieder, und wenn er sich verleugnen läßt, nehme ich Ihren ganzen Laden auseinander, verstanden!?«

Mit entschlossenen Schritten marschierte sie die Bäderstraße hinauf, dem Bürgermeisteramt entgegen. Esther erlitt einen Weinkrampf. Sie wußte, wie tief der Rausch des gefürchteten Mannes war, hatte an Freitagen bei Wiederbelebungsversuchen mitgeholfen. Wenn man's nicht am frühen Morgen begann, schien es ihr hoffnungslos. Lotte brachte die Freundin ins Bett und mischte eine Beruhigungstablette in den Tee.

Inzwischen füllte sich der Flur im ersten Stock. Die Besorgten saßen auf Couchecken, in den Sesselgarnituren, umstanden den Blumentisch in der Mitte des Flurs, drückten sich in Ecken, hockten auf dem Fensterbrett. Ab und zu pirschten sie sich an die Tür, hinter der sich de Corezza mit dem Schläfer abmühte.

»Nichts zu machen, tiefer Rausch. Ich habe ihm schon eine Infusion gemacht und starken Kaffee eingeflößt. Was ich tun konnte, ist geschehen. Zwei Stunden werden nicht reichen. Man muß die Eingänge bewachen, bevor die blonde Harpyie erscheint.«

Lotte, die am Treppenabsatz erschien, hatte die letzten Worte gehört: »Schon geschehen. Wer konnte das ahnen? Wir waren schon so schön auf den Freitag eingependelt!«

Aus ihrem Zimmer eilte Antoinette mit Fläschchen und Büchsen: »Hier ist noch Mocca und Eau de Cologne – und reines Mentholin.«

»Vielen Dank, noch kein Bedarf. Noch nicht!« Trotzdem nahm der Arzt die Gaben gern entgegen.

Obwohl die Stockwerke keinen großen Höhenunterschied aufwiesen, gab es in der »Bohemia« auf jedem Treppenabsatz eine kleine Couchsitzecke, denn noch hatte sich Filips alter Traum, einen Lift einzubauen, nicht verwirklicht, und manche Herzkranke brauchen schon nach wenigen Stufen eine Verschnaufpause. Hierhin hatte Pinschewski Jaroslav Täuber bugsiert. Jaroslav galt für Pinschewski als personifizierte Stimme des Volkes. Der sogenannte erste Hausdiener, in Wirklichkeit längst technischer Leiter des Hotels und Vertrauter, ließ sich, schon um Peters willen, von den Pinschewskis jederzeit ausfragen. Sie schauten hinauf zum Flur, erlebten das leise, doch emsige Hin und Her, das Scharren und Gehen, die Besorgnis im Flüsterton, und Pinschewski erstaunte sich: »Wie sie sich um den bestgehaßten, den gefährlichsten Mann im Hause sorgen, einen, der Menschen auf dem Gewissen hat.«

»Na ja«, meinte Täuber. »Der ist jetzt harmlos. Wie alle Säufer lebt er von Mitgefühl, Zustimmung, Zärtlichkeit. Er hängt sich ein, wirbt weinerlich um Freundschaft, meiert sich an. Widerlich, schon zum Kotzen – aber ohne Beißzähne.«

Die Worte langsam wägend, sagte Pinschewski aus angestrengter Nachdenklichkeit: »Nicht das allein, Jaroslav. Die Unschädlichkeit alleine tut's nicht. Juden sind aus ihrer Tausende Jahre währenden Geschichte der Verfolgung sensitiv gegenüber den Leiden von Mitmenschen. Das macht sie allergisch gegen jede Art von Unterdrückung. Sie leiden sogar mit dem *Feind,* weil er aussieht wie ein *Mensch.«*

Das nahm Antoinette ihm übel: »Warum schmähst du die eigenen Leute?«

Täuber nahm dem Angeschuldigten die Antwort ab: »Um des Argumentes willen, Madame. Ich kenne ihn doch. Und nicht nur ihn. Neunzehnhundertsieben habe ich als Piccolo in der ›Bohemia‹ angefangen. Seit meiner frühen Jugend erlebte ich Juden aus unmittelbarer Nähe, wenn ich auch hier nur die Wohlhabenden kennengelernt habe: sensitiv, leicht beleidigt, unbequem, selbst Geschäftsleute wie die Polans. Das stimmt. Anderes stimmt ebenso, unbestritten. Gute Familiengründer sind sie, Väter und Mütter, natürlich kinderlieb. Sie machen nicht nur Geschäfte. Sie mit Geld, Wucher, Geschäften, Banken und Pfandleihen gleichzusetzen ist dumme Greuelpropaganda. Natürlich findet sich auch das Prozent Betrüger, Fälscher, Verbrecher. Geschickte Handwerker waren hier zu Gast und solche, die mit dem Kopf arbeiten, Künstler, Wissenschaftler, Politiker.«

»Dafür kriegen Sie einen Kuß, Jaroslav, Mariechen ist ja nicht anwesend.« Und sie gab ihm den Schmatz. »Er hat genau hingesehen, alter Bär!«

»Kunststück, über dreißig Jahre hier im Haus! Er kennt eine größere Judengemeinde als der Wunderrabbi von Radomsk.«

Wirbel im Flur. Corezza rannte die Treppe herunter. Pinschewski stellte sich ihm in den Weg. Abgehetzt und nervös hielt der Arzt an und stieß schweratmend hervor: »Er ist aufgewacht. Wir probieren es mit einer Wechseldusche. *Auch* eine Arbeit für einen Chefarzt mit Professur und Lehrstuhl!« Achselzuckend lief er die Treppe hinunter.

Pinschewski kehrte zu dem Thema zurück, das ihn seit Jahren beschäftigte, über das er sich mit sich selbst und der Welt verständigen wollte, und Jaroslav schien ihm dazu geeignet zu sein, wenngleich er sich an Antoinette wendete: »Warum sind die Juden Familienmenschen? Warum neben Handel, Kunst und Wissenschaft? Wundert dich das? Die Familie ist wie eine Festung – eine kleine abgeschlossene Burg. Kunst und Wissenschaft existieren aus sich selbst und sind zwar von außen anzugreifen, aber nicht von innen zu zerstören. Wieder die Verteidigungsstellung, die Selbstisolierung. Wozu?«

Der Advokat seiner Theorien war nicht mehr aufzuhalten, vergaß, wo er war, legte leidenschaftlich los, hielt sein Plädoyer: »Sie sollen sich schon endlich assimilieren, aufgehen in den Völkern, bei denen sie leben, mit ihnen verwachsen, einheiraten, aufhören, sich als etwas Besonderes zu fühlen. Ohne den Zionismus wäre das gelungen.«

»Und *du* hast Doktor Strauß ausgelacht. Hast ihn beinahe verdroschen!«

»Weil er ins andere Extrem gegangen ist. Er hat sich mit der deutschen Reaktion verbündet und gleichzeitig auf seinem orthodoxen Judentum weiterbestanden. Trotzdem habe ich mich bei ihm entschuldigt. Schon weil er nicht nach Palästina gehen wollte, ist er mir sympathischer als alle Davidsternträger.«

»Ich weiß ein Argument gegen Ihre Ansicht von der Assimilation, Meister«, warf Pelz ein, der schon eine ganze Weile zugehört hatte.

»Bitte!«

»Mich selbst. Dreißig Jahre habe ich geglaubt, daß ich ein waschechter Australier bin, australisch geredet, gelacht, gedacht, gearbeitet, Mädchen verführt, Business, Kunst, Kultur, alles australisch. Mit fünfzig Jahren hat mir keine Ruhe gelassen, plötzlich habe ich gestartet, zu suchen nach meiner identity – Identität –, und ich bin nach Europa zurückgegangen – mit fünfzig Jahren! Und wenn ich gehe nach Australien mit Esther, was ist durchaus nicht ausgeschlossen, werde ich sein ein anderer, weil ich habe herausgefunden, daß ich bin ein Jude!«

»Nach Palästina gehen Sie nicht mit ihr?«

»Na, ich bin doch noch normal!« Simon schüttelte sich.

»Eben«, triumphierte Pinschewski: »Das ist es – wie sagt Neumer: der springende Punkt. Dabei hatten die Juden dort einmal eine Chance. Dort leben Semiten, sie sind Semiten. Der Koran ist beinahe abgeschrieben vom Alten Testament. So ähnlich ist die Glaubenslehre. Sie sehen sich ähnlich – Juden und Araber. Der eine grüßt Sallam, der andere Schalom! Beides bedeutet Friede! Ein Unterschied besteht, die Juden hatten Anteil an der europäischen Zivilisation und Kultur. Die Araber sind zum Teil Analphabeten. Sie müssen sich erst wieder besinnen auf ihre große Epoche vor Tausenden Jahren. Warum hat sich unter den Juden nicht ein Rat der Weisen gefunden, mit einem Klugen als Sprecher, der gesagt hätte: ›Hört, ihr

Moslems, hört, ihr Palästinenser, die Engländer lassen uns in ihr Mandatsgebiet, damit wir ihnen helfen, euch niederzuhalten, zu entmündigen, gehorsame Eingeborene aus euch zu machen, eure Bodenschätze auszubeuten. Wie wäre es mit einem Strich durch die Rechnung der Ausbeuter? Laßt uns gemeinsame Sache machen. Die Arbeitskräfte, die Bauern Palästinas und die jüdische Blüte der europäischen Intelligenz werden sich gegen die Kolonisatoren stellen, ihre eigene Wirtschaft aufbauen, sich gegenseitig belehren, nicht die Geschäfte Fremder besorgen, sich verteidigen. Sie werden ein semitisches Land der Juden und Araber aufbauen.‹ «

»Ja, wo war so ein Kluger?« fragte Simon.

Der aufgeregte Pinschewski fiel in sein Jiddisch: »Der Zionismus is git for a kapoire, er hot uns nebbich zerrickgestoißen in dos Schlemassel, in den miessen Zoff fün a rabiaten jidischen Nationalismus, schlimmer wie zweitoisend Johr zerrick!«

»Alter, di bist a beheeme. Man varschteijt dech nischt!«

Pinschewski besann sich: »Entschuldige, Jaroslav! Antoinette hat mir das Jiddisch zwar erfolgreich abgewöhnt, aber wenn ich mich aufrege . . .«

»Reb Pinschewski, ich hob verstannen a jedes Wort, Emess!« antwortete Jaroslav in perfektem Jiddisch.

Lottes Stimme hallte aus dem Parterre: »Jaroslav!!«

»Ihr sejt, man rüft mech, tekijo gedaulo, dos große Horn rüft.« Pelz nickte anerkennend: »Ihr Jiddisch? Mir gesagt! Neidisch bin ich!«

Die zwei Stunden vergingen allzuschnell. Esther scheuchte das Personal, die Stubenmädchen suchten ein sauberes Hemd für den Kontrollkommissar, in der Flickstube wurde Gottliebs Anzug gebügelt. Die Chefin selbst trug seine Schuhe in das Kabuff der Hausknechte und ließ sie putzen. Sie kümmerte sich um belegte Brote, damit der Mann, der so lange im Rausch gelegen hatte, nicht vor Hungerschwäche umfiel. Sie gab und fand keine Ruhe, verfolgte ängstlich den Verlauf des Umzuges, schickte die Piccolos auf die Terrasse, um im schlimmsten Fall das Wiedererscheinen der Blonden zu signalisieren.

Die besorgten Juden jagte sie vom Flur im ersten Stock, bevor Gottlieb aus seinem Zimmer tapste, das wüst aussah. Sie ließ es sofort aufräumen. Alles, was sie tat, war verboten, vor allem ungebeten im Zimmer des Kontrollkommissars herumzufuhrwerken. Simon schirmte sie ab, wo es möglich war, und auch er fürchtete, die Zeit würde nicht ausreichen, um Gottlieb gesellschaftsfähig zu kriegen.

All die Sorge, die Eile, die Hetze waren überflüssig. Die blonde Dame saß im Dienstzimmer des Bürgermeisters im tiefen Lehnstuhl, denn ihre augenfälligen, ordinären, kräftigen Reize sagten ihm zu. Er verwöhnte sie mit Kognak und wohltuender Aufmerksamkeit, wünschte sich so etwas Festes, Rossiges im Bett, und sie sonnte sich in seinen begehrlichen Blicken. Immer wieder fing sie an zu berichten.

»Da ging ich zum zweiten Mal hin. So eine Hopfenstange von Kellnerin wollte mir weismachen, er stünde unter der Dusche. Sie ließ mich nicht zu ihm. Sie ließen mich nicht zu ihm. Trotzdem ich ihn, Gott weiß, oft genug nakkig gesehen habe und erlebt auch. Na ja, 's war halb so wild.« Sie wedelte mit den Händen, um anzuzeigen, daß es mit den männlichen Qualitäten Gottliebs nicht allzuweit her war. »Hoffentlich haben die Itzigs ihm nichts angetan. Immerhin ist er ein guter Versorger. Und er schickt regelmäßig. Bloß diesmal – noch nie hat mich der Gottlieb zwei Monate lang auf dem trockenen sitzen lassen, noch nie!«

Sie zog ihr Seidentüchlein aus der Tasche und hätte beinahe zu weinen angefangen. Das verhinderte der Bürgermeister, der für sich schon beschlossen hatte, dem Gottlieb diese Frau abzuluchsen. Er hatte Jüngelchen eigentlich schon eine ganze Weile satt, aber so etwas Rundes, Festes an Weib war ihm bisher noch nicht untergekommen. Und wenn man Söhne erziehen wollte, war's höchste Zeit fürs Umsteigen.

Die Blonde spürte den Wildgeruch des Mannes und ihre Chance, während er ihr das Haar streichelte, den Telefonhörer ergriff und sich mit der »Bohemia« verbinden ließ.

»Das werden wir gleich haben, gnädige Frau!«

Esther erholte sich im schmalen Bureau neben dem Zimmer eins und schielte, sie konnte es nicht lassen, trotz ihrer Erschöpfung durch die breiten Glasfenster, um zu kontrollieren, was in der Küche vorging. Das Telefon klingelte. Sie vernahm Fischers Stimme, ihr wurde schwindlig, das Büro begann um sie herum zu kreisen. Sie hörte sich mit einem Rest von Kraft sagen: »Der Herr Kontrollkommissar ist bereits auf dem Wege zum Gemeindeamt. Jawohl, Herr Bürgermeister, Heil Hitler – Verzeihung, guten Tag!«

Noch war er nicht auf dem Wege. Esther erspähte Lotte, schob das Fenster auf und fragte die Allwissende: »Ist sein Anzug gebügelt? Habt ihr ihn mit Parfüm eingesprenkelt? Geht er einigermaßen gerade? Darf man ihn weglassen?« Lotte nickte nur immer wieder stumm. Um die überflüssige aufgeregte Fragerei zu bremsen, kam sie ans Innenfenster und beruhigte: »Zur Not ja. Einigermaßen zum Vorzeigen. Jaroslav hat ihm auf den Kremser geholfen. Sie kutschieren gerade los.«

Esther sank zurück in den Lehnstuhl, hob ihre Hände dem Himmel entgegen und rief aus: »Rabbenu schel oilom. Großer Gott, ich danke dir!« Dann warf sie einen Blick auf die Uhr, der sie zum Aufstehen zwang. Der Braten für das Abendmahl war vorzubereiten. Höchste Zeit. Sie rannte durch den Gang in die Küche und fragte: »Ist die französische Sauce angesetzt? Habt ihr das Kalbfleisch lange genug abhängen lassen? Warum sind die Nußtrüffeln noch nicht in Mandelcreme eingeweicht? Die Mehlspeise ist wieder einmal nicht pikant abgeschmeckt, es fehlt bei aller Süße der Spritzer Salz und Paprika. Kaum ist man einen Augenblick nicht in der Küche, geht schon alles durcheinander!«

»Heil Hitler!« grüßte Gottlieb auf der Schwelle und hob die Hand etwas zu steil empor, um die Körperbalance zu halten. Fischer grüßte befriedigt zurück und wartete neugierig auf die außereheliche häusliche Auseinandersetzung, die damit begann, daß Gottlieb der Blonden die Hand küßte, wobei er seine Hacken zusammenschlug. »Wie schön, daß du da bist, Edelgunde«, begann Gottlieb sein Rückzugsgefecht.

»Die Dame ist hier bei mir«, unterbrach der Bürgermeister, indem er sich gemütlich in den Sessel fallen ließ, »damit Sie Ihren Verpflichtungen nachkommen. Und ich bin da, um es zu sehen und zu bezeugen. Bitte, Parteigenosse Gottlieb!« Die befehlerische Geste gestattete keinen Zweifel. Von Edelgunde kam kein Wort der Güte. Mit zitternden Händen tastete Gottlieb nach seinem Gesäß und brachte eine dickbauchige Brieftasche zum Vorschein, mit der er sich dem Tische nähern wollte. Er schlängelte sich an Fischer vorbei, zu nahe. Derb zupackend hielt ihn sein Chef fest.

»Was wollen Sie inspiziert haben? Wie? Den Geflügeleinkauf? Ihre Fahne stinkt nach einer ganz anderen Inspektion. Wenn Sie sich von den Juden besoffen machen lassen, sind Sie als Kommissar einen Dreck wert, verstehen Sie?« Fischer gab sein Opfer frei. Da der rettende Tisch unerreichbar schien, fummelte Gottlieb stehend in seiner Brieftasche nach Scheinen, doch die Finger versagten ihm den Dienst, und der ganze Inhalt der Tasche machte sich selbständig. Nicht nur die Papierchen fielen auf den Boden. Wie ein in der Mitte zerbrochener Fächer ausgebreitet, lagen da Fotos von Mädchen mit eindeutigen Widmungen, aber auch Ansichtskarten pornografischen Inhalts, über die sich der Bürgermeister und die Dame gleichzeitig beugten. Leider waren die Bemühungen der beiden nicht koordiniert, jeder hatte einen anderen Geschmack – die Dame interessierte sich beispielsweise weniger für die Porträts der Schönen als für die Widmungen und mögliche Adressen auf den jeweiligen Rückseiten –, so daß sie mit den Köpfen zusammenkrachten, während Gottlieb seinen herumflatternden Geldscheinen nachjagte.

Angestrengt erhob sich der Bürgermeister schließlich vom Boden. Wutentbrannt brüllte er: »Sie sind fristlos entlassen, Gottlieb! Ich verantworte das gegenüber dem Provinzialrechnungshof der NSDAP.«

Das Zimmer des Kontrollkommissars a. D. Gottlieb betrat die Dame seines Herzens nicht mehr. Freilich hatte sie sich vorher alleine und gründlich darin umgesehen. Sie saß inmitten des Flurs vom ersten Stock auf einem der Fauteuils und beaufsichtigte den Exodus von Gottliebs Habe durch die offene Tür. Um sie herum häuften sich die Gepäckstücke. Jaroslav Täuber und der Hotelbesitzer bemühten sich persönlich. Neben Edelgunde hockte ein in sich zusammengefallenes Häufchen Unglück, Herr Gottlieb, und folgte dem Geschehen durch seinen Dunstschleier, bis Jaroslav erkündete: »Fertig.«

Da riß Edelgunde Gottlieb am Genick hoch. »War das schon alles?«

Gottlieb schielte ängstlich zu Simon hin und dann in das verlassene Zimmer. Er stotterte: »Ja-a, alles!«

Sie war seinen Blicken gefolgt. »Da war doch noch ein ganz großer flacher Koffer, ganz hinten unter dem Bett, he? Ich hab mich vorhin umgeguckt, als ich allein war. Etwa mit Geschenken für deine Flittchen auf den Fotos, wie? Rausholen, ihr Judenknechte!« kommandierte sie.

Der Koffer war tatsächlich unbemerkt geblieben. Jaroslav fand noch Muße, sich darüber zu amüsieren, daß die Dame den hemdsärmeligen Simon für einen Hausdiener und Arier hielt. Sie holten den langen Koffer aus seinem Versteck. Der Dame schien das Kommandieren Spaß zu machen. »Aufmachen!« befahl sie. Der Inhalt wurde sichtbar: ein mit purpurnem Samt ausgeschlagener lederbezogener Kasten mit edlem Silberbesteck obenauf. Edelgunde kniete nieder, packte geschliffene Kristallvasen und farbige Römer aus ihrer Strohumhüllung, fand darunter das große Meißner Service.

Edelgunde erhob sich, stemmte die Arme in die Hüften. Gottlieb erbleichte.

»Raus mit der Sprache! Was wolltest du mir da verschweigen, du Held, und warum? Das wolltest du also vor mir verstecken? Beichte, mein Lieber!«

Schnell entschlossen stellte sich Täuber neben den Pg. Gottlieb. »Das gehört nicht dazu!« behauptete er energisch. »Das ist das Festbesteck der ›Bohemia‹, dazu das Service für Galadiners. Der Herr Kontrollkommissar wollte es nur nach der Liste auf Vollständigkeit überprüfen.« Seine Stimme klang hart, und beinahe drohend verlangte er zu wissen: »Das stimmt doch, nicht wahr, Parteigenosse Gottlieb?«

Dankbar für die unerwartete Hilfeleistung und gleichzeitig voller Angst, des gemeinen Diebstahls überführt zu werden, nickte Gottlieb heftig: »Hat schon seine Ordnung. Alles registriert. Es fehlt nichts.«

Kaum gesagt, hatten Jaroslav und Simon den Koffer schon geschlossen, schoben ihn wieder über die Schwelle des verlassenen Zimmers und schlossen es hinter sich ab. »Dann wären wir hier wohl fertig«, sagte Simon, und Jaroslav rief die Treppe hinunter: »Karel, Stepan!« Die Hausknechte kamen die Treppe hochgerannt und packten begeistert zu.

Nach ihnen schritten Gottlieb und seine Blonde, Arm in Arm die Treppe hinunter, und wer nicht genau hinsah, bemerkte nicht, daß es Edelgunde war, die ihn zum letzten Male mit eisernen Ellbogen stützte, denn vor der »Bohemia« wartete bereits der Dogcart des Herrn Fischer, und der selbst saß auf dem Kutschbock.

Oben vor dem Zimmer des ehemaligen Kontrollkommissars standen immer noch Simon und Jaroslav. Simon streckte dem anderen seine Hand hin: »Dank für dein presence of mind – wie sagt man: Geistesgegenwart.«

»Also nicht nur ein Erpresser und Betrüger war er – auch ein hundsgemeiner Dieb und Einbrecher. Die kostbaren Sachen! Immerhin gerettet.«

Simon war skeptisch, auch jetzt: »Wozu? Raubt es nicht der kleine Halunke, nehmen es uns die großen Räuber. Im ganzen recht bedauerlich, das Resultat. Wir hatten ihn schon so schön gezähmt. Weiß Gott, was danach kommt.«

Mit dem Versuch zu ermutigen, legte Jaroslav dem Chef die Hand auf die Schulter: »Jetzt kommt erst einmal das Ende der Saison.«

»Das Ende«, seufzte Simon. »Wenn es nur eins wäre. Esther wird sich einbilden, wieder einmal, daß sie gesiegt hat. ›Bohemia‹ hoch! Der Fronvogt ist verjagt. Auf ein Neues! Esther Pelz, die Jüdin, besiegt das Dritte Reich. Jetzt denkt sie nicht einmal mehr im Traum daran, mit mir wegzugehen. Und ich hänge an ihr, und mit ihr klebe ich an der Fliegenklatsche. Ach, Jaroslav, ich kann ihr nur so lange helfen, wie ich beweglich bin, ein Valutenbringer, unentbehrlich für den Reichshandel, so lange, wie ich reisen kann, Hilfe von draußen heranschaffen. Solange aber lasse ich sie nicht im Stich. Ich kann's nicht über mich bringen.«

14. Peters verlorene Liebe und Esthers Einsamkeit

Die Flut der Vorwürfe und Argumente in den Nachtstunden war immer bitterer geworden. Die Erregung, die gegenseitige Überzeugung, vom anderen mißverstanden zu sein, plötzlich aufsteigendes, bitter brennendes Haßgefühl über die Haltung des Partners und darauf das Bedauern darüber, hatten sich in dieser unausgeschlafenen Nacht verbraucht. Das Vokabular der Rededuelle begann sich zu wiederholen. Die Kraft zur lauten Klage und zur leidenschaftlichen Beschimpfung versagte. Sie hatten nichts mehr im Vorrat, das sie sich hätten an den Kopf werfen können. Ihre Stimmen klangen beinahe normal.

Peter vermochte es immer noch nicht, den Sinneswandel seines geliebten Mädchens zu begreifen.

Die Liebesleute von einst saßen sich mit der Distanz von Fremden am gleichen Tisch gegenüber. Wieder fragte Peter: »Warum hast du mir nur beteuert, daß du mit mir durch dick und dünn gehen willst, daß du meine Ansichten teilst, ich glaubte wahrhaftig, du wirst vielleicht meine Kameradin, meine Genossin. War ich blind, oder hast du mich geblendet?«

In der Mansarde begann es zu tagen. Die durchstrittene Nacht ging zu Ende. Immer noch versuchte Peter, sich Nüchternheit und Vernunft zu erhalten, während Channah den nun zerstörten Träumen nachjagte und hartnäckig auf ihren Vorstellungen beharrte. Als sie merkte, daß ihre Versuche mißlangen, steigerte sie sich in einen beinahe hysterischen Zorn.

Sie ging auf seine Anklage zunächst gar nicht ein. Nur das Wort *vorgetäuscht* hakte sich fest.

»Vorgetäuscht – *ich* habe mich getäuscht. In dir! Ich habe gehofft, die politische Schwärmerei kratzt sich ab, und du kommst darunter hervor, mein Peter. Ich habe gehofft, ich nehme in dir ein Stück Breslau mit in die Schweiz; Kindheit, Schule, die Dominsel und den Scheitniger Park, die Jahrhunderthalle, den Zoo – ein bißchen

Heimat. Dafür habe ich uns die Wege geebnet, Himmel und Hölle in Bewegung gesetzt, Vaters Zweifel besiegt. Was nicht alles versucht, vor mir gesehen? Unsere gesicherte Zukunft, Wohlstand, Liebe in der Ehe, jawohl, auch ein Kind von dir – ein anständiges Leben, verstehst du!« Wieder begannen die Aufregung, der Zorn durchzubrechen. Doch die Stimme klang nur noch heiser und nicht mehr überschrien.

»Und alles schmeißt du weg für deine Heilslehre von der Weltverbesserung für den *Plebs* – hörst du, den *Plebs*. Für die Deutschen, die Hitler nachlaufen.«

Es war Zeit, den fruchtlosen Diskurs zu beenden.

»Schau, Channah, die so etwas sagt, das bist nicht du, nicht meine Channah. Du redest wieder wie der verzogene Backfisch, den ich im Haus der reichen Kobers kennengelernt habe. Und ich hatte schon gehofft, du seist älter und mit meiner Hilfe klüger geworden, wie ich durch Schinskis Freundschaft. Und ich hoffe immer noch. Wir haben keine Zeit mehr. Noch ein paar Stunden, und ich fahre fort. Deshalb sollst du wissen, und du kannst darauf vertrauen: Ich warte auf dich, wo du auch willst, ich halte zu dir, wenn du willst. Geographie ist für Leute, die sich lieben, kein unüberwindliches Hemmnis. Ich will keine andere Frau als dich.«

Channah stand auf, nun hintertrieben und böse mit verzerrter Stimme, die zu guter Letzt unkontrolliert kreischte: »Damit du es weißt. Vater ist nicht allein gekommen, Sibby ist dabei. Sie nehmen mich mit. Ich heirate ihn. Und ich vergesse dich, du, du – Goj, du Abschaum, du Kommunist!«

Sie raffte Mantel und Tasche auf und rannte türenknallend aus der Wohnung. Scharf klappten die Absätze auf den Treppenstufen. Auch die Haustür hörte er sie zuschlagen und ihre heftigen Schritte, bis sie verhallten.

Peter holte sein Tagebuch hervor, in dem er seit Jahren eintrug, was ihn heftig bewegte. Er schrieb: Ich habe eben meine Jugend endgültig verloren. Es ist an der Zeit, ein Mann zu werden!

Seitdem Gottlieb die »Bohemia« verlassen hatte, schien es, als seien Esthers Widersacher wie gelähmt. Es herrschte eine Ruhe, die Simon unheimlich war. Von der Gemeinde kam keine schikanöse Anweisung. Niemand kontrollierte die »Bohemia«. Friedlich trudelte die Saison aus. Obwohl nur noch wenige Kurgäste in Grenzbrunn spazieren gingen, wurde Esther auf der Straße von der einheimischen braunen Jugend weder beschimpft noch belästigt. Man ließ sie einkaufen, bei wem und wieviel sie wollte. Die Leute wagten es, sie auf der Straße zu grüßen. In den umliegenden Dörfern lud man sie in die Häuser ein zum tschechischen Plausch. Die Handwerker arbeiteten auch bei Tage im Haus und ließen sich dabei ruhig zugucken.

Simon grübelte: War das die letzte Saison, die eine solche Toleranz hervorbrachte, international und gewinnbringend auch für die Kurverwaltung und die Gemeinde? Lenkten sie ein? Esther redete nicht mit ihm darüber. Sie wußte, daß ihn das aufregte. Doch ihre Blicke sagten, Genugtuung fordernd: Habe ich nicht recht gehabt, uns geschieht nichts. David hat Goliath wieder einmal besiegt. Der zutiefst skeptische Simon Pelz selbst begann zu hoffen.

Niemand wird ihm ein Denkmal setzen, in den Listen der Widerstandskämpfer wird er nicht geführt, keine Gestapoakte untersuchte Aktivitäten gegen das Dritte Reich, die auf sein Konto gehen, obwohl er sich stets erfolgreich um die Mitgliedschaft in der NSDAP herumdrückte. Und doch . . .

Was trug dazu bei? Ein wenig ernst genommener Katholizismus, vielleicht seine Frau, die von tschechischen Eltern erzogen, rechtschaffene Abscheu vor den Preußen mit in die Ehe brachte und ihn bauernschlau aus dem Hintergrund regierte. Mag sein, daß auch die Abgeschiedenheit von Bad Grenzbrunn etwas mit seiner Haltung zu tun hatte, die ehrliche Verachtung für seinen Amtsnachfolger und ein wenig Anständigkeit, soweit sein Kleinbürgertum das zuließ. Nein, man würde ihm kein Denkmal setzen, dem alternden, sehr rüstigen und wachen, gern gut essenden und trinkenden Dr. Gottschling. Daß er ein ganz bestimmtes Gespräch am Abend abhörte, entsprang seiner

Neugierde und einem zufällig geöffneten Fenster. Vielleicht das sprichwörtliche Quentchen Glück, das er nicht nur für sich nutzte. Und der Satz ...: »Solange die ihren viereckigen Kraftprotz neben sich stehen oder liegen hat, krieg' ich die Sarah nicht kirre.«

Gottschling spitzte die Ohren.

Sarahs gab es in Bad Grenzbrunn nur eine. Und die hatte bis vor kurzem noch Esther geheißen. Der Sprecher hieß Fischer und setzte sein Klagelied fort: »Unser Rechtsverdreher hat mich gewarnt, dem Pelz an den Karren zu fahren, weil er 'ne Firma im Ausland hat. Die vom Provinzialrechnungshof haben es bestätigt, angeblich ist er Valutenbringer.«

Dann redete der andere, Gottschling kannte die Stimme nicht, eine glatte, kühle, hochnäsige Stimme: »Wer spricht denn vom Valutenbringer. Ich meine den Devisenschieber.«

»Ist er denn das?«

»Man kann einen aus ihm machen.«

»Wie denn?«

»Zum Beispiel, wenn in seiner Post etwas gefunden wird. Was nicht drinnen ist, kann man reintun. Sie haben doch Ihren Vize, den Post-Biller an der Strippe.«

»Ich darf nicht noch mal reinfallen, bloß, weil mich der Mann stört. Aber ich hätt' ihn gerne aus dem Weg.«

»Ist Ihnen das ein paar hundert Dollar wert, die dabei verloren und gefunden werden? – Na also. Und wenn der Mann erst eingebuchtet ist und ein paar Abreibungen hinter sich hat, gesteht er alles, was ihm vorgesagt wird.«

Wie das Gespräch weiterging, blieb Gottschling verborgen. Fischer schloß das Fenster. Die Spätherbstkühle. Das Gehörte reichte. Immerhin eine Woche Galgenfrist. Was war zu tun? Telefongespräche hörten sie ab, seinen Anschluß bestimmt. Ein Spaziergang ins Bad hinunter so kurz nach dem Gespräch verbot sich. Durfte er Jaroslav Täuber vertrauen? Blieb ihm überhaupt eine Wahl zwischen dürfen, sollen, wollen, müssen oder die Hände in den Schoß legen?

Das letzte Haus im Oberdorf, schon abseits von der Straße gelegen, an den hügeligen Waldrand hochgebaut, war Täubers. Zu zweit erregte man weniger Aufmerksamkeit.

»Maminka, nimm dir das Umhängetuch«, sagte Gottschling nach dem Abendessen. »Laß uns mal frische Luft schnappen und die Beine vertreten.«

»Wohin?« Sie freute sich.

»Stückl die Landstraße rauf ins Oberdorf.«

»Das ist prima. Wenn du nämlich ins Bad runterläufst, kommst du vor lauter Hutziehen nicht mehr dazu, ein Wörtchen mit mir zu reden.«

Also fanden sie Zeit zum Gespräch, das sie, je einsamer die Straße wurde, um so lebhafter – und leiser führten. Täuber, schon daheim, begrüßte sie, versprach am nächsten Morgen ins Hotel zu gehen, erschien zu Stellvertreter Karels Verwunderung pünktlich um sieben Uhr früh im Hausdienerkabuff, angeblich hätte ihn der Chef bestellt, weil das Vierpfostenbett im Zimmer eins am Zusammenkrachen sei. Es ging danach auch recht laut im abgeschlossenen Zimmer zu. Die Männer hämmerten, hobelten, nagelten, und das Personal draußen machte anzügliche Witze wegen des Bettes über den Chef und seine Frau, die schon seit dem Morgengrauen am großen Herd stand und nach dem Rechten sah.

Mit dem Mittagszug fuhr Jaroslav in die Kreisstadt zur Reichsbahndirektion, einen Güterwagen für die Möbelausstattung bestellen, die für den Berliner »Russischen Hof« bestimmt war. Vertrauensselig erzählte er dem jungen Umlauf von seiner Mission, zeigte ihm sogar den Auftrag, vergaß nur, dem Nachbarssohn anzuvertrauen, daß er in Glatz ein halbes Dutzend verschlüsselte Telegramme abzuschicken und einige Ferngespräche zu führen gedächte.

Vom Mitternachtszug heimkehrend, Kutscher Pietsch nahm ihn umsonst in seiner Droschke mit, bemerkte er noch Licht im Zimmer eins der »Bohemia« und dachte hoffnungsvoll: Jetzt bringt er ihr's bei.

Er irrte sich. Je mehr Simon seine Frau bestürmte, bat, anflehte, mit ihm Grenzbrunn zu verlassen, um so hartnäckiger und störrischer gebärdete sie sich, und als er zu guter Letzt mit der Wahrheit herausrückte und von der Gefahr sprach, die ihm selbst drohe, glaubte sie ihm einfach nicht.

»Du spekulierst mit unserer Liebe. Das sagst du nur, damit du mich von hier wegkriegst.« Was blieb ihm, als nachzugeben, sich zu versöhnen, sie zu streicheln, und als sie an seiner Brust einschlief, festigte er seinen Entschluß: Wenn ich im Zuchthaus sitze, kann ich ihr weniger helfen als von draußen.

So bekannt war der Hotelkremser der »Bohemia«, daß der in letzter Zeit kaum benutzte »Stoewer« weniger auffiel, zumal ihn Täuber lenkte und Simon nicht sichtbar war. Erst hinter Lewin wurstelte Simon sich aus den Decken, und Jaroslav bot ihm das Steuer des Autos an: »Na, Chef, juckt es Ihnen nicht in den Fingern?«

»Danke, das hat Zeit bis übern großen Teich. Ein Jude am Lenkrad fällt unnötig auf.«

»Der Wagen bleibt ja sowieso in der ›Bohemia‹. Vielleicht verkaufen wir ihn unauffällig unter der Hand, damit die Chefin mehr schnelles Geld verfügbar hat.«

»›Bohemia‹ – beim Weggehen spricht sich das wie Marzipan. Ach Jaroslav, es reißt mir das Herz heraus, wegzugehen von Esther. Leider gibt es kein anderes Mittel – to open her eyes, you know. Sie wird endlich begreifen, wie ernst es mir ist und um sie selber steht.«

»Ob's wohl hilft? Chef, sie fühlt sich als Hüter von Josefines Gral. Jetzt mehr als früher. Je schlimmer es wird, desto mehr.«

»Redet mit ihr. Versucht es immer wieder, alle drei. Was mein eigen ist, gehört auch ihr. Und schützt sie mit Gott. Ich kann's nicht mehr. Im Zuchthaus kann ich ihr nicht helfen. Es bleibt mir nichts mehr übrig, als mich für sie zu retten. Ich fliehe!«

»Warum denn gleich so weit – bis Australien?«

Mit trauriger Entschlossenheit nickte Simon: »Ja, so weit. Antwerpen ist mir nicht mehr sicher. Die Sintflut kommt über Europa!«

»Soll ich Sie nicht wenigstens bis nach Breslau fahren?«

»Danke, Jaroslav, wir bleiben bei Reinerz und stoppen genau einen Kilometer hinter der Tankstelle. Dort ist ein

Waldstück, wo mein Freund hinkommt, ein Geschäftspartner. Der erledigt den Rest. Belgier, einflußreich und unverdächtig, zu allem Guten noch Generalvertreter deutscher Markenfirmen und rassereiner Arier. Klingt wie ein Hundestammbaum, nicht?«

»Und wie wollen Sie sich ausweisen, wenn kontrolliert wird?«

»Mein gültiger Auslandspaß enthält vorläufig keine Hinweise auf Judentum. Das sind die Vorteile des Valutenbringers a. D., und außerdem habe ich mindestens noch eine Woche, nicht wahr, bis der valutengespickte Brief fabriziert wird, stimmt doch?«

Jaroslav schwieg. Sie saßen still nebeneinander, bis die Tankstelle auftauchte. Der graublaue, langnäsige Mercedes-Sport stand an der Zapfsäule.

»Weiß er, wo?« fragte Jaroslav.

»Wir treffen uns nicht zum ersten Mal auf diese Weise.«

Sie hielten an. Simon umarmte Jaroslav: »Grüß mir Mařenka und Lotte und die Kinder und ... Hier ist der Brief. Leg ihn auf den Schreibtisch im Büro. Laß mir meine Esther nicht im Stich!«

Von hinten nahte das graublaue Wunder.

»Solange wir leben und frei sind, können Sie sich auf uns verlassen!«

Beim Einsteigen in den Wagen des Freundes schrie Simon, das Motorengeräusch übertönend, quer über die Fahrbahn hinweg noch einmal: »Ich warte auf sie, sagt ihr, ich warte jeden Tag!«

Im Abreisetrubel vergaß Esther stets Gott und die Welt: soviel tat sich in der ›Bohemia‹. Das Personal war auszuzahlen, Lebensmittel zu verpacken. Die Handwerker lärmten im Haus, um es winterfest zu machen. Seit dem Morgen schneite es. Der erste Schnee überraschte Grenzbrunn. So früh, noch im Kalenderherbst, das verhieß harten Winter. Die Gäste verabschiedeten sich, jeder Familie reservierte Esther eine wortreiche halbe Stunde in der Nummer eins. Es fiel Esther den ganzen Tag über nicht auf, daß Simon fehlte. An solchen Tagen stand er ihr nur im Wege. Simons Brief blieb zunächst unbeachtet auf dem kleinen

Schreibtisch im Chefbüro. Der getreue Täuber fürchtete, daß die Chefin ihn in seiner Gegenwart öffnen würde.

Jaroslav und Mariechen nahmen ihren freien Tag, nachdem der letzte Gast zum Bahnhof gebracht worden war. Sie würden am nächsten Abend wiederkommen, schon weil das Gesetz den Juden verbietet, am Feiertag Feuer anzuzünden.

Selbst Lotte bereitete sich schon auf die Reise nach Berlin vor, wo das ganze Personal schon im »Russischen Hof« auf die Saisoneröffnung wartete. Ein paar Wochen reichten ihr aus, dann lief der Betrieb in Berlin und konnte Martha getrost überlassen bleiben. Solche Lösungen machten sich notwendig, seit die »Bohemia« auch im Winter offenes Haus hielt. Der Berliner »Russische Hof« war von den Behörden offiziell als Judenübernachtungsstätte genehmigt und wurde selbst von der entsprechenden Abteilung der Geheimen Staatspolizei toleriert, worüber sich Jaroslav gar nicht wunderte. Wo behielt man Juden besser und übersichtlicher unter Kontrolle als in einer Herberge, deren Polizeirevier Anmeldung und Abmeldung beaufsichtigte? Täuber sah zwar keinen Sinn in der Wiedereröffnung des »Russischen Hofs«. Er glaubte nicht an die besseren Zeiten, die Esther andauernd am Horizont erscheinen sah. Als er das Lotte anvertraute, widersprach sie ihm nicht. »Trotzdem halte ich meine Reise für wichtig. In Grenzbrunn sagen sich die Füchse gute Nacht«, sagte sie. »In Berlin werden die Weichen gestellt. Auch für mich. Ich müßte in jedem Fall fahren.« Jaroslav fragte nicht weiter. Illegale fragt man nicht nach ihrem Treff.

Mitten in der Nacht, als sie im Halbschlaf den Arm ausstreckte, um Simons breite Brust zu betasten, zu befühlen, zu spüren, wurde Esther sich bewußt, daß sein Bett unberührt war. So ein Zigeuner, dachte sie, nahm seine Abwesenheit jedoch nicht tragisch. Eher beruhigte es sie, bestärkte sie in ihrem halsbrecherischen Optimismus. Wenn er sich wieder die Siebenmeilenstiefel anzieht, glaubt er, daß er mich ohne Besorgnis allein lassen kann. Und sie holte sich an seiner Statt sein Kissen, stopfte es unter die Decke, legte ihre Hände darauf und schlief ohne lange Pause weiter.

Sie hätte auch den Brief erst am nächsten Mittag beachtet, weil sie nie Zeit fand, in das kleine Büro zu schauen, bevor sie die Küche inspiziert hatte, wenn Lotte nicht Simons Schrift erkannt und ihn in die Küche gebracht hätte. Esther knautschte das Kuvert ungeöffnet in die Tasche ihres Küchenmantels und sagte: »Sicher hat er eine ganze Speisenkarte von Wünschen. Ich les' erst später, jetzt fehlt mir die Zeit.« Denn sie hatte sich vorgenommen, die Aufteilung und Trennung des Geschirrs in milchig, fleischig und parve – was keines von beiden bedeutet – vor Saisonende unbedingt zu überprüfen, damit sie den strengen Vorschriften des Rabbinats genügten.

Lotte ging in ihr hübsches Zimmer, das sie in der Freizeit ungern verließ, um zu packen, und als sie mit dem Koffer die Stiegen hinabstieg, wartete Esther am Treppenabsatz, zog sie ohne Worte in das Zimmer eins und murmelte verstört: »Er ist fort, nach Australien!« Sie hielt den Brief in der Hand, versuchte ihn am Fenster zu lesen, vergeblich, reichte ihn Lotte und bat mit tonloser Stimmer: »Lies du vor. Ich bin so verheult.« Dann setzte sie sich in den Sessel und hörte der Freundin zu, als müsse sie sich noch einmal vergewissern, daß Unmögliches möglich sei. Selber bewegt las Lotte: »Liebstes! Ich *schreibe,* weil du mich darüber nicht in Ruhe *reden* ließest. Außerdem werde ich schwach, sobald du mich ansiehst, und gebe nach. Und das darf nicht sein, for Your sake – um deinetwillen. Ich fahre dorthin zurück, woher ich gekommen bin. Nichts gibt es, was mich in Deutschland oder Europa hält. Nur du allein! Du sollst dich retten, bitte tue es wenigstens für mich. Geld lasse ich dir vorläufig in Antwerpen. Hier nutzt es dir nicht. Wie lange noch, und sie lösen alle jüdischen Konten auf und rauben sie! Sofort beantrage ich ein Affidavit und damit die Einreisebewilligung. Wenn diese Garantie vorliegt, läßt man dich auch weggehen von hier. Geld und Schiffskarten werden auf dich in Antwerpen warten . . .!«

»Schluß!« schrie die Zuhörerin.

Aus ihrem tränenreichen Jammertal erhob sich Esther plötzlich energisch, stampfte wütend mit dem Fuß auf den Boden. »Hör auf! Hör auf! Er hat mich überhaupt nicht verstanden. Niemand versteht mich! Der, der Schwächling! Der Feigling!«

Sie verlor die Beherrschung, steigerte sich wieder in unkontrollierte Empörung, überschrillte ihre Stimme. »Mutters Haus aufgeben? Vaters ›Bohemia‹? Nie, nie, nie! Hörst du!«

Erschrocken über den Ausbruch, versuchte Lotte zu begütigen: »Ist ja schon gut. Soll ich nicht lieber doch bei dir bleiben? Der ›Russische Hof‹ kann zur Not noch ein paar Tage auf mich warten.«

»Fahr, sie brauchen dich. Mein Haus kann ich auch allein auf neue Gäste vorbereiten.«

»Wenn du unbedingt willst, gut. In spätestens drei Wochen bin ich zurück. Ab morgen sind Täubers wieder bei dir. Ich käme zwar rechtzeitig, noch bevor Doktor Strauß mit seinem Reichsbund Jüdischer Frontsoldaten Deutschlands anrückt. Aber, wenn du es lieber hättest, fahre ich nicht erst weg.«

Aufbrausend schrie Esther: »Ich brauche niemanden. Peter hat mich verlassen, Simon hat mich verlassen, die Blutegel haben mich verlassen. Aber das Haus bleibt mir und den Gästen. Sogar im Winter füllen sie es. Die ›Bohemia‹ steht empfangsbereit. Und wenn die schlechte Zeit ist vorbei, werden sie zurückkommen. Alle! Alle! Alle!«

Stunden später wurden in der Betecke des großen Speisesaals Kerzen angezündet, sie machten die Weite des Raumes offenbar. Schattenhaft schimmerte das Weiß der gedeckten Tische. Das Licht der Kerzen machte die goldbestickten purpurnen Samtvorhänge vor dem Thoraschrank funkelnd und glänzend.

Durch das Segment, geschaffen vom Kerzenlicht, huschte ein dunkles Wesen und hob die Hände gegen den hellen Schein. Esther mit einem großen weißen gestrickten Schal um die Schulter, einsames Leben, das einzige im ganzen Haus »Bohemia« an diesem Abend. Sie saß an einem Tischchen nahe am Thoraschrank neben dem Pult des Vorbeters, wiegte sich vorwärts und rückwärts beim Beten wie die frommen Chassidim, vor sich das Gebetbuch, und murmelte andächtig. Leise summte sie das Lied vor sich hin: »Lecho daudi, lekraß khalo«, das den Sabbat begrüßt und willkommen heißt wie eine sehnlichst erwartete, geschmückte Braut.

Von den Fenstern an der Steinterrasse gesehen, erkannte man nur eine ganz kleine Insel Helligkeit im großen, schwärzlichen Dunkel.

IV. Buch

1. Ferien im Nirgendwo

Als der Skiläufertrupp in schwingender Schußfahrt zu den sanfteren Hügeln vorstieß und sich der Bäderstraße in strenger Reihe und regelmäßigen Abständen näherte, vermittelte er den Eindruck einer militärischen Formation. Vielleicht trugen die blauen Skianzüge und Mützen vom gleichen Schnitt dazu bei und – daß sie offenbar einem Kommando folgten. Langsam und ohne Lärm zu machen, ja ohne Wort, bogen sie in die Seitengasse ein, die zur Bäderstraße führte und deren letzter Abschnitt von der Seitenfront der »Bohemia« begleitet wurde. Hier ballten sie sich zu einem dunklen Haufen zusammen, nahmen die Frauen in die Mitte, zogen die Köpfe ein und strebten dem kleinen Anfahrtshügel des Hotels entgegen, als wollten sie die »Bohemia« in einem Überraschungsangriff überrumpeln und besetzen. Die ganze Aktion wirkte so unheimlich und bedrohlich, daß ein unbefangener Beobachter sich gefreut hätte, über den Köpfen der Ankömmlinge das große, auf zwei massiven Holzstücken befestigte Schild zu sehen, dessen Schaufläche das hebräische Koscherzeichen trug.

Der Anmarsch ging nicht ohne Grund so organisiert vor sich; denn auf der anderen Straßenseite erwartete sie eine Kette johlender Braunhemden. Die Skiläufer, die vor der Steinterrasse ihre Skier abschnallten, so schnell wie möglich im Haus verschwanden und so sportlich und markig wirkten, waren Juden zwischen vierzig und fünfzig. Noch dazu Bekannte wie Dr. Strauß, der sein Skilaufen nicht verlernt oder es mit der Holzprothese wiedererlernt hatte. Der fröhliche Generalkonsul von anno dazumal, der blonde Breitner und seine Frau, Geheimrat Naumer waren wieder zu entdecken. Alle stießen, drückten, drängten eilig und stumm in die Hotelhalle, bis der letzte drinnen war und das Hoteltor abgeschlossen. Dann brach ein Stimmengewirr aus. Frau Breitner sank seufzend in einen Ledersessel und faßte die Gefühle aller zusammen: »Gott sei Dank, daß wir wieder zu Hause sind.« Obwohl das Hotelhallencafé außer Dienst gestellt, die bequemen Sitze durch Überzüge geschützt waren und die Tortenvitrinen und gläsernen Küchenbehältnisse leerstanden, rief die Erinnerung die sommerliche Caféhausatmosphäre wieder zurück. Signal für allgemeine Fröhlichkeit. Als wolle man sich für lange Enthaltsamkeit entschädigen, lockerte sich die Stimmung. Die Leute redeten eifrig und laut aufeinander ein. So laut, daß Lotte mit ausgebreiteten Armen aus der Küche eilte: »Liebe Gäste, würden Sie bitte gleich in den Saal gehen. Es wird serviert.«

Unwillig löste sich die Gesellschaft auf. Die nach allen Seiten abgeschlossene Hotelhalle atmete mehr Geborgenheit als der vielfenstrige Saal. Stimmungen lassen sich nicht aus einem Raum in den anderen übertragen. Einige stiegen noch die Treppen hoch zu ihren Zimmern, andere gingen gleich in den Saal.

Von der Küche her duftete es verlockend.

Esther hatte sie ausnahmsweise dem Chef überlassen. Sie saß in Zimmer eins am großen runden Tisch mit der rotsamtenen Tischdecke und schrieb. Wie einst Josefine machte sie einen feinen Unterschied in der Korrespondenz. Alles Geschäftliche, Offizielle im kleinen Büro, alles Private im Prachtzimmer, das in all den Jahren unverändert geblieben war bis auf die Verlängerung der Fotoporträtreihe der Seligen an der Wand. Im Thronsessel der Josefine sah Esther der Mutter nun wieder ein wenig ähnlicher, nicht mehr so schlank, eher auf die Würde der Josefine bedacht. Das dichte dunkle Haar zeigte noch keine graue Strähne. Als es klopfte, steckte sie den Briefblock hastig unter die rote Samtdecke und ging zur Tür. »Ich bin's, Esther – Lotte!« Esther drehte den Schlüssel herum und ließ sie ein: »Man kann nie wissen!« Sie holte das Papier vertrauensvoll unter der Decke hervor und bot Lotte einen Stuhl an. Weiter schreibend, teilte sie ihr mit: »An Simon. Daß Mannah vom Himmel gefallen ist, volles Haus im Winter. Gott läßt die Seinen nicht im Stich.« Sie schlug mit der flachen Hand auf den Tisch: »Grün soll er sich ärgern, daß er weggegangen ist – daffke!«

Tief seufzend, probierte Lotte einzuschränken: »Er ist ja immerhin noch einmal gekommen. Hat die Olympiade ausgenutzt. Trotzdem – keine Kleinigkeit, so eine Schiffsreise. Der Jüngste ist er ja auch nicht mehr!«

»Was? Der reißt noch Bäume aus. Ist ja selber wie ein Baum.«

»Also gab es nachgeholte Flitterwochen im ›Russischen Hof‹. Gib's zu, Esther!«

»Flitterwochen? Wir haben ganze Nächte gestritten. Wie in ein krankes Pferd hat er in mich hineingeredet. Abgeschwommen ist er ohne mich.«

»Schade! Ach, wie schade. Und du bist vielleicht sogar noch stolz darauf.«

»Geh schon, Lotte. Du redest wie er. Machst in Panik wie er. Was ist mir schon geschehen? Gut, sie haben mir ein paarmal die Fenster eingeschlagen und die Wände beschmiert. Na wenn schon! Sie lassen sich jeden Pfusch doppelt und dreifach bezahlen. Auch daran geh' ich noch nicht pleite. Und wenn sie jedes Vierteljahr Steuern und Gebühren erhöhen, bei einem vollen Haus läßt sich's aushalten.«

Zwar wurde Esther bei der Aufzählung der Schikanen von Mal zu Mal nachdenklicher, leiser, und in ihre Stimme schlichen sich Zweifel, doch der Endakkord klang wieder triumphal.

»Sie beschimpfen mich, machen mir Angst, sie bedrohen mich, sie fluchen mir. Ach, weißt du, *sie* gewöhnen sich daran, *ich* gewöhne mich daran. Sie meinen's halb so schlimm, und ich existiere.«

»Du belügst dich selbst, Esther. Hast du vergessen, wie oft du dich ausgeweint hast, bei Täubers, bei mir?«

Esther erhob sich, stemmte in der Art der Josefine ihre Arme in die Hüften: »Na wenn schon. Leid vergeht, Sorgen vergehen. Das Haus steht! Ich lebe noch und bin gesund – unberufen. Verdienen wie Rotschild will ich nicht, nur so viel, daß mir die ›Bohemia‹ bleibt.«

Die »Bohemia«. Nur um das Haus ist sie besorgt, dachte Lotte, sah Esther zum Fenster gehen. Sie kriegt es nicht fertig, mir jetzt in die Augen zu sehen, sie weiß, ich bin im Recht, sie will es nicht zugeben.

Lotte ging ihr nach und sprach sanft über ihre Schulter hinweg: »Du bist vergeßlich. Vorigen Winter haben sie dir den Speisesaal als Versammlungsraum beschlagnahmt, mit lauter Hakenkreuzfahnen.«

Doch Esther, auf der Suche nach dem Silberstreifen am Horizont, fand eine neue Ausrede: »Dafür haben sie mich in diesem Winter in Ruhe gelassen.«

»Und den Reichsbund der Jüdischen Frontsoldaten zur Ader«, warf Lotte schlagfertig ein. »Fischer hat eine Zwangsspende zugunsten der SA erhoben. Fünfhundert Mark für jede Person, und deine Gäste haben das Kopfgeld sogar brav und ohne Murren gezahlt. Damit bist du losgekauft vom Betsaal als Nazitribüne, nur damit!«

Jäh drehte sich Esther um und stand ihrer Freundin nah gegenüber, sah ihr flehend in die Augen. »Piesacke mich doch nicht so. Warum bloß? Warum treibst du mich in die Enge?«

»Weil ich dich gern habe; denn im nächsten Winter kommt es noch ärger.«

Wie immer, wenn ihr kein Ausweg übriggeblieben war, zuckte sie die Sorgen mit der Schulter weg. »Mutter selig hat gesagt: Nejak to bylo, nejak to bude. Irgendwie ging es, irgendwie geht es! Anständigen Menschen hilft der liebe Gott!«

»Hoffentlich, hoffentlich – hoffentlich hilft dir dein Gott.«

Da hatte er nun erpreßt auf Teufel komm raus, Sondergebühren erhoben und sein Amt vielfältig mißbraucht, und doch saß er, nun in voller Uniform, in seinem Amtszimmer hinter dem Schreibtisch, über sich das Ölbild des Führers, und starrte trotzig auf seinen Besucher, um Verlegenheit und Pein zu verstecken. Er schob Akten hin und her, knallte schließlich ein Aktenbündel auf den Stapel, der vor ihm lag, so daß sie seinem Gast, dem Rechtsanwalt Dr. Schmidt junior, beinahe auf den Schoß gefallen wären. Schmidt rutschte eilig weg.

»Tschuldigen Sie«, beruhigte ihn der Bürgermeistrr, »aber würde es Sie als Bürgermeister, Ortsgruppenleiter und Logierhausbesitzer nicht auch aufregen, nicht einmal so viel Kredit zu haben, daß mit einem Eintreibungsprozeß und einer einstweiligen Verfügung zur Kontensperrung gedroht wird – und dazu noch von *Ihnen*?«

Ganz beleidigte Unschuld, erklärte Schmidt: »Wir sind

zwar befreundet, aber was kann ich dafür, der einzige Rechtsanwalt am Ort zu sein?«

»Wegen so einer Lappalie!« Fischer hieb mit der Faust auf den Tisch.

»Würde ich nicht gerade so nennen. Fünfundzwanzigtausend Mark und fünftausend Mark Verzugszinsen, geschuldet an Gewerbetreibende und Kleinhändler, die mit dem Geld arbeiten müssen. Wie konnten Sie nur in so eine Situation geraten, Herr Bürgermeister?« fragte der Rechtsanwalt kopfschüttelnd.

»Ganz einfach, das Haus teuer renoviert, dann hohe Bevorratung, Personalkosten, leere Zimmer. Und die Pelzjüdin hat ihres voll, sogar im Winter. Das Weibsstück muß irgendwo ganz oben in Berlin einen schwarzen Schutzengel haben, der bestimmt, daß man die nicht fleddern darf.«

»Sie meinen, wie der General Milch seinen Göring?«

»Wieso?« fragte Fischer mit stupidem Gesichtsausdruck.

»Als man feststellte, der Stammbaum von Milch sei gelbfleckig, hat Göring selbstgerecht erklärt: Wer Jude ist, bestimme ich!«

»Na, sehen Sie.«

»Nein! Nein! Nein!« Herr Dr. Schmidt wiegte den Kopf: »Es kommt nur darauf an wie. Ihr Pech ist es, Herr Bürgermeister, daß Sie immer wieder über die eigenen Beine stolpern. Oder?« Dr. Schmidt beugte sich über den Schreibtisch und sagte mit einer leisen und doch scharfen Stimme, zuerst scheinbar ganz beziehungslos und säuselnd, dann scharf und präzise in der Schlußaussage: »Oder ... fiele es Ihnen leicht, über die Verwendung der Zwangsspende gleich fünfzig mal fünfhundert – Rechenschaft abzulegen?«

Fischer war aufgesprungen, die Fäuste auf dem Rücken ging er auf Schmidt zu, beherrschte sich aber rechtzeitig, als Schmidt unbeeindruckt »Na, na« sagte.

Rückwärtsgehend stolperte der Bürgermeister in seinen Sessel und sagte stotternd, recht hilflos: »Wo, woher, woher wußten Sie? Das war doch streng intern. Das Geld ist ordnungsgemäß in die ... hm hm ... SA-Kasse eingebracht worden, wenn auch nicht, na ja, direkt offiziell.«

»Eben! Besorgen Sie sich ein paar gestempelte Papierchen, ich meine, mit den richtigen Stempeln. Eigentlich eine Kleinigkeit bei Ihren Beziehungen, schließlich alter Kämpfer mit dem ›Goldenen‹ auf der Brust. Irre ich mich, oder sind Sie sogar mit Gauleiter Brückner befreundet? Ich meine einen meiner berühmten Kollegen, nicht wahr, den ehemaligen Rechtsberater von Edmund Heines? Also!«

So durcheinander war Herr Fischer noch nie gewesen. Durfte man überhaupt jetzt wieder so laut von Roehm, Helldorf und Heines sprechen? War das eine Falle? Brückner war doch aufgerückt und hoch in Ehren. Sollte man's versuchen? »Was hilft mir das, Herr Doktor Schmidt. Wie fange ich's an? Der Brückner sitzt doch in Breslau!«

Fast nebenbei bemerkte Dr. Schmidt: »Kleiner Tip. Wir feiern doch nächste Woche die Reaktivierung unseres Herrn Korvettenkapitäns von Weddingen, guter renomierter Offiziersadel. Laden Sie den Brückner dazu ein. Zufällig ist mir bekannt, daß Brückner auf Aristokratie steht. Auf der Gegenseite braucht unser Badeonkel Goldfasanenkontakte. Doktor Brückner wird Ihr Schiff wieder flottmachen.«

Der aufmerksame Zuhörer fiel in sein altes Klagen zurück, beinahe flehend: »Vielleicht – eine Brücke, wenn *Sie* mir nicht inzwischen den Prozeß gemacht haben, Herr Rechtsanwalt!«

»Man ist ja kein Unmensch. Bis zum Abschiedsfest mit Liebesmahl im Fürstenkeller, das wären vier Wochen, würde ich warten, wenn ...«

Der Rechtsanwalt ließ das *Wenn* im Raume schweben, und Fischer hing mit aufgerissenen Augen an Schmidts Lippen. Schmidt kostete die Pause aus, bevor er fortfuhr: »... wenn Sie mich dem Gauleiter vorstellen, empfehlen, ein bißchen Vorpropaganda wäre auch nicht zu verachten, verstehen Sie, mich bei ihm in einem günstigen Licht erscheinen zu lassen. Wie am besten, darüber erhalten Sie Anregungen von mir«, sagte er und meinte Befehle.

Erlöst, dankbar aufatmend gurgelte Fischer heiser: »Aber selbstverständlich – eine Hand wäscht die andere.«

Sehr bezüglich reagierte Schmidt: »Ich mag meine Seife sehr weiß und parfümiert« und verließ das Zimmer mit der

Andeutung des deutschen Grußes: »Heiltr, Herr Bürgermeister.«

Verdutzt rief Fischer ihm hinterher: »Heil!«

Vorbei war die damastene Pracht der weißgedeckten Tische im Speisesaal. Nur nicht auffallen, flüsterten die Gäste, die jüdischen Frontsoldaten des ersten Weltkrieges. Sie waren gewiß nicht feige, weil viel Mut dazugehörte, sich im Januar 1938 als Kameraden zusammenzufinden. Sie hatten Täuber gebeten, ihnen dabei zu helfen, die Hufeisentafel in der Musiknische aufzustellen, die an die Glasveranda grenzte und so verborgen war, daß der große Speisesaal fast dunkel blieb, daß kaum ein Lichtschein nach außen drang, wenn man sich mit vielen Kerzen statt der Elektrizität zufriedengab. Sicher vor Lauschern und böswilligen Augen. Die Maßnahme bildete eine von vielen, die sich die jüdischen Wintergäste erdacht hatten, um möglichst ungestört, unprovoziert und so zu leben, daß man seine Würde nicht verlor.

Die Abendmahlzeit der Urlauber am Tage vor ihrer Abfahrt näherte sich dem Ende. Lotte servierte die letzten Schüsseln. Nur die Weinflaschen in den Gießkörben aus Bast und die Gläser verblieben auf dem Tisch, und man hatte sich so eifrig bedient, daß die Gäste nun gelöst und zurückgelehnt dasaßen. Einer begann zu summen, die anderen fielen ein. Aus Summen wurde Singen. »Am Brunnen vor dem Tore.« Unbemerkt war jemand zum Klavier gegangen und begleitete.

Da sangen sie nun, Tränen in den Augen. Rechtsanwälte, Ingenieure, Germanisten, Börsenmakler, höhere Beamte a. D., Wissenschaftler, zum gehobenen Mittelstand gehörig, sogenannte bessere Leute und einige ihrer Damen, die sich von anderen, in die gleiche Kaste Gehörenden nicht unterschieden bis auf die Worte Sarah und Israel in ihren Pässen. Einige wiesen sich durch Schmisse als alte Herren schlagender Verbindungen aus. Noch war ihre Kleidung modisch und solide.

Breitner ertappte den Geheimrat Naumer, der mit dem Taschentuch über die Augen fuhr und sich dann ausgiebig schneuzte. Der straffe Sechziger brummte: »Gräßlich sentimental. Kennen Sie übrigens ein einziges deutsches Volkslied, in dem nicht irgendwie gestorben wird? Sogar ›Horch, was kommt von draußen rein‹ endet auf dem Friedhof.«

Damit war die sentimentale Dame Breitner gar nicht einverstanden: »Aber schön sind sie doch.«

»Wir singen sie ja auch zu allen Tages- und Nachtzeiten. Und spätabendlich als Nachspeise.«

Das brachte einige Kameraden auf die Idee, nach dem Chorführer und Solisten und seinem strahlenden Tenor zu fragen. Breitner wußte Bescheid: »Er hat Post bekommen, etwas Offizielles, wie mir schien. Eingeschrieben. Seither sitzt er auf seinem Zimmer. Eingeschlossen: ›Nicht stören!‹ Außerdem entwirft er einen strategisch-taktischen Plan, wie wir unbelästigt wegkommen.«

Niemand sprach. Ein paar Worte hatten eine vorgetäuschte Idylle zerstört. Sie schwiegen wie gelähmt, bis Naumer redete: »Dazu gehört ja auch ein guter Stratege. Die vier Wochen ohne Provokation, ohne Überfall oder Keilerei waren schon ein Kunststück. Die Zwangsspende erscheint mir noch als das Harmloseste.«

»In Garmisch wäre uns das nicht passiert!« grellte Breitner.

Bitter lachend entgegnete ihm Naumer: »Aber Kameraden! Wir sind zehn Jahre lang jedes Jahr hingefahren. Daß sie die Preise plötzlich verdreifacht haben, war ein Schuß vor den Bug. Ein Numerus clausus mit Hilfe des Preises, den sie sofort noch einmal verdoppelt hätten, falls uns eingefallen wäre, auf den Wucher einzugehen. Und das war vor drei Jahren. Heute gab es nicht einmal mehr diese Ausreden in dem braunschwarzen Nest.«

Wieder schwiegen sie. Breitner schlug vor: »Singen wir noch etwas« und stimmte an: »Ännchen von Tharau ist's, die mir gefällt«. Wieder sangen sie mit – nur, daß es müder klang als vordem, pflichtgemäß, bis Dr. Strauß an der Tür erschien.

Sie verstummten einer nach dem anderen. Die straffe Haltung des Kommandeurs machte das leichte Hinken um so auffälliger. Er sah sehr ernst aus. Als Naumer, sich die Hände reibend, ausrief: »Na endlich, jetzt werden wir wirklichen Gesang zu hören kriegen«, schüttelte er den Kopf, setzte sich hin und schaute sich langsam im Kreise um. Dr. Strauß erhob sich und klopfte mit dem Löffel an sein Glas. Das mißfiel dem alten Naumer. »Nanu? So feierlich? Ich dachte, den Komment hat uns der Schützengraben abgewöhnt. Und dazu mit Ihrem Bein! Bleiben Sie doch sitzen.«

Strauß folgte der Bitte nicht. Kommentarlos, sachlich und gleichgültig, mühsam beherrscht sagte er: »Kameraden! Dieses ist die letzte Gelegenheit, uns so anzureden. Mir ist das Folgende warnend von offizieller Stelle mitgeteilt worden: Der ›Reichsbund Jüdischer Frontsoldaten Deutschlands‹ ist ungesetzlich und hat angeblich schon seit 1936 amtlicherseits zu existieren aufgehört, weil Juden in Deutschland prinzipiell wehrunwürdig sind. Die Behörden stellen uns anheim, dem neugegründeten erlaubten ›Jüdischen Kulturbund‹ – als Interessengemeinschaft – allerdings unter Vermeidung des Wortes ›Frontsoldaten‹ beizutreten.«

Strauß endete leise und tonlos und blieb unbeweglich stehen. Wie gelähmt auch die anderen in ihrer Starre, Ungläubigkeit in den Gesichtern. Zu heftig, zu plötzlich war der Schock gekommen.

Wie vom Schlag getroffen, brach Strauß zusammen, sank in den Stuhl. Der Kopf beugte sich nach vorwärts auf seine Hände, die flach auf der Tischplatte lagen. Strauß weinte, schluchzte, jammerte wie ein Kind. Worte artikulierten sich, Sätze formten sich, mit denen er sich anklagte: »Und ich hab' geglaubt, ein guter, ehrlicher, ein aufrichtiger Deutscher zu sein, ein Deutsch*nationaler*. Mein Bein hab' ich mir kriegsfreiwillig wegschießen lassen.« Die anschwellende Klage erlöste die Männer aus ihrer Starre. Sie folgten Strauß, schrien ihren Protest, ihre Hilflosigkeit hinaus.

»Das ist doch nicht möglich!«

»Wir sind Ordensträger!«

»Unmöglich, mit Frontkämpfern so umzuspringen.«

»Muß ein Irrtum sein.«

»Ein Übergriff der Behörden – die Reichswehr muß ...«

»Großer Gott, verlaß uns nicht.«

»Eine Petition – sofort eine Petition.«

»Unser Deutschtum darf uns niemand rauben!«

»Vielleicht stimmt es gar nicht – ein Übertragungsfehler.«

Mit emphatischer Gestik schrien sie, jeder für sich, ohne auf den anderen zu achten. Naumer, nicht der Älteste, doch der Weiseste, erkannte den grotesken Gegensatz zwischen nationalem Anspruch und dem Gebaren wie vor der Klagemauer in Jerusalem und wollte ihn nicht mehr ertragen, erhob sich und breitete seine Arme aus, Stille heischend. Das graue Haar und die weiträumige Bewegung der Arme hatten etwas Prophetisches an sich.

»Juden!« begann er: »Freunde! Wenn wir ehrlich sind, haben wir das, was über uns hereingebrochen ist, seit Jahren kommen sehen und uns nur etwas Unmögliches vorgevorgegaukelt. Daß sich jüdische Soldaten und Offiziere des Weltkrieges, die sich ihrer Orden und des deutschen Vaterlandes würdig erweisen wollten, zusammengefunden haben, hatte Sinn und Zweck. Nun nicht mehr. In der letzten Zeit, geben wir es zu, war uns der Reichsbund nur noch notwendig, weil wir Juden ohne gleichgestimmte Mitmenschen, ohne Aussprache, ohne Geselligkeit nicht zu leben imstande sind. Wem es gelang, der ist längst geflüchtet. Uns Zurückgebliebenen bleibt nichts als Zusammengehörigkeitsgefühl, Rücksichtnahme aufeinander, Freundlichkeit, die Erinnerung bleibt uns und, solange wir leben, der Kampf um das letzte bißchen Haltung und Menschenwürde.«

Der trotzige, ob seiner Hilflosigkeit verzweifelte Breitner flüsterte halblaut und provozierend zu seiner Frau, aber für alle gemeint: »Eine humanitätsduselige Freimaurerpredigt, wie sie im Buche steht« und wurde niedergezischt.

Immer noch blieb Naumer stehen. Er faßte Strauß an der Schulter: »Also Kamerad, Hauptmann a. D. und frommer Jude, Doktor Strauß. Ermannen Sie sich und tun Sie Ihre Pflicht als Verantwortlicher dieser Gesellschaft, auch an diesem Abschiedsabend.«

Diese Worte erreichten den Mann. Er stand auf, holte ein paar Bogen Papier aus der Mappe und begann nüchtern zu referieren, wobei seine Stimme fester wurde und er Leid und Enttäuschung gleichsam von sich abstreifte. Auf dem Kasernenhof hätte er sich selbst befohlen: Mensch, reiß dich zusammen. »Kameraden! Wir reisen morgen mit dem Abendschnellzug. Unsere Abteile sind geschlossen bei der Reichsbahn vorausbestellt, alle Plätze reserviert und bezahlt. Gepäck ist möglichst klein zu halten. Nur das Nötigste. Alles Überflüssige ist hierzulassen. Auch Barmittel. Frau Esther Pelz stehen schwere Tage bevor. Sie braucht sicher noch viel Geld für Juden in unserer Lage. Herr Täuber tut für uns etwas Verbotenes. Er fährt unser gesamtes Gepäck über die Hügel auf einem langen Umweg im Leiterwagen zum Bahnhof. Und zwar noch heute nacht. Provokationen sind nicht auszuschließen. Auch wir erreichen die Station auf einem Umweg, als Skiausflug getarnt. Der beginnt morgen um zwei Uhr nachmittags, eine unauffällige Halbtagswanderung mit Rucksack. Die Zeit ist so berechnet, daß wir am späten Abend das Schnelletal erreichen und über Gellenau und Sackisch zum Bahnhofsvorplatz vorstoßen, so daß wir der Bäderstraße ausweichen – darauf kommt es an – und kaum zweihundert Meter belebte Strecke zu durchgehen haben. Wir sind erst wenige Minuten vor Abfahrt des Zuges auf dem Bahnsteig. Es ist Schweigsamkeit, Ruhe, Ordnung und Disziplin zu wahren.«

Er gestattete sich einen lächelnden Seitenblick: »Auch von Frau Konsul Breitner.« Von seinen Notizen aufblikkend, wendete er sich darauf wieder an alle: »Verzeihen Sie mir meine vorübergehende Schwäche. Ein Mensch ist nun mal kein Titan.«

Er goß Wein in sein Glas und hob es der Gesellschaft entgegen: »Lassen wir uns trotz allem unser Gefühl für die Heimat und ihre Geschichte nicht nehmen. Zum Wohle!«

Während sie ihm zutranken, setzte sich der Jüngste, ein kräftiger, kahlköpfiger Rechtsanwalt, ans Klavier und intonierte das Lied, dessen Text einst ein deutscher Jude geschrieben hatte, in das sie alle einstimmten. »Ich weiß nicht, was soll es bedeuten, daß ich so traurig bin.«

Einst hatten sie mit Peter Samuel verzaubert vor dem »Bethlehem« gesessen. Sie waren schmackostern gegangen, von Haus zu Haus. »Summa, Summa, Summa, ich bin a klenner Pumma«, besonders begierig auf die weißen Matzen, das jüdische ungesäuerte Pessachbrot. Im Krieg zogen ihnen die Grenzer die Hosen stramm, weil sie zusammen Länderstechen spielten auf dem Trampelpfad, und später ließen sie sich von Peter als Belohnung dafür, daß sie ihn zum Gemeindeamt Obergrenzbrunn begleiteten, wohin er zweimal wöchentlich die Anmeldungsliste der Gäste bringen mußte, Geschichten erzählen, meist erfundene, der Grundstein zum Schreiben wurde so gelegt. Sie hatten Sport getrieben, sich gebalgt, auf die Schultern geklopft, gemeinsam die Schule geschwänzt. Unzertrennliche Lausbuben. Sie hatten zusammengehalten, bis sich auf der Oberlippe der erste Flaum zeigte und sie sich unter das Hakenkreuz begaben. Nun dienten sie in einem SA-Sturm, die Hromadkobrüder, der Enkel des »Bethlehem«-Mechanikers Umlauf, der drahtige Giebel. Einer, Biller, hatte es zum Doktor der Nationalökonomie gebracht und kandidierte als Volkswirt für den Posten des Kurdirektors von Grenzbrunn. Der war sogar Obersturmführer, kommandierte die braunen Bataillone von Grenzbrunn, Sackisch, Gellenau, Schlaney und Tscherbenej.

Einige Abteile des Bäderzuges nach Breslau trugen auf den Fenstern nicht nur die reichsbahnoffiziellen Kleber mit der Aufschrift: »Sonderwagen – Reserviert!«, sondern große Kreideinschriften: »Vorsicht! Juden! Seuchengefahr! Judensäue!« Diese Inschriften beschränkten sich nicht nur auf die Scheiben, sie erstreckten sich über die ganze blaugraue Fläche der vier Salonwagen Erster Klasse.

Die Grenzstürme der SA waren für die Aktion eingesetzt. Es war zuviel tschechisch geredet worden, oder vielmehr Kuchelböhmisch. Deshalb hatte man ihnen eine »Betoninjektion« in Gestalt der »Glatzer« verpaßt. Sorgfältig ausgesuchte, ins Grenzgebiet versetzte athletische Beamte, die ihren Namen der Kreisstadt Glatz verdankten, aus der sie gekommen waren. Seither sprach man Kuchelböhmisch nur noch leise, damit die »Schläger« es nicht mitkriegten.

Die »Aktion Judenabschied« genoß keine besondere

Popularität. In feuchtkaltem Wetter, stundenlang, vereinzelt, die ganze Bäderstraße Spalier stehen, und dann die Juden daran entlangtreiben, aber ohne Tätlichkeiten. Bloß anschimpfen und bespucken, wenn sie kamen; die Keile auf dem Bahnsteig blieben dem Sturm Sackisch vorbehalten. Auf dem Perron der Station Grenzbrunn-Sackisch standen einsam Scharführer Alfred Umlauf und Karel Hromadko Wache. Alfred fühlte sich gar nicht wohl in seiner Haut und sagte leise und tschechisch zu Hromadko: »Mir schmeckt die ganze Aktion nicht. Gegen die Abreibung für die Itzigs habe ich weniger was. Bloß, daß der Ortsgruppenleiter keine Ahnung davon hat. Das Ganze allein auf Billers Risiko. Spießrutenlaufen ohne Prügelstöcke!«

»Ist'n Obersturmführer eigentlich mehr als ein Ortsgruppenleiter?« fragte Hromadko.

»Ach woher, das sind zwei verschiedene Ebenen. Mehr zu sagen hat der Bürgermeister Fischer.«

»Die kommen überhaupt nicht, die Juden. Dein Reichsbahnonkel hat uns angeführt. Die sind heute nachmittag auf Skitour gegangen. Hab' ich selber gesehen.« Die Lokomotive stampfte und zischte schon. Der Bahnhofsvorsteher erschien auf dem leeren Perron.

»Quatsch. Mein Onkel ist doch was Hohes in der Partei. Von dem weiß ich genau, daß die Itzigs ihr ganzes Zeugs seit nachmittag im Frachtgutdepot gelagert haben. Alles. Jetzt steckt es schon im Zug. Die *müssen* abreisen.«

»Mensch, jetzt ist es vier Minuten vor der Abfahrt. Und kein Schwanz zu sehen. Stehen Unsere wenigstens am Bahnhofsvorplatz?«

»Nee, das fiele auf. Auch in der Schalterhalle keiner. Der Sturm lauert im Wartesaal. Die Juden dürfen nichts merken. Die Itzigs werden faktisch hierher *getrieben.* Und wenn sie glauben, daß sie endlich in Sicherheit sind, kriegen sie 'ne Abreibung.«

»Noch zwei Minuten. Abblasen, denke ich, Scharführer, blamiert sind wir ohnehin schon genug«, meinte der lange Hromadko.

»Ich renne mal los, Instruktionen einholen vom Sturm. Sobald was ist, trällerst du, klar?«

Es kam nicht mehr dazu. Die Juden drängten sich geschickt, still und schnell durch die Bahnhofstür, es fiel kein Wort. Sie waren militärisch vorbereitet, erfahrene Frontsoldaten und Offiziere, kannten die Abteile, die Wagennummern. Von der Tür bis zum Zug waren nur wenige Meter zu überqueren. Umlauf pfiff wie besessen auf seiner Trillerpfeife. Zu zweit, nur mit Hromadko, traute er sich nicht anzugreifen. Ehe der Sturm aus dem Wartesaal gestürzt war, einige sprangen gleich durch offene Fenster auf den Bahnsteig, waren die Juden bereits am Zug, stiegen ein. Um die Türen wurde gekämpft, doch die meisten Abteile waren schon besetzt und die Türen von innen abgeriegelt. Nur den vordersten Wagen, in den die Frauen einstiegen, direkt gegenüber der Wartesaaltür, erreichten die Braunhemden vor den Abreisenden. Dort wurde um jeden Fußbreit grimmig gestritten. Schießen hatte Dr. Biller verboten. Einen tüchtigen Denkzettel geben, daß ihnen die Lust zum Wiederkommen vergeht, mehr nicht. Und die Weiber verschrecken.

Inzwischen sprangen erfolglose Angreifer auf das Schienenbett, um Steinmunition für das Einschlagen der Fensterscheiben herauszureißen. Eisenbahner rannten über die Schienen und hinderten sie daran. Andere hatten sich auf dieTrittbretter geschwungen und hämmerten gegen die Scheiben. Sie brüllten: »Judenschweine! Hurensöhne! Raus mit euch Säcken! Juda verrecke – Deutschland erwache!« Sie waren wütend, um einen billigen Sieg gekommen zu sein. Nur vom ersten Wagen her hörte man Frauen kreischen, Schmerzensschreie, dumpfe Schläge, sah ein Handgemenge. Doch die Trillerpfeife des Bahnhofsvorstehers übertönte das Gelärm. Fahrplanmäßig setzte sich der Zug in Bewegung. Am vordersten Wagen gleich hinter der Lok stand die Abteiltür weit offen, und jemand wälzte sich auf der Erde. Dort schlug man sich noch, während der Zug schon fuhr. Einer lag bewegungslos auf dem Perron.

In der Schalterhalle wartete Obersturmführer Dr. Biller auf den Bericht. Vor ihm stand Sturmführer Prasse stramm: »Obersturmführer, einer ist gemeingefährlich geworden. Er hat mit den Fäusten und mit seinem Stock um sich geschlagen wie mit Dreschflegeln.« Seine Kameraden unterstützten den Berichtserstatter. Aufgeregt und ungefragt ergänzten sie ihn: »Hat sich zwischen uns und die Judenweiber geworfen. Wir wollten die ja bloß kitzeln. Paar Höschen ausziehen und 'n bißchen was auf'n Nackten. Mehr ist ja sowieso nicht drin, wegen Rassenschande. Da war der wie'n Verrückter. Dem Schmatolla seine Kinnlade hat er geknackt, und Schorsch Linke ist immer noch bewußtlos. Dem hat er eins über den Schädel verpaßt.«

»Mit dem Skistock?«

»Nee, mit'm gewöhnlichen dicken. Der Kerl hatt 'n Stück Holzbein – bis unters Knie Prothese.«

»Wie heißt denn der Itzig?« fragte Dr. Biller.

»Das kann er uns nicht mehr sagen.«

»Ach so! – Die Leiche verschwinden lassen. Sämtliche Spuren beseitigen. Keiner hat was gesehen. Der Mann hat nie existiert. Verstanden?«

»Aber Obersturmführer«, wagte Scharführer Umlauf zu sagen. »Die von drinnen haben doch gesehen, wie wir ihn . . .«

Geringschätzig winkte Dr. Biller mit der Hand ab: »Wer fragt denn jetzt noch nach einem Juden.«

2. Nicht umzubringen – aber bedroht

Auf den Knien schrubbte Jaroslav mit Bürste, Lappen und Seifenlauge die Diele in seiner niedrigen Bauernstube, wrang den Lappen aus und wendete sich Lotte zu, die mit hochgezogenen Beinen auf dem Sofa hockte: »Es ist kein Gotteswunder, daß sie uns noch nicht am Arsch haben. Wer die große Zielscheibe vor der Nase hat, zielt nicht auf Ameisen. Solange du nahe bei Esther werkelst, bist du unscheinbar und tust unsere Arbeit, ohne aufzufallen. Das Auffallen besorgt sie leider selber, schon durch ihre bloße Existenz. Ich komme mir manchmal richtig gemein vor, wenn wir uns in ihrem Schlagschatten tarnen. Vor der Grenze geht man nicht weg. Dabei bleibt es.«

In der einsamen Geborgenheit des Täuberhäuschens durfte man getrost so deutlich reden. »Gut, mein Schlauberger. Bloß ich muß hier weg.« Lotte seufzte – und mit einem Blick zum hochschwangeren Mariechen sagte sie: »Und du hättest jetzt auch 'ne Frau im Hause bitter nötig, Jaroslav.«

Mariechen lachte: »Ach was, aus mir fallen die Kinder wie die Äpfel. Ich bin jedesmal nach drei Tagen aufgestanden. Beim Spätling wird es nicht anders.«

»Du traust dich was, ein Kind in dem Alter, wo die Wechseljahre den Weibern heiß und kalt machen.«

»Sie hat die Gynäkologie beschissen«, kicherte Täuber. »Aber wehe dir, wenn's kein Mädchen wird nach den Buben! Der Arzt guckt sie sich heute noch mal an.«

»Aha, deshalb das Schrubben. Ich muß sowieso gehen. Mit dem Mittagszug fahre ich ab.«

»Nachmittags schaue ich nach der Chefin. Nach der Niederkunft sind wir wieder jeden Tag in der ›Bohemia‹, abwechselnd. Ich paß schon auf, sogar in Fischers Auftrag, den ich mir erschlichen habe: der Gemeinderat Täuber als stiller Gottlieb mit der Sorge um deutsches Volksvermögen in jüdischer Hand. Bleibst du die zwei Monate in der Großstadt?«

»Das entscheidet die Gruppe. Ich weiß nur, daß ich im April zur Saisonvorbereitung wieder hier bin. Außer, wenn ich vorher hochgehe. In dem Falle paßt mir gut auf, vielleicht kriegt ihr die Esther doch noch über die Grenze.«

Esther wartete schon im kleinen Büro und zählte Geldscheine: »Ich zahle dir den Februar voll. Das läßt sich gegenüber der Gemeindekontrolle vertreten.« Lotte holte ein rechteckiges pralles Kuvert aus ihrer Handtasche, die sie auf dem Schreibtisch liegenließ. »Wenn's nicht reicht, hier scheint mehr zu sein – fühlt sich so an. Doktor Strauß wünschte ausdrücklich, ich solle es dir erst einen Tag nach der Abreise übergeben.«

Ungeduldig riß Esther das Kuvert auf, griff nach dem Brief, hielt deswegen nur mit Mühe die dichtgestopften Bündel großer Banknoten fest. Einige Scheine fielen auf den Boden. Lotte bückte sich. Esther las halblaut ... »Sie bitten, diese Summe zu verwenden, wie es Ihnen richtig erscheint. Mit vielem Dank. Doktor Strauß, Professor Naumer.« Esther konnte es nicht fassen. Als sie begriff, begann sie zu toben: »Ich bin doch keine Bettlerin. Seit wann nehme ich Almosen? Noch habe ich es nicht nötig. Mich so zu beleidigen! Das Geld wird sofort zurückgeschickt. Das ist ja ein Vermögen.«

»Eben«, beruhigte sie Lotte. »Zurückschicken, damit machst du dich und andere nur verdächtig. Wer verbietet dir, eine gute Tat damit zu vollbringen? So haben sie es doch gemeint. Wie heißt es noch jiddisch? Eine Mizwah. So – und hier ist der Schlüssel zum Safe.«

Esther schob Lotte die Geldbündel zu. »Leg das Geld hinein, sperr' ab und behalt den Safeschlüssel, bis du wiederkommst.«

»Danke fürs Vertrauen. Bloß ist mir das auf der Reise nicht sicher genug. Trag ihn um den Hals, wie immer. Ich laß dich ohnehin ungern allein zurück bis Mai.«

»Wohin willst du mich verfrachten?« fragte Esther die Freundin. »Der ›Russische Hof‹ ist verpachtet. Die ganze Mischpoche ist im Ausland – Ruben, Moritz, Rudolf. Martha hat den Kopf ohnehin schon voll genug. Überall bin ich lästig, nur hier nicht, in der ›Bohemia‹ kenn' ich mich aus. In so einem großen Haus ist immer etwas zu tun, keine Langeweile. In Mutters Haus bin ich nie allein.«

»Wenn die Täubers nicht versprochen hätten, sich den Winter über um dich zu kümmern, ginge ich bestimmt nicht fort. Aber spätestens im Mai bin ich wieder da.«

Sie umarmte Lotte: »Bring das Geld weg und komm wieder.« Dabei schielte sie nach Lottes Handtasche. Während Lotte zum Safe ging, stopfte sie ein Bündel Scheine in ein Briefkuvert, leckte die gummierten Ränder, klebte es zu und steckte das Geld gerade noch rechtzeitig in Lottes Handtasche, bevor die Vertraute erschien. Lotte gab Esther den kleinen flachen Schlüssel und staunte: »Du freust dich ja so.« Wie einst Pelz an seinem Uhrgehänge, befestigte Esther das Schlüsselchen an der feinen Goldkette neben dem goldenen Sternchen mit dem Brillanten in der Mitte, Samuels Verlobungsgeschenk. Lotte beharrte auf ihrer Frage: »Worüber freust du dich so diebisch?« und erhielt die herzliche Antwort: »Über gute Menschen, wie Strauß und Naumer . . . und dich.«

Selten hatte Lotte die »Bohemia« mit so schwerem Herzen verlassen. Esther genoß in der Nummer eins ihren Mittagsschlaf, wachte gestärkt auf, zog sich derbe Sachen an, hohe feste Filzstiefel, legte ein dickes, großes, gestricktes Wolltuch über den Kopf und um die Schultern. Sie begann zielstrebig und überlegt, was sie sich seit Tagen vorgenommen hatte – die große Inspektion. Mit dem Keller fing sie an, zuallererst mit der Kontrolle der Lagerung von Eisvorräten. Die halbdurchsichtigen langen Rechtecke im blockholzausgelegten weiten Behältnis standen bis zur Decke hochgestapelt.

Filips Weinkeller gähnte leer, bis auf wenige Gestelle im Hintergrund, zusammengeschrumpft, ein Schatten von dem des Vaters – und ein paar »Juwelen« hatten sich hinübergerettet in das harte Jahr. Zärtlich fuhr Esther über die staubigen Flaschen.

Vom Keller stieg Esther ins Parterre, ging hinaus vor das Haus auf die Steinterrasse, ob die Schneereste weggekehrt seien, prüfte, die Taschenlampe in der Hand, die Holzverschläge vor den Fenstern des Saales und der Glasveranda. Die Hotelhalle wirkte riesig und verlassen. Sie fuhr die

Leinenüberzüge entlang, ob da nicht ein fahrlässig abgedecktes, übersehenes Fleckchen Leder der Fauteuils im Mittelcafé hervorlugte, ruhte sich ermüdet in einem Sessel aus, bevor sie erfrischt von neuem begann. Sie schloß die Rezeption auf und wieder zu, prüfte die vor den Schaltern heruntergelassenen Gitter, öffnete das stählerne Hotelsafe, trat hinein. Die kleinen Tresorfächer standen offen, bis auf eines. Sie zog die Kette aus dem Halsausschnitt, drehte die Kombinationszahlen am privaten Safe. Es war vollgepackt mit banderolierten Banknotenpäckchen. Sie zählte sie befriedigt. Was da lag, reichte für die Bevorratung der ganzen nächsten Saison und für Reparaturen und ließ noch genug übrig als reichlichen Spargroschen. Den Schlüssel zum Saferaum verwahrte sie in der abgeschlossenen Rezeption.

Nun kamen erste und zweite Etage an die Reihe und das Bodenstockwerk. Trotz der warmen Bekleidung begann die Kälte zu beißen. Esther fröstelte. Sie zog das Wolltuch enger um die Schultern und war Täuber dankbar, daß er die Wand vom Büro neben dem großen Guckfenster in die Hauptküche an der Seite durchbrochen und eine Tür eingesetzt hatte, so brauchte man die Küche im Winter nicht mehr außen herum durch den langen Gang zu erreichen.

War die Tür abgeschlossen, dann ergab sich eine Einheit, ein privater Wintertrakt, Küche, Büro, Zimmer eins. Obwohl sie mißbilligend die Spuren des Wanddurchbruchs betrachtete, die noch nicht durch Tapete getilgt waren, freute sie sich über den eigenen begrenzten Bereich, holte sich gemächlich ein Körbchen Spanholz und einen Eimer Kohle. Der große Kachelofen der Nummer eins heizte auch das Büro, und seine Kochröhre reichte dazu für ein bescheidenes Mahl. Die Chefin nahm ihr Wolltuch ab, kniete nieder und heizte sparsam. Sie schälte Kartoffeln, ließ abkochen, tat Fleischstückchen in einen zweiten Topf, schmeckte sorgfältig eine Sauce ab – wie altgewohnt, als koche sie für einen Stammgast. Sie stellte ein Schälchen Kompott zurecht. Als sie sich anschickte, auf angewärmten Tellern zu servieren, klingelte es an der Haustür. Sie erschrak, schob die Töpfe in die Röhre zurück, nahm den Schlüsselbund und sah Täubers freundliches Gesicht hinter der eisengeschützten Scheibe des Haupteinganges.

»Sie haben mir einen schönen Schrecken eingejagt. Das letztemal, als jemand so an der Klingel riß, haben sie mir alle Fensterscheiben eingeschlagen. Erinnern Sie sich nicht mehr?«

»Schöner Schrecken, liebe Chefin! Der steht mir jetzt selber ins Haus. Mařenkas Baby liegt quer. Nichts mit Heimgeburt. Sie muß sofort in die Breslauer Universitätsklinik. Die Wehen sind eigentlich erst ab übermorgen fällig, aber man steckt doch nicht drin. Wahrscheinlich geht es nur operativ. Wir fahren mit dem Abendzug. Sie sitzt schon draußen in der Droschke.«

Voller Mitgefühl, hastig vor Übereifer überstürzten sich Esthers Angebote: »Kann ich ihr nicht was Warmes hinausbringen? Frisch gekocht, eben. Brauchen Sie Geld? Ist sie auch warm genug eingepackt? Lassen Sie mich nachsehen. Keine Bange, Jaroslav, sie ist kräftig und gesund, es wird alles gut gehen. Läuten Sie mich morgen früh sofort aus der Klinik an. Wo werden Sie dort wohnen? Und vor allem, machen Sie sich keine überflüssigen Sorgen.«

»Wir machen uns schon Sorgen, aber um Sie, Chefin. Es wird leider ein paar Tage dauern, bis ich zurück bin.«

»Ach«, winkte Esther mit der Hand ab, »an Alleinsein bin ich gewöhnt. Eine Köchin brauche ich nicht zu engagieren. Alles Gute für Mařenka – ein Junge soll's werden.«

»Im Gegenteil! Jetzt wollen wir eine Maruška.« Esther umarmte Täuber: »Alles Gute für euch beide!«

»Nazdar, Pani Polanová«, sagte Jaroslav zum Abschied. Nachdem Esther hinter ihm zugeschlossen hatte, freute sie sich auf das wohlverdiente Mahl.

Die niedrigste Charge unter den im »Fürstenkeller« feiernden Honoratioren in Uniform war der Rechtsanwalt Dr. Schmidt, ein lumpiger Oberleutnant a. D. Der Einladende, nun nicht mehr d. R., trug seine Korvettenkapitänsuniform mit Stolz. Herrn von Weddingens Reaktivierung schuf den Anlaß für den feuchten Abend. Oberpostsekretär Biller trug das »Goldene« an seiner Postuniform. Sein Sohn, der schnell und billig zu seinem Doktor gekommen war, nun den Kurdirektor ablöste, ließ sich als Obersturmführer sehen.

Die meisten Auszeichnungen zierten die Brust des Ehrengastes. Der Ordensgeschmückte, einst Stabschef des SA-Führers Edmund Heines, war zum Gauleiter der NSDAP aufgerückt.

In dieser Männergesellschaft spielten die eingeladenen Damen und Mädchen am Rande die seit jeher festgelegte Rolle als Tanz- und Kußpartnerin, zu vorgerückter Stunde und Stimmung entsprechend mehr. Bis dahin hielten sie eine Art Kaffeekränzchen im zum Saal hin offenen Vorsalon ab, vorläufig noch unscheinbarer Hintergrund, und zogen über die Männer her, wahrscheinlich recht indiskret.

Obwohl der »Fürstenkeller« aus dem Winterschlaf der Nachsaison geweckt worden war und an den Wänden überall Eingepacktes, Umwickeltes, Bezogenes herumstand, blieb die Tanzbar in der Mitte des großen Etablissements ziemlich unberührt. Die Winterbesetzung des Kurorchesters mühte sich mit Klavier, Geige und Schlagbaß, das Kreischen der zeitwillig alleingelassenen Damen zu übertönen.

Vorne an der Bar unterhielt sich Brückner leutselig mit dem Gastgeber: »Gratuliere zum aktiven Dienst. Sehnsucht nach der wilden See?«

»Nicht direkt, ich bin von Hause aus Versorgungsspezialist – also rückwärtige Dienste.«

»Wenn ich mich recht erinnere, hat doch Napoleon von sich gegeben: ›Ein Regiment marschiert auf seinem Magen.‹ Sehr schön. Nur Ihr Nachfolger? Ist dieser neugebackene Doktor rer. pol. nicht 'ne Nummer zu klein für Bad Grenzbrunn? Wirkt so unbedarft, Jüngling aus dem untersten Beamtenstand.«

»Der alte Biller da drüben war der erste Nationalsozialist von Grenzbrunn, Gründer der Ortsgruppe.«

Hastig versicherte der Ehrengast: »Wollte nichts gesagt haben, Schrot und Korn der Bewegung. Es ehrt Sie, Herr von Weddingen, daß Sie die Helden unserer Bewegung verteidigen. Darauf trinken wir einen Ribbentrop miteinander.«

»Wie soll ich das verstehen?«

»Kleiner Scherz – Henckell trocken natürlich. Bei der Firma war er mal Sektreisender.«

»Haha.«

Sie lachten gemeinsam.

Als hätte er zugehört, rief Dr. Schmidt den Barkeeper: »Einen Kasten Champagner zu Ehren des scheidenden und des neuen Kurdirektors!«

»Nobel, nobel«, lobte Gauleiter Brückner und klopfte dem Rechtsanwalt anerkennend auf die Schulter: »Ich habe viel Empfehlendes und Nutzbringendes über Sie gehört. Ich glaube, daß wir Zeit füreinander finden müssen. Kommen Sie recht bald nach Breslau. Ich lade Sie zu mir ein. Wir legen noch heute Datum, Ort und Zeit fest.« Beglückt trank der Rechtsanwalt dem neugewonnenen Gönner zu, der sich grüßend abwendete, weil er seinen Kumpel Fischer alleine sah: »Na, Moppel, bläst du Trübsal? Hast du inzwischen den Judenstall gefrühstückt?«

Fischer kratzte sich am Hinterkopf: »Im Gegenteil, die schafft mich noch.«

»Nanu? Was hast du da wieder angestellt? Erzähl' mal. Wo kann man ungestört ...« Er nahm Fischer beim Arm, schaute sich suchend um. Der Rechtsanwalt fing den Blick auf und öffnete eine schmale Tapetentür: »Empfehlenswerte Plauschecke.«

»Also, setz dich«, sagte Brückner, »und laß Dampf ab.«

»Seit damals geht mir alles schief«, seufzte der Bürgermeister. »Es fing gleich verkehrt an, als wir das Weib damals mit dir und Edi besucht haben. So was spricht sich bis Berlin herum. Dann passierte mir die blöde Geschichte mit dem Säufer Gottlieb. Das kam auch ›ganz oben‹ heraus. Dann nahm mich die Reichswehr aus der Schußlinie, na ja, alte Kameraden im Stab, also Reservedienst, Manöver, die Ernennung zum Major mit Lehrgang, ein Jahr läpperte sich so zusammen. Und jetzt der dumme Verdacht wegen der Sonderspende. Bißchen unorthodox. Weil ich nicht direkt an die Sarah rankam, habe ich ihre Gäste ein wenig geflöht. Mir fehlen Belege, die das abdecken. Wieder sitze ich in der Scheiße. Doktor Schmidt und ich fangen schon an zu glauben, daß die Pelz so 'ne Art Jüdin unter Naturschutz ist.«

»Rasserein, wie? Die brauchen wir doch nicht zur Aufzucht für'n Zoo. Paß mal auf: Wir strecken das notwendige Geld vor. Damit bezahlst du erst einmal das Haus. Die Jüdin muß es verkloppen. Ist ja eh mehr eine symbolische Handlung, denn das Geld kommt auf ein Sperrkonto – Kontrolle Reichsrechnungshof. Das Haus wird an die Gemeinde weiterverkauft. Damit ist das Geld wieder da, ist, wo es herkam. Du kassierst die Provision von dreißigtausend, alles streng legal und rechtmäßig. Du bist deine Schulden los, und zur Belohnung amtierst du in einem schmucken Büro mitten im Bad.«

»Glaub' ich nicht«, jammerte Fischer. »Die wendet sich wieder ans Ausland.«

»Blödsinn, blühender Blödsinn«, schrie der aufgebrachte Brückner. »Merke dir, die Juden sind im Augenblick nur noch so was wie ein einträgliches Handelsobjekt. Mann gegen Geld, wenn sie rauswollen. Ein Faustpfand. Wenn sie vermögend genug sind, daß man Lösegeld mit vielen Nullen aus ihren Familien rausquetschen kann. So lange wenigstens, wie das Ausland noch Ausland ist. Danach ist sowieso Sense für sie. Vorläufig haben wir noch mit der Ausrottung der Kommune zu tun.«

Immer noch fühlte sich Fischer unbehaglich. An den Fenstern des kleinen Salons malte der Frost Blumen. Fischer kratzte sich ein Loch und sah, daß es draußen stürmte und schneite. Ihm reichte die Erklärung des Gauleiters nicht.

»Unter den Juden gibt es ja auch Rote«, beharrte er.

»Aha, du meinst natürlich diesen Peter Samuel. Es war einer von Edis Wünschen, gerade den Sohn deiner Lieblingssarah in die Fäuste zu kriegen. Und du – ziehst den Schwanz ein und machst lieber bankrott. Ran, mein Moppel, mit Schenkeldruck und Sporen.«

»Daß ich mir bloß nicht die Hörner verbiege. Schon Edi hat immer gesagt, ich hätt' es zu eilig. Dabei hab' ich geglaubt, es sei alles so gut eingefädelt.«

»Nicht mehr notwendig, jetzt ist die Schranke hoch. Voriges Jahr hieß es noch leisetreten wegen der Weltmeinung. Der Führer hat zu Ehren der Olympiade sogar beinahe einem Nigger die Hand gegeben, denk mal an. Der Bart ist ab. Sei nicht so zimperlich. Du hast mein Wort, und die Papierchen schick' ich dir nach Wunsch, vordatiert, nachdatiert, mit allen Stempeln. Ich bin doch nicht umsonst gelernter Jurist – zufrieden? So, jetzt bin ich scharf auf Jungvieh. Hast du's denn eigentlich zur Abwechslung mit Mädchen?«

»Erfolgreich umgesattelt. Wir haben einen Sohn. Nummer zwei unterwegs.«

3. Die Schlittenpartie

Mich hat die Kälte aufgeweckt, war Esthers erster Gedanke beim Erwachen. Im Zimmer war es stockdunkel. Sie sah auf die Uhr, halb neun.

Sicher gestern abend stehengeblieben. Wie spät ist es nun wirklich? Ich hätte mehr Briketts nachlegen sollen. So dunkel noch. Merkwürdig. Ende Januar, wo die Tage länger werden, kein bißchen Morgengrauen.

Esther schlüpfte in ihren roten Frisiermantel, stieg aus dem Bett. Sie erschauerte, so kalt war es. Zitternd kniete sie am Ofen und legte Holz nach. Müde und verschlafen entfachte sie das fast ausgebrannte Ofenfeuer. Sie kannte ein Mittel gegen diese »Lahme-Ente-Stimmung«. Wozu gab es ein schönes Badezimmer mit gasgeheiztem Wasserspeicher? Heiß baden, kalt duschen – das half noch immer. Sie fuhr in die warmen Pelzpantoffeln. Auch im Korridor und in der Hotelhalle herrschte Dunkelheit. Gut, daß wenigstens das elektrische Licht brannte.

Erfrischt kehrte Esther in die Eins zurück. Immer noch dunkel! Sie versuchte ein Fenster zu öffnen, vergeblich, zugefroren. Mit aller Kraft riß sie an den Griffen. Endlich sprang es auf. Ein Schneehaufen folgte nach, stürzte mitten ins Zimmer, schien nicht aufzuhören. Esther preßte mit aller Kraft das Fenster nur mühsam zu.

Sorgfältig zog sich Esther an, der Situation entsprechend mit Pelz und hohen Bauernstiefeln, einem festen Kopftuch. Wie sah es im ersten Stock aus? Sie öffnete oben das bestbeheizbare Appartement mit dem breiten Balkon. Ein wenig heller war es schon, doch ganz zugeschneit von draußen. Das Balkonfenster ließ sich leichter öffnen. Davor eine Wand, die jedem Licht den Weg verwehrte. Sie holte einen Besen und stocherte in der weißen Mauer, bis ein Guckloch entstand. Dann sah sie die Bescherung. Der Vorteil der »Bohemia«, über den Häusern an der Bäderstraße zu liegen, sich herauszuheben, wandelte sich im Winter zum Nachteil. Im schmalen Tal, durch das Schneesturm fegte, wurde das Haus zu einer Barriere für die Gewalt der Böen, ein ideales Auffangnetz für den angewehten Schnee, in dem das Haus förmlich verschwand wie ein Dornröschenschloß.

Nun, das hatte sie schon früher einmal durchgestanden. Damit wurde man mit der Zeit fertig. Mit der Zeit? Esther, die sich in überlegter Ruhe, nachdenklich in die Eins begeben hatte, bekam es plötzlich mit der Angst. Hatte sie überhaupt Zeit? Der Kalender wies aus: Drei Tage bis zum ersten Februar. Wie sollte sie die Gebühren bezahlen, wenn sie nicht aus dem Haus kam? Die suchten ja nur nach einem Anlaß. Zahlen, zahlen, schnell alles zahlen.

Noch einmal rannte sie in den ersten Stock. Hohe Schneewälle überall. Sie schaute durch ihre Bresche. Die war schon wieder zugeschüttet. Noch einmal stochern. Jetzt sah man wieder. Vier gespanngezogene Schneepflüge hintereinander kämpften mühsam die Bäderstraße frei. Nun sah sie auch Leute, sah den hellen Tag. Ein paar Dorfjungen zogen einen großen Leiterwagen mit Knüppelholz. Einer schob von hinten nach. Esther kämpfte sich auf den Balkon, schrie schneebestäubt durch die kleine Scharte im Wall: »Helft mir heraus, helft mir herunter! Fünf Mark für jeden, zehn. Ich habe keine Vorräte im Haus, keine Kartoffeln, keine Butter, kein Holz mehr.«

Die Jungen suchten sie, folgten der Stimme, erkannten den dunklen Frauenkopf in der Bresche, winkten ihr zu – reagierten aber nicht auf ihren Appell. Sie versuchte es tschechisch: »Prosím pomožte mné! Deset marek pro každého. Deset marek.«

Erst zuckten sie die Schultern. Esther wiederholte ihr Angebot. Jetzt hatten sie verstanden. Esther band die Scheine mit Schnur an einen Blumentopf, holte aus und warf. Er landete mit dem wertvollen Anhängsel auf der Straße. Die Jungen klaubten ihn auf, stellten den Leiterwagen an den Straßenrand und begannen mit ihren langen Knüppelhölzern eine Schneise in die Schneemassen zu schlagen. Der alte Biller, der im Postauto vorüberfuhr, nahm von ihren Bemühungen zwar nur wortlos Notiz, doch er gab dem Chauffeur sofort den Befehl zu wenden. Esther bemerkte das nicht.

Der alte Biller war nicht umsonst umgekehrt. Braunhemden rannten die Bäderstraße entlang, blieben vor der

»Villa Anna« stehen, schimpften: »Ihr seid ja schöne Deutsche! Einer Sarah helfen! Laßt sie doch erfrieren, verhungern, verrecken!«

Die Jungen, breitschultrige Dörfler, ließen sich nicht so leicht von ihrem Vorhaben abhalten, und die Braunen fühlten sich noch nicht zahlreich genug, um mutig auf die andere Straßenseite hinüberzuwechseln. Erst als sie ein Dutzend waren, rannten sie auf die Helfer zu, die ihre Knüppelhölzer schwangen. Erst ein Schuß in die Luft ließ sie der Übermacht weichen. Die Braunen setzten ihnen nicht nach, die Siegreichen formierten sich stattdessen auf der Bäderstraße. Scharführer Schmatolla kommandierte: »Zwei, drei – ein Lied«, und dann sangen sie ihr Lied, besonders laut die Refrainzeilen: »Wenn's Judenblut vom Messer spritzt, geht's uns noch mal so gut!«, sahen Esther besorgt durch ihre Scharte lugen, und Schmatolla brüllte: »Verschwinde, Sarah, sonst knallt's.« Esther hörte nicht nur den Schuß, sie sah, wie sich die Revolverkugel in die Wand bohrte und hörte die zweite nahe vorbeizischen.

Vor Schreck und Entsetzen hilflos in einer Zimmerecke, die Hände auf die Brust gelegt, wurde Esther bewußt, daß man auf sie geschossen hatte. Und trotz allem mußte sie hinaus auf die Straße, gerade weil sie weiterleben wollte. Und dafür mußte sie bezahlen. Gas, Elektrizität, Kohlen, Steuern, Wasser.

Die SA-Leute waren abmarschiert. Sie schielte um die Ecke. Die Scharte hatte sie zu einem schmalen Tunnel bis zur Balkonbrüstung erweitert. Nichts mehr zu hören. Wie gelangte sie bloß auf die Straße?

In dieser Not kam ihr die Idee für einen Ausweg. Sie zog den Pelz aus, rannte in den Keller und fand ihn vor dem Eiskeller, den schweren, aus Balken zusammengezimmerten Transportschlitten mit zollbreiten Kufen. Mit unbändiger Energie zerrte sie ihn die Kellertreppe hoch, pausierte, schob, stieß und zog ihn weiter in den Küchengang, zur Hotelhalle – wieder Pause, ging die Treppe an, zog ihn von Treppenabsatz zu Treppenabsatz, hielt sich zwischendurch am Geländer fest, erreichte den ersten Stock. Nur der Flur war noch zu überwinden. Nun diente das schwere Gefährt als Ramme gegen den Schneewall –

die Balkontür stand endlich offen. Ho ruck, ho ruck. Zuerst schien eine Schneelawine vom Dach her Frau und Schlitten zu verschlingen, dann ein wenig Helle, Sonne auf dem Glitzerschnee. Sie war durch, im Freien. Wie gut es sich atmete. Der Schneeberg schien recht massiv zu sein. Nur – wie kriegte man das schwere Gefährt auf die Eisenbalustrade des Balkons und darüber. Erst die Dichte des Schnees ausprobieren. Verdammt! Obenauf war er zu lokker, da würde der Schlitten mit den schweren Eisenkufen einsinken. Wie verlängert und verbreitert man sie. Im Keller standen Skibretter, Peters, Pelzens. Die hatten noch die breite Huitfeldbindung. Wenn man sie damit oben über die Kufen schnallte, gab das eine bessere Basis. Mit klammen Fingern begann sie die Arbeit – es glückte. Jetzt langsam den Schlitten über die Balustrade schieben, langsam, festhalten hinten, sachte, sachte fallen lassen. Er steht, er sinkt nicht ein. Sie hätte jubeln mögen. Was brauchte sie, Geldbörse, Pelz, Kopftuch, den Stock, die Schlüssel in die große Markttasche. Und rüber. Sie sah an sich herunter, ging noch einmal in ihr Zimmer und zog sich von Kopf bis Fuß um. Nun stieg sie selbst über das Geländer. An den verschlungenen Metallverzierungen des Balkongitters zerriß sie sich den Strumpf. Wieder zurück. So auf die Straße? Das tät denen passen, eine zerlumpte Polanová. Gerade nicht! Zurück, neue Strümpfe anziehen, wieder auf den Balkon. Diesmal schaffte sie das Gitter, zog das zweite Bein nach, wagte den Sprung und landete sicher auf dem breiten Schlitten. Er sank nicht ein, und sie lobte sich: Gut, daß ich so viel abgenommen habe in letzter Zeit. Weiter! Mit den Hacken und dem Stock schob sie sich bis zur Neigung des Schneeberges hin. Ein bißchen Übermut regte sich in ihr, oder Wagemut, vielleicht beides. Sie sah sich als Kind rodeln, da hatte sie sich auch nicht vor steilen Abhängen gefürchtet. Hauptsache, der Auslauf streckte sich lang genug. Sie rodelte im schroffen Winkel hinunter bis auf die Bäderstraße. Ihr kleingewordenes Gesicht strahlte vor Triumph. Zuerst eine Verschnaufpause. Sie stand vom Schlitten auf, legte die Taschen darauf, nahm das Tuch ab, kämmte sich und machte sich zurecht, zog die Strumpfnaht gerade und beäugte sich zu guter Letzt in ihrem kleinen Taschenspiegel, dann im großen Schaufenster des Milchladens in ganzer Größe. Sie hatte das Recht der Frau, eitel zu sein. Und sie war es. Zufrieden machte sie sich auf den Weg. Der Weg führte zur Post, zur Kurverwaltung, zum Gemeindeamt, wo sie sorgsam darauf achtete, daß sie Quittungen für ihre Abgaben erhielt.

Erst danach dachte sie ans Einkaufen. Eingewecktes koscheres Fleisch habe ich genug – was fehlt? Butter, Brot, Gemüse, frisches Obst, Zucker, Salz, Käse, Quark, Zwiebeln, Knoblauch, Suppengrün. Vor allem Mehl, frische Eier, Konfitüre, Zwieback. Lieber aufschreiben, bevor ich etwas vergesse. Sie tat es, auf einer Bank, von der sie zuerst den Schnee wegkehrte. Noch einmal schaute sie in ihre Handtasche: Die Quittungen sind da. Den Strom sperren sie mir nicht mehr ab. Der Schneepflug der Gemeinde, der die Bäderstraße entlangprustete, schuf nun, da die Straße geschafft war, Verbindungen zu den Hauseingängen durch die Schneewehen im Vorgarten. Nur die »Bohemia« sparte er aus.

Es war kaum jemand auf der Straße im scharfen Wind. Doch viele Augen ruhten auf Esther, von Fenstern her, aus den Läden, vorsichtige hinter Gardinen und spähende von Hauseingängen. Beim Bäckermeister Kopečèk stand keine Kundschaft. »Sie kommt hierher«, kreischte Kopečèk. »Es ist streng verboten, ihr zu helfen.«

»Nee, Meister«, wagte der Geselle zu widersprechen: »Die von der SA haben bloß verboten, ihr beim Rauskommen zu helfen, aber sie ist ja selber rausgekommen. Da dürfen wir.« – »Ich frag' mich nur wie«, staunte der dicke Kopečèk. »Direkt ein Wunder.«

»Wunder kommen von Gott«, kommentierte seine strenggläubige Frau. »Dann dürfen wir sie wohl auch bedienen.«

»Meinetwegen, aber wartet erst, bis ich weg bin.« Als Esther »Guten Morgen« sagte, stand die Tür zum Wohnzimmer einen Spalt offen, und Frau Kopečèk sagte: »Pan bůh vas požehná.« Der Herr segne sie. Sie erhielt alles Benötigte.

Der Fleischerladen, in dem Esther schon von Glaubens wegen nichts zu tun hatte, war voller Kundschaft, und der

Fleischermeister Labuda sah Esther und meinte: »Kühl wie 'ne Hundeschnauze. Sehen Sie mal, wie die läuft, stolz aufgerichtet – eine Haltung!« Baumeister Strihauka bat, durch seine neuen dritten Zähne lispelnd: »Kann ich nicht hinten durch die Werkstatt raus? Mir wär's peinlich. Ich hab' für sie die ›Bohemia‹ gebaut und umgebaut und ...«

»Keine Angst, Herr Baumeister, zu mir kommt die nur im Sommer, Kälber kaufen, die ihr der Tikoschinski koscher schlachtet. Kein Schweinefleisch.«

Wütend über die pflegliche Sprache gegenüber der Polanová schimpfte Mathilde, die Nazisse, aufgebracht: »Was ihr euch mit dem Judenweib habt. Als wär's Greta Garbo. Schöne Nationalsozialisten!«

Vater Umlauf entschuldigte sich: »Es ist nur ... Ein halbes Leben hat man sie als Mensch gekannt, als Nachbarin. Nun auf einmal ...« Er wand sich, doch Mathilde meinte nicht nur ihn: »Der Kolonialfritze hat sie bis an die Tür gebracht und sich verbeugt. Küß' die Hand! So etwas merkt man sich.« Bis dahin hatte der Altbürgermeister still und geduldig zugehört. Nun räusperte er sich: »Sie hab' ich schon gekannt, Fräulein Mathilde, da waren Sie noch klein, ein liebes, gutherziges Kind. Wie am Spieß haben Sie geschrien, als Ihre Mutter die überzähligen Katzen ersäufen wollte.«

»Mach' ich heute noch. So'n Tier tut einem doch leid.«

»Und ein Mensch?« fragte der alte Gottschling.

Esthers Schlitten trug schon eine sehenswerte Last. Sie freute sich der Sonne, der lang genug entbehrten Bewegung im Freien. Auf dem Stück Weg zwischen Kohlenladen und Gemüsegeschäft lief ihr ein kleiner Junge hinterher, zu dem sie sich freundlich umwandte. Er streckte ihr die Zunge heraus und skandierte in schreiendem Singsang:

»Rotzekotze, Rotzekotze,
Bist 'ne alte Judenvotze«,

was er so lange wiederholte, bis seine Mutter aus der Haustür lief, ihm eine Ohrfeige langte, ihn dann beim Schlawickel nahm und in das Haus schubste. Schon wieder war ihr ein Unrecht geschehen, das sie hätte aus ihren Illusionen hart aufwecken sollen, aber dadurch, daß es handgreiflich gesühnt worden war, verlor es seine Wirkung. Um so mehr als sich der alte Wodak tief verbeugte, kaum hatte sie seinen Laden betreten: »Nazdar, Pani Polanová mladši, čím Vam mohu posloůžiti? Womit kann ich Ihnen dienen?« Er holte einen Stuhl hinter dem Ladentisch hervor, wischte Krümel herunter und bot ihr an: »Nehmen Sie Platz. Sie müssen müde sein. Der Schlitten ist schwer.« Esther sträubte sich trotz der Beglückung: »Das geht doch nicht, Pane Wodak, was werden die Leute denken?«

»Ach, ich habe lange genug gelebt. Was können die mir antun? Sollen sie meinen alten Kopf abhacken. Ich habe aufgehört, mich zu fürchten. Was brauchen Sie?«

»Ja, Kartoffeln hätt' ich gerne. Gemüse – Karotten, Bohnen, Erbsen, auch in Büchsen. Was Sie haben, vielleicht ein paar Äpfel, wenn sie übrig sind.«

»Geben Sie mir Ihren Beutel.« Den Schelm im Blick, zeigte er, was er hinter dem Ladentisch hineinschmuggelte, Äpfel, Apfelsinen, Bananen, bevor er das Säckchen Kartoffeln darüber ausschüttete: »Muß ja nicht jeder gleich sehen.« Er nahm den recht schwer gewordenen Marktbeutel und trug ihn vor den Laden auf ihren Schlitten. Esther öffnete ihr Portemonnaie: »Was bin ich Ihnen schuldig?«

Wodak schaute nach oben und brummte: »Pan bůh to zaplatí! – Der Herrgott bezahlt's.«

Zum zweiten Mal wollte ihr jemand etwas schenken. War sie schon so weit gesunken? Das hatte sie nicht nötig. Der alte Mann sah die Empörung. Er hatte gute Augen. Bevor sie zu streiten vermochte, hatte er ihre Hände genommen und ihre Augen mit den seinen nicht mehr losgelassen. Und sie las die Sprache seiner Augen: Achtung, Respekt, Bewunderung – nicht Mitleid, sondern Mitleiden. »Machen Sie mir die Freude«, sagte er. Dabei legte er ihren Kopf auf seine Schultern und streichelte sie. Als sie sich ausgeheult hatte, machte sie sich langsam frei und berichtete, schon wieder aufgerichtet und ermutigt: »Denken Sie, Pane Wodak, die Geschäftsleute haben mir alles gegeben, manche sogar ohne die Sonderprozente.« Wodak senkte den Kopf tief, und als sie in der Tür stand, sagte er: »Grenzbrunn ist so weit weg von Berlin. Da schämt man sich noch!« Als er sie einsam mit dem Schlitten mitten auf der leeren Bäderstraße der »Bohemia« zustreben sah, holte er das Schnupftuch aus der Tasche, fuhr sich über die Augen und schneuzte sich ausdauernd und laut, bevor er seinen Laden betrat.

Vor dem verwunschenen Schneekristallschloß stand Esther zunächst verloren, verzweifelt, unentschlossen, starrte nach oben. Ihre Ausstiegsstelle war von der Schneelast auf dem Dach wieder zugeschüttet worden. Bis zum zweiten Stock hoch waren die Schneemassen angeweht, an der Seite, die von der Sonne nicht erreicht wurde, hart verharscht. Nicht lange blieb sie verzweifelt stehen. Da, wo man herauskommt, geht es auch wieder hinein. Entschlossen entlud sie den Schlitten, stellte ihre Schätze an des Nachbarn Bretterzaun und begann mit dem schweren Schlitten einen Weg zu bahnen, den Anfahrtshügel hinauf. Sie kam nicht weit, weil sie ja nicht wußte, was mit dem freigeschaufelten Schnee anfangen. Sie ging über die Straße in den Hromadko-Garten. Dort im Schuppen stand auch das Auto, das ihr nur noch dem Schein nach gehörte. Sie fand eine Hacke, ein paar aneinandergenagelte Holzbretter mit Stiel zum Fortschieben der Schneemassen, eine Schneeschaufel. Sie schippte den ausgehobenen Schnee auf den Schlitten, zog das Gefährt zum hohen Wall hin, den der Schneepflug aufgetürmt hatte, kippte es darauf um. Auf ein neues! Immer wieder. Die Anfänge einer Schneise zeigten sich. Sie gönnte sich keine Ruhe.

Vorübergehende blieben stehen, einige gingen auf die andere Straßenseite. Esther bemerkte sie nicht. Manchem juckte es in den Handflächen, ihr zu helfen, schon weil sie es besser verstanden und sich produzieren wollten. Sie wagten es nicht. Vor dem Umlauf-Haus standen zwei grinsende SA-Männer. Esther wurde heiß. Die Sonne stand im Zenit. Sie zog, völlig in ihre Tätigkeit vertieft, den Pelz aus und hängte ihn an den Holzzaun, wo schon ihr Eingekauftes lag und stand. Sie packte wieder an. Die Sonne verschwand hinter den Wolken. Da war es gut, den Pelz anzuziehen. Bei ihrer nächsten Pause nahm Esther interessiert Notiz von der Umwelt, doch die Passanten schauten weg, wenn sie sie ansah. Die Schneise ließ sich sehen. Jeder Meter an den Seiten festgeklopft und befestigt. Halbhoch auf dem Anfahrtshügel zur »Bohemia« verlor Esther ihre Angst. Sie arbeitete auf *ihrem* Grundstück. Nicht einmal, daß es wieder zu schneien begonnen hatte, machte ihr noch etwas aus. Sie verrichtete langsam und stetig, wenn auch mit häufigeren Pausen, gründliche Arbeit. Wenn schon, denn schon. In tiefem Dunkel hatte sie sich über die Steinterrasse bis zur Tür durchgeschlagen, und welch Gefühl des Sieges über alle Widerwärtigkeiten, als sie die Klinke niederdrückte.

Sie knipste das Licht am Eingang an. Es schien ihr nicht hell genug. Sie ließ den großen Lüster über der Hotelhalle, von vielen kristallenen Rhomben und Rechtecken gespiegelt, in allem Glanz leuchten. Licht! Licht! Licht! Sie hatte die Rechnung bezahlt und hungerte nach freundlichem Licht. Sie knipste alle ereichbaren Schalter an, vom Keller bis zum Boden. Licht! Licht im ganzen Haus und davor. Sogar die schneeige Steinterrasse erstrahlte wie in der Hochsaison. Licht! Dann meldete sich die Vernunft zurück, und sie knipste langsam und bedauernd die elektrische Helle wieder aus.

Esthers Gesicht war frisch und gelöst. Sie verspürte rechtschaffenen Hunger und machte sich langsam und genußvoll ihr Mahl zurecht, deckte den Tisch wie ein Serviermeister und leistete sich ein Glas Portwein.

Vom tschechischen Schwaderbach, das als letzter Ausläufer eines Höhenzuges in das Nachbarland hineinragte, sah man auf das deutsche Klingenthal hinunter. Steil über der von den Nazis gebauten Staatsstraße lag der tschechische Sokol-Sportplatz. Irgendwo zwischen Hochwald und Staatsstraße verlief die angeblich undurchdringliche Befestigungslinie, tief in die Erde eingegraben. Stieg man das Reihendorf Schwaderbach weiter hinan, kam man zu einer kleinen Dorfkneipe, karg und spärlich, mit derb zusammengehauenen Tischen und klobigen Stühlen. Den Namen »Zur Sonne« strafte der Augenschein Lügen. Trüb die blakende Gaslampe, trüb die Stimmung der Gäste, Bergbauern, der Arbeiter und Arbeitslosen, kaum ein Dutzend.

Der Egerländer Wirt, der seinen örtlichen deutschen Dialekt so waschecht redete, daß ihn nicht einmal ein Landsmann aus Karlsbad nebenan verstand, geschweige denn ein Tscheche, hatte erkannt, daß die in sportliches Loden gekleidete Frau eine Reichsdeutsche war. Ihr zünftiger Rucksack und der silberne viel benagelte Bergstock wiesen sie als Wanderratte aus. Sie mischte sich ihren Grog zusammen, schüttete Zucker hinein, rührte um und wärmte die klammen Hände an dem dampfenden Trunk.

»Von drüben?« fragte der Wirt.

Sie nickte.

»Eine verrückte Welt«, erzählte er dem neuen Gast, um Hochdeutsch bemüht. »Früher sind wir Schwaderbächer rüber nach Klingenthal gelaufen, jeden Morgen Ziehharmonikas bauen. Und die Klingenthaler wiederum zu uns nach Graslitz zur ›Amati‹, Geigen und Blasinstrumente fabrizieren. Na, jeder nach seiner Spezialität. Man merkte kaum, daß 'ne Grenze dazwischenliegt. Sogar der Dialekt war derselbe auf beiden Seiten. Jetzt...«, er zuckte die Schultern, und die junge Frau merkte, daß sein Schwatz ein Vorwand war. Er beguckte sie sehr genau, forschte vorsichtig in ihrem Gesicht. Also schien er in Ordnung zu sein. Sie wartete, bis er wieder hinter der Theke stand, ging zu ihm und sagte leise, nebenbei: »Auf Gebhardt warte ich!« Das Gesicht des Wirtes veränderte sich unmerklich, er sah nur ein bißchen ernster aus: »Bitte ins Vereinszimmer. Ich gehe mal voran.«

Mit dem Rücken zur Tür saß Gebhardt am Kachelofen. Der Wirt ließ die beiden allein. Ungefragt setzte die junge Frau sich neben ihn, und sie flüsterten miteinander. Nicht lange, dann stand Gebhardt auf, gab ihr die Hand und begrüßte sie sozusagen offiziell: »Parole hat gestimmt, Aviso hat gestimmt, Adresse hat gestimmt. Du bist legitimiert. Deckname Wanda. Worum geht es?«

»Tut mir leid, das kann ich nur dem Instrukteur der Parteileitung sagen, der für die Grenzarbeit verantwortlich ist.«

Daran fand Gebhardt nichts Besonderes. Er fühlte sich auch nicht beleidigt.

»Einverstanden. Dann warte. Mach's gut!«

Der Parteiinstrukteur Grenzarbeit sah beim Hereinkommen, daß sie eine Zigarette rauchte, ungeduldig sog und ringelförmig in die Luft blies. Verdammt nervös, dachte er.

»Genossin Wanda«, rief er, und als sie sich umdrehte nur noch: »Lotte! Lotte! Lotte!« Es klang wie Jubel.

Wanda war vergessen, und Instrukteur war vergessen, und sich selbst vergaßen sie in einer Umarmung. Peter hob Lotte hoch, wirbelte sie herum, küßte sie immer wieder. Sie beruhigte sich als erste: »Je eher wir den Parteiauftrag erledigt haben, desto mehr Zeit haben wir für Privates.«

»Gut, was ist zu berichten?«

Lotte legte eine Touristen-Wegekarte auf den Tisch. »Nicht so gut, gar nicht schön. Im Telegrammstil: Übergänge Heuscheuergebirge und Wilde Löcher sind vermint. Also unbrauchbar. Statt dessen haben wir Březovy aufgetan. Uralter Festungstunnel noch aus der k. u. k. Zeit. Vielleicht vor sechsundsechzig schon gebaut und nachher vergessen. Davor liegen Sümpfe. Erfahrene Genossen führen da durch. Sie verfolgte mit dem Bleistift einen mit blauen Pünktchen und Punkten als Moorgebiet gekennzeichneten Umkreis. »Hinter dem Tunnel erst dichte Schonung, Tannen, Waldwiese eingerahmt durch Kiefernstreifen. Die Rinnsale vom Moos fließen in den Grenzbach. Nur vom Dezember bis nach der Schneeschmelze. In diesen Monaten wird für Lasten ein Kahn gebraucht. Sonst watet man durch.

Vorwurfsvoll murrte Peter: »Wie kannst du eine solche Karte rüberschmuggeln?« Lotte fiel aus ihrer Rolle der nüchternen Konspiratorin, indem sie zärtlich durch Peters Haarwuschel strubbelte: »Kindskopf, die Wegekarte stammt aus dem Staatlichen Reisebüro Čedok in Prag.«

»Entschuldige!«

»Alles?«

»Alles – wieviel Zeit haben wir für uns?«

»Bis morgen. Mittags habe ich noch einen Treff in Prag. Mitternacht fährt mein Zug nach Berlin.«

Das einzige Fremdenzimmer des Wirtshauses im böhmischen Schwaderbach, durch dessen Fenster man in der Nacht die Straßenlaternen des reichsdeutschen Klingenthal herüberblinken sah, barg die Liebenden. Lotte war erschöpft, aber glücklich.

»Du warst so anders. So etwas lernt ein Mann nur von einer Frau. Wie heißt sie?«

»Sie hieß ... Ich bin jetzt ganz allein. Schön, wenn du hierbliebest.«

Nach einer langen Pause, die ihm endlos schien, sagte sie plötzlich: »Seien wir ehrlich miteinander, Peter: Im Grunde hast du in mir nur das gesucht, was dir deine Mutter schuldig geblieben ist. O doch, ich war sehr einverstanden. Mich hat's glücklich gemacht, ich bin's noch. – Darf ich nach diesem Geständnis einen Glimmstengel haben?«

Peter steckte ihr eine Zigarette an. Lotte sog den Rauch tief ein und sagte: »Das war fällig. Einmal mußte ich's dir sagen, wie ich es oft spürte.«

Wieder schwiegen sie eine Weile. Dann fragte Peter: »Woran denkst du?«

»Esther!«

»Läßt sie sich denn gar nicht heraushelfen?«

»Noch nicht mal im Haus helfen. Sie wirtschaftet gerne. Natürlich kümmern sich die Täubers, reden in sie hinein, sie soll doch weggehen. Aber die Fronten stellen sich ihr auf eine höchst persönliche Weise dar. In Grenzbrunn ist der Faschismus eben nicht anonym. Er trägt die Namen und Adressen einzelner. Und die kennt sie seit der Schulzeit. Aus ihrer oder deiner. Dazu kommt: Manche Leute marschieren nicht mehr so gern wie am Anfang. Die einfachen Leute haben Angst vor einem Krieg. Sie zwinkern ihr zu, nicken sogar, wenn's niemand sieht. Solche Stimmungen kommen Esther zupasse. Sie gehören in ihre Philosophie: David und Goliath. Dazu die tschechisch-katholische Atmosphäre in den Dörfern ringsum. Was glaubst du, was unter der Hakenkreuzfahne alles existiert? Und so heißt ihr Erzfeind eben nicht Hitler, sondern Fischer, der es auf Mutterns Vermächtnis, die ›Bohemia‹, abgesehen hat.«

Sie schliefen ein wenig, bis Peter sie wieder wach machte. »Du übrigens, Lotte, das von vorhin stimmt nicht. Ich hab dich wirklich lieb, *dich*. Und nicht als Muttersatz.«

Die Zigarette erlosch und wurde sorgfältig auf dem Dielenboden ausgedrückt. Lotte umarmte ihn, der darauf gewartet hatte: »Söhnchen!«

Am nächsten Morgen beseitigte Esther die letzten Hindernisse mit dem breiten Besen, wischte die Fenster frei, kehrte die Terrasse. So arbeitete sie sich gerne warm, in groben Hosen, großer Schürze, die Pelzkappe und derben Fäustlingen. Danach tat es wohl, in die Eins zu gehen, sich auszupellen, gründlich zu waschen und in Josefines Sessel auszuruhen. Nicht lange. Da war der Brief an Simon, und Briefe schreiben tat sie zwar besser, aber genauso ungern wie die Mutter. Doch das Winterabenteuer, ihre akrobatischen Leistungen, die Einkaufstour mit dem Eisschlitten, die Schneise im Eigenbau, drängten zu einem Bericht. Sie setzte sich am großen Tisch bequem zurecht, tunkte die Feder hastig in die Tinte. Das sollte er erfahren. Alles. Daß es noch gute Menschen gibt wie den alten Wodak. Mit offensichtlicher Genugtuung schrieb sie die Adresse auf das Kuvert. Mr. Simon Pelz – Brisbane Australia, 49 Cromwell Court. Während sie den Brief schrieb, nickte sie sich nach jedem überlesenen Absatz zu, verschloß ihn dann und beeilte sich, ihn zur Post zu bringen. Draußen auf der Steinterrasse sah sie, den Brief in der Hand, wie der junge Postbeamte mit der großen Austragetasche auf der vom Schneepflug geglätteten, trockenen und harten sauberen Mitte der Bäderstraße einherschritt. Impulsiv benutzte sie nicht die selbst ausgehauene Wegschneise, sondern sprang in den tiefen Schnee, kämpfte sich vorwärts, damit sie dem Postler mit dem Briefe winken konnte: »Ich komme nicht durch. Ein dringender Brief. Darf ich Ihnen das Kuvert rüberwerfen?«

Der junge Mann schüttelte sich empört: »Ich mach' doch einer Sarah nicht den Laufburschen.« Er rannte schnell weiter. Esther schaffte es, die Straßentreppe zu erreichen, indem sie sich am Geländer festklammerte und schrittweise vorwärtsschob. Schneebestäubt gelangte sie zur Treppe, rutschte sie sitzend herunter, landete in der Straßenmitte und fragte sich eine Sekunde lang: Wozu hab' ich den Brief geschrieben? Er sagt nicht mehr die Wahrheit. Da war sie schon beim Briefkasten angelangt.

Sie schob den Brief durch den Schlitz und freute sich, daß sie diesmal vor der »Bohemia« keine Schneise würde hauen müssen. Sie beeilte sich, heimzukommen.

Inzwischen stählten sich die Grenzbrunner Pimpfe im Seitenweg zur Bäderstraße an der Flanke der »Bohemia«, kommandiert vom Fähnleinführer Biller, dem jüngsten der sechsköpfigen Postlersprößlinge. Ihm flüsterte ein vorausgeschickter Späher direkt etwas ins Ohr, worauf er die Jungen sofort antreten ließ: »Schneeballangriff auf den sich nahenden Feind, Zielansprache: Die Judensarah!«

In Windeseile buken die Recken ihre Munition und versammelten kleine Häuflein von Geschossen zu ihren Füßen. Ahnungslos erschien Esther im Zielbereich. Ein Hagel von weißen Bällen zerplatzte an ihrem schmalen Körper. Einer platzte nicht. Im Schneeball war ein vierkantiger Stein eingepappt gewesen, hatte Esther an der Stirn getroffen, und sie war sofort bewußtlos umgefallen, woraufhin der mutige Kommandant vor Schreck stotternd im Wegrennen befahl: »Rü-Rückzug ü-über Seitenweg, marsch marsch!«

In der Straßenmitte lag Esther, um sie die Tatwerkzeuge, der Stein und blutiger Schnee. Niemand und jeder hatte die Täter erkannt. Die Nachbarn kamen aus ihren Häusern gelaufen. Wie hingezaubert stand auch der Gemeindepolizist im Kreis der Umstehenden, ein neuer, junger, scharfer – Fischers Auswahl. Sofort entschied er: »Niemand faßt hier an. Die Jüdin bleibt liegen, bis sie wieder aufsteht.« Vater Umlauf knurrte: »Hier kann sie nicht liegenbleiben.« Hromadko senior unterstützte ihn: »Die ist ja ein Verkehrshindernis.« Doch Mucki Marel, eine Schulkameradin Peters, kam angelaufen und berichtete aufgeregt: »Ich habe die Freiwillige Feuerwehr angerufen. Die wären beinahe ausgerückt. Bürgermeister Fischer hat's verboten. Vielleicht lebt sie gar nicht mehr.« Der alte Wodak schob den Gemeindepolizisten, der sich vor die Liegende gestellt hatte, resolut zur Seite, kniete nieder, beugte sich über Esther, wischte ihr das Blut von der Stirn: »Sie ist bewußtlos. Das Herz schlägt. Puls geht auch.«

Hufklappern, Rädersurren – alles schaute die Bäderstraße entlang. Kutscher Pietsch sah die Ansammlung, hielt mit schnellem Brrr seine Pferde an, sprang vom Bock. Nach ihm kletterte Jaroslav aus dem Wagen, sah mit einem Blick, was vorgefallen war, und rief, die Fensteröffnung mit dem Oberkörper zudeckend, in den Wagen: »Mařenka, bitte drinbleiben. Paß auf das Kleine auf, wickle es warm ein!« Ohne um Erlaubnis zu fragen, packte er Esthers Kopf und Schultern und sagte tschechisch zu Wodak: »Würden Sie bitte mit anpacken? Nur die Beine. An den Straßenrand.«

»Nein«, protestierte der Alte und wies mit dem Ellbogen zum wellblechüberdachten Vorplatz seines Gemüseladens. Sie legten Esther sanft auf das Brettergestell für die Kartoffelsäcke. Die Nachbarn folgten, standen stumm und bedrückt vor den Brettern, als ein kleiner dicker Mann sich durchdrängte: »Bitte, machen Sie Platz, ich bin Arzt, Doktor Marcuse.« Schnell untersuchte er die Bewußtlose, hob die Augenlider, fühlte den Puls, horchte. »Sofort ins Krankenhaus. Wahrscheinlich Schädelbruch, zumindest eine schwere Gehirnerschütterung.«

»Unsere deutschen Krankenhäuser sind nicht für Jüdinnen da«, behauptete der Gemeindepolizist ins Leere. Die Aufmerksamkeit der Grenzbrunner galt ihm nicht mehr. Ein merkwürdiges Gefährt kam die Straße entlang. Es sah aus wie ein rechteckiger, überdimensionaler Kinderwagen mit Haube in Schwarz, weiß ausgeschlagen, ziemlich hochbeinig, jedoch tief herunterzukurbeln – wenn notwendig. Er wurde von vorne gezogen und von hinten geschoben. Das besorgten zwei deftige Nonnen, die diesen Ambulanzersatz für Gebirgsorte seit jeher bedienten und auch Esther Pelz mit wenigen behutsamen Griffen hineingelegt und warm zugedeckt hatten. Auf der Bäderstraße folgte dem Gefährt Dr. Billers Stoewer, von Pelz beschlagnahmt, und hielt an. Der Kurdirektor wollte wissen: »Wer hat Sie gerufen, Herr Doktor?«

Der Arzt wies auf die Nonnen. »Wir sind auf Veranlassung der Kreispolizeibehörde hier. Haben Sie etwas dagegen?« klang es sehr bestimmt und autoritativ. Die Nonnen waren schon beim Abtransport. Dr. Biller schluckte verlegen: »Gewiß nicht, wieso denn?«

»Ins Ortskrankenhaus«, ordnete der Arzt an, und zu Täuber gewandt: »Von Besuchen bitte ich in den ersten Tagen abzusehen. Wie geht es Ihrer Gemahlin, Herr Täuber?« Der neue Kurdirektor brauste auf. Er hatte bis dahin verbissen geschwiegen.

»Gut gegangen, Herr Doktor. Das Wunschmädchen prächtig, Mariechen auch, es ging ohne Operation.« Die beiden wanderten die Straße hinunter. »Die Sache mit dem Kreispolizeiamt glaube ich Ihnen nicht, Herr Doktor.« Der Arzt betete Paragraphen her – flüssig und rasant wie ein Maschinengewehr. »Die Verordnung besagt, daß Gegenstände beweglich und unbeweglich sowie Personen, die den Straßenverkehr behindern, nach Feststellung von Tatbeständen sofort außerhalb der Straße unterzubringen sind. Also habe ich auf Veranlassung der Kreispolizeibehörde gehandelt. Nichts anderes ist behauptet worden, nicht wahr?«

»Aha, heißen Sie nicht zufällig Schwejk? Bitte, wer steckt denn wirklich dahinter?«

»Na ja, die Mucki Marel hat nicht nur *einen* Bürgermeister angerufen. Der alte Gottschling klingelt auch sofort an.«

»Sieh mal einer an, Papa Gottschling. Von ihm sagt die Klassik: ›Spät kommt Ihr, doch Ihr kommt.‹ «

»Nazdar, Herr Täuber, es wird Zeit, daß ich ins Krankenhaus komme – und wenn's nur wegen der Esther wär'.«

Wieder einmal war es Esther Pelz, derentwegen sich der Bürgermeister wutschnaubend am Telefonhörer festhielt und die langgedehnte Erklärung des neuen Kurdirektors zu hören bekam: »Verstehe schon, Parteigenosse Doktor Biller. Also, die Kreisbehörde hat sich in den Fall Esther Pelz eingeschaltet und das Eingreifen eines Arztes veranlaßt, der den Transport ins Krankenhaus anordnete. Scheiße! Und wenn der Brückner sagt, was er will. Ich habe eine tolpatschige Hand. Na, und Sie erst! Im übrigen war es Ihr jüngster Bruder, Parteigenosse Doktor Biller, der den Schneeball mit Steineinlage geschmissen hat.«

Gleich darauf wurde der Mechaniker gerufen. Der Bürgermeister hatte den Hörer mit solcher Wucht aufgehängt, daß die Gabel abgebrochen war.

Das Gemeindekrankenhaus Grenzbrunn–Sackisch krönte eine kleine Anhöhe im Waldgebiet und ähnelte mehr einem Sanatorium. Die Gemeindeväter hatten das so gewollt, damit das Gebäude nicht aus dem Kurortrahmen fiel. Niemand nannte es bei seinem Namen. Die barmherzigen Schwestern, von denen die Patienten umsorgt wurden, veranlaßten die Leute, es das Katholische Krankenhaus zu nennen. Und da Gottschling frommer Katholik war, hatte der Bürgermeister nichts gegen die friedliche Usurpation einzuwenden gehabt. Wo die Kirche aber Macht ausübte, hatte der Teufel sein Recht verloren, und wenn Dr. Biller das schöne helle Zimmer mit Balkon gesehen hätte, das Esther bewohnte, wäre ihm seine Mittagsmahlzeit im Halse steckengeblieben. Wo sich nun aber Glaube und Tschechentum ergänzten, stand für eine böhmische Jüdin ein höheres Maß an Barmherzigkeit zur Verfügung, als es dem Konkordat des Heiligen Vaters mit dem Glaubensbruder Schicklgruber aus Braunau am Inn entsprach. Besonders Schwester Innocencia, die einstmals auf den Familiennamen Slavik gehört hatte, bevor sie den Schleier nahm, verwöhnte Esther, und das war gut für Esthers erschöpften Körper, schlecht jedoch, indem es ihre optimistischen Illusionen aufs neue nährte.

Dr. Županik war aus heilpraktischen Gründen nicht begeistert von dem Rummel um die Patientin, versteckte seine Einwände jedoch hinter friedlichem Grollen, an ihrem Bett sitzend, während er ihre Hand hielt. »So, ein Taubenhaus habe ich kaum je erlebt wie in Ihren Besuchsstunden. Wie ein Papstempfang im Quirinal. Na, nicht gleich weinen. Ich lasse Ihnen ja Ihren Hofstaat. Es gibt Patienten, für die sind Besucher Gift, für Sie scheinen sie die beste Medizin zu sein. Sogar der Pfarrer Medelka aus Tscherbenej hat sich für morgen angemeldet.«

»Weil er ein Tschech is. Wann kann ich nach Hause, Doktore?«

»Überhaupt nicht – wenn Sie das Hotel meinen. Erst brauchen Sie mal Erholung. Luftveränderung, am besten in der Tschechoslowakei. Bad Podiebrad scheint mir geeignet. Da schicke ich Sie hin. Ich hab's schon beantragt.«

Die Patientin entzog dem Arzt ihre Hände und schüttelte bitter lächelnd den Kopf: »Da müßte der Fischer nicht Ortsgruppenleiter und Bürgermeister sein! Schade um die Tinte. Die haben mir ja meinen Reisepaß abgenommen. Die lassen mich sowieso nicht heraus.«

Der Arzt erhob sich: »Schlafen Sie schön.« Der Schwester sagte er: »Leichtes Sedativum, damit sie eine gute Nacht hat.«

Ruhig schlief Esther ein.

Dafür bereitete das Gesuch dem Bürgermeister schlaflose Stunden. Er setzte sich ans Telefon, raubte seinen hochgestellten Freunden in Breslau die Ruhe, ließ sich beraten, überlegte hin und her. Kaum begannen die Amtsstunden am nächsten Morgen, da befahl er den Postinspektor Biller und den Kurdirektor Dr. Biller zu sich und dazu Rechtsanwalt Dr. Schmidt, der ihn erstaunt fragte: »Was soll die Alarmeinladung? Wo brennt's denn?«

»Bitte nehmen Sie erst einmal Platz. Der Kaffee kommt gleich.«

Die Herren folgten und sahen ihn erwartungsvoll und neugierig an, bemerkten, wie er mit einem Bogen spielte, an dessen Kopf sie die Überschrift »Ortskrankenhaus Grenzbrunn-Sackisch« erspäht hatten.

»Eine Frage an Sie, meine Herren. Nehmen wir an, eine Jüdin, der wir die Gastfreundschaft unseres arischen Landes gewähren bis auf Widerruf, verläßt vorübergehend dieses Land auf Parole mit unserer Erlaubnis. Sie erklärt vor diesem Amt, daß sie nach der bewilligten Dauer der Abwesenheit zurückkehre. Wenn sie nach einer solchen Erklärung, entgegen ihrer Verpflichtung, nicht mehr nach Deutschland zurückkehrt, was geschieht dann mit ihrem Grundstück und Vermögen?«

Trocken lachend meinte der Rechtsanwalt: »Das wäre die Antwort auf das Gebet einer Jungfrau. Zu schön, um wahr zu sein. Mein lieber Herr Fischer, nicht alle Wünsche gehen in Erfüllung.«

»Wenn aber doch?«

»Verschwinden lassen?«

Triumphierend reichte Fischer den Herren das Gesuch, ihre Köpfe beugten sich darüber.

»Lesen Sie, ›Gesuch auf zeitweilige Ausreise zwecks Erholungskur‹.«

Die Billers blickten auf, der Junge massierte sein Kinn: »Wenn ich zusammenrechne, wie wir der in letzter Zeit mitgespielt haben, schätze ich, die bleibt, wo der Pfeffer wächst.«

»Eine elegante Lösung.« Befriedigt nickte der Rechtsanwalt. »Und damit wäre das Gesuch der Sarah und der Fall ›Bohemia‹ ...« Fischer schnippte mit den Fingern, griff nach dem Stempel. Der alte Biller wollte den Satz für ihn vollenden: »Erledigt!«

»Im Gegenteil – bewilligt!« rief Fischer und knallte den Stempel mit lautem Effekt auf das Gesuch.

4. Wie man die Weihen nimmt

»Und du bist extra meinetwegen aus Berlin gekommen?« staunte Esther und sah die Freundin beglückt an. »Dabei wollen mich die Ärzte nächstens herauslassen. Ein guter Mensch bist du. Ach, so viele habe ich hier kennengelernt. Was sie mir alles hergeschleppt haben. Denk dir, Äpfel im Winter. Und versprochen, bei den Reparaturen zu helfen, bevor die Saison anfängt. Ein Gesuch hat der Arzt...«

Die Nonne schob den gläsernen Medikamentenwagen auf seinem stählernen Fahrgestell ins Zimmer und bereitete eine Injektion vor, so daß Esther den Kopf der Freundin zu sich herunterzog und ihr die unwahrscheinliche Mär ins Ohr flüsterte. Lotte schüttelte ungläubig den Kopf, worauf Esther strahlend und heftig nickte, sich danach rings umschaute, ob neugierige Augen sie verfolgten, um den kleinen Safeschlüssel von der dünnen goldenen Halskette zu lösen, an der außerdem immer noch Samuels Verlobungsgeschenk hing. »Er sei dein Glücksstern« stand auf dem Goldblättchen einziseliert, rings um den hübschen Rubin. Sie legte den Finger auf den Mund, holte aus dem Bettkästchen einen Briefblock und schrieb der Freundin etwas auf, was nach Ziffern und Formeln aussah. Lotte las und machte eine entschieden ablehnende Bewegung. Esther bettelte: »Nur bis zur Saison. Ich mag nicht so viel im Haus haben. Und auf der Bank schon gar nicht. Vielleicht, so Gott will, fahr' ich wirklich zur Kur. Glaub' mir, ich fühle mich unsicher damit. Für den Saisoneinkauf bleibt mir noch genug. Bitte, bitte!«

»Man kann dir nichts abschlagen. Da fahr' ich eben erst morgen früh nach Berlin und schlafe heute bei Täubers.«

Allmählich zeigte die friedfertige Nonne deutliche Zeichen von Ungeduld, und so fiel die letzte Umarmung der Freundinnen heftig, kurz und unsentimental aus.

Für die Prozedur im Hotelsafe versicherte sich Lotte der Zeugenschaft Täubers und seiner rundlichen Mařenka. Sie betraten das Haus über den Hofeingang, gingen durch die gespenstisch-leere Hotelhalle zur Rezeption, schlossen Türen auf und verschlossen sie, bis sie im Saferaum standen.

Lotte fingerte an der Nummernscheibe des Privattresors, drückte die Schlüssel in die Öffnung des Spezialschlosses, öffnete das Stahlfach und reichte den Zeugen Banknotenbündel zum Durchzählen. Sie schrieben die errechneten Beträge auf eine Liste, unter die Lotte der Empfangsbestätigung mit ihrer Unterschrift und jener der Zeugen Gültigkeit gab. Zur Aufbewahrung entgegengenommen: Datum, Name, Lotte Wenzke, Adresse. Sie halfen ihr, die vielen flachen Päckchen in der ledernen Hängetasche unauffällig zu verstauen. Als sie die Hotelhalle verließen, legte Täuber seine Hände vertraulich auf die Schultern der Frauen. Sie waren zu dritt in der feindlichen Welt von Grenzbrunn. Doch sie fühlten sich weder allein noch einsam.

Ohne Lautsprecher, ohne Telefon, selbst ohne Eckenklatsch war es in Windeseile in Grenzbrunn herum: Die junge Polansche – die Sarah war vergessen – fährt über die Grenze zur Kur.

Wo nichts stattfindet außer Langeweile, bedeutet alles, was mehr ist als nichts, eine Alltagssensation. Zweifler glaubten die Mär gar nicht, bis Täuber die Haustür öffnete und das Gepäck davorstellte – Täuber nicht in der bequemen Hausjacke und den Bauernstiefeln, nein, richtig in der Sommergalauniform des ersten Hausdieners. Doch die Augen der Leute wurden noch größer. Sie rissen, hinter den Fenstern versteckt, die Münder auf: Vor der »Bohemia« hielt die Mietsdroschke des Familienkutschers Pietsch. Esther trat auf die Terrasse, im Besten, was sie besaß, dem Schneiderkostüm. Mariechen, die Beschließerin, umarmte sie. Na – so was! Es kam noch unglaublicher. Täuber trug Esthers Gepäck bis hinunter zur Bäderstraße, und sie ging, ohne etwas in der Hand zu tragen, hinter ihm her. Ein Skandal!

Auch wenn ganz Grenzbrunn dachte, Bescheid zu wissen, gab es welche, die wußten mehr als Bescheid. Wer sonst als Baumeister Strihauka, der sich mit dem Friseur Hromadko in dessen Hausflur aufhielt und hinter dünnen Vorhängen die Vorzüge eines Logenplatzes genoß. Er nickte mehrmals sehr entschieden. »Ist ja auch das beste, meinen Sie nicht auch, Pane Hromadko? Find ich sehr vernünftig. Fährt mit Erlaubnis offiziell zur Kur und kommt inoffiziell nicht mehr zurück. Fischer hat ihr eine goldene Brücke gebaut, ich weiß es vom ›Fürstenhof‹–Stammtisch.«

Inzwischen waren Herr Umlauf und sein Sohn von der SA durch den Hintereingang zu den Nachbarn gestoßen. Der Junge hatte das letzte mitgehört und erklärte empört: »Ortsgruppenleiter Fischer? Den kenn ich aber ganz anders!«

Strihauka wurde gleichsam größer und gewichtiger, streckte seinen Bauch vor und wippte auf den Fersen: »Natürlich kann man die ›Bohemia‹ nicht so mir nichts, dir nichts in das Verwaltungszentrum des Bades verwandeln. Dazu gehören umfangreiche bauliche Veränderungen vom Keller bis zum Dach.«

Neidisch fauchte Umlauf senior: »Damit Sie Ihren Schnitt machen können, Herr Baumeister! Nu, Ježiš Marja, wer tät's nicht.«

Auch der Junior war nun befriedigt. »Dafür wird für uns alles leichter. Alles vis-à-vis: Gemeindeamt, Kurverein, Feuerwehr, Polizei, SA-Schießstand, alles über die Straße.«

Die Droschke fuhr an. Pietsch ließ die Peitsche knallen, und nur der junge Umlauf fand ein Abschiedswort: »Daß ein Arier einer Sarah den Koffer trägt, außerhalb der Kursaison, pfui!«

Eine Gerade zwischen Stockholm und Prag hätte ein Drittel der Länge des illegalen Kurierweges bedeutet, der auf einem vielgebrochenen Zickzackweg verlief. Wenn ein Verbindungsmann irgendwo auf der langen Strecke in Hitlerdeutschland den Faschisten in die Hände fiel, konnte er eigentlich so gut wie nichts verraten, jedoch der Ort war sofort zu wechseln. So eben entstand die Zickzackroute. Nicht leicht, immer wieder neue Kontaktleute zu finden, schwieriger noch, sie mit gut zurechtgemachten Papieren, einer Bleibe und den nötigen Mitteln zu versorgen, am schwierigsten, den Mann vorzubereiten, der die Genossen in ihre Arbeit einwies, einsetzte, einschleuste und die ganze Kurierroute abfuhr und kontrollierte. Ihn galt es so gut wie möglich zu tarnen, aus den erfahrensten Kadern der illegalen Grenzarbeit sorgsam auszuwählen. Der letzte, der davon erfuhr, war meist der Gewählte.

Peter betrachtete die Anordnung der Parteileitung, sich in Prag zu melden, als eine Routineangelegenheit. Sicher brauchten sie ihn für irgendeine Schulung. Gebhardt, der ihn vom Karlsbader Bus abholte, erkannte ihn kaum wieder. »Was du um den Oberkörper herum breiter und stämmiger geworden bist, fehlt dir im Gesicht, schmal, Haut und Knochen, kantig.«

»Jetzt fehlt mir bloß noch, du sagst, ich bin durchgeistigt. Was soll ich tun?«

»Zuerst gehst du zum Konfektionshaus Rolný und kleidest dich ein von oben bis unten, modern von der Stange. Der Laden ist groß genug, daß du da nicht auffällst. Hier hast du Geld. Diese Anonymität brauchen wir für das Appartement im Luxushotel ›Alcron‹. In zwei Stunden pünktlich – Uhrenvergleich bitte – treffe ich dich dort im Caféhaus am Tisch neben dem Kapellenpodium. Im Lärm kann man am besten reden. Vor allem fällt dort nicht auf, wenn man sich etwas ins Ohr sagt.«

»Na, dann servus, wir laufen eh' schon viel zu lange nebeneinander her, so daß jeder Spitzel gleich zwei auf der Platte hat.«

»Du bist in Prag, Junge, nicht an der Grenze. Hier wirst du dir ein bißchen Konspiration abschminken müssen.«

Ungewohntes Leben, ungewohnter Lärm, ungewohnte Menschenmassen, wenn man fast zwei Jahre in Orten verbracht hat, wo man am besten des Nachts ausging. Und die Arbeit geschah in der lichten Schonung, im Hochwald oder im Fels, in tiefen Hohlwegen mit steilen Böschungen. Merkwürdig fremd so ein Leben in der Stadt. Daheim fühlte sich Peter erst wieder, als er im eleganten Appartement den ebenso eleganten Dr. Brausewetter umarmte, der Felix Schinski war. Wenn die beiden sich trafen, schien die Zeit zusammenzuschmelzen. Eine Nacht und einen Tag hatten die Kameraden für sich, der nächste war Felixens Minnedienst an einer blonden Schönen geweiht, und Peter schlief sich endlich einmal aus. Dann erschien der Ernst des Lebens in Gestalt von Gebhardt, der den Freunden von der Tür des Appartements zurief, daß die schönen Tage von Aranjuez nun vorbei wären. Besorgt wies Peter zur Tür hin: »Komm da weg, bevor du redest!« Gebhardt zeigte ihm den Vogel und wendete sich an Felix: »Herr Doktor Brausewetter, würden Sie bitte Ihrem Freund klarmachen, daß es notwendig ist, sich auch an *legale* Bedingungen und Möglichkeiten zu gewöhnen, weil allzuviel Vorsicht auffällig, unsicher und damit verdächtig wirkt. Ich habe ihm gleich am Anfang seiner bedeutsamen Karriere als illegaler Grenzarbeiter etwas von Wert und Wohlfeilheit von Taxifahrten erklären müssen. Soll ich jetzt das Loblied der verhältnismäßigen Legalität singen?«

»Na, mach mal halblang. Peter kommt aus dem Zustand strengster Konspiration, in seinem Abschnitt gab es die wenigsten Pannen, die wenigsten Opfer an Menschenleben und die besten Ergebnisse.«

»Nichts dagegen – stimmt! Ist ja auch dein Kader. Jeder lobt seine Ware.«

Peter ging im Zimmer auf und ab, ungeduldig mit sich selbst. »Gebhardt hat natürlich recht. Sich sofort auf eine neue Situation einzustellen, in Sekundenschnelle dazusein, das gehört zum Handwerk der Illegalität. Und ich war wirklich im Geist noch zwischen Felsen und Sümpfen, im Dickicht, in den Dornen, im Schlamm und in der Dörrhitze. Sogar an das vernünftige Sachentragen gewöhnt man sich schwer. Danke für die Lektion, Gebhardt – augenblicklich reagieren.« Er blieb inmitten des Zimmers stehen. »Wetten, da hängt wieder 'ne Geschichte dran«, krähte Gebhardt. Felix gab dem Freund den nächsten Rippenstoß: »Erzähle, komm raus damit, gedruckt wird es sowieso erst, wenn wir gesiegt haben. Zier dich nicht.«

Peter ging auf und ab, ließ sich nicht lange bitten: »September vierunddreißig. Die Klingenthaler Landstraße liegt im Dritten Reich. Das angrenzende Hochplateau ist tschechisch, also rechts Felder, links Steilhang, wir da oben flach am Rande auf den Bäumen, mit was in der Tasche, Feuerschutz wenigstens für die ersten zweihundert Meter. Denn auf der Landstraße unten läuft unser Kuba entlang, der rothaarige Dichterling, läuft mit kurzen Hosen, einem Fahrtenhemd, einen Rucksack voller Flugblätter am Bukkel. Pfeift sich eins, ein großer Pfeifer vor dem Herrn. Kommt ein schwarzes Motorrad hinter ihm her. Darauf ein SS-Mann mit so viel Lametta auf der Schulter, daß wir's von oben sehen können. Also entsichern. Bleibt doch dieser Kuba mitten auf der Landstraße stehen und signalisiert mit beiden Armen: Halt! Uns steht beinahe das Herz stille vor ängstlicher Spannung. Das Motorrad hält an. Ruft der Kuba: ›Dätsde mich mitnähm nach Zwicke?‹ Sagt der Fahrer verdutzt: ›Hupp uff!‹ Natürlich haben wir uns den Kuba nach seiner Rückkehr vorgeknöpft, von wegen Leichtsinn und Tollkühnheit. Seine Antwort war unschlagbar: ›Eener hädd'n andern uffgehalden, na wahr, und da warsch besser – isch!‹«

»Das war eine gute Einleitung, Peter. Um so was geht es. Setz dich erst mal. Du mußt heim ins Reich, wie die Henleinleute schreien.«

»Wenn's die Partei für notwendig hält, und ich bin der richtige Mann . . .«

»Wahrscheinlich«, nickte Gebhardt.

»Wie lange?«

»Das ist relativ. Ein Monat Vorbereitung, drei Wochen Aufenthalt, drei mal fünf Minuten Aktion.«

»Wenn du auch in Rätseln zu reden beliebst, du kommst schon noch vom Katheder runter. Welche Voraussetzungen sind nötig?«

»Eine kenne ich. Du warst ja mal ein sehr guter Lateiner. Bloß ob du das klerikale Gebetslatein, das Dominus vobiscum und . . .«

»Vier Jahre Schulbrocken.«

Gebhardt wiegte den Kopf. »Ich habe meine Zweifel.«

»Und ich hatte mal ein Kinderfräulein!«

»Kommt jetzt wieder eine Geschichte?«

»Nee, bloß ein Bericht. Fräulein von Kowalski war streng katholisch und hatte keinen abgekriegt, so daß ihr nur noch der Herrgott übrigblieb. Die war so fromm, daß sie mich dreißigmal im Monat Mai, jeden Abend zur Maiandacht mitgeschleppt hat, natürlich auch zur Sonntagsmesse, zur Fronleichnahmsprozession, sogar auf die großen Wallfahrten bis nach Albendorf. Wenn es meine Leute in der ›Bohemia‹ geahnt hätten, wäre das Haus eingestürzt. Ich war zwischen acht und neun Jahren. Vom Zuhören, Mitsagen und den Antwortsprechchören hab' ich die Messe spielend auswendig gelernt. Später, als wir auf der Penne mit Latein anfingen, auf einer Oberrealschule natürlich im Nebenfach, hat mir mein eigenes Wissen richtig Respekt eingeflößt. Ich brauchte kaum zu pauken, der Vorrat reichte.«

»Aus Spaß an einer toten Sprache?«

»Nee, aus Liebe zu einem lebendigen Fräulein. Ihr zuliebe habe ich die Gebete, Lieder und Sprüche gekonnt, von: ›Meerstern, ich grüße dich‹ bis: ›Und gebenedeit ist die Frucht deines Leibes, Jesu.‹ Alles für sie.«

Mit offenem Munde hatte Gebhardt zugehört: »Mir geht bei dir alles mögliche durcheinander. Mit vier Jahren in die hebräische Kleinkinderschule, mit neun in die katholische Maiandacht. Warum?«

»Na ja, ich war ein frühreifer Junge mit einem ganz deftigen Nachholebedarf an Zärtlichkeit. Mutter liebte nur die ›Bohemia‹, und das Fräulein fühlte sich hübsch und rundlich an, hat auch gut gerochen und knuddelte gern. Habt ihr 'ne Ahnung, was ein weitentwickeltes männliches Kind dafür tut!«

In das dreifache Gelächter hinein kommandierte Felix, den Mund selbst noch grinsend verzogen: »Jetzt mal bitte ernst. Gebhardt, referiere endlich, worum es konkret geht.«

»Daß wir über die Gesamtsituation im Reich besser orientiert sind als viele isolierte Gruppen daheim, weil in Prag alle Informationen zusammenlaufen und ausgewertet werden, sogar aus KZs und Haftanstalten, bürdet uns eine große Verantwortung auf für das, was drinnen geschieht.«

»Das weiß er«, unterbrach Felix. »Bitte konkreter.«

»Gut! Stelle dir vor, in einer Stadt existieren drei sehr unterschiedliche Widerstandsgruppen, über die wir zuverlässig informiert sind. Sie wissen aber nichts voneinander, weil sie politisch verschieden denken, eine gute, aktive KP-Zelle, eine etwas losere Vereinigung von Gewerkschaftern und Sozialdemokraten, denen es vor allem aufs gemeinsame Durchhalten ankommt, die aber ab und zu auch was riskieren, und die dritte Gruppe übt Widerstand aus religiösen Gründen, alle Konfessionen vertreten, Sektenangehörige, Bekenntnischristen und Katholiken. Da tut sich was, weil ein Pfarrhaus da ist, eine Kirche als Rückendeckung.«

»Bemerkenswert, bloß wo passe ich da rein?«

»Nicht unterbrechen. Es wird gleich interessant.« Schinski machte sich Notizen.

Gebhardt fuhr fort: »Die Gestapo spürt, daß in der Stadt etwas los ist. Sie erfährt von Aktivitäten, haut um sich, verhaftet, macht Razzien. Keine konkreten Ergebnisse. Also gründet die Gestapo selbst eine Widerstandsgruppe aus Zusammengeschlagenen, Weichgewordenen, von Sippenhaft Bedrohten, denen sie als lockenden Wurstzipfel Überlebenschancen hinhält. Unter den Mitgliedern sind ehemalige KP-Genossen.«

»Klar«, sagte Peter. »Die Nazis hoffen nun, daß diese Widerstandsgruppe unter ihrer Pflege blüht, wächst und gedeiht, von sich reden macht, so daß Querverbindungen entstehen zu etwaigen Versprengten und den Gruppen. Ein braunes Spinnennetz, wodurch wissen wir davon?«

»Überprüfte Information aus einem KZ. Das Ganze wird erst allmählich eingerührt, und da Preußen sehr gründlich sind, schießen sie nicht so schnell, also bleibt uns Zeit zu reagieren. Die uns durch einige wenige Namen und Adressen bekannten Gruppen sind – durch einen unauffälligen Stadtfremden – in Abständen von sieben Tagen Sicherheitsfrist zu warnen und einzuweihen. Zeit und Ort der Treffs ist unsere Sache.«

»Kapiert. Bloß, Genossen, das ist doch nicht die Sache des Apparates. So was regelt man im Lande. Es gehört nicht zu unseren Aufgaben.«

»Auch nicht, wenn durch diese Stadt eine wichtige Kurierlinie nach Schweden verläuft, und der Ort einer der wichtigsten Eisenbahnknotenpunkte zwischen Dresden und Lübeck ist? Aus Linien kann man Zickzacklinien machen, Verbindungen umplazieren, Orte und Kontakte verändern, aber Knotenpunkte sind konstant. Übrigens wäre das deine Aufgabe Numero zwei. Kontrolle und Absicherung der Kontakte.«

»Das sieht schon anders aus, wie?« sagte Felix.

»Klar, keine Probleme mehr. Damit meint ihr also die dreimal fünf Minuten. Nun erklärt mir bloß noch, was ich in den übrigbleibenden Minuten in dieser Stadt tun soll? In zwanzig Tagen, elf Stunden, zehn Minuten, wenn man die Wege zum Treff mitrechnet?«

»Du verkaufst Gott Vater, Gott Sohn, die heilige Maria und den Heiligen Geist.«

Das Devotionaliengeschäft, in dem Peter seinen neuen Beruf erlernte, zweigte vom gotischen Kirchenschiff einer stadtbekannten Pfarrkirche ab, so daß der Eingang für Angestellte, Lieferanten und Handwerker durch die Kirche erfolgte, während die Kundschaft, auch die geistlichen Standes, von der Straße her eintrat.

Der Haupteingang der Kirche hingegen lag hinter einem barocken Sakralbau, durch dessen kuppelbestückten Torbogen man in den Innenhof gelangte. Die Mönche nahmen den durch einen Glaubensbruder der tschechischen Huskirche eingeführten Lehrling des Devotionaliengewerbes, ohne viel zu fragen, in ihrer Mitte auf, und nur Pater Cyril Savorek, der dem Geschäft vorstand und Peter am strengsten instruierte und überprüfte, gab indirekt zu erkennen, daß er in Peters Vorhaben eingeweiht sei. Er interessierte sich auch für Peters Lebenslauf, erzählte gerne von den Reizen und Sorgen des Klosterlebens und behauptete, Meditation und Gebet seien erst nach vollbrachten Taten und ermüdender Geschäftigkeit beruhigend und erquickend. Als Peter fragte, ob sie dann nicht auch in Schlaf ausarten konnten, kniff Pater Savorek die blauen Äuglein zusammen, die auf dem runden heiteren Gesicht mit vervielfachtem Kinn schwammen wie in einer Bouillon, und flüsterte: »Man darf sich bloß nicht dabei erwischen lassen.« Sicher ein Scherz, denn der vielbelesene, sehr gebildete, mit den Gebrüdern Čapek befreundete Mann, der Gorki ebensogut kannte wie den weisen Tolstoi, benutzte seine Mußezeit gewiß nicht zum Schlummer. Er ließ sich von Peter Meßgewänder aus den langen Kleiderregalen ziehen und verlangte zu wissen, welches wem zugehörte.

Peter versuchte es: »Pane Doktore! Pane Doktore! Stellen Sie sich vor, Sie bieten meinem Generalvikar das Meßgewand eines Pfarrers an. No . . .« Er blies die Backen auf und klopfte sie, was zu einem leisen Knall führte, mit den Handflächen wieder ein: »No, schlimmer als eine Majestätsbeleidigung. Die geistlichen Kostüme aller Rangstufen sollten Sie auswendig lernen wie einstmals jeder Offiziersanwärter die Uniform-Ordnung der k. u. k. Armee. Im übrigen verraten Sie dafür ein beachtliches Talent.«

»Kunststück!« lachte Peter. »Ich bin in solchen Dingen gar nicht unbeleckt. Die genauen Angaben über die Kleidung der Hohenpriester, der Leviten und der Kohanim nehmen in Talmud und Bibel einen beträchtlichen Raum ein. Jeder fromme Fünfjährige . . .«

»Ach freilich, Sie wollten ja einmal Rabbiner . . . Verschwendete Gaben! Aus Ihnen wäre ein prima Feldkurat Katz geworden! So, und jetzt muß ich Sie in den Tagesverlauf eines Pfarrers wochen- und sonntags einführen, damit Sie wissen, wann und wie die Herren zu besuchen sind, wobei gleich zu bemerken ist, daß die über fünfzig gerne ein Mittagsschläfchen einlegen. Allerdings sind Ihre Hauptpartner katholische Buchhandlungen mit Religionsbedarf. Wenn man zwanzig Jahre mit Devotionalien gereist ist wie ich und sehr erfolgreiche Geschäfte getätigt hat, bekommt man Einsichten, die englische Handelsvertreter gerne ›the tricks of the trade‹ nennen, roh, aber mildernd übersetzt, die Handelskniffe.«

Er holte einen großen, flachen schwarzen Koffer und zeigte Bilder, deren Bezeichnung er herunterrasselte wie auf einer australischen Wollauktion und mit ähnlicher Wortmelodie: »Repetieren Sie mit mir: Koffer eins Jesus Christus, Kopf, Brustbild, ganze Gestalt predigend, auf dem Kreuzgang, gekreuzigt, allein, zwischen den Schächern, in der Grabkammer, auferstehend, zum Himmel schwebend, verklärt. Illustrationen aus dem Neuen Testament in Koffer zwei, wie Bergpredigt, Jesus mit Fischern, die Jünger, Abendmahl usw. Im Koffer eins, noch großformatig, Gott Vater, Gott Sohn, Heiliger Geist als Taube, zu dritt und einzeln. Maria, Mutter Gottes, allein, mit Jesukindlein, mit Josef, mit den Hirten, mit den Engeln der Verkündigung, an der Krippe, Kindlein im Arm, ohne – mit Heiligenschein, am Fuße des Kreuzes . . .«

Der Peter, der durch den grünen Park am Karlsplatz schritt, hatte sich eigentlich nur wenig verändert, wirkte aber ganz anders, fremd, unnahbar, feierlich seriös. Nicht mehr salopp, sondern bürgerlich solide gekleidet, dunkel und ernst. Sein Gang hatte Würde gewonnen. Das Haar kurzgeschnitten, auf dem Scheitel so dünn, daß die Kopfhaut durchschaute, angedeutete Tonsur. Peter wirkte pflichtbewußt und zielgerichtet, ein ordnungsliebender Zeitgenosse.

Während er nur wenige Blicke an einen Springbrunnen verschwendete, bunte Blumenrabatten links liegenließ, verfolgte ihn ein junger Bursche, und ein dicklicher Kahlkopf kam ihm entgegen. Der fröhliche Verfolger rief ihn an: »He, Peter? Na, hörst du nicht, bleib doch stehen!« Der gemütliche Dicke war plötzlich nicht mehr gemütlich. Er lugte scharf nach Reaktionen in Peters Gesicht. Der junge Bursche hieb Peter von hinten kumpelhaft auf die Schulter: »Na, Peter! Du oller Wolf! Kennst du deine Freunde nicht mehr?« Peter drehte sich um, blieb einen Moment stehen und sagte verdutzt, in gutem, etwas mehr tschechisch als nur pragerisch gefärbtem Deutsch: »Sie müssen sich irren. Ich bin nicht Peter. Ich heiße Innozenz. Innozenz Krištofek. Doktor der Philosophie Krištofek.«

Der Dickliche nahm Peter beim Arm: »Schon gut, Peter. Prüfung bestanden. Es war in Ordnung. Wenn du auch nur mit den Ohren gewackelt hättest, dein schöner Paß wäre umsonst ausgestellt worden.« Und der junge Mann auf der anderen Seite flüsterte Peter vertraulich ins Ohr: »So ein schöner Paß. Ein Meisterwerk. Ohne Quarzlampe nicht als Blüte nachzuweisen. Und wer hat die schon?«

Noch immer bockte Peter: »Woher weiß ich, wer Sie sind, meine Herren?«

Der Bursche schaute in die Runde. Sie waren ziemlich allein auf dem Promenadenweg. Er ließ den Paß in die Seitentasche von Peters Rock gleiten: »Jetzt weißt du's. Jetzt weißt du erst richtig, wer du selbst bist.«

»Ich hab euch noch nie gesehen!«

»Eben, Herr Doktor Krištofek, sonst wär's kein Kunststück.«

»Ma ůcta, pane doktore«, sagte der Dickliche zum Abschied und »Nazdar« der Junge. Schnell gingen sie weiter und ließen Peter, würdig schreitend, immer mehr zurück.

5. Zwei reisen »heim ins Reich«

Längst wohnte Peter nicht mehr in der Renaissancemansarde. Seine Bleibe, die aus Stube und Küche über einem Garagenhof bestand, draußen in Strašnice an der Peripherie der Stadt, geschützt durch eine gute Deckadresse und den tschechischen Genossen, dem das Taxigeschäft gehörte, erreichte er, nach dem harten Studium der Devotionalien, mehrere Haken schlagend, wieder ohne Tarnung.

Ein rechtes Junggesellenquartier, unaufgeräumt, schlampig, nicht schmutzig. Schinski und Gebhardt schrieben, korrigierten, lasen Flugblätter. Peter entwarf den Spiegel für eine Doppelseite Zeitung. Sie arbeiteten verbissen. Gebhardt bekam es satt: »Na, ihr beiden Doktoren honoris causa, wie bekommt euch die akademische Ebene?«

»Ich bin im Vorteil.«

Schinski setzte seine Schildmütze auf und stülpte Peter den steifen Homburger auf den Schädel: »Ich leg' daheim meinen Titel ab, und du beginnst ihn zu tragen, drei Wochen – mindestens.«

Den Homburger abnehmend, verriet Peter: »Lotte hat geschrieben, wie üblich über sechs Ecken. Meine Mutter ist hier, zur Kur!«

»Mensch!« Schinski stubste ihn voller Freude: »Warum erzählst du das nicht gleich. Das feiern wir. Und sie haben sie wirklich rausgelassen? Ein Wunder, ein unwahrscheinliches Wunder! Weshalb wohl? Ist ja wurscht, jedenfalls ist sie da und geht nicht mehr zurück.«

»Wann darf ich zu ihr fahren?«

»Überhaupt nicht, Monsignore Dr. Krištofek. Oder willst du dich dekonspirieren? In zehn Tagen ist es soweit«, sagte Gebhardt streng, worauf Felix seine Dienste anbot: »Ich fahr' zu ihr – und bring' sie her. Wie heißt das Bad? Aha, Podiebrad bei Prag, ganz nahe, vielleicht fünfundzwanzig Kilometer.«

»Einverstanden! Und was machen inzwischen die heiligen Güter? Mutterliebe ist sündig für einen Gescherten!«

»Lacht mich nur aus«, entgegnete Peter. »Eine Lehrzeit von drei Jahren in einen Monat stopfen und dann auch noch verdauen – macht's erst mal nach, ich stinke schon nach Weihrauch!«

Nicht wiederzuerkennen, die Wohnung ein paar Tage später. Blitzsauber, durchgelüftet, gescheuert, überall Deckchen, der Tisch gedeckt. Schinski arbeitete am breiten Fensterbrett, um die gesegnete Ordnung nicht zu stören. Esther hatte sich mit einem zusammenlegbaren Bett im Korridor einquartiert. Der Flur war groß genug dazu. Peter kam aus der Küche. »Wo wird sie schon sein, die Esther – in der Küche natürlich. Auch hier.« Er schloß sorgfältig die Tür, setzte sich an den Tisch und stützte den Kopf in die Hände, als hätte er es von Simon Pelz abgeguckt, und was er sagte, hätte von Pelz sein können: »Ich krieg es nicht fertig, ihr weiter zuzuhören. Sie feiert nichts als ihre Siege: über Heines, über Biller, über Strihauka, über Weddingen, über den Kurverein, die SA – und vor allem über diesen Lump von Arisierer Fischer, der schon dreiunddreißig seine Kurvilla dem orthodoxen Juden Löwy abgeschwindelt hat. Sie, sie versteht ihre Lage nicht.«

»Und ich wär' ein schlechter Advokat. Sie ist frei heraus, das muß man ihr lassen. Für sie bin ich der Hungerleider, der dich mit dem Kommunismus angesteckt und vergiftet, der dich ins Unglück gestürzt hat. Inzwischen haben wir Waffenstillstand geschlossen und sind freundlich und zivil miteinander.«

»Sie klebt immer noch an der verfluchten ›Bohemia‹«, brach Peter aus.

»Pst, stille, sie hört! Sei doch leiser!«

»Ach, wenn sie gefüllten Fisch macht, stört sie nicht einmal der Weltuntergang.«

»Siehst du, siehst du, sie ist keine Schmarotzerin, keine untätige Ausbeuterin, sie hat einen hochqualifizierten Beruf, gesucht, geschätzt und mit Spitzenlohn honoriert. Internationale Köchin – erste Gilde. Arbeitsplätze in der ganzen Welt.«

»Wie oft hat ihr das der Simon gesagt. Alles kein Ersatz für die ›Bohemia‹.«

Peter sagte es bitter. Indessen öffnete sich die Küchentür, und Esther sah mißbilligend, wie Felix auf der schmalen Anrichte Frühstücksbrötchen schmierte. Mit raschen Schritten eilte sie auf ihn zu, nahm ihm das große Küchenmesser aus der Hand und demonstrierte ihm ihre Künste: »Aber Herr Schinski, doch nicht so grobschlächtig. Man drückt das Brötchen ein klein bissel mit dem Handballen flach, dann zieht man das Messer gerade, oft und schnell durch die Mitte, so daß die Poren gar nicht erst Zeit haben, sich zu öffnen und groß zu werden«, dozierte sie. »Das ist gut für die Kalkulation und sehr wichtig; denn wenn man auf die glatte Fläche gleich Butter streicht, braucht man weniger. Also man spart, und es sieht nach viel aus, weil die Butter nicht einsinkt.«

»Liebe Frau Pelz. Das ist im Hotelbetrieb richtig und wichtig, aber uns fehlt es wahrhaftig nicht an Butter.«

Lehrhaft schlußfolgerte Esther: »Was man einmal kann, darf man nicht verlernen.«

Felix nickte ihr fröhlich zu, denn er sah sie gerne an, obwohl sie ihn so gar nicht gemocht hatte. Sie zwinkerte zurück. Der Bewunderung hatte sie noch nie widerstehen können. Sie war des Anschauens würdig, erholt, erfrischt. Anstrengung, Sorge und Mühe, die ihr Gesicht gezeichnet hatten, waren verdrängt. Die Augen leuchteten aus dem Gesicht. Was sie von den bewundernden männlichen Kurschatten im Heilbad Podiebrad erzählt hatte, war ihr zu glauben, wenn man ihren Mund sah. Die Kur schien wieder zehn Jahre von ihrem Alter gestrichen zu haben. Sie wirkte frischer und dynamischer als ihr Sohn, viel jünger als ihre siebenundvierzig Jahre. Sie strahlte, als Peter ihr eine kostbare Eintrittskarte zum Konzert im Lucernasaal in die Hand drückte: Karel Hašler singt. Sie umarmte Peter, außer sich vor Rührung, sah ihn an und wieder das Billett: »Wirklich – Hašler? Es war doch auf Wochen ausverkauft.«

»Ich hab' es für dich erobert. Achte Reihe.«

»Weißt du noch, Peter, Vater hat so oft seine Lieder gesungen. ›Svoboda, je Svoboda ta se neda vzít, tu nám nikdo neprodá, o to musíme be bit'.‹ « Sie rannte schnell in die Küche, um ihre Tränen zu verstecken. »Großartig«, lobte Felix. »Wie hast du das geschafft? Endlich ist sie weich und gemütvoll, die harte Schale zerbrochen. Wer ist der Zauberer?«

»Ein großer Volkssänger zwischen freiheitlichem Pathos und süßlicher Sentimentalität. Seine Lieder singen die Leute in Prag wie Choräle. Vilém hat mir sein Billett abgetreten.«

»Und?«

»Und ... Wenn sie heimkommt, versuch ich's noch einmal. Ich hab' sogar schon eine Stellung für sie, Chefköchin im ›Alcron‹.« Schinski nahm den Freund um die Schultern und führte ihn zur Küchentür: »Geh zu ihr!« Auf Zehenspitzen schlich sich der Sohn in die Küche.

Im großen Korridor der Villa des zum Landesrabbiner avancierten jüdischen Seelsorgers herrschte ein beträchtliches Chaos. Der Besuch kam offensichtlich ungelegen. Hochgetürmte Koffer und roh zusammengehauene Riesenkisten versperrten den Gästen den Weg. Sie waren mit großen Schablonenlettern gekennzeichnet: BRODSKI – CHICAGO – 21 UPPER WEST STREET. Das Mädchen mit dem schicken Zierhäubchen erschien wieder: »Der Herr Landesrabbiner ist beim Bücherpacken. Er wird sogleich erscheinen«, knickste und ging.

»Gut, daß Esther nicht weiß, du fährst morgen«, stellte Felix fest. »Heute stoßen wir den Bock um. Ich miete ihr ein Zimmer, bis sie die Stellung antritt. Glaubst du, der Rabbi hilft?«

»Sicher. Sie hängt an ihm, außerdem hättest du sie heute früh vom Hašler-Konzert und von Prag schwärmen hören sollen. Und wie friedlich hier alles sei und daß ihr Männer nachgucken und im Café versuchten, mit ihr anzubändeln. Und – kaum zu glauben, hier grüßt man Juden auf der Straße, richtige Juden. ›Gehorsamster Diener‹ und ›Küß die Hand‹. Wie wohl es ihr tat, sich gnädige Frau tituliert zu hören in Läden und Restaurants statt Jüdin Sarah Pelz.«

Trotz seines frommen Käppis auf dem Kopf wirkte Dr. Brodski im blauen Overall über dem derben Hemd eher wie ein biederer Handwerker denn wie ein Oberhirte des Glaubens. Er erkannte Peter und vergewisserte sich mit hochgezogenen Augenbrauen voller Erstaunen: »Herr Peter Samuel?«

»Ja, und das ist Herr Doktor Brausewetter.«

»Willkommen, was kann ich für Sie tun? Einen Kaffee? Sie wollten uns am Telefon nichts Genaueres anvertrauen, Herr Doktor.«

Er zeigte auf das Umzugsgut: »Wie Sie sehen, sitze ich auf gepackten Koffern.« Und mit einem nervösen Versuch, Heiterkeit vorzutäuschen: »Ich schwimme auf der ›Queen Mary‹ in die größte tschechoslowakische Stadt.«

»Ich dachte immer, das sei Prag«, wendete Peter ein.

»Irrtum. In Chicago leben zweihunderttausend Tschechen und Slowaken, mehr als in der Moldaumetropole. Der Bürgermeister von Chicago heißt, nicht ohne Grund, Čermak.«

»Gehen Sie für immer?« fragte Schinski.

Der Rabbiner hüstelte verlegen und versuchte der Frage auszuweichen: »Sehen Sie, ich bin in der glücklichen Lage, sowohl in den slawischen Sprachen als auch deutsch und englisch amtieren, predigen und schreiben zu können. Zunächst werde ich zwei Jahre lang einer neuerbauten liberalen Orgelsynagoge vorstehen.«

»Könnte es nicht sein, daß sich Ihr Aufenthalt um ein paar Jahre verlängert? Daß sich *gewisse* Zustände auch hierzulande entwickeln und ausbreiten?«

»Ist bedacht, Herr Samuel. Mein Vertrag ist sehr *elastisch*. Die Frage ist wohl nicht der Grund Ihres Besuches.«

»Herr Rabbiner! Meine Mutter ist in Prag!«

»Gott sei Dank und Lob, ich gratuliere!«

»Schön wär's«, sagte Schinski trocken. »Frau Pelz will aber unbedingt nach Grenzbrunn zurück.«

»Seit Sie ihr das Haus gerettet haben, vertraut sie Ihnen«, appellierte Peter. »Sie schwört auf Sie, Herr Doktor Brodski! Würden Sie mit uns kommen und ihr gut zureden?«

Ein unentschiedener Augenblick. Man spürte den Unwillen Dr. Brodskis, spürte den Stoß, den er sich selbst gab, spürte, wie er sich überwand: »Gestatten Sie mir ein paar Minuten zum Umkleiden.« Er verschwand, Peter rieb sich die Hände: »Er kommt. Dem hört sie zu, bestimmt!«

Zuerst fiel ihnen schon im Korridor – kaum hatte sich

die Tür hinter ihnen geschlossen – auf, wie alles vor Sauberkeit blitzte. »Gestatten Sie, Herr Rabbiner, daß ich vorangehe«, sagte Peter und rief: »Maminka, denk dir, Doktor Brodski ist da!«

Stille! Schinski sah das weiße Kuvert zuerst. Es war gegen die Blumenvase gestützt. Peter riß es ihm aus seiner Hand, las den Brief, ließ sich auf den Stuhl fallen und gab seinen Inhalt preis: »Ich habe es nicht über mich gebracht, Mutters Haus allein zu lassen. Ich bin zurückgefahren zur ›Bohemia‹. Alles Gute. Maminka!« In kalligraphischer Schönschrift stand es da.

Wie lange sie wohl über dem Text gesessen hatte, an jedem Wort gebastelt, an den wenigen Sätzen gedrechselt. Tiefatmend sagte der Rabbi, indem er seinen Hut aufsetzte: »Jetzt kann ihr nur noch Gott helfen.« Schinski seufzte: »Sie haben's gut, Herr Rabbiner. Im schlimmsten Falle können Sie immer noch glauben.«

Am selben Tage, fast zur gleichen Zeit fuhren Peter und seine Mutter ins Reich. Der Kommunist in der Ersten Klasse des internationalen D-Zuges im feierlichen Dunkel des Priesters, Esther im Abteil dritter Klasse des langsamen Bummelzuges Jičin–Jaromeř–Nové město–Náchod.

Spannung packte Peter bei der Ausfahrt und beherrschte ihn die erste Stunde, so daß ihn die Bequemlichkeit des weichen Sitzes störte. Sein Körper dachte anders darüber. Peter schlief gegen seinen Willen ein, traumlos und tief, bis sich Träume in sein Unterbewußtsein drängten. Großvater Filip erzählte ihm auf der Fahrt ins jüdische Waisenhaus von seinen Streichen gegen die Gendarmen, und Rudolf lehrte ihn tanzen. Die Partnerinnen Channah und Lotte in einer Person abwechselnd. Die Lehrer besuchten ihn, der alte Hille, der gute Eberhard und der böse Elefant, den Schinski vor sich herjagte.

Eine Hand packte ihn derb an der Schulter, und die Wirklichkeit riß ihn aus dem Traum. Die Schlaftrunkenheit half ihm, den Schock zu überwinden. Zwei Zöllner, zwei Bahnpolizisten. Vor der Türe draußen im Gang standen ein SS-Posten und ein Ziviler. Der zweite Zollbeamte fuhr am Gepäcknetz entlang, der andere schrie ihn an:

»Heil Hitler! Deutsche Paß- und Zollkontrolle. Ihre Reisedokumente bitte.« Wie benommen reichte Peter seinen Paß hinüber, rieb sich die Augen und gähnte. Der Beamte blätterte im Paß: »Alsdann, Herr Doktor Krištofek, so haassen S' doch, darf man erfahren, welches Ihr Reiseziel is und welche Absichten Sie mit der Fahrt verbinden?«

»Gerne, ich reise als Vertreter der Firma ›Klerika‹.« – »Womit?« – »Mit Gold und Silber«, lachte Peter, der sich einen solchen Aufhänger natürlich nicht entgehen ließ. Er sprang behende auf und holte einen der langen flachen Koffer auf den Sitz, ließ ihn aufspringen, und da war – Gold und Silber. Er kommentierte den Inhalt: »Bitte, ein Meßgewand, eine Stola, eine Mitra, eine Fahne zur Maiandacht.« Alle Köpfe beugten sich über die Glitzerpracht, und einer der bayrischen Zöllner rief beeindruckt aus: »Jesses, Marandjosef!«

»Die haben wir auch«, entgegnete Peter, griff nach dem zweiten Koffer, legte ihn auf die Polsterecke gegenüber und gestattete einen Blick auf die geistlichen Bilder: »Wie wär's mit einer kleinen Porzellanstatue der Heiligen Jungfrau?« fragte er und griff nach dem dritten Koffer. Doch draußen kommandierte wer, und der fromme Zöllner bedauerte: »Schad', daß mir ka Zaat net hobn.«

»Kommen Sie eben nach dem Dienst. Mit guten Christenmenschen unterhalt ich mich gern.« Er gab den Paß zurück: »Danke, weiter gute Reise. Heil Hitler.« Peter gab ein freundliches »Grüß Gott« zurück, wo er doch eigentlich: »Gelobt sei Jesus Christus!« hätte sagen sollen.

Am Tage der Abreise Esthers aus Prag führte die Polizei am frühen Morgen den ersten Hausdiener der »Bohemia«, Jaroslav Täuber, der Behörde, dem Kurhausbesitzer Fischer vor. Da er einen Haftbefehl verlangte, wurde ihm mitgeteilt, er sei nicht verhaftet, nur zwangsgestellt.

Gestellt wurde er vor den Schreibtisch des Bürgermeisters. Das große Wort führte jedoch der Mann in Zivil. Der Polizeileutnant und der Ortspolizist hatten still zu sein. Fischer saß, der Gestapomann ging, an der Zigarette saugend, im Zimmer auf und ab. Offensichtlich kam man mit dem beleidigten Zwangsgestellten nicht recht weiter. Nach harten Worten des Gestapomannes schlug Fischer mildere

Töne an: »Setzen Sie sich ruhig, Herr Täuber. Bis auf die Tatsache, daß Sie seit Jahrzehnten bei Juden arbeiten, deren Vertrauen genießen, deren Eigentum schützen, wird Ihnen ja gar nichts vorgeworfen. Nicht einmal *das* ist an und für sich strafbar, läßt aber gewisse Schlüsse offen, die den Parteigenossen von der Gestapo beschäftigen.«

Achselzuckend protestierte Täuber: »Mein ganzes Leben habe ich im Interesse des Bades gehandelt, Streitigkeiten habe ich geschlichtet, Arbeitskonflikte vermieden, friedlich als Gemeindevertreter gewirkt.« Er erregte sich immer mehr zur Verteidigung seiner Bürgermoral. »Das hat nicht nur Bürgermeister Gottschling bezeugt. *Sie selbst* haben mich aufgefordert, als Christenmensch und Arier im ›Haus Bohemia‹ der Polanfamilie meine Pflicht zu tun, damit die reichen Auslandsjuden ihre Devisen dort lassen und die Valuten nicht verschoben werden. Oder etwa nicht? War das nicht Ihr Auftrag?«

Aufmerksam machte der Gestapomann eine Pause im Marschieren, wendete den Kopf: »Stimmt das?« Zögernd sagte Fischer: »Schon – nur nicht so direkt –, ich meine als Bürgerpflicht, nicht als beamtete Funktion, nicht als mein Beauftragter.«

»Nee, das war Parteigenosse Gottlieb!« meinte Täuber kurz und trocken. Fischer zuckte zusammen.

»Hier kriegt man was zu hören«, knurrte der Herr von der Gestapo bedrohlich. »Also Judenaufpasser im Auftrag, interessant. Und wie gut haben Sie aufgepaßt? Kennen Sie die Lotte Wenzke? Was ist über sie zu sagen?«

»Unsere beste Kraft. Alles macht die: Beschließerin, Hauptkasse, Oberkellner. Das ist 'ne kesse Berlinerin.« Freundlich lächelnd gab Jaroslav Auskunft.

»Und was macht sie, wenn sie freie Tage hat?«

»Ach so, Bergsteigerfimmel, hat uns schon angesteckt. Ist im Vorstand vom ›Verein Edelweiß‹.«

»Hm, gibt es da oben nicht ab und zu 'ne kleine Nebenbeschäftigung für diese Lotte Wenzke, gewissermaßen zuzüglich?«

»Herr Kommissar, stemmen Sie sich erst mal durch einen Kamin, oder kraxeln Sie ein steiles Grat, da denkt kein Mensch an Nebenbeschäftigung.« Er zählte an den

Fingern her. »Die Lotte ist schon als Kind geklettert. Da gab's den Kaiser noch. Und beim Ebert, beim Hindenburg und jetzt beim Führer klettert die immer noch!«

Bissig fragte der Gestapomann: »Und wo sind Sie geklettert, ich meine politisch?«

Nachdenklich antwortete Jaroslav und nahm sich Zeit dazu: »Eigentlich – war ich nie ein Arschkriecher, auch nicht politisch. Seit neunzehnhundertsechsundzwanzig Gemeindevertreter für die Handwerker und das Bäderpersonal, immer wieder gewählt, bis heute. Sonst bloß in der Gewerkschaft und dann mit allen Kollegen in der Deutschen Arbeitsfront.«

»Soso. Warum sind Sie dann nicht in der NSDAP?«

»Da wollte ich vor zehn Jahren schon rein. Die taten mich nicht nehmen, weil ich nämlich zwei böhmische Eltern hab' und vier böhmische Großeltern. Deswegen heiße ich ja auch Jaroslav. Sonst bin ich wirklich ein nationaler Mann und Staatsbürger.«

Mit der Freude am Schockieren versetzte ihm der Gestapomann: »Dann wird es Sie freuen zu erfahren, daß Lotte Wenzke unter dem Verdacht illegaler Tätigkeit an der Grenze verhaftet worden ist.«

»Das ist doch nicht möglich«, entsetzte sich Jaroslav. Indessen lag Fischer daran, zu seiner Sache zu kommen, so legal und gedeckt wie möglich: »Sie sehen, Herr Täuber, es gibt nicht nur anständige Menschen wie uns beide. Wollen Sie uns also sofort sämtliche Schlüssel der ›Bohemia‹ aushändigen, damit wir die Gelasse inspizieren, zu denen Charlotte Wenzke Zugang hatte. Nach erfolgter Durchsuchung erhalten Sie alles zurück und sind uns gegenüber für Schlüssel und Schlösser verantwortlich, verstanden?«

»Zu Befehl! Bis die Chefin wiederkommt.«

»Wiederkommt?«

Die beiden Herren sahen sich verdutzt an und brachen dann in lautes Lachen aus. Fischer, immer noch kichernd, setzte den erlösenden Schlußstrich: »Na, dann zurück, marsch, marsch in die ›Bohemia‹. Bringen Sie sämtliche Schlüssel her, wir überprüfen das.«

Vorsichtig lugte Täuber nach der Bestätigung des Gestapomannes. Doch der Mann in Zivil verlangte nur: »Und kein Wort zu irgendwem. Bis zur Klärung des Falles strengste Pflicht der Geheimhaltung, wenn Sie unser Vertrauen behalten wollen. Schwirren Sie ab.«

Den Gefallen tat Täuber den Herren gerne. Er war noch nicht die Treppe hinunter, als Fischer den Architekten Strihauka anrief, er möge sich freihalten, um gemeinsam mit einer Kommission das Bürgermeisteramt über den gegenwärtigen baulichen Zustand der »Bohemia« zu unterrichten. Die Schlüssel fänden sie im Gemeindehaus.

Während sich die Kommission mit Bürgermeister Fischer aufmachte, um die »Bohemia« zu überprüfen, auszumessen und an Ort und Stelle An- und Ausbauten zu erwägen, näherte sich die Besitzerin dem Zollhaus Schlaney in einer Droschke aus Nachod. Sie genoß den Umstand, daß sie legal mit gültigen Papieren nach Grenzbrunn zurückkehrte. Das Schlaneyer Zollhaus war einen Passanten mit soviel Koffern gar nicht mehr gewöhnt. Von den alten Beamten war nur der Zollsekretär Pischel übriggeblieben, und bis auf Kaffeetrinken und Schwatzen schien auf dem verlorenen Posten nichts zu tun zu sein. Angewidert sah der Zollsekretär zum Fenster hinaus: »Totes Loch, seit der Führer die Grenzen versiegelt hat. Ja, früher! Früher war hier vielleicht etwas los, Dunnerlittchen! Kleiner Grenzverkehr. Transit, Frachtgut, Kurgäste!« Der Berliner Wachsoldat, der ihm mit der braunen Lorke zuprostete, meinte: »Kann ick mir janich vorstellen. Wenn ick so um mir rumkieke. Wissense, in Berlin sacht man: ›Hier können Familien Kaffee kochen.‹ Viel zu wenich – hier wär' Platz für janze Völkerschaften!«

Auf einmal sprang Pischel hoch, riß das Fenster auf: »Das – das kann doch nicht wahr sein! Da schlag einer lang hin und steh' kurz wieder auf.«

Der andere staunte ebenso: »Die Sarah ist zurückgekommen.«

Ohne große Anstrengung, gut erholt, frisch und elastisch betrat Esther mit ihren Gepäckstücken die viel zu große Abfertigungshalle. Und da sie den Zollinspektor seit ihrer Jugend kannte, begrüßte sie ihn heiter: »Also, Herr Pischel! Schönes Wetter haben wir, nicht wahr? Und guten Tag! Da bin ich wieder.«

»Ich heiße Oberzollinspektor – und Sie?«

Esther war noch nicht ganz in die Wirklichkeit zurückversetzt, sonst hätte sie nicht verdutzt und unvollständig geantwortet: »Esther Pelz – aber Sie kennen mich doch. Hier ist mein Reisepaß!«

»Eingezogen«, brüllte er und griff danach. »Und wie heißen Sie genau?«

Esther war zu Hause. Begreifend, schicksalsergeben murmelte sie: »Sarah Esther Pelz.«

»Sind die Koffer abgeschlossen?«

Esther verneinte stumm, und Pischel schob das Gepäck mit den Füßen zum Kontrolltisch hin. »Durchsuchen! Gründlich. Und die Sarah wartet gefälligst draußen im Flur. Aber erst mal alle Fenster auf, zum Lüften. Es stinkt nach Knoblauch.«

Drinnen stand Pischel in seinem kleinen Büro am Telefon. »Den Bürgermeister, bitte!«

»Da müssen Sie die ›Bohemia‹ anrufen. Die Herren sind dort.«

Als des Bürgermeisters Stimme dann endlich über den Draht kam, dienerte er unwillkürlich: »Heil Hitler! Verzeihen Sie, Herr Bürgermeister, aber die Polanová, na, Sie wissen schon, die Pelzsarah, die ist wieder da.« Eine Weile sagte Herr Fischer gar nichts. Dann kam ein erschrockener Wortschwall.

»Jawohl«, rekapitulierte Pischel. »Eine Stunde unauffällig aufhalten mit Fragebogen. Genaues Inhaltsverzeichnis mitgeführter Waren und so'n Kram, ist klar. Den Kutscher Pietsch anrufen. Hat er sie rübergebracht, soll er sie gefälligst auch wieder zurückbringen. Jawohl, damit sie nicht das Dorf alarmiert und Bauern das Zeug reinschaffen. Und wenn er nicht will? Klar – Befehl. Zwei Stunden reichen doch? Wie sagten Sie«, gehorsam kichernd, »legal bis zum Schafott, Heil Hitler!«

Er rief in den Flur: »Sarah Pelz, sofort ins Geschäftszimmer.« Es gab kaum eine schlimmere Tortur für Esther als das Ausfüllen von Fragebogen, amtlichen Formularen jeglicher Art. Als hätten sie sich's zur Begrüßung ausgedacht. Und zur Einstimmung auf das zu Erwartende. Als Esther in der Zollhalle erschien, hatte sie die Tarnhaltung wieder, die sich aus Unterwürfigkeit, Trotz und List zusammensetzte, und murmelte mit einer leichten Verbeugung: »Bitte.«

Kurz angebunden schnarrte der Oberzollinspektor: »Es ist veranlaßt, daß Sie vom Kutscher Pietsch abgeholt werden. Aber gewartet wird draußen auf der Chaussee, damit Sie mir hier nicht die Luft verpesten. Schnappen Sie sich die Koffer, sonst mach ich Ihnen Beine.«

Zur Kommission gehörten neben dem Baumeister Strihauka und seinen Handwerkern der alte Biller und sein Sohn, der neue Kurdirektor, Rechtsanwalt Dr. Schmidt, der junge Umlauf. Zum Umtrunk im Speisesaal der »Bohemia« hatte der Ortsgruppenleiter seinen Ehrengast, Gauleiter Brückner, eingeladen. Die Getränke stiftete der Baumeister im Vorgriff auf das große Geschäft, das ihm der Um- und Ausbau eintragen würde. Nun schien ihm die Ernte verhagelt, und wütend provozierte er den Bürgermeister: »Na, wie steht's? Geben wir die Schlüssel zurück?«

Dr. Biller schlug vor: »Wir jagen dieses Weibsstück aus dem Ort.« Sein Vater setzte einen Trumpf drauf: »Lebendig? So was erschlägt man.« – »Sie bringen uns mit Ihren Absichtserklärungen um eine zoologische Sensation.« Dr. Schmidt hob grinsend den Zeigefinger und wiegte den Kopf: »Die einzige Jüdin von Grenzbrunn und kommt sogar zurück! – Eigentlich imponierend.« Blindwütend schrie der alte Biller: »Imponierend wie Ungeziefer, wie Flöhe, schädlich. Neun Leben hat das Getier. Seit fünfundzwanzig Jahren kenne ich die Sippe. Hergekommen ohne ein Hemd am Arsch. Die gehört totgeschlagen.«

Fischer sah den alten Biller mit einem langen Blick an: »Die Frau ist eine ortsbekannte Person. Die kann man nicht verscharren wie einen Mann mit Holzbein.«

Dr. Biller packte den Alten beim Arm, krallte sich ein, hielt ihn fest wie im Schraubstock, leichenblaß. Seine Augen bettelten: »Schweig.«

Das hatte der Ehrengast sehr wohl bemerkt. Er nahm den Bürgermeister beiseite und warf ihm vor: »Du machst wirklich zu viel Gedöns um dieses Stück Judenfleisch. Was hast du mit den armen Würstchen nur angestellt! Die sehen ja aus wie 'ne weiße Wand.«

»Kleiner Schuß vor 'n Bug.«

»Lieber Junge! Das hast du doch gar nicht nötig. Es ist doch wirklich nur ein kleiner Furz, die Sarah abzuservieren. Dann kassierst du die ›Bohemia‹ fürs Gemeindeamt. Fertig.«

»Will ich aber nicht«, beharrte Fischer eigensinnig. »Nicht so billig, wenigstens nicht direkt.«

»Bitte genauer.«

Nachdem sich Fischer vergewissert hatte, daß ihnen niemand zuhörte, legte er erregt los: »Ich hab's satt, weiter unten rumzukrebsen. Es wird Zeit, daß ich mich zur Abwechslung mal um mich selbst kümmere. Ich will ein Polster für meine alten Tage, das große Geschäft, den großen Schnitt.«

»Ach so, deshalb hast du dir für deine alten Tage noch eine Edelgunde zugelegt, die dir Stammhalter in die Wiege legt, hast sie sogar dem armen Gottlieb abgeluchst. Nun verstehe ich auch, warum du dir die komischen Papierchen hast von mir stempeln, unterzeichnen und absegnen lassen, wenn ich mir auch nicht über den Text klar bin, was du eigentlich damit willst.«

»Einen Plan habe ich.«

»Hoffentlich!«

»Etwas dagegen?«

»Sei nicht so empfindlich, Kamerad, ich spucke dir schon nicht in die Suppe. An deiner Stelle tät ich mir den Doktor Schmidt dazuholen! Der Junge ist scharf wie Meerrettich. Brauchst ihm ja nicht gleich alles auf die Nase zu binden. Dafür mir um so mehr. Wir reden noch ausführlich. Da kommt einer.«

»Darf ich die Herren einladen, bei mir weiterzutafeln? Meine Gattin läßt bitten.« Herr Strihauka lud ein. »Außerdem müssen wir hier raus. Die junge Polanová wird bald zurück sein. Ich schick dem Täuber gleich die Schlüssel. Soll er die ruhig im Oberdorf abholen. Nicht wahr?« Fischer gab keine Antwort.

6. Die Volksbelustigung

Peter saß einem geistlichen Herrn im Büro des Pfarramtes der mitteldeutschen Stadt gegenüber und sah zu, wie der junge Priester eine Kartei durchblätterte. »Verzeihen Sie mir die Mühe, die ich Ihnen mache. Meine Spesensätze gestatten mir leider kein teures Hotelzimmer. Der Markt für Devotionalien ist sehr beschränkt und gestattet keine hohen Nebenkosten. Jetzt mehr denn je!«

»Wem sagen Sie das?« seufzte der junge Mann. »Wir wissen ein Lied davon zu singen.«

»Genügsamkeit ist unsere christliche Tugend. Suchen Sie nicht im Stadtzentrum. Auch keinen besonderen Komfort. Nur auf Ruhe und Sauberkeit lege ich Wert.«

»Geduld, Geduld. Kalusat, Kattwich, Kerbs – hier ist sie, Witwe, fünfzig, fromm, beichtsüchtig. Das läßt auf Geschwätzigkeit schließen. Also vom Leibe halten. Da hilft das Gewand des geistlichen Standes. Jedenfalls wäre die Kerbs noch das beste, was wir Ihnen anzubieten haben.«

Stark beeindruckt durch die drei großen schwarzen Koffer mit den Stahlbeschlägen, wies Frau Kerbs ihren Zimmermieter in sein Logis ein. Gar zu gerne hätte sie deren Inhalt kennengelernt. Die Witwe sah aus, als dienten ihr die Mieter zwar nicht im Bett, aber außerhalb als zu bemutternder und zu beschwatzender Männerersatz. Sie versuchte sich sogleich einzukratzen. »Hoffentlich wird es Ihnen bei mir gefallen. Aus der Tschechei hatte ich noch keinen Herrn. Ist ja gleich, was der Mensch ist, Hauptsache kein Jude und kein Neger.«

»Wie Sie sehen, trifft beides auf mich nicht zu.«

»Eben, eben! Sie sind ja auch ordnungsgemäß mit Paß beim Hauswart eingetragen. Hier tut Ihnen niemand was, wenn Sie Heiligenbilder verkaufen. Unser Führer ist ja auch katholisch. Ja, Damenbesuch nach zehn Uhr abends verboten. Na, das versteht sich ja bei Ihnen sowieso.«

»O ja, nur Ruhe brauche ich nach der Arbeit. Stille und Meditation.«

»Da bin ich aber sehr dagegen«, meinte die Witwe unangenehm berührt. »Aus Gesundheitsgründen. Außerdem setzt es Fett an. Wo das Spazierengehen doch sooo gesund ist. Am besten ist, man kehrt nur zum Schlafen heim, höchstens noch ein Plausch bei mir vorher – mein Kaffee ist berühmt.« Entgegenkommend und mit der Ausrede, nicht alles genau verstanden zu haben, sagte Peter: »Ich werde mir geben große Mühe. Jetzt ich muß gleich auf Tour. Sie entschuldigen!«

Das erste Mal fiel gotterbärmlich schwer. Peter umkreiste das Geschäft. Er traute sich nicht. Hausieren war er noch nie gegangen. Peinlich wurde ihm sein Vorhaben. Er redete sich auf die Koffer aus. Wie macht man drei Dinge gleichzeitig, schellen, auf die Klinke drücken und die Koffer hineintragen? Die Sorge nahm ihm ein Buchhändler ab, der die Ladentür öffnete und Peter einlud. Der zerstreute Inhaber stürzte auf ihn zu und überschüttete ihn mit einem Schwall von Segnungen, Fragen und Wünschen: »Klerika aus Prag, nicht wahr? Ich erkenn's an den Koffern. Sie schickt der Himmel. Die Heidenmission steht uns ins Haus. Ein Tabernakel, eine Monstranz, ein geweihtes Meßweinschränkchen, eine Atlasdecke, für Außenmessen strapazierfähig in Afrika. Was haben Sie denn? Sind Sie gut assortiert? Wenn nicht sofort – wie schnell können Sie liefern?«

Das ganze Lampenfieber war wie fortgeblasen. Der hektische Ladenbesitzer hatte es ausgelöscht. Dr. Krištofek war kein Klinkenputzer, der um Aufträge bettelte. Sie brauchten ihn, seine Ware, und als der Herr endlich außer Atem gekommen war, sagte er in die entstandene Pause hinein: »Doktor Krištofek, zu dienen. Gestatten Sie, daß ich erst meine Kollektion zeige, die Musterkoffer öffne und dann detaillierte Offerte mache. Dann finden wir auch die komplette Warenliste.«

»Natürlich«, entschuldigte sich der Chef, wischte leere Kartons von einem Tisch. »Bitte! Bitte! Breiten Sie sich richtig aus. Im Namen des Herrn.«

Wieviel Buch- und Kunsthandlungen mit kirchlichem Engagement existieren wohl in einer mittleren Industriestadt? Wie oft kann man sie besuchen, selbst wenn man die Besuche streckt? Was tut man mit dem Rest der Zeit?

Dem Rest, dem Löwenanteil Zeit? Caféhäuser liegen an der Hauptstraße. Es ist nicht üblich, länger als eine Stunde darin zu sitzen, wenn man nicht en deux ist oder in größerer Gesellschaft und oft nachbestellt. In Wien oder Prag *lebt* man im Caféhaus. Hier fiele ein Stundenbesuch auf. Das Kinoprogramm wechselt in den kleinen Klitschen und Flohkisten zweimal die Woche, in den großen läuft ein Titel wochenlang. In die kleinen Flohkisten darf man während der Vorstellung herein, also wäre nicht zu kontrollieren, ob man sich zwei Vorstellungen nacheinander anschaut oder eine durchschläft. Spazierengehen? Das Wetter lud dazu ein. Lesehallen und Wartehallen wurden allzu häufig von der Polizei überwacht oder sogar besucht. Schön, lesen! Den »Völkischen Beobachter«, »Das Reich«, Magazine – was sonst. Bekannte und Bekanntschaften verbieten sich durch die Aufgabe. Harmlos wirken, nicht auffallen, natürlich bleiben. Zu lange im Quartier kleben, macht verdächtig. Das Warten kostet Nerven, jeden Tag mehr. Man denkt zuviel darüber nach, was man mit sich anfangen könnte, wann, wo und wie oft. Dagegen ist die Aktion, die Durchführung, der Auftrag gegen die bohrende Plage durchwarteter Zeit beinahe ein Kinderspiel. Solche Überlegungen beschäftigten Peter. Seine Tage vergingen wie Jahre und Minuten wie Stunden. Nur die wenigen Augenblicke der Aktion, des Treffs, der Erfüllung der illegalen Aufgaben dauerten so lange, wie der Uhrzeiger aussagte.

Es machte dem Bürgermeister Fischer gar nichts aus, als Mathilde in sein Arbeitszimmer stürzte und ausrief: »Die Sarah!« Noch vor Wochen hätte er beim Hören dieses Namens einen Wutanfall bekommen. Nun nicht mehr. Der Name hatte aufgehört zu existieren, führte nur noch ein Schattendasein. Zur Überraschung der Sekretärin hieb er mit dem Lineal auf den Tisch und befahl: »Reinlassen! Setzen Sie sich dann an die Tür, Mathilde.« Auf alle Fälle packte Mathilde die Hotelbesitzerin fest am Arm, führte sie gewissermaßen vor: »Die Jüdin Sarah Pelz.« Fischer schien, in seine Lektüre vertieft, die Ankündigung nicht wahrgenommen zu haben. Esther stand vor seinem

Schreibtisch. Eine Fliege summte. Der Atem dreier Menschen wurde hörbar. Sonst Stille, so daß Esther erschrokken zusammenzuckte, als Fischer nach einer Weile aufblickte. »Na, Sarah Pelz«, sagte er ruhig, beinahe leutselig. »Wie sind wir zu Ihnen? Wir haben einer Jüdin, die in unserem Reich unverdientes Gastrecht genießt, die Möglichkeit gegeben, eine Kur im Ausland zu nehmen und wieder zurückzukehren, trotzdem die Juden unseren Boden wie Maulwürfe ...«

Wie die Redeübung weitergehen sollte, wußte der Kühne nicht recht, suchte nach der Fortsetzung, und Esther, die gegen Ende sowieso nicht mehr zugehört hatte, dachte, nun sei ihr erlaubt, etwas zu sagen: »Ich danke Ihnen schön, Herr Bürgermeister. Die Kur hat gut angeschlagen, aber gekommen bin ich wegen der Saison, weil ...«

»Na so was Freches«, Fischer war aufgesprungen, brüllte, Schaum vor dem Mund, voller Wut: »Schnauze, Fresse halten! Sie Stück Mist! Wie können Sie es wagen, mich zu unterbrechen?«

»Ich dachte, Sie wären fertig!« stammelte Esther geduckt und kleinlaut. Fischer ärgerte sich über den Ausbruch, setzte sich und sagte ruhig und aufmerksam: »Wie war das mit der Saison?«

»Außer den Täubers«, begann Esther ermutigt, »kriege ich kein Personal. Die sonst immer kommen und vor ihnen ihre Mütter und noch früher die Großmütter aus den Dörfern, seit fast fünfzig Jahren, die dürfen auf einmal nicht mehr bei Juden arbeiten, unter Haftstrafe verboten, Herr Bürgermeister!«

»Stimmt, Anordnung des Ministeriums des Innern.«

»Und – und jüdisches Personal kriegt weder Einreise noch Arbeitsgenehmigung für Grenzbrunn!«

»Die hätten uns gerade noch gefehlt. Noch mehr Itzigs. Uns genügt eine Sarah«, lachte Herr Fischer, und Esther traute sich mit ihrem Ansuchen heraus: »Solange die ›Bohemia‹ steht, war es immer im Interesse von ganz Grenzbrunn und für seinen internationalen Ruf, daß wir das Hotel eröffnen. Seit fünfzig Jahren sind wir Polans am Ort ...«

»Schenken Sie sich das Reklameinserat. Dazu ist mir

meine Zeit zu teuer.« Schon wollte Esther sich besiegt zur Tür wenden, da stand Fischer auf und verkündete: »Es steht im Ermessen der Ortsgruppenleitung der NSDAP mit der Ortsbehörde, Ausführungsbestimmungen in Sonderfällen außer Kraft zu setzen.«

»Also würden Sie wirklich?«

»Die ›Bohemia‹ wird aufgemacht! Und jetzt scheren Sie sich raus. Rrraus!«

Überglücklich rannte Esther aus dem Amtszimmer, die Treppen hinunter, die Dorfstraße hinauf nach Obergrenzbrunn. Aus dem Rennen wurde Trab und ein Mühsam-nach-Atem-Ringen und Langsamgehen. Sie erkannte das Ziellose in ihrem Spazieren, wählte sich eine Adresse, Täubers. Und Mariechen freute sich, die Chefin bei sich zu bewirten, und legte ihr Zierschürzchen an, brühte Kaffee und brutzelte Palatschinken. In dieser Zeit erzählte Esther einem ungläubigen Täuber die frohe Kunde und wurde nach Einzelheiten ausgefragt. »Paní Pelzová – und *dabei* hat er Sie angebrüllt?«

»Wie ein Stier, und so durcheinander, einmal freundlich, na, nicht direkt freundlich, aber menschlicher, leiser, gleich darauf schrie er wieder.«

»Unvorstellbar – und verdächtig, Chefin.«

»Im Gegenteil, wegen der Leute hat er gebrüllt, so getan wegen der Leute, verstehen Sie? Er darf nicht anders. Doch – Personal wird sein! Und am Schluß hat er verkündet: Die ›Bohemia‹ wir aufgemacht und hat mich rausgeschmissen, na nicht direkt mit der Hand, nur geschrien hat er: Rraus! Rraus!«

»Das paßt nicht zusammen, mit dem, was er tut, wie er hetzt, was er zu den anderen redet.«

»Zerbrechen Sie sich nicht den Kopf. Sogar die Nazis brauchen eben ein koscheres Hotel ›Bohemia‹. Sogar ein Fischer, auch wenn er nach außen angeben muß, als wollte er mich fressen. So, und jetzt – ich bin gleich wieder da.« Sie hatte vor freudigem Schreck Bauchgrimmen bekommen. Die Täubers warteten am Kaffeetisch, Mariechen bohrte: »Hast du es ihr etwa gesagt?« Täuber schüttelte den Kopf.

»Das hätte ich noch nicht mal dir erzählen dürfen. Geht

auch nicht, wie ein Taschenmesser klappt sie zusammen, wenn sie so was erfährt. Ohne Lotte ist sie wie ein halber Mensch.«

»Vorsicht! Sie kommt wieder. Wir wollen von jetzt ab beide gleich vormittags in die ›Bohemia‹ gehen. Sie braucht Menschen um sich, mit denen es sich gut redet.«

Immer hatte Peter alte Kirchen gerne gemocht, weil sich in ihnen Jahrhunderte die Hände reichten. Auch die helle Dämmerung des gotischen Schiffes, das schwache Sonnenbild im Prisma durch die bunten Bleiglasscheiben gefiltert, erfreute seine Augen gleich, als er die Stiftskirche betrat. Er nahm seinen Hut ab, netzte die Stirn mit Weihwasser und beugte an der Schwelle der hintersten Bankreihe seine Knie. Denn umging er langsam das Gestühl und schlenderte durch den breiten Seitengang in Richtung auf die Sakristei, vor der die Beichtstühle in einer kurzen Reihe wie eine Barriere standen. Vor einem der Beichtstühle wurde ein Vorhang weggezogen. Peter sah geschwind auf seine Armbanduhr und hörte die Stimme. So leise, wie sie sprach, ihm schien sie in der Weite zu hallen: »Komm näher, mein Sohn!« Peter folgte, kniete auf dem durch ein Kissen mildgepolsterten Schemel: »Die heilige Barbara und ihre Bergknappen, der heilige Antonius und seine guten Haustiere.«

»Die Güte des Herrn ernähret sie.«

»Warum hier?«

»So öffentlich wie möglich. Hier belauscht uns keiner. Wir sehen, wer kommt, wer geht, woher und wohin. Und wir haben Zeit füreinander bis zur Frühmesse. Ich höre.«

»Es wird ein neuer Pilz wachsen, in wenigen Wochen. Äußerlich ein Pfifferling. Sein Fleisch ist vom Fliegenpilz.«

»Mein Freund! Ich glaube Sie verstanden zu haben. Aber Sie brauchen sich hier nicht der blumigen Sprache der Bibel zu bedienen. Das wäre Zeitverschwendung! Bitte konkret, sachlich, genau!«

»Gut. Ihr müßt euch vorsehen. Die Gestapo baut eine eigene ›Widerstandsgruppe‹ auf, aus Leuten, die sie in der Hand hat, ein klebriges Spinnennetz. Wir kennen einige

Namen und Adressen, und ihr seid in der Lage, die Spitzel zu bespitzeln, wenn ihr . . .«

Nach der Frühmesse unternahm Peter, das Gebetbuch in der Hand, den Rosenkranz um die Faust geschlungen, einen Spaziergang am Flußufer, bis das kleine Caféhaus an der Ecke seiner Wohnstraße öffnete. Ihm war recht froh und nach einem Frühstück zumute, die Spannung wich, beinahe hätte er vor sich hin gepfiffen. Ein Drittel des Auftrages erfüllt! Gerade in solchem Augenblick verlangte die Konspiration, sich fest in der Hand zu haben. Es schlug acht Uhr. Die Messe motivierte sein frühes Erscheinen auf der Straße, und so steuerte er zielbewußt auf das Lokal zu, in dem er sich sicher bewegte, da er sich darin auskannte. Wie immer trug er sich solide, seriös, aber doch modern. Eine blonde Serviererin stellte sich ihm in den Weg und flüsterte, als sie ihn versehentlich anstieß: »Ich bedien' heute die Fensterreihe. Nicht so wie gestern. Ich bin die Ingelore.« Peter nickte, dachte: Ich darf nicht mehr so hohe Trinkgelder geben. Kommt davon, daß man nicht weiß, was jetzt das Übliche ist. Er suchte sich einen Fensterplatz aus, der genau im Scheitelpunkt der Hausecke lag, die Mauer hinter sich, die Tür im Blickfeld. Kaum hatte er sich niedergelassen, da brachte die Serviererin das Tablett mit dem Frühstücksgedeck, Kaffee, Eier, Käseschnitten. »Das geht ja wie das Tischlein deck dich, Fräulein Ingelore.«

»Ich hab's in der Küche vorrichten lassen, als Sie in die Straße eingebogen sind. Natürlich ist der Kaffee frisch gebrüht, und die Eier sind eben aus dem kochenden Wasser.«

»Wirklich nett von Ihnen«, sagte Peter herzlich.

»Und so bin ich am ganzen Körper.«

»Freut mich zu wissen.« Nett, aber neutral beantwortete er die kokette Anpreisung. Ingelore ging hüftenwiegend zum Tresen zurück, und ihre Kollegin fragte neugierig: »Na, wie weit bis du?«

»Stell dir vor, der ist ganz rot geworden. Den bring' ich auf Touren. Den mach' ich verrückt. Ein verführter Pfaffe fehlt mir noch in der Kollektion. Den angle ich mir.«

Beim Abräumen bekam Peter ihre Absichten zu spüren. Er tat sehr verlegen. Doch die Berührung ließ ihn nicht kalt.

Esther wachte von einem Geräusch auf, erschrak. Vor dem Fenster der Nummer eins lag eine weiße Schicht, die auf den ersten Blick wie eine Schneemasse aussah. Sie sprang aus dem Bett: »Großer Gott – ein Schneesturm im April?« In diesem Wetterwinkel war alles möglich. Da schien aber Farbiges durch das Weiß. Sie warf sich einen Morgenmantel um und riß das Fenster auf.

Auf dieses Zeichen der Kenntnisnahme hatten sie gewartet. Hinter dem Hromadkohaus, den Büchsen und Hekken im Garten hockten die Mannen des SA-Sturmes. Nur Dr. Biller und sein Stab standen in ganzer Größe in einem verborgenen Salonerker im ersten Stock der Villa »Anna« und zückten ihre Feldstecher. Eine Ordonnanz preschte um die Ecke, baute Männchen vor Dr. Biller und wollte gerade Meldung machen, herausgebellt wie üblich, als Biller beschwörend den Finger auf den Mund legte. Der Melder flüsterte: »Sie hat das Fenster aufgemacht, sonst nichts.«

»Die macht doch sonst schon viel früher Betrieb im Puff. Aufpassen – und keinen Laut!«

Auf den Stühlen vor dem hohen abgeschlossenen Rollo des »Bethlehem« im Umlaufhaus saßen die beruflich Berufenen – im Vergleich zu den Freiwilligen der Sturmabteilung. Der Ortspolizist, Grenzer, Landjäger, Zöllner. Bürgermeister Fischer begab sich vor die dichtbesetzten Stuhlreihen und entwickelte seine strategische Konzeption: »Die Polizeikräfte greifen erst ein, sobald die SA die Situation in der Hand hat. Es erfolgt dazu ein Signal. Was mich selbst anbetrifft, so erwarte ich das Resultat im Bürgermeisteramt und übergebe hiermit die Befehlsgewalt Leutnant Röther.«

Danach schlich sich der Bürgermeister durch den Hintergarten auf den Seitenweg und ließ sich auf dem Dienstkrad der Landjäger nach Obergrenzbrunn bringen.

Noch lag das Haus leblos da. Alle Fenster im Parterre, Glasveranda, Speisesaal, Zimmer eins, der ganze Zaun, aber auch das große »Bohemia«-Schild auf dem höheren Grund waren vollgeklebt mit großen nationalsozialistischen Propagandaplakaten. An der Glasveranda hat es einen erwischt. Ein Leimtopf kippte von oben ab und hatte den Plakatkleber mit der zähen, klebrigen Masse überschüttet. Mit Mühe riß er sich los und kroch, so schnell er konnte, auf den Seitenweg an der Flanke des Hauses unter die Stützsäulen der Glasveranda, wo die übrigen Plakatkleber sich versteckt hielten.

Langsam öffnete sich die Haustür. Esther erschien. Sie trug den Küchenmantel über dem Wollkostüm, hob hilflos die Arme, schaute sich nach allen Seiten um. Sie horchte. Nichts zu hören. Am schlimmsten sah das »Bohemia«-Schild aus, vorn und hinten mit großen grellbunten Hitlerbildern bepflastert. Der Text unter dem Hakenkreuz lautete: »Führer befiehl, wir folgen!« Das ging doch nicht. Jetzt finden die Juden die »Bohemia« nicht mehr, wenn die drei hebräischen Zeichen für *koscher* fehlten. Man stelle sich vor, Juden, die rituell essen wollen und gezwungen sind, eine Sünde zu begehen. Dessen durfte sie sich nicht schuldig machen. Noch waren die Plakate naß. Die hebräischen Buchstaben, ihre dunklen Umrisse schienen durch. Wenn man näher herantrat, und das tat Esther, erkannte man sie sogar genau. Noch einmal schaute sich die entsetzte, empörte, zutiefst beleidigte Frau um, dachte: Wenn man ein Plakat ablöste, wäre wenigstens das »koscher« zu sehen, hebräisch, das genügte zur Not. Ringsum war alles leer. Esther bat sich und die Welt um Entschuldigung: Bloß ein einziges Plakat. Vorsichtig und umsichtig packte sie es mit den Fingerspitzen und zog es zart und geschickt ab. Es gelang. Unverletzt blieb das Plakat. Sie trug es ausgebreitet vor sich her. Wie eine sakrale Handlung sah es aus; das Plakat vor sich, mit feierlichen, gemessenen Schritten ging sie auf die Wand der Holzlaube zu, an der sie noch freien Platz erspäht hatte, es dort festzukleben. Sie erreichte die Wand nicht, war im nu umringt, gellende Pfiffe erschallten. Sie konnte sich nicht vorstellen, woher auf einmal die vielen Braunen gekommen waren, die ihr das Plakat aus den Händen gerissen hatten und die sie nun an den Armen gepackt hielten.

Das schrie um sie herum:

»Die Sarah hat den Führer runtergerissen!«

»Die Jüdsche hat Adolf Hitler beleidigt!«

»Die Bewegung hat sie geschändet, die Pelz!«

Jetzt erst verstand Esther, was sie überhaupt von ihr annahmen, wessen man sie beschuldigte. Sie versuchte schreiend einzuwenden: »Aber ich wollte doch bloß das Koscherzeichen . . .«

Ein SA-Mann schlug Esther die Faust ins Gesicht, daß sie umfiel. Sie wurde wieder hochgerissen. Die Polizei drang durch. Ein Schupooffizier stellte sich mit ausgebreiteten Armen vor die kleine Frau. Ein zweiter sprach: »Sarah Esther Pelz. Im Namen des Führers. Sie sind verhaftet!«

Sie führten die Jüdin den Anfahrtshügel der »Bohemia« hinab auf die Bäderstraße, inmitten der Schutzpolizei als engstem Ring um sie herum. Umgeben vom Braun der SA, dem Grau der Grenzer und Zöllner, dem Dunkel der rasch angesammelten Zuschauer, dem Bunt der Lausbuben, Esther darin ein weißer Fleck, im Gewühl verschwindend und wieder auftauchend, umjohlt, umschrien, vor allem vom Jungvolk und den Pimpfen. Und immer mehr Leute. Im ereignisarmen Grenzbrunn ließ man sich solche Sensationen nicht entgehen. Je weiter der Zug der Landstraße entlang sich dem Gemeindeamt näherte, um so zahlreicher wurde die Mitläuferschar. Man war angelangt. Esther wurde in der Straßenmitte vor den großen Toren des Spritzenhauses festgehalten. Sie öffneten sich, und die Jüdin wurde in das einzige verschließbare Gewölbe mit Stahlbewehrung geführt, das es in und um Grenzbrunn gab. Die Polizei schloß das Notgefängnis ab. Die Beamten kehrten durch den Eingang zur Bürgermeisterei zurück.

Das Gewölbe war hoch, weiträumig und zugig. Zwei Spritzen mit Pferdebespannung und die neue selbstfahrende Motorspritze fanden neben Schlauchwagen, Sprungtuch und Magirusleiter bequem Platz. Zwischen den Spritzen gelangte man an die Hinterwand, in die eine eiserne Tür eingelassen war, durch die man den Raum von innen erreichte. Sonst gab es weder Tisch noch Stuhl, noch Bett. Hoch oben befand sich ein kleines Rundfenster, durch das ein gelbes Band Mondlicht in das Gewölbe fiel, als Esther total erschöpft und verweint, vom Schreien, Rufen, Klopfen ermüdet zusammengesunken und in einen ohnmachtähnlichen Schlaf gefallen war, aus dem sie die Kälte des Zementbodens weckte. Inzwischen waren die Geräusche, die sie erreichten, die üblichen geworden. Räderrasseln, das Hottehü der Kutscher, das Rumpeln schwerer Lastwagen, Motorgeräusch und das Hupen der Autos. Die Lichter, die auf die hohen Rolläden trafen, sah sie durch die Ritzen blitzen. In diesem Zufallslicht suchte die erstarkte, durch den Schlaf erquickte Esther nach einem Ruheplatz. Der Steinboden, kalt und zugig, eignete sich nicht dazu. Außerdem taten ihr vom Liegen auf hartem Grund alle Glieder weh. Sie glaubte immer noch, daß ihre Verhaftung ein Irrtum sei, der sich aufklären würde.

Das beruhigte sie. Sie bemühte sich nüchtern um ihre Gesundheit. Auf dem Wagen entdeckte sie im Führerhäuschen der Motorspritze den gepolsterten Sitz und kletterte kurzentschlossen hinauf, fand eine derbe Wagenplane und einen Ballen Zellstoff. Sie machte sich sorgsam und bedächtig ein Lager zurecht, weil sie spürte, wie durchfroren sie war, kuschelte sich in die Ersatzdecke und auf das Zellstoffbündel. Plötzlich wieder todmüde, schlief sie ein, tief und traumlos.

7. Die hohe Schule der Heuchelei

Im Bergland verabschiedete sich der Winter störrisch und widerstrebend langsam. Ins zugige Spritzenhaus war der Morgenfrost eingebrochen. Ohne daß sie es wußte, wurde Esthers Atem zum Eisnebel. Fröstelnd vor Kälte, erwachte sie. Wie ein kleines Kind begann sie zu weinen, weil ihre Finger, steif vor Kälte, und der Hunger sie nicht schlafen ließen. Nach einer Weile hörte sie, wie sich ein schwerer Schlüssel im Schloß drehte, sprang auf, dehnte sich und kletterte mühsam auf den Boden hinunter. Sie versuchte, sich warm zu machen. Die Tür zu den Innenräumen der Bürgermeisterei ging auf. Dem Gemeindearbeiter Hurdalek folgte ein Polizist. Hurdalek balancierte eine Laterne, einen Löffel und einen dampfenden Topf zugleich. Dadurch, daß der Polizist sich umwendete, die offengelassene Tür besetzte und schloß, hatte Hurdalek Gelegenheit, schnell zu flüstern: »Paní Polanová mladši! Das Elektrische darf ich leider nicht anmachen. Die Laterne laß ich Ihnen da, bis Sie aufgegessen haben. Meine Frau hat ein Stück Fleisch von sich in den Kartoffelbrei getan, den sie Ihnen kochen sollte. Und Rindsbrühe aus Eigenem!« Dankbar nickte Esther, griff sofort nach dem Topf, wärmte ihre Hände daran und stopfte große Löffelhappen in sich hinein. Die krampfhafte Eile fiel dem Polizisten auf: »Wie lange hungern Sie denn schon? Na, wird's bald!«

Sie rechnete schnell, nahm die Finger zur Hilfe: »Sechsundzwanzig Stunden«, murmelte sie zwischen zwei Löffeln. Sie tat dem älteren Beamten leid. Auch Hurdalek versuchte gefällig zu sein: »Am Vormittag bringe ich Ihnen noch einen Tisch und einen Stuhl, damit sie sitzen können, bis man Sie nach Lewin ins Gefängnis schafft.«

Esther glaubte ihm nicht: »Das sagen Sie nur, um einer hilflosen Frau Angst zu machen. Schlechte Witze. Nach Lewin kommen doch nur die Verbrecher und die Wilddiebe.«

Der Gemeindediener schwieg. Der Topf war geleert und

ausgekratzt. Nun gähnte Esther vor Wärme und Müdigkeit. Der Polizist nahm sie beim Arm: »Na, dann klettern Sie ruhig wieder hinein derweil und schlafen Sie weiter. Abgeholt werden Sie nicht vor Mittag.« Hurdalek leuchtete Esther mit der Laterne, während sie hinaufkraxelte. Die beiden Männer überließen sie dem düsteren Grau des kommenden Morgens. Bald war ihr ruhiges Schnarchen zu hören.

Heller wurde es im Raum. Stiefel trapsten die Straße entlang, Stiefel im Marschtritt. Kommando: »Halt! Vor der Feuerwehrgarage, halt!« Die Rolläden schnurrten in die Höhe. Im nu war die Remise voller Sturmtruppler. Immer noch schlief Esther in luftiger Höhe. Die Burschen erschraken. Sie begannen eifrig zu suchen. Schmatolla schrie: »Sarah! Wo bist du?«

Hromadko zog den Schluß: »Die Polanjüdin ist ausgerückt, das Schwein!«

Esther war längst aufgewacht. Die schiere Angst verschloß ihr den Mund. Sie kriegte keinen Ton heraus. Giebel-Arthur entdeckte sie: »Guck mal, da obe isse, die Jüdische macht 'ne Kletterpartie.«

Schmatolla sekundierte: »Runter mit dir, dalli, dalli! Höhenluft verschaffen wir dir unten, daß du alle Engel im Himmel singen hörst. Ganz umsonst.«

Obwohl sie sich wie gelähmt fühlte, begann Esther den Abstieg. Unsicher klammerte sie sich an jedem erreichbaren Halt fest. Jeder ihrer Schritte wurde bejohlt. Die Bande schrie im Chor: »Eins, zwei, drei, vier, fünf«, und als sie unten angekommen war: »Im Ziel!« Esther stand im Kreis der braunen Burschen. Sie faßten sie nicht an. Ein anderes Späßchen hatten sie sich ersonnen. Der Kreis, den sie geformt hatten, bewegte sich um die Jüdin, erst mit halb ausgestreckten Händen, dann immer näher zusammenrükkend, bis sie Schulter an Schulter liefen, sehr schnell, mit drohenden Grimassen, dann die Köpfe vorgestreckt, Esthers Gesicht ganz nahe. Gesungen wurde dazu: »Wenn's Judenblut vom Messer spritzt, geht's uns noch mal so gut!«

Doch Esther, der sie ja Angst einjagen wollten, sah in den Burschengesichtern die der Kinder von einst, sah sich von ihnen umringt als sie *»summern«* kamen und *»schmak-*

kostern«, Mazzes erschnorren, und hörte sie statt des blutrünstigen Liedes als Kinder singen: »Summer, Summer, Summer, ich bin a kleener Pummer.« Alfred Umlaufs rundliches Kindergesicht ist nicht zu verkennen, der mit der Brille muß Giebel-Arthur sein. Das sind die Gespielen Peters, verführt, zu Unsinn aufgelegt. Sie muß lächeln beim Anschauen – fein, kaum merklich.

Der erste, der den Kopf senkte, war Alfred Umlauf, Hromadko folgte ihm, verstummte. Die Menschenmauer drohte zu zerbröckeln. Doch unter den Grenzbrunner SA-Leuten waren Ortsfremde. Ein riesiger Kerl, den sie »Glatzer« nannten, brüllte: »Die lacht uns ja aus, die Sarah.« Gleichzeitig schlug er ihr die Faust ans Kinn. Esther fiel um, kam blutend wieder hoch, hob flehend die Arme, stand zitternd da. Glatzer prahlte: »Seht sie euch jetzt an. Die grient nicht mehr. Ihr seid ja Schlappschwänze. Ihr habt wohl noch keinen Juden verrecken sehen?«

»Was? Wir und Schlappschwänze?« opponierte Hromadko. So etwas ließen kühne Burschen nicht von sich sagen. Und so zog er die Jüdin an den Beinen, daß sie wieder hinschlug. Die SA-Leute zeigten ihre Knüppel, beugten sich über sie, und wäre nicht durch die hintere Tür zum Spritzenhaus Fischer in voller Uniform erschienen, hätte sich mit Ellbogen und Fäusten durchgestoßen, dann wäre es Esther noch schlimmer ergangen. Er brüllte: »Schluß hier! Zuhören! Diese Frau kommt nicht ins braune Haus. Sie kommt auch nicht ins KZ. Dort dürft ihr die Leute zurichten, wie es euch Spaß macht, meinetwegen auch totschlagen. Aber diese Jüdin«, damit half er Esther aufstehen, »gehört erst einmal vor das ordentliche Amtsgericht.« Er rief durch die Tür nach Frau Hurdalek, die sofort erschien. »Wischen Sie ihr das Blut weg!« Die Frau des Gemeindearbeiters bemühte sich, es wenigstens notdürftig zu schaffen. Schwer genug fiel es ihr unter den primitiven Bedingungen. »Darf ich sie nicht in mein Zimmer ...« Fischer willigte ein: »Schön, aber mit Bewachung!«

Auf dem Sofa der kleinen, gut geheizten Stube, die Füße zugedeckt, lag Esther weinend im blutbefleckten Küchenkittel. Als Fischer hereintrat, nahm sie sich zusammen. Keine Träne mehr. Er stand über ihr und sprach ernst und bemüht sachlich: »Sarah Esther Pelz, was sich da draußen abgespielt hat, geschah ohne mein Wissen und gegen meinen Befehl. Ich mißbillige es ausdrücklich! Ihre Sache steht ohnehin schlimm genug. Beleidigung des Führers durch eine volksfremde Jüdin ist ein sehr schweres Verbrechen. Aber solange ich hier Bürgermeister bin, bleibt Recht noch immer Recht. Sogar einen Anwalt habe ich mitgebracht, dem Sie Ihre Wünsche mitteilen können.« Bei dem Versuch sich aufzurichten, wurde Esther schwindlig. Der zweite Versuch gelang: »Wo?«

»Man ist ja nicht unmenschlich«, behauptete der Bürgermeister. »Herr Doktor Schmidt ist Ihnen doch bekannt. Da ich aus den Akten weiß, daß sein Büro Sie in Grundstücks-, Nachlaß- und Hypothekensachen vertreten hat, habe ich . . .«

»Wo ist er?« fragte Esther wieder.

Dr. Schmidt trat an ihr Sofa, sie faßte seine Hand mit beiden Händen. »Frau Pelz, ich bin Ihnen zugeteilt.«

»Die ›Bohemia‹, Herr Doktor – die Saison muß doch vorbereitet werden.«

Er zog sich konziliant aus der Affäre: »Selbstverständlich wird das Hotel inzwischen unter Obhut und Treuhänderschaft des Gemeinderats gestellt, bis der Gerichtsfall ausgetragen ist.«

Aufs neue versuchte es Esther: »Aber es ist doch alles offen. Ich muß schleunigst hin. Noch Eis einfahren!« Fischer mischte sich ein, ungerührt, unpersönlich, autoritativ kühl: »Ruhen Sie sich aus. Erst am Nachmittag erfolgt Ihr Abtransport nach Lewin. Wenn Sie großen Hunger haben, gestatten wir Ihnen, unter Bedeckung in Ihr Haus zurückzukehren und sich Reiseproviant mitzunehmen.«

Bange wurde Esther, furchbar bange: »Und mein Besitz? Mein Hab und Gut?«

Verächtlich meinte Fischer: »Wir tasten nicht einmal einen von Ihren dreckigsten Löffeln an, dafür verbürge ich mich, bis Sie raus sind. Wenn Sie überhaupt einmal rauskommen! Ich wette, daß bis dahin alle Löffel verrostet sind.«

Esthers Augen suchten die des Dr. Schmidt: »Man wird mich doch nicht lange einsperren, nicht wahr?«

Erbarmungslos, aber milde, säuselte der Rechtsanwalt: »Leider, leider lautet die Anschuldigung: ›Tätliche Beleidigung des Führers der Nation Adolf Hitler.‹ Versprechen darf ich Ihnen nur: Falls Sie mich mit Ihrer Verteidigung beauftragen, werde ich gewiß alles tun, was in meiner Macht steht, überhaupt alles Menschenmögliche ...«

»Betonen will ich nur, Sarah Pelz«, unterbrach der Bürgermeister, »daß sich Herr Doktor Schmidt aus freien Stücken erboten hat, ohne nach Diäten oder Honorar zu fragen ...« Nach jedem Strohhalm der Hoffnung griff Esther: »O ja, sein Vater selig hat schon für die ›Bohemia‹ prozessiert und uns immer zum jüdischen Neujahr gratuliert. Ich bin einverstanden, sehr!«

Esther klagte, litt und zweifelte, aber verzweifelte nie. Und als der Polizeioffizier und die anderen sie vor das Haus führten und sie der Familienkutscher mit »Küß die Hand, Paní Pelzová« begrüßte, dankte sie ihm durch ein freundliches Lächeln. Pietsch freute sich. Als sie einstieg, beugte er sich vom Bock herunter: »Wieviel hundert Gäste hab' ich schon in die ›Bohemia‹ gefahren.«

Der Rechtsanwalt rühmte sich damit, daß er den Kutscher engagiert hatte: »Ich dachte, es würde über Ihre Kraft gehen, die lange Straße bis ins Bad hinein zu laufen, und was dann unterwegs noch passieren könnte ...« Der Kutscher entschuldigte sich, daß er mit dem Landauer gekommen sei, weil die Kutsche zur Reparatur beim Stellmacher gebracht worden wäre. Esther fühlte sich als Chefin behandelt. Durch das Oberdorf fuhr der Landauer langsam. Die Leute standen vor ihren einstöckigen Häuschen. Es hatte sich schnell herumgesprochen, was hier geschah. Immer mehr Dörfler warteten am Straßenrand. Tschechische Grüße wurden Esther zugerufen: »Pan bůh vás chrani.« – »Všeho nejlepši spanem Bohem!« Eliška, nun eine rundlich-stattliche Klempnermeistersfrau geworden, lief hinter dem Wagen her und warf ein Leinwandbündel hinein: »Nebojte se – mý vás nezapomenem.« Sofort griff der Polizeioffizier danach. Es enthielt jedoch nicht Dynamit, sondern duftendes Spalierobst aus dem Wintervorrat. Die hungrige Esther biß kräftig in einen Apfel.

Die ersten Villen des Kurortes tauchten aus dem Waldgürtel. Hier standen keine gutgesinnten Dörfler mehr vor den Türen. Die Bürger linsten hinter geschlossenen Fenstern zwischen Vorhängen und machten durch einen handbreiten Spalt in Tür und Tor hämische Bemerkungen: »Guckt mal, die kommt vom Schächten.«

»Nein, die Sarah hatte Nasenbluten.«

Auf der Höhe des Postamtes flogen die ersten Steine. Pietsch beugte sich nach hinten: »Verdammter Landauer! Ducken Sie sich und halten Sie sich fest. Ich fohr jetzt a wing schneller.« Mutig geworden, erhob sich der Polizeioffizier. Die Werfer verdrückten sich. Der Wagen fuhr den Hügel zur »Bohemia« hinauf. Dort wartete schon die Polizeieskorte nach Lewin. Der Offizier händigte Esther den Hausschlüssel aus. Sie schaute sich suchend um: »Jaroslav! – Mařenka!«

»Wir glaubten in Ihrem Interesse zu handeln«, sagte der Rechtsanwalt, wobei er sie beim Arm nahm: »Indem wir das Ehepaar Täuber ausbezahlt und vorläufig für einen Monat beurlaubt haben. Den Betrag habe ich für Sie ausgelegt. Nach dem Gebührensatz für Hausangestellte.«

»Aber die Täubers sind doch nicht Dienstboten. Wir sind befreundet seit meiner Jugend.«

»Um so besser, sie nicht in die Affäre hineinzuziehen. Wir brauchen sie dringend als Leumundszeugen.«

»Ach ja, da haben Sie recht. Die sagen nur Gutes von mir. Einen ganzen Monat wird's ja nicht dauern.« Am Hoteleingang hatten sich noch zwei Polizisten eingefunden, als Esther die Tür aufschloß. Vor ihr lag die Post der vergangenen zwei Tage, durch den Postschlitz auf das Hallenparkett gerutscht. Sie bückte sich nach ihr. Der Stiefel des Polizeioffiziers hinderte sie am Aufheben. »Beschlagnahmt, Ihre Post wird gerichtlich geöffnet.« Das verstand Esther, es alarmierte sie nicht, eher beruhigte es sie. Gesetz, Gericht – sie hatte die Gesetze immer peinlich genau beachtet und befolgt. Das Gesetz war eben eingeschritten, als der SA-Riese sie zu erschlagen drohte. Es machte, daß es ordentlich zuging, nach Paragraphen, die gedruckt waren und allgemein gültig.

Das Schlimme verzuckerte *ihr* Rechtsanwalt. »Ich habe erwirkt, daß Ihnen gestattet wird, unter Aufsicht – die Beamtin wartet draußen – Ihre Garderobe zu wechseln, nach dem Umziehen die nötigsten Toilettenutensilien, Kleidung, Schuhwerk, Wäsche und Mantel einzupacken und sich Reiseproviant vorzubereiten. Zuzüglich dürfen Sie sich als Untersuchungshäftling für eine Woche versorgen.«

»Eine ganze Woche?« Esther schluckte.

»Nicht einmal gegen einen gemeinsamen Imbiß vor dem Transport hatte der Herr Bürgermeister etwas einzuwenden. Alles das habe ich für Sie erbeten!«

»Ich danke Ihnen, Herr Rechtsanwalt.« Sie sagte es wirklich dankbar ohne Falsch und Zögern, sie meinte es so und ging auf einen Wink der Beamtin mit der jungen Frau aus dem Zimmer.

Zufrieden mit dem Verlauf der Dinge, zündete sich der Rechtsanwalt eine Zigarre an, um seinen erwachten Appetit zu betäuben. Esther erschien wieder, übergab den Koffer dem Justizwachtmeister, zog wie gewohnt einen Küchenmantel über, krempelte die Ärmel hoch und schickte sich an, die Kunst, die sie beherrschte, auszuüben. Als Gastgeberin wollte sie sich nicht lumpen lassen. Ihr Stolz gebot ihr, ein Damasttischtuch aufzulegen, Servietten zu reizvollen Schwänen zu formen, begleitet von einem Beamten, Wein aus dem Keller zu holen und ihre berühmten kalten Platten herzurichten.

Zimmer eins barst beinahe, wie beim Besuch der ganzen Polanfamilie. Zu den drei Vertretern der Polizei und dem Ortspolizisten waren noch zwei Lewiner Justizwachtmeister und der Chauffeur des Gefängniswagens hinzugekommen.

Die Untersuchungsbeamten, Kutscher Pietsch, der Rechtsanwalt, alle bediente sie, legte ihnen vor, trank ihnen zu. Man aß schweigend, doch mit Appetit. Der Rechtsanwalt beugte sich vertraulich zu Esther und riet ihr flüsternd: »Sagen Sie beim Untersuchungsrichter im ersten Verhör nur etwas zur Person aus und nichts zur Sache. Erklären Sie ihm, daß Sie das, auf dessen ausdrücklichen Rat hin, nur in Gegenwart Ihres Anwaltes tun möchten.«

Esther nickte. Ihr Sinn für Realität, Einsicht in das Gegebene und der Josefinische Fatalismus setzten sich im optimistischen Gemisch bei ihr durch. Sie war auch nicht sonderlich schockiert, als der Polizeioffizier, während er sich das Fett von den Lippen wischte, anordnete: »Sarah Pelz, bitte alle Schlüssel des Hauses, mit numerierten Schildern, wo diese fehlen sollten.«

Es fehlten nur wenige. Und Esther wußte, was wozu gehörte, und schrieb die Raumbezeichnungen auf kleine Pappstückchen, die sie mit dünnem Draht durchstach und so an den Schlüsseln befestigte. Immer langsamer bewegten sich ihre Hände, bestrebt, den Aufenthalt zu verlängern. Sie genoß jeden Augenblick, der ihr in der »Bohemia« noch blieb. Der Justizbeamte aus Lewin spielte mit seiner schweren Taschenuhr, klappte den silbernen Deckel auf und zu, bis der Polizeioffizier seine Andeutung verstand, aufstand und verkündete: »Es ist Zeit.« Esther erschrak, einen Augenblick schien sie weich werden zu wollen. Ihre Gäste versammelten sich in der Halle. Nur ein dicklicher Justizbeamter blieb mit ihr zurück, als sie, ein Schluchzen mühsam zurückhaltend, vor den großen, schwarz gerahmten Bildern der Seligen stehenblieb.

Josefine sah ernst und gesammelt auf sie hinab. Daneben lächelte Filips gutmütiges, kluges Gesicht. Resolut wischte sich Esther die einzige Träne weg, straffte sich, gestärkt durch die Zwiesprache mit den Eltern, wendete sich, majestätisch nickend, an den Begleiter und rief in die Hotelhalle hinaus: »Meine Herren! Ich bin fertig. Wir können gehen.«

Der Schreck fuhr Esther Pelz erst richtig durch die Glieder, als sie des Lewiner Polizeiwagens ansichtig wurde, zwar motorisiert, aber mit dem altmodischen, viereckigen hochbeinigen Aufbau einer »Grünen Minna«. Sie protestierte empört: »Aber doch nicht so. Da fahren doch die Wilderer und Sittlichkeitsverbrecher in so was. Da zahl' ich lieber Droschken für alle.« Die Menge der Gaffenden, die johlende SA, die mit Jungvolk, Fahnen und Standarten angerückt war, hielt – wie schon so oft – den ganzen Bürgersteig der »Bohemia« vis-à vis-besetzt. Mühsam hielt die Polizei die Straße frei. Esther stand da, eingekeilt in ihre Eskorte, sicher vor Steinen und Hieben. Dr. Schmidt redete auf sie ein: »Der geschlossene Wagen ist das einzige, was Sie vor peinlichen Zwischenfällen, ja sogar Mißhandlungen retten kann!« Esther schaute auf ihr Haus zurück. Da stand der Name groß, nicht zu übersehen auch das Koscherzeichen, »Hotel Bohemia«. Kein Führerplakat klebte mehr. Plötzlich versagten ihr die Füße den Dienst. Sie wollte nicht weitergehen, vor allem nicht in die »Grüne Minna«. Angst vor morgen überkam sie. Die Lewiner Wachmannschaft machte kurzen Prozeß. Die Männer packten sie derb bei den Armen, hoben sie an den Ellbogen hoch, so daß sie über die ganze Straßentreppe getragen wurde, schoben sie in den Wagen. Einer stieg ihr nach, der andere schloß ab und sprang vorne zum Chauffeur.

Dr. Schmidt sah der »Grünen Minna« befriedigt nach, fühlte sich aber am Rockschoß gezogen und in den Schenkel gezwickt von Mathilde, die ihm zurief: »Heiltr! Der Bürgermeister erwartet Sie pünktlich sechse. Und Sie sollen ohne Wagen kommen und Kondition mitbringen.«

Derb packte Schmidt Mathildchen am Arm, so daß sie »Aua« schrie. »Das braucht doch nicht ganz Grenzbrunn zu hören.« Er entließ sie mit einem versöhnenden Klaps. »Matratze« hieß sie inzwischen bei der braunen Ortselite.

›Gar nicht schlecht, Esthers kalte Platte will schwimmen!‹ Dr. Schmidt fühlte sich satt und wohl, obwohl er Esther unverschämt belogen hatte. Täubers konnten gar nicht ausgezahlt werden. Es bestand auch nie eine solche Absicht. Im Gegenteil – sie waren nützlich gewesen, ohne es zu wissen. Jetzt war es höchste Zeit, sie abzuservieren. Der Durchsuchungsbefehl für das Täuberhäuschen war schon ausgeschrieben. Vergeblich. Die ganze Täuberfamilie war in der Nacht nach Esthers Verhaftung mit Sack und Pack und Leiterwagen durch den Grenzforst geflüchtet.

Das Büro der Prager »Arbeiterverteidigung«, in dem einst politische Emigranten kontrolliert, streng überprüft, verhört, aufgenommen und schließlich legalisiert und zur politischen Arbeit weitergeleitet wurden, existierte nicht mehr in dem Sinne, daß es Adresse und Hausnummer hatte. Immer schärfer ging die tschechische Bourgeoisie gegen die Kommunisten vor, um dem mächtigen Nachbarn im Norden über die Grenze hinweg einen Beweis ihres Wohlverhaltens zu geben und der Arbeitereinheitsfront entgegenzuwirken, denn im Volk stieg die Anziehungskraft der französischen »front populaire« ständig. Dafür schmückten die Parteizeitung der tschechischen Kommunisten dank der Zensur immer größere weiße Flecke, und Funktionäre gingen aus immer geringeren Anlässen für immer längere Zeit ins Gefängnis, sogar in die Zuchthäuser, auch ihrer Immunität entledigte Parlamentarier. Die Anzahl der leitenden Kader schien zu schrumpfen, und die reaktionäre Partei der Agrarier jubelte in ihrer Presse: Die Kommunisten trocknen aus. Aber die Partei lebte, nur nicht gerade da, wo man sie suchte.

So kam es auch, daß Jaroslav Täuber mit seiner Familie, von den Strapazen der gerade überstandenen rechtzeitigen Flucht noch immer ermüdet, auf weich gepolsterten Ohrensesseln wartete, in einem großen Salon mit Perserteppichen über glänzendem Parkett. Nur die Jüngsten waren munter, und Großmutter Marie mußte sehr laut zischeln, um sie davon abzuhalten, das Parkett als Rutschbahn zu mißbrauchen.

Dann betrat, elegant und dynamisch wie immer, doch mit abgespannten Zügen, Vilém den Salon und nahm hinter dem riesigen Empireschreibtisch Platz.

»Ihr seid avisiert und legitimiert. Wer spricht für euch alle, Genossen?« Viléms Stimme klang nervös und aggressiv.

Täuber ging hinüber, nahm einen Stuhl mit und setzte sich, Vilém im Visier.

»Nun, was hast du zu berichten, Genosse Täuber?«

Der tat, als habe er nicht gehört, schaute sich vielmehr langsam das Prachtpanorama des Raumes an.

»Also hier habt ihr den Peter schmoren lassen, in diesem goldenen Käfig, wie? Wie lange? Zwei, vier, sechs Monate? Oder noch länger? Er hat vergessen zu erzählen, wie's ringsum aussah. Wie lange wollt ihr *uns* nun rösten?«

»Dein Tschechisch ist perfekt. Und Peter saß in einem Zimmer mit harten Stühlen, leeren Wänden und kaltem Boden, wenn er zu uns kam. Sind wir denn nicht nett zu euch? Ihr habt geschlafen, gut gegessen, habt euch Prag angesehen . . .«

»Nett ist nicht freundlich. Und freundlich ist noch lange

nicht solidarisch. Und du bist mit deiner ganzen Pracht noch lange kein Kumpel.«

Täuber hatte Zorn im Leibe. Vilém auch: Er stieß seinen Schreibtischsessel brüsk nach hinten, war tatsächlich nahe daran, Täuber eine Ohrfeige zu verpassen, hielt sich rechtzeitig zurück und lief wie ein eingesperrter Löwe vor dem Gast auf und nieder.

»Weißt du, als was du avisiert bist? Ein wendiger Mann, der alles anpackt, mit allen Wassern der Konspiration getauft, schlau, er kennt die Grenzarbeit aus dem FF, einer, der heiße Eisen nicht fürchtet ... So.« Er stellte sich vor Täuber hin, hart und nah. »Und wer kommt? Ein Familienvater mit Frau und vier Kindern nebst Anhang.«

»Hätt' ich sie zu Hause lassen sollen? Außerdem sind wir drei Genossen. Drei! Mein Ältester ist in der Illegalität aufgenommen worden. Und meine Tochter ist Parteikandidat. Und Deutscher bin ich auch nicht, ich bin Tscheche. Und wie du uns hier siehst, sprechen wir besser tschechisch als deutsch.«

Lachend schlug sich Vilém aufs Knie: »Mensch, warum sagst du uns das nicht gleich!«

»Muß doch im Aviso stehen!« rief der Große von hinten.

»Aber bei nordböhmischen Genossen von der deutschsprachigen Minderheit steht doch auch: Nationalität – Tschechoslowaken.«

»Dann ist eure Information nicht in Ordnung und die ganze Kontrolle einen Dreck wert! Wozu ein Aviso, wo nischt drin steht?«

Kein Wort davon sagte Täuber: Die Familie teilte sich die Vorwürfe auf.

Jaroslav grinste: »Dem ist nichts hinzuzufügen!«

Vilém holte sich einen Lederstuhl, ließ Jaroslav einfach vor dem Schreibtisch sitzen und schob sich mitten hinein in die Familienrunde.

»Also, Genossen und Kandidaten! Ihr kommt uns zupaß wie die Pflaumen zur Knödelzeit. Wir haben das Kräfteverhältnis gründlich analysiert und eingeschätzt. Resultat: Wir lernen aus den Erfahrungen der deutschen Genossen im Reich, von der Überschätzung der legalen Variante.

Wir bereiten uns seit Monaten auf die wirksamste Form der Illegalität vor. Langzeitwirkung, versteht ihr? Jedes unbekannte Gesicht, jede gelungene Tarnung – womöglich mit einem neuen, qualifizierten Beruf – ist kostbar. Ein Arzt wird Chemiker, ein Bauarbeiter Hochspannungstechniker: anderer Ort, anderer Name, andere Papiere. Wir haben solche Berufswechsel organisiert, sogar durch Werkstätten mit Fachinstrukteuren, in der Ostslowakei und in Karpato-Rußland. Und nun sechs tschechische Leute, deren Identität unbekannt ist, die quasi von einem anderen Stern kommen. Ihr werdet euch trennen müssen – euch zusammenklucken zu lassen, wäre Verschwendung. – Geht das?«

Er wendete sich zu Täuber: »Na komm schon zu uns, Brummbär!«

»Ob das geht? Wir hatten eine lange Zeit miteinander, eine harte Zeit, eine gute. Jetzt müssen wir erst einmal beweisen, daß wir in dieser Zeit etwas voneinander gehabt haben. Was meint ihr?«

Der Jüngste stotterte: »Aber schreiben ... dürfen ...«

Vilém nickte: »In Abständen. Aber die Adressenliste wird lang, und die Namen wirst du auswendig lernen müssen.«

Täuber stand auf, schaute sich seine Familie an und sagte: »Weihnachtsgeschenke gibt's nur fürs Überleben.«

Eine Kette von wenigen außergewöhnlichen Episoden und ständig sich wiederholenden Routinesituationen, akzentuiert durch Furcht, Vorsicht, Spannung, Erwartung, Ungeduld und die Vortäuschung einer normalen Existenz. So verliefen Peters lange Tage. Jeden Tag gab er der Firma »Klerika« einen Geschäftsbericht. Sie kannten ihn schon im Hauptpostamt, weil er die Tür zur Telefonzelle am Rande des Einschreibe- und Telegrammschalters immer offen stehen ließ. Nach dem Grunde befragt, erklärte er, in so einer engen Zelle fehle es ihm an Atemluft. Außerdem hätte er keine Geheimnisse. Seine Telefongespräche waren so von einer stereotypen Langweiligkeit.

Viel Mühe und Witz verwendete Peter dazu, während des Tages in der möblierten Bleibe nicht von der Zimmerwirtin erwischt zu werden. Was wäre das für ein Handelsvertreter, der den Tag über zu Hause hockt, statt die Läden abzuklappern, auch wenn es von der einschlägigen Sorte, die auf seinen Besuch neugierig war, nur wenige gab. Er versuchte als Ausrede den Kofferwechsel, da er ja nicht gleichzeitig drei Stücke zu schleppen vermochte. Das hörte sich dann so an: »Ach, wieder daheim, schlechte Geschäfte, wie?«

»Nur die Musterkollektion erster Güte abgestellt, Frau Wirtin. Jetzt folgen die Verkaufsgespräche.«

»Das scheint ein sehr kompliziertes Geschäft zu sein.«

»Geschäft ist vielleicht nicht das richtige Wort, ich meine der richtige Ausdruck. Wir versorgen Kirchen und Gläubige mit Andachtshilfen.«

»Doch nicht etwa umsonst?«

»Das Unternehmen gehört der heiligen Kirche.«

»Freilich, entschuldigen Sie. Dann also viel Erfolg, Herr Doktor.«

Am nächsten Tag goß es wie aus Kannen. Aus einem Kino, über dessen Eingang und Schaukästen große Reklameflächen mit schreiend bunten Farben und naiven halbnackten, süßlichen Schönheiten einen Schmachtfetzen von Film anpriesen, kam Peter, rieb sich die müden Augen und ging mit dem Menschenstrom quer über die Straße in ein ähnlich kleines Straßenkino, das innen und außen demjenigen, aus dem er eben gekommen war, verzweifelt ähnlich war. Nur, daß der angepriesene Kitschstreifen einen anderen Titel trug, aber der Reklame dienten die gleichen schreienden Farben.

So schlenderte er müde zur Tageskasse, bekam sein Billett und ließ den Kontrollabschnitt an der Tür abreißen. Aber auch das zweite Kinovollprogramm dauerte nicht ewig.

Als er danach nach Hause zurückgekehrt war, langweilte er sich eine Weile mit dem »Völkischen Beobachter«, legte ihn angewidert beiseite, stellte den Volksempfänger an, ließ sich von der markigen Ansagerstimme anschreien, bis er genug hatte. Es juckte ihn in den Fingern, auf der Skala weiterzusuchen. Er bezwang sich. Er griff zur Bibel. Im Gefängnis hatte er gefunden, daß die Texte unterhaltsam und literaturwürdig waren. Schon wieder klopfte es. »Junger Mann, Sie rauben mir die Ruhe. Nebenan höre ich, wie ungeduldig und nervös Sie durch das Zimmer stampfen. Ihnen fehlt frische Luft. Regen ist gesund. Sicher waren Sie heute noch nicht im Park spazieren. Wenn Sie nicht geistlich wären, wüßte ich 'ne Kur. Die Mädchen sind sehr hübsch in unserer Stadt. Oder kommen Sie zu einem Plausch und Bohnenkaffee zu mir.«

Was blieb ihm übrig, als zu sagen: »Sie haben ganz recht, Frau Kerbs. Ich geh' mir ein bißchen die Beine vertreten.«

Am Abend hielt er es nicht mehr aus. Er ging ins Cafehaus, und Ingelore machte kein Hehl aus ihrer Freude, ihn zu sehen. Sie begrüßte ihn unbefangen: »Schönsten Abend, Herr Doktor!«

»Woher wissen Sie, daß ich ...«

»Spricht sich herum, Sie wirken auch so heilig.«

»Eine Frage: Wieviel Kinos gibt es in Magdeburg?«

»Soll das eine Einladung sein? Fünfe sind's. Danke schön, aber wissen Sie, ich hab's lieber intim.«

Sie streichelte ihn schnell und verließ ihn. Müde schaute Peter ihr nach und sagte sich: Fünfe, heiliger Strohsack. Da bin ich alle durch.

Für das Schlemmermahl im Hause Fischer währenddessen wurde eine erkleckliche Anzahl von appetitanregenden, scharfen Wässerchen eingeschenkt. Die Gemahlin von Erhard Fischer zeichnete verantwortlich. Bevor der Rechtsanwalt leicht angetrunken war, hatte er den Gastgeber vergeblich beschworen, es genug sein zu lassen, damit man noch einigermaßen nüchtern zur Sache spräche. Da erregte er bei Fischer argen Widerstand und sagte kein Wort mehr. Die Herren tranken zu schnell, zu viel.

So gewann ein seriöser, ergrauter, älterer, in korrektes Dunkelgrau gekleideter Herr den traurigen Mut, offen seine Meinung zu sagen. Es war der Richter des Strafprozesses gegen Sarah Esther Pelz. Kopfschüttelnd wendete er sich an den Gastgeber: »Nein, nein, nein! Ich verstehe das nicht. Wozu dieser schlampig vorbereitete, übereilte Prozeß mit einer löchrigen Begründung. Wozu? Jetzt besteht doch wahrhaftig die gesetzliche Handhabe, Juden ohne viel Federlesens zu enteignen.«

Ein fröhliches Grinsen in Fischers Gesicht antwortete ihm. Dann sprach er, ein bißchen schwer schon, doch eifrig bemüht zu erklären: »Na klar! Na eben! Natürlich haben Sie hundertprozentig recht. So 'ne Jüdin läßt man sonst ohne jedes Aufsehen in einem KZ verschwinden. Tja, mein lieber Herr Jurist, dann hätten wir keinen Einfluß mehr darauf, *wem* der Besitz zugesprochen wird ...«

»Damit Sie den PG-Ortsgruppenleiter richtig verstehen«, unterbrach Dr. Schmidt voller Angst, »wenn nämlich die *übergeordneten* Reichsorgane die Beschlagnahme verfügen, dann erhält Bad Grenzbrunn, das dringlich ein Verwaltungs- und Kurortzentrum braucht, das Haus nie und nimmermehr.«

»Wir kriegen es nur durch die Pelz persönlich und im Guten, beinahe freiwillig sozusagen. Seit mehr als dreißig Jahren ist die Gemeinde hinter dem Grundstück her. Einzigartige Lage.« Er warf die Akte »Bohemia« auf den Tisch. »Überzeugen Sie sich.« Die Zungen wurden schwer, die Worte verschwammen.

Interessiert blätterte der Richter in der Fülle der Papiere, blieb hängen, las sich fest, drückte den Zwicker auf die Nase, sehr interessiert.

»Sie sollten sich bloß die Lageskizze angucken!«

Fischer nahm dem Richter die Akte unhöflich aus der Hand. »Die Jüdin muß selbst das Handtuch werfen und nachgeben. Wozu sonst der ganze Prozeß – oder seine Androhung?«

»Ich höre immer ›im guten‹ «, mischte sich der Gehilfe des Staatsanwaltes ins Gespräch, ein schneidiger junger Mann. »Im guten! Im guten mit einer Jüdin? Ich verlange Aufklärung!« Er nuschelte undeutlich: »Im guten! Für so eine ist der Strick zu gut!«

Um eine Denkpause zu erreichen, wischte Fischer mit der Serviette umständlich das Fett vom Kinn und den Schweiß von der Stirn. Er war seiner selbst nicht mehr ganz sicher.

»Fragen Sie doch mal den Herrn Rechtsanwalt, wie man so einen Ausgleich ... arrangiert.«

Dr. Schmidt atmete auf. Aber auch er war nicht mehr ganz klar. Fügt man hinzu, daß er eitel genug war, um sich geschmeichelt zu fühlen, wird verständlich, daß er nahe daran war, Rezept und Zutaten zu verraten. Er nuschelte undeutlich: »Schmoren lassen, bis sie weich ist. Dann besuche ich sie mal und gebe meiner Mandantin einen freundschaftlichen Rat oder auch zwei. Erst wenn nichts hilft, liegt der Fall klar genug für ein Strafverfahren mit Prozeß.«

Fischer trank ihnen zu. »Nach dem langen Prozeß kommt sowieso der kurze Prozeß.«

»Falls Sie es noch nicht wissen sollten, Kollege Gehilfe der Staatsanwaltschaft. Ihr Chef hat sich damit einverstanden erklärt, daß im Prozeßfall – das bedeutet, es geht im Guten – die zu erwartende Gefängnisstrafe auch durch eine Geldbuße ersetzt werden kann. Die setzt er so hoch an, daß meine Klientin sie nicht flüssig machen kann und damit gezwungen ist, das Haus an uns, nämlich die Gemeinde Grenzbrunn, zu verkaufen, um die Strafe zahlen zu können. Klar?«

»Wahrscheinlich werde ich selbst die Anklage vertreten, nachdem Doktor Sauerbier plötzlich erkrankt ist. Es bleibt Ihnen also gar nichts übrig, als mich genauestens ins Bild zu setzen«, erklärte der junge Mann pikiert. »Ich heiße Doktor Schmelzer.«

Auch der ältere Richter vermochte noch nicht zu begreifen. »Und wenn sie bezahlt hat – was folgt dann?«

Wütend sprang Fischer auf und brüllte: »Wir sind doch hier keine zimperlichen Jungfrauen. Oder waren Sie etwa schon in der Schwarzrotkackezeit Richter? Während der Weimarer Republik?«

Der erbleichende Amtsrichter erklärte schuldbewußt leise und verängstigt: »Seit neunzehnhundertfünfunddreißig Mitglied der NSDAP.«

Wasser auf Fischers Mühle. »Mit Verspätung in den Zug gesprungen, nicht wahr?«

Derb stieß der Ellenbogen des Rechtsanwaltes seinem Gastgeber gegen die Rippen, der ihn erst wütend anstarrte, dann kapierte und sein Glas gegen den Richter erhob: »Na, ist ja alles wieder gut. Trinken wir auf den positiven Ausgang des Prozesses um und gegen die ›Bohemia‹.«

Der Richter stand mit seinem Glas auf, kam um den Tisch herum, mit Fischer anzustoßen, und sagte über dessen Schulter hinweg: »Herr Bürgermeister, ich werde Sie natürlich nicht im Stich lassen.« Fischer nickte gnädig, drehte sich jedoch nicht einmal um. Nur der schneidige Dr. Schmelzer trug noch den Zweifel im Gesicht. Verspätet erhob sich Fischer und sagte in den Rücken des abgehenden Richters: »Na alsdann, Heiltr!«

8. Die Vorbereitung eines Prozesses

Solange sie lebte, liebte Esther Ordnung und ein festes Regelwerk. Sie gaben ihr Sicherheit. Nach den unerwarteten Beleidigungen fühlte sie sich der Gefängnismaschinerie nicht ausgeliefert, sondern eingegliedert, ja sogar in ihr geborgen. Neugierig verfolgte sie, was mit ihr geschah, und empfand eine gewisse Bewunderung für die glatte Routine. Wie das nach Laufzettel hintereinander ablief: Personalien, Fingerabdrücke, unter den Insassen Maniküre getauft; Fotos en face und en profile im dritten Zimmer; Abgabe und Registrierung der mitgeführten persönlichen Habe und Ausgabe der Anstaltskleidung, Seife, Handtuch, Blecheßnapf, Löffel, Klosettpapier, Zellenutensilien, preußisch korrekt über einen langen Tisch hinweg ausgehändigt. Ob sich Esther wohl auch so still, einsichtig und diszipliniert betragen hätte, hätte sie nicht fest daran geglaubt, nur kurze Zeit in Haft zu sein ... Ein Gefängnisgastspiel, das sie mit Hilfe des Rechtsanwaltes beenden würde, um für die neue Saison einzukaufen. Zumal sogar der arge Fischer ausgerufen hatte: »Die ›Bohemia‹ wird aufgemacht!«

Die medizinisch-hygienische Abteilung begann mit der peinlich genauen Durchsuchung nach Verbotenem, allgemein als Filzen bekannt, Bad mit Desinfektion und dann Besuch beim Arzt. Vor dem Einschluß in die Zelle erhielt die Untersuchungsgefangene ihre Nummer, unter der sie sich beim Rapport zu melden hatte.

Von Hausinstanz zu Hausinstanz begleitete sie derselbe dickliche Gefängniswachtmeister in der abgeschabten Uniform, die offensichtlich seit dem Kaiser die gleiche geblieben war.

Allmählich machten sich bei Esther die Strapazen des Tages bemerkbar. Der ältere Mann merkte, daß sie sich am Geländer festhalten mußte, um nicht umzukippen. Mitleidig tröstete er sie: »Es hat bei Ihnen 'ne ganze Weile länger gedauert als sonst. Wir sind doch 'ne Männer-Untersuchungsanstalt. Für Weiber gibt's ganz andere Formblätter und Aktenbelege. Das will gelernt sein. Ihretwegen wurde extra eine Beamtin aus Glatz geholt. Deshalb hat es Stunden gedauert. Na, jetzt sind Se daheeme und haben Ihre Ruhe.« Esther schlief auf ihrem fest gestopften Strohsack unter den beiden Pferdedecken so gut wie im Daunenbett des Zimmers eins.

Erst am nächsten Morgen betrachtete sie ihre neue Behausung eingehend. Sie saß allein in der hellen großen Viererzelle. Die Scheiben des hohen Fensters waren weiß getüncht. Durch ein handtellergroßes Loch, abgeblättert von der weißkalkigen Farbdecke, sah Esther den Viadukt, über den die Eisenbahnstrecke nach Grenzbrunn führte. Vom äußersten Winkel erkannte man ein Stück Straße mit Menschen und den hohen Schornsteinen der Lewiner Dampfweberei. War sie heruntergestiegen, dann las sie in ihrem Gebetbuch. Auf dem Fußboden neben dem Stuhlbein bemerkte sie einige staubige Fusseln und langte sich den Reisigbesen, der bei der Wasserleitung neben dem Klosettstuhl in der Holzkabine hing. Im Guckloch der Zelle zeigte sich ein Auge. Das Schloß sprang auf. Der dicke Wachtmeister äugte: »Sarah Pelz. Sie dürfen als Untersuchungsgefangene die Zelle nicht reinigen. Das besorgen Einsitzende.«

Bedauernd stellte Esther den Besen zurück. »Die sind doch so schrecklich schlampig, kehren den Dreck von einer Ecke in die andere.«

Vom Gefängniskoller wurde Esther befallen, als der Rechtsanwalt auf sich warten ließ, sie nicht einmal einer Mitteilung würdigte. Dieses Gefühl der sie umgebenden Leere und des hoffnungslosen Alleinseins trat nicht plötzlich auf. Es wuchs langsam, fast unbemerkt, und dann stak sie drinnen. Unbewußt wehrte sie sich gegen die Symptome, suchte die Gucklochstätte auf, fand eine Position, von der aus man die ganze Hauptstraße einsehen konnte, bis zum Marktplatz hin. Bäume, Lichter, zart grüne Fleckchen in der Schneedecke und Menschen. Bis zum fünften Tag verschloß sie ihre Platzangst. Dann sagte sie, und dabei versuchte sie noch ihrer Stimme Festigkeit zu geben, zum alten Gefängniswachtmeister: »Lieber Herr Wachtmeister, ich warte schon so lange auf meinen Rechtsanwalt. Würden Sie so lieb sein und ihm etwas von hier bestellen, persönlich oder brieflich?«

Der gutherzige Beamte dreier Regimes meinte: »Ich kann das schon weitergeben. Bloß – wissen Sie, an Ihrer Stelle tät ich's gar nicht so schnell wollen. Die da draußen und die auf dem Gericht könnten sich viel zu früh an Sie erinnern. Hier haben Sie es doch gut. Wenn Zeit ist, komme ich zum Kaffeeklatsch. Ich schmier Ihnen das Guckloch am Fenster nicht zu. Ich habe Ihnen auch wieder von Ihrem Kaffee was aufgebrüht. Da trink ich ein Schälchen mit.« Das hatte der Kaffeeliebhaber vom ersten Tag an getan. Esther war dem Weinen nahe. Als er gegangen war, zog sie sich wieder auf das schmale Fensterbrett und lugte in die Freiheit.

Am nächsten Morgen öffnete sich Esthers Zellentür ungewöhnlich schnell, so daß sie Mühe hatte, rechtzeitig von ihrem Auslug herunterzuspringen. »Schnell auspacken und den Korb zurückgeben«, sagte der alte Gefängniswachtmeister hastig. Er stellte ein geflochtenes Körbchen auf den Tisch. Esther fand darin eine Bauernwurst, frische Butter, ein großes, knusprig duftendes und glänzendes rotbraunes Landbrot.

»Ihre Freunde sollten doch wissen, daß Sie keine Not leiden, daß Untersuchungsgefangene sich für ihr Geld Verköstigung kaufen können, sogar ein warmes Gericht täglich aus dem Gasthaus.«

»Ich habe wirklich keine Ahnung. Wer ... wer hat's gebracht?«

»'n Mädel aus der Fabrik hat's ihr reingesteckt. Keine Ahnung, wie sie heißt. Hatte so 'ne Schutzhaube auf wie die Weberinnen. Kennen Sie eine?«

Esther grübelte: »Ach woher ... vielleicht ein Stubenmädel von uns, das jetzt in die Fabrik geht. Die haben's ja in der ›Bohemia‹ immer sehr gut gehabt.«

Vom hallenden Gang hörte sie Stimmen: »Sarah Esther Pelz, wo hängt die?«

Schnell glitt der Wachtmeister hinaus auf den Korridor und kam gleich darauf mit einem jungen, mageren Justizbeamten wieder. »Mitkommen! Ihr Rechtsbeistand ist da.« Vor freudigem Schreck setzte sie sich erst einmal nieder. Die Beine versagten ihr einen Moment lang den Dienst. Sie taumelte zum gußeisernen Waschbecken, griff nach dem Kamm.

Mit scharfer Stimme rief sie der Justizbeamte zur Ordnung: »Dalli, dalli, keine Zeit. Wir gehen nicht zur Schönheitskonkurrenz. Machen Sie schon!«

Der Justizbeamte ließ den Wachtmeister vorangehen und schob die Jüdin unsanft durch die Tür. Bis auf den Gefängnishof begleitete sie der Alte. Es war der Hof, den sie vorläufig allmorgendlich allein umkreiste, weil Lewin ja eine Männerhaftanstalt war. Im Hauptgebäude lief sie immer schneller, bis sie den breiten, belebten Korridor vor den Gerichtssälen erreichten. Neugierig musterte Esther die Menschen, versuchte einen Blick in den Spiegel zu werfen, an dem sie vorbeikamen, strich sich verstohlen die Haare glatt. »Da rein!« schnauzte der Justizsekretär und zeigte auf eine hohe Eichentür, vor der sie sich postierte.

Nicht zum Besucherraum der Gefangenen hatte man sie gebracht, sondern in ein komfortables Anwaltszimmer mit tiefen Lederfauteuils, blankem Konferenztisch, großen Lampen und guten Bildern. Darin saß im hellen Zivil Dr. Schmidt, der sich erheben wollte. »Bleiben Sie nur sitzen.« Beide Hände streckte ihm Esther entgegen. »Warum haben Sie mich so lange warten lassen? Sie versprachen doch . . .«

»Setzen Sie sich erst. Hier hört niemand zu. Wir können ganz offen miteinander reden. Entschuldigen Sie die Verzögerung. Sie war in Ihrem Interesse.«

»Nun, wie steht meine Sache? Wann darf ich heraus?«

Dr. Schmidt erhob sich, ging im Zimmer auf und ab und nahm sich Zeit mit der Antwort.

»Als Ihr Rechtsbeistand bin ich gehalten und verpflichtet, Ihnen reinen Wein einzuschenken, auch wenn er bitter schmeckt. Obgleich wir alles Erdenkliche getan haben, trotz der energischen Intervention des Bürgermeisters bei höchsten Stellen, der Mann meint es wirklich gut mit Ihnen, wird der Fall sogar in Berlin sehr ernst beurteilt. Der Grund dafür, die Aussage eines verdienten alten Kämpfers, daß Sie das Plakat *angespuckt* haben sollen.«

»Aber woher denn – wie eine Kostbarkeit habe ich ...« Der Rechtsanwalt winkte ab. »Habe vorgefühlt, einziger Ausweg: Das Haus verkaufen, Bad Grenzbrunn verlassen, woanders eine neue Existenz aufbauen! Sie sind hierorts ein Stein des Anstoßes. Wenn das alles geschieht, wozu ich Ihnen sehr raten möchte, würde man reichsamtlicherseits, wenn ich alle Beziehungen ausnutze, alle Strippen für Sie ziehen, die Angelegenheit mit milderen Augen beurteilen und es bei einer entsprechenden Geldbuße bewenden lassen. Im Notfalle droht Ihnen eine schwere Zuchthausstrafe.«

»Anderswo eine neue Existenz aufbauen? Was stellen sich die Leute denn vor? Hier bin ich eingeführt. Jeder Jude in der Welt weiß, in der ›Bohemia‹ ißt man gut, wohnt man gut, lebt man gut. Das *kann* ich nicht aufgeben, nein, niemals!«

Länger reichte ihre Beherrschung nun nicht. Die müde Frau legte den Kopf auf die Arme. Schluchzen erschütterte ihren Körper. Behutsam streichelte Dr. Schmidt ihre Haare. Er versuchte, seiner Stimme besonders verführerischen, mitfühlenden Schmelz zu geben: »Liebe, liebe Frau Pelz! Glauben Sie mir. Ich tue mehr als meine Pflicht, denn ich handle auch als alter Freund Ihrer Familie, Ihrer seligen Frau Mutter ...«

Hoch fuhr Esthers Kopf, beinahe hätte sie den Tröster am Kinn getroffen, so steil und plötzlich setzte sie sich auf, kreidebleich, die Lippen zusammengepreßt, das Gesicht fest und entschlossen. In diesem Augenblick sah sie Josefine ähnlich, wenn sie zornig war.

»Meine Mutter! Das Wort haben Sie zur rechten Zeit genannt. Meine Mutter! Gott wird helfen, Herr Doktor. Es wird doch noch eine Gerechtigkeit geben! Jeder anständige Mensch wird verstehen, warum ich das Plakat heruntergenommen habe. Darauf darf man mich nicht verurteilen.«

Sie stand auf. »Ich danke Ihnen für Ihre Bemühungen, Herr Rechtsanwalt, aber eine schlimmere Strafe, als Mutters Haus aufzugeben – da verlasse ich mich lieber auf das Gericht.«

Auch der Rechtsanwalt erhob sich. Er erkannte, daß der

Entschluß Esthers vorläufig nicht zu brechen war. Enttäuscht und bitter ausschauend, packte er wie bei einem Plädoyer die Tischkanten, beugte sich darüber und dozierte tonlos: »Ja, dann ...« Er zuckte die Achseln. »Dann bleibt mir nichts weiter übrig, als auf mildernde Umstände abzuheben. Vielleicht ginge es auch mit zeitweiliger geistiger Umnachtung ... Kurz und gut – das werde ich mir noch gründlich überlegen. Erwarten Sie mich nicht so bald wieder. Ein neues Gebäude, eine neue Konstruktion der Verteidigung wollen erst einmal aufgebaut sein. Selbstverständlich werde ich Ihre Interessen auch weiterhin ...« Während dieser Worte hatte Rechtsanwalt Dr. Schmidt den Klingelknopf unter der Tischplatte betätigt, und der Justizsekretär trat ein.

Noch war der Grundriß des Speisesaals mit der angrenzenden Glasveranda der »Bohemia« erkennbar, jedoch bis auf die Gebetsecke – und die war von einer hohen spanischen Wand umgeben – blieb nichts mehr vom Mobiliar übrig. Der Raum sah fremd aus, schon durch die erhöhte Plattform einer Tribüne, die die ganze Stirnwand einnahm. Darüber hing breit und an beiden Seiten durch mächtige Hakenkreuze flankiert, das Plakat *Tag der Arbeit – Erster Mai.*

Die Ausschmückung des Saales mit Fahnen, Wappen, Symbolrunen beaufsichtigte der Architekt Strihauka in Anwesenheit des Bürgermeisters, des Kurdirektors Dr. Biller und seines Vaters, des Postrates. Die Arbeit besorgten unter ihrer Anleitung Pimpfe, Kinder und SA-Leute.

Im Saaleingang zeigte sich Dr. Schmidt. Rasch löste sich der Bürgermeister aus dem Haufen, ging ihm entgegen, zog ihn hinaus auf die leere Steinterrasse. »Hat sie?« fragte Fischer optimistisch gestimmt.

»Scheibenhonig. Störrisch wie ein Maulesel und zäh wie Schuhleder.«

»Zähe – das wäre auszuprobieren«, grinste Fischer grimmig. »Ein Reinfall wäre das. Das ist doch gerade unser Dilemma. Hart anpacken wäre leicht, aber damit das Geschäft perfekt wird, ist es notwendig, daß sie ja sagt. Wenn nicht, geht der ganze Prozeß nach hinten los. Und

Pech bleibt kleben, auch an uns beiden, Ortsgruppenleiter.«

»So, Mathilde!« rief Fischer in den Saal. Sie eilte herbei. »Also Mädchen, stell mir schnell eine Verbindung ›Bohemia‹ mit dem Amtsrichter in Lewin her und anschließend mit Sturmbannführer Rother und Standartenführer SS von Bislage, damit ringsum Druck entsteht. Keine Sorge, das deichseln wir schon.« Dann ging er ins Zimmer eins, um auf die Telefonate von nebenan zu warten.

Befriedigt kehrte er in den Saal zurück, um Schmidt zu berichten. Der war schon gegangen. Auch gut, dachte er, da stell ich das Silber sicher. Er meinte den Inhalt des Thoraschrankes. Hinter der hohen spanischen Wand packte er die Kultgegenstände sorgfältig in Wellpappe, bevor er sie in Kisten verstaute und die Zwischenlagen mit Sägespänen füllte. Fischer stahl den Thorarollen sogar ihre silber- und goldgestickten Samtmäntelchen und ließ die kostbaren handgeschriebenen Pergamentrollen mit ihren Holzstützen nackt im Schrank zurück. Die große Kiste war bis an den Rand gefüllt. Obenauf lagen der Misrach, die Tafel mit den zehn Geboten und die silbernen Filigranbeschläge. Herr Fischer war Packer gewesen! Gelernter! Deshalb geschah alles so geschwind, unauffällig und fast geräuschlos. Der gelernte Packer nagelte den Deckel auf die Kiste, die auf einem zweirädrigen Gepäckkarren stand.

Herr Fischer rief: »Ordonnanz, marsch, marsch!« Zwei Pimpfe rannten zu ihm, machten stramme Ehrenbezeugungen und erwarteten die Befehle. »Die Kiste ins Haus Fischer. In der Garage abstellen!« Die Burschen freuten sich, daß sie etwas zu tun bekamen, und mit »Zu Befehl, Ortsgruppenleiter! Heil Hitler!« rollten sie den Wagen aus dem Saal.

Manche Ladeninhaber betrachteten Peter als notwendiges Übel. Der Prinzipal der katholischen Buchhandlung half ihm noch nicht einmal durch die Glastüre, so daß er mit seinen flachen Musterkoffern Passanten gerade noch um Zentimeter ausweichen konnte. Er fiel auf die Knie. Beim Erheben befand er sich in unmittelbarer Nähe der Kellnerin Ingelore, die am Arm eines großen Blonden in SS-Uniform hing. Er kriegte ein: »Gelobt sei Jesus Christus« heraus, aber Ingelore neckte ihn sofort: »Ach, Herr Doktor. Ein Liebesantrag auf Knien. Wie edel und altmodisch.« Und zum Begleiter: »Na, hab ich dir zuviel erzählt? Ist er nicht süß?« Peter versuchte, sich an dem Paar vorbeizuschwindeln. »Im Caféhaus macht er mir Stielaugen. Hier spielt er den keuschen Josef.« Der SS-Mann musterte ihn schon mißtrauisch. Mit drei schnellen Schritten stand Peter vor dem Schwarzen. »Entschuldigen Sie bitte! Die Dame findet es komisch, daß ich Devotionalien verkaufe. Sie macht sich auch lustig über unser Keuschheitsgelübde. Ich kann mich so schlecht in gutem Deutsch wehren. Ich bin Ausländer.«

Milder gestimmt amüsierte sich der große Mann: »Die haben auch einen Pimmel. Das ist keine Ausrede. Sind Sie scharf auf Ingelore, Sie ulkiger Zwerg?«

»Ich muß Sie an das Konkordat erinnern, das der Papst mit dem Führer abgeschlossen hat. Es ist Ihnen sicher bekannt, daß der Heilige Stuhl Deutschland freundlich gesinnt ist. Und ich bitte um Ihren Schutz.«

Der Appell an die Ritterlichkeit und die Erwähnung der Deutschfreundlichkeit des Papstes verfehlten ihre Wirkung nicht. Der Bräutigam packte Ingelore am Arm und schnauzte: »Ingelore, laß das Männeken in Frieden und tu ihm nischt. Sonst wehe dir! Immerhin, feige ist er nicht. Na schön, dann verzischen Sie, Heiltr.« – »Grüß Gott«, sagte Peter und zog den Hut.

Nun zum Postamt. Wortreich überwies Peter Geld nach Prag. Der Beamte, schon ein alter Bekannter, zählte sorgfältig durch und scherzte: »Der liebe Gott trägt seine Zinsen, die Schäfchen zahlen, wie ich sehe.« Er händigte ihm den Quittungsabschnitt aus. »Und jetzt wie immer das dringende Gespräch nach Prag.« Peter nahm den Mann ins Vertrauen. »Ja, wissen Sie, das größte Geschäft, den höchsten Umsatz, aber auch die größten Schwierigkeiten bringen immer die Sonderwünsche. Und das Geschäft hängt davon ab, wie schnell und genau unsere Firma reagiert.«

Der Beamte rang sich einen Scherz ab: »Verstehe, verstehe. Der liebe Gott auf Abruf, daher der Anruf.« Pflichtschuldig lachte Peter.

Die Anklageschrift war der Untersuchungsgefangenen No. 103, der Jüdin Sarah Esther Pelz, am frühen Morgen zugestellt worden. Auf dem Deckel stand in großen Buchstaben *Strafsache,* dazu Nummern und Paragraphen und der Termin: *Zur Verhandlung Strafkammer 1, großer Saal – 10. Mai.* Den ganzen Vormittag hatte sie die karge Information studiert. Gegen Mittag drehte sich der Schlüssel im Schloß. In der Annahme, es sei der freundliche Alte, schlug Esther die Akte noch einmal auf. Sie wollte ihn über eine Formulierung befragen. Und sie dachte bei sich: Was die sich da über mich ausgedacht haben!

»Zt, zt«, schüttelte sie den Kopf. Eine scharfe Stimme riß sie aus der Idylle: »Wo bleibt die Meldung?«

Esther erschrak, ließ die Akte fallen, nahm das Gebetbuch und hielt es vor sich in der Hand. In der Tür stand ein neuer Wachtmeister, ein junger, drahtiger. »Wo bleibt ...«

Sie hatte alles gelernt, aber wenn es so plötzlich abgefragt wurde, verhaspelte sie sich und stotterte beinahe vor Scham deswegen. »Untersuchungsgefangene Nummer hundertdrei, Sarah Esther Pelz, Jüdin. Keine Klagen, keine Fragen, keine besonderen Vorkommnisse.«

Wieder die scharfe Stimme, schnarrend, abgehackt: »Sie werden verlegt, Nummer hundertdrei. Diese Zelle hier wird anderweitig gebraucht. Packen Sie Ihr Zeugs, aber Tempo, Tempo. Das Buch gleich her.«

Er riß es ihr aus der Hand. Sie wagte jammernd einzuwenden: »Aber mein Gebetbuch!«

»Eigener Bücherbesitz ist verboten. Lassen Sie sich aus der Gefängnisbücherei 'ne Bibel geben. Ist doch Jacke wie Hose. Beeilung, Sarah, Beeilung. Oder soll ich Ihnen Beine machen?«

Überstürzt verstaute Esther ihr Zeug im Köfferchen. Der Beamte stubste sie in den Gang, an dessen Ende eine staubige, wenig benutzte eiserne Wendeltreppe nach unten führte, immer tiefer. Esther blieb stehen und wendete sich um, als wollte sie sagen: Das muß doch ein Irrtum sein. Der Mann hinter ihr stieß sie wortlos weiter. Die Treppe verdunkelte sich, die Mauern wurden dicker. Die wenigen kleinen Fenster, die noch Tageslicht gespendet hatten, wandelten sich in Gucklöcher, bis sie ganz aufhörten. Statt dessen blakten trübe Gasfunzeln. Esther wurde schwindlig. Sie hielt sich am Geländer fest und schloß die Augen. Am untersten Treppenabsatz blieb der Beamte stehen. Ein Athlet in Breecheshosen löste ihn ab.

Der fragte nur: »Wohin soll se?«

»›In die Dreie.«

»Das geht nicht. So eine Schweinerei! Die muß ich erst . . . die ist gesperrt. Da war seit 'zig Jahren keiner mehr drin. Da sitzt der Schwamm, da ist es faulig und dreckig.«

»Befehl«, erklärte der Justizbeamte.

Der Rothaarige zuckte die Achseln. »Na, dann rin ins Vergnügen.« Grußlos stampfte der junge schneidige Beamte die Treppe hoch. Der Rothaarige stubste Esther vor sich her.

Zuerst sah sie nur schwarzes Dunkel, als die dicke Eisentür hinter ihr zuschlug, glaubte, sie sei ohnmächtig oder blind geworden. Als das Auge sich auf die Dunkelheit eingestellt hatte, erkannte sie Konturen, sah die Zelle: hoch und schmal wie ein Schlauch. Ganz oben, nahe der Zimmerdecke ein kreisrunder hellerer Fleck, dreißig Zentimeter im Durchmesser. Von dort drang durch einen Lichtschacht ein Streifen trübes Licht in die Zelle. Sie spürte, daß sie bei Bewußtsein war, als sie schmerzhaft über einen Schemel fiel. Über ihren Arm sprang eine aufgeschreckte Ratte. In Panik schnellte sie hoch, sah die Pritsche, fauliges Stroh, eine alte löchrige Decke. Ihre Widerstandskraft kehrte zurück. Sie schrie, sie brüllte, hämmerte gegen die Eisentür, brüllte, bis sie heiser wurde. Sie wendete sich um, suchte nach einem Loch, einem anderen Weg heraus. Sie sah Schrammen an der Wand, Wasser lief in dünnen Strähnen den aufgerissenen Kalkbelag hinunter. Und wieder die Ratten. Unartikuliert schrie sie: »Laßt mich raus! Rauslassen! Ich halt's nicht mehr aus! Ich will ja alles tun! Ich geb ja alles her! Laßt mich raus!« Die Kräfte verließen sie. Sie stützte sich mit dem Rücken gegen die Eisentür. Langsam rutschte sie daran herunter. Eine wohltätige Bewußtlosigkeit.

9. Von Illegalen und Henkersknechten

Das Erkennen kam blitzartig. Der Mann, der dort Beete ausgrub und seine Frau verspottete, weil sie die Samen nicht schnurgerade hintereinander in die Furche steckte, der Mann im kleinen Gärtchen, inzwischen ganz grau geworden, dem das Bücken schwerfiel, war Schinskis väterlicher Freund, ja der, um dessen Körper einmal vielfach gefaltet eine rote Riesenfahne gewickelt war, die er vom höchsten Schornstein des Waldenburger Reviers hatte wehen lassen. Wortlos fielen sie einander in die Arme. Viel später, als Losungsworte ausgetauscht, den konspirativen Regeln Genüge getan war, half er der Mutsch im Garten, zog eine Schnur zwischen zwei Stecken für die künftigen Bohnenranken. Sie atmete tief und flüsterte ihm zu wie ein vertrauliches Geheimnis: »Endlich hab ich ihn wieder zu Hause. Nur noch bei mir bleibt er. Ich frage mich bloß, wie lange sein Herz noch mitmachen wird. Er sagt von dir, du hast auch aufgehört. Ist besser so. Wir haben wahrhaftig genug vom Leben hergegeben.« Ihr Mann rief hinüber: »Du olle Geheimniskrämerin, fängst schon wieder 'n kleines Verhältnis an, wie? Eigentlich könntest du uns Männern was kühles Blondes bringen, Mutsch. Die Arbeit macht Durst, und die Sonne macht heiß, auch im Mai.«

»Ich geh ja schon, damit ihr nicht verdurstet.« Sie legte die Schürze ab, griff sich einen Korb und ging.

»Weshalb hast du sie weggeschickt?«

»Sie weiß nicht, daß ich mitmische. Versprich dich nicht zufällig mal. Der Arzt hat gesagt, ihr Herz würde keine Aufregung mehr ertragen. Zu schwach!«

»Mensch, daß ich dich hier wiederfinde. Schinski ...«

»... ist im Lande«, sprang ihm der Kumpel in die Rede.

»Dann weißt du, weshalb ich ...«

»Kann ich mir vorstellen. Hab ich aber schon vor drei Wochen gewußt.«

»Bitte genau!«

»Baldruff-Walter.«

»Der war mal bei uns an der Zeitung, Kolporteur und Volkskorrespondent. Gleich dreiunddreißig verhaftet.«

»Genau der. Als ich ihm in der Werkstatt eine Fräse einrichte – dabei beugste dich vor –, kommt er mit dem Mund an mein Ohr ran. Das sieht unbeabsichtigt und unverdächtig aus, und er fängt gleich zu reden an: ›Sie haben mich weichgekriegt. Nicht nur mit Stahl und Gummi, auch mit Androhung: Kinder in die NS-Zwangserziehungsanstalt, Frau in Sippenhaft. Weißt du, sie hat Tb. Eine KP-Zelle aufbauen sollen wir.«‹

»Genau bitte.«

»Hab ich ihm auch gesagt, er meinte, hat Zeit, das Wichtigste sind Namen und Adressen. Er spuckte alles – auswendig. Ich malte das zwischen eine technische Zeichnung, natürlich in meinem Morse, alle Namen, und ließ sie verschwinden – im Stiefel. Ich fragte ihn, was werden soll. Er: ›Verraten haben wir noch keinen. Das Schlappmachen war vorübergehende Schwäche, aber wenn sie uns wieder ... wer weiß, wer es durchsteht. Also paßt lieber auf! Ich versuche, mich dünnezumachen zur Firma Todt oder Speer, die rücken keinen wieder raus, den sie haben. Nicht mal an die Gestapo.‹ Das erzählte Baldruff.«

»Das war's also.«

»Das war's, aber nicht alles. Für dich hab ich auch eine Nachricht. Du sollst am Ort bleiben, weil Willi ganz plötzlich runter ins Ruhrgebiet geschickt wurde. Sein Platz ist leer, und das geht nicht. Du sollst die Kurierverbindung absichern und ausbauen.«

»Die haben wohl 'ne Meise. Monstranzen und den Herrn Jesus verkaufen, das könnte ich mit Vertreterreisen nach Bayern und Franken vielleicht noch zehn Tage dehnen. Nicht länger. Wie wollt ihr mich denn legalisieren?«

»Papiere, kleine kosmetische Veränderung, so was meinst du? Das laß mal unsere Sorge sein. Pst, die Mutsch. Ich hol was zum Zubeißen.«

Seine Frau stellte die Bierflaschen auf dem Tisch ab und pirschte sich nahe an Peter heran. »Sag mal, Peter, hast du zufällig ein paar Scheine übrig?« Bestürzt richtete sich Peter vom Beet auf, griff in die Tasche und drückte ihr Geldscheine in die Hand. Daß er daran nicht gedacht hatte! »Habt ihr etwa Sorgen? Sag doch. Geht's euch nicht allzu üppig? Ich hätt' noch mehr.«

Sie flüsterte: »Ach wo, ich mache bloß wieder was. Wir sammeln für die Familien, wo die Männer im Knast sind. Aber bitte nicht dem Vater verraten – mit dem seinem schwachen Herzen.«

Peter begann zu kichern. Es packte ihn immer stärker, steigerte sich in helles fröhliches Lachen. Er kriegte den Mund nicht mehr zu, so lachte er. Endlich gelang es ihm, wieder ernsthaft zu reden: »Ich glaube, ihr beiden Alten solltet euch schleunigst untereinander abstimmen, sonst dekonspiriert ihr euch noch gegenseitig.«

Sie verstand sofort. »Ach so, das hätt' ich mir denken können, daß er nicht aufgibt.« Ihr war ganz und gar nicht nach Lachen zumute.

Er wußte sie schon eine ganze Weile hinter sich, die beiden neugierigen Männer, der eine im Ledermantel, der andere im Trenchcoat. Er wußte aber auch: das Caféhaus hatte drei Ausgänge nach hinten, einen zu den Toiletten, das Fenster drinnen im Klosett lag niedrig, und die kleinen Höfe verloren sich ineinander. Der Lieferanteneingang führte direkt auf die hintere Gasse, der dritte zum kleinen Hofgarten mit der Tanzfläche aus Stein, dem »Pariser«, wo sie im Sommer zum Five o'clock spielten. Und auch seine Papiere hatten bisher allen Überprüfungen standgehalten. Chancen genug, nicht hochzugehen. Sie hatten offensichtlich noch nicht bemerkt, daß er sich verfolgt wußte. Er trat unbefangen ein, gab die Garderobe ab, behielt aber einen großen Musterkoffer bei sich – Gold und Silber blenden immer – und setzte sich an seinen gewohnten Platz. Nach einer Weile kam Ingelore. Sie bediente ihn aufmerksam, wußte schon, welche Sorte Kaffee und Gebäck er bevorzugte, und sah ihn nett und dabei respektvoll an. »Herr Doktor, da sind zwei Herren«, sie wies diskret auf die Gäste am Tischchen nahe der Eingangstür, »die interessieren sich für Sie, haben bei der Garderobenfrau nach Ihnen gefragt. Sie hat mir's gleich erzählt. Ist extra an die Essenausgabe gekommen. Vielleicht wollen sich die

Herren bei Ihnen taufen lassen.« Sie lachte, dann bat sie vertraulich: »Bitte nicht böse sein wegen damals. Es war bloß Jux. Ich dachte nur, so'n netter junger Mann – und wo's sowieso mehr Frauen gibt. Ist doch eigentlich schade, daß den keine hat.«

Indessen zeigte sich am Eingang Ingelores SS-Mann in Uniform, stolz auf noch mehr Silber auf der Schulter und Brust. Er kam durch das ganze Lokal auf sie zugelaufen, schlug Peter jovial auf die Schulter und gab ihm die Hand: »Läßt Sie meine junge Olsche in Frieden, oder haben Sie Klagen?« Peter verneinte, der Bräutigam langte ungeniert um Ingelores Hüften, und als sie ihn abwehrte, gab er ihr einen zärtlichen Klaps auf den Hintern und küßte sie, und während er Peter zuwinkte, zog er sie ungeniert in den Gang. Das durfte er sich schon erlauben.

Die Spitzel diskutierten heftig miteinander. Sie waren sichtlich uneins. Einer zeigte dem anderen den Vogel. Sie bemühten sich nicht erst, die Serviererin zu rufen, legten ihren Obolus für zwei Kaffee schwarz auf den Tisch und verließen vergnatzt das Lokal. Unbeabsichtigt rettete der SS-Mann den Illegalen.

Als Peter, viele Haken schlagend und auf Schatten achtend, erst in seiner Bleibe erschien, nachdem er sich unbemerkt fühlte, hatte er alle möglichen Vorsichtsmaßregeln angewandt und Frau Kerbs diskret befragt. Er stellte zunächst einmal fest, daß die nichts wissen konnte, da sie eben selbst von einem ausgedehnten Schaufensterbummel heimgekehrt war. Doch kaum saß er am Tisch und schrieb Auftragsbögen aus, da klopfte es, und Frau Kerbs, die nie auf das zustimmende »Bitte« oder »Herein« wartete, trat ins Zimmer. »Herr Doktor, ein Herr für Sie.« Der Herr beeindruckte. Ein würdiger Herr mittleren Jahrgangs, im dunklen Gehrock solide und konservativ gekleidet. Er streifte seine Handschuhe ab, und nahm auf Peters gestisches Angebot hin Platz. Frau Kerbs wartete auf den ersten Wortwechsel und drückte die Klinke erst dann von außen zu, als sie vernommen hatte: »Wie geht es meinem Bruder in Christo, Doktor?« Der Besucher zwinkerte und sprach immer einen lauten Satz für Schlüssellochzuhörer und ein paar schnelle, sehr leise dahinter, die nicht für

Lauscher bestimmt waren. Peter folgte dem klugen Wink und hörte: »Du sollst hier aus der Wohnung verschwinden. Paß, Arbeitspapiere sind da, du arbeitest für die Reichsbahn – Schienenstrecke. Bist Oberschlesier, volksdeutsch, sprichst wasserpolnisch – na so wie Antek und Frantek, klar?«

»Die Gläubigen werden nicht zahlreicher, Monsignore. Da müssen sich die guten Hirten des Herrn besonders mühen.«

»Die Kurie ist sehr zufrieden mit Eurem religiösen Eifer, mein Bruder.« Soweit laut und dann ganz leise: »Du steigst in die Taxe – unser Mann. Er gibt dir gleich Ausweise. In der Eisenbahnersiedlung bist du schon gemeldet.«

»Überbringen Sie dem erzbischöflichen Ordinariat meine in Gott ergebenen Grüße, Monsignore.«

»Der Herr behüte Euch!«

Sofort schlüpfte Frau Kerbs ins Zimmer. »Das ist sicher ein sehr hoher Hochwürden, wie?«

»Kann man wohl sagen.« Voller Begierde, die Kunde von einem Abgesandten eines Bischofs bei *ihrem* Doktor im Wirkungskreis ihrer regen Zunge zu verbreiten, erklärte Frau Kerbs: »Muß noch was einholen. Nachher lade ich Sie zum Kaffee ein. Mit Streuselkuchen. Dann erzählen Sie mir mehr davon.«

Schnell holte Peter seine Koffer vom Schrank, warf Rasierzeug und Wäsche in einen und schrieb hastig mit Druckbuchstaben auf einen Bogen. »Liebe Frau Kerbs! War gezwungen, aus geschäftlichen Gründen sofort zu verreisen. Anbei für Ihre Mühe. Und vielen Dank. Gott segne und beschütze Sie. Ihr Dr. Krištofek.«

Auf die Nachricht legte er Geldscheine, beschwerte sie mit einer Kristallvase und entkam unerkannt bis zum kleinen Platz an der Ecke, wo das Taxi auf ihn wartete.

Im Allerheiligsten des Bürgermeisters von Grenzbrunn, der hinter dem Schreibtisch saß, rannte der Rechtsanwalt im Zimmer auf und ab, immer lauter und wütender redend.

»Das können Sie doch nicht veranlaßt haben?«

Fischer drehte genüßlich seine Zigarre. »I woher, kleine Daumenschrauben.«

Um Ruhe bemüht, predigte der Rechtsanwalt eindringlich: »*Sie* wollen doch das Haus. Was haben Sie davon, wenn Ihnen das Weib in dem Pestloch da unten verrückt wird? Keinen Ziegel kriegen Sie, nicht einmal einen Holzsplitter. Irgendeine Behörde steckt das Haus ein, und Sie gucken in die Röhre.«

»Malen Sie bloß den Teufel nicht an die Wand. Außerdem kenne ich die Polans, ein verflucht hartes Gesocks. Die sind zäh – haben Sie nicht selbst gesagt, wie zäh?«

»Körperlich, mag sein, aber nervlich? In dem Keller geht ein *Tier* vor die Hunde, außer Ratten natürlich.«

»Na, Schmidt, scheißen Sie sich nicht gleich die Hose voll. Ich bringe das gleich in Ordnung, Herr Verteidiger.« Besorgt und wütend schrie Dr. Schmidt, höhnisch vor Zorn: »Ihre Verantwortung, Parteigenosse Ortsgruppenleiter!« Er rannte grußlos aus dem Büro und sah im Hinausgehen Fischer zum Telefon greifen.

In der Zelle auf und ab, zwischen Tür und Wand hin und her. Esthers Bewegungen waren vollkommen automatisch geworden. Sie hatte vergessen, wie sie aussah, und ließ die Blechkanne mit dem Wasser unberührt stehen. Nur wenn sie todmüde schlappmachte, sah sie die Ratten wieder, die Nässe, die Fäulnis, den Schlamm; rappelte sich wieder hoch, zwang sich zu mechanischen Bewegungen und lief, lief, lief. Der nächste Schwächeanfall. Diesmal fiel sie um. Als sie sich wieder aufgerichtet hatte, hob sie die Hände und schrie: »Maminka, verzeih mir. Wenn sie mich hier lebend rauslassen, verkauf ich dein Haus, verzeih mir, Maminka. Lieber Gott, verzeih mir. Verzeih mir, Mutter Josefine, verzeih mir, Vater Filip. Du hast immer gesagt: Ein Mensch soll leben und Gutes tun. Wozu ist gut ein Toter? Verzeiht mir!«

Sie hörte ein Geräusch, fürchtete, es seien wieder Ratten, setzte sich sofort in Bewegung. Weiter marschierte sie im Dunkel. Nur die Zeit totschlagen! Und dann – sie hörte es nicht – sprang die schwere Eisentür auf. Aber die Stimme hörte sie wieder, die gemütliche Stimme des alten

Wachtmeisters: »Sarah Esther Pelz. Sie kommen wieder zu mir. Und Ihr Rechtsanwalt ist auch da!« Sie blinzelte, die Augen zukneifend, geistesabwesend in die gasfunzelerleuchtete Helle des Treppenhauses. Als sie unter den kleinen Leuchtkreis des Gasstumpfes geriet, war es der Wachtmeister, der beinahe in Ohnmacht fiel. Esther Pelz, diese anziehende Frau – eine schmutzige, abgerissene Hexe mit wirren, in unordentlichen Strähnen herabhängenden Haaren. Und diese Haare waren – weiß.

Während der Wachtmeister sie zur Treppe schob, war sie zu sich gekommen, lebte wieder bewußt, spürte, empfand, erfuhr, daß sie nicht mehr im stinkenden Rattenloch steckte, und begann, die Treppe hinaufzurennen. Der dicke Wachtmeister hielt nicht Schritt mit ihr. Kurzatmig rief er hinter ihr her: »Rennen Sie doch nicht so! Sie brauchen wirklich nicht mehr zurück! Warten Sie, ich komm' nicht hinterher.«

Oben, das war schon im Parterre des Treppenhauses, oben, das hieß über der Erde, auf dem Treppenhaus, wo hohe Fenster Sonnenlicht in das Gewölbe strömen ließen, blieb Esther endlich stehen, riß die Flügel auf und atmete, atmete frische Luft, holte aufs neue immer tiefer Atem, bis der schnaufende Wachtmeister heran war. Gutmütig und gleichzeitig grimmig packte er sie. »So, jetzt nehme ich Sie beim Arm. Sie!« Ihm fiel kein Schimpfwort ein.

Wieder über den Gefängnishof, in das Gerichtsgebäude treppauf. Noch hatte Esther von ihrem eigenen Äußeren nicht Notiz genommen, sich nach keinem Spiegel umgeguckt. Sie lebte. Seit Tagen hatte sie nichts zu sich genommen, war Tag und Nacht schlaflos hin und her gelaufen. Nach Dr. Schmidt, der ihr entgegenkam, drehte sie sich erst um, als er an ihr vorbeigegangen war. »Herr Doktor, Herr Doktor Schmidt!« Er schaute zurück, erkannte die schmuddelige, verwahrloste Frau nicht, bis er nahe herangekommen war. »*Sie* sind das! Sorgen Sie dafür, daß Frau Pelz sich waschen, zurechtmachen und umziehen kann, daß sie Stärkendes zu essen und zu trinken bekommt, damit sie gekräftigt ist, bevor die Verhandlung beginnt. Sonst beantrage ich einen neuen Termin oder lege das Mandat überhaupt nieder. Haben Sie es gehört? Sofort!«

»Jawohl, Herr Rechtsanwalt! Zu Befehl, Herr Rechtsanwalt.« Das Amtsgericht Lewin und die Haftanstalt, ehemals eine alte habsburgische Kasematte aus der Zeit Maria Theresias, reichte zwar tief in den Grund, war aber nur zwei Stockwerke hoch. Auch der »Große Saal« fiel nicht durch Größe auf. Das hohe Gericht saß auf einem Podium, der Staatsanwalt an dessen Ende noch höher. Unten im Saal, vom Richtertisch aus gesehen zur Rechten, die rechteckige Holzeinfriedung mit der Anklagebank, von außen durch den Korridor zu erreichen. Davor die Tische der Verteidiger. Zur Linken die Zeugenbank. Den richterlichen Bereich grenzte wieder eine Holzbarriere mit Türchen vom Publikum ab. Durch die Mitte des Zuschauerraumes lief ein Gang. Dieser Saal hatte wohl selten soviel Leute erlebt. Vor allem die Grenzbrunner waren gekommen, einige als Zeugen, die meisten als Schaulustige. Wodak saß da, der Architekt Strihauka, Umlauf, die Hromadkos, der katholische Dorfpfarrer, Badeärzte, der ehemalige Bürgermeister Dr. Gottschling und Frau, aber auch – beide in SA-Uniform – der Briefträger Biller und sein arrivierter Sohn, die Vorsitzende der Frauenschaft, Mathilde. Die Giebels und Siegels, der Kutscher Pietsch waren gekommen.

Das Gericht erschien. Alles erhob sich von den Sitzen. Der Richter sagte: »Sie können wieder Platz nehmen.« Er fühlte sich unbehaglich bei diesem Prozeß. »Die Angeklagte ist hereinzuführen.« Es dauerte eine Weile, bis die Grenzbrunner Esther Pelz wiedererkannten. Die meisten Anwesenden hatten Esther so in Erinnerung, wie sie vor zehn Tagen ausgesehen hatte. Die Stimme des Richters ließ erregtes Getuschel, Flüstern abklingen.

»Das Gericht tritt in seiner vorgesehenen Besetzung zusammen. Nur die Anklage wird statt des erkrankten und entschuldigten Herrn Doktor Sauerbier von seinem Gehilfen, Doktor Schmelzer, vertreten. Verhandelt wird die Strafsache gegen Sarah Esther Pelz wegen Beleidigung des Führers und Reichskanzlers des Deutschen Reiches, Adolf Hitler. Strafbar nach Paragraphen . . .«

Was sich um sie begab, spürte Esther wie durch eine Nebelwand. Sie sah wenig, hörte kaum zu. Das Geschehende verschwamm zu grauschwarzen Wirbeln. Wenn Esther ihren Namen vernahm, nickte sie, und wenn sie nach etwas gefragt wurde, sagte sie ja. Wach wurde sie erst, als der Richter vom Verbrechen sprach und sie auf dessen Schwere aufmerksam machte. »Ihre Tat wird nach dem Gesetz mit Zuchthaus nicht unter dreieinhalb Jahren geahndet. Wollen Sie bitten vor die Richterbank treten!« Esther stand auf, der Wachtmeter öffnete das Türchen in der halbhohen Holzbarriere zum Innenraum. Doch in diesem Moment war sie schon über das Geländer gefallen und bewußtlos hinuntergeglitten. Die Arme von sich gestreckt, lag sie bewußtlos vor dem Tisch ihres Rechtsanwaltes. Der und der Gefängniswachtmeister eilten hinzu und hoben sie auf. Die Gerichtsdiener legten sie auf eine schnell herbeigeschaffte Trage. Der Richter reagierte schnell und sachlich, setzte seine Kappe auf und verkündete: »Im Namen des Führers! Der Saal ist zu räumen. Die Verhandlung wird ausgesetzt. Die Zeugen sind nicht entlassen. Sie haben sich zur Verfügung des Gerichts zu halten. Die Fortsetzung der Sitzung wird bekanntgegeben.«

Die Bewußtlose stellte Gericht, Polizei und Anklage vor eine schwierige Situation. Richter, Staatsanwalt, Justizsekretär und der mitleidige Wachtmeister standen in einem ratlosen Häufchen zusammen, nachdem Standartenführer SS von Bislage eine Unterbringung der Jüdin in einem Krankenhaus unter allen Umständen vermieden wissen wollte. In der Hoffnung, die Jüdin in eine ordentliche Frauenstrafanstalt zu retten und damit vielleicht ihr Leben, zumindest einen Aufschub zu erzielen, wies der Wachtmeister gehorsamst darauf hin, daß dieses Gefängnis nicht über eine Frauenabteilung verfüge, da es eine ausgesprochene Männeranstalt sei. Es gäbe keinen Platz, wo man eine Kranke unterbringen könnte, auch kein weibliches Personal, keine Krankenschwestern seien vorhanden. »Aber einen Arzt«, fiel ihm der schneidige Justizsekretär in den Rücken, »und neben der Ordination steht die Anatomie leer.«

»Der steinerne Leichentisch – Sie wollen sie doch nicht allen Ernstes darauflegen?« Entsetzt schwieg der Gutwillige.

»Warum denn nicht?« meinte der Justizsekretär kühl. »Wachsleinwand drauf und doppelte Decken drüber. Da merkt die nicht, worauf sie liegt.«

Der Richter hatte noch einen Einwand: »Soweit ich unterrichtet bin, ist die Aufnahmezelle mit zwei von der Geheimen Staatspolizei Verhafteten belegt. Und zwischen Anatomie und diesem Raum ist nur eine Stahlgittertür.«

Der Justizsekretär ließ nicht locker. »Und wenn schon! Die Roten sind so fertiggemacht, die gucken der Jüdin nischt ab. Warum nicht 'ne Decke dazwischenhängen? Jedenfalls darf sie nicht aus dem Haus.«

Dem Richter hing die Angelegenheit zum Halse heraus. »Wären Sie einverstanden, Herr Verteidiger?«

»Muß ich ja wohl, wenn medizinische Betreuung bis zur Fortsetzung der Hauptverhandlung zugesagt ist.«

»Selbstverständlich! Wir müssen die Frau schnellstens auf Zack kriegen. Morgen soll's weitergehen.«

»Na also, alle einverstanden«, resümierte der Sekretär und winkte den Sanitätern, die Trage aufzunehmen und in den Gefängnistrakt hinüberzutragen.

Weiße gekachelte Wände, die Fenster gekalkt. Der nach unten hin fußwärts etwas gesenkte lange und breite steinerne Tisch, groß wie ein Billard, darauf eine Matratze und Bettzeug. Hier lag Esther nun bereits im unruhigen Halbschlaf, jedoch nach tiefem, langem Schlummer. Es war sehr viel nachzuholen. Sie wurde wach, als sie von nebenan eine scharfe, kratzige, rohe Stimme weckte. »Hurtig, hurtig, keine Müdigkeit vorschützen. Jetzt kommt der Horst Brüller wieder dran. Wenn der nicht endlich was anderes ausspuckt, spuckt er Zähne, das verspreche ich ihm.«

Die zweite Stimme, dunkel und zynisch, schloß sich an: »Brüller Horst. Wir sorgen dafür, daß du deinem Namen Ehre machst.«

Esther hörte jedes Wort, hörte, wie zwei Männer einen dritten wegführten, hörte die Schritte der drei auf dem Gang, sah, wie ein Luftzug die Decke vor der Gittertür bewegte. Da war noch jemand nebenan. Ihr Nachdenken störten Besucher. Der Wachtmeister führte den Arzt herein und wartete im Gang. Esther setzte sich auf, streckte die Arme und war endlich ganz wach. Der Arzt bestimmte: »Wieder hinlegen. Ich bin Doktor Armbruster und hab Sie mir vorhin schon mal genau angesehen. Da waren Sie noch nicht ganz bei Bewußtsein, jedenfalls in tiefem Erschöpfungsschlaf. Habe Sie abgehorcht. Das machen wir gleich noch mal. Setzen Sie sich auf.« Dr. Armbruster, ein ziemlich alter Mann, um dessen kahlen Schädel sich ein Lockenkranz ringelte, sagte: »Nach allem, was Sie hinter sich haben, ist Ihr Herz erstaunlich stark und normal. Wenn man bedenkt: Sie sind ausgehungert, nervlich runter, physisch reduziert. Alle Achtung! Mindestens ... mindestens noch einen Tag vernehmungsunfähig. Vielleicht schwindeln wir noch zwei heraus. Ich sage schwindeln, denn Sie haben sich sehr schnell regeneriert.« Sein gutmütiges Gesicht, von unzähligen Fältchen und Runzeln durchzogen, lächelte sie ermutigend an. Er tat so, als wolle er ihre Herztöne mit dem Ohr abhorchen, um sich tiefer zu Esther herunterbeugen zu können und zu flüstern: »Der Herr Doktor Kohn, der jetzt in Amerika lebt, war ein guter Freund von mir. War der nicht auch Hausarzt in Ihrer Familie? Wie?«

Esther nickte, und ihre Augen erhielten Glanz. Auf dem Gang hallten wieder Schritte. Zwei Männer schienen einen dritten zu schleifen. Der Arzt horchte und meinte schnell: »Ich schau wieder herein, wenn wir mehr Ruhe haben. Jetzt brauchen sie mich wohl nebenan.« Er klingelte. Der Wachtmeister schloß auf. Esther hörte, wie nebenan ein Körper in die Zelle geworfen wurde. Hörte die Stimme des Gestapomannes: »Na, du altes Kommunistenschwein. Guck den dir gut an, als Vorgeschmack. Du kommst heute auch noch dran.«

Esther hörte eine Weile nichts, dann Stöhnen. Die Stimme des Älteren fragte: »War's schlimm?« Durch Atempausen und Stöhnen unterbrochen, sagte der Jüngere: »Ich – hab – durchgehalten. Sie – wissen – nichts, gar nichts.«

»Was gebrochen, verstaucht, verrenkt?«

»Alles nur äußerlich, ein paar Platzwunden. Aber – du! Sie werden dich ... Man muß viel aushalten.«

»Dafür bin ich auch länger Kommunist als du. Wart, ich hol dir 'n Umschlag.«

Schritte schlurften, ein Wasserhahn wurde aufgedreht, abgedreht. Esther richtete sich auf, stieg vom Steinlager, sah, daß sie einen viel zu großen Sträflingspyjama trug, machte eine große Schlaufe in das Gummiband, das ihn einigermaßen festhielt, holte Bürste und Kamm aus dem Köfferchen, das auf dem Stuhl lag. Die weiße dünne Decke, die vor der Gittertür hing, hielt die Stimmen nicht auf. Man konnte jedes Wort verstehen. Durch einen handbreiten Spalt ließ sich in die Nebenzelle schauen. Drinnen wieder Stöhnen. Plötzlich hörte sie den Älteren erzählen, bemüht, von Schmerzen abzulenken: »Du, die Frau, die das Plakat mit Adolf'n runtergerissen hat, das soll die Mutter von Peter sein.«

Esther hielt sich die Hand vor den Mund, sonst hätte sie sich verraten.

»Peter Samuel? Von der hat er noch nie erzählt. Dazu gehört Mut!«

»Oder Wut«, sagte der Ältere. »Ist doch unvernünftig, wem nützt so etwas Individuelles?«

»Alles nützt. Bevor sie uns geschnappt haben, sorgte ich dafür, daß sie etwas in die Untersuchungshaft geschickt kriegte, was zum Futtern, damit sie sich nicht so verlassen fühlte.«

Endlich lohnte das Warten an der Gittertür. Esther sah einen Mann zum Wasserhahn hinken, ein Tuch anfeuchten, es auswringen und wieder aus dem schmalen Blickfeld verschwinden, einen Untersetzten in mittleren Jahren, bleigraue Haare über einem breitflächigen, kräftigen Gesicht, das Zuverlässigkeit aussagte. Er gefiel ihr, der den Korb gepackt hatte, ihren. Auch seine Stimme. »Du blutest nicht mehr, Junge.« Der Jüngere war mit seinen Gedanken immer noch bei Peters Mutter: »Ob die auch bei uns ist? Peter ist ja ein prima Genosse.« Esther lauschte aufmerksam.

Das Schließgeräusch veranlaßte Esther, schnell auf ihre Liegestatt zu springen und sich zuzudecken. Der alte Doktor hatte trotzdem etwas gemerkt. Er wies mit dem Daumen nach nebenan. »Aus der Fabrik. Mit Flugblättern gefaßt. Es sollen Kommunisten sein.« Er zuckte die Achseln. »Mir scheinen sie anständige Menschen.«

Aus ihren Gedanken sagte Esther langsam: »Sie sind wie Brüder zueinander.« Wenn Peter so einer war ... Sie wischte den Gedanken fort.

Drüben krachte die Zellentür auf. Die beiden Gestapoleute kamen wieder. »Christian Delgau, Webermeister. Jetzt bist du an der Reihe. Darfst uns ruhig und friedlich was erzählen. Sonst kracht's!«

Keine Antwort. Man hörte die Schritte des älteren Häftlings zur Tür. Sie waren fest und zögerten nicht. Der Arzt strich Esther über das Haar. »Sie entschuldigen wohl – jetzt muß ich rüber, damit der Junge mir nicht durchdreht, wenn sie den Delgau zurückbringen.«

Esther dachte so lange nach, bis sie vor Anstrengung wieder einschlief. Diesmal hörte sie die Schritte von drei Männern im Gang. Also stand der Ältere auf eigenen Beinen. Das bestätigte auch einer der Henker. »Hast unwahrscheinliches Schwein gehabt. Der Hauptkommissar hatte nicht genug Zeit. Warte nur, die richtige Abreibung kommt noch, du rotes Arschloch.«

Die Tür schlug zu. Gleich darauf stieg Esther wieder vom Bett. Der Geschlagene tat ihr so leid. Sie sah ihn den Kopf unter den kalten Wasserstrahl halten, hörte den Jüngeren fragen: »Wie geht es dir? Haben sie dich sehr ...«

»Sie wissen nichts. Die Akte ist abgeschlossen. Wir haben uns gut gehalten. Riecht nach Kazet.«

»Ob wir da rauskommen?« zweifelte der Junge.

»Nachdem wir das hinter uns gebracht haben hier, sicher. Es wird bestimmt nicht schlimmer, bloß länger. Dafür sind wir viele.«

»Pst, still. Nebenan war was.«

10. Der harte Handel

Sie klatschten und plauschten im Korridor vor dem Gerichtssaal wie auf der Lewiner Kirmes, ein Häufchen Honoratioren, ein Häufchen »Bohemia«-Nachbarn, ein Häufchen Uniformierte, nur die SS vornehm isoliert. Bauern aus Tscherbenej, Kutscher mit eigenem Fuhrbetrieb. Doch sie lachten wenig und nicht laut, immer noch beeindruckt vom Erlebten. Vater Umlauf konnte es nicht vergessen. »Schrecklich, wie sie ausgesehen hat.«

»Schlimmer als die alte Josefine im letzten Lebensjahr«, fügte Strihauka hinzu. »Die Mutter war auch robuster.«

Erbittert wendete sich Dr. Gottschling ab und sagte im Rücken des Häufleins: »Zehn Jahre älter, als sie ist, sieht sie aus. Und früher hat man sie immer für viel jünger gehalten, als sie war.«

»Sie wird um die Achtundvierzig sein. Und wir sind auch nicht unschuldig daran, wie sie aussieht.«

Es gehörte schon viel Zivilcourage dazu, so etwas zu äußern. Hromadko senior nahm den ehemaligen Bürgermeister beim Arm: »Nicht alle! Man hat schließlich ein Lebensalter nebeneinander als Nachbarn verbracht, hat sich gegenseitig ausgeholfen, sogar mit einem Zimmer für einen eiligen Gast, wenn ausverkauft war. Freiwillig haben wir sie nicht so vergessen. Freiwillig nicht!« Den alten Wodak stach der Hafer. Mit einem deutlichen Seitenblick auf den Architekten säuselte er: »Kommt darauf an. Man hat gut an ihnen verdient, nicht wahr, Pane Strihauka, erst daran, daß man sie gekannt hat mit tiefem Diener, dann am Weggucken!«

»Sie waren ja nicht nur Freunde und Bekannte, sondern Konkurrenten, denen man die vollen Häuser geneidet hat, nicht wahr? Und wie sie ihr Vermögen ehrlich aus allen Krisen herausgerettet haben, in denen wir selber gesteckt haben, das hat man ihnen auch geneidet. Oder etwa nicht? So war's doch. Dann wurde ganz schön auf sie geschimpft. Diese Juden!«

Den Kopf zwischen die Schultern ziehend, sagte Strihauka: »Ich geb's ja zu. Aber so etwas hat keiner von uns gewollt – kein einziger!«

Wodak gab keine Ruhe. »Das kann jeder sagen. Ihre Schlittenpartie vom ersten Stock auf die Straße haben wir uns alle angesehen. Und den Schacht durch den Schnee. Und wie sie blutig auf der Straße lag. – Wir alle mit den Händen im Schoß oder auf dem Rücken.«

»Na, na. Sie dürfen sich ausnehmen«, grenzte Gottschling ein. »Und immerhin die Täubers.«

Endlich kam Umlauf zu Wort. Er legte seine Hände um die Schultern der Umstehenden und zwang ihre Köpfe in einen engen Kreis: »Das wissen Sie noch nicht? Die sind ausgerissen mit Sack und Pack und vier Kindern.« Die Hände zusammenschlagend, freute sich der alte Wodak. »Ježiš Marja, Gott sei gelobt. Die hätte man eingesperrt, so wahr die Sonne scheint.« Alles machte alarmiert: »Scht, scht!«, als zum Glück der Wachtmeister erschien und ausrief: »Strafsache Sarah Esther Pelz wegen Beleidigung des Führers. Einlaß zur Fortsetzung der Hauptverhandlung.«

Esther wußte aus vorsichtigen, aber vielsagenden Bemerkungen ihres Verteidigers, daß ihr Haus, ihre Habe, alles, was für sie Halt und Stütze bedeutet hatte, verloren war. Da sie die Lüge kannte und ihren Zweck verstand, verfolgte sie die Einlassungen des Staatsanwaltes neugierig, bis der aus der Rolle fiel.

»... kann ich mich des Eindrucks nicht erwehren, daß hier eine Jüdin, die den Führer wissentlich und gezielt beleidigt hat, von diesem Gerichtshof mit Glacéhandschuhen angefaßt wird. Mir ist eine Tatsache bekannt geworden, die schlüssig beweist, daß die feindliche Absicht der Angeklagten nicht erst seit heute besteht, sondern daß es sich hier um eine bolschewistisch verseuchte Familie von Untermenschen handelt.«

Überraschte Gesichter. Bürgermeister Fischer fauchte Dr. Biller an: »Der Idiot, der zielt auf Zuchthaus ab!« Biller nickte. Fischer biß sich auf die Lippen.

Der Staatsanwalt, der eine Kunstpause eingelegt hatte, um seinen großen Überraschungscoup zu landen, fuhr fort, Triumph in der Stimme: »Der Sohn der Angeklagten aus erster Ehe, der nicht Pelz, sondern Peter Samuel heißt

– daher sind Ihnen die Fakten bisher entgangen –, hat jahrelang, zuletzt als verantwortlicher Redakteur an dem kommunistischen Sudelblatt ›Schlesische Arbeiterzeitung‹ mitgewirkt, in der die NSDAP nachweislich verleumdet, beleidigt und angegriffen wurde. Es war die Staatsanwaltschaft und nicht der Untersuchungsrichter, der diese Tatsachen ans Licht brachte.«

Rauschen, Flüstern, Zischeln im Zuschauerraum. Staunen auf der Richterbank, der Staatsanwalt kostete es aus. Esther flüsterte erregt mit Dr. Schmidt. Er deutete an, sie solle ihm das Gesagte aufschreiben. Sie tat es, während der Staatsanwalt nun seinen Trümpfen Nutzanwendung folgen ließ.

»Dies Beweismaterial veranlaßt mich, trotz der Schwäche der Angeklagten, über sie den Stab zu brechen und die Anklage zu erweitern und zu verschärfen. Nichts wird mich nun daran hindern, eine empfindliche Strafe mit darauffolgender Verwahrungshaft wegen Gemeingefährlichkeit zu beantragen.«

Wie hatte sie sich bemüht, nichts mehr an sich herankommen zu lassen, nur durchzuhalten, leben zu bleiben. Die Worte Zuchthaus und Verwahrungshaft machten ihre guten Vorsätze zunichte.

Wieder sah Esther, als sie die Strafandrohung vernahm, graue Nebel vor sich. Ihr Kopf war auf das Geländer der Einfassung des Holzgevierts gesunken.

Dr. Schmidt eilte mit einer Karaffe zu ihr, flößte ihr ein paar Schluck Wasser ein. Sie kam wieder zu sich.

Im Zuschauerraum herrschte Unruhe. Rufe der Empörung wurden hörbar. Fischer starrte alarmiert zum Verteidiger hinüber, der beruhigend zurücklächelte. Der Staatsanwalt freute sich der Volkserregung, die er hervorgerufen hatte, doch er deutete sie falsch, verstand nicht, *was* da geflüstert, ja sogar gerufen wurde.

»Das hat sie nicht verdient!«

»Es war nur 'n Versehen!«

»Sie hat den Jungen gar nicht bei sich gehabt!«

Es dauerte lange, bis der Richter ungeduldig die Glocke läutete. »Wenn nicht sofort Ruhe eintritt, lasse ich den Saal räumen.«

Der Rechtsanwalt erhob sich. »Da der Herr Staatsanwalt angebliche Beweise anziehen zu sollen glaubte, die weder Gegenstand der Voruntersuchung noch des Verfahrens waren, Beweise, auf die das Gericht noch eingehen muß, erbitte ich das Wort zu einer Erklärung, die das Ziel hat, zu diesem Punkt die erneute Beweisaufnahme zu erzwingen.«

»Dieser verdammte Prozeß«, fluchte der Richter leise, »so ein Pfusch. Herr Staatsanwalt?« Er beugte sich vor.

»Keine Einwände«, rief der Ankläger selbstgefällig durch den Saal.

»Na dann«, brummte Dr. Schmidt und erhob sich. »Hohes Gericht: Sie haben rechtens die Unruhe im Saal gerügt, die vor allem die Bürger aus Grenzbrunn verursacht haben, die hier sitzen. Sie waren genau wie ich und meine Mandantin erregt über eine leichtfertige, zumindest ungenügend geprüfte und wenig durchdachte Information der Staatsanwaltschaft. Zumal der Herr Staatsanwalt auf einer solchen untauglichen Grundlage die Begründung für die Strafzumessung aufgebaut hat. Der nationalsozialistische Staat hat im gerechten, überlegenen und siegreichen Kampf mit politischen Feinden, die Kommunisten voran, und dem volksfremden Judentum derartige billige Winkelzüge und unhaltbare Behauptungen nicht nötig.«

Wieder brodelte es im Zuschauerraum, der Staatsanwalt drohte laut: »Oha, solche Anwürfe werden Sie beweisen müssen.«

»Nicht ich allein, die Grenzbrunner Bürger, die da laut geworden sind, selbst die, die von der Staatsanwaltschaft als Belastungszeugen geladen wurden, werden unter Eid bestätigen, daß sich die ganze Familie Polan und natürlich auch die Mutter, Sarah Esther Pelz, geborene Polan, von besagtem Peter Samuel losgesagt hat, weil er kommunistischen Neigungen folgte und deswegen sogar aus seiner Religion austrat. Und das geschah vor zwölf Jahren, im Jahre neunzehnhundertsechsundzwanzig. Im Alter von sechzehn Jahren wurde Peter Samuel aus dem Familienverband ausgestoßen. Seither erhielt er keinerlei Unterstützung. Kontakte irgendwelcher Art wurden seit neunzehnhundertsechsundzanzig mit ihm nicht mehr unterhalten. Er soll sich irgendwo im Ausland herumtreiben. So wird das Argument des Herrn Staatsanwaltes zu einem entlastenden Moment erster Ordnung, eine Art Bumerang, und ich werde mich in meinem Schlußplädoyer ausgiebig darauf beziehen.«

»Hat die Angeklagte dazu etwas zu erklären?« erkundigte sich der Richter.

Esther stand kerzengerade. »Es stimmt alles so. Ich – wir haben Peter hinausgeworfen und ihn nie mehr, nicht einmal mit einem blanken Heller unterstützt. Das kann ganz Grenzbrunn bezeugen.«

Zustimmende Rufe aus dem Zuschauerraum bestätigten sie, und der Richter sah erlöst auf seine Uhr. Der richtige Augenblick für eine Pause.

»Wir unterbrechen die Verhandlung. Vierzehn Uhr Fortsetzung.«

Im Flur des Gerichtsgebäudes erspähte Fischer den Rechtsanwalt. Sie drückten sich die Hand. »Na, wie läuft die Sache?«

Wütend schimpfte Schmidt: »Dieser grüne Junge von der Staatsanwaltschaft! Um ein Haar hätte er uns Sand ins Getriebe gestreut. Jetzt ist zum Glück mein Trumpf daraus geworden, weil die Pelz mich sofort darauf gestoßen hat.«

»Wird sie spuren?«

»Sie wird, wenn sie durchhält. Noch zweifle ich daran. Das ›Schwarze Loch‹ steckt ihr zu sehr in den Gliedern.«

Bedauernd meinte Fischer: »Schmieren Sie mir's nicht andauernd aufs Butterbrot. Hartes Geld ist kein zartes Veilchen. Es riecht nicht, und es stinkt nie.«

»Au revoir! Der Staatsanwaltjüngling!«

Hastig gingen die Verschwörer auseinander. Dr. Schmelzer stürzte sich auf den Rechtsanwalt, als wolle er ihn umrennen. Aufgeregt appellierte er, es klang fast flehentlich: »Sie werden doch nicht etwa auf Freispruch plädieren?«

»Aber Herr Kollege, ich bin doch noch zu retten. Die Frau soll ruhig bluten, wo's ihr wehtut: aus dem Geldbeutel. Da haben wir mehr davon, als wenn wir sie einbuchten.«

Schmelzer führte ein braves Rückzugsgefecht. »Hier

gehen wir nicht konform. Ich werde Sie scharf angreifen.«

»Einverstanden. Nur, Kollege – wer Säbel fechten will, braucht eine gut geschliffene Klinge. Ich empfehle, eine solche anzuschaffen.«

Ein verschiedenartigeres Paar war kaum vorstellbar als Dr. Gottschling und der alte Wodak. Angewidert durch die vielstimmige tränentriefende Litanei der Grenzbrunner über Esthers trauriges Schicksal, fanden sich der kleine zähe Wodak und der bauchige große Dr. Gottschling. Sie saßen während der Verhandlungspause am Lewiner Marktplatz auf einer Bank, die nur für zwei Leute Platz hatte, und teilten sich Brote und Äpfel. »Ich höre es mir nicht mehr an da drinnen, wie die Grenzbrunner plötzlich ihr Gewissen entdecken. Die ganze Polanhistorie hecheln sie durch. Filip und Josefines Polenrettung, die das Haus an den Abgrund gebracht hat. Wie sie mit dem Geld von Polen heimgekommen ist, als alles im Ort pleite war. Esthers Männer und ihre Brüder, Rudolfs viele Blonden und die Flucht von Simon Pelz, dem Australier. Die Esther tut ihnen auf einmal so leid, keiner will's gewesen sein, und das ganze Mitleid reicht für ein paar Stunden!«

»Immerhin, Pane Wodak, Sie haben ja etwas getan für sie und einiges riskiert.«

»Viel zuwenig und zu spät. Sie doch auch.«

»Ebenso!«

So redeten sie immer weiter, kamen zu spät, um anzuhören, wie der Verteidiger das begangene Vergehen im Namen seiner Mandantin zutiefst bereute und bedauerte, wobei er bissig auf die ungewollten Hilfsdienste des Herrn Staatsanwaltes zu sprechen kam, die offenbar machten, daß die Frau, die ihren Sohn verstieß, stets auf der Seite des Gesetzes gestanden hätte.

Als sie sich in die Bankreihe drückten, sagte Schmidt gerade: »Es kann sich lediglich um einen gedankenlosen Irrtum, um eine Kurzschlußreaktion gehandelt haben, mit dem Ziel, die hebräischen Lettern der Sicht freizugeben. So ist es zu der beklagenswerten Entfernung des Führerplakates gekommen. Deshalb bitte ich das Hohe Gericht, von einer Haftstrafe für diese weißhaarige Frau abzusehen, die einsieht, daß ihre Handlungsweise durch eine empfindliche Geldbuße geahndet zu werden verdient. Damit, glaube ich, ist der Gerechtigkeit Genüge getan und der Großmut unserer neuen Ordnung entsprochen. Ich danke dem Hohen Gericht für seine Aufmerksamkeit.«

Als säße sie im Theater und es handele sich um eine dritte Person, hatte Esther den Reden, Einwürfen, Zwischenfragen zugehört, eine recht spannende Szene, die sie nicht betraf, so daß sie sich wunderte, als Dr. Schmidt ihr nach seinem Plädoyer zunickte, aufstand und ihr die Hand drückte.

»Lächeln Sie mich an, das macht einen guten Eindruck.« Warum nicht? Das schenkte sie ihm. Der Richter beugte sich vor, schaute fragend in die Runde, sah die Beisitzer an und beschloß, das unerquickliche Verfahren zu Ende zu bringen.

»Da weder Staatsanwaltschaft noch Verteidigung, noch die Richterbank das Wort wünschen, zieht sich das Gericht zur Beratung zurück. Die Angeklagte wird abgeführt. Der Saal ist zu räumen.«

Bürgermeister und Anwalt trafen sich an der Holzschranke, während die Besucher den Saal verließen. »Ich hab jetzt die Papierchen eingesehen – vom Kaufvertrag bis zum Schuldschein. Ein geschlossenes System. Mir scheint nur schleierhaft, warum Sie sich darin so offenlegen, schwarz auf weiß.«

»Zerbrechen Sie sich nicht meinen Kopf«, lachte Fischer. »Uns hat nur *eines* zu interessieren – wird sie?«

»Sie wird, wenn Sie nicht alles wieder zertrampeln.«

Alles hatte sich erhoben. Die ganze Richterbank übte sich mit ausgestrecktem Arm im deutschen Gruß, und der Richter verkündete im Namen des Volkes: »Es ergeht folgendes Urteil: Die Angeklagte Sarah Esther Pelz wird, unter Zubilligung mildernder Umstände, für eine Tat, die eine Beleidigung des Führers darstellt, zu zwei Jahren Gefängnis verurteilt. Die Untersuchungshaft wird nicht angerechnet. In Anbetracht der gesundheitlichen Verfassung der

Angeklagten stellt das Gericht anheim, daß die Strafe *im Falle der sofortigen Beibringung* in eine Geldbuße in Höhe von fünfzigtausend Mark umgewandelt und damit abgegolten wird. Es wird verfügt: Die Angeklagte ist vorläufig aus der Haft zu entlassen, unterliegt jedoch bis zur Abdekkung der Strafsumme einer verschärften *polizeilichen* Meldepflicht. Sie dürfen sich setzen.«

Er tat es auch und begann das Urteil im Detail vorzulesen: »Die Angeklagte Sarah Esther Pelz, Besitzerin des Kurhotels ›Bohemia‹ in Grenzbrunn . . .«

Esther hörte die Worte: »Die Verhandlung ist geschlossen!«, spürte die besänftigende Hand des Rechtsanwaltes auf ihrem Arm und stand auf. Sie kam erst richtig zu sich, als sie Dr. Armbruster in seiner Gefängnisordination bei Kaffee und Kuchen gegenübersaß. »Da muß ich der Gefängnisbürokratie dankbar sein, die eine Abschlußuntersuchung verlangt. So kriege ich Sie wenigstens noch einmal zu sehen. Was wird, Frau Pelz?«

Seufzend, mit kühler, müchterner Einschätzung urteilte Esther: »Das Haus wird gegen die Ratten eingetauscht. Das verliere ich. Wo soll ich die Fünfzigtausend auftreiben? Also wird die ›Bohemia‹ verkauft.«

»Und die Kaufsumme?«

»Lieber Herr Doktor! Die existiert dann nicht mehr. Sie kommt aufs Sperrkonto. Die Herrschaften haben alle meine Illusionen vertrieben. Ich sehe mit offenen Augen. Mein Rückgrat ist gebrochen. Die selige Mutter wird mir verzeihen.«

»Was werden Sie tun?«

Esther lächelte resigniert. »Ach, Herr Doktor, ich war ein schlechtes Mädchen, eine schlechte Mutter, eine schlechte Geschäftsfrau, *aber* eine *gute* Köchin. Also ändert sich nichts. Ich lasse mir die Haare färben, oder ich trage eine Perücke.« Sie amüsierte sich.

»Darf ich mitlachen?«

»Als ich heiratete, sollte ich nach streng jüdischer Sitte meine Haare abschneiden und einen ›Scheitel‹ tragen, das ist die orthodoxe Version einer Perücke. Damals hat sich mein Samuel gegen Sitte und Brauch durchgesetzt, und jetzt will ich meine weißen Haare darunter verbergen.«

»Färben Sie sich lieber«, riet der Arzt.

»Sonst wird sich wenig ändern«, urteilte Esther, »Im Hotel stand ich am eigenen Herd. Von jetzt ab gehört er Fremden. Gekocht wird so und so. Wenn sie einem nur das bißchen Leben lassen!« Der Stoßseufzer rührte den alten Mann.

»War denn da gar nichts zu machen? Etwa Zahlungsaufschub, Hypothek auf das Haus, Gesuch auf Herabsetzung der Geldstrafe?«

»Keine Illusionen mehr, Herr Doktor! Zu meinem Glück hatte ich noch Pech. Dreiviertel der Geldstrafe hätte ich glatt hinlegen können, wenn meine Freundin Lotte nicht verhaftet worden wäre. Vierzigtausend Mark lagen bei ihr in Verwahrung. Auch das Doppelte hätte nichts genutzt! Sie wollten das Haus, und sie würden mich ohne Gewissensbisse umbringen dafür. Mich wundert nur, daß sie es nicht getan haben.«

»Verzweifeln Sie nicht, noch leben Sie. Als Arzt darf ich Ihnen sagen, daß Sie für Ihr Alter außerordentlich kräftig, gesund und widerstandsfähig sind.«

»Machen Sie mir bitte keine großen Hoffnungen. Gegen die Kräfte, die jetzt regieren, ist nichts auszurichten. Es sind die sieben Plagen Ägyptens, aber nicht in sieben Jahren, sondern alle auf einmal!«

Der Gefängniswärter steckte den Kopf durch die Tür, ein Zeichen dafür, daß der Arzt anderweitig verlangt wurde. Der stand auf. »Wenn ich irgend etwas für Sie . . .«

»Sie haben schon soviel getan. Glauben Sie mir, es ist eine Wohltat, mit einem guten Menschen zu sprechen, bevor man sich mit Aasgeiern an einen Tisch setzt.«

Die Esther Aasgeier genannt hatte, glaubten immer noch, daß sie ihnen ihre Komödie mit verteilten Rollen abnahm. Sie rauchten im Anwaltszimmer. Einige Weinflaschen legten Zeugnis dafür ab, daß die Herren schon getrunken hatten. Das lederne Schwarz der Clubsesselgarnitur, feierliches Dunkel der Anzüge, der tiefbraune Tisch ohne Decke, die düsteren Aktentaschen auf dem Tisch: Alles sah nach einem Begräbnis erster Klasse aus. Sogar die holzgetäfelten Wände waren schwarzbraun.

Ungeduldig paffte Schmidt an der Zigarre. »Was sagen Sie zu dem Burschen von der Staatsanwaltschaft? Hat er doch tatsächlich Revision eingelegt!«

»Dem Manne kann geholfen werden. Ein Anruf bei Brückner, und der Herr sitzt in Posemuckel an der Mucke. Wo bleibt die Pelz?«

»Sie wird hergebracht.«

»Sind Sie sicher, daß uns hier niemand sieht und hört?«

»Absolut!«

Zur Zartheit ihrer Jugend abgemagert, nahm Esther kühl und gelassen Platz und sagte im Ton der »Bohemia«-Chefin: »Was ist zu unterschreiben?« Verdutzt schob der Rechtsanwalt die Papiere über den Tisch. »Alles vorbereitet. Die Gemeinde zahlt für das Hotel mit Nebengebäuden, das Grundstück, Inventar, Vorräte, Vieh, Haustiere, Pferde, Geflügel, Feld, Wiese, Waldstück laut Grundbucheintragung die Gesamtsumme von dreihundertfünfzigtausend Mark netto.«

Esther unterschrieb. »Wieviel davon erhalte ich sofort in bar?« fragte sie geschäftsmäßig.

»Die nimmt uns auf die Schippe«, brummte Fischer. Schmidt tat, als habe er das nicht gehört.

»Hm – na ja! Hm! Verständlich! Natürlich brauchen Sie jetzt ein paar Groschen. Sind Sie denn ganze ohne Mittel?«

»Wenn Sie damit Geld meinen, stimmt das.«

Nachdenklich ging Schmidt im Zimmer auf und ab. Fischer paffte ungeduldig an seiner Zigarre: »Tut mir leid, bei Kauf aus öffentlichen Fonds ist Sperrkonto amtlich verfügt. Es sei denn ...«

Esther horchte auf. »Ich denke, Sie wollten als Rechtsanwalt meine Interessen wahrnehmen?«

»Na ja, es gäbe da einen Ausweg. Wenn Sie Ihr Geld zum Beispiel auf das Konto des Herr Bürgermeisters überweisen ließen, wäre es für Sie nicht ganz verloren. Juden ist der Transfer an beglaubigte arische Privatpersonen gesetzlich erlaubt. Wenigstens ein bescheidenes Existenzminimum wäre Ihnen dann sicher.«

Sollte er es wirklich ehrlich meinen, überlegte Esther unwillkürlich.

»Zweihundert monatlich wäre doch eine gute Grundlage für den Anfang«, prahlte Fischer mit seiner Großmut.

»Wie fängt man so was denn an?« fragte Esther mißtrauisch.

»Sie bestätigen Herrn Fischer pro forma, daß er Ihnen in den letzten Jahren, als Sie Ihr Hotel für die vielen ausländischen Gäste präsentabel einzurichten hatten, finanziell beigesprungen ist – etwa in der Höhe der Gesamtkaufsumme.«

»Wieso pro forma?«

»Weil sich Herr Fischer im Gegenzug verpflichtet, Ihnen nicht nur die monatlichen Zuschüsse zu gewähren, sondern Ihnen auch . . .«

». . . natürlich nur soweit der Gesetzgeber fiskalischen Erleichterungen zustimmt . . .«, fuhr Fischer schnell einschränkend dazwischen.

»Herr Fischer meint, er würde Ihnen noch größere Summen aus Ihrem Fonds zur Verfügung stellen, sobald der Fiskus das wieder gestattet.«

Esther fand sich beinahe überzeugt. Der Ausweg so logisch: das Vernünftigste, das sich darbot.

»Auf längere Sicht böte sich Ihnen schließlich die Chance, eine neue Existenz aufzubauen. Also Unterschrift gegen Unterschrift. Fairer geht es nimmer, Frau Pelz.«

Früher hatte er sie immer gnädige Frau genannt. Jetzt mußte sie schon froh sein, daß er nicht Sarah sagte. Esther unterschrieb die zweite Vereinbarung. Sie erhielt beide gegengezeichneten Kopien. Doktor Schmidt zeigte ihr einen Scheck. »Hier ist übrigens der Scheck der Gemeinde Grenzbrunn über dreihundertfünfzigtausend Mark.« Zeigte ihn und steckte ihn ein. Gleichzeitig blätterte Fischer zweihundert Mark in Zwanzigmarkscheinen auf den Tisch. »Fürs erste. Ihre Anwaltskosten habe ich übrigens auch bestritten. Man ist ja schließlich noch Mensch.«

»Als Ihr Rechtsbeistand versichere ich Sie, daß wir damit die günstigste Lösung gefunden haben.«

Würdig und ohne Eile nahm Esther die erste Zuschußsumme an sich, während der Rechtsanwalt die Papiere noch einmal las und ordnete. Dabei warf er Fischer alarmierende Seitenblicke zu und bat Esther schließlich:

»Würden Sie bitte so nett sein, draußen auf dem Gang auf uns zu warten. Wir haben noch ein amtliches Telefongespräch zu führen.«

Ängstlich fragte Esther: »Darf ich da ganz allein, ohne Aufsicht . . .?«

»Aber Frau Pelz, Sie sind doch frei, bis auf die allwöchentliche Meldung auf der Polizei! Aber wir kommen bestimmt gleich nach. Wir kümmern uns.«

Kaum hatte Esther den Raum verlassen, bestürmte der Rechtsanwalt den selbstzufriedenen Fischer: »Ich habe Sie gedeckt, alle Karnickel, die Sie aus dem Zylinderhut gezogen haben, bestätigt und als Rechtsvertreter gegengezeichnet! Jetzt verlange ich aber Aufklärung! Ihre Geheimniskrämerei hängt mir zum Halse heraus. Ich lasse mich von Ihnen nicht in eine Katastrophe hineinziehen.« Der Jurist wurde nun von einem unerwartet selbstbewußten Bürgermeister gefrotzelt.

»Wo brennt's denn, Sie Rechtsverdreher, wozu die starken Worte? Sind wir nicht Freunde?«

»Nur, wenn Sie mir sofort sagen, warum Sie der Jüdin schwarz auf weiß zusagen, sie zu unterstützen und gleichzeitig eine Bestätigung unterzeichnen lassen, aus der klipp und klar hervorgeht, daß der Ortsgruppenleiter der NSDAP einer Jüdin eine hohe Summe Geld geliehen hat. Wir wissen beide, daß es nicht stimmt. Schön, aber das ist politisches Verbrechen. Wollen Sie erschossen werden wie Ihr Freund Heines?«

Laut lachend hieb Fischer dem Rechtsanwalt die Hand auf den Rücken. »Halten Sie mich für einen Klippschüler oder für einen Selbstmörder? Was da auf Papier steht, ist alles abgesichert, schon seit Jahren – oder rechtsgültig nachdatiert.«

»Da bin ich aber neugierig.«

»Bitte schön. Ad eins: Habe ich bereits neunzehnhundertvierunddreißig auf die Bedeutung des jüdischen Hotels für den internationalen Ruf des Kurortes und auf seine Rolle bei der Einbringung von Devisen hingewiesen. Schon damals habe ich Ausnahmebestimmungen für den Laden herausgeschunden. Schwarz auf weiß. Ad zwo: Habe ich im Gau an entsprechender Stelle nachgefragt, ob ich als höchster Parteibeamter der Gemeinde Grenzbrunn der Sarah Esther Pelz und ihrem Hotel ›Bohemia‹ finanziell unter die Arme greifen darf, um diesem – und jetzt kommt's, Doktorchen –, diesem von kapitalkräftigen, mit Devisen zahlenden Ausländern besuchten Haus das Weiterbestehen und dem Staat den Valutenfluß zu sichern. Dabei kam mir zu Hilfe, daß die Gemeinde Grenzbrunn schon früher dem Hotel ›Bohemia‹ drei Hypotheken in beträchtlicher Höhe gewährt hatte, die pünktlich zurückgezahlt wurden. Es lebe der alte Gottschling.«

»Sie sind ja ein ausgekochter Schurke.«

Mit aufgerissenem Mund starrte Schmidt sein Gegenüber an.

»Man tut, was man kann!« prahlte Fischer geschmeichelt.

»Und die Antwort?«

»Was denken Sie? Positiv natürlich!«

Schnell griff der Rechtsanwalt in die Seitentasche und bot dem Bürgermeister eine Zigarre an.

»Erzählen Sie weiter.« Fischer knipste sehr gemächlich mit seiner Zigarrenschere die Spitze der Zigarre an, leckte das Mundstück umständlich an, entzündete sie langsam mit Genuß, zog ein paarmal durch, bevor er überlegen endete: »Da ist gar nicht mehr viel zu sagen. Natürlich habe ich – unter Beifügung von entsprechenden Belegen – nicht vergessen darzulegen, wie sehr die Gemeinde seit dreißig Jahren an dieser ›Bohemia‹ interessiert ist. Eine rechtzeitige Geldspritze würde verhindern, daß wir sie verlottert und verkommen übernähmen.«

»Sie Schlaumeier! Sie Schlaumeier! Wie aber haben Sie die Unterstützung für die Pelz motiviert? Solche Weiber werden alt; sah wie tot aus und hat sich hochgerappelt. So viel Geld?«

»Ein Trinkgeld, mein Lieber.« Auf diesem Gebiet kannte sich Herr Fischer bestens aus. »Ich rechne vierundzwanzig Monate à zweihundert Mark. Länger wird's mit den Juden bei uns wohl nicht dauern. Brückner meint, danach werden sie als Zwangsarbeitskräfte abgeschoben oder ganz liquidiert. Und das Almosen für die Pelz, ganze viertausendachthundert Mark, ist nicht einmal ein

Drittel der Jahreszinsen, die ich für die Gesamtsumme einstecke.«

Schnell rechnete Dr. Schmidt im Kopf aus: 350 000 Mark minus 50 000 Strafgeld plus 35 000 Verkaufsprovision von der Gemeinde – bleiben 335 000.

»Dann sind Sie ja ein reicher Mann!«

»Wurde ja auch Zeit! – Und was *Sie* angeht, der alte klapprige Justizrat Graf von Hülsen wurde pensioniert, also amtieren Sie ab Ultimo als Syndikus der Vereinigung der Kurvereine, des Bädertages e. V. Die Ernennung ist auf dem Wege zu Ihnen.«

Dr. Schmidt erhob sich feierlich und machte eine formvollendete Verbeugung. »Vielen Dank. So schnell hätte ich gar keine Quittung erwartet.«

»Setzen Sie sich wieder. Ein Mann – ein Wort – ein Gauleiter – Brückner! Es gibt da nur einen kleinen Haken. Darauf hat mich Brückner aufmerksam gemacht. Die Pelz darf nicht erst in Grenzbrunn Wurzeln schlagen. Sie muß schnell weg. Da verlasse ich mich auf Sie! Stellen Sie sich vor, so ein böhmischer Pfaffe aus den Grenzdörfern horcht sie aus und stellt uns ein Bein!«

»Wird besorgt. Sie wollte wegen einer Stellung nach Breslau. Dort vegetiert die letzte große jüdische Gemeinde in der Provinz, hat 'ne Art Herberge und auch Arbeitsvermittlung. Ist immer gut, die Itzigs auf einem Haufen unter Kontrolle zu haben. Da schaff' ich sie hin, samt Mobiliar.«

Fischer erhob sich. »Na, dann kümmern Sie sich mal schön um Ihre Pflegebefohlene.« Die Herren verbeugten sich und reichten einander die Hand.

Mit jedem Kilometer, den Dr. Schmidts Wagen sie diesem Grenzbrunn näher brachte, klopfte Esthers Herz stärker. »Wir haben ja eigentlich im Bad gar nichts mehr zu tun, und Sie sind definitiv unerwünscht in Grenzbrunn, trotzdem – man hat behördlicherseits nichts dagegen, wenn Sie vorher noch einmal einen Blick auf die ›Bohemia‹ werfen. Dann bringe ich Sie, da ich dort geschäftlich zu tun habe, im Mercedes nach Breslau. Wir haben Ihren persönlichen Besitz genau nach der von Ihnen ausgefertigten und von uns bestätigten Liste sichergestellt. Kleidung, Wäsche, Schmuck, Andenken, Papiere und Briefschaften, das Mobiliar des Zimmers Nummer eins. Die Kisten warten auf dem Bahnhof. Sie dürfen den Inhalt überprüfen.«

»Die Bilder meiner Eltern ...«

»Das versteht sich doch. Die Gebühr für den Möbelspeicher in Breslau hat Herr Bürgermeister Fischer beim Spediteur für Sie auf zwei Jahre im voraus bezahlt.«

Nun doch wütend und voller Ironie, die Dr. Schmidt nicht verstand, sagte Esther: »Was Sie nicht sagen! Zu gütig von Ihnen. So dringend wollen Sie mich loswerden?«

Sie bogen in die Bäderstraße ein. Esther reckte ihren Hals heraus, sog das Bild in sich ein. Da der »Fürstenhof«, dahinter Kaufmann Schulz, die Dönaus, die »Villa Martha« der Hromadkos kam in Sicht und dann eine riesengroße rote Fahne mit dem schwarzen Hakenkreuz im weißen Kreis, die aus der Fahnenluke der »Bohemia« hing, noch größer als einst das schwarzgelbe Habsburger Banner ihres Vaters Filip. Sie hielt sich schnell die Hand vor den Mund, um ihren Aufschrei zu ersticken. Dr. Schmidt öffnete den Wagenschlag. »Bitte, und nur außen herum, wenn's beliebt, die Besichtigung. Hineingehen ist leider nicht gestattet.« Esther blieb sitzen, schaute krampfhaft weg nach vorn. »Weiter«, sagte sie tonlos. »Ich fühle mich ein bißchen schwindlig.« Sie sehnte sich heftig nach den Bildern der Eltern in der Güterabfertigung der Station Grenzbrunn-Sackisch. Sie schaute nicht mehr zurück.

11. Stationen

Schrecksekunden ereignen sich oft vor einem banalen Hintergrund, treffen einen natürlich unerwartet, sind oft ohne Beziehung zu dem, was man gerade tut, resultieren aus winzigen Anlässen.

Da kommt ein Eisenbahner am Stadtrand aus einer Kneipe mit Mittagstisch, im Arm ein paar Büchsen Pferdekraftfleisch. Hinter ihm stolpert ein schwankender Vormittagstrinker aus der Tür, stößt ihn ganz unabsichtlich, aber kräftig, weil er Balance halten will, mit dem Ellbogen ins Rückgrat. Aber er kann noch nicht mal was dafür. Hingegen rast auf dem Bürgersteig einer, der etwas dafür kann. Wer weiß, was ihm so brandeilig ist. Mit allem, was ihm an Kraft zu Gebote steht, mit Armen, Schultern, Beinen rempelt er sich rücksichtslos in der belebten Einkaufsstraße seinen Weg durch die Menge, obwohl die ohnehin gehorsamst und eilig ausweichen will, denn der Mann trägt eine schwarze, mit hohen Rangabzeichen versilberte Uniform. Und dem steht der Eisenbahner mit seinem schmerzenden Rücken wie eine Schranke im Wege. Unwillkürlich, einen Augenblick nur, bremst er den Stürmischen, doch der Augenblick reicht. Sie schauen sich an, der Eisenbahner und der schwarzblonde Recke, Peter und Ingelores Bräutigam. Der weiß natürlich: Die Gestapo hat das Café umgekrempelt, das Personal streng vernommen, besonders seine Ingelore. Er weiß zwar nicht, wer Peter ist, aber daß an dem falschen Pfaffen eine hohe Belohnung dranhängt, das weiß er. Und der hier trägt sein Gesicht. Peter bückt sich ganz tief, rutscht zwischen Weiberröcken an den Rinnstein, läßt seine Kraftfleischbüchsen fallen, nach denen sich sofort hilfreiche Passanten bücken oder solche, die billig einkaufen wollen. Ehe sich das Erkennen in den Augen des SS-Mannes malen kann, ist Peter, verdeckt durch das Knäuel, um die Ecke, er reißt die Mütze herunter, bleibt in einer Haustür stehen, guckt durch einen Spalt: Weglaufen wäre Selbstmord. Aber er sieht den Blonden, hört ihn brüllen. Ein Polizist betätigt die Trillerpfeife. Doch das Haus hat einen Hofausgang.

Als Peter im Bus sitzt und sich vergewissert hat, daß ihm niemand nachgestiegen ist, als er sich hinzusetzen traut, ist er von oben bis unten schweißnaß, und er beschließt, bei allem, was ihm das Leben wert ist, niemals wieder an den Stadtrand zu fahren. Erst als sein Magen knurrt und ihm vor Hunger mulmig wird, fühlt er sich wieder ganz normal.

Monate später, als er schon Waldemar Budzinski hieß, quälte sich Peter Samuel eines Tages mit seinem Herbergsvater und Vorgänger als politischem Funktionär im Gebiet von hinten her auf einen steilen und oben stumpfen Hügel, der sich am Eingang in die Schienenlandschaft eines großen Knotenpunktes für den Güterverkehr erhob. Der Hügel, oben voller Höcker, Buckel und Waldkaninchenlöcher, stach hier im weiten, flachen Schwarzerdeland wie ein hoher Berg aus dem Boden. Peter, nicht im geringsten mehr geistlich aussehend, trug ein derbes, gestreiftes Drillichhemd und war unrasiert. Aus dem wilden Wuchs sollten schnell Schnurrbart und Koteletten wachsen. Der von den Genossen vorgeschlagene Spitzbart hatte ihn doch zu sehr geschreckt. Wie, wenn ein solches verlängertes Kinn, vom mütterlichen Erbe beeinflußt, dem des Kantors und Schächters Tikoschinski zu ähnlich wurde? Es gab ihm vielleicht nicht allzu viele Überlebenschancen.

Wie wenig hatte doch genügt, einen Menschen in Gesicht, Haltung, Gang, Gestik und wiederkehrenden Bewegungen so gründlich zu verändern, daß er sich in seine neue Umgebung unauffällig, aber dauerhaft einfügte. Die Leute in der Eisenbahnersiedlung hatten gesagt: »Den Kleinen mit breiten Schultern und kurzen Beinen, den kennen wir doch. Wie heißt er bloß?« Dann hatte irgendwer gemeint: »Na, das ist der U-Singer, der aus Oberschlesien.« Und ein anderer: »Natürlich! Klar! Der red' ja auch so wie Antek und Frantek.« Jemand in der Runde hatte sich sogar des Namens erinnert, auf den zufällig Peters Papiere ausgestellt waren – das war dann der einzige Eingeweihte –, und alle hatten über den Vornamen zu streiten begonnen. Und schon existierte damit der neue Waldemar Budzinski; er hieß, er war, und er lebte sich in sein neues Leben. Das mußte er sogar geschwinde tun, denn in wenigen Tagen blieb er als alleinverantwortlicher Instrukteur zurück. Wie lange? Er wußte es nicht – eine Woche, ein Jahr?

Nun jedenfalls, da er glaubte, einigermaßen eingefuchst und sicher zu sein, riskierte er da oben den ersten Treff des Dreierkopfs.

Sie lugten beide auf die Hinterwand des Stellwerks, das die Kuppe krönte und an das ein kleines Diensthäuschen geklebt war wie eine Wabe. Peter pustete schon angestrengt, Norbert, der Gastgeber, atmete noch leicht und stieg leichtfüßig weiter. Peter blieb stehen, murrte: »Warum denn bloß hintenherum, wo es vorne einen guten Weg zum Stellwerk gibt?«

»Drei Leute fallen auf«, meinte der schweigsame Norbert. Burschenhaft jung, mit offenem, etwas einfältigem Gesicht, sah er aus, als könne er nicht bis drei zählen. So einen naiv Fragenden vermochte er, wenn die Situation es erforderte, auch vorzüglich zu spielen. Doch ein Blick auf die Schulterstücke der Eisenbahneruniform verriet den Rang: Oberinspektor, Spezialingenieurdienst. Im Miniaturhäuschen wohnte er, weil das Stellwerk zu reparieren war, eine Terminarbeit, gerade abgeschlossen. So eine komplizierte Umstellung ließ sich ein paar Wochen hinauszerren, wenn man eine Bleibe für einen Kumpel nötig hatte und einen sicheren Treff.

Sie standen auf der Hügelkuppe und blickten zwischen den Büschen hinunter: »Drei Vorzüge lohnen die Kraxelei: Du übersiehst die Gegend wie auf einer Generalstabskarte, vorn die Eisenbahnersiedlung, hinten der riesige Gleiskörper, durchfurcht von Hunderten von Schienenbahnen und in der Nacht ein ewiges farbiges Punktfeuerwerk.«

»Bist ja 'n richtiger Romantiker.«

»Ach, ich war schon ganz gerne Eisenbahner.«

Peter begriff den Seufzer, während Norbert den Kopf schüttelte, als wolle er eine Wespe oder einen Gedanken verjagen. Er schob Peter nach vorn: »Von hier erkennst du am Tage jede Katze in der Natur, aber auch jede Ratte, ob schwarz, ob braun oder blau.«

Wieder schwieg er.

Peter ärgerte sich. Er brauchte mehr Informationen vor der Sitzung des Dreierkopfes, der ersten und gleichzeitig letzten, weil sie sich nachher auflösen würden. Und *einen* Genossen kannte er nicht. Und das bedeutete: Er fühlte sich wie immer in solchen Fällen etwas unbehaglich.

»Was ist'n das für einer?«

Lächelnd meinte Norbert und unterbrach jeden Halbsatz durch Pausen: »Der stellt sich dir selber vor. Macht der immer – so'n Uriger, eine Streithammeltype. Aber treu wie Gold.«

»Ich brauche mehr, gleich: Herkunft, Hintergrund, Entwicklung. Dir muß man jedes Wort aus dem Maul reißen wie der Zahnarzt die Beißer mit der Zange.«

»Guck ihn dir an. Vorher zuviel reden – ich mag's nicht.«

»Mensch, Norbert, der Mann ist für die Grenzarbeit eingeteilt, er geht aus dem Land. Von dort aus macht er Kurier. Er ist ebenso gefährdet wie gefährlich.«

Inzwischen waren sie am Häuschen angekommen, saßen schließlich am rohen, abgeschabten Holztisch, Peter fragte nicht mehr, dachte: Der kommt noch raus aus seiner Geheimniskrämerei. Und das tat Norbert auch: »Neunzehnhundertdreiunddreißig, gleich am Anfang, haben sie uns ins braune Haus geschleppt und im Keller zusammengeschlagen. Wir waren so zwei Dutzend. Einfach von der Straße weggeholt. Leute, die sie von irgendwoher kannten.«

Im selben Augenblick klopfte es ans Fenster – das Signal. Peter sah voller Spannung auf.

Der da kam, breit, groß, untersetzt, schwartig, mit Boxernase und gespaltener Backe, sah aus, als wäre er ein Metzger. Das machte vor allem die Röte in seinem großen, fleischigen Gesicht. Er kam in der staubigen Kluft des Streckenarbeiters, hieb seine Faust auf den Tisch und machte sich, ironische Verbeugung eines feinen Herrn, bekannt: »Gestatten, Tschilpke, Sozialfaschist. Einst Gewerkschaftler, jetzt Arbeitsfront.« Danach ließ er sich schwer auf den Stuhl fallen.

Sozialfaschist. Das war eine bewußte Provokation! Ohne Widerspruch hörte sich Peter so einen anklagenden Vorwurf nicht an: »Ich kenn dich nicht, Kumpel. Deshalb sag ich auch noch nicht Genosse. Aber dieses Wort ›Sozialfaschist‹ ist von den richtigen Kommunisten, ich meine, von der Partei und ihrer Führung, nie verwendet worden, in keiner Rede, keinem Beschluß, nicht in irgendeiner offiziellen Verlautbarung.«

Grinsend kicherte Tschilpke: »Woher hab ich's denn bloß?«

»Vom Feind...? Aber ich mach mir's nicht so leicht: von einfachen Kumpels auch hast du's gehört, von Genossen, deren Klassenbewußtsein vor allem aus dem Gefühl kam, nicht aus dem Wissen, von ungeschulten Sympathisierenden, von jungen Veteranen des Roten Frontkämpferbundes, parteilos zwar, aber *mit* der Partei verbunden.«

»Warum haben die uns so beleidigt und beschimpft?«

»Weil sie enttäuscht waren. Weil ihr euer eigenes Süppchen gekocht habt, statt mit den Kommunisten zu gehen. Ihr Reichsbannerleute mit den drei Pfeilen! Wie hieß das noch? ›Eiserne Front?‹ Von wegen *eisern!* Habt ihr denn durch die Uneinigkeit den Braunen den Weg nicht wirklich erleichtert? Trotzdem hat kein richtiger Genosse das Wort in den Mund genommen. Aber zugegeben – mancher ehrliche Kumpel hat es euch wütend und unbedacht entgegengebrüllt: Sozialfaschist!«

»Er gibt's zu! Er gibt's zu!«

Tschilpke begann zu lachen, er brüllte vor Lachen, steigerte sich in dieses Lachen hinein, bis es den ganzen Körper schüttelte. Was denn nun? dachte Peter. Haben sie mir für diese verantwortliche Sache einen aus der Klapsmühle rausgeholt?

Da verlangte plötzlich Norbert zu reden, gegen seine Natur sprach er, schnell hintereinander und zusammenhängend: »Dort im SA-Keller damals, da haben wir uns gegenseitig die blutigen Verbände mit den Zähnen festgezurrt, anders ging's nicht. Wir saßen auf kaltem Steinboden, die Hände hatten sie uns mit Stricken zusammengebunden, Rücken an die Wand – es war noch primitiv damals, dreiunddreißig. Während schlafloser und schmerzvoller Nächte haben wir uns gekabbelt, dabei diskutiert, überlegt, aber gestritten – was meinst du wohl, worüber? Meinst du, wir hätten die Faschisten, diese Henker, verflucht und beschimpft? Nein, was wir alles falsch gemacht hatten, gleich ob Arbeit der Partei, SPD, KPD, Gewerkschaft, falsch gemacht, daß die Nazis an die Macht gekommen waren. Unsere Köpfe waren nicht nur vom Fieber heiß.«

Tschilpke grinste wieder. Es war ein bitteres Grinsen mit verzogenem Mund. »Na klar doch. Die kannten uns, wir kannten sie. Die wußten, daß wir ihre Feinde waren, und was sie erwartet, wenn die Revolution siegt. So'n Jungscher hat geflucht . . .«

»Das war ich«, unterbrach Norbert. »Da hat mich dieser Tschilpke hier angebrüllt: Man sucht die Schuld nicht beim Feind nach einer Niederlage! – Womit er verriet, daß er keiner war. Und so ging's weiter durch die schlaflosen Stunden, Genossen, Sozialdemokraten, Reichsbannerleute, Parteilose. Wir haben uns gegenseitig vor unser Gericht gestellt, gefragt, was wir *nächstens* anders und besser machen würden, als säßen wir nicht gefesselt und verdroschen da. Wir haben die Zukunft als Planspiel durchexerziert, und zwischendurch starben mitten unter uns ein paar an Blutverlust, an Wundfieber, an Schädelbrüchen. Siehst du, von diesem Tag an raufen wir uns, Tschilpke und ich, und seither stellt er jedem dieselbe blöde Frage.«

»Rhetorisch«, spottete Tschilpke.

»Tut mir leid«, sagte Peter. »Da mußte ich dir schon kontra geben.«

»Wie erwartet. Aber ich bin noch nicht am Ende. Ich schlage mich noch mit einer ganzen Waggonladung von Fragen und Gedanken herum.«

»Bitte!«

»Dann kau mal das: Wenn wir durchkommen sollten, es geschehen ja noch Zeichen und Wunder, wenn wir also nicht im Zuchthaus oder KZ verrotten, uns nur bei der Todt-Organisation oder bei Speer krüpplig schuften, wenn wir nicht an den Galgen kommen oder aufs Schaffot und die ganze brenzlige illegale Arbeit überleben bis nach dem Dritten Reich, was geschieht dann mit uns?«

»Versteh ich nicht; dann sind wir, was wir immer waren. Und die Führung freut sich: Da seid ihr ja, da packt man schön an. Oder verlangst du Ovationen und Jubelgeschrei?«

»Nicht unbedingt. Aber die Geschichte erzählt nur von den Eingekerkerten, den Gefallenen, den Kaputtgemachten, denen aus Zuchthaus und KZ. Als ob solche, die die aufreibende, gefährliche illegale Arbeit überlebt haben, nicht auch tausend Tode gestorben sind, jeden Tag einen? Wer wird danach fragen? Wer weiß denn später, daß meine zerkeilte Visage nicht von Pferdehufen herstammt?«

Eigentlich hatte Peter auf ein allgemeines Gespräch hinzielen wollen, bevor es um Instruktionen, Beschlüsse und Entscheidungen ging. Erst mal sich gegenseitig beriechen, aufpassen, was wer wann und wie sagt, das Risiko ist ja hoch genug. Aber solche Problemstellungen plötzlich, da konnte man ja die Nächte durch reden wie die im SA-Keller. Es wurde Zeit, den Diskurs abzubrechen.

Es gelang aber nicht, durch Tschilpkes wie Peters Schuld. Dessen Schlußsatz wurde ein Bumerang: »Wir tun einfach, was wir immer getan haben, und was solche tun werden, die nach uns kommen: unsere Pflicht als Kommunisten.«

Tschilpke sprang auf, als hätte er sich einen Splitter in den Hintern gejagt: »Tut nicht so, als gäb's nur die, Kommunisten, Kommunisten, Kommunisten. Ich bin ja jetzt selber so was. Aber ich habe Kumpel Flugblätter drucken, über die Rolle drehen, kleben, verteilen, verschicken sehen und noch viel heißere Sachen erlebt von Leuten, die keine Kommunisten waren. Denkt doch mal bloß an unsere Eisenbahner. Da gibt's noch viel heiklere Geschichten zu berichten. Die haben alle den fünfzackigen Stern getragen oder Hammer und Sichel. Da waren sozialdemokratische junge Linke – von der Gruppe ›Neu beginnen‹, die kamen aus der Emigration ins Reich zurück und haben sich in die Untergrundarbeit hineingewühlt wie die Maulwürfe, und weil sie nicht genug Erfahrung hatten, sind sie schließlich für immer unter der Erde geblieben. Einer davon war mein Ältester. Gab's denn nicht einfach anständige Menschen, die nicht atmen konnten, ohne etwas gegen die Unmenschlichkeit zu tun? Verflucht wenige, aber immerhin. Gab's nicht 'n paar Dutzend, die Juden halfen, sie zu Unterseeboten machten, versteckten, ihnen Papiere besorgten? Und Christen, die es mit der Bergpredigt ehrlich meinten? Hinterhausbewohner im fünften Hof – und das waren *mehr* im Großstadtkiez –, die Geld gesammelt haben für Hinterbliebene und Familien, wo der Vater im Knast war. Und dabei waren sie nicht einmal in der ›Roten Hilfe‹. Oder Parteilose, die sich freiwillig zur Internationalen Brigade nach Spanien durchschlagen, bloß weil sie den Faschisten an den Kragen wollen. Im ganzen gesehen wenige, aber doch ...«

Gerade schickte sich Peter an, dem Leidenschaftlichen in die Parade zu fahren: Bist du bald fertig mit deiner Predigt, als er sich besann und lieber auf die Zunge biß. Hier wollten doch Genossen gar nichts anderes als sich aussprechen, nicht nur, weil er ein leitender Instrukteur war – auch deswegen natürlich –, aber vor allem, weil sie Dampf ablassen, ihre eigene Stimme hören wollten. Wann gab es schon eine Gelegenheit zu so einem Dreiergespräch? Sogar der schweigsame Norbert hatte den Mund aufgemacht. Und wie!

Peter sprach leise, doch von unterdrückten Gefühlen berührt.

»Ich nehme dir jedes Wort ab, Genosse Tschilpke. Aber ich hab auch 'ne Frage. Gibst du zu, daß die Kommunisten die Avantgarde des illegalen wie des – wo es geht – legalen Kampfes gegen den Faschismus sind? Daß sie die größten Opfer an Menschen gebracht haben und bringen? Daß sie die wirksamste Arbeit machen und deshalb Hauptfeind Nummer eins der Nazis sind? Wenn ja, dann bin ich auch bereit, die anderen zu feiern und sie als unsere Mitkämpfer zu ehren.«

Tschilpke schwieg, Rührung schloß seinen Mund.

Norbert hob sein Bierglas, auch vor den anderen standen welche, keiner hatte einen Schluck genommen, das Bier roch sauer. Norbert sagte, sehr verlegen und wieder voller Pausen: »Wenn's nicht – zu profan ist, beinahe ein Sakrileg, bißchen unter der Würde des Anlasses – mit Dünnbier –, dann stieße ich jetzt gerne mit euch an – auf unsere Mitkämpfer.«

Als hätte er seine Stimme neu entdeckt, brüllte Tschilpke: »Und wenn's reines Brunnenwasser wär! Auf die immer! – Und auf meinen Sohn.« Und er hob sein Glas.

Peter war froh, jetzt kam man endlich zu den Fakten. Da fing auf einmal Norbert schüchtern an: »Peter, entschuldige, auch ich hätt' noch 'ne Frage. Meine erste große Bewährung beginnt morgen. Du machst ja schon jahrelang illegale konspirative Arbeit. Konkret: Wo gehen die meisten Leute hoch und wie? Welche Krisen macht man durch? Wobei hat man die größte Angst?«

Darüber brauchte Peter nicht lange nachzudenken. Das war das Alpha und Omega seiner Tage und Nächte. »Hochgehen, Angst, Krise – so was passiert nicht bei der direkten Aktion. Glaub's mir. In der Regel nicht. Von der Aktion hängen der Erfolg und nicht nur *dein* Leben ab. Da bist du vielleicht schon vom Instinkt her, vom unterbewußten Lebenswillen – da bist du eiskalt, jawohl, eiskalt. Geschickt wie nie zuvor, unerhört konzentriert und – vorsichtig. Da fehlt dir einfach die Zeit für Angst und Jubel, Liebe oder Haß. Du horchst dir zu, was du tust. Du reagierst, als wärest du zwei Personen, von denen ein Ich das andere kontrolliert. Dagegen sind uns vor- und nachher gute Leute hochgegangen, in der Vorbereitung, durch Ungeduld während der Wartezeit. Zuviel negative Vorstellungskraft und schwarze Phantasie – versteht ihr? Und nachher? An allzu dünnen Nerven, beim Warten auf das Resultat, durch die untragbare Spannung der Fahndung und des Gejagtseins. Aber niemals während der Aktion. Außer, man wurde vorher verpfiffen und erwischt. Und auch da gibt sich der erfahrene Konspirative nicht verloren, Zuchthaus ist besser als der Tod. Faustregeln: Überlegen, was passieren kann, wie die Sache gesichert war, ob die Eingeweihten *stehen* können, denn eines ist gewiß: So schlau sind die Faschisten gar nicht, die wissen viel weniger, als sie dir einreden wollen. Das meiste, was sie von dir wissen, ist, was du selbst preisgibst.«

Nachdenkliche Pause. Peter hatte sehr ernst und dabei doch nüchtern gesprochen. Und es war Tschilpke, dem es nun an der Zeit schien, das große Gespräch zu beenden und zur geplanten Tagesordnung zu gelangen. Sein überschäumendes Temperament schien wie weggeblasen: »Ich fahre also morgen in den Luftkurort Krummhübel, Riesengebirge, zum Wochenendurlaub . . .«

Beim Gedanken an die Berge, an Krummhübel, an die heimatliche Grenzlandschaft ergriff Peter eine schmerzhafte Sehnsucht nach der »Bohemia«. Er sah sie wie durch ein Fernglas, ihre Strukturen, die Fassade – von der Fahnenluke bis zu Filips Weinrankenecke auf der Steinterrasse ...

Die drei blickten sich an. Im Raum war es ganz still. Da schien es, als mache sich Norbert selber Mut, spanne seine Muskeln. Er fühlte sich als ein kleines, aber unentbehrliches Rädchen seines neuen Auftrags, als er sagte: »Wir haben Kurierlinien quer durchs Reich, Danzig – Trier, Stockholm – Prag. Vier Jahre regiern die schon, aber wir schaffen's noch immer; man dürfte beinahe stolz drauf sein.«

Tschilpke nickte, dämpfte den jugendlichen Elan: »Aber nur, wenn's klappt.«

Er, der an diesem Tag über die Nachteile des Überlebens philosophierte, würde übrigens die Gültigkeit seiner These später nicht mehr überprüfen können. Er wird sterben, auf Außenkommando, im Steinbruch, jener Zwangsarbeitsstelle, wo die härtesten Brocken kleingeklopft werden. Auf seinem Begleitzettel für die Wachmannschaft wird die Bemerkung stehen: Rückkehr ins Lager unerwünscht.

»Gebhardt, du hast zu lange Beine, ich komm nicht nach. Dieser verfluchte, feuchtkalte Nebel, dieser dreckige Nebel, diese gelbe Wand. Warum trägst du nichts Helles? Ich verlier dich andauernd.«

»Das Gelbe sind Giftschwaden aus den Fabrikbecken. Die drückt der Nebel nun wieder runter. Was soll ich sagen? Medizin für meinen Lungendurchschuß. – Mit Grenzwäldern solltest *du* dich auskennen.«

»Quatsch! Hier komm ich mir vor wie ein neugeborenes Kind.«

»Tjaja, mein Lieber! Die französischen Ardennen sind 'ne andere Kiste als die nordböhmische Grenze und die Ebene runter nach Österreich.«

»Nicht so laut.«

»Keine Sorge. Nebel von dieser Sorte schluckt jeden

Ton. Im Gegenteil. Wir müssen die Ohren aufreißen, damit wir das Hupen hören, besonders hier im Dickicht.«

»Andauernd schlagen mir die Äste in die Fresse. Meine Knie sind aufgeschlagen wie in meiner jugendlichsten Rabaukenzeit.«

»Hast du kein anderes Thema als dich? Tut mir ja auch leid, daß der Paß nicht rechtzeitig fertiggemacht werden konnte. Da wär'n wir ja beinahe halblegal über die Schweiz . . . Kriegst die Flebben eben in Paris.«

»Darfst du mir sagen, wozu mich die Leitung holt?«

»Weiß nichts Genaues. Ich glaub, wir sind schon im Niemandsland. Den Minengürtel haben wir jedenfalls hinter uns.«

»Aua, verdammt noch mal, mein Schienbein!«

»Nicht fluchen, danken! Danken dem großen bolschewistischen Herrgott für den dicken Nebel!«

»Ich hab dich als echten, steifen, harten Preußen in Erinnerung, ganz schön doktrinär. Wieso kennst du dich denn hier so gut aus? Und warum mußten wir soweit südlich rüber?«

»Im Norden baun sie den Westwall, da ist kein Durchkommen. Übrigens stamm ich aus dem Elsaß, kenn hier jeden Pinkelpfad.«

»Aber jetzt kommst du aus Spanien?«

»Glatter Durchschuß, Lunge und ein paar Splitter, fast geheilt. Bald geh ich wieder an die Front. Von dir weiß ich bloß, wo du dich meldest. Über die Pyrenäen bringen ist nicht mein Bier. Das machen andere.«

»Warst 'n ganz guter Lotte-Ersatz.«

»Wer is'n das?«

»Die hat das politisch und als Amateur gemacht, 'ne Bergsteigerin.«

»Jedenfalls wirst du dringend gebraucht für Schinski. Mußt seine Arbeit machen. Sie haben ihn verhaftet. – Nanu, was ist denn mit dir los? Stehenbleiben geht nicht. Wart, ich komm schon. Du bist ja so käsig, daß man's mit der Taschenlampe im Dunkeln sieht, direkt kreidebleich. Schaffst du's nicht mehr? Wir haben's gleich hinter uns.«

»Wo – wo haben sie ihn . . .«

»Schinski? Im Lande. Er hatte nichts bei sich, war sauber, da kommt nicht viel.«

»KZ?«

»Vielleicht ... Wenn – dann wüßten wir bald genaues. Geht dir an die Nieren, he?«

»Er hat mir mal gesagt: Wenn sie mich im Lande schnappen und sie haben keine Beweise, erzähl ich der Gestapo treuherzig, ich hätt's in der Fremde vor Heimweh nicht mehr ausgehalten. Und dann hat er lange gelacht und gemeint: ›Ist dir denn bewußt: Bis auf unseren gemeinsamen Jugendknast bin ich kein einziges Mal vorbestraft.‹ Der kriegte so was wirklich fertig. War mein bester ...«

»Richtig! Der hat dich ja in Prag legitimiert. – Sei mal stille ... Augenblick! Psst! Hörst du, es hupt. Wir sind drüben. Am Waldweg wartet der Citroën.«

12. Ein Zipfelchen Leben

Von den Ereignissen bedeutsamer Tage, die im Kalender der Geschichte rot gedruckt werden, kriegt der einzelne meist nur ein Zipfelchen zu fassen, mit dem er nichts anzufangen weiß. Statt Sternstunden erlebt er nur Sternschnuppen.

An dem Abend, der später Kristallnacht heißen sollte, ging Esther Gemüse kaufen. Der Laden lag im Parterre ihres Hauses. So brauchte sie nicht erst auf die Straße zu treten, was sie gerne vermied. Dabei hatte sie gar nichts zu fürchten. Sie durfte als Angestellte eines ausländischen Konsuls – regierungsamtlich geschützt – einkaufen, sogar vorrangig, ohne sich in die Schlange einreihen zu müssen. Gut erholt und elastisch, glich sie den oberschlesischen Dorfweibern in der Markthalle, bei denen sie am liebsten einkaufte. Sie trug ihr gefärbtes Haar kürzer denn je. Sie ließ von allem Grausen und Elend, die sie umgaben, ihren Lebensmut nicht zerstören. Sie kleidete sich unauffällig, aber anspruchsvoll. Am liebsten trug sie ein graues Jackenkleid mit einem weißen Kragen und plissiertem Jabot, das ihren immer noch schlanken Hals zur Geltung brachte. Sie wollte als Frau gefallen. Noch gaben ihr die Wechseljahre Ruhe, und die Herren Geschäftsfreunde ihres Brotherren, des Konsuls Zerotti, schäkerten gern mit ihr. Das tat gut und weckte Lebensgeister.

An diesem Herbstabend ging Esther wie üblich vom Hausflur aus in das Geschäft, über dem das Schild hing: Obst, Gemüse, Konserven und darunter Hugo Silberfarb. Sie ging hinein, weil sie zuerst die grobe Verzierung der Auslage nicht sah, mit grobem breiten Pinsel auf die Scheiben gemalt. »Achtung! Judenladen!« Sie kümmerte sich auch sonst wenig darum, was um sie geschah. Es war viel zuviel, und sie kniff ein wenig die Augen zu und sperrte aus ihrem Betroffensein alles aus, was sie nicht ganz persönlich anging, sorgte sich auch diesmal nur um das Mahl, das sie vorzubereiten hatte. Silberfarb verwahrte nämlich noch einen wahren Schatz an Gewürzen, und bei Señor Zerotti liebte man scharfe, südamerikanische Küche. Zudem war Silberfarb geschützt. Er besaß einen gültigen polnischen Paß. Wenn er ernsthaft gewollt hätte, man hätte ihm die weiße Schmähung sogar wieder entfernen müssen. *Wenn* er gewollt hätte. Er wollte lieber nicht.

Draußen auf der Straße steigerte sich der Lärm. Voller Schrecken hörte der bärtige polnische Jude Silberfarb Fensterscheiben klirren. »Nieder mit den Juden!« erscholl im Sprechchor.

»Was wollen Sie denn schon wieder«, klagte Silberfarb. »Geht es uns nicht schlecht genug? Schauen Sie, mein Laden ist doppelt eingerahmt.«

»Ich hab nur zwei Hakenkreuze gesehen«, sagte Esther, die durch die Auslage schaute. »Und was steht daneben?« Sie blinzelte durch eine Lücke im Schaufenster. Tatsächlich – zwei SA-Leute. Ein Stück weiter die Straße hinunter stand ein ganzes Häuflein von Klingelbüchsenschwingern. Sie teilten sich die Stimmgewalt, Reklame mit Schmährufen lösten sich ab. »Kauft nicht bei Juden! Spendet für Kraft durch Freude! Juda verrecke! Spendet für die Urlaubsflotte! Die Juden sind unser Unglück! Gebt eure Mark für die Kraft und Schönheit!« Merkwürdig, wie gut sich die verschiedenartigen Äußerungen miteinander vertrugen.

Esther sagte: »Da gehe ich lieber wieder durch den Flur, ah, nein, ich brauch ja noch Milch. Alles Gute, Herr Silberfarb.«

Zwei SA-Männer packten Esther, als sie auf die Straße trat. »Die Frau hat beim Juden gekauft.«

»Ich wohne doch hier!«

»Sie hat beim Juden gekauft!«

Eine Nachbarin griff ein: »Sie wohnt doch hier!«

Eine andere: »Die arbeitet bei den Zerottis um die Ecke, bei den Südamerikanern im Konsulat!« Sie ließen ihre Ellenbogen los.

Der Hauswart mit der Hakenkreuzbinde um den Unterarm eilte gehässig hinzu. »Die darf überall kaufen, auch beim Itzig, weil wir den Fremden Zucker in den Arsch blasen. Zweizimmerwohnung, voller gediegener Möbel, Eichenbuffet. Die Leut' leben! Der Puschken werde ich eins einbrocken. So eine bei sich wohnen zu lassen, in einer Zweizimmerwohnung.«

Esther nutzte eine unbemerkte Sekunde und war im Hause verschwunden, bevor sich der Hauswart nach ihr umsah.

»Was denn für eine?« fragte der SA-Mann neugierig.

»Ne Jüdsche, du kannst aber nicht an sie ran, weil sie im Konsulat kocht. Wenn die Gesellschaft haben, hörst du's, riechst du es durch die ganze Straße.«

Eine große schlanke Frau im Lodenkostüm der allerletzten Mode fragte den Hauswart: »Wissen Sie, wo Frau Sarah Esther Pelz wohnt?«

»Klar, dritter Stock bei Puschke, aber die letzte Nacht. Die wird rausgeschmissen. Scherereien mit der SA haben mir gerade noch gefehlt.«

Am offenen Fenster stehend, hörte Esther die letzten Worte mit halbem Ohr. Abgelenkt, weil sich vom Stadtgraben her dunkle Rauchwolken gegen den Himmel wälzten, durch die spitze Flammen leckten. Sie dachte: Dort ist doch die neue Synagoge, meine Synagoge. Der Lärm draußen stieg an. Sie wollte nicht zuhören, wie Juden beschimpft wurden, und schloß das Fenster.

Es klopfte an ihre Türe. Die Wirtin, die sie sich durch viele Geschenke und Geld bei guter Laune und auf Distanz gehalten hatte, rief: »Besuch für Sie!«

Jetzt holen sie mich wieder, dachte Esther voller Angst. Sie zitterte, stand mit dem Rücken gegen das hohe Buffet aus dem Zimmer eins gelehnt da, den Kopf ergeben gesenkt. Und Lotte fand sie so und nahm sie in die Arme. Zwischen Lachen und Weinen, ohne ein Wort herauszubekommen, standen die beiden Frauen umarmt da, weinten lange, stumm. Esther fand als erste ihre Stimme wieder: »Seit wann bist du frei?«

Lächelnd berichtete Lotte: »Sie konnten mir nichts Richtiges nachweisen. Die Grenzbrunner haben mir ein prima Leumundszeugnis ausgestellt, sogar Herr von Weddingen, den sie in Berlin einvernommen haben. Der sagte: Eine tüchtige Gastronomin, der ich nur übelnehme, daß sie so viele Jahre bei den Juden gearbeitet hat. Das reichte nicht aus für einen Prozeß. Fürs KZ war ich ihnen eine Nummer zu klein. Also ›strafdienstverpflichtet‹ zur Todt-Organisation. Von dort aus habe ich nach dir geforscht und diese Adresse über die jüdische Gemeinde herausgekriegt. Bitte, Chefin, hier bin ich. Mein erster Urlaub auf Ehrenwort. Dein Geld bringe ich dir. Das ganze Geld bis auf zweitausend.«

Ungläubig schlug Esther die Hände zusammen. »Das ist doch nicht möglich! Behalte die Hälfte. Ich hab' fast mein ganzes Gehalt gespart, bis auf die Miete. Essen und Trinken kriege ich umsonst. Andere Bedürfnisse? Wir dürfen nicht ins Kino, ins Theater, ins Konzert, ins Caféhaus, nicht in eine Kneipe, einen Lesesaal, eine Eisdiele, zu Pedro da Colle etwa, wie früher. Nichts! Was macht man mit dem Geld? Man spart es. Fischer schickt mir jeden Monat zweihundert Mark Abschlagszahlung für die ›Bohemia‹. Keinen Pfennig davon hab' ich ausgegeben. Also behalte die Hälfte und sei bedankt.«

Die Worte sprudelten aus ihr heraus wie Quellwasser. Jemand, mit dem man offen redete, der einen versteht, ermutigt, einem zuhörte, zustimmte, mitging, antwortete. Es tat so wohl, die eigene Stimme zu hören, ohne zu fürchten, grob unterbrochen und angefahren zu werden.

»Nichts behalte ich«, schimpfte Lotte, »sei nicht wieder so leichtsinnig und freigiebig. Du wirst es brauchen. Und die zweitausend Mark waren Zehrgeld für einen, dem ich geholfen habe wegzukommen.«

»So einem wie Peter? In letzter Zeit denke ich viel an ihn. Hast du so einem herausgeholfen?«

»Bist du uns deswegen böse?«

Energisch verneinte Esther: »Nein, nicht mehr, wenn ich das auch immer noch nicht verstehe, was ihr wollt und was ihr tut. Ich denk: Wer gegen den Teufel ist, ist für den Himmel!«

»Sag statt Himmel Menschlichkeit.« Ernsthaft meinte sie dann: »Jetzt mußt du heraus, irgendwie. Mit so viel Geld ließe sich vielleicht – ich kümmere mich.«

Resigniert, in nüchternem Ton sagte Esther: »Keine Aussicht, mir fehlt ein Paß, ich hab' doch nur meinen Judenausweis. Du siehst, selbst wenn ich noch die Kraft dazu hätt' . . .«

»Natürlich illegal«, sagte Lotte entschlossen. »Ich versuch's mit dir.«

»Es hat keinen Zweck. Wenn sie mir mit Ratten drohen, würde ich euch verraten, wie ich die Mutter und die ›Bohemia‹ verraten habe. Ich stehe es nicht mehr durch!«

Lottes Augen wurden feucht. Wieder schloß sie Esther in ihre Arme und hörte in der Umarmung die leise Frage: »Weißt du etwas von Peter?« – Ruhig und nicht ohne Stolz gab Lotte Antwort: »Er ist ein tüchtiger Mann. Er hat sich gut gehalten. Er macht dir Ehre. Die letzten Monate hat er in Spanien gekämpft. Er soll jetzt in Frankreich illegal arbeiten. Seinen Freund Schinski haben sie umgebracht. Und du, Esther, wie ist es dir ergangen?«

»Beim Konsul von Uruguay bin ich Köchin. Es macht mir Spaß, weil sie oft so viele Gäste haben, große Gesellschaften geben mit Geschäftsleuten von überall. Und sie sind erstklassige Küche gewöhnt.«

»Eins geht mir nicht ein, Esther. Ausgerechnet in Breslau, einer Provinzhauptstadt im Osten, ein Konsulat von Uruguay?«

»Señor Zerotti hat es uns erklärt. Lolita, hat er gesagt, seit fünf Jahren baut die Firma Lincke-Hoffmann die Maschinen für das ganze Eisenbahnnetz von Uruguay, liefert Lokomotiven, Bahnhofsanlagen, Signalmaste, Gleisweichen, Leitstellen, Stellwerke, und die Generaldirektion hat ihren Sitz eben in Breslau. Damit die Regierung von Uruguay hinterhersein kann, weil es so sehr eilt, haben sie ein Konsulat hier eingerichtet.«

»Na schön, bloß warum nennt er dich Lolita?«

»Bei Zerottis heißen die Köchinnen immer Lolita, das Stubenmädchen Mercedes und der Chauffeur Carlo, und wenn sie nicht so heißen, werden sie umgetauft.«

Als es wiederum klopfte, zitterte Esther nicht mehr. Nicht einmal, als Frau Puschke die Tür um einen Spalt öffnete und hindurchrief: »Frau Pelz, Sie müssen bis morgen vormittag zehn Uhr aus der Wohnung raus sein. Sonst kommt der Hauswart mit der SA.« Die Schreckenspause währte nur Sekunden. »Ich habe verstanden, Frau Puschke, ich schenk Ihnen die Restmiete und bin weg.«

Die Tür wurde von außen zugeklinkt, und Esther, tief aufatmend, sagte leise: »Die Zerottis hatten mir gleich die

Mansarde angeboten in der Villa. Nur paßten meine Möbel da nicht rein.«

Marschschritte auf der Straße. Die Schritte hallten laut im Leeren. Die beiden Frauen standen vorsichtig lugend am Fenster. Eine Patrouille der Militärgendarmen. Tonlos sagte Lotte: »Feldpolizei! Die Kettenhunde kontrollieren auch Zivilisten, und ich muß nach zehn Uhr abends von der Straße weg sein, weil ich den Strafvollzugsbestimmungen der Organisation Todt unterstehe. Und wenn deine Frau Puschke was vom Besuch herumflötet, sitzen wir beide in der Patsche. Aber verlaß dich darauf, mein nächster Urlaub findet mich wieder bei dir, da melde ich mich gleich bei Señor Zerotti.«

Sie küßten sich, umarmten sich lange, rissen sich schnell voneinander los.

Der Tag, der in der Kristallnacht endete, der die Vernichtung der deutschen Juden und der Juden aus vielen Ländern einleitete, die brennenden Synagogen sein Fanal, war der glücklichste Tag, den Esther seit langem erlebt hatte – der glücklichste zugleich, der ihr noch beschieden war.

An ihrem letzten Tag im Dienste der Zerottis, von dem sie nicht wußte, daß es ihr letzter sein sollte, wurde sie durch Militärmusik geweckt. Nach einer hektischen Woche, in der sich die Gesellschaften gejagt hatten, schickte der Señor seine Köchin am Vortage früh ins Bett. »Sie haben es nötig, Lolita. Und wir wollen heute ein bißchen ausgelassen feiern, ohne Zeugen. Wir machen uns alles selbst zurecht. Ihnen bleibt morgen der ganze Abwasch. – Hier«, er goß ihr ein Glas Champagner ein. »Auf Ihr Wohl, Lolita! Und daß Sie morgen früh frisch sind.«

Dankbar zog Esther in ihre Mansarde und hörte durch ihre Träume Musik.

Ein wenig wunderte sie sich schon. Zerottis Rücksichtnahme auf ihre Erschöpfung freute sie besonders, weil es in den letzten Wochen einige Unfreundlichkeiten gegeben hatte und die Südländer sehr auf Harmonie angewiesen waren auf der Insel der exterritorialen Immunität. Insel mehr denn je, seit zwei schwarzäugige, gebräunte südamerikanische Angestellte des Konsulats für Juden gehalten, verprügelt und schwerverletzt ins Krankenhaus eingeliefert worden waren.

Nun mischte sich das Klingeln ihres eigenen Weckers in die Lärmkulisse der Klangkörper. Dabei plärrte das Radio grell und verzerrte eine Führerrede. Ein Lautsprecherwagen dröhnte Losungen durch die Straßen. Esther beeilte sich mit dem Anziehen. Höchste Zeit, in die Küche zu kommen. Die kleine Mansarde barg keine Bequemlichkeiten: Stühle, Tisch, Waschtisch mit Schüssel und Karaffe, dicke Vorhänge an den Fenstern. Der Schmuck des kargen Raumes, die beiden viel zu großen verglasten Fotoporträts von Josefine und Filip und eine bonbonfarbige Kitschpostkarte, die das Hotel »Bohemia« in Vorderansicht zeigte. Esther vermochte nicht vorbeizugehen ohne hinzuschauen. Ihre Küchenkittel stammten noch aus der »Bohemia«.

Sie schloß die Tür zur Küchenetage mit dem Schnappschloß auf, doch die Tür öffnete sich trotzdem nicht. Sie entdeckte ein großes, schweres Vorhängeschloß, welches das ganze Stockwerk absperrte. Die Halterung schien neu zu sein.

Unten am Eingang schlurfte ein alter Mann heran. »Ah, guten Morgen, Herr Brost«, begrüßte Esther den Hausmeister. »Verschlafen habe ich, aber wo sind die Zerottis? Der Konsul hat von einer großen Fidelitas gesprochen. Den Lärm habe ich bis unters Dach gehört. Jetzt ist die ganze Wohnung zu, auch die Konsulatsbüros im Parterre.«

»Komm' Se mal runter, Lolita«, rief er. »So, und nu setzen Se sich erst mal hin. Sitzen Se gut? Gemeldet? Nee, nich. Und Musik ham se gemacht und den Rabbatz mit alle Fenster auf, das Grammophon auf größte Lautstärke gedreht, damit man nich hört, wie se packen, Lolita. Sie sind nämlich weg. Ich dachte, die hätten Sie mitgenommen schon aus Barmherzigkeit. Die Möbelwagen und die Laster kamen nach Mitternacht. Die Packer hatten Kamelhaarschlappen an den Füßen. Das Konsulat ist leer. Die müssen einfach vergessen haben, Ihnen wat zu sagen.«

»Einfach vergessen? So? Vergessen? Ja, aber weshalb denn, um Gottes willen?« Das Herz stand ihr stille.

»Na, wissen Se dat denn nich? Krieg haben wir, Krieg! Die deutsche Wehrmacht ist in Polen eingerückt.«

Wenn es noch einen Ausweg geben sollte, die Aussicht auf einen Fetzen Leben, half nur das schnelle Ausnützen aller Chancen. Wo es um ihr Leben ging, war Esther die Ruhe selbst. Sie besaß Marthas Adresse, die ihre Grunewald-Villa unter der Bedingung fast umsonst hergegeben hatte, daß sie des Hausmeisters Kellerwohnung bis an ihr Lebensende bewohnen durfte. Von ihr war Esther im schlimmsten Falle eine Zufluchtsstätte angeboten worden.

Esther packte schnell und vernünftig, was notwendig, wichtig und wertvoll war. In der Hoffnung, daß Martha sie besäße, ließ sie sogar die Porträts der Eltern in der Mansarde zurück. Nur die Ansichtspostkarte der »Bohemia« steckte sie zuunterst in den Koffer. Sie verließ das Konsulat durch den Hintereingang für Lieferanten.

Umschallt von dröhnenden Lautsprechern und von Militärmusik lief sie durch Seitenstraßen, immer wieder Seitenstraßen. Sie kannte die Stadt Breslau und schlug Haken wie ein Feldhase. Irgendwie näherte sie sich hinten herum dem Hauptbahnhof. Schon hörte sie Zugsignale, Rangiergeräusche, Zischen, Pfeifen.

Durch einen Nebeneingang betrat Esther die riesige Schalterhalle und leistete sich den Luxus zu verpusten. Es galt – ihr schien es ein gefährliches Unterfangen –, die Fahrkarte zu kaufen. Je länger die Schlange, desto besser. Sie bewegte sich ungeschickt, weil sie krampfhaft den Koffer an ihre Brust preßte. Sie tat es aus mancherlei Ängsten: weil sie sich vor Dieben fürchtete, davor, daß der Koffer vielleicht aufging, aufsprang, denn sie hatte die kleinen Schlüsselchen für das Schloß verloren; und weil alle ihre Geldmittel – viel Geld in bar – im Koffer steckten: das von Lotte zurückgebrachte, wovon sie immer noch nichts angetastet hatte, auch nichts von Fischers erbärmlichen Abschlagszahlungen auf den Kaufpreis der »Bohemia« und dazu das Gesparte vom Lohn. Wer weiß, wieviel das Leben in Berlin für Juden kostete, wer weiß, ob sie gleich Arbeit fand. Sie umfing den langen, für sie ungefügen Koffer, soweit ihre Arme reichten. Sie wirkte älter und verkrüppelt, weil diese Last sie herunterzog. Vor dem Schalter, aus Furcht und Panik nervös, verlor sie ihren Platz, und das war ihr Glück, denn der Schalterbeamte rief in die Schlange: »Laßt doch mal das alte Muttchen vor.« Zunächst gab es ihr einen Stich, als sie sich so gerufen hörte. Dann aber blieb sie in der Rolle und nutzte sie. Zitternd fingerte sie das Geld heraus und verlangte: »Eine Zweiter Berlin, zu meiner Schwester, Berlin-Grunewald, Kastanienallee.«

Der Beamte lachte gutmütig: »So genau wollte ich's ja gar nicht wissen.«

Schaukelnd, schwankend bewegte sie sich weiter.

Die Stunden bis zur Abfahrt des nächsten D-Zuges in die Reichshauptstadt quälten sich, erschienen endlos. Nur nicht stehenbleiben, immer laufen, Uniformen überall. Auch in den Wartehallen. Sie pendelte langsam zwischen Wartesaal und Bahnsteig hin und her. So lange wie möglich blieb sie auf der Toilette, bis ihre vom andauernden Schleppen des Koffers schweißnasse Haut sie auf die Idee brachte, von der öffentlichen Badeanstalt im Kellergeschoß des Bahnhofs Gebrauch zu machen. Wanne mit Handtuch und Seife, eine Mark fünfzig. Sie nahm sich viel Zeit. Die wohltuend empfundene Siesta führte sie bis auf zehn Minuten an die Abfahrtszeit des Berlin-Expreß heran. Auf dem Bahnsteig tauchte sie im Gewühl unter. Als der Zug einlief, blieb sie vor einem Waggon dritter Klasse stehen, nahe der Tür, mimte wieder ein altes Weiblein und wurde ohne viel Zutun hineingehoben, geschoben, gestoßen, saß dann im Gang, ein unscheinbares graues Etwas, auf ihrem Koffer – bis nach Berlin.

Inhaltsverzeichnis

I. Buch

II. Buch

III. Buch

IV. Buch

Gegenüber der ersten Auflage bearbeitete Fassung

Umschlagabbildung: Werner Klemke
Gesamtherstellung: Karl-Marx-Werk Pößneck
Printed in the German Democratic Republic 1982

CIP-Kurztitelaufnahme der Deutschen Bibliothek
Koplowitz, Jan:
Bohemia – mein Schicksal: Roman e. Familie
Jan Koplowitz – Berlin: Severin und Siedler, 1982
ISBN 3-88680-025-3